ÉTUDES DE LITTÉRATURE DES XXe ET XXIe SIÈCLES
sous la direction de Didier Alexandre
108

Décolonisation, fédéralisme et poésie chez Léopold Sédar Senghor

Ouvrage publié avec le soutien de la Fondation Ernst
et Lucie Schmidheiny, du Fonds général et de la Faculté des lettres
de l'université de Genève

FONDS GÉNÉRAL
DE L'UNIVERSITÉ DE GENÈVE

Sébastien Heiniger

Décolonisation, fédéralisme et poésie chez Léopold Sédar Senghor

PARIS
CLASSIQUES GARNIER
2022

Sébastien Heiniger est docteur ès lettres, spécialisé en littérature africaine et francophone. Ses recherches portent sur l'émergence de la notion de « littérature africaine » dans la revue et maison d'édition *Présence africaine* et, plus généralement, sur la relation entre projets politiques et projets littéraires chez les intellectuels africains pendant la décolonisation (1945-1960).

ISBN 978-2-406-12832-8 (livre broché)
ISBN 978-2-406-12833-5 (livre relié)
ISSN 2100-3335

À la rivière.
À nos racines qui s'y plongent entrelacées.
À celle qui s'est greffée.

ABRÉVIATIONS UTILISÉES

AEF	Afrique-Équatoriale française
AOF	Afrique-Occidentale française
BDS	Bloc démocratique sénégalais
CDM	Comité devoir de mémoire
CRAN	Conseil représentatif des associations noires de France
CVUH	Comité de vigilance face aux usages publics de l'histoire
DOM	Département d'outre-mer
ENFOM	École nationale de la France d'outre-mer
FIDES	Fonds d'investissement pour le développement économique et social
OIF	Organisation internationale de la francophonie
ONU	Organisation des Nations unies
SFIO	Section française de l'Internationale ouvrière
STO	Service du travail obligatoire
TOM	Territoire d'outre-mer
Unesco	Organisation des Nations unies pour l'éducation, la science et la culture

INTRODUCTION

LA NAISSANCE D'UNE « LITTÉRATURE-MONDE EN FRANÇAIS »

« Fin de la francophonie. Et naissance d'une littérature-monde en français. » Telle est la déclaration qu'assument les quarante-quatre écrivains et intellectuels de langue française qui signent *Pour une littérature-monde en français* publié dans *Le Monde* le 15 mars 2007[1]. Aussi connu sous le nom de *Manifeste des 44*, ce point culminant d'une série de contestations du système littéraire francophone[2] fera couler beaucoup d'encre. Il marque le seuil d'une nouvelle ère de la production et de la critique de ce qui jusqu'à récemment prenait le nom de « littérature francophone ». Depuis le début des années 2000, une nouvelle génération d'écrivains, représentée par Alain Mabanckou et Abdourahman Waberi dans ce manifeste, demande que leurs sociétés ou cultures d'origine ne surdéterminent plus l'évaluation de leur art[3]. En mars 2006, Mabanckou rédigeait l'article « La francophonie, oui, le ghetto : non ! » publié dans

---

1 « Pour une littérature-monde en français », *Le Monde*, 15 mars 2017, https://www.lemonde.fr/livres/article/2007/03/15/des-ecrivains-plaident-pour-un-roman-en-francais-ouvert-sur-le-monde_883572_3260.html (consulté le 10/01/2019).

2 Sur le concept de système littéraire francophone, *Cf.* Halen, Pierre, « Notes pour une topologie institutionnelle du système littéraire francophone », *in* Diop, Papa Samba, Lüsebrink, Hans-Jürgen (éd.), *Littératures et sociétés africaines. Regards comparatistes et perspectives interculturelles. Mélanges offerts à János Riesz à l'occasion de son soixantième anniversaire*, Gunter Narr Verlag, 2001, p. 55-68 ; Halen, Pierre, « Le "système littéraire francophone". Quelques réflexions complémentaires », *in* D'Hulst, Lieven, Moura, Jean-Marc (éd.), *Les études littéraires francophones : état des lieux*, Lille, Éditions du Conseil scientifique de l'Université Charles-de-Gaulle – Lille 3, 2003, p. 25-38.

3 *Cf.* Porra, Véronique, « Des littératures francophones à la "littérature-monde" : aspiration créatrice et reproduction systémique », *Nordic Journal of Francophone Studies/Revue nordique des études francophones*, vol. 1, n° 1, 2108, p. 7-17.

Le Monde, article dans lequel il se plaignait du rapport hiérarchique immuable établi entre la « littérature française » et la « littérature francophone » et proposait, en substance, d'inclure la première dans la seconde afin de créer un « espace littéraire commun ». Il écrivait alors : « Je me moque des nationalités des écrivains. La question que je me pose est la suivante : "Ce texte est-il écrit en français ou pas ?" Si oui, alors il s'agit d'un texte francophone[4]. » Un an plus tard, il signe le manifeste « Pour une littérature-monde en français », qui véhicule pareillement l'idée selon laquelle les écrivains non français ne reçoivent pas la considération qu'ils méritent.

Alors que les manifestes ont joué un rôle capital dans l'établissement et l'évolution de la francophonie littéraire, en 2007, cela faisait plus d'une décennie que leur présence se faisait discrète[5]. Depuis l'*Éloge de la Créolité* publié en 1989 par Patrick Chamoiseau, Raphaël Confiant et Jean Bernabé, aucun manifeste n'avait suffisamment détoné pour s'attirer une attention médiatique, politique et universitaire. Cette fois-ci, la première réaction est immédiate. Dans une réponse publiée quatre jours plus tard dans *Le Monde*, le secrétaire général de la l'Organisation Internationale de la Francophonie[6] Abdou Diouf reproche aux signataires d'« entretenir le plus grave des contresens sur la francophonie, en confondant francocentrisme et francophonie[7] ». Consterné, il les accuse de ressasser des poncifs et de méconnaître tant l'OIF que ses combats actuels. Deux jours plus tard, Nicolas Sarkozy, qui est alors en pleine campagne présidentielle centrée sur le thème de l'identité nationale, s'exprime dans le *Figaro*[8]. Son propos importe peu, mais sa prise de position est révélatrice du fait que « Pour une littérature-monde en français » a fait mouche. Comme le remarquera la critique universitaire, le débat déclenché par ce manifeste se jouera dans les lieux les

---

4 Mabanckou, Alain, « La francophonie oui, le ghetto : non ! », *Le Monde*, 18 mars 2006, https://www.lemonde.fr/idees/article/2006/03/18/la-francophonie-oui-le-ghetto-non_752169_3232.html (consulté le 10/01/2019).

5 *Cf.* Forsdick, Charles, « From "Littérature Voyageuse" to "Littérature-Monde" : The Manifesto in Context », *Contemporary French & Francophone Studies*, vol. 14, n° 1, 2010, p. 9-17.

6 Ci-après, l'Organisation Internationale de la Francophonie sera désignée par son acronyme OIF.

7 Diouf, Abdou, « La francophonie, une réalité oubliée », *Le Monde*, 19 mars 2007, https://www.lemonde.fr/idees/article/2007/03/19/la-francophonie-une-realite-oubliee-par-abdou-diouf_884956_3232.html (consulté le 10/01/2019).

8 Sarkozy, Nicholas, *Pour une francophonie vivante et populaire*, *Le Figaro*, 22 mars 2007, p. 14.

plus légitimes de l'institution littéraire française : dans les colonnes du *Monde*, aux presses de Gallimard qui publient en mai 2007 *Pour une littérature-monde* (ouvrage collectif sous la direction de Jean Rouaud et Michel Le Bris qui fait suite au manifeste) et aux Presses Universitaires de France qui éditent l'essai mordant de Camille de Toledo, *Visiter le Flurkistan ou les illusions de la littérature-monde* en octobre 2008. Une fois l'agitation médiatique apaisée, les universités prendront le relais et on observe, dès 2008, une multiplication de colloques[9] consacrés à la « littérature-monde en français ». L'expression s'est révélée être un lieu commun exceptionnellement pratique outre-Atlantique, en ce qu'elle permettait d'accommoder les débats académiques issus des *Francophone Studies*, des *Postcolonial Studies* et des *World Literature Studies*. Suivent alors articles, actes de colloque et ouvrages collectifs, et, une fois le tour d'horizon accompli, il appert que la majorité des spécialistes de ce qu'on appelait jusqu'alors « la littérature francophone » ont consacré au moins un article à « la littérature-monde en français ». À la question « *Littérature-monde* : New wave or New hype ? » qui animait le colloque de la Florida State University en 2009[10], on peut aujourd'hui répondre que l'étiquette « littérature-monde en français » a remplacé progressivement celle de « littérature francophone ». On peut même dire qu'elle fait consensus, comme l'indique la journée d'étude de l'Association pour l'étude des littératures africaines qui eut lieu en mars 2016[11], et qui a rassemblé des spécialistes comme Papa Samba Diop, Xavier Garnier, János Riesz, Anthony Mangeon ou Pierre Halen autour du

9 Dans la présentation de *Littérature-monde*, l'édition 2011 du festival Étonnants Voyageurs, nous pouvons lire : « Le moins que l'on puisse dire, c'est que depuis sa parution le 16 avril 2007 dans les colonnes du *Monde*, le "Manifeste pour une littérature-monde" aura suscité des débats passionnés ! Pas moins de 13 colloques internationaux, mobilisant plus de 500 universitaires et écrivains, du Danemark à la Floride, d'Alger à Djibouti, d'Italie à la Finlande, Montréal, Paris, Grenoble, la Barbade, New York ou l'université de Fredericton au Canada en octobre dernier. Tandis que la plupart des départements d'études francophones des universités étrangères l'inscrivaient à leur programme. Et que se multipliaient les ouvrages, actes des colloques, numéros spéciaux de revues : pas moins de 9 publications étrangères, dont les dernières en date : *Transnational French Studies : Postcolonialism and literature-monde* édité par Alec Heargraves, Charles Fordsick et David Murphy (Liverpool University Press) et *Littérature-monde, enjeux et perspectives* (Actes du colloque d'Alger) », http://www.etonnants-voyageurs.com/spip.php?article7755 (consulté le 14/02/2019).

10 *Cf.* « Littérature-monde : New Wave or New Hype ? », *Contemporary French & Francophone Studies*, vol. 14, n° 1, 2010.

11 *Cf. Programme de la journée d'étude*, https://apela.hypotheses.org/1043 (consulté le 14/02/2019).

thème : « Des littératures nationales à la littérature-monde en français : Questionnements, positionnements, enjeux et perspectives. »

Par ce changement de terminologie, les signataires du manifeste et les contributeurs à l'ouvrage collectif *Pour une littérature-monde* déclarent désuets les paradigmes par lesquels les divers acteurs du champ littéraire ont jusqu'alors conçu la littérature produite en langue française. Ils réactivent cependant deux des thèmes fondamentaux des études francophones. Le premier est celui de la relation problématique entre langue française, littérature et identité collective (ce qui ravive la question du nationalisme linguistique[12] qui a hanté les écrivains dits « francophones » depuis la seconde moitié du XXe siècle). Le second est celui de la domination exercée par la France sur ses ex-colonies, domination que nous retrouvons dans leur représentation de la littérature comme espace divisé entre un centre français et une périphérie francophone. Comme nous retrouvons ces deux points chez Léopold Sédar Senghor, il importe de les examiner rapidement. Dans sa contribution à l'ouvrage collectif, Abdourahman Waberi témoigne qu'il est lassé qu'on le questionne au sujet de son utilisation de la langue française : « Plus d'un écrivain dit francophone est déjà parti, au moins une fois, rencontrer la presse française comme d'autres vont à l'abattoir, redoutant la question qui coupe net tout élan : “Pourquoi écrivez-vous en français ?” Et notre écrivain de ressasser : “Quel stress ! Je vais encore bafouiller des banalités sur mes origines, sur ma couleur, l'histoire des miens, l'état du monde, les griefs contre la colonisation ou sur mes rapports avec la langue…” » (Le Bris, 2007, p. 67). Partant du constat indéniable que la langue française n'est plus « la langue des seuls Français », il cite Achille Mbembe[13] pour déclarer qu'il importe de « dénationaliser la langue française » et qu'« il s'agit à présent de dénouer le nœud gordien qui englobe tout à la fois la langue, la “race” et la nation française » (Le Bris, 2007, p. 72). Quant au second thème, je citerai l'article « Pour une littérature-monde en français » : « Le centre jusqu'ici, même si de moins en moins, avait eu cette capacité d'absorption qui contraignait les auteurs venus d'ailleurs à se dépouiller de leurs bagages avant de

12 Pour la notion de « nationalisme linguistique », *Cf.* Boyer, Henri, *Langue et identité. Sur le nationalisme linguistique*, Limoges, Lambert-Lucas, 2008.

13 Mbembe, Achille, « Dénationaliser la langue française », *Multitudes*, http://www.multitudes.net/Denationaliser-la-langue-francaise (consulté le 14/02/2019).

se fondre dans le creuset de la langue et de son histoire nationale[14]. » Pour les signataires du manifeste, la distinction entre écrivains « francophones » (les « héritiers de l'empire colonial français ») et les écrivains « français » (les écrivains métropolitains) est un legs de la hiérarchisation inégalitaire coloniale. Par l'image du « creuset », ils font référence à la putative politique assimilationniste française et ils soutiennent qu'on demande encore aux « auteurs venus d'ailleurs » de se défaire de leurs particularismes identitaires et culturels parce que l'idée selon laquelle la France est revêtue d'une « mission civilisatrice » est restée vivace. Pour eux, le problème tient « à cette vision d'une francophonie sur laquelle une France mère des arts, des armes et des lois[15] continuait de dispenser ses lumières, en bienfaitrice universelle, soucieuse d'apporter la civilisation aux peuples vivant dans les ténèbres ». Néanmoins, ils déclarent que l'ère de l'antagonisme entre « centre » et « périphérie » est révolue : « Le centre relégué au milieu d'autres centres, c'est à la formation d'une constellation que nous assistons, où la langue libérée de son pacte exclusif avec la nation, libre désormais de tout pouvoir autre que ceux de la poésie et de l'imaginaire, n'aura pour frontières que celles de l'esprit. » En somme, « Pour une littérature-monde en français » annonce un espace littéraire utopique où la nationalité de l'écrivain ne serait plus un critère définitoire, où littérature et politique n'entretiendraient aucun lien et où la langue française, libérée de son « pacte » avec la nation française, serait affranchie de l'histoire coloniale dont la France est entachée.

Or déclarer qu'une « révolution copernicienne » a eu lieu est aussi faire table rase de cinquante années de critique littéraire et universitaire, dont les discours et travaux d'accompagnement de la littérature dite « francophone ». Ces travaux mettaient précisément l'accent sur le rapport conflictuel entre identité collective non française et expression écrite en langue française ; leurs auteurs fondaient leurs réflexions sur le postulat d'un antagonisme nécessaire entre le centre (néo) colonisateur et la périphérie (ex) colonisée. Comme le révèle la contribution de Mabanckou

14 « Pour une littérature-monde en français », *Le Monde*, 15 mars 2017.

15 La référence est au poème de Joachim du Bellay, « France, mère des arts, des armes et des lois » du recueil *Les regrets*, publié en 1558. En somme, l'allégorie de la France créée à la Renaissance – la « mère » qui incarne la France ou la République – serait encore vive dans le domaine des lettres, ce qui explique l'appel à une nouvelle « renaissance » pour remplacer celle du XVIe qui a scellé le « pacte » entre la langue et la nation françaises.

à l'ouvrage collectif, la condition de création de la « littérature-monde en français » est la mise en sourdine de l'histoire littéraire francophone et de l'histoire coloniale de la France. Il écrit qu'il est temps de ne plus exiger de l'écrivain originaire d'Afrique d'être « greffier du "passé" ». Quant à la langue française, elle est désormais un « outil que beaucoup ont hérité de manière conflictuelle, d'autres par choix, d'autres encore parce que leurs ancêtres étaient des Gaulois ». Relativisant les modes d'obtention du legs linguistique, Mabanckou conclut son propos avec une question rhétorique : « faut-il passer notre existence à accuser le passé ou à bâtir l'avenir ? » (Le Bris, 2007, p. 65). Alors que la langue a longtemps été le symbole de l'impérialisme, Mabanckou se saisit de l'outil, mais refuse d'hériter du conflit. Suggérant que le procès du passé ne trouvera jamais de résolution, il déclare en quelque sorte l'affaire classée, et, proposant l'amnésie, il appelle à « bâtir l'avenir ». Pour le dire autrement, oublier le passé permettrait de rompre radicalement avec la « littérature francophone » afin de laisser émerger la « littérature-monde » dans une langue française devenue outil sans histoire. L'idée est plaisante, mais dans un lieu chargé de mémoire, qui a suffisamment d'autorité pour décréter l'amnistie et ordonner l'oubli ?

LES ÉTUDES FRANCOPHONES : 1960-1990

INDÉPENDANCES, « IDENTITÉS CULTURELLES » ET ÉMERGENCE DES ÉTUDES FRANCOPHONES

Les études francophones sont d'une complexité toute particulière, et leur hétérogénéité provient de l'impossibilité de répondre à la question quasi aporétique de leurs assises théoriques[16]. Un dénominateur commun n'est néanmoins jamais remis en cause : la recherche est menée sur des textes écrits en langue française. « Fondamentalement », écrit Jean-Marc Moura dans *Littératures francophones et théorie postcoloniale*, « il [le terme "francophonie"] renvoie à une diversité géographique pluriculturelle organisée par rapport à un fait linguistique : à la fois l'ensemble des régions où le

16 *Cf.* D'Hulst, *op. cit.*, 2003.

français est réputé jouer un rôle social incontestable et l'ensemble des régions (à part la France) où existent des locuteurs de langue première » (Moura, 1999, p. 2). On le sait, le terme « francophone » apparaît en plein expansionnisme républicain dans *France, Algérie et colonies* du géographe Onésime Reclus publié en 1880. Il ne deviendra véritablement utilisé qu'après 1962 quand la revue *Esprit* publie le numéro *Le français, langue vivante.* Dans son article *Le français, langue de culture*, Senghor définit la Francophonie comme « Humanisme intégral, qui se tisse autour de la terre » (Senghor, 1964, p. 363). L'idée qu'il existe une Francophonie continue à se développer chez des hommes politiques comme Senghor, Habib Ben Ali Bourguiba, Félix Houphouët-Boigny, lesquels contribueront grandement à l'émergence de l'OIF. C'est alors qu'on commence à qualifier de « francophone » la littérature issue de cet espace géographique pluricontinental lié par la langue française. Jusqu'au tournant du millénaire, un second trait définitoire est attribué à cette littérature. Comme l'écrit Moura ci-dessus, l'auteur « francophone » est distingué de l'auteur français parce qu'il provient d'une autre culture. Ceci explique pourquoi on a considéré que l'auteur « francophone » écrit dans une langue qui lui est étrangère, ce qui fait de lui le traducteur en langue française de la culture dont il est le dépositaire[17]. Il était donc fréquent, dans ce champ d'études né dans les départements de littérature comparée[18], de mener des interprétations culturalistes[19] des auteurs « francophones », ce qui inscrit l'identité culturelle au cœur même de la définition de cette littérature[20].

Pour Josias Semujanga, Janheinz Jahn est le représentant par excellence du courant culturaliste[21]. Ce pionnier de la critique de la littérature dite

17 *Cf.* Dion, Robert, Lüsebrink, Hans-Jürgen, Riesz, János (éd.), *Écrire en langue étrangère : interférences de langues et de cultures dans le monde francophone*, Québec : Nota bene, Francfort : IKO-Verlag, Les cahiers du CRELIQ, n° 28, 2002.

18 Pour une présentation de l'histoire de l'institutionnalisation des lettres francophones, *Cf.* Veldwachter, Nadège, « Littérature française et littératures francophones : une union inconvenante ? », *LHT*, n° 8, 2011, http://www.fabula.org/lht/8/veldwachter.html (consulté le 14/02/2019).

19 *Cf.* Delas, Jean-Pierre, Milly, Bruno, *Histoire des pensées sociologiques*, Paris, Armand Colin, 2015.

20 L'introduction de Christiane Albert au livre *Francophonie et identités culturelles* qu'elle a dirigé est exemplaire de cela. Elle écrit : « Nous avons favorisé dans ce recueil la perspective littéraire en considérant la littérature comme un espace privilégié où peuvent s'exprimer des identités culturelles spécifiques » (Albert, 1999, p. 5).

21 *Cf.* Semujanga, Josias, « De l'africanité à la transculturalité : éléments d'une critique littéraire dépolitisée du roman », Études françaises, vol. 37, n° 2, 2001, p. 133-156.

« francophone » (qu'il nomme « néo-africaine ») rencontre Senghor en décembre 1951 à la Deutsch-Französische Gesellschaft de Francfort, où ce dernier donne une conférence portant sur « la nouvelle poésie nègre de langue française ». Fasciné, Jahn a dédié sa carrière au commentaire et à la popularisation de la littérature africaine en Allemagne. Il est notamment connu pour son livre *Muntu, l'homme africain et la culture néo-africaine* publié aux Éditions du Seuil en 1961, qui est la traduction de l'édition en langue allemande sortie en 1958. Son propos, dans cet ouvrage, est de démontrer l'existence d'une « culture négro-africaine » et de définir le *devoir-faire* du critique (découvrir en quoi consiste l'« africanité » de l'œuvre) et le *devoir-être* d'une œuvre africaine (être véhicule d'« africanité »). En 1969, son *Manuel de littérature néo-africaine du* XVIe *siècle à nos jours, de l'Afrique à l'Amérique* est publié en français. Jahn est le premier à poser la question de l'appartenance littéraire des œuvres écrites par des auteurs non européens. Il estime problématique que les littératures soient classées en fonction de la langue dans laquelle elles sont écrites, parce que les langues européennes sont employées au-delà de leur aire originelle. Rejetant les critères linguistiques, géographiques et raciaux, il propose comme seul critère classificatoire valable celui du style, qui, selon lui, manifeste l'appartenance culturelle de l'œuvre. Il définit alors la « littérature néo-africaine » comme une littérature qui hérite « de deux traditions : la littérature traditionnelle africaine et la littérature occidentale » (Jahn, 1969, p. 16) et soutient qu'il est obligatoire de connaître la littérature traditionnelle pour analyser le style de la « littérature néo-africaine ». À la suite de Jahn, la critique littéraire culturaliste a souhaité démontrer l'originalité des textes écrits par des écrivains originaires de l'Afrique subsaharienne et révéler l'« africanité » de ces œuvres en utilisant une variété de méthodes qui s'inspiraient tant de l'anthropologie que de l'histoire et la philosophie. Sont exemplaires de ceci les nombreuses recherches qui cherchent les points communs entre les œuvres de la littérature produite en Afrique dans la seconde moitié du XXe siècle et la littérature orale traditionnelle[22]. Se basant

22 *Cf.* Derive, Jean, « Une deuxième vie pour la poésie africaine traditionnelle, la traduction en français ? Problèmes de poétique et de lectorat », *in* Little, Roger (éd.), *Black Accents, Writing in French from Africa, Mauritius and the Carribean*, Londres, Grant/Cutler, 1997, p. 199-220 ; Derive, Jean, « Quelques réflexions sur les relations entre les cultures francophones et les cultures orales locales », *in* D'Hulst, *op. cit.*, 2003, p. 141-151 ; Kazi-Tani,

sur le présupposé que la littérature orale est la source thématique et le modèle canonique de la création écrite, la critique universitaire cherchait à repérer les références faites à cette « oralité » et à la culture qu'elle véhicule dans les œuvres écrites. Une telle perspective a fortement orienté l'analyse de la poésie de Senghor[23].

Or ce projet de mise en exergue des cultures et civilisations du monde noir sous-jacentes au texte « francophone » prolongeait le débat politico-littéraire qui a pris place dans les pages de la revue *Présence Africaine* entre 1955 et 1956. René Depestre avait involontairement mis le feu aux poudres l'année précédente en s'engageant dans la ligne de l'internationale communiste fixée par Louis Aragon dans ses articles sur la « poésie nationale » publiés dans *Les Lettres françaises* entre 1953 et 1954. Depestre s'était attiré les reproches sévères d'Aimé Césaire pour avoir négligé la « spécificité nègre ». Divers poètes et intellectuels sont intervenus dans des essais publiés par *Présence Africaine*, où le propos, qui portait originellement sur la question de la « poésie nationale », se déplaça vers la définition des contours de la « poésie nègre[24] ». Dans cette même période, Mongo Béti lançait une discussion sur la nature du roman africain en déclarant qu'il devait être engagé et anticolonial. Pour Romuald Fonkua, ces deux débats sur la poésie et sur le roman posèrent le cadre à l'intérieur duquel les « littératures nègres » et les « poésies nègres » furent pensées pendant les décennies qui vont suivre[25]. La notion d'identité culturelle n'est donc pas sans implications politiques : apparaissant dans le contexte dela décolonisation, elle permet aux acteurs historiques d'articuler leurs revendications politiques à des questions culturelles. En somme, la volonté de forger une littérature nationale émerge parmi les indépendantistes de l'Afrique subsaharienne à partir des années 1950[26]. Elle se renforce après les indépendances,

---

Nora-Alexandra, *Le Roman africain de langue française au carrefour de l'écrit et de l'oral (Afrique noire, Maghreb)*, Paris, L'Harmattan, 1995.

23 *Cf.* Keesteloot, Lilyan, *Compendre les poèmes de Léopold Sédar Senghor*, Paris, L'Harmattan, 2008 ; Delas, Daniel, *Lecture blanche d'un texte noir*, Paris, Éditions Entailles Temps Actuels, 1984.

24 *Cf.* Dia, Hamidou, *Poésie africaine et engagement*, Paris, Acoria, 2003.

25 *Cf.* Fonkoua, Romuald, « *Présence africaine* et les revues littéraires noires », *in Littératures noires* (« Les actes »), http://journals.openedition.org/actesbranly/486 (consulté le 14/02/2019).

26 Comme le note Moura, une esthétique de la résistance privilégiant la contestation de l'ordre colonial européen et l'affirmation des identités particulières peut se discerner dans les essais et romans de ces années. Il précise que « la rhétorique de l'autodétermination

qui donnent lieu à des débats intenses sur les identités culturelles et la conscience nationale dans les jeunes États africains.

Dans un tel contexte, la question de l'« authenticité » s'installe dans les discours des intellectuels africains, et elle est reprise par la critique universitaire. L'identité, qu'elle soit « nègre », « négro-africaine », « africaine », « malinké », etc., devient une hypothèse de lecture de première importance et, dès lors, le texte est conçu comme l'instrument de conservation d'un patrimoine culturel et le lieu de résistance à la domination coloniale. Cependant, partageant avec les auteurs et activistes le postulat selon lequel les identités culturelles ont une consistance réelle, la critique universitaire transforme une catégorie de la pratique en une catégorie d'analyse, ce qui les expose à la tautologie. En ce qui concerne Senghor, sa théorie de la négritude présuppose l'existence d'une « identité nègre », mais l'adopter comme catégorie d'analyse est préjudiciable à l'examen de la pratique qu'il menait avec cette identité. Je proposerai donc plus loin des catégories que j'estime être plus efficaces sur le plan heuristique.

« *ORPHÉE NOIR*, CE BAISER SARTRIEN DE LA MORT[27] »

Pour comprendre la pratique de Senghor, il faut commencer par ne pas adopter deux présupposés de l'analyse que Jean-Paul Sartre fait de la négritude dans *Orphée noir*[28]. Sartre, par sa volonté de démontrer que « la poésie noire de langue française est [...] la seule grande poésie révolutionnaire » (Senghor, 1977, p. XI), inscrit la lutte identitaire au cœur de cette poésie. Il aura inoculé dans les études francophones encore embryonnaires l'idée selon laquelle la négritude est une revendication identitaire qui se dresse pour faire face à l'assimilationnisme français : « La situation du noir, sa “déchirure” originelle, l'*aliénation* qu'une pensée étrangère lui impose sous le nom d'assimilation le mettent dans l'obligation de reconquérir son unité existentielle de nègre » (*ibid.*, p. XXIII). Le premier présupposé que je propose d'abandonner est celui

---

des cultures ou des peuples, développée depuis l'avènement de la Société des Nations, dans l'entre-deux-guerres, devait permettre aux mouvements combattant le système colonial d'articuler leurs revendications, de telle sorte que la création littéraire va d'abord emprunter et s'arracher à la fois aux cadres coloniaux » (Moura, 1999, p. 57).

27 Ce titre est une citation de Souleymane Bachir Diagne (2007, p. 10).

28 *Orphée noir* est la préface écrite par Jean-Paul Sartre pour l'*Anthologie de la nouvelle poésie nègre et malgache de langue française* de Senghor.

qui sous-tend les paragraphes introductifs d'*Orphée noir*. Sartre y décrète que la relation entre un « nous » formé de « blancs » et un « eux » formé d'« hommes noirs » ne peut être autre que conflictuelle (*ibid.*, p. IX). Sartre juge le racisme et le racialisme à l'aune d'une utopie : la « société sans privilèges où la pigmentation de la peau sera tenue pour un simple accident » (*ibid.*, p. XIII). La « race » existe parce que le « nègre » est non seulement « victime de la structure capitaliste de notre société », mais aussi parce qu'il est victime de l'oppression « en tant que noir » (*ibid.*). Sartre soutient qu'au contraire du Juif qui peut « se déclarer un homme parmi les hommes », le « nègre ne peut nier qu'il soit nègre ni réclamer pour lui cette abstraite humanité incolore : il est noir ». Par conséquent, affirme-t-il, ce dernier est « acculé à l'authenticité : insulté, asservi, il se redresse, il ramasse le mot "nègre" qu'on lui a jeté comme une pierre, il se revendique comme noir, en face du blanc, dans la fierté » (*ibid.*, p. XIV).

Senghor, premièrement, ne conçoit pas le mot « nègre » comme une insulte et, deuxièmement, il ne choisit pas cette catégorie identitaire par réaction au système colonial français. Si Sartre présuppose que la relation entre groupes racialisés par la relation coloniale est par définition un face à face haineux et revanchard, ce n'est pas le cas de Senghor. Le premier parle d'un « nous » formé de « blancs » qu'affrontent un « eux » formé d'« hommes noirs » ; le second écrit au nom d'un « nous » pluriracial. Ce « nous » suppose qu'il existe des « Nègres », qui sont des personnes porteuses d'une identité et qualités particulières et donc bien plus que les « hommes noirs » de Sartre, hommes exclus de « l'abstraite humanité incolore » par la couleur de leur peau. Senghor ne nie pas le caractère raciste du colonialisme européen, et il en dénonce sans ambages l'injustice et les contradictions. Il ne s'agit donc pas de lire ses propos aux filtres du révisionnisme colonial, mais de montrer qu'il préfère les voies de la réconciliation à celles de l'affrontement violent.

Cela implique d'abandonner un second présupposé sartrien, présupposé selon lequel la négritude est un « racisme antiraciste » (*ibid.*). Sartre la conçoit comme le « temps faible d'une progression dialectique ». Le préfacier met alors ses propres mots dans la bouche des poètes qu'il présente : « Mais ce moment négatif n'a pas de suffisance pour lui-même et les noirs qui en usent le savent fort bien ; ils savent qu'il vise à préparer la synthèse ou réalisation de l'humain dans une société sans races » (*ibid.*, p. XLI). Il faut ne pas avoir lu Senghor pour l'inclure parmi « les noirs » ci-dessus et pour conclure que « la Négritude est pour se détruire, elle est passage et non aboutissement, moyen et non fin dernière. Dans le moment où les Orphées noirs embrassent le plus étroitement leur Eurydice, ils sentent qu'elle s'évanouit dans leurs bras » (*ibid.*). Pour Sartre, « le racisme antiraciste est le seul chemin qui puisse mener à l'abolition des différences de race » (*ibid.*, p. XIV), mais comme Franz Fanon l'a déjà relevé dans la critique qu'il adresse à Sartre dans *Peaux noires, masques blancs*, une telle affirmation « détruit l'enthousiasme noir » (Fanon, 1952, p. 129)[29]. Plus encore, en assertant que le « révolutionnaire nègre » lutte pour l'avènement d'une « société sans race » (Senghor, 1977, p. XXIII), Sartre a programmé deux interprétations de la négritude. La première, partant du constat qu'elle est chevillée au racialisme, comprend Senghor comme un réactionnaire replié sur une identité raciale – il est « acculé à l'authenticité ». La seconde, ne retrouvant pas l'utopie sartrienne dans ses textes, est aveugle à l'avenir qu'il entrevoit, pense que son objectif est d'abord la restauration et la sauvegarde de la culture négro-africaine et en conclut que l'idéologie senghorienne n'est pas reliée à une véritable lutte politique. Ces deux lectures sont non seulement fausses, mais en plus ne parviennent pas à saisir les liens inextricables entre les pans culturels et politiques de sa pensée. Si Senghor ne choisit pas la voie de la « révolution » prônée par Sartre, cela ne signifie pas pour autant qu'il ne s'attaquait pas au système colonial français.

Comme le rappelle Charles-André Julien dans son avant-propos à la réédition de 1977 de l'*Anthologie de la nouvelle poésie nègre et malgache de langue française*, Sartre n'a eu que peu de temps pour écrire sa préface. En 1948, Senghor n'avait pas encore écrit les textes majeurs de sa théorie de la négritude et les quelques essais déjà publiés n'étaient pas facilement accessibles. Sartre aurait néanmoins pu trouver inspiration dans l'introduction que Senghor avait écrite pour l'*Anthologie*, où ce dernier explique que le recueil fut constitué à l'occasion du centenaire de la révolution de 1848. Mettant le décret du 27 avril 1848 qui abolissait l'esclavage et la loi dite Lamine Gueye de 1946 en parallèle, il définit la liberté comme l'accession à la citoyenneté française. Il y présente une communauté de citoyens français formée de « toutes les races de la

---

29 *Cf.* Combe, Dominique, « "Le Noir et le langage" Fanon et Césaire », *Rue Descartes*, n° 83, 2014, p. 11-21 ; Gyssels, Kathleen, « Sartre postcolonial ? Relire *Orphée noir* plus d'un demi-siècle après », *Cahiers d'études africaines*, n° 179, 2005, p. 631-650.

terre », où toutes apportent désormais leur « contribution à l'humanisme français », lequel « se fait véritablement universel, parce que fécondé par [leurs] sucs ». La « nouvelle poésie de langue française », autrement dit, est conçue comme le fruit de l'incorporation des « Nègres » en France (Senghor, 1977, p. 1).

ALIÉNATION ET LANGUE FRANÇAISE

Avancée par Sartre, l'idée selon laquelle le fruit de l'assimilation est l'aliénation s'installe dans les lettres francophones, notamment à la suite de la publication de *Peau noire, masques blancs* de Frantz Fanon, où ce dernier présente le langage comme un lieu privilégié de lutte et de conquête identitaire. Analysant la fonction de la langue française dans le processus de domination culturelle, ce dernier montre que le système colonial repose aussi sur une domination psychologique des colonisés, laquelle les mène à renier leur identité culturelle propre et à adopter la culture, les coutumes et la langue du colonisateur. Albert Memmi, dans *Portrait du colonisé, suivi de Portrait du colonisateur*, soutient similairement que l'inconfort linguistique est le symptôme du problème plus général de l'aliénation du colonisé en contexte colonial[30]. Il estime, en effet, que l'écrivain colonisé est voué à éprouver un conflit interne et ne peut pas être simplement bilingue ou polyglotte parce que sa langue maternelle est tenue en mépris.

Par la suite, la réflexion sur la langue a occupé une place importante dans les œuvres des écrivains et a fait l'objet de nombreuses études[31]. Le succès de cette problématique s'explique par le fait qu'elle se trouve au confluent des questions identitaires et nationales. Comme l'explique Moura, la particularité définitoire de l'auteur dit « francophone » est d'écrire dans une langue censément étrangère alors même qu'il est sommé de participer au réveil d'un sentiment national. Pour les chercheurs qui soutiennent que les littératures dites « francophones » ont été nécessaires à l'émergence du nationalisme dans les territoires coloniaux,

---

30 *Cf.* Mazrui, Alamin, « Language and the Quest for Liberation in Africa : The Legacy of Frantz Fanon », *Third World Quarterly*, vol. 14, n° 2, 1993, p. 351-363.

31 Beniamino, Michel, *La Francophonie littéraire. Essai pour une théorie*, Paris, L'Harmattan, 1999 ; Combe, Dominique, *Poétiques francophones*, Paris, Hachette, 1995 ; Gauvin, Lise, *L'écrivain francophone à la croisée des langues*, Karthala, 1997 ; Gauvin, Lise, *La Fabrique de la langue. De François Rabelais à Réjean Ducharme*, Éditions du Seuil, 2004.

l'inadéquation entre langue française et « nation » non française est conçue comme problématique et digne de questionnement[32]. En ce qui concerne l'identité culturelle, l'idée herderienne selon laquelle chaque langue exprime la pensée d'un peuple ou d'une culture et correspond à une vision du monde reste longtemps vivace dans les lettres francophones. Que l'on estime que la langue française engage la *Weltanshauung* française, ou que l'on transpose dans les études littéraires le déterminisme linguistique de l'hypothèse Sapir-Whorf, l'idée du conflit entre identité culturelle et expression en langue française est thématisée par les auteurs dits « francophones » et la critique littéraire jusqu'à la fin des années 1990. De manière générale, on considère que les politiques linguistiques des autorités coloniales en Afrique noire visaient à établir la suprématie des langues européennes au détriment des langues africaines[33]. Certains intellectuels africains, comme Ngugi wa Thiong'o, vont jusqu'à soutenir que le but du colonisateur était de contrôler la vision du monde des peuples colonisés[34]. Il importe d'opposer à cette vision monolithique de l'expérience coloniale la variété de politiques linguistiques menées par les puissances coloniales et de la mettre à l'épreuve des thèses adverses. Alamin Mazrui, par exemple, montre que les langues européennes n'ont pas été imposées à l'ensemble des colonisés d'Afrique, parce que les intérêts coloniaux étaient souvent mieux servis si la langue du colonisateur leur restait inaccessible[35].

Dans les études francophones, de nombreuses hypothèses sont néanmoins construites à partir d'une connaissance imprécise de la politique linguistique de l'administration coloniale française. Les propos de Dominique Combe, dans *Poétiques francophones*, sont exemplaires de cette absence de vérification des faits : « Il faut reconnaître que le thème de la "rationalité" et de l'"universalité" de la langue française est le principal argument utilisé par le colonisateur, depuis 1830, pour justifier la contrainte linguistique, par l'enseignement et l'administration – comme il le fait, avec des justifications républicaines, sur le territoire français, en luttant contre les "patois" (depuis François Ier et l'édit de Villers-Cotterêts,

32 *Cf.* Beniamino, *op. cit.*, 1999, p. 215-252.

33 *Cf.* Calvet, Louis-Jean, *Linguistique et colonialisme : petit traité de glottophagie*, Paris, Payot, 1974.

34 *Cf.* Ngugi Wa Thiong'o, *Decolonising the Mind*, London, Heinemann, 1986.

35 *Cf.* Mazrui, Alamin, art. cité, p. 351-363.

1539 et, surtout, les lois édictées sous la Révolution, en 1794, parachevées par les lois scolaires de J. Ferry sous la IIIe République) » (Combe, 1995, p. 71). Il propose alors la comparaison fréquemment adoptée sans circonspection par les études francophones : « En un sens, la contrainte de la langue exercée sur les pays colonisés n'est guère différente de la politique menée en Bretagne ou en Provence – à ceci près qu'elle ne s'accompagne pas, pour le colonisé, du sentiment compensatoire d'appartenir à la nation française » (*ibid.*). Le parallélisme est séduisant, mais il n'est pas confirmé par les faits, ce que démontrent les historiens de l'enseignement dans l'Empire colonial français[36]. Les programmes pédagogiques étaient non seulement différents de ceux de la métropole, mais en plus les autorités françaises s'accordaient sur l'idée que l'enseignement devait être adapté aux différentes sociétés autochtones[37]. Georges Hardy, par exemple, qui est l'inspecteur général de l'enseignement en Afrique-Occidentale Française[38] de 1912 à 1919, écrit *Une conquête morale* où il justifie l'adaptation de l'enseignement dans cette fédération de colonies[39]. Certes, les administrateurs coloniaux

36 *Cf.* Barthélémy, Pascale, « L'enseignement dans l'Empire colonial français : une vieille histoire ? », *Histoire de l'éducation*, n° 128, 2010, p. 5-28 ; Reynaud Paligot, Carole, *La République raciale. Paradigme racial et idéologie républicaine 1860-1930*, Paris, Presses universitaires de France, 2006, p. 262-272.

37 Harry Gamble montre que les autorités coloniales sont en accord sur le principe d'une « éducation adaptée ». Il indique que les réformes en éducation qui ont été conçues et mises en œuvre après 1930 s'inscrivent dans la transformation de la notion de « progrès » en AOF et dans la tentative des autorités coloniales de réconcilier la tradition africaine avec la nouvelle modernité coloniale. *Cf.* Gamble, Harry, « Peasants of the Empire. Rural Schools and the Colonial Imaginary in 1930s French West Africa », *Cahiers d'études africaines*, n° 195, 2003, p. 775-804.

38 Ci-après l'Afrique-Occidentale Française désignée par son acronyme AOF.

39 *Cf.* Hardy, Georges, *Une conquête morale. L'enseignement en AOF*, Paris, Armand Colin, 1917 ; Alice Goheneix présente succinctement la politique scolaire dans les colonies africaines : « L'éducation à la langue française et en langue française dans les colonies jusqu'à la Seconde Guerre mondiale ne visait pas l'assimilation culturelle et politique, c'est-à-dire la formation de citoyens français de plein droit dans les colonies. L'éducation s'inscrivait dans les projets de mise en valeur et visait avant tout à former des auxiliaires efficaces pour l'administration française. Elle visait à former des sujets de l'Empire ; pas des citoyens français. » Les directives de Georges Hardy étaient transparentes sur ce point : « La lecture de Georges Hardy, inspecteur de l'enseignement en AOF est à cet égard très éclairante : selon lui, compte tenu des risques que recèle la maîtrise de la langue et la formation de haut niveau (susceptible de transformer les masses des colonisés en classes dangereuses), la très grande majorité des colonisés ne doit être formée qu'à une maîtrise de la langue usuelle, fonctionnelle », (Goheneix, Alice, « Les élites africaines et la langue française : une appropriation controversée », *Documents pour l'histoire du français langue étrangère ou seconde*, n° 40-41, http://journals.openedition.org/dhfles/117 (consulté le 22/06/2021)).

considéraient que l'expansion de la langue et des institutions françaises devait permettre la diffusion des valeurs « universelles » à la base de la « civilisation française » et concevaient l'école comme l'agente première de la « mission civilisatrice », mais les acteurs historiques[40] (dont Senghor[41]) et les historiens mettent aujourd'hui l'accent sur les réalisations médiocres de l'administration coloniale en matière scolaire. Ce n'est qu'après 1945 que les diplômes coloniaux sont alignés sur ceux de la métropole, ce qui ouvre une courte période de mobilisation politique etde réformes, dont l'enjeu est d'améliorer la situation scolaire jugée déplorable et non de sauver les populations autochtones de l'impérialisme culturel[42]. À la veille des indépendances, le taux de scolarisation est faible parmi les Français d'Afrique. En AOF, le taux moyen est de 10 % en 1957. En outre, l'école n'a nulle part été gratuite et obligatoire pour les populations dans l'Empire[43]. Quant à la question de la langue, l'enseignement est donné en langues locales à l'école élémentaire en Indochine et à Madagascar, en langue française en AOF. Ainsi, plutôt que d'exalter la « mission civilisatrice » de l'école ou de dénoncer le « génocide culturel » perpétré par l'enseignement colonial, les historiens, depuis les années 2000, cherchent

40 *Cf.* Dadié, Bernard, « Problème de l'enseignement en Afrique noire. Misère de l'enseignement en AOF », *Présence africaine*, n° 11, 1957, p. 57-70 ; Autra, Ray, « Historique de l'enseignement en AOF », *Présence africaine* n° 6, 1956, p. 68-86 ; « La scolarisation en Afrique », *Tam-Tam*, vol. 4, 1955.

41 *Cf.* la partie « Civilisations et démocratie », dans laquelle je commente le discours *L'enseignement, base de l'évolution des peuples* (Senghor, 1971, p. 9-16) que Senghor donne à l'Assemblée nationale le 21 mars 1946. Il démontre, chiffres à l'appui, que les crédits affectés à l'enseignement public représentent un pourcentage « dramatiquement bas » (*ibid.*, p. 10) des dépenses du budget en Afrique-Occidentale Française et en Afrique-Équatoriale Française.

42 *Cf.* Gamble, Harry, « La crise de l'enseignement en Afrique-Occidentale Française (1944-1950) », *Histoire de l'éducation*, n° 128, 2010, p. 129-162.

43 Pascale Barthélémy le résume de la sorte : « Comme en métropole, l'école dans les colonies est bien un projet "d'ingénierie sociale" dont l'objectif est de "changer l'homme" (ou la femme) par l'éducation, de le faire accéder à une partie du savoir et de l'univers du dominant (ici, le colonisateur) tout en lui inculquant le sentiment de la "juste distance" qui lui assigne une place spécifique dans la société ». Le contexte colonial est toutefois particulier, car « cette volonté de transformation est indissociable d'une double crainte, fondée sur le sentiment de la fragilité des résultats obtenus, sur le doute même quant à la possibilité de réussir la métamorphose, mais aussi sur le souci d'éviter de former des êtres déclassés, étrangers à leur milieu ou susceptibles de revendiquer une égalité de droits avec le colonisateur. Cette articulation entre esprit missionnaire, perplexité quant à l'effectivité de la conversion et angoisse d'un désordre social caractérise la politique scolaire dans l'ensemble des territoires » (Barthélémy, 2010, p. 14).

à analyser les mécanismes d'incorporation et de différenciation produits par l'école coloniale[44].

En tout état de cause, ces travaux appellent à la révision de certains présupposés des études francophones, dont la confusion qui y prospère entre administration directe des colonies et assimilationnisme. Moura propose de s'inspirer des études postcoloniales, dont la pertinence reposerait sur leur analyse des liens entre contexte socioculturel et esthétique. Cette analyse permettrait de mettre en lumière les « relations réciproques entre une œuvre résistant au colonialisme et un système qui l'environne de toutes parts et tend à nier son originalité » (Moura, 1999, p. 57). Or c'est précisément parce que j'estime nécessaire de situer une œuvre dans son contexte que je rejette l'idée selon laquelle le système colonial était monolithique. Il s'agit donc d'abandonner le présupposé selon lequel la République était uniformément assimilationniste dans son outremer et de relire l'œuvre de Senghor à l'aune de la politique coloniale réellement mise en œuvre en AOF.

ANNÉES 1990 : NOUVEAUX PARADIGMES DANS LES ÉTUDES FRANCOPHONES

Au cours des années 1990, les études francophones intègrent les nombreuses et vigoureuses contestations qu'ont suscitées les conceptions substantialistes du groupe et les conceptions essentialistes de l'identité. Dans le domaine des recherches sur l'ethnicité, Frederik Barth a montré qu'il est impossible de définir l'ethnie comme réalité essentielle et caractérisable par un certain nombre de traits constitutifs. Dans *Ethnic Groups and Boundaries : The Social Organization of Culture Difference*[45], publié en 1995 seulement en langue française[46], Barth a renversé les paradigmes de la recherche en prenant comme objet le contact entre les

44 *Cf* : *ibid.*, p. 23.

45 Barth, Frederik, *Ethnic Groups and Boundaries : The Social Organization of Culture Difference*, Oslo : Universitetsforlaget, London : George Allen and Unwin, 1969.

46 Barth, Frederik, « Les groupes ethniques et leurs frontières », *in* Poutignat, Philippe, Streiff-Fenart, Jocelyne, *Théorie de l'ethnicité*, Paris, Presses Universitaires de France, 1995.

groupes et non le groupe en soi et démontré que la culture et l'identité ne peuvent pas être définies par de simples distinctions entre le Même et l'Autre. Terence Ranger, dans *The Invention of Tribalism in Zimbabwe*[47] qui a fait date, affirme que les tribus sont des inventions coloniales. Il décrit les processus par lesquels elles ont été construites, afin de démontrer qu'il n'existait pas d'identité ethnique véritable en Afrique précoloniale. Dans l'essai *The Invention of Tradition in Colonial Africa*, publié dans *The Invention of Tradition* qu'il édite avec Eric Hobsbawm[48], il montre que seules les pratiques qui permettaient aux élites autochtones d'asseoir leur pouvoir ont été codifiées comme « tradition ». En somme, il appelle à comprendre les enjeux de pouvoir qui ont présidé à la création de la « tradition », en particulier parce que ce sont ces « traditions » auxquelles font référence les mouvements ethniques et nationalistes. Valentin-Yves Mudimbe, dans *The Invention of Africa*[49], trace l'historique du développement de la science africaniste et de la construction de l'image de l'« Afrique » dans le cadre de la colonisation européenne. Semblable à la critique de l'orientalisme par Edward Saïd[50], la critique de l'africanisme par Mudimbe met en exergue l'imposition du savoir européen sur l'Afrique. À la suite d'autres critiques de la négritude comme Marcien Towa et Paulin Hountondji, il avance que les penseurs africains ont inventé une « Afrique » à partir d'œuvres comme *La Philosophie bantoue* de Placide Tempels ou *Dieu d'eau* de Marcel Griaule, afin de forger un instrument de définition identitaire irrécusable. C'est donc à l'idée de l'« authenticité » et de la « tradition » que s'attaque Mudimbe. Je pourrais continuer à présenter les textes majeurs de ce courant des études culturelles, comme *The Invention of Primitive Society* d'Adam Kuper ou *Blank Darkness : Africanist Discourse in French* de Christopher L. Miller, mais mon propos vise avant tout à mettre en exergue le fait que, sous l'effet de ce qui peut être nommé la « déconstruction » ou le « constructionnisme » sociologique, les années 1980 et 1990 virent une multiplication de travaux portant sur

47 Ranger, Terence, *The Invention of Tribalism in Zimbabwe*, Gweru, Mambo, 1985.

48 Hobsbawm, Eric, Ranger, Terence (éd.), *The Invention of Tradition*, Cambridge, Cambridge University Press, 1983.

49 Mudimbe, Valentin-Yves, *The Invention of Africa : Gnosis, Philosophy, and the Order of Knowledge*, Bloomington and Indianapolis : Indiana University Press, London : James Curry, 1988.

50 Saïd, Edward, *L'Orientalisme. L'Orient créé par l'Occident*, Paris, Éditions du Seuil, 1978.

la « construction » ou « l'invention » des concepts, idées et traditions dont la naturalité n'avait jusqu'alors pas été questionnée.

S'inspirant du débat critique sur l'identité et se basant sur les théories qui considèrent les identités comme multiples, fragmentées, fluides, etc., les écrivains et critiques de la littérature dite « francophone » ont adapté leur discours au cours des années 1990, et adoptent aujourd'hui encore une pose constructiviste dans leurs propos identitaires. La prolifération du terme « créolisation » dans le champ de la critique littéraire est l'indice de ce changement. Le terme apparaît dans *Le Discours antillais* d'Édouard Glissant[51] en 1981 pour décrire les traits socioculturels des Antilles et devient ensuite central dans sa pensée. Comme il le répète dans sa critique[52] de l'*Éloge de la créolité* de Jean Bernabé, Patrick Chamoiseau et Raphaël Confiant[53], l'enjeu est de ne pas fixer les identités dans des essences, mais de porter toute l'attention sur le processus de créolisation, aux résultantes imprévisibles, dans un monde désormais relié. Le terme « hybridité » fait aussi florès à la suite du succès de *The Location of Culture* de Homi Bhabha[54], où ce dernier propose une théorie de l'hybridité culturelle. Est défendue l'idée selon laquelle l'écrivain dit « francophone », à l'identité hybride, invente sa propre langue au cours d'une négociation permanente entre sa culture d'origine et la culture française. Les années 1980 et 1990 voient ainsi se déployer une intense activité de néologie à vocation identitaire dans les pays qui ont en usage la langue française, comme le montre Paul Wijnands dans son *Dictionnaire des identités culturelles de la francophonie*, où il fait la liste de plusieurs dizaines de termes identitaires créés pour revendiquer une identité politiquement et culturellement distincte de la putative identité française[55]. Corrélativement, comme en témoigne Lise Gauvin dans *L'Écrivain francophone à la croisée des langues*, l'identité monolithique « francophone » se désagrège[56].

---

51 Glissant, Édouard, *Le Discours antillais*, Paris, Éditions du Seuil, 1981.

52 Glissant, Édouard, *Introduction à une poétique du Divers*, Montréal, Presses de l'Université de Montréal, 1995.

53 Bernabé, Jean, Chamoiseau, Patrick, Confiant, Raphaël, Éloge de la créolité, Paris, Gallimard, 1989.

54 Bhabha, Homi, *The Location of Culture*, London, New York, Routledge, 1994.

55 Wijnands, Paul, *Dictionnaire des identités culturelles de la francophonie : analyse du discours identitaire de langue française à travers 3000 notions*, Paris, CILF, 1993.

56 *Cf.* Gauvin, Lise, *op. cit.*, 1997, p. 6.

Autrement dit, la critique rejette la conception essentialiste de l'identité pour affranchir la littérature des assignations identitaires, sans toutefois se délester de la thématique identitaire, puisqu'elle s'attelle à montrer l'hybridité de l'auteur et de son œuvre. Semujanga est exemplaire de ce changement de paradigme de lecture quand il dénonce la thèse de l'« africanité » et propose de faire une « critique transculturelle » du roman africain[57]. Il estime en effet que « la critique prétend révéler les valeurs esthétiques nationales ou régionales des œuvres, alors que celles-ci sont caractérisées par des relations transversales où le lecteur averti découvre plusieurs espaces culturels entremêlés » (Semujanga, 2001, p. 144). Parce que diverses cultures et civilisations ont été mises en contact par les flux migratoires, la critique littéraire doit, selon lui, « repenser les schèmes explicatifs les plus éprouvés » et réviser le principe « un peuple, une nation, une langue, une littérature » à partir duquel elle fonde ses postulats de lecture (*ibid.*). Toutefois, de l'« africanité » à la « transculturalité », de l'identité « dure » de l'essentialisme à l'identité « molle » du constructivisme[58], l'identité est toujours au cœur de l'enquête du critique littéraire qui se penche sur la littérature dite « francophone ». Ainsi, en 1999, Michel Beniamino, dans *La Francophonie littéraire. Essai pour une théorie*, fait encore de l'importance qui est donnée aux formes de la revendication identitaire un trait caractéristique du champ littéraire francophone.

Le rejet des conceptions réifiantes de l'identité dans les études francophones et l'adjonction à l'identité de multiples épithètes issues des perspectives constructivistes (multiple, fragmentée, fluide, instable, contingente, construite, négociée, hybride, etc.) n'a pas permis d'ouvrir de nouvelles perspectives de recherche sur le corpus senghorien. Il n'est plus à démontrer que Senghor construit sa théorie de la négritude en y incorporant l'image du « Nègre[59] » et la pensée racialiste[60] de son

---

57 *Cf.* Semujanga, Josias, *Dynamique des genres dans le roman africain. Éléments d'une poétique transculturelle*, Paris, L'Harmattan, 1999.

58 Sur la distinction entre identité « molle » et identité « dure », *Cf.* Brubaker, Rogers, Junqua, Frédéric (trad.), « Au-delà de l'"identité" », *Actes de la recherche en sciences sociales*, n° 139, 2001, p. 66-85.

59 *Cf.* Delporte, Christian, « Images et Colonies », *Vingtième Siècle. Revue d'histoire*, n° 1, 1994, p. 129-131 ; Fanoudh-Siefer, Léon, *Le Mythe du nègre et de l'Afrique noire dans la littérature française (de 1800 à la Deuxième Guerre Mondiale)*, Paris, Klincksieck, 1968 ; Hoffmann, Léon-François, *Le Nègre romantique, personnage littéraire et obsession collective*, Paris, Payot, 1973.

60 *Cf.* Todorov, Tristan, *Nous et les autres : la réflexion française sur la diversité humaine*, Paris, Éditions du Seuil, 1989.

temps. Ce travail a déjà amplement été effectué par Jacques Louis Hymans dans son incontournable *Léopold Sédar Senghor, an Intellectual Biography*[61], et, sur un ton polémique, par Stanislas Spero Adotevi dans *Négritude et négrologues*[62]. Mon projet n'est pas de prendre sa défense contre l'accusation d'essentialisme qu'il essuie dès les années 1990. Souleymane Bachir Diagne le fait adéquatement dans son *Léopold Sédar Senghor : L'art africain comme philosophie*, où il montre que l'importance du concept de « métissage » chez Senghor interdit de présenter la négritude senghorienne comme une « simple métaphysique d'essences figées dans leur séparation » (Diagne, 2007, p. 13). La critique des conceptions substantialistes du groupe a néanmoins mis en question l'idée selon laquelle l'entité désignée par le terme « race » ou l'ethnonyme « négro-africain » dans les textes de Senghor avait une existence réelle. Il reste à savoir pourquoi les identités « dures » ont une place si centrale dans sa pensée et sa politique. Rien ne sert de le classer parmi les essentialistes pour démontrer que la négritude ne rompt pas avec l'épistémologie coloniale[63], et il est tout aussi inutile d'adopter l'identité « molle » comme catégorie d'analyse comme cela est actuellement de mise dans le champ des études francophones. L'hypothèse qui a guidé cette recherche était que le fait de comprendre pourquoi il a adopté l'identité raciale dans le contexte qui était le sien permettrait de saisir le lien entre le projet politique qu'il défendait à l'Assemblée nationale et ses propos sur la nature et l'efficacité de la poésie nègre de langue française. Comme je l'expose dans ce qui suit, cela supposait, premièrement, d'abandonner les schèmes du nationalisme qui ont biaisé la compréhension de ses textes, et, deuxièmement, ne pas adopter de l'identité comme catégorie d'analyse.

---

61 Hymans, Jacques Louis, *Léopold Sédar Senghor, an Intellectual Biography*, Edinburgh, Edinburgh University Press, 1971.

62 Adotevi, Stanislas Spero, *Négritude et négrologues*, Bègles, Le Castor astral, 1998 [1970]. Dans ce livre, qui est une version plus étoffée du discours qu'il a tenu au Festival Panafricain d'Alger en 1969, ce dernier accuse Senghor d'avoir adopté de manière non critique les stéréotypes coloniaux. *Cf.* Martin-Granel, Nicolas, « Senghor et les écrivains congolais : le malentendu », *in* Ranaivoson, Dominique (éd.), « Senghor et sa postérité littéraire. Actes du colloque de Cerisy-La-Salle », Metz, Université Paul Verlaine, 2008.

63 *Cf.* Mbembe, Achille, *De la Postcolonie. Essai sur l'imagination politique dans l'Afrique contemporaine*, Paris, Karthala, 2000.

NÉGRITUDE ET NATIONALISME

LA CRITIQUE DU « NATIONALISME MÉTHODOLOGIQUE »

Les historiens que je convoque dans cette recherche ont en commun de participer à la critique du « nationalisme méthodologique ». Cette expression s'est imposée dans les années 2000 pour désigner des paradigmes déconstruits et progressivement abandonnés par les sciences sociales. Le choix de l'État-nation comme échelle de l'analyse sociale et l'assimilation des sociétés aux États-nations a été fondamentalement remis en question, ce qui a permis de montrer que divers phénomènes sont mieux compris quand une autre échelle est choisie. Ce questionnement épistémologique est passé par la dénonciation de la naturalisation de l'État-nation par les sciences sociales et l'absence d'historicisation de l'actuelle prédominance du modèle de l'État-nation comme mode d'organisation politique universel. Cette critique a été entamée dès les années 1980 par les historiens du nationalisme qui ont déconstruit l'idée selon laquelle l'humanité est naturellement divisée en nations qui cherchent à s'organiser en États-nations. À sa place, adoptant des perspectives constructivistes, ils ont écrit l'histoire des nationalismes et des processus de construction des nations[64].

Des ouvrages désormais classiques ont nourri ma réflexion. J'indique notamment *Imagined Communities : Reflections on the Origin and Spread of Nationalism* de Benedict Anderson[65] et *Nations and Nationalism*[66] d'Ernest Gellner qui s'attaquent aux théories ethnonationalistes. Le second montre que, en Europe au XIXe siècle, les identités nationales sont forgées sous l'impulsion d'intellectuels nationalistes qui effectuent

---

64 *Cf.* Beck, Ulrich, « Nationalisme méthodologique – cosmopolitisme méthodologique : un changement de paradigme dans les sciences sociales », *Raisons politiques*, vol. 54, n° 2, 2014, p. 103-120 ; Dumitru, Speranta, « Qu'est-ce que le nationalisme méthodologique ? Essai de typologie », *Raisons politiques*, vol. 54, n° 2, 2014, p. 9-22.

65 Anderson, Benedict, *Imagined Communities : Reflections on the Origin and Spread of Nationalism*, London, New York, Verso, 2006 [1983]. Traduit en langue française par Pierre-Emmanuel Dauzat, *L'Imaginaire national. Réflexions sur l'origine et l'essor du nationalisme*, Paris, La Découverte, 1996.

66 Gellner, Ernest, *Nations and nationalism*, Oxford, Basil Blackwell, 1983. Traduit en langue française par Bénédicte Pineau : *Nations et nationalisme*, Paris, Payot, 1989.

un travail de transformation des cultures vernaculaires pour en faire une « haute culture ». Anne-Marie Thiesse, avec *La création des identités nationales*[67], participe à cette mise en lumière de la construction des identités nationales par les nationalistes des XIXe et XXe siècles à des fins de mobilisation politique et de légitimation des nouvelles structures étatiques. Elle met en évidence un modèle commun, une sorte de « kit » nationaliste listant les éléments de base d'une nation, dont des ancêtres fondateurs, une langue nationale, une histoire continue, un folklore, etc. Contrastant la France, qui était déjà dotée d'une langue et d'une littérature écrite, et l'Allemagne, où les écrivains du *Sturm und Drang* et du romantisme devaient convaincre les élites qu'il était possible de faire de l'allemand une langue de culture à l'instar du français, Thiesse met en lumière la relation entre la fabrication de langues nationales et l'émergence de littératures nationales. Elle montre aussi l'importance des systèmes éducatifs pour la diffusion de la langue nationale et l'inculcation du sentiment national à l'ensemble de la population[68].

Les études francophones peinent à prendre acte du renversement de perspectives qui a lieu dans le champ de l'étude du nationalisme. Quand les chercheurs le font, c'est pour remettre en question le concept de « littérature nationale » – c'est-à-dire française – en dénonçant le postulat romantique de l'existence d'une « essence nationale » sur lequel celui-ci se fonde[69]. Toutefois, comme l'indique Beniamino à la fin des années 1990, « les littératures francophones sont le domaine où s'expriment encore avec vigueur tous les mythes de la littérature nationale, chez les écrivains, ce qui peut se comprendre, mais aussi chez les chercheurs, ce qui est plus surprenant » (Beniamino, 1999, p. 258). Il estime qu'il peut être légitime que les acteurs adoptent le « nationalisme littéraire », mais critique le choix du nationalisme méthodologique par la recherche universitaire, qui risque de faire du domaine des littératures francophones celui « où les écrivains seraient encore soumis au déterminisme national,

67 Thiesse, Anne-Marie, *La Création des identités nationales. Europe XVIIIe-XXe siècles*, Paris, Éditions du Seuil, 1999.

68 Sur le rôle de l'entreprise d'éducation dans l'apparition de la conscience nationale en France rurale, *cf.* Weber, Eugene, *Peasants into Frenchmen : The modernization of rural France 1870–1914*, Stanford, Stanford University Press, 1976. Traduit en langue française par Antoine Berman et Bernard Géniès, *La Fin des terroirs : la modernisation de la France rurale 1870-1914*, Paris, Fayard, 1983.

69 *Cf.* Beniamino, *op. cit.*, 1999, p. 253-289.

ethnique ou même tribal» (*ibid.*, p. 263). Autrement dit, percevant et dénonçant un ethnonationalisme français dans le domaine des lettres, les chercheurs gardent des perspectives désormais caduques lorsque leurs recherches portent sur la littérature dite «francophone». Ainsi, en 1999, Beniamino écrit encore : «Dans la situation actuelle de la réflexion sur les littératures francophones, le problème provient peut-être, pour une large part, de ce que l'on se fixe plus ou moins consciemment comme objectif d'établir un parallélisme strict entre les littératures, les indépendances et la constitution des consciences nationales» (*ibid.*, p. 287). Ma recherche s'arrête aux indépendances et je ne mène donc aucune réflexion sur la relation entre négritude et construction des identités nationales dans les nouvelles nations africaines. L'hypothèse que je défends ici est qu'elle n'était pas conçue par Senghor comme un outil de constitution d'une conscience nationale[70], malgré le fait qu'il puise dans le répertoire des irrationalistes[71] et plus largement des Contre-Lumières[72], c'est-à-dire dans le même corpus que le nationalisme romantique. Rejeter les lectures nationalistes n'est pas soutenir l'idée selon laquelle son projet politique et son projet poétique sont sans lien, mais éviter toute lecture téléologique afin d'inscrire sa réflexion dans le contexte qui était le sien. Pour ce faire, les historiens du colonialisme français sont de première importance.

70 François Manchuelle, dans *Le rôle des Antillais dans l'apparition du nationalisme culturel en Afrique Noire francophone*, explique, à juste titre, qu'il est nécessaire de distinguer entre assimilation politique et assimilation culturelle. Relevant qu'il est possible de vouloir la première tout en refusant la seconde, il estime néanmoins que le refus de l'assimilation culturelle est une étape préalable à la revendication de l'indépendance politique. Après avoir montré que «les idées de la négritude, ainsi que la lutte pour les droits politiques et l'autonomie culturelle, avaient été présentes chez les Noirs francophones presque depuis la Révolution française», il conclut qu'«[i]l ne s'agissait pas encore de nationalisme puisque ces hommes ne recherchaient pas l'indépendance, même la plus éloignée, mais la prise de conscience du fait que les Noirs et les Africains possédaient une identité culturelle propre facilita la transition vers des positions indépendantistes» (Manchuelle, 1992, p. 403). En présentant le projet de décolonisation par fédéralisation de la France de Senghor dans la deuxième partie de cet ouvrage, mon propos vise à déconstruire l'idée que la «prise de conscience» de posséder une identité culturelle mène nécessairement à la revendication d'indépendance. Pour le dire autrement, la négritude ne peut être pensée comme un nationalisme culturel qu'après l'échec du projet fédéraliste de Senghor, c'est-à-dire après la dislocation de la France qu'il avait imaginée en multiples États souverains.

71 *Cf.* Hymans, *op. cit.*, 1971 ; Wilder, *op. cit.*, 2005.

72 *Cf.* Zaganiaris, Jean, «Qu'est-ce que les "Contre-Lumières" ?», *Raisons politiques*, vol. 35, n° 3, 2009, p. 167-183 ; Berlin, Isaiah, «The Counter Enlightenment», *in* Isaiah Berlin, *À contre-courant : Essais sur l'histoire des idées*, Paris, Albin Michel, 1988.

LE RENOUVELLEMENT DE L'HISTORIOGRAPHIE COLONIALE

Dans le dossier *L'écriture de l'histoire de la colonisation en France depuis 1960*[73], Sophie Dulucq fait le constat de la méconnaissance qu'ont les Français de leur passé colonial, mais remarque que la première décennie du nouveau millénaire, riche en polémiques, semble ramener à la mémoire de la France qu'il fut un temps où son territoire s'étendait dans le continent africain. En effet, l'adoption de la loi du 23 février 2005 a déclenché une vive polémique, notamment pour son article 4 dont le deuxième alinéa disposait que : « Les programmes scolaires reconnaissent en particulier le rôle positif de la présence française outre-mer. » La controverse a fait rage jusqu'à l'abrogation de cet alinéa par le décret du 15 février 2006. En juillet de l'année suivante, Nicolas Sarkozy, alors président de la République française, prononçait une allocution à l'université Cheikh-Anta-Diop de Dakar. Les critiques du « discours de Dakar » ont relevé l'absence de repentance pour les fautes françaises commises à l'époque coloniale et la tonalité paternaliste des propos du chef d'État, notamment dans son affirmation que « l'homme africain n'est pas assez entré dans l'Histoire » et que l'Afrique n'embrasse pas « l'idée de progrès » parce qu'elle « vit trop le présent dans la nostalgie du paradis perdu de l'enfance[74] ». Sarkozy, il est indéniable, a été mal conseillé par le rédacteur du discours Henri Guaino, mais il aura contribué à ce que les problématiques et mémoires coloniales resurgissent dans le débat public après une quarantaine d'années d'absence. Dans sa contribution au dossier, intitulée « Histoire coloniale : le retour[75] », Jean-Louis Triaud explique que l'avènement des indépendances a radicalement changé la place de l'histoire de la colonisation et de la décolonisation dans l'enseignement public français. Alors que l'Empire s'était profondément inscrit dans l'identité française pendant l'entre-deux-guerres, sa perte et sa remise en cause se sont faites au prix d'un véritable arrachement. Aux indépendances, l'historiographie rompt épistémologiquement, symboliquement et politiquement avec une histoire coloniale qui faisait

73 Dulucq, Sophie, Coquery-Vidrovitch, Catherine, Frémigacci, Jean, Sibeud, Emmanuelle, Triaud, Jean-Louis, « L'écriture de l'histoire de la colonisation en France depuis 1960 », *Afrique & histoire*, vol. 6, 2006, p. 235-276.

74 *Cf. Le discours de Dakar de Nicolas Sarkozy*, https://www.lemonde.fr/afrique/article/2007/11/09/le-discours-de-dakar_976786_3212.html (consulté le 24/11/2020).

75 Dulucq, art. cité, p. 238-249.

jusqu'alors l'apologie de l'Empire. Ainsi, dans les années 1960, nombre d'historiens épousent la cause des peuples colonisés, combinant « une histoire engagée anticolonialiste et une histoire des mouvements de lutte et des sociétés » (Dulucq, 2006, p. 240). Se consacrant à l'histoire des peuples et délaissant l'histoire des institutions impérialistes, ils se concentrent sur les combattants et la geste des indépendances. Il s'agissait alors de promouvoir une histoire de l'Afrique subsaharienne, jusqu'alors niée par la « grande Histoire » et stigmatisée par les héritiers de Hegel, qui voyait en elle le continent sans histoire par excellence. La période coloniale n'était pas oubliée, mais elle était, premièrement, considérée comme un moment circonscrit d'une histoire plus longue de l'Afrique (notamment grâce à une valorisation de la « tradition orale »), et, deuxièmement, écrite sous l'angle des « résistances », qui était alors un thème incontournable.

Les études littéraires se penchent sur la « littérature nègre de langue française » et écrivent l'histoire de la négritude à la suite de cette rupture. Lilyan Kesteloot, véritable pionnière, a soutenu sa thèse de doctorat *Les écrivains noirs de langue française : naissance d'une littérature* en 1961[76]. Publiée en 1963, et fréquemment rééditée depuis[77], cette thèse fait date et est encore aujourd'hui une référence classique dans les travaux sur Senghor. En adéquation à son époque, Kesteloot adopte ce que Triaud nomme « la geste des indépendances », qui est la narration rétrospective et téléologique du processus de décolonisation, et introduit ainsi l'idée

76 Dans « "L'Étudiant Noir" and the Myth of the Genesis of the Negritude Movement », Edward O. Ako indique que Kesteloot n'avait pas pu obtenir une copie de l'*Étudiant noir* à l'écriture de sa thèse et qu'elle a basé son « analyse » du contenu de ce journal à partir d'entretiens avec Léon-Gontran Damas et Senghor. Ako montre que les propos de Kesteloot, qui ont été repris par les diverses histoires de la littérature dite « francophone », sont faux. Il m'importe moins, comme le fait Ako, de montrer que les déclarations de Kesteloot sur l'*Étudiant noir* sont sans fondement, que de relever qu'elle crée une fiction de la genèse du mouvement de la négritude en reprenant le schéma narratif de la création des mouvements politico-littéraires européens du XIXe siècle. En effet, comme ces mouvements se sont cristallisés grâce à des périodiques dans lesquels les nationalistes romantiques publiaient leurs vues littéraires et sociopolitiques, Kesteloot, qui souhaitait voir dans la négritude un mouvement politico-littéraire, a jugé bon d'avancer que l'*Étudiant noir* a servi à une telle fonction. *Cf.* Ako, Edward O., « "L'Étudiant Noir" and the Myth of the Genesis of the Negritude Movement », *Research in African Literatures*, vol. 15, n° 3, 1984, p. 341-353.

77 *Cf.* Midiohouan, Guy Ossito, « Lilyan Kesteloot et l'histoire de la littérature négro-africaine », *Nottingham French Studies*, vol. 42, n° 2, 2003, p. 113-127.

selon laquelle Senghor imaginait la création d'États-nations indépendants comme le seul aboutissement possible de ce processus. Dans cette même décennie, Abiola Irele, qui fait autorité dans la critique de langue anglaise portant sur la négritude, soutient qu'elle est une idéologie apte à soutenir les mouvements indépendantistes dans « Négritude or Black Cultural Nationalism[78] ». Ces études ont en commun d'être menées au moment où le principe des nationalités[79] triomphe à l'échelle mondiale. En d'autres termes, les études francophones se forment au sein de la normativité internationale qui est la nôtre aujourd'hui, alors que Senghor mène sa carrière politique et consolide sa théorie quand la transformation normative n'est pas encore aboutie. L'historien Frederick Cooper nous rappelle : « En 1940, les empires coloniaux étaient un fait de la vie politique. En 1951, leur normalité et leur avenir devinrent incertains, et les luttes pour conserver, réformer et éliminer les systèmes coloniaux étaient partout quotidiennes. Dans les années 1960 survint une transformation normative d'ampleur mondiale : l'empire colonial n'était plus une forme légitime ou viable de régime politique » (Cooper, 2010, p. 77-78). Ainsi, le fait que l'Empire a aujourd'hui disparu du répertoire des formes politiques ne doit pas nous faire oublier qu'il était une forme légitime d'organisation politique à l'émergence de la négritude. Le Pacte de la Société des Nations signé en 1919, par exemple, entérine la « mission sacrée de civilisation » que doivent remplir les « peuples majeurs » à l'égard des « peuples mineurs ». Bien que la geste des indépendances soit en adéquation avec la normativité internationale actuelle, je propose de ne pas l'adopter comme grille de lecture, parce qu'elle tend à imposer l'idée selon laquelle les acteurs historiques prévoyaient le monde d'États-nations à venir, alors que le triomphe du principe des nationalités n'était qu'un avenir parmi d'autres possibles quand Senghor théorise la négritude.

---

78 *Cf.* Irele, Abiola, « Négritude or Black Cultural Nationalism », *The Journal of Modern African Studies*, vol. 3, n° 3, 1965, p. 321-348. Ses essais portant sur la négritude ont récemment été traduits en France : Irele, Abiola, *Négritude et condition africaine*, Paris, Karthala, 2008.

79 « Le nationalisme est essentiellement un principe politique, qui affirme que l'unité politique et l'unité nationale doivent être congruentes. [...] En résumé, le nationalisme est une théorie de la légitimité politique qui exige que les limites ethniques coïncident avec les limites politiques et en particulier, que les limites ethniques au sein d'un État donné – contingence déjà exclue formellement, par le principe dans sa formulation générale – ne séparent pas les détenteurs du pouvoir du reste du peuple » (Gellner, 1989, p. 11-12).

Dans *Freedom time, Negritude, Decolonization, and the Future of the World*[80], Gary Wilder met en exergue les gains d'une histoire non téléologique de la décolonisation et montre que les acteurs politiques de la IVe République n'identifiaient pas nécessairement l'émancipation coloniale à la libération nationale et l'autodétermination des peuples à la souveraineté étatique. Ainsi, jusqu'en 1958, l'autodétermination politique dans le cadre d'un État indépendant était absente des requêtes de Senghor et n'était pas l'objet de ses luttes politiques. Cela ne signifie pas pour autant qu'il acceptait le *statu quo*. Ainsi, dans ma première partie, j'ai souhaité mettre en évidence les contraintes et les possibles qui étaient les siens à l'émergence et à la consolidation de la négritude. Au lieu de raconter l'émergence des nationalismes, des aspirations indépendantistes et l'inéluctable avènement de l'État-nation, il s'est agi de reconstituer son horizon politique, de se demander comment il imaginait l'avenir de la relation entre l'Afrique et la France, de discerner le futur qu'il entrevoyait et exposait dans ses essais, d'identifier les ouvertures et les obstacles à la réalisation de ses projets, bref de comprendre la négritude à partir du point de vue qui était le sien au moment où il en proposait la théorie. Or cela implique de remettre en question son indépendantisme putatif, questionnement qui fait l'objet de mon premier chapitre.

Dans l'historiographie du Second empire colonial français, le rejet du nationalisme méthodologique a donné lieu à des travaux qui n'adoptent ni la distinction entre l'histoire de la France et l'histoire coloniale, ni l'opposition conventionnelle entre l'Empire colonial français et la République nationale. Ces historiens avancent qu'une histoire adéquate de l'impérialisme doit prendre l'Empire lui-même comme objet et mènent des recherches à son échelle. Le gain heuristique est de taille : l'adoption d'une échelle impériale dans l'historiographie de la France révèle que l'identité entre le territoire, la nation et l'État, présumée dans la théorie politique occidentale, n'a pas existé dans les faits. De la Révolution aux indépendances des années 1960, la France n'était pas un État-nation, mais un État plurinational et inégalitaire. En effet, les cinq Républiques françaises régnaient sur un empire colonial, et les territoires et populations de cet empire faisaient partie intégrante de la France. En somme, le

80 Wilder, Gary, *Freedom time, Negritude, Decolonization, and the Future of the World*, Durham, London, Duke University Press, 2015. *Cf.* aussi : Wilder, *op. cit.*, 2005.

renouvellement des perspectives a permis de remettre au premier plan le fait que des acteurs historiques comme Senghor ont mené leurs carrières politiques et littéraires comme membres d'une France inégalitaire et plurinationale en pleine réforme. En tant que penseur français issu des colonies et représentant à l'Assemblée nationale des membres mineurs de la nation française (il a lui-même été « sujet » jusqu'à son accession à la citoyenneté en 1932), Senghor réfléchissait à l'échelle de l'Empire et non de l'État-nation. Pour le dire avec Semujanga cité plus haut, pour aborder l'œuvre de Senghor, il est nécessaire de réviser le principe « un peuple, une nation, une langue, une littérature », non parce que la « poésie nègre de langue française » est le lieu de la mise en relation de cultures comme Semujanga le soutient, mais parce que la différenciation inégalitaire entre peuples ultramarins français et nation « ethnique » française est une caractéristique de la France dans laquelle Senghor écrit sa poésie, théorise la négritude et entre en politique. La présentation de cet État plurinational et inégalitaire qu'était la République impériale fait l'objet de mon deuxième chapitre.

LA NÉGRITUDE ET « L'IDENTITÉ »

IDENTIFICATION ET CATÉGORISATION

Dans l'article « Au-delà de "l'identité"[81] » qui a nourri ma réflexion, Rogers Brubaker fait l'inventaire des emplois du terme « identité » dans les sciences humaines et démontre que la grande hétérogénéité de ce qui est compris par ce terme le rend peu apte à permettre le travail conceptuel et théorique attendu de lui. Il montre que les emplois pratiques et analytiques du terme sont souvent confondus, en particulier dans les travaux qui portent sur l'émergence de solidarités de groupe sous l'effet de l'action sociale ou politique et dans la littérature qui porte sur la race, l'appartenance ethnique et le nationalisme[82]. Il ne nie pas l'importance de l'« identité » comme catégorie de la pratique, bien au contraire, il

81 Brubaker, art. cité, p. 66-85.
82 *Cf. ibid.*, p. 71-73.

rappelle que la plupart des formes de politique identitaire emploient des conceptions fortes de ce terme. Ces conceptions, qui insistent sur la similitude à travers le temps ou entre personnes, reposent cependant sur des présupposés problématiques, dont les deux suivants sont aisément identifiables dans la négritude senghorienne : (I) « L'identité est quelque chose que les gens (et les groupes) peuvent avoir sans en être conscients. Dans cette perspective, l'identité est une chose à découvrir et au sujet de laquelle on peut *se tromper* » ; (II) « [l]a conception forte de l'identité collective implique une conception forte des liens qui relient les membres d'un groupe entre eux et de l'homogénéité du groupe » (Brubaker, 2001, p. 74). Il est aisé de constater que Senghor conçoit l'« identité » dans son sens fort et que les termes « Nègre » ou « Négro-africain » sont porteurs de connotations essentialistes, mais mon propos ne vise pas à critiquer les présupposés problématiques sur lesquels il construit son système de pensée. Pour comprendre pourquoi la « race nègre » a une telle importance dans sa pensée poétique et politique, je ne peux pas prendre l'« identité » comme catégorie d'analyse, comme cela a cours dans les études francophones. En effet, si je prends l'« identité » dans son sens fort, comme le fait la critique culturaliste, je me voue à adopter les mêmes présupposés que Senghor et à postuler que les « Négro-africains » sont effectivement porteurs de la « négritude » ou de l'« africanité ». Si j'adopte une conception faible de l'identité, comme les études francophones depuis les années 1990, je ne peux que lui reprocher son essentialisme et déconstruire cette pierre angulaire de son édifice conceptuel qu'est la « race nègre ».

Je me suis donc inspiré de Brubaker, qui soutient qu'il est nécessaire de trouver un autre concept que l'« identité » pour « examiner la signification et l'importance que des gens donnent à des constructions telles que la "race", le "groupe ethnique" et la "nationalité" » (*ibid.*, p. 73). Il suggère le couple « identification » et « catégorisation », des termes qui non seulement impliquent des processus, mais en plus invitent à spécifier quels en sont les agents. Il propose de faire une distinction fondamentale entre l'auto-identification et l'identification et/ou catégorisation de soi par autrui, en particulier lorsque la catégorisation est opérée par les institutions détentrices de l'autorité et du pouvoir. Il rappelle alors que l'État moderne est l'un des agents d'identification et de catégorisation les plus importants : « l'État est ainsi un "identifieur" puissant, non parce qu'il serait capable de créer des "identités" au sens fort du terme – en général, il en est incapable –, mais parce qu'il dispose des ressources et des modes de comptage et de comptabilité sociale avec lesquels les fonctionnaires, juges, professeurs et médecins doivent travailler et auxquels les acteurs non étatiques doivent se référer » (*ibid.*, p. 75-76). Dans l'optique des chercheurs influencés par Pierre Bourdieu et Michel Foucault (pour qui la catégorisation est au cœur de la « gouvernementalité[83] » d'un État moderne), l'État cherche à détenir le monopole de la violence physique et symbolique légitime, c'est-à-dire le pouvoir de nommer, d'identifier et de catégoriser. Brubaker poursuit cependant avec une remarque de toute première importance pour mon propos : « Toutefois l'État n'est pas le seul "identifieur" important. [...] Même l'État le plus puissant n'a pas le monopole de la production et de la diffusion des identifications et des catégories ; et celles qu'il produit sont susceptibles d'être contestées. La littérature portant sur les mouvements sociaux [...] fournit des témoignages abondants sur la manière dont les leaders de ces mouvements contestent les identifications officielles et leur en substituent d'autres. Elle souligne les efforts que font ces leaders pour amener les membres de communautés putatives à s'identifier d'une certaine manière, à se considérer – pour un certain type d'objectifs – comme "identiques" entre eux, à s'identifier affectivement aussi bien que cognitivement les uns avec les autres » (*ibid.*, p. 75-76). En somme, il s'agit de considérer que Senghor est membre d'un État moderne qui produit des catégories, et que, en tant que chef de file de la négritude, il cherche à convaincre les membres d'une putative communauté raciale à s'identifier à la « race nègre » dont il dresse le portrait dans ses textes.

QUALIFICATION JURIDIQUE ET IDENTITÉS COLONIALES

Catégorisation

J'ai donc pris le parti de considérer que la catégorie juridico-politique attribuée par l'État français à ses ressortissants est de première importance. Depuis les années 2000, les historiens mettent en exergue le fait que la colonisation est de part en part traversée par le droit et qu'elle n'est en cela pas étrangère à la création de l'État moderne et le processus

83 *Cf.* Lascoumes, Pierre, « La Gouvernementalité : de la critique de l'État aux technologies du pouvoir », *Le Portique*, n° 13-14, 2004, http://journals.openedition.org/leportique/625 (consulté le 14/01/2019).

de nationalisation de la société française. En effet, dès le XIXe siècle, le gouvernement s'est attaqué au problème de l'unité nationale par la mise en place d'un appareil juridique unifiant la population et uniformisant le territoire, mais cette élaboration de l'isonomie républicaine en métropole était toujours en contradiction avec la possession de colonies et le maintien de relations coloniales foncièrement inégalitaires. Contre l'idée reçue du « centralisme juridique » français, les historiens du droit colonial rappellent que la métropole n'était qu'une partie du territoire où s'exerçait la souveraineté française et que, par conséquent, le « pluralisme juridique » prédominait dans la République française jusqu'aux indépendances. Dans une telle perspective, le régime de l'indigénat n'est pas compris comme législation d'exception et ensemble de pratiques exorbitantes du droit commun, mais comme caractéristique de la France impériale. Ces historiens, dont Emmanuelle Saada, s'intéressent aussi aux effets de ce droit dans la société coloniale et montrent que « la qualification juridique [est] au fondement des identités coloniales » (Saada, 2003, p. 9). Ainsi, dans le troisième chapitre, une attention particulière est portée aux catégories de l'administration coloniale de la IIIe République et aux catégories juridico-politiques qui les remplacent à la suite de l'adoption de la loi dite Lamine Gueye en mai 1946. Nous verrons que tous les ressortissants de la France sont « Français », mais qu'ils sont séparés en deux grandes catégories : le « citoyen » et le « sujet » sous la IIIe République ; le « citoyen de statut civil » et le « citoyen de statut local » sous la IVe République. D'une République à l'autre, le gain en droits est de taille, dont celui d'être représenté à l'Assemblée nationale, mais le « citoyen de statut local » n'aura jamais accès à une citoyenneté pleine. La perpétuation de cette inégalité explique mon choix du couple Français *minuto jure* et Français *optimo jure* pour désigner les deux grandes catégories juridico-politiques de la République impériale. Cela a aussi l'avantage de rappeler que tous étaient des administrés français, même s'ils l'étaient de manière différente.

Ségrégation

Le « sujet » qui devient « citoyen de statut local » est un « Français » qui n'est pas membre de la communauté souveraine. Comme pour l'ensemble des systèmes inégalitaires du XXe siècle, cette ségrégation repose sur des textes de loi. L'étude du droit colonial nous permet donc d'identifier sur quels critères de différenciation se basait le système colonial français. Carole Reynaud Paligot a démontré que le gouvernement français appliquait des politiques de ségrégation raciale sans faire recours au concept de race dans ses textes de loi[84]. Contrairement à ce qui était le cas dans les colonies britanniques et les États-Unis d'Amérique de la même époque, la « race » n'était donc pas une catégorie juridique en France. Autrement dit, puisque les Français d'Afrique et des Antilles n'ont pas l'expérience de la « race » comme catégorisation imposée par l'État, le « Nègre Nouveau » de Senghor n'est pas simplement la traduction en langue française du « New Negro » d'Alain Locke, mais sa translation dans un autre système de ségrégation. Il ne s'agit pas de nier le fait que les sociétés coloniales étaient racialement stratifiées et que le racisme prospérait dans les colonies, mais de comprendre comment le système inégalitaire français était configuré. À l'Assemblée nationale, Senghor s'est attaqué à l'inégalité légalement instituée au sein de l'État français, ce qui implique de connaître les critères qui justifiaient la différenciation des ressortissants français.

Cette mise en évidence des critères de ségrégation fait aussi l'objet de mon troisième chapitre. Nous y verrons que les Français *optimo jure* relevaient du *Code Civil* et les Français *minuto jure* de la « coutume » locale. C'est cette jouissance d'un statut personnel qui était pensée comme antinomique avec l'exercice de la citoyenneté. Comme l'explique Saada : « Pour la République, l'égalité est limitée par le statut personnel, la citoyenneté est ancrée sur les mœurs » (Saada, 2003, p. 16). Les implications sont de taille quand il s'agit de saisir le lien entre le projet poétique et le projet politique de Senghor. Dès lors que la France différencie ses ressortissants en fonction de leur culture, tout propos qui porte sur la « civilisation négro-africaine » ou la « poésie nègre de langue française » est intrinsèquement et non pas seulement accessoirement politique. Cela révèle en outre l'inanité de ce lieu commun des études francophones qu'est l'idée selon laquelle la France était assimilationniste dans son outre-mer. La politique d'homogénéisation de la nation française ne s'est pas étendue au-delà de la Méditerranée : l'administration coloniale n'a pas mis en œuvre des politiques « civilisatrices » par crainte

84 *Cf.* Reynaud Paligot, Carole, *La République raciale. Paradigme racial et idéologie républicaine 1860-1930*, Paris, Presses universitaires de France, 2006.

qu'un trop grand nombre d'« évolués » puisse légitimement candidater à la citoyenneté française. Dans les faits et jusqu'aux indépendances, le « grand partage » entre Français *optimo jure* et Français *minuto jure* n'a cessé d'être renforcé par le gouvernement au nom d'un assimilationnisme strict[85]. Une connaissance minimale du droit colonial est ainsi nécessaire à l'identification du caractère anticolonialiste du projet fédéraliste de Senghor qui fait l'objet des chapitres quatre, cinq et six. Certains concepts clés en sont directement issus : des termes comme « assimilation » et « association » sont au cœur de la « science coloniale » de l'entre-deux-guerres[86] ; le contenu juridique de catégories comme « Français », « citoyen », « indigène » et « sujet » est défini par le droit français de la nationalité.

Identification

L'administration considérait qu'il y avait autant de peuples sous sa tutelle que de normes locales. Le pluralisme juridique ne traçait donc pas seulement une ligne de partage entre les soumis au droit commun et les soumis au régime de l'indigénat, mais il divisait aussi le groupe « sujet » en divers ensembles de justiciables soumis à une pluralité de droits coutumiers[87]. Je propose de comprendre le recours que fait Senghor à la catégorie raciale à l'aune de ce parcellement des populations africaines sous administration française. En effet, alors que l'administration coloniale « tribalise », ce dernier ne cesse d'affirmer que la diversité des peuples n'est

85 Certes l'entreprise coloniale a été légitimée en France au nom d'une « mission civilisatrice », mais les historiens démontrent que ce discours n'a été que minimalement concrétisé dans les colonies de l'Afrique subsaharienne. Le livre de l'historienne Alice Conklin, *A Mission to Civilize* : The Republican *Ideas of Empire in France and West Africa, 1895-1930*, est devenu une référence sur l'évolution diachronique de la notion « mission civilisatrice ». Elle s'est intéressée à la façon dont les administrateurs coloniaux de l'AOF ont interprété le projet de « civilisation » des populations sous leur gouvernance et adapté l'idéologie assimilatrice républicaine à leur souci « d'association » et de « mise en valeur » des colonies.

86 Sur la genèse de la nouvelle doctrine coloniale française au tournant du XXe siècle, *Cf.* Deschamps, Damien, « Contre le citoyen, pour la République, par le fonctionnaire. L'association, une idéologie coloniale républicaine », *in* Baruch, Marc Olivier (éd.), *Serviteurs de l'État*, Paris, La Découverte, 2000, p. 197-210.

87 Ce droit coutumier, explique Saada, « a été le principal pilier sur lequel s'est appuyée la "politique indigène", à travers un processus que l'on pourrait qualifier de "tribalisation", chaque groupe de population étant caractérisé par et "enfermé" dans sa tradition, assez largement "inventée" » (Saada, 2003, p. 13).

que de surface et que tous sont membres de la « civilisation négro-africaine[88] ». La « race nègre » de Senghor est donc avant tout à comprendre comme une fiction politique. Le discours identitaire que nous trouvons dans le corpus ici étudié (formé de poésie, d'essais, d'interventions à l'Assemblée nationale, etc.) ne reflète pas une réalité sociale : il invoque un « nous, Négro-africains » dont il souhaite voir la réalisation.

Or, quand il propose aux Français d'Afrique de s'identifier à la « race nègre » et précise les caractéristiques de cette identité dans ses textes, il présente une identité qui n'est pas une catégorie officielle. Cependant, l'enjeu n'est pas de faire adopter les identités « Nègre », « Négro-africain » ou « Sénégalais » à la place des identifications officielles que sont le « citoyen » et le « Français ». Dans les chapitres sept et huit, l'étude du « nous » dans ses textes révélera qu'il cherche à susciter chez les destinataires de ses discours et essais le sentiment d'appartenir à des communautés emboîtées qui se déploient à trois échelles différentes. Il présente une communauté Négro-africaine (« nous, Négro-africains ») intégrée à une communauté de Français (« nous, Français »), qui est elle-même inscrite dans la communauté des hommes (« nous, hommes »). Si tous, en tant que membres de l'humanité, sont d'égale dignité, le partage d'un attribut commun, la nationalité française, fait la spécificité du groupe français. L'appartenance à la « civilisation négro-africaine » fait la particularité du groupe négro-africain. Si le groupe français est reconnu par le droit de la nationalité français et le droit international, le groupe « négro-africain » ne l'est que par Senghor et ceux qui adhèrent à son idéologie. La France, en effet, ne reconnaissait pas l'existence d'une « civilisation négro-africaine », mais de « peuples d'outre-mer[89] ». Senghor est donc face à deux défis. Premièrement, il doit amener les ressortissants de l'Afrique française à s'identifier comme « Négro-africains » et comme « Français », ce qui est une autocompréhension collective qui conditionne l'action sociale et politique d'une manière nettement anti-indépendantiste. Deuxièmement, il doit convaincre l'État français

88 Il exprime clairement cela dans l'article *L'Afrique noire. La civilisation négro-africaine* de 1952 : « Métissé de pygmées dans les forêts guinéenne et équatoriale, de sémito-kamites dans les plaines soudanaises, le Négro-africain ne laisse pas de présenter une unité remarquable sous sa grande diversité somatique et culturelle » (Senghor, 1964, p. 70).

89 *Cf. Constitution de 1946, IVe République*, https://www.conseil-constitutionnel.fr/les-constitutions-dans-l-histoire/constitution-de-1946-ive-republique (consulté le 22/06/2020).

de reconnaître l'unité de la « civilisation négro-africaine » cachée sous la diversité apparente des peuples. Cela pose la question de savoir si la condition de réalisation de la « communauté négro-africaine » qu'il imaginait était son incorporation dans la République fédérale française qu'il appelait de ses vœux.

ENGAGEMENT POLITIQUE, ENGAGEMENT POÉTIQUE

L'accession de Senghor à la citoyenneté en 1932 illustre une particularité de la France impériale : le passage de « sujet » à « citoyen », bien qu'exceptionnel, n'est pas impossible. Dans *The French Imperial Nation-State*, Wilder démontre que pour réconcilier « mission civilisatrice » et respect des coutumes indigènes, les administrateurs coloniaux se sont appuyés sur l'évolutionnisme pour comprendre la différence culturelle comme signe d'un retard sur l'axe du progrès[90]. Les « sujets » pouvaient ainsi être conçus comme des citoyens en devenir, et, grâce à cette logique de report temporel de la citoyenneté, le gouvernement français parvenait à concilier valeurs républicaines et différenciation inégalitaire de ses ressortissants. Entrant en politique en 1946, Senghor se bat pour que les Français des territoires d'outre-mer[91] obtiennent les pleins droits du citoyen, ce qui explique les nombreuses critiques de l'évolutionnisme que comportent ses textes. La négritude n'est donc pas seulement « la défense et illustration des valeurs noires » (Senghor, 1964, p. 7) contre les idéologies racistes et coloniales, elle est surtout son attaque de l'évolutionnisme qui justifiait le report de l'égalité.

Senghor critique la différenciation inégalitaire des Français au nom des valeurs républicaines et somme la République de se montrer fidèle à son « éternelle devise » en réalisant la citoyenneté sans cesse différée de ses ressortissants ultramarins. Nous verrons dans les parties 2 et 3 qu'il figure la France comme une « maison » et comme une « cité ». La première image met l'accent sur la « Fraternité » et la seconde sur l'« Égalité ». Elles ont leur pendant dans les métaphores de la « greffe », du

90 *Cf.* le chapitre 5 (« Temporality, Nationality, Citizenship ») de Wilder, *op. cit.*, 2005.

91 Ci-après les territoires d'outre-mer seront désignés par leur acronyme TOM.

« métissage » et de la « symbiose », lesquelles sont à relier à la « Liberté ». Figurant la relation mutuelle à établir entre la « civilisation française » et la « civilisation négro-africaine », elles laissent entrevoir que, pour Senghor, la Liberté n'est pas individuelle et ne peut qu'être vécue en communauté. C'est ainsi à la lumière de la République fédérale française et de la « communauté franco-africaine » figurées par ces métaphores qu'il s'agira de comprendre sa définition de la « poésie nègre de langue française » et la mission qu'il attribue au poète. Mon analyse des poèmes d'*Hosties noires* le démontre, pour Senghor, la poésie est au cœur même des relations communautaires. Mon dernier chapitre est ainsi une relecture de la fameuse postface du recueil *Éthiopiques*. Intitulée *Comme les lamantins vont boire à la source*, elle est communément considérée comme l'art poétique de Senghor. Prenant compte de son projet de décolonisation par fédéralisation de la France, il devient évident que, contre deux visions de l'avenir concurrentielles à la sienne – le devenir « civilisé » du « primitif » et le devenir indépendant du « colonisé » –, il propose au poète de créer la « poésie nègre de langue française », afin qu'elle soit le signe précurseur de la « communauté franco-africaine » qu'il espère.

ÉLÉMENTS DE CONTEXTE

La réflexion politique de Senghor se développe sous quatre régimes politiques français : la IIIe République, le régime de Vichy, la IVe République et la Ve République. Je propose ici des éléments du contexte historique et politique dans lequel il pense et disserte.

À la suite des travaux de Lilyan Kesteloot, la publication de la revue *L'Étudiant noir* en 1935 est communément retenue comme date de naissance du mouvement, parce que le mot « négritude » y apparaît sous la plume de Césaire. Entre cette publication et sa prise de fonctions politiques, Senghor écrit les poèmes d'*Hosties noires* et trois textes que je commenterai dans ce travail : *Le problème culturel en AOF* (1937), *Ce que l'homme noir apporte* (1939) et *Vues sur l'Afrique noire, ou assimiler et non être assimilés* (1943). Il est à noter que la débâcle de juin 1940 et la chute subséquente de la IIIe République sont un jalon marquant de cette période : les poèmes écrits avant juin 1940 forment la partie Éthiopie d'*Hosties noires* et ceux écrits après la partie *Camp 1940*.

Le ralliement de Félix Eboué à la France libre fait de l'Afrique-Équatoriale Française[92] le premier territoire de cet État. En janvier 1944, une conférence est organisée à Brazzaville, la capitale de cette fédération de colonies, pour déterminer l'avenir de l'Empire colonial français. L'idée fédérale fait des progrès, dans une atmosphère explicitement anti-sécessionniste[93]. Après la guerre, la France doit faire face à un climat international de plus en plus favorable au droit des peuples à disposer d'eux-mêmes et les mouvements anticoloniaux en Afrique du Nord et en Indochine menacent l'Empire de désagrégation. En réaction, le gouvernement français renforce l'incorporation de ses ressortissants et l'année 1946 voit l'ébranlement des assises de la politique coloniale française. La vingtaine d'Africains siégeant à l'Assemblée nationale constituante, organe qui rédige la Constitution de la IVe République et légifère dans l'entre-temps, joue un rôle non négligeable au sein de ce gouvernement. Certes peu nombreux, ces députés des territoires d'outre-mer sont néanmoins au siège du pouvoir. Le régime de l'indigénat est rapidement abrogé par une série d'actes législatifs et décrets au début de l'année. Le 11 avril 1946, l'Assemblée nationale française adopte la loi dite Houphouët-Boigny, qui supprime le travail forcé dans les territoires d'outre-mer. Ce même mois, ce député de la Côte d'Ivoire propose d'unifier la réglementation du travail dans les territoires d'Afrique[94]. La proposition d'une politique

92 Ci-après, l'Afrique Équatoriale Française sera désignée par son acronyme AEF.

93 Il suffit de se référer au discours d'ouverture de la conférence du Général de Gaulle. Il souligne que la guerre précipite les processus d'évolution des relations entre la France et son outre-mer. Cependant, éteignant toute revendication d'autonomie, il déclare « Nous croyons que, pour ce qui concerne la vie du monde de demain, l'autarcie ne serait, pour personne, ni souhaitable, ni même possible », et que les hommes qui « vivent sous notre drapeau » pourront « participer chez eux à la gestion de leurs propres affaires » quand ils se seront « élev[é] peu à peu jusqu'au niveau où ils seront capables » de le faire. Explicitement paternaliste, il annonce que la France, dont la « vocation civilisatrice » est inchangée, est « la nation dont l'immortel génie est désigné pour les initiatives qui, par degrés, élèvent les hommes vers les sommets de dignité et de fraternité où, quelque jour, tous pourront s'unir. » Elle continuera son œuvre, et « elle entend diriger [sur la route des temps nouveaux] les soixante millions d'hommes qui se trouvent associés au sort de ses quarante-deux millions d'enfants », *Discours de Brazzaville, 30 janvier 1944*, http://mjp.univ-perp.fr/textes/degaulle30011944.htm (consulté le 05/05/2018).

94 Le droit syndical n'apparaît en Afrique-Occidentale Française et à Madagascar qu'en 1937. La loi qui dote ces territoires d'un code de travail s'inspirant du droit français est votée

d'assimilation en faveur des colonies faite par Félix Eboué et retenue à la conférence de Brazzaville mène à la promulgation de la loi du 7 mai 1946, dite loi Lamine Gueye. Elle proclame citoyens français tous les ressortissants des territoires d'outre-mer, éliminant la distinction entre citoyen et sujet qui avait été pendant un siècle le principe d'organisation clé de la société coloniale française. La distinction entre Français *optimo jure* et Français *minuto jure* se perpétue néanmoins, grâce notamment au système du double collège électoral. Les députés coloniaux jouent un rôle particulièrement actif dans ce temps de basculement, et parmi eux figurent Amadou Lamine-Guèye, Senghor et Césaire, qui prennent la parole dans les débats constitutionnels et les âpres disputes sur les institutions à mettre en place pour gouverner l'Union française. En mars, Césaire remporte sa bataille pour la concrétisation du statut départemental des colonies antillaises. La Constitution de 1946 crée l'Union française et l'institue comme une union de citoyens, lesquels sont représentés par des députés à l'Assemblée nationale. Elle dispose aussi que cette Union est un corps indissoluble formé de différents types d'entités : les départements d'outre-mer pleinement assimilés, les « États associés » sous protection française et les territoires d'outre-mer, qui sont intégrés à la République et dont la modernisation est définie comme projet d'État. À cette fin, le Fonds d'Investissement pour le Développement Économique et Social (FIDES) est créé en 1946 et des programmes ambitieux de développement économique et d'éducation commencent à être mis en place. Devenu l'Union française, l'Empire est menacé par les séparatistes, mais aussi par les syndicats des fonctionnaires de l'AOF. De décembre 1945 à février 1946, un mouvement de grève de grande ampleur se déploie depuis Dakar, alors capitale de l'AOF. Cette grève révèle la capacité d'organisation des syndicats et force les autorités françaises à prendre au sérieux leurs revendications subséquentes. Par la suite, les syndicalistes n'ont pas défié le pouvoir colonial en le menaçant de sécessionnisme, au contraire, ils ont mis à profit le fait que l'AOF faisait partie intégrante de la République française. La citoyenneté obtenue en 1946 rendait les luttes syndicales légitimes : leur but était l'obtention des mêmes avantages sociaux et conventions collectives de travail qu'en

---

par le Parlement français en 1952. Elle met fin à la discrimination faite entre le régime applicable aux travailleurs autochtones et celui prévu pour les travailleurs européens.

métropole. Tout au long de cette période, l'action collective dans les TOM africains était coordonnée avec les députés africains à l'Assemblée nationale, dont Senghor, alors leader des Indépendants d'outre-mer[95]. Ces derniers, adoptant les positions des syndicalistes, s'engagèrent dans les débats parlementaires qui aboutirent notamment à la promulgation du Code du travail de 1952[96].

La date clé suivante est la promulgation de la loi-cadre Defferre le 23 juin 1956, qui autorise le gouvernement français à mettre en œuvre des réformes et à statuer par décret dans un domaine réservé en principe à la loi. Elle sonne le glas du projet fédéraliste de Senghor et annonce la victoire de son principal rival Félix Houphouët-Boigny[97]. Dès 1956, l'autonomie des territoires est renforcée au détriment des fédérations de territoires (AOF et AEF), déclenchant ce que Senghor nomme avec dépit la « balkanisation » de l'Afrique[98]. En référence au morcellement de l'Europe du Sud-est dans les années 1910, qui a vu la création d'une multitude d'États à la viabilité plus ou moins précaire et devenus objets des rivalités inter-impérialistes, il soutient que cette territorialisation

95 Sur les Indépendants d'Outre-Mer, *cf.* Guillemin, Philippe, « Les élus d'Afrique noire à l'Assemblée nationale sous la IVe République », *Revue française de science politique*, vol. 8, n° 4, 1958, p. 861-877.

96 De manière plus générale, Senghor est très actif au sein de l'Assemblée nationale : « Les archives parlementaires [...] font état, entre 1945 et 1958, de la participation de Senghor à huit commissions parlementaires ; du dépôt, à son nom, de quatorze propositions de loi ou de résolution ; et de plus de 300 interventions au cours des débats des cinq législatures. Senghor [...] semble avoir été un orateur prolixe, doué et courtois, très apprécié de ses collègues de l'hémicycle ». Atlan ajoute : « C'est sans doute ce qui lui valut, avec sa solide connaissance des dossiers, de se voir proposer un certain nombre de fonctions prestigieuses dans le domaine législatif ou dans l'exécutif : entre 1946 et 1955, Léopold Sédar Senghor a ainsi été membre, successivement ou simultanément, de la Commission Constitutionnelle des deux Assemblées Constituantes, de la Haute Cour de Justice, du comité directeur du FIDES, de la délégation française à l'Unesco, à l'ONU et à l'Assemblée Consultative Européenne de Strasbourg. En février 1955 il reçut un portefeuille ministériel au sein du gouvernement d'Edgar Faure, qui le nomma secrétaire d'État à la présidence du Conseil, spécialement chargé de la recherche scientifique puis de la révision constitutionnelle » (Atlan, 2006, p. 76-77).

97 *Cf.* Sabourin, Paul, « La loi-cadre Defferre (23 juin 1956) et Léopold Sédar Senghor », *in* Girault, Jacques, Lecherbonnier, Bernard (dir.), *Léopold Sédar Senghor : Africanité-Universalité*, Paris, L'Harmattan, 2001, p. 171-180.

98 Sur la place de ce concept dans les débats où se joue l'avenir du continent africain, *Cf.* Lefebvre, Camille, « La décolonisation d'un lieu commun. L'artificialité des frontières africaines : un legs intellectuel colonial devenu étendard de l'anticolonialisme », *Revue d'Histoire des Sciences Humaines*, vol. 24, n° 1, 2011, p. 77-104.

créera des unités trop petites pour contrebalancer le pouvoir métropolitain et laissera les territoires à la merci des blocs Est et Ouest. Il est rejoint par les syndicalistes, qui perdent l'accès aux ressources de la République, parce que les décrets d'application de la loi-cadre mettent le poids économique des droits sociaux sur le dos des divers territoires. Dès 1956, le cours de la décolonisation est irrémédiablement détourné vers les indépendances. Lors du référendum du 28 septembre 1958, Charles de Gaulle donne le choix entre voter oui à l'autonomie au sein de la Communauté française et rompre avec la France. La porte des indépendances est alors largement ouverte. Sékou Touré convainc les habitants de son territoire de voter non et la Guinée devient le premier territoire à obtenir son indépendance. La Communauté française instaurée par la Constitution de la Ve République n'aura fonctionné pleinement que durant l'année 1959 : dès avril 1960, les autres territoires de l'Afrique française quittent la Communauté. La Fédération du Mali, qui a rassemblé le Sénégal et la République soudanaise (actuel Mali) entre 1959 et 1960, signe le 4 avril des accords sur l'indépendance, proclamée officiellement le 20 juin 1960 à minuit à l'Assemblée fédérale malienne par son président Léopold Sédar Senghor.

En résumé, en 1944, le général de Gaulle déclare que l'indissolubilité de la France est un principe auquel on ne peut pas déroger ; en 1958, il offre aux TOM la possibilité de sortir de la Communauté française. En accédant à la citoyenneté en 1946, les populations des TOM obtenaient des droits politiques. Par l'œuvre conjointe des députés en métropole et des syndicalistes en Afrique de l'Ouest, la notion abstraite et politique d'équivalence entre les citoyens a été traduite en exigences concrètes. Comme le souligne Frederick Cooper : « Le gouvernement français découvrit rapidement que la logique de la citoyenneté impériale – l'équivalence juridique de tous les citoyens indépendemment de leurs régimes statutaires et de leurs pratiques culturelles – devenait la base de revendications de natures économiques et sociales – pour l'égalité des salaires, des services et des avantages sociaux, de l'éducation et du niveau de vie » (Cooper, 2010, p. 236-237). Le nombre croissant de défenseurs de l'anticolonialisme pragmatique de Raymond Cartier[99]

99 Dans « Speak Negritude but Think and Act French : The Foundations of Senghor's Political Philosophy », Denis Ekpo (2010, p. 232) : « Deux forces se sont opposées au succès de la vision de décolonisation de Senghor pour l'Afrique : la réapparition soudaine en France

parmi les députés de la IVe République est la preuve que la dévolution du pouvoir aux territoires d'outre-mer commençait à être préférée à la logique de l'équivalence au sein d'un État indissoluble. Cooper écrit : « Après avoir, en 1946, ouvert la porte aux revendications d'équivalence – dans l'espoir de couper court aux demandes d'autonomie nationale –, ils [les autorités françaises] saluaient en 1956 les appels à l'autonomie nationale qui coupaient court aux demandes d'équivalence » (*ibid.*, p. 305). Il s'agit donc de lire Senghor à la lumière d'une France prise en étau entre les menaces du sécessionnisme nationaliste et les revendications de citoyens qui souhaitaient obtenir la plénitude de leurs droits. Dès 1956, une décennie seulement après l'accession des sujets à la citoyenneté, le gouvernement français était prêt à ne plus incorporer les Français ultramarins : maintenir un État à faible différenciation s'était montré trop onéreux. En 1960, suivant l'exemple des Guinéens, les Africains des TOM gagnaient la souveraineté nationale sur leurs États, et, en échange, rendaient la citoyenneté française.

de l'ultra-nationalisme crypto-raciste et la radicalisation du nationalisme anticolonial africain. » (« Two forces worked against the success of Senghor's decolonisation vision for Africa : the sudden re-emergence in France of crypto-racist ultra-nationalism and the radicalisation of African anti-colonial nationalism. ») Il indique que nous avons aujourd'hui les preuves nécessaires à la validation de ce qui n'était qu'une hypothèse spéculative, à savoir que la décolonisation n'était pas simplement la victoire du nationalisme africain, mais aussi le fruit de la manipulation de celui-ci par le gouvernement avide de délester la France du poids de ses colonies. Depuis la publication de *C'était de Gaulle* d'Alain Peyrefitte (Peyrefitte, Alain, *C'était de Gaulle*, Paris, Fallois/Fayard, 1994), il est un fait connu que de Gaulle était en accord total avec le cartiérisme (Ekpo, 2010, p. 234) et que la Communauté française était un subterfuge pour « dissimuler efficacement son calcul cartiériste et son programme d'hygiène raciale de type Vichy » (« to conceal the Cartierist calculus and the Vichy-like agenda of racial hygiene », *ibid.*, p. 234) ; *cf.* aussi Ruz, Nathalie, « La force du "Cartiérisme" », *in* Rioux, Jean-Pierre (éd.), *La Guerre d'Algérie et les Français*, Paris, Fayard, 1990, p. 328-336.

PREMIÈRE PARTIE

L'HORIZON DES POSSIBLES EN SITUATION COLONIALE

Dans « Les littératures africaines sont-elles en mal de spécialistes ? », Xavier Garnier soutient que le manque de spécialistes en littératures africaines est la conséquence de la déshistoricisation du continent africain. Il propose alors de s'inspirer de la démarche de Georges Balandier pour « réfléchir au type de contact qu'un texte littéraire entretient avec son contexte historique[1] ». J'ai suivi cette recommandation. Garnier fait ici référence à l'article de Balandier, « La situation coloniale : approche théorique[2] », article publié en 1951 dans les *Cahiers internationaux de sociologie* et repris en 1955 dans *Sociologie actuelle de l'Afrique noire*. Cet article a été remis à l'honneur dans les années 1990 par l'historien Frederick Cooper et l'anthropologue Ann Stoler dans l'ouvrage collectif *Tensions of Empire. Colonial Culture in a Bourgeois World* dont ils sont les éditeurs[3]. Prenant appui sur ce texte, ces derniers ont trouvé une nouvelle voie d'approche pour étudier l'objet « colonial », une approche socio-historique qu'ils défendent contre l'histoire coloniale classique éprise de positivisme et contre les théorisations décontextualisantes des *Postcolonial Studies*[4]. Emmanuelle Saada (2001, p. 5-7), dans l'introduction au numéro *Georges Balandier lecture et relecture* des *Cahiers Internationaux de Sociologie*, précise que la relecture de l'article de Balandier a alimenté « [l]es nouvelles réflexions sur la situation coloniale » au sein des « nouvelles études coloniales » qui émergent dans les années 1990. À la publication de son article, Balandier était un des premiers à s'attaquer à l'anthropologie de son temps. En effet, il critique sa propre discipline pour n'avoir pas su prendre en considération le fait que la colonisation est créatrice de situations

1 Garnier, Xavier, « Les littératures africaines sont-elles en mal de spécialistes ? », communication au colloque *Littéraires : de quoi sommes-nous les spécialistes ?*, organisé par le groupe *Transitions*, les 25-28 juin 2014, à l'université de la Sorbonne nouvelle – Paris 3 », https://www.academia.edu/38509518/Les_littératures_africaines_sont-elles_en_mal_de_spécialistes (consulté le 13/03/2019).

2 *Cf.* Balandier, Georges, « La situation coloniale : approche théorique. », *Cahiers Internationaux de Sociologie*, vol. 11, 1951, p. 44-79.

3 *Cf.* Cooper, Frederick, Stoler, Ann (éd.), *Tensions of Empire. Colonial Culture in a Bourgeois World*, Berkeley, University of California Press, 1997.

4 *Cf.* Merle, Isabelle, « "La situation coloniale" chez Georges Balandier. Relecture historienne », *Monde(s)*, vol. 4, n° 2, 2013, p. 211-232.

particulières et dénonce la posture anhistorique qui la caractérise. Au lieu d'abstraire les peuples étudiés du contexte social et historique immédiat dans lequel ils se trouvent, Balandier innove en se penchant sur une unité d'analyse plus large que le groupe ethnique, qu'il nomme la « situation coloniale ». Approchant cette notion du concept de « conjoncture sociale particulière » de Georges Gurvitch et du « phénomène social total » de Marcel Mauss, il propose d'analyser cette « situation » à la fois dans son ensemble et en tant que système (Balandier, 1951, p. 76-77). Dans son commentaire de l'article de Balandier, Isabelle Merle identifie les trois principes qui, dans la perspective de ce dernier, structurent le système colonial. Le premier, pour Balandier, est la « race » : « La situation coloniale recouvre une société dominée par une minorité agissante qui organise une hiérarchie des "groupes" sur le principe fondamental de la "race" ». Merle remarque toutefois que « Balandier voit dans la race un élément structurant essentiel puisqu'il s'appuie sur l'exemple de l'Afrique du Sud et plus largement les exemples de sociétés fortement marquées par la racialisation des rapports sociaux et l'existence de ce qu'on appelle la *Colour Line* ou *Colour Bar* qui trouve une réalité pratique dans les politiques publiques de ségrégation » (Merle, 2013, p. 225). Il s'agira de se demander si la situation est la même dans les colonies françaises. Le second critère de hiérarchisation des groupes dans les colonies est l'« état de civilisation ». Merle relève que, selon Balandier, « [l]a hiérarchisation à l'œuvre dans la situation coloniale repose aussi sur la civilisation selon la lecture évolutionniste classique : "Le primitif et le civilisé, le païen et le chrétien, les civilisations techniques et les civilisations 'arriérées'"[5] » (*ibid.*, p. 226). Le troisième principe structurant le système est la nationalité. Merle le loue Balandier pour avoir pressenti qu'il est nécessaire d'être attentif aux nuances des hiérarchies coloniales dans la « situation coloniale », mais elle avance qu'il a manqué de perspicacité sur ce point. Elle explique, en effet, que « [d]ans l'empire français, c'est moins la nationalité qui ordonne les groupes que le clivage fondamental entre "citoyens" et "sujets", auquel s'ajoute pour ces derniers la possibilité d'appliquer un régime d'exception : le régime de l'indigénat » (*ibid.*, p. 227).

Dans le premier chapitre, je reviens sur une hypothèse qui oriente la compréhension de la négritude depuis la publication de *Les écrivains noirs*

5 Elle cite le cite ici dans Balandier, Georges, « La notion de "situation coloniale" », *Sociologie actuelle de l'Afrique noire*, Paris, Presses Universitaires de France, 1963, p. 22.

de langue française : naissance d'une littérature de Lilyan Kesteloot. Par la lecture des textes de Senghor, il s'agit de mettre en question la thèse selon laquelle elle est une idéologie qui a animé l'indépendantisme africain. Les chapitres deux et trois sont une présentation de la « situation coloniale » dans laquelle il a mené sa carrière de poète et d'homme politique. Dans le chapitre deux, je montre que la France, jusqu'aux indépendances, était un État plurinational et inégalitaire. Partant, la France sur laquelle Senghor portait ses réflexions comprenait la métropole et les colonies. Elle est la même que celle des « humanistes coloniaux » que je présente, hommes qui réformèrent profondément la politique coloniale de l'entre-deux-guerres et cherchaient à trouver une solution au problème de l'incompatibilité des principes républicains avec la pratique de l'autoritarisme dans les colonies. Le chapitre trois met l'accent sur le droit colonial et le statut juridique des ressortissants français. La présentation de cet horizon juridique permet de mettre en exergue l'interaction entre les trois principes structurants de la « situation coloniale ». Relevant le fait qu'il n'existait pas de *Colour Line* dans le Second empire colonial français et que la ségrégation française entre Français *optimo jure* et Français *munito jure* reposait sur le droit privé auquel le ressortissant est soumis, il s'agira de comprendre comment les juristes du droit colonial configuraient la relation entre la « race », l'« état de civilisation » et la « coutume ».

En somme, pour échapper au Senghor des études « francophones », je montre qu'il imagine un autre avenir pour l'Afrique française que les indépendances ; je rappelle que l'Outre-mer fait partie intégrante de la République dans laquelle il mène sa carrière ; je présente la ségrégation mise en œuvre par le droit et propose de comprendre son utilisation de la notion de « race » et de la catégorie « Français » à l'aune de cet horizon juridique. Cette présentation non exhaustive de la « situation coloniale » au sein de laquelle Senghor réfléchit et écrit permettra une meilleure compréhension de ses textes et poèmes, qui seront commentés dans la partie II et III de ce travail. Il m'importe avant tout de présenter le contexte dans lequel naît son projet de décolonisation de la France par sa fédéralisation, afin de montrer que la République Fédérale Française qu'il imaginait n'était pas un projet utopique, mais une solution possible de ce qu'il a nommé le « problème de la colonisation » (Senghor, 1964, p. 39) dans son essai *Vues sur l'Afrique noire, ou assimiler, non être assimilés.*

SENGHOR EST-IL INDÉPENDANTISTE ?

L'INTRODUCTION DE *LIBERTÉ II, NATION ET VOIE AFRICAINE DU SOCIALISME*

En 1971, onze ans après les indépendances africaines, le deuxième tome de *Liberté* est publié. Dans l'introduction qu'il écrit pour ce volume, Senghor présente les textes qu'il a rassemblés comme « les plus significatifs de quinze ans de lutte : de pensée et d'action politiques » (Senghor, 1971, p. 7) et précise que *Liberté II* est la compilation des articles et discours écrits entre 1946 et 1960, « année de l'Indépendance » (*ibid.*). Ainsi, nous lirons les textes d'un Senghor député français siégeant à l'Assemblée nationale en tant que représentant de la circonscription Sénégal-Mauritanie, de l'époque où il était membre de la Section française de l'Internationale ouvrière à celle où il est fondateur du Bloc démocratique sénégalais et créateur du groupe parlementaire des Indépendants d'outre-mer[1].

Senghor entame son introduction en expliquant le sous-titre de ce tome : *Nation et Voie africaine du socialisme.* Ces clarifications sont nécessaires : si plusieurs des textes du recueil font preuve de sa volonté de théoriser un socialisme africain, le terme « nation » peut étonner le lecteur. Nous verrons que ce terme n'est pas absent des textes présentés par cette introduction, mais qu'il n'y désigne ni le Sénégal, ni la Guinée, ni la Côte d'Ivoire, bref, aucun des États qui deviennent indépendants entre 1958 et 1960. Dans *Liberté II*, la « nation » désigne la « nation

1 Senghor fonde le Bloc Démocratique Sénégalais [désormais BDS] et le groupe parlementaire des Indépendants d'outre-mer en 1948 lorsqu'il quitte la Section Française de l'Internationale Ouvrière [désormais SFIO]. Le BDS devient le Bloc Populaire Sénégalais en 1957 (c'est-à-dire dans l'ère post loi-cadre Defferre) puis l'Union Progressiste Sénégalaise en 1958 (après l'instauration de la Ve République). L'Union Progressiste Sénégalaise sera le parti de Senghor jusqu'en 1976.

française ». Senghor poursuit son introduction en annonçant que « la plupart des textes portent sur la décolonisation », mais il se hâte de définir celle-ci comme « le préalable de toute construction nationale » (*ibid.*). À la rédaction de cette introduction, Senghor est un homme politique depuis vingt-cinq ans et le président de la République du Sénégal depuis le 20 août 1960. C'est donc un Senghor président qui justifie le sous-titre de son recueil de textes et qui laisse entendre que l'objectif des « quinze ans de lutte » comme député français était de rendre possible la construction nationale dont la décolonisation était le préalable. Ce rapide récit d'une lutte à l'Assemblée nationale reconstruit en 1970 par le Président du Sénégal est séduisant, mais il peinera à convaincre les lecteurs des textes du recueil. Senghor en est conscient : « Je le sais bien, certains ne manqueront pas de relever certaines *contradictions* », écrit-il au cœur du second paragraphe où il défend son cas. Ces lecteurs vétilleux « feront remarquer qu'ayant, en 1946, revendiqué l'indépendance, au besoin par la force, il nous a fallu attendre jusqu'en 1958 pour la réclamer officiellement, au nom de notre parti. Et ils auront raison » (*ibid.*). À ces lecteurs fictifs, Senghor répond :

> À cela, nous pourrions répondre, reprenant un mot du mahatma Gandhi : « La sincérité n'exclut pas l'habileté. » Et il est vrai que notre politique avait sa stratégie, et même sa tactique. Mais, je le confesse, dussé-je décevoir les grands squales, après vingt-cinq ans de vie politique, dont quinze ans sous le régime colonial, nous croyons encore aux vertus – je dis à l'efficacité – de l'honnêteté et de la loyauté (*ibid.*, p. 7).

Bien qu'il soit l'auteur des textes reproduits dans *Liberté II*, Senghor parle à la première personne du pluriel, au nom de son parti. L'objectif qui sous-tend son propos est manifestement de présenter ses vingt-cinq années de vie politique comme continues, bien que quinze d'entre elles soient placées sous le régime colonial et dix à la tête d'un État. « Nous ne disons pas que nous y avons toujours réussi, il reste que nous avons toujours voulu penser notre action politique » (*ibid.*, p. 7), écrivait-il quelques lignes plus haut. Il affirme donc que sa vie politique n'a pas été faite d'improvisation opportuniste ni d'adaptation à des circonstances non maîtrisables. Bien au contraire, l'action politique de son parti serait le moteur même du processus de décolonisation, et sa pensée politique, efficace, serait identique à elle-même avant et après l'indépendance. Ici, dans sa réponse à ses lecteurs fictifs, il présente le standard éthique auquel il dit se soumettre. L'excellente réputation de Gandhi lui permettait de défendre qu'il soit possible d'être sincère et habile, mais il préfère opposer la « sincérité », l'« honnêteté » et la « loyauté » à l'« habileté ». Par conséquent, si « stratégie » et « tactique » peuvent être synonymes d'« habileté », ce n'est que dans le sens de compétence politique, et non dans un quelconque sens qui connoterait une improbité. Nous voyons ici l'*ethos* de l'orateur se construire, qui veut présenter son action politique comme le fruit de convictions politiques et morales. Les expressions « je le confesse », « nous croyons encore aux vertus », « grâce à cette conviction » (ci-après) servent à éliminer tout soupçon d'opportunisme : l'action politique du « nous » est mue par sa pensée politique, fondée sur une éthique, laquelle ne peut être altérée par les changements de circonstances. Il est alors surprenant que Senghor laisse entendre, à la fin de ce paragraphe, que le « nous » jouait un double jeu et défendait un fédéralisme de façade qui lui permettait de temporiser en attendant que les conditions de l'indépendance soient réunies :

> C'est grâce à cette conviction, fortifiée par notre option socialiste, que, jugeant l'indépendance impossible avant une génération, nous avions, pendant de nombreuses années, loyalement joué la carte d'une *République fédérale française* dans une Communauté confédérale. Cependant, cette fédération nous semblait de plus en plus impossible à mesure que nous en examinions les conditions de réalisation. D'où, en 1958, la résurgence de notre revendication (*ibid.*, p. 7-8).

Écourté par la prise de connaissance de l'ensemble des conditions de réalisation de la République fédérale, l'entre-deux est présenté comme un temps de préparation. Victorieux en 1960, le « nous » aurait été assidûment indépendantiste, car, comme l'indique le sens littéral du terme « résurgence », leur revendication aurait toujours été présente telle une nappe phréatique sous la surface fédéraliste.

Dans la dernière partie de cette introduction, Senghor présente divers partis politiques, dont deux partis fédéraux qui couvraient l'ancienne Afrique-Occidentale française (le Parti du Regroupement africain et le Parti de la Fédération africaine). Ces derniers, précise-t-il, ont été créés après 1958 et « devant les menaces de *balkanisation* » (*ibid.*, p. 8). Ce terme désigne, dans le langage de Senghor, le fractionnement de l'AOF en États autonomes dès la promulgation de la loi-cadre Defferre en juin 1956. Il écrit ensuite, dans le paragraphe qui conclut son introduction, que cette balkanisation s'est malgré tout achevée en août 1960 :

> Avec l'achèvement de la balkanisation en août 1960, il n'y a plus vraiment de parti fédéral dans les États francophones d'Afrique noire. Il n'empêche que l'esprit en subsiste toujours, comme en témoignent les nombreux essais de regroupements politique, économique ou culturel. L'Afrique est à la recherche de son unité. Comme l'Europe, l'Asie et l'Amérique. Elle ne sera pas la dernière à la trouver (*ibid.*).

Août 1960 est aussi la date des indépendances de la grande majorité des colonies françaises d'Afrique. Les indépendances marquent donc l'aboutissement des deux processus de décolonisation et de balkanisation dont il est question dans cette introduction. Autrement dit, Senghor assure que le but de l'action politique sous régime colonial du parti dont il est membre et fondateur était, premièrement, de provoquer la scission entre l'Afrique noire et la France et, deuxièmement, de créer un État fédéral qui aurait fait l'unité de l'ancienne AOF. La note optimiste finale indique donc qu'une fédération africaine avait toujours été souhaitée et qu'une fois créée elle serait semblable à l'Europe, qui est déjà dotée d'institutions à l'écriture de cette introduction. Plus encore, Senghor laisse entendre que le « nous » avait toujours imaginé un État fédéral continental, dont la frontière nord devait été marquée par la Méditerranée. Or il n'est jamais question d'une Afrique fédérale séparée de la France dans les textes de *Liberté II*, ce qui me porte à conclure que soit Senghor cachait fort habilement son indépendantisme, soit il adapte le récit de sa lutte comme député français à ses circonstances de 1971, lesquelles sont différentes de l'avenir qu'il imaginait à l'écriture de ses textes.

Senghor cherche manifestement à convaincre de la continuité de sa pensée et de la cohérence de ses vingt-cinq ans de vie politique. Il écrit que « cette action politique, nous l'avons toujours fondée sur une certaine idée de l'homme et, d'abord, de l'homme négro-africain, historiquement et géographiquement situé. Bref, sur la culture, très précisément, sur le concept de *Négritude*, qui court à travers, qui anime tous les tomes de *Liberté* » (*ibid.*, p. 7). Comme la série *Liberté* rassemble des textes écrits avant et après les indépendances, cette idéologie devient, dans cette introduction, à la fois le fondement d'un indépendantisme caché sous un fédéralisme pendant les quinze premières années de vie politique et le soubassement de la construction nationale subséquente à l'indépendance du Sénégal. À la lecture de tels propos, on ne peut que comprendre la négritude comme une idéologie nationaliste. Je soutiens toutefois que donner foi aux propos tenus par Senghor dans cette introduction est préjudiciable à la compréhension du projet politique et poétique qu'il menait avant les indépendances. Je propose donc de ne pas prendre au mot celui qui nous assure ici de son honnêteté et de ne pas se fier à ce récit où il se présente en indépendantiste victorieux. Je ne veux pas être plus vétilleux encore que les lecteurs qu'il met en scène, mais je suggère que les reproches qu'il met dans leur bouche masquent ce qui est véritablement à découvrir. Senghor est l'auteur des contradictions relevées par ses lecteurs fictifs, mais, en tant que lecteur réel de ses textes, j'avance qu'il est plus intéressant de ne pas chercher à tout prix à retrouver une cohérence entre la lutte politique qui précède et la construction nationale qui succède à l'indépendance. Contre les propos qu'il tient dans cette introduction écrite en 1971, je défendrai la thèse que l'objectif de son action politique n'était pas la « libération » de l'Afrique, mais la réalisation de l'État pluricontinental et plurinational qu'aurait été la République fédérale française.

Senghor a-t-il été indépendantiste ? Je soutiens que non. Puisqu'il nous propose ses textes comme « témoin[s] », je les laisserai parler : « comme dans *Liberté I* [...] nous avons gardé le texte ancien tel qu'il a été publié la première fois, parce qu'il est témoin, et qu'à ce titre, il participe d'une vérité historique » (*ibid.*, p. 8). Commençons alors par relire l'entretien paru dans *Gavroche* le 8 août 1946, où la première revendication d'indépendance est enregistrée.

« NOUS NE VOULONS PLUS ÊTRE DES SUJETS »

Le 8 août 1946, une interview de Senghor paraît dans l'hebdomadaire socialiste *Gavroche*[2] à laquelle le journaliste a donné le titre *Nous ne voulons plus être des sujets*. Il s'agit du deuxième texte de *Liberté II*. Une rapide présentation du contexte donnera sens à cette présence du terme « sujet » dans le titre. Senghor, que le journaliste nomme « notre sympathique député noir », siège à la seconde Assemblée nationale constituante élue le 2 juin 1946. À la date de cet entretien, la rédaction du nouveau projet de Constitution est en cours. « Sujets », les ressortissants des territoires d'outre-mer ne le sont plus depuis la promulgation de la loi du 7 mai 1946, dite loi Lamine Guèye, entrée en vigueur le 1er juin. Désormais, « tous les ressortissants des territoires d'outre-mer [...] ont la qualité de citoyen, au même titre que les nationaux français[3] ». Cette loi est nommée d'après Lamine Guèye, alors maire de Dakar et député socialiste (SFIO) de Sénégal-Mauritanie à l'Assemblée nationale constituante, où il représente les ressortissants de statut civil français[4]. Senghor, élu comme représentant des ressortissants de statut civil local, est son colistier. En août 1946, cette extension de la citoyenneté n'est pas encore constitutionnalisée : la loi sera partiellement reproduite par l'article 80 de la Constitution du 27 octobre 1946. *De jure*, les citoyens de statut civil local ne sont plus « sujets », Senghor en est parfaitement conscient, mais le titre de l'article, tiré d'une des phrases de cet entretien, avance que, *de facto*, ils le sont encore. L'entretien portera donc sur les solutions à apporter pour mettre fin à la situation dont le « nous » porté par Senghor ne veut plus. Mais propose-t-il l'indépendance comme solution, tel qu'il l'affirme dans son introduction à *Liberté II* ?

---

2 Il s'agit du *Gavroche* n° 102 du 8 août 1946. Je n'ai pu en retrouver que la première page, qui arbore en grands caractères le titre d'un article de Jean Texcier, *Droits de l'homme et droits des peuples*. Ce dernier est le directeur politique du périodique et il est possible qu'il soit le journaliste qui s'entretint avec Senghor et rédigea ce texte.

3 *Loi n° 46-940 du 7 mai 1946 tendant à proclamer citoyens tous les ressortissants des territoires d'outre-mer*, http://mjp.univ-perp.fr/france/loi1946-940.htm (consulté le 12/03/2019).

4 Amadou Lamine-Gueye (1891-1968) est un homme politique sénégalais, issu d'une famille originaire de la commune de Saint-Louis. Membre de la SFIO, il est docteur en droit et ancien magistrat. Senghor sera son protégé jusqu'à leur rupture en 1948 et la fondation du Bloc Démocratique Sénégalais.

Le journaliste commence par faire référence à *Vues sur l'Afrique noire, ou assimiler non être assimilés*, publié en 1945 dans *La Communauté impériale française.* En voici les deux premiers paragraphes. Dans le premier, Senghor rend explicite le fait qu'il conçoit sa réflexion comme une contribution à la conversation en cours qui porte sur l'avenir de l'Empire :

> Nos revers de 1940 auront eu ce résultat, fécond entre tous, qu'ils auront amené métropolitains et indigènes des Colonies, je ne dis pas à reposer le problème de la colonisation, mais à le repenser. C'est que sa solution, chacun le sent, est à la base même de la renaissance française. Depuis 1940, le mot « Empire » a acquis un prestige quasi magique. Il a été un des pôles de la pensée politique française. Et l'on n'a pas manqué de parler de « la fidélité de l'Empire ». Plus d'un s'en est étonné, s'en est émerveillé, s'en est félicité.

Le point de départ de la réflexion qu'il va déployer, on le voit, est la fidélité de l'Afrique à la France pendant la guerre. C'est elle qui force à repenser le « problème de la colonisation ». Elle est le thème de son second paragraphe, où Senghor, contre l'idée d'une passivité africaine, présente une Afrique volontairement fidèle :

> Cette fidélité était, est pourtant naturelle. Du moins pour l'Afrique noire que je connais et dont je veux parler ici. [...] Ce n'est pas que la fidélité noire n'eût pas été mise à l'épreuve. Je n'insisterai pas sur certaines maladresses qui furent commises par l'Administration locale et qui blessèrent l'Indigène dans sa dignité. Mais celui-ci aurait trouvé particulièrement laid d'abandonner la Nation défaite ; surtout il sut, comme toujours, distinguer les erreurs de l'Administration locale de l'*esprit* de la Métropole. Et l'Afrique noire ne bougea pas (*ibid.*).

Mise à l'épreuve par l'Administration coloniale et révélée pendant la guerre, la fidélité de l'Afrique noire découle selon Senghor des qualités propres des habitants de ce continent (elle est « naturelle ») et s'explique par leur système de valeurs (« [l'Indigène] aurait trouvé laid d'abandonner la Nation défaite »). Tout en euphémismes, il indique néanmoins que la sujétion était pénible à vivre, mais plutôt que de dénoncer les crimes et d'en faire la source de revendications, il dote l'Indigène de la dignité et des qualités morales qui ne lui étaient pas reconnues par le colonisateur, invalidant ainsi l'hypothèse d'une résignation de l'Indigène à sa situation. Senghor n'était pas encore député quand il a écrit cet essai. En revanche, lorsqu'il donne l'entretien, il siège à l'Assemblée constituante et lutte pour que cet « *esprit* de la Métropole », que l'« Indigène » distinguerait si bien, s'incarne dans la constitution de la IVe République et anime l'administration des territoires d'outre-mer.

Citant cet article, le journaliste définit le plan de son entretien : la première partie portera sur la fidélité de l'Afrique, la seconde sur les solutions que Senghor propose au problème. Il commence donc la discussion en revenant sur l'affirmation que l'outremer a volontairement maintenu ses liens avec la France. Senghor confirme que son opinion est restée la même :

> – Eh bien, la première constatation à faire, me semble-t-il, est que les peuples d'outre-mer, même quand ils se trouvent dans des conditions propres à leur permettre de se libérer, pouvaient ne pas rompre leurs liens…
> – Mais si ces populations l'avaient voulu, l'eussent-elles pu vraiment ?
> – Certes, une rébellion n'est jamais facile… Cependant, ces hommes de couleur ont fait mieux que de ne pas s'insurger, ils ont travaillé pour la France résistante (Senghor, 1971, p. 17).

L'enjeu du dialogue est de définir si la relation est choisie ou subie par les peuples d'outre-mer. Senghor veut imposer comme constat que ces peuples avaient la possibilité, entre 1940 et la Libération, de secouer le joug colonial que la France avait mis sur leurs épaules, mais le journaliste l'interrompt d'emblée en mettant en doute la validité de cette prémisse. Or choisir de conserver des liens quand ils peuvent être rompus est fort différent de vouloir se libérer sans en être capable. Dans la concession qu'offre Senghor en réponse, « se libérer » et « rompre leurs liens » se traduisent en « une rébellion ». Il ne peut éviter de le concéder, car, malgré la faiblesse de la France, l'autorité coloniale était encore présente dans les colonies, et donc toute sécession passait nécessairement par la révolte et la prise du pouvoir. Le journaliste lui a imposé cet écart, mais Senghor retrouve sa ligne argumentative et remet l'accent sur l'initiative africaine. Il insiste sur le fait que les peuples d'outre-mer n'ont pas seulement entretenu le lien au moment même où la France ne pouvait plus l'imposer par la force, mais qu'ils ont en plus donné leur vie pour la France résistante. Dans la suite que je n'ai pas reproduite, il indique que seuls des « nègres » furent fusillés comme gaullistes, les « Blancs » ne s'engageant que fort tardivement et frileusement dans la Résistance. Cela soulève la question de savoir pourquoi il insiste tant sur cette volonté de l'Afrique de rester française quand les autorités coloniales n'étaient plus en état de maintenir leur coercition. Senghor l'a compris, cette fidélité, révélée pendant les heures les plus sombres de la France, donne corps à l'idée que les liens pourraient ne pas être de sujétion. Il précise alors que la fidélité de l'Afrique noire ne doit pas être interprétée comme son souhait de voir revenir le *statu quo ante bellum*. Ses termes sont aussi plus sévères : les « maladresses » de *Vues sur l'Afrique noire* deviennent ici des « tourments » :

> – Ne concluez évidemment pas de cette position « résistante » des populations d'outre-mer qu'elles se trouvaient satisfaites du régime français. Seulement, elles le préféraient encore à l'oppression raciste hitlérienne.
>
> – En somme, entre deux maux, elles choisissaient le moindre.
>
> – Je n'osais vous le dire... Je viens de prononcer le mot raciste. À ce propos, j'espère que les Français métropolitains, maintenant qu'ils ont connu les tourments de l'occupation et des mesures racistes, comprendront mieux l'iniquité de leur système colonial, système d'occupation fondé sur les droits du conquérant et impliquant un sentiment de supériorité raciale. Le régime de l'indigénat établit des lois d'exception. [...] Tout cela doit disparaître (*ibid.*).

Les guillemets à « résistante » sont tout à fait significatifs. Contre qui, en effet, les populations d'outre-mer ont-elles pu résister ? En France, résister signifie lutter contre l'occupant nazi et l'État français dit de Vichy. En AOF, rien n'a changé dans l'administration des colonies outre le fait que les fonctionnaires de l'administration coloniale ne sont plus agents de la IIIe République, mais de l'État français. Pierre Boisson, qui est nommé Haut-Commissaire de l'Afrique français par le régime de Vichy, avait été le gouverneur général l'AOF entre 1938 et 1939. Certes, à la différence de Félix Eboué, qui rallie l'AEF à la France libre, Boisson se déclare fidèle au maréchal Pétain[5], mais son administration impose le même régime en AOF que celle de Marcel de Coppet qui la précède : le « régime français » dont les populations ne sont pas satisfaites.

La relance du journaliste établit une comparaison absente de l'intervention de Senghor. Dans le propos de ce dernier, résister était encore lutter contre la progressive mise en place d'une « oppression raciste hitlérienne » dans l'AOF, mais, dès cette intervention, régime hitlérien et régime français sont de même nature : des « maux ». Dans

5 Il sera inculpé du crime d'indignité nationale après la guerre parce que les forces sous ses ordres ont empêché les forces alliées conduites par le général de Gaulle de débarquer à Dakar en septembre 1940.

sa réponse, où il dit exposer le fond de sa pensée, Senghor confirme la validité de cette comparaison. Il signale que l'analogie entre les deux régimes devrait désormais être évidente pour celui qui a subi l'oppression : « les Français métropolitains, maintenant [...] comprendront mieux », c'est-à-dire qu'ils comprendront que « leur système colonial » est en tout point analogue au système d'occupation nazi. Senghor choisit le terme « iniquité », dont le sens est tant injustice qu'immoralité. Le « régime français » est inique, parce que l'indigénat ne respecte pas les principes généraux du droit français ; il est conjointement immoral, parce que fondé sur le sentiment de supériorité raciale. Se pose alors la question de savoir ce qui doit disparaître. Senghor souhaite-t-il que le « régime français » soit repoussé de l'Afrique noire comme l'occupant nazi l'a été de la France, ou espère-t-il que l'iniquité du régime disparaîtra maintenant que les Français métropolitains sont en mesure de comprendre ce que subissent les « indigènes » ? Cette question est au cœur de la dernière partie de l'entretien :

> – Et comment pensez-vous que vous obtiendrez gain de cause ?
>
> – Le problème a deux aspects. L'un négatif : nous ne voulons plus être des sujets, ni subir un régime d'occupation. Donc lutte contre le racisme.
>
> L'autre, positif : nous réclamons l'égalité des droits.
>
> C'est pourquoi, en attendant une indépendance complète, nous préconisons la solution d'une fédération dans le cadre de l'Union française, réalisable dès à présent. Cela nous permettrait d'assimiler rapidement certaines techniques modernes et de préparer les cadres qu'exigera l'établissement d'une autonomie à quoi nous sommes sûrs d'accéder. Car le colonialisme de la vieille époque est définitivement révolu – et condamné (*ibid.*, p. 18).

Nous retrouvons les deux sens d'iniquité dans les deux aspects du « problème de la colonisation ». L'aspect négatif suppose de démanteler le régime de l'indigénat (qui est abrogé à l'heure de cet entretien) et de veiller à ce que le système qui le remplacera ne soit pas lui aussi fondé sur le sentiment de supériorité raciale. Comme cela fait deux mois que le « nous » dont Senghor se fait le porte-parole n'est plus formé de « sujets », cette catégorie devient une métaphore pour mettre en lumière le fait que les citoyens de statut local n'ont toujours pas les mêmes droits que les citoyens de droit commun. L'aspect positif implique donc l'écriture et la promulgation de lois qui permettront aux peuples d'outre-mer d'obtenir les pleins droits du citoyen français.

À l'écriture de son introduction à *Liberté II* en 1970, Senghor résume cet entretien à « [nous avons] revendiqué l'indépendance, au besoin par la force » (*ibid.*, p. 7). Commentant cette introduction plus haut, j'ai avancé qu'il n'était pas un indépendantiste, et mon hypothèse se voit en risque d'être invalidée par ces paragraphes de fin. Les propos de 1970 semblent même être confirmés ci-dessus : il a effectivement préconisé la solution d'une fédération en attendant une indépendance complète. Quant à la possibilité de violence, elle se trouve dans les dernières lignes de l'entretien :

> – Ce sera donc votre mot de la fin ?
>
> Sédar Senghor se recueille un instant, hésite, puis, d'une voix ferme :
>
> – Non, pas tout à fait, car je voudrais conclure en assurant les Blancs de notre volonté inébranlable de gagner notre indépendance et qu'il serait aussi sot que dangereux pour eux de vouloir faire marche arrière. Nous sommes prêts, s'il le fallait en dernier recours, à conquérir la liberté par tous les moyens, fussent-ils violents. Je ne pense pas que la France qui vient d'éliminer le racisme hitlérien puisse nous reprocher cette décision.
>
> Non seulement nous ne le leur reprocherons pas, mais encore nous joindrons nos vœux à celui de Senghor afin que partout où flotte le drapeau tricolore règne aussi la justice sociale (*ibid.*).

Cet entretien paru dans *Gavroche* est l'unique texte des tomes de *Liberté* dont Senghor n'est pas l'auteur. Le journaliste a certainement rapporté ses propos avec précision, mais il met aussi en scène sa dernière prise de parole. Le recueillement, l'hésitation et la voix ferme présentent ce « mot de la fin » comme la vérité profonde que le « sympathique député noir » n'avait pas osé dire sans ambages en début d'entretien. Senghor a-t-il été pris par l'émotion ? Le journaliste a-t-il mené le politicien à révéler son vrai visage ? Je ne pense pas et souhaite défendre mon hypothèse. Avant de tirer trop rapidement des conclusions, je propose de lire plus lentement ses propos et de les remettre en contexte. Une série d'expressions sont synonymes dans ces lignes : « en attendant une indépendance complète », « l'établissement d'une autonomie à quoi nous sommes sûrs d'accéder », « gagner notre indépendance » et « conquérir la liberté ». Toutes désignent une situation politique qui doit remplacer « le colonialisme de la vieille époque ». Aujourd'hui, l'« autonomie » et l'« indépendance complète » ne sont pas conçues comme des situations équivalentes, ce qui pose la question de savoir si elles l'étaient en 1945. Si tel était le cas, il n'est pas impossible que Senghor parle d'une « liberté » qui ne présuppose pas la rupture des liens des peuples d'outre-mer avec la France. Cela permettrait d'expliquer pourquoi, en début d'entretien, il cherche à imposer l'idée selon laquelle ces peuples ont choisi de ne pas se libérer quand les conditions étaient propices, quand, à sa fin, il affirme que ces mêmes peuples sont animés d'une volonté inébranlable de conquérir la liberté. Mon argument est donc philologique : en 1946, la définition du terme « indépendance » est plus large que celle que ce mot prend après 1960. Avant 1960, la notion d'« indépendance » est liée à celle de « dépendance » : les peuples des territoires non autonomes – ceux des TOM par exemple – sont désignés par l'expression « peuples dépendants » dans le droit international. Jean Rous[6], dans l'article *Peuples dépendants et puissances coloniales devant l'O.N.U.* publié dans la revue *Esprit* en 1950, explique que la Charte de l'ONU signée le 28 juin 1945 « fut un compromis entre les deux grandes nations anticoloniales (U.S.A, U.R.S.S.) et les puissances coloniales » (Rous, 1950, p. 571). L'article 73 de cette Charte contient la « déclaration relative aux territoires non autonomes » et, le commentant, Rous relève qu'il ne manifeste pas « [l]a conception d'internationalisation, combinée au droit à l'Indépendance » des États-Unis, mais la « conception de l'autonomie et du "self-government" » de l'Angleterre (*ibid.*). L'entretien publié dans le *Gavroche* a donc lieu dans un contexte où le droit international conçoit les « peuples dépendants » comme des peuples qui sont en train de sortir de leur dépendance aux puissances coloniales. Ce droit, toutefois, n'annonce pas que ce processus de décolonisation aboutira dans la création d'États-nations. Il en résulte cette synonymie entre « indépendance complète » et « autonomie ». À la victoire de la conception d'internationalisation des États-Unis dans les années 1960, la non-dépendance devient exclusivement l'« indépendance », telle que nous la concevons aujourd'hui. En somme, j'avance que, en introduisant *Liberté II* en 1970, Senghor réinterprète ses propos de 1946 pour les rendre compatibles avec la nouvelle normativité internationale et la geste des indépendances qui fait de lui le père de la nation sénégalaise[7].

6 À la rédaction de cet article, Jean Rous est le secrétaire général du Rassemblement démocratique révolutionnaire. Comme Senghor, il avait quitté la SFIO en 1948, en désaccord avec la direction sur les questions coloniales. Il sera un des principaux conseillers de Senghor jusqu'en 1968.

7 Ma position diffère donc de celle de Denis Ekpo (2010, p. 230-232), qui estime que Senghor luttait pour retarder la décolonisation, afin de permettre à l'Afrique de préparer son entrée dans la modernité. « Sa formule était l'intégration complète avant la séparation

Cet argument reposant sur le rétrécissement du sens d'un mot, il se peut que j'aie tort. Je cherche avant tout à fêler les poncifs pour qu'il nous soit à nouveau possible de penser que Senghor était sérieusement et non pas stratégiquement fédéraliste entre 1946 et 1958. Quand il présente la fédération comme solution immédiate au « problème de la colonisation », il laisse ouverte la question de la solution à long terme, à savoir si celle-ci est la création d'États indépendants ou d'États autonomes. Dans l'article susmentionné, Rous rappelle que la France, à la conférence de Brazzaville en 1944, avait expressément formulé son refus du « self-government » à l'anglaise et n'avait pas du tout évoqué la possibilité d'internationalisation. En août 1946, Senghor est donc encore aux prises avec un gouvernement qui peine à accepter le fait que « le colonialisme de la vieille époque est révolu » et surtout « condamné » par l'ONU. De « mission sacrée de civilisation » qu'elle était dans le Pacte de la Société des Nations, la colonisation est devenue un « problème » (Senghor, 1971, p. 17) auquel il faut apporter une solution, mais celle d'une « fédération dans le cadre de l'Union française » va à l'encontre de la politique définie à Brazzaville et du principe d'indivisibilité de la République. J'expliquerai pourquoi Senghor ne voit que la fédération comme solution valable dans la deuxième partie de cet ouvrage, souhaitant indiquer ici qu'elle permettait aux peuples d'outre-mer d'accéder à l'autodétermination (et à une part de la souveraineté française) tout en restant des Français. Or être Français est la condition nécessaire à la réclamation de « l'égalité des droits », laquelle ne peut pas être établie entre les « peuples d'outre-mer » et les « Français métropolitains » en l'absence d'un État commun. Parce que cette revendication est incompatible l'« indépendance complète », je propose de comprendre qu'en 1946, « conquérir la liberté » revenait à lutter pour que la citoyenneté de statut local, à laquelle venaient d'accéder les populations des TOM, soit une citoyenneté de pleins droits politiques, civiques et sociaux. J'en veux pour preuve le commentaire conclusif du journaliste. Parlant au

[His formula was full integration before separation] », écrit-il. J'avance, premièrement, que Senghor ne prévoyait pas la sécession, même différée, de l'Afrique française, et, deuxièmement, qu'il comprenait la décolonisation comme l'abolition de la ségrégation coloniale au sein de la France. Ekpo soutient que la vision de Senghor était « une décolonisation délibérément retardée [deliberately delayed decolonisation] » et identifie la décolonisation à l'indépendance. J'argue que, pour Senghor, fédéralisée, la France aurait été décolonisée.

nom de la France pour joindre ses vœux à celui du député du Sénégal, ce dernier interprète son « mot de la fin » comme l'expression d'une volonté de voir régner la justice sociale dans les terres où flotte le drapeau tricolore. Comme ce drapeau ne flotterait pas dans un territoire qui ne serait plus en France, le journaliste rend évident qu'il ne perçoit aucun sécessionnisme dans les propos de Senghor.

LE CODE DU TRAVAIL, PREMIER PAS VERS LA DIGNITÉ DE L'HOMME
Discours du 27 novembre 1950 à l'Assemblée nationale

La signature de la Charte de l'Organisation des Nations Unies le 26 juin 1945 inaugure une nouvelle ère de valorisation des principes d'égalité des droits humains et de l'autodétermination des peuples. Senghor ne manque évidemment pas d'en faire état. Par l'étude du discours suivant, donné à l'Assemblée nationale le 27 novembre 1950, je montrerai qu'il ne dénonce pas l'impérialisme comme violation du principe de nationalité, mais la colonisation comme violation des principes républicains. Dans le même ordre d'idée, nous verrons qu'il fait référence au droit constitutionnel français et non au droit international pour fonder la légitimité de ses requêtes. Toujours dans l'idée d'étayer la thèse qu'il n'était pas indépendantiste, je mettrai en avant que l'ONU est présentée comme une menace à l'intégrité territoriale de la France et non comme une alliée dans la défense d'une putative cause nationaliste. Comme son titre l'indique, Senghor prend la parole à l'Assemblée nationale dans un débat qui porte sur les droits sociaux des ressortissants des TOM. Plus largement, le contexte est celui de la progression vers l'égalité des Européens et autochtones dans ces territoires en matière d'application du droit du travail. Jusqu'à la fin de la guerre, l'administration coloniale, qui devait à la fois protéger le travail indigène et mettre en valeur les colonies en faisant recours au travail forcé, était aux prises d'un paradoxe[8]. En

8 *Cf.* « Chapter 7 : Civilization Through Coercion : Human Mise en Valeur in the 1920's », *in* Conklin, Alice, *op. cit.*, 1997.

février et mars 1944, la conférence de Brazzaville a entamé la rupture avec l'ancien système colonial, et, dès l'après-guerre, le travail forcé est supprimé des territoires ultramarins, le droit syndical reconnu et une véritable inspection du travail est créée. L'étape finale de la progression vers l'égalité est la promulgation du Code du travail des territoires d'outre-mer en 1952[9]. En 1950, la commission qui s'était penchée sur la question du droit du travail dans les TOM a proposé un texte de loi qui devait être voté par l'Assemblée nationale. Senghor plaide ici pour sa ratification.

Dans ce discours, il parle de deux révolutions différentes. La première est « la révolution socialiste », qui, assure-t-il, est « voulue par la Constitution de 1946 » (Senghor, 1971, p. 81). La seconde, à éviter, est la révolution de type nationaliste en cours dans la Fédération Indochinoise : « Aux hommes à qui ni les deux dernières guerres mondiales ni les révolutions asiatiques n'ont rien appris, qui attendent que l'Afrique et l'Océanie soient gagnées par l'incendie pour voler à leur secours en lâchant tout, à ces hommes, je dirai, après d'autres, que le meilleur moyen d'éviter la révolution est de la faire soi-même » (*ibid.*, p. 85). Dissipons tout doute : la révolution qui mène à l'indépendance est l'incendie, la révolution à faire soi-même est la révolution socialiste. À sa prise de parole, la guerre est en cours en Indochine française et donc « voler à leur secours » est à comprendre comme euphémisme de « dépêcher des troupes ». De même, combattre contre l'incendie est lutter pour le maintien de la souveraineté française. En somme, Senghor souhaite que des mesures préventives soient prises en Afrique et en Océanie avant que le combat contre les nationalistes ne devienne inévitable comme en Indochine française. Ces mesures, qui empêcheraient la révolution nationaliste de se répandre, se résument à faire « la révolution sociale outre-mer » (*ibid.*), ce qui signifie ici adopter le Code du travail présenté par la commission des territoires d'outre-mer.

Dans son discours, Senghor reconnaît que le travail forcé a été interdit par la loi du 11 avril 1946. Il félicite aussi le Parlement d'avoir voté la loi du 30 juin 1950 « relative aux traitements, retraites et congés des

---

9 *Cf.* Le Crom, Jean-Pierre, Auvergnon, Philippe, Barragan, Katia, Blonz-Colombo, Dominique, Boninchi, Marc, *et al.*, *Histoire du droit du travail dans les colonies françaises (1848-1960)*, Mission de recherche Droit et Justice, 2017, https://halshs.archives-ouvertes.fr/halshs-01592836/document (consulté le 12/03/2019).

fonctionnaires en service dans les territoires d'outre-mer » (*ibid.*, p. 81), qu'il considère comme « le premier pas décisif dans le sens de la révolution socialiste » (*ibid.*). Il relève toutefois le fait que l'immense majorité des hommes et des femmes de la France d'outre-mer, n'étant pas des fonctionnaires, ne bénéficient de la protection d'aucune loi du travail et s'exclame : « ce sont eux que l'on aurait dû commencer par libérer » (*ibid.*). L'homme libre, dans ce discours, est donc l'individu qui est protégé par la loi française. Pour reprendre son introduction à l'*Anthologie* de 1948, la liberté à laquelle il s'agit de faire accéder « l'homme de couleur » est la « liberté du citoyen » (Senghor, 1977, p. 1). Ceci se confirme dans le résumé que Senghor donne du rapport de M. Dumas qui fait l'objet du débat : « en un mot, le travailleur salarié, libre de ses opinions et d'exercer son droit syndical, peut améliorer sa condition, plus précisément élever son niveau de vie matérielle et organiser ses loisirs d'homme libre » (Senghor, 1971, p. 82). L'oppresseur qu'il désigne n'est pas la France, mais le patronat : « Nous disons que le patronat possède de puissants instruments de lutte, qu'en cas de conflit, si nous n'y veillons, la lutte sera inégale, que notre sollicitude, pour être équitable, doit aller, tout d'abord, aux travailleurs salariés, aux humbles sinon aux justes » (*ibid.*). Cette « sollicitude » n'est pas celle des seuls députés d'outre-mer, mais bien celle de l'Assemblée nationale, laquelle représente l'ensemble de la nation française. C'est à ce titre qu'elle est sommée de libérer les Français ultramarins en exerçant le pouvoir législatif qui lui a été délégué.

Senghor est le porte-parole du groupe des Indépendants d'outre-mer qui a défendu en commission les revendications des syndicalistes et qui continue à les soutenir devant l'Assemblée. Voici l'essentiel de ces revendications : « la suppression radicale, dans le principe et dans les faits, de toute sorte de travail forcé, la non communication des bilans des syndicats au procureur de la République, la semaine de quarante heures, l'arbitrage facultatif, l'autonomie de l'inspection du travail à l'égard des autorités locales » (*ibid.*). Les Français ultramarins ont des adversaires, les parlementaires « paternalistes » qui « se sont élevés contre ces revendications prétendues prétentieuses » (*ibid.*). Or dénoncer leur paternalisme ne suffit pas et Senghor se voit contraint de contrer leurs arguments. Dans le but de bloquer l'adoption du Code du travail, ces députés soutiennent qu'il est nécessaire de prendre en compte les « réalités ultra-marines » (*ibid.*). Senghor concentre sa contre-argumentation sur la semaine de quarante heures, qui est une des revendications contestées. Il doit concéder qu'il a été démontré que le rendement de l'ouvrier autochtone est inférieur à celui de l'ouvrier métropolitain – ce qui est l'argument central de ses opposants –, mais il contre-attaque en identifiant la cause de ces faits : « la différence de rendement ne tient ni au climat ni au groupe ethnique – je ne parle pas de la *race*, mot qui ne signifie rien[10] –, mais à trois facteurs, qui sont : l'alimentation, l'outillage, la formation professionnelle » (*ibid.*, p. 83). Pour étayer son argumentation, il indique qu'un industriel du Sénégal est parvenu à égaliser le rendement en changeant les conditions de travail. Poursuivant dans sa riposte, il déplace ses propos vers le plan anthropologique. On ne sait si ceux qui s'opposent à l'adoption du Code du travail ont avancé des arguments explicitement racistes à l'Assemblée nationale, mais Senghor, par habileté rhétorique ou par perspicacité, laisse entendre que le raisonnement des « paternalistes » est foncièrement raciste :

> Donc les paternalistes – je ne veux pas dire les « colonialistes » – vont clamant que les réalités africaines ou océaniennes ne permettent pas d'appliquer, aux ouvriers d'outre-mer, les dispositions votées dans la métropole. Par « réalités », ils suggèrent les différences de climat et de mœurs, mais ils entendent les différences de race. Et de nous prédire toutes sortes de catastrophes : économiques, sociales, voire politiques, pour le cas, très probable, où nous adopterions le texte de la commission (*ibid.*).

Sa seconde attaque est plus sévère encore, parce qu'il assimile ces députés de 1950 aux esclavagistes de 1848 :

10 Cette déclaration que le mot « race » ne signifie rien est surprenante dans la bouche de Senghor. Elle s'explique par la publication, quelques mois plus tôt, de la déclaration du 18 juillet 1950 de l'Unesco sur la question raciale. Senghor la cite dans son discours pour défendre que la nécessité de prendre en compte « les réalités ultramarines » ne signifie pas l'adoption du racisme différentialiste de ses opposants : « Que les différences de climat et de mœurs demandent un assouplissement de la législation métropolitaine et son adaptation aux réalités ultramarines, nous en convenons très volontiers. C'est ce qui explique que le gouvernement nous a présenté un projet spécial et que nous acceptons de le discuter. Mais il s'agit, dans notre pensée, de modalités d'application et non pas de changements de principe, comme le voudraient nos contradicteurs, pour qui analphabétisme est inintelligence et qui, se fondant sur quelques cas isolés, en concluent que les hommes d'outre-mer n'ont pas de sens moral, qui ne savent distinguer le mien du tien ni du nôtre » (Senghor, 1971, p. 84). Il cite ensuite la déclaration de l'Unesco pour invalider les arguments de ses contradicteurs par les résultats des recherches scientifiques qui y sont rapportés.

> Nous répondrons aux nouveaux prophètes qu'il n'y aura nulle catastrophe d'aucune sorte. Tout au contraire.
>
> Ce n'est pas la première fois que le collège des prophètes se sera trompé. En 1848, les esclavagistes combattaient les thèses de Victor Schœlcher, aujourd'hui au Panthéon, et prédisaient les pires malheurs. Deux ans après l'octroi de la citoyenneté aux anciens esclaves, la production des colonies rattrapait, puis dépassait le niveau qu'elle avait atteint en 1847 (*ibid.*).

Senghor, qui interprète les arguments des paternalistes pour en dévoiler les sous-entendus, juge que ces derniers sont aussi racistes que les esclavagistes de 1848 et les relègue au « collège des prophètes ». Aux prédictions de ces derniers, il oppose les chiffres « Les chiffres sont là », *ibid.*, p. 84) et les faits (« [l]es faits économiques [...] sont incontestables et irréfutables », *ibid.*). Renversant les stéréotypes racistes, il attribue de la sorte la réflexion rationnelle aux députés et syndicalistes ultramarins[11] et l'irrationalité superstitieuse à ses opposants. Or Senghor n'a pas plus accès que les « prophètes » aux chiffres du futur et il prédit l'avenir au même titre que ses adversaires en affirmant qu'« il n'y aura nulle catastrophe d'aucune sorte ». Son argument est que les « prophètes » se trompent parce que leur vision est entravée par leur racisme, au contraire des Ultramarins qui ont retenu les leçons du passé. Les chiffres qu'il oppose aux craintes irrationnelles de ses adversaires sont ceux qui démontrent que la production a augmenté après l'abolition de l'esclavage de 1848 et après l'interdiction du travail forcé de 1946[12]. Cette mise en parallèle est habile, parce qu'elle établit une analogie entre le travail forcé et l'esclavage. Par elle, Senghor laisse entendre que l'interdiction du travail forcé ne suffit pas pour mettre fin à la sujétion et que la similitude entre le citoyen ultramarin et l'esclave ne s'effacera que lorsque le premier sera protégé par un Code du travail.

Ce sont des visions divergentes de l'avenir qui sont en conflit autour de ce Code du travail ultramarin qui doit être voté par l'Assemblée

11 Il vante plus loin la compétence de ces syndicalistes : « Vous connaissez les leaders syndicalistes d'outre-mer. Leur lucidité, leur esprit de méthode, leur connaissance des problèmes souvent remarquables. Et il faut y ajouter leur courage et leur désintéressement. Il n'est que de lire les comptes rendus du dernier congrès des Syndicats confédérés de Dakar ou ceux du congrès de la C.F.T.C. africaine, tenu récemment à Lomé » (Senghor, 1971, p. 84-85).

12 Il écrit ceci dans le paragraphe qui suit : « Quant à la loi du 11 avril 1946, relative à l'interdiction du travail forcé, loin d'avoir provoqué un fléchissement, même momentané, de la production, elle n'a fait que la stimuler » (Senghor, 1971, p. 84).

nationale. Toutefois, malgré leurs différends, ni Senghor ni les « paternalistes » ne prédisent l'indépendance des TOM. Il est donc lieu de rappeler que 1848 et 1946 sont respectivement les dates de l'accession à la citoyenneté française des esclaves et des sujets. En 1848, en principe du moins, la liberté à laquelle les esclaves émancipés accèdent se traduit en citoyenneté et égalité devant la loi. En 1946, la citoyenneté des Ultramarins ne s'est pas traduite en égalité de droits sociaux. Cette inégalité explique pourquoi, dans les propos explicitement anti-séparatistes de la dernière partie de son discours, Senghor rappelle que les TOM font partie intégrante de la République française, que la France est une démocratie, et que les peuples d'outre-mer sont membres du peuple souverain français. Il argue que l'Assemblée nationale ne doit pas aller à l'encontre des revendications du peuple qu'elle représente et poursuit en rappelant que la France est tenue de respecter ses engagements envers la communauté internationale :

> Il ne serait pas sage à l'Assemblée nationale, il serait singulièrement impolitique de repousser les revendications syndicales retenues par la commission des territoires d'outre-mer.
>
> Au reste, la France en a implicitement approuvé l'esprit en signant la Charte de San Francisco, la Déclaration de la conférence du travail de Philadelphie en 1944, la Convention internationale du travail en 1947, sur la politique sociale dans les territoires non autonomes, surtout la Déclaration universelle des droits de l'homme (*ibid.*, p. 85).

Je suggère de comprendre la présence du terme « dignité » dans le titre qu'il a donné à ce discours à la lumière de cette référence à la signature de la Déclaration universelle des droits de l'homme. En effet, dans son préambule, celle-ci insiste sur la nécessité de protéger la dignité humaine et les droits de l'homme par un régime de droit, et, dans son article 22, elle dispose que « Toute personne, en tant que membre de la société, a droit à la sécurité sociale ; elle est fondée à obtenir la satisfaction des droits économiques, sociaux et culturels indispensables à sa dignité et au libre développement de sa personnalité, grâce à l'effort national et à la coopération internationale, compte tenu de l'organisation et des ressources de chaque pays[13] ». Senghor a manifestement ce texte

---

13 *La Déclaration universelle des droits de l'homme*, http://www.un.org/fr/universal-declaration-human-rights/ (consulté le 29/05/2018).

en tête quand il rappelle que les Français d'outre-mer ont le droit à la sécurité sociale que leurs syndicalistes et députés revendiquent. Pour prolonger ce rappel par une triple anaphore, qui présente avec emphase les engagements pris par la France :

> N'oubliez pas, mesdames, messieurs, que la France doit, chaque année, présenter à l'Assemblée générale de l'Organisation des Nations unies des rapports sur les progrès économiques et sociaux de chaque territoire non autonome ou sous tutelle. N'oubliez pas qu'elle a annoncé, par la voix de ses délégués et pour la présente législature, le vote d'un Code du travail très libéral pour les territoires d'outre-mer. N'oubliez pas que la majorité des délégués à l'Assemblée générale, parce qu'anciens colonisés, souffrent d'une sorte de complexe anticolonialiste et qu'ils nous surveillent dangereusement (*ibid.*, p. 85).

Je ne sais si Senghor est plus conscient des transformations en cours que ses homologues, mais il neutralise, en leur donnant voix, les résistances au processus de décolonisation qu'il perçoit chez les parlementaires :

> Bien sûr, on me dira, suivant une formule consacrée, que « nous n'avons de leçon à recevoir de personne ». Soit, mais la meilleure façon de le prouver, devant une assemblée où joue la loi du nombre, est de faire la révolution sociale outre-mer (*ibid.*, p. 85).

Contre les réactions orgueilleuses d'un « on » mal éclairé au sujet du nouvel ordre international, il rappelle que la souveraineté française est désormais bridée par les divers traités qui ont été signés, que la France doit tenir ses engagements face à la communauté internationale et que le gouvernement doit rendre des rapports annuels à l'Assemblée générale de l'ONU. Il est alors évident que deux regards posés sur les TOM s'opposent dans ces lignes : celui de l'Assemblée nationale française pour qui ces territoires font partie intégrante de la République française, et celui des délégués à l'Assemblée générale de l'ONU, anciens colonisés, qui les classent comme « territoire non autonome ou sous tutelle ». L'intégrité territoriale de la France est donc menacée, de l'intérieur, par les révolutions nationalistes, et, de l'extérieur, par les délégués anticolonialistes qui siègent à l'Assemblée générale. Remarquons que ces deux menaces sont négativement perçues par Senghor : le nationalisme est un incendie dont il faut être secouru, les délégués « souffrent d'une sorte de complexe anticolonialiste ». Il s'inscrit, de même, dans le « nous » qui est « dangereusement » surveillé par ces délégués, rendant de la sorte manifeste le fait qu'il considère que l'anticolonialisme nationaliste met en péril l'intégrité du « nous », le peuple français que l'Assemblée nationale représente. Senghor ne fait donc pas référence à l'ONU pour faire entendre qu'il souhaite voir émerger des nations nouvelles qui se joindraient au concert des nations. Tout au contraire, il appelle à ce que des mesures préventives soient adoptées pour éviter la désagrégation de la France et présente la « révolution sociale » comme antidote à l'anticolonialisme nationaliste qui la menace.

Pour conclure, je rappellerai que le préambule la Déclaration universelle des droits de l'homme dispose : « Considérant qu'il est essentiel que les droits de l'homme soient protégés par un régime de droit pour que l'homme ne soit pas contraint, en suprême recours, à la révolte contre la tyrannie et l'oppression [...][14] ». S'adressant à l'Assemblée nationale au nom des Indépendants d'outre-mer, Senghor demande que le « régime de droit », qui protégera les ressortissants des TOM, soit celui de la France. En conclusion de son discours, il cite le professeur Julien[15], professeur d'histoire de la colonisation à la Sorbonne et spécialiste des questions coloniales, pour insister sur le fait que la France est investie d'une mission :

> « La mission de la France est d'ouvrir audacieusement la voie au progrès.
> « ... Même les milieux étrangers les plus conservateurs réclament d'elle – la France – cette tâche d'initiative et trouvent qu'elle manque à sa tradition révolutionnaire si elle agit autrement. Elle est un banc d'essai mondial. Son esprit de création est, avec sa culture, le fond de son prestige mondial. »
> Nous suivrons, mesdames, messieurs, les conseils du professeur Julien. Nous voterons, quitte à y apporter quelques amendes, le texte qui nous est proposé par la commission des territoires d'outre-mer. Il y va du bonheur de quelque 35 millions d'hommes. Il y va du prestige et de la grandeur de la France dans le concert des nations libres (Senghor, 1971, p. 86).

Le préambule de la Constitution de 1946 dispose : « Fidèle à sa mission traditionnelle, la France entend conduire les peuples dont elle a pris la charge à la liberté de s'administrer eux-mêmes et de gérer démocratiquement leurs propres affaires[16] ». L'expression « mission traditionnelle »

14 *Ibid.*
15 Il s'agit de Charles-André Julien, commanditaire de l'*Anthologie de la nouvelle poésie nègre et malgache de langue française*.
16 *Constitution de 1946, IVe République*, https://www.conseil-constitutionnel.fr/les-constitutions-dans-l-histoire/constitution-de-1946-ive-republique (consulté le 04/10/2018).

est vague, et si Senghor adhère à l'idée que la France est dotée d'une mission, il spécifie, citant Julien, le sens à donner à celle-ci. Ce qui était nommé « mission civilisatrice » dans l'idéologie coloniale de la IIIe République devient sous la plume du professeur Julien le mandat d'ouvrir la « voie au progrès ». Ce progrès, pour Senghor, se réaliserait par la promulgation du Code du travail. De même, il estime que la France manquerait à cette « tradition révolutionnaire » dont parle Julien si elle n'étendait pas les droits sociaux métropolitains aux territoires d'outre-mer. Mon point est donc le suivant : la « révolution sociale » que Senghor appelle de ses vœux ne déboucherait pas sur l'indépendance des territoires d'outre-mer, mais, bien au contraire, elle renforcerait les liens entre la métropole et ces territoires. Dans ce texte de 1950, soit quatre ans après l'interview où il fait part de la volonté inébranlable des peuples d'outre-mer de conquérir la liberté, Senghor lutte pour que la citoyenneté obtenue en 1946 se traduise en droits sociaux effectifs et garantis par la République, et propose une vision de l'avenir où les TOM continueraient à faire partie intégrante de la France.

LA FRANCE, RÉPUBLIQUE ET EMPIRE

Le journaliste de *Gavroche* fait seulement référence au paragraphe introductif de *Vues sur l'Afrique noire, ou assimiler, non être assimilés* et ne mentionne pas la solution au « problème de la colonisation » que Senghor propose dans cet essai. Martin Steins, qui fait l'histoire éditoriale de ce texte dans sa thèse, raconte que Senghor rencontra Raymond Postal en 1943 à un colloque sur les questions coloniales à Rocamadour. Ce dernier dirigeait la maison d'édition Alsatia et l'invita à développer ses idées en vue d'une publication dans un ouvrage collectif. Cet ouvrage, *La Communauté impériale française*, dont la préface est rédigée par Postal, est paru en 1945 et comprend l'essai de Senghor. Steins soutient que ce dernier en avait terminé la rédaction avant la conférence de Brazzaville de janvier 1944[1]. J'ajoute que Senghor n'a pas encore accepté de charge politique quand il écrit ce texte. Selon Janet Vaillant, il n'envisageait pas d'entrer en politique, et « très désireux d'approfondir son étude de la linguistique et de l'ethnographie, il s'attelait à une thèse sur les langues africaines, dans le but de devenir professeur à l'Université de Paris » (Vaillant, 2006, p. 157). En 1944, la réalisation de ses projets personnels allait de bon train : Robert Delavignette, alors directeur de l'École nationale de la France d'outre-mer, l'a nommé à la chaire de langues et de civilisations négro-africaines.

La fidélité de l'Empire impose de « repenser » le « problème de la colonisation » (Senghor, 1964, p. 39) écrit-il dans les premières lignes de *Vues sur l'Afrique noire*. Exposant dans cet essai sa critique des méthodes coloniales de la IIIe République, Senghor propose « un programme fondé sur la réalité négro-africaine » (*ibid.*, p. 54). Le point de départ de sa réflexion est « le *fait* colonial » (*ibid.*, p. 40). Pour mener à bien cette réflexion, il précise, premièrement, qu'il ne discutera pas du « problème

1 *Cf.* Steins, Martin, *Les Antécédents et la Genèse de la négritude senghorienne*, Paris, Université de Paris III, 1981, p. 1222-1224.

de la conquête coloniale » et de « sa légitimité » (*ibid.*, p. 39). Comme le mal est déjà fait, la France a le devoir moral de « concilier ses intérêts et ceux des autochtones » (*ibid.*, p. 40). Deuxièmement, il déclare que la colonisation présuppose le « [c]ontact *de deux civilisations* », ce qui, spécifie-t-il, est « la définition la meilleure du problème » (*ibid.*). Ceci lui permet de décliner ce problème en deux questions : « que fait la France de ses colonies ? Que doit-elle faire des populations indigènes ? » (*ibid.*). La première question concerne les statuts des circonscriptions territoriales ; la seconde, les statuts des ressortissants.

Senghor propose deux cas historiques comme contre-exemples de la solution qu'il propose. Le premier est la sécession de la Saint-Domingue, le second la départementalisation de la Bretagne. La guerre d'indépendance de Haïti est pour lui la conséquence des agissements des anti-assimilationnistes : « Les chefs-d'œuvre [de l'antiassimilationnisme] furent le *Pacte colonial*, le Code noir et, en 1802, le rétablissement de l'esclavage et de la traite, qui entraîna, pour la France, la perte d'Haïti, sa plus belle colonie d'alors » (*ibid.*, p. 44). En 1943, quand Senghor écrit cet article, le régime de l'indigénat n'est pas encore abrogé. Il laisse ici entendre que le maintenir au retour de la paix entraînerait pour la France la perte de ses territoires d'outre-mer. Le pendant de la sécession haïtienne est « l'annexion de la Bretagne » (*ibid.*, p. 40). Départementalisée en 1790, elle subit les politiques d'homogénéisation politico-culturelle du gouvernement républicain. Ce serait une erreur de faire pareil en Afrique française, écrit Senghor, et de « transporter, telle quelle, chez nous, l'organisation politique et sociale de la Métropole » (*ibid.*, p. 43). Ces deux repoussoirs tirés de l'histoire de la France fixent les bornes à l'intérieur desquelles il mène sa réflexion.

Le contre-exemple d'Haïti confirme à nouveau que Senghor n'était pas indépendantiste. Celui de la Bretagne indique, contre un autre lieu commun des études francophones, que la France n'a pas mené des politiques d'assimilation culturelle dans ses colonies africaines. Avant d'avancer que son œuvre d'homogénéisation culturelle s'est étendue au-delà des frontières métropolitaines, il est nécessaire de vérifier si une politique de francisation a été conçue et mise en œuvre dans les colonies. Avant d'entrer dans les détails dans les parties qui suivent, j'annonce déjà que, dans ce même essai, Senghor témoigne de la méfiance que suscite tout projet assimilationniste en France : « Ici [en Afrique française] et là [Haïti], le principe est le même : la colonisation, économie dirigée, a pour seul but d'enrichir le Colonisateur. On comprend, dès lors, que l'assimilation, qui implique une certaine émancipation intellectuelle et politique, apparaisse comme la grande ennemie » (*ibid.*, p. 44). Il n'est pas possible qu'il considère que l'« assimilation » est à la fois « la grande ennemie » du Colonisateur et l'instrument par lequel ce dernier exerce sa domination politique et culturelle.

Il s'agit donc de soumettre à l'épreuve des faits historiques l'idée selon laquelle la négritude est une idéologie nationaliste née d'une réaction identitaire à l'assimilation culturelle[2]. Cette remise en question permettra de se demander quel projet politique et identitaire elle soutenait réellement. L'étude du contexte historique dans lequel émerge la pensée politique et poétique de Senghor est donc nécessaire. Je commencerai par présenter l'impérialisme de la IIIe République et je proposerai, avec les historiens Cooper et Wilder, de concevoir la France comme l'entité politique qui englobe la métropole et les colonies. Du premier, je retiens l'idée selon laquelle l'Empire est un État qui maintient en équilibre l'incorporation et la différenciation de ses ressortissants ; du second, le fait que la IIIe République est un État-nation impérial travaillé par l'incompatibilité des principes républicains et coloniaux de gouvernement. La cohorte des réformateurs de l'entre-deux-guerres sera aussi présentée, afin de montrer que Senghor, qui les fréquente, propose sa solution au « problème de la colonisation » comme contribution à une discussion en cours.

2 Telle est, par exemple, la position de Jacques Girault, qui affirme : « Dans l'histoire des rapports entre colonisateur et colonisé, la subordination culturelle découle de la politique assimilatrice de la France, "traumatisme que les anglophones d'Afrique n'ont pas éprouvé" » (Girault, 2001, p. 20).

L'AFRIQUE-OCCIDENTALE FRANÇAISE : INCORPORATION ET DIFFÉRENCIATION SOUS ADMINISTRATION DIRECTE

Dès ses premières années, la IIIe République poursuit une politique coloniale conquérante : la Tunisie, l'Annam et le Tonkin deviennent des protectorats français respectivement en 1881, 1883 et 1885. En juillet 1885, Henri Brisson demande à la Chambre des députés de voter un crédit supplémentaire pour faire la guerre à Madagascar, où la France tente d'imposer son protectorat et où elle rencontre une résistance ardente que ce crédit permettrait d'éteindre. Cette demande déclenche un débat au sein de la Chambre des députés, lequel, partant du cas malgache, devient rapidement une discussion sur le bien-fondé des conquêtes coloniales. Certes, la politique coloniale de la IIIe République a dès le départ connu des oppositions, mais ces débats parlementaires de 1885 sont emblématiques d'un antagonisme qui sera au cœur de cette République tout au long de son existence. Incarnant deux points de vue opposés, Jules Ferry et Georges Clemenceau croiseront le fer dans ce débat désormais célèbre de l'histoire de la colonisation française. Dans son discours, Jules Ferry articule l'idée selon laquelle les « races supérieures » ont le droit et le devoir de civiliser les « races inférieures ». Georges Clemenceau l'accuse d'abdiquer les principes de 1789 et de 1848 sur lesquels la République française s'est élevée, suggérant qu'une telle conception de la « mission civilisatrice » est incompatible avec les principes républicains[3]. Le talent oratoire de Clemenceau ne parviendra pas à gagner la majorité et la Chambre des députés accordera les crédits sollicités par le gouvernement pour la guerre à Madagascar. Ce vote entérine la théorie de Ferry, et, pour la première fois dans une assemblée républicaine, l'idée d'une distinction entre « races supérieures » bénéficiant des droits de l'homme et « races inférieures » rassemblant une autre catégorie d'humains est non seulement ouvertement formulée mais aussi approuvée. La conquête et la colonisation de l'Afrique sont alors lancées.

3 *Cf.* la partie « Juillet 1885 : Jules Ferry *versus* Georges Clemenceau ».

Sous la IIIe République, l'impérialisme républicain triomphe sur deux plans. D'abord, l'empire colonial français s'accroît considérablement entre 1870 et la Première Guerre mondiale. Entre 1871 et 1913, les possessions françaises en outremer passent de moins d'un million à 13 millions de kilomètres carrés. Le nombre d'« indigènes », qui s'élevait à 7 millions à l'instauration de la IIIe République, est de 70 millions en 1938. Ensuite, alors que les relations politiques et juridiques entre les colonies et la Métropole variaient selon les territoires, sous l'impulsion des réformateurs, l'État républicain se met à concevoir les colonies héritées et conquises comme un tout politique. Entre 1880 et 1914, cette volonté d'homogénéiser l'Empire se manifeste dans la mise en place d'un appareil administratif qui rassemble les diverses colonies dans une seule entité impériale structurée et mise sous l'autorité d'une bureaucratie créée pour cette tâche. Un corps unifié d'administrateurs coloniaux est créé en 1887. En 1889, l'École Coloniale est fondée et reçoit le mandat de former les cadres de l'administration coloniale. En 1894, le ministère des Colonies est détaché du ministère de la Marine, et, rendu autonome, il est chargé de centraliser la gestion des colonies. En Afrique française, une administration civile est établie pour remplacer les divers régimes militaires issus de la conquête. Entre 1891 et 1908, les Gouvernements Généraux – Indochine, Afrique-Équatoriale Française, Afrique-Occidentale Française et Madagascar – sont créés. L'AOF, fédération qui regroupe huit colonies, est fondée en 1895. Son chef-lieu est au Sénégal, à Saint-Louis jusqu'en 1902, puis à Dakar. L'AEF, dont le chef-lieu est Brazzaville, est instaurée en 1910. En résumé, faisant face au manque d'uniformité juridico-politique et à la diversité des objectifs impériaux, le gouvernement républicain centralise le pouvoir, impose sa gouvernance et rationalise la gestion de cet ensemble hétérogène qu'était l'Empire[4].

Frederick Cooper, dans son livre *Le colonialisme en question*, soutient : « Nous devons examiner en prfondeur ce que signifiait pour un État de *penser comme un empire*, conjuguer intégration et différenciation, affronter les problèmes liés à l'extension sur de grandes distances et reconnaître les limites du contrôle de populations nombreuses et diverses » (Cooper,

4 *Cf.* Cohen, William B., *Rulers of Empire : The French Colonial Service in Africa*, Standford, Hoover Institution Press, 1971.

2010, p. 269). Cette perspective aide à comprendre la pensée de Senghor et elle sera donc adoptée ici. Dans le chapitre « States, Empires, and Political Imagination » de son livre, Cooper cherche à dégager une notion cohérente de l'Empire. À cette fin, il présente diverses entités étatiques impériales de l'Histoire pour en extraire les caractéristiques communes. Son étude se porte d'abord sur l'Empire romain, l'Empire mongol, l'Empire ottoman, la Chine, les premiers empires occidentaux (espagnol, portugais et néerlandais) et l'empire napoléonien. Il en vient ensuite à l'Empire britannique et au Second empire colonial français, expliquant qu'ils ont la particularité de s'être attribué la mission de transformer les populations annexées. De ce chapitre, je retiens prioritairement la définition qu'il propose de l'Empire :

> À défaut d'une définition précise, il est néanmoins possible de donner une description globale de la notion d'empire : un empire est une unité politique qui est vaste, expansionniste (ou conservant le souvenir d'un passé expansionniste) et qui reproduit la différenciation et l'inégalité chez les peuples qu'il inclut (Cooper, 2010, p. 40-41).

Sur la base de cette définition générale, il introduit des distinctions importantes :

> L'ampleur de l'institutionnalisation de la différence dans l'espace est un important élément de la constitution d'un empire. L'empire a pu être une phase d'un État, car l'arrêt de la différenciation par l'intégration – parfois à la suite d'opérations extrêmement brutales d'assimilation forcée ou d'extermination, éventuellement aussi à la suite d'un processus de métissage plus graduel (même s'il fut asymétrique et par moments violent) – a pu donner un État relativement homogène ressemblant plus à une nation et moins à un empire (*ibid.*, p. 41).

En mettant en lumière la distinction entre le projet impérial et le projet national, cette définition de Cooper met à mal l'hypothèse selon laquelle l'idéologie coloniale française était assimilationniste. Si le projet du gouvernement français avait été d'étendre les institutions politiques et sociales métropolitaines sur les territoires conquis, l'ère coloniale n'aurait été qu'une phase dans le processus d'homogénéisation de la nation française. Or, la France, en établissant et institutionnalisant une différenciation inégalitaire entre ses ressortissants, s'est comportée comme un État-empire et non comme un État-nation.

> Les États-nations et les États-empires sont avant tout des États, et, dans tous les États, le pouvoir est inégalement réparti. Dans les empires, le pouvoir n'est pas nécessairement cohérent au sein d'une collectivité de base ou d'un « peuple », car tous les membres de l'administration peuvent être subordonnés, à des degrés divers, à un monarque, un dictateur, une oligarchie ou un lignage. Un État-empire est une structure qui reproduit des distinctions au sein des collectivités tout en les soumettant, de manière plus ou moins marquée, à l'autorité dirigeante (*ibid.*).

La République, autrement dit, était à la fois un État-nation en Métrople (parce que la souveraineté française est populaire) et un État-empire dans l'Outre-mer (parce que l'administration coloniale a le pouvoir), mais elle était un seul État. Cooper relève aussi que les empires des XIXe et XXe siècles ont dû fournir de grands efforts pour consolider les frontières entre les collectivités incorporées :

> Le maintien du régime colonial a exigé un travail administratif et coercitif, ainsi qu'un travail culturel – pour définir les hiérarchies et contrôler les frontières sociales. Ces efforts furent toujours l'objet de contestations, par ceux qui cherchaient à sortir du régime colonial ou à rendre ce régime moins colonial (*ibid.*, p. 42).

Senghor est de ceux qui contestent ces frontières et hiérarchies pour rendre la France moins coloniale, mais, comme je le monterai dans ma deuxième partie, il ne souhaite pas que l'égalité se fasse au prix d'une homogénéisation culturelle.

J'ai écrit que le gouvernement français n'était pas assimilationniste, mais il me faut préciser qu'il ne pouvait pas simplement mettre en œuvre une politique coloniale anti-assimilationniste. Parce que les ressortissants de l'AOF étaient des administrés, ils étaient sous l'autorité d'un gouvernement républicain tenu de suivre un certain nombre de principes. Quand Senghor parle du « problème de la colonisation » (Senghor, 1964, p. 39), il pointe le fait que domination coloniale coercitive et principes républicains sont incompatibles. Logeant son propos dans cette faille, il utilise le républicanisme comme arme contre le colonialisme. Le problème de cette incompatibilité sera affronté tant par les « humanistes coloniaux[5] » de la IIIe République – administrateurs,

5 *Cf.* Reynaud-Paligot, Carole, *Races, racisme et antiracisme dans les années 1930*, Paris, Presses Universitaires de France, 2007.

hommes politiques, professeurs de l'École coloniale –, que par le gouvernement de la IVe République. Selon Cooper, les dirigeants français ne cesseront d'être en conflit sur la politique coloniale à mener parce que la France devait « [t]rouver l'équilibre entre les deux pôles de l'intégration (les sujets de l'empire appartient à l'empire) et de la différenciation (des sujets impériaux différents sont gouvernés différemment) » (*ibid.*, p. 206). Les réformes que l'Empire a connues au cours du XXe siècle sont des tentatives de trouver l'équilibre entre ces pôles, mais la tâche étant impossible, les contestataires ont pu développer des stratégies pour faire basculer le système colonial. Les indépendantistes visaient la désactivation du pôle d'incorporation pour sortir de l'entité politique coloniale et créer de nouveaux États qui n'en seraient pas membres. Senghor, qui revendiquait l'accession à la souveraineté française pour tous les ressortissants, souhaitait au contraire le renforcement du pôle d'incorporation et l'extinction du pôle de différenciation. Dans ce qui suit, je montre qu'il se distinguait aussi des réformateurs métropolitains qui souhaitaient amenuiser le caractère colonial de la République sans toutefois la décoloniser en faisant accéder les sujets à la pleine citoyenneté. Ce sera l'occasion de mettre en lumière que la négritude émerge à une époque où la France se comprend par la figure de « la Plus Grande France » et que Senghor, comme les réformateurs coloniaux des années 1930, imagine l'avenir d'une France pluricontinentale.

LA « PLUS GRANDE FRANCE »

« [Q]ue fait la France de ses colonies ? Que doit-elle faire des populations indigènes ? » : ces questions sont celles qu'affrontent les théoriciens de la colonisation de la IIIe République. Senghor, en présentant sa solution, s'inscrit donc comme membre de cette communauté de théoriciens et de réformateurs, tout en signalant que ses « vues » sur ces questions seront inédites du fait qu'elles sont celles d'un ressortissant de l'Empire. L'expression « la Plus Grande France », qui sera en vogue pendant l'entre-deux-guerres, apparaît à la fin du XIXe siècle dans les discussions portant sur la question coloniale. Raoul Girardet indique qu'elle a vraisemblablement été inventée lors des débats parlementaires de 1885, pendant lesquels les partisans de la reconstruction de la France affaiblie par la guerre de 1870 ont critiqué l'expansionnisme de Jules Ferry[6]. Dans un contexte de rivalités impériales et d'amertume provoquée par la perte de l'Alsace et de la Lorraine, la Plus Grande France est promue par les apologues de la colonisation pour désigner une France qui s'étend au-delà de son territoire européen et qui, partant, n'a rien perdu de sa grandeur. Il n'est donc pas simplement anecdotique de trouver cette expression chez Onésime Reclus[7], créateur des mots « francophone » et « francophonie[8] ». Ardent défenseur de la colonisation française en Afrique, il compose dans les dernières années de sa vie l'*Atlas de la Plus Grande France*, qui comporte une série de cartes consacrée aux colonies. Si la « francophonie » inventée sous sa plume à la fin du XIXe siècle semble uniquement désigner les locuteurs de la langue française, la Plus Grande France est bien plus qu'une communauté linguistique : elle est l'ensemble des territoires sous souveraineté française.

Dans *The French Imperial Nation-State*, Wilder s'oppose à l'idée généralement admise selon laquelle la Plus Grande France n'était qu'une image publicitaire de la propagande colonialiste. Comme le soutiennent notamment Girardet et Ageron[9], le dessein du « parti colonial[10] » était de lever l'enthousiasme de l'opinion publique métropolitaine et de masquer la réalité brutale de la colonisation par le truchement de cette figure. Sans nier ces fonctions, Wilder relève que la Plus Grande France

6 *Cf.* Girardet, Raoul, *L'Idée coloniale en France de 1871 à 1962*, Paris, Table Ronde, 1972.

7 Il est le premier géographe à avoir classé les populations en fonction d'un critère linguistique. *Cf. Qu'est-ce que la francophonie*, https://www.francophonie.org/Qu-est-ce-que-la-Francophonie-44281.html, (consulté 14/05/2018) ; Martial, Pierre, « Onésime Reclus, inventeur de la Francophonie », *in* Jouve, Edmond, Dreyfus, Simone (éd.), *Les Chefs d'État écrivains en pays francophone : actes du septième colloque international francophone organisé à Sarlat, Lamothe-Fénelon, Carennac et Figeac*, Association des écrivains de langue française, 1998.

8 Ces mots font leur première entrée dans la langue française par son ouvrage de 1886, *France, Algérie et colonies*. *Cf.* Prus, Elena, Morel, Pierre (éd.), *La francopolyphonie : langues et identités*, Institut de recherches philologiques et interculturelles, 2007, http://limba.ulim.md/wp-content/uploads/2017/01/La-Francopolyphonie-vol. 1-2007.pdf (consulté le 14/03/2019), p. 95.

9 *Cf.* Girardet, Raoul, *op. cit.*, 1972.

10 *Cf.* Ageron, Charles-Robert, *France coloniale ou parti colonial ?*, Paris, Presses Universitaires de France, 1978.

est une pièce maîtresse de la réflexion menée dans les années 1930 pour spécifier la relation entre la métropole et les colonies, et il propose de la comprendre comme la tentative de concilier les contradictions structurelles entre les systèmes républicains et impériaux de gouvernement. Il démontre alors que la Plus Grande France est une construction qui est à la fois la représentation effective de la République impériale et une utopie[11]. Grâce à cette figure, il était possible de concevoir et de porter des réflexions sur une France pluricontinentale qui était déjà (du fait de l'incorporation des colonies dans la France) et serait (à la suite de réformes) une seule entité politique. Comme réalité et projet, la Plus Grande France permettait de concilier les valeurs républicaines et la différenciation inégalitaire, parce que la dissonance entre idéaux et pratiques était particulièrement forte sous la IIIe République :

> Chaque État français, qu'il soit républicain ou non, a été confronté aux tensions découlant des conquêtes coloniales qui ont incorporé des peuples non européens dans une entité politique élargie composée de nationaux. Mais ce défi était particulièrement aigu pour un régime républicain fondé sur l'égalité civile et la souveraineté nationale, un régime dans lequel le peuple-nation était en principe l'État (Wilder, 2005, p. 25)[12].

Pour comprendre la réflexion de Senghor, les propos de Wilder sont de première importance. En effet, l'État français est construit sur des principes qui lui sont propres et s'est donc confronté à une autre série de problèmes en Afrique que les puissances coloniales britanniques et portuguaises. Ainsi, lorsqu'on se penche sur l'État français, il importe de considérer le fait qu'il comprend la Métropole des colonies :

> Parce que l'État-nation français moderne s'est forgé par rapport aux populations coloniales au sein d'un système impérial dont il a toujours fait partie, il n'a jamais été une simple république parlementaire autonome qui s'avérait aussi être détentrice de colonies d'outre-mer. Mais parce que son héritage impérial n'a pas entièrement annulé sa forme républicaine, la France moderne n'était pas non plus un simple État-empire.

---

11 *Cf.* Wilder, Gary, « Framing Greater France Between The Wars », *Journal of Historical Sociology*, vol. 14, n° 2, 2001, p. 198-225.

12 Je traduis le suivant : « *Each French state, whether or not republican, confronted tensions arising from colonial conquests that incorporated non-European peoples into an expanded polity composed of nationals. But this challenge was especially acute for a republican polity premised on civil equality and self-government, one in which the people-nation in principle were the state* ».

> Sur le plan constitutionnel, la Troisième République est à la fois un État parlementaire dont l'autorité découle du consentement populaire et un État colonial dont l'autorité découle du consentement politique (*ibid.*)[13].

Le même État a deux visages. Nous verrons dans les chapitres qui suivent que cela implique, premièrement, une distinction entre deux grandes catégories juridico-politiques de ressortissants et, deuxièmement, deux manières d'exercer l'autorité étatique. Pour Wilder, cette ambivalence fait de la France un « État-nation impérial » :

> Elle devait tant bien que mal concilier le précepte de la souveraineté nationale-populaire avec une distinction raciale légalisée entre les gouvernants et les gouvernés. Il convient donc de caractériser la France dès la Première Guerre mondiale comme un État-nation impérial. Le terme indique le caractère duel de la France en tant que formation politique unique dans laquelle les éléments républicains parlementaires et les éléments coloniaux autoritaires étaient structurellement liés et non simplement ajoutés les uns aux autres. Des défis spécifiques se posent à un État-nation qui s'est étendu géographiquement, a incorporé différentes populations et règne selon des principes non participatifs (*ibid.*)[14].

Je reviendrai dans le troisième chapitre sur cette affirmation selon laquelle la colonisation française est construite sur une « distinction raciale légalisée entre les gouvernants et les gouvernés ». L'expression « la Plus Grande France » est absente des textes de Senghor, mais nous verrons que le terme « France », sous sa plume, désigne une entité politique qui est parfois la métropole, est souvent l'ensemble de l'État-nation impérial et est toujours présentée comme une entité transhistorique fondée sur

---

13 Je traduis le suivant : « *Because the modern French nation-state was forged in relation to colonial populations within an imperial system of which it was always an integral part, it was never simply a self-contained parliamentary republic that also happened to possess overseas colonies. But because its imperial heritage did not wholly negate its republican form, modern France was not simply an empire-state either. Constitutionally, the Third Republic was simultaneously a parliamentary state whose authority derived from popular consent and a colonial state whose authority derived from political consent* ».

14 Je traduis le suivant : « *It had somehow to reconcile the precept of national-popular sovereignty with a legalized racial distinction between rulers and ruled. It is therefore appropriate to characterize France by World War I as an imperial nation-state. The term indicates the dual character of France as a single political formation in which parliamentary republican and authoritarian colonial elements were structurally interrelated and not simply added to one another. Specific challenges confront a nation-state that has expanded geographically, incorporated different populations, and rules according to nonparticipatory principles* ».

des principes et traditions. Je l'ai soutenu plus haut : l'existence du débat entre les réformateurs de l'Empire est nécessaire à l'émergence de sa pensée politique. Il rejoint le cercle de ces réformateurs et il propose son projet politique au cœur du débat où se dessine cette Plus Grande France qui est à la fois présente et à venir.

LES « HUMANISTES COLONIAUX »

Qui sont ces hommes qui, sous la IIIe République, ont imaginé l'empire et débattu sur l'orientation future du projet colonial ? Albert Sarraut (1872-1962) est indubitablement celui qui a le plus contribué à définir les termes du débat colonial de l'entre-deux-guerres. Député radical-socialiste, gouverneur général de l'Indochine de 1911 à 1914 et de 1917 à 1919, ministre des colonies ensuite, il réoriente la politique coloniale des années 1920. Dans le *Projet de loi portant fixation d'un programme général de mise en valeur des colonies françaises* qu'il soumet au parlement en 1921, il réclame que l'État finance la mise en valeur des colonies, ce qui rompt avec l'ancienne idée d'une autosuffisance financière de ces dernières. Il présente les diverses colonies comme formant un seul empire, et demande qu'une politique cohérente de développement remplace l'improvisation et le cas par cas. Surtout, il exige que l'empire soit gouverné selon les procédures légales républicaines, ce qui suppose de soumettre l'administration coloniale à l'autorité de la loi. Son plan manifeste donc la volonté d'élaborer un cadre juridico-politique formel qui définirait la nature de la relation entre la France et son empire. Cette proposition est refusée, mais il continue à développer ses idées dans *La Mise en valeur des colonies françaises*[15]. Dans son avant-propos, après avoir critiqué l'absence d'engouement pour la colonisation en France, il témoigne des effets de la guerre dans la transformation de l'opinion publique :

> Il a fallu la grande commotion de la dernière guerre pour secouer devant la réalité coloniale l'atonie du sentiment public. Les yeux se sont ouverts. De ces terres lointaines, ils ont vu venir les grands vaisseaux apportant, à pleines

15 Sarraut, Albert, *La Mise en valeur des colonies françaises*, Paris, Payot, 1923.

> carènes, près d'un million de combattants et de travailleurs indigènes et les ressources de toute sorte que les colonies filiales tendaient à leur Patrie au combat. Dès lors, l'opinion publique a pressenti, entrevu, deviné la vitalité et la richesse coloniales, et discerné la valeur des garanties qu'elles représentaient pour l'avenir français (Sarraut, 1923, p. 16).

La métaphore familiale est usuelle. La Métropole, la « cité mère », appelle presque mécaniquement l'idée selon laquelle les colonies sont « filiales ». Mais de qui la France est-elle la Patrie ? L'adjectif possessif dans l'expression « leur Patrie » peut désigner plusieurs possesseurs : « ils » ou « les colonies ». La métaphore familiale, prise par le fil de la patrilinéarité, transforme la France en la « Patrie » des « colonies filiales », sans toutefois pleinement atténuer cette ambiguïté. Comment, en effet, la France vers laquelle converge les ressources venues de « terres lointaines » peut-elle la « terre des pères » des combattants et travailleurs indigènes ? Sarraut poursuit en présentant son rêve tout aussi ambivalent d'une France de cent millions d'hommes :

> L'idée, l'image, peu à peu s'est précisée dans les esprits d'une entité nouvelle où la Patrie continentale et les Frances d'outre-mer, sinon confondues, du moins étroitement solidaires, composeraient la force réelle d'une plus grande France appuyant sa sécurité non plus sur 40 millions, mais sur 100 millions d'êtres humains, et pouvant demander toutes les nourritures de sa vie à l'ensemble d'un domaine vingt fois grand comme la Patrie maternelle (Sarraut, 1923, p. 17).

Sarraut conçoit la Plus Grande France comme une « entité nouvelle » qui se dessine. Il exprime par cette expression le fait que la « Patrie maternelle » et les « colonies filiales » sont à la fois intégrées l'une à l'autre (« confondues ») et distinctes (« étroitement solidaires »). Par le choix des verbes « pressentir », « entrevoir », « deviner » et « discerner », il met l'accent sur le caractère simultanément évident et dissimulé de cette France qui est tant actuelle qu'en devenir. Les colonies assureraient « l'avenir français », affirme-t-il, mais à laquelle des « Frances » de ce paragraphe cet adjectif fait-il référence ? Cette France, dont il s'agit d'assurer l'avenir, est-elle celle du « public » qui habite la « Patrie maternelle », celle des « indigènes » des « Frances d'outre-mer », ou est-elle l'« entité nouvelle » en émergence ?

Les thèmes développés dans cet ouvrage seront repris dans une série de conférences que Sarraut donne à l'École Libre des Sciences Politiques de Paris devant un parterre d'administrateurs coloniaux et députés nationaux. Celles-ci seront publiées en 1924 par Henri Brenier, un des membres fondateurs de l'Académie des sciences d'outre-mer, afin de diffuser la pensée de Sarraut. À cette même période, plusieurs ouvrages qui cherchent à promouvoir une conscience coloniale parmi les métropolitains sont publiés et largement lus. Léon Archimbaud, par exemple, écrit *La plus grande France*[16], livre dans lequel il demande notamment que l'école républicaine favorise le développement d'une mentalité impériale en France. Je souhaite aussi signaler, pour son titre, *La France des cinq parties du monde* de Octave Homberg[17]. Soit Senghor l'a lu, soit l'expression est devenue commune, parce qu'il l'intègre à sa conférence à Dakar en 1937 : « nous voici solidaires des cinq parties du monde par des liens plus forts que les câbles qui nous relient à elles – singulièrement de la France » (Senghor, 1964, p. 14). J'indiquerai enfin *Outre-mers*, une revue publiée par l'École Coloniale, qui est une plateforme importante pour les défenseurs d'une politique coloniale réformiste.

Parmi les réformateurs coloniaux, Robert Delavignette (1897-1976) contribue significativement à forger l'opinion publique française sur les colonies durant les années 1930 et 1940. Fonctionnaire colonial en AOF, il débute comme commis aux affaires indigènes, avant de monter les échelons de la hiérarchie administrative. Rentré à Paris en 1931, il participe à la préparation de l'exposition coloniale de Paris sous la direction de Hubert Lyautey et écrit un livre portant sur l'AOF pour son catalogue[18]. En 1936, le ministre de la France d'outre-mer Marius Moutet le nomme chef adjoint de son cabinet. En 1937, il est nommé directeur de l'École nationale de la France d'outre-mer (ENFOM), poste qu'il occupera jusqu'en 1946, formant toute une génération de fonctionnaires coloniaux. Après un court passage en Afrique, où il est Haut-Commissaire au Cameroun, il est promu Gouverneur général, puis affecté au poste de directeur des affaires politiques du ministère de la France d'Outre-Mer. Il démissionne en mai 1951, en désaccord avec la gestion de la situation indochinoise par le gouvernement, et reprend son poste de professeur à l'ENFOM, où il enseigne le droit et les coutumes d'outre-mer. Il n'a

16 Archimbaud, Léon, *La plus grande France*, Paris, Hachette, 1928.

17 Homberg, Octave, *La France des cinq parties du monde*, Paris, Plon, 1927.

18 Delavignette, Robert, *Exposition coloniale internationale de Paris : Afrique occidentale française*, Paris, Éditions géographiques, maritimes et coloniales, 1931.

que dix ans de plus que Senghor, et ces deux hommes vont se côtoyer. Janet Vaillant indique que « Delavignette a ouvert les portes du monde officiel à Senghor et l'a présenté comme étant tout à la fois un expert de l'Afrique et le porte-parole d'une nouvelle génération d'Africains » (Vaillant, 2006, p. 163). Senghor, dans l'article *Vues sur l'Afrique noire, ou assimiler, non être assimilé* qu'il dédie à Delavignette, dit de ce dernier qu'il est un « humaniste impérial » (Senghor, 1964, p. 40) et commente son livre *Soudan-Paris-Bourgogne*[19]. Delavignette lui dédiera en retour l'article *L'Union Française* publié dans *Esprit* en 1945, dans un numéro où, par ailleurs, Senghor publie aussi un article. C'est dans le livre susmentionné que Delavignette développe l'idée qui le démarque des autres réformateurs : il suggère que, à l'instar de l'Afrique qui devient toujours plus française, la France devient progressivement africaine. De tels propos ne pouvaient qu'emporter l'approbation de Senghor. William B. Cohen, commentant l'hommage que ce dernier rend à Delavignette en 1967[20], écrit : « Delavignette reconnaissait [...] la valeur de chaque culture. Si l'Europe était supérieure à l'Afrique sur le plan technologique, cela ne signifiait pas que cette supériorité s'étendait à tous les domaines. De concert avec des intellectuels africains tels que Senghor, il pensait que les civilisations étaient complémentaires, et qu'elles pouvaient s'enrichir mutuellement » (Cohen, 2003, p. 129). En d'autres termes, comme les autres « humanistes coloniaux », Delavignette n'est pas le partisan du remplacement de la civilisation africaine par la civilisation française. Il s'en distingue néanmoins dès qu'il soutient que les échanges culturels ne sont pas à sens unique. Il est en outre profondément convaincu que ce sont les échanges entre les hommes et non la force qui consolideront l'unité de l'Empire. Cette conviction s'est traduite dans *Soudan Paris Bourgogne*, qui, comme le remarque Cohen, repose sur l'idée que « les Africains peuvent être à la fois Africains et Français, de même que l'administrateur peut être Français et Africain » (*ibid.*, p. 131). Le rôle de l'administrateur, tel que Delavignette le conçoit, est alors d'être le trait d'union entre la France et les peuples colonisés, ce qui implique de développer une part africaine. Il écrit ainsi dans ses *Mémoires* : « Pour s'acquitter correctement de ses fonctions, l'administrateur devait connaître

---

19 Delavignette, Robert, *Soudan-Paris-Bourgogne*, Paris, Grasset, 1935.

20 Il s'agit de : Senghor, Léopold Sédar, « Un gouverneur humaniste », *Revue française d'histoire d'outre-mer*, n° 52, 1967.

les Africains. Il devait être proche de ces derniers, marcher, manger et vivre parmi eux » (*ibid.*, p. 132). En somme, le bon administrateur, pour le dire avec une expression que Senghor affectionne particulièrement, est celui qui a su « se faire nègre avec les Nègres[21] ».

Senghor et de Delavignette sont d'accord sur de nombreux points. L'un comme l'autre pense que l'État est responsable du bien-être et de la protection des populations « indigènes ». Ils estiment aussi que l'évolution économique, sociale et politique des peuples africains ne doit pas impliquer la substitution de leur culture par la culture française. Tous deux imaginent le futur d'une entité politique pluricontinentale qui a pris le nom de Plus Grande France dans le discours des réformateurs de l'entre-deux-guerres. Toutefois, l'État à venir qu'envisage Delavignette n'est pas la République fédérale française de Senghor. Les idées de ces deux réformateurs divergent dès qu'il s'agit des statuts des ressortissants français. En effet, bien qu'il propose d'étendre la citoyenneté aux élites éduquées qu'on nommait à cette époque les « évolués », Delavignette s'oppose explicitement à l'assimilation politique des masses, au contraire de Senghor qui revendique l'accession immédiate des Français *minuto jure* à la plénitude des droits du citoyen. Pour le premier, l'assimilation juridico-politique reste l'aboutissement du processus d'évolution des colonisés, pour le second, l'assimilation est le préalable de toute réalisation de la France à venir.

Je conclurai ce chapitre en indiquant que certaines des métaphores que Senghor a choisies pour illustrer sa pensée politique sont issues de ces discussions de réformateurs. Comme le montre Wilder, les « humanistes coloniaux » puisent leurs métaphores dans les registres rhétoriques des deux nationalismes français. Du nationalisme républicain, ils retiennent les images qui emphatisent la solidarité ; du nationalisme intégral les métaphores qui figurent la communauté organique. La métaphore familiale, qui participe aux deux registres rhétoriques et dont Sarraut fait un usage fréquent, remporte le plus de succès auprès des « humanistes coloniaux » :

> Cette métaphore familiale figure le paternalisme bienveillant que le colonialisme français idéalisait. Les frères des colonies ont été comptés parmi la

21 *Cf.* la partie « Conditions et processus de réalisation du "Nous, Français égaux et fraternels" », dans laquelle je commente *La décolonisation, condition de la communauté franco-africaine*, article publié dans *Le Monde* le 4 septembre 1957.

> nouvelle famille nationale de 100 millions de Français, mais au sein d'une structure de paternité, non de fraternité. Le discours de la Plus Grande France incluait les populations coloniales au sein de la nation, tout en les excluant de la communauté politique (Wilder, 2005, p. 33)[22].

La métaphore familiale impliquait l'idée selon laquelle les Français d'Afrique étaient des adultes en devenir. Elle permettait de stabiliser les contradictions inhérentes à l'État-nation impérial, parce qu'elle annonçait que les membres mineurs de la famille française évolueraient jusqu'à devenir aptes à exercer leur citoyenneté. Comme toute métaphore, toutefois, elle s'offrait à des interprétations alternatives, dont celle de Senghor, qui dessinait un autre portrait de la famille française. Comme je le montrerai dans ma troisième partie, ce dernier clamait que la fraternité était déjà effective, et, au nom des valeurs républicaines, exigeait que l'égalité ne fût plus repoussée à un horizon sans cesse fuyant.

La partie qui suit est un aperçu du droit colonial auquel étaient soumis les ressortissants de l'AOF. Le fondement du grand partage entre Français *optimo jure* et Français *minuto jure* est identifié. Nous verrons comment la République justifiait la non-extension des droits politiques, civils et sociaux aux populations incorporées dans la nation à l'annexion de leurs territoires.

---

22 Je traduis le suivant : « *This family metaphor signifies the benevolent paternalism that French colonialism idealized. Colonial brothers were counted among the new national family of 100 million Frenchmen but within a structure of paternity, not fraternity. The discourse of Greater France included colonial populations within the nation.* »

LES FRONTIÈRES DE LA SÉGRÉGATION COLONIALE

POURQUOI LE DROIT COLONIAL ?

En France, l'histoire des statuts coloniaux est aussi ancienne que la possession de colonies. Il s'agit ici de présenter les moments clés de l'évolution de ces statuts, afin de saisir la réalité juridique dans laquelle la réflexion de Senghor se forme. Il écrit sa conférence *Le problème culturel en AOF*, ses essais *Ce que l'homme noir apporte* et *Vues sur l'Afrique noire, ou assimiler, non être assimilé* et les poèmes d'*Hosties noires* avant 1946. Il écrit les autres textes qui forment le corpus étudié ici avant les indépendances africaines. La présentation du droit colonial dans ce chapitre mettra en évidence le fait que, à l'écriture de ces textes, tous les ressortissants de l'Afrique française possèdent la nationalité française, mais rares sont ceux qui jouissent d'une pleine citoyenneté. En effet, les ressortissants français sont ségrégués entre « indigènes » (ou « sujets ») et « citoyens » jusqu'à l'entrée en vigueur de la loi dite Lamine Gueye, le 1er juin 1946, date à laquelle les sujets deviennent des « citoyens de statut local ». Cette citoyenneté ne leur donne pas accès aux mêmes droits que le « citoyen de statut civil », et ils perdront tant cette citoyenneté que la nationalité française en 1960.

Une présentation du droit colonial et de son histoire est nécessaire pour comprendre les catégories juridico-politiques que Senghor manie dans ses textes et la complexité de la réalité sociopolitique qu'il affronte. Par exemple, les questions qu'il pose dans *Vues sur l'Afrique noire* pour trouver une solution au « problème de la colonisation » concernent les statuts des territoires et les statuts des populations. Comme la réponse à ces questions est prioritairement du ressort du droit colonial, il n'a pas fait l'impasse sur une bonne compréhension de ce droit dans sa quête de solutions. En outre, la description de la situation coloniale par le biais des statuts juridico-politiques et des régimes différenciés auxquels étaient soumis les ressortissants français met en lumière les possibles que Senghor avait au-devant de lui dans sa lutte pour la réforme du système colonial.

L'intérêt pour le droit colonial a connu un renouveau à partir des années 2000 dans l'historiographie française, qui était jusqu'alors largement structurée par la représentation d'une domination coloniale fondée sur l'usage de la force. Le *Code de l'indigénat*, à juste titre, était compris comme instrument de coercition et de légitimation de l'ordre colonial, mais les historiens cherchent aujourd'hui à saisir comment ce droit informait les identités sociales au sein de l'Empire français et montrent que son étude offre des outils plus précis que l'opposition entre « colonisé » et « colonisateur » pour analyser la situation coloniale. Je rappelle que Senghor a lui-même connu plusieurs qualifications juridiques. À sa naissance à Joal, au Sénégal, en 1906, il est inscrit au registre paroissial qui fait office d'état civil pour les indigènes en tant que « sujet indigène français » ; naturalisé en 1932, il devient « citoyen français ». Autrement dit, son parcours illustre le fait qu'un « sujet indigène » peut devenir un « citoyen », alors qu'un « colonisé » ne peut pas devenir un « colonisateur ».

Emmanuelle Saada est une des historiennes phares de ce champ de recherche. Ses recherches montrent que le droit est au cœur de la « science coloniale » de l'entre-deux-guerres. En effet, les juristes sont nombreux à prendre la parole dans les débats sur la question coloniale, en France, et dans les échanges internationaux, comme lors des congrès organisés à Bruxelles par l'Institut colonial international. Ils sont « en première ligne dans les milieux du "parti colonial", au sein de la haute administration coloniale et dans les échanges internationaux sur ces questions » (Saada, 2003, p. 9). En outre, la formation des administrateurs coloniaux est principalement une formation en droit que d'autres disciplines viennent seulement compléter : « [s]i d'autres champs de savoir, et tout particulièrement l'ethnographie, ont acquis une importance accrue dans l'entre-deux-guerres, l'évolution de l'enseignement dispensé à l'École coloniale consistera surtout à ajouter à une formation juridique générale, obligatoirement suivie à la faculté de droit, une présentation toujours plus poussée des droits indigènes » (*ibid.*, p. 8). Je précise que les « droits indigènes » ne sont pas une branche de l'ethnologie comme le serait l'étude des systèmes juridiques autochtones. Il s'agit d'une présentation de la législation mise en place dans les colonies pour les « sujets indigènes français », formation nécessaire à l'administrateur colonial qui détient tant le pouvoir exécutif que le pouvoir judiciaire. Enfin, le droit fonde le système normatif qui oriente l'entreprise coloniale européenne et est sollicité pour fixer les règles et légitimer les prises de possession de territoires. Ainsi des conventions internationales ont établi les obligations des États colonisateurs – dont l'acte général de Berlin de 1885, qui partage l'Afrique entre les puissances coloniales.

Indubitablement au cœur du fait colonial, le droit est néanmoins délaissé par les sciences sociales, lesquelles, comme l'indique Saada, ne se sont que très peu intéressées aux fondements juridiques de la France coloniale pour porter leur attention sur ce qui n'était en fait qu'une branche secondaire de la formation des administrateurs coloniaux : l'ethnologie. Ainsi, les sciences sociales, « très occupées à observer la façon dont leur propre histoire a eu partie liée à la conquête et à la gestion des colonies, ont largement négligé de signaler le rôle du droit » (*ibid.*). Cette remarque, à mon sens, peut être extrapolée au domaine des études francophones. Les identités sociales à l'émergence de la négritude étaient aussi formées par les qualifications juridiques et non uniquement par les identités collectives. Or la non-prise en compte du droit colonial au profit de propos culturalistes est préjudiciable à la compréhension du projet politique et poétique de Senghor, et nous verrons qu'il est nécessaire de lire sa définition de la nature et de l'efficacité de la « littérature nègre de langue française » (Senghor, 1964, p. 19) à l'aune de l'architecture juridique de la France coloniale.

HISTOIRE DES STATUTS COLONIAUX

Il est d'usage parmi les historiens de distinguer entre le Premier et Second Empire colonial français. Le Premier Empire colonial est en large partie composé de possessions éparses liées au commerce triangulaire, dont les îles des Antilles et des Mascareignes, où la population d'origine est exterminée et remplacée par une population importée d'Afrique. Après 1815, et surtout dès le début de la conquête de l'Algérie lancée par le roi Charles X en 1830, la France acquiert progressivement son Second Empire colonial, lequel atteint son apogée à la fin de la Grande Guerre, quand la France reçoit le mandat d'administrer une partie des colonies allemandes et ottomanes. Les historiens du droit colonial ajoutent à cette distinction entre Premier et Second Empire colonial une opposition entre deux types de colonisation. Sous le régime colonial du premier type, le gouvernement distingue entre libres et esclaves. Sous le régime colonial du second type, les ressortissants sont divisés entre citoyens et indigènes (aussi nommés sujets). Le passage au second type a lieu en 1848, à l'abolition définitive de l'esclavage en France.

LA COLONISATION DU PREMIER TYPE

Ire République : de l'esclavage à la citoyenneté

Sous l'Ancien Régime, il avait autant de statuts civils que de provinces. Une distinction maîtresse traverse néanmoins les multiples catégories différenciées entre lesquelles étaient répartis les habitants de la France : elle est entre les « régnicoles » (les sujets du roi de France) et les « aubains » (les étrangers). Les colonies du Premier Empire colonial comportant des esclaves, le droit français de l'esclavage a été formalisé dans le Code noir , qui est promulgué en 1685[1]. Il y est édicté que l'esclave est « régnicole » et qu'il conserve ce statut s'il est affranchi. Il existe « une série de discriminations officielles dans les îles qui ont pour effet d'empêcher noirs libres et sang-mêlé d'occuper les fonctions publiques » (Bruschi, 1987-1988, p. 34-35), mais le Code noir ne comporte que la différenciation esclave/libre et aucune référence à la « race ».

Au XVIIIe siècle, l'idée des Droits de l'Homme émerge en France dans les courants de pensée qui s'opposent à l'esclavage et au principe des conquêtes coloniales. Je citerai l'exemple de Condorcet, qui publie ses *Réflexions sur l'esclavage des nègres* en 1781. Il s'adresse aux esclaves : « Quoique je ne sois pas de la même couleur que vous, je vous ai toujours regardés comme mes frères. La nature vous a formés pour avoir le même

---

1 Il est édicté à des dates différentes selon les colonies : 1865 pour la Martinique et la Guadeloupe, 1687 pour la Saint-Domingue, 1704 pour la Guyanne. Une version remaniée a été édictée en 1793 à La Réunion, et une troisième version est promulguée en Louisiane en 1724.

esprit, la même raison, la même vertu que les Blancs » (Condorcet, 1822, p. 311). La fraternité n'est pas encore un principe républicain, mais on le voit en gestation dans cette critique de l'esclavage, où Condorcet affirme que les différences physiques entre les hommes ne sont que superficielles. Le fondement de son antiesclavagisme est l'idée selon laquelle le « Nègre » et le « Blanc » partagent une commune humanité, parce que la « nature » a doté tous les hommes de l'« esprit », la « raison » et la « vertu ». Cette « similitude » n'est pas encore manifeste, mais il annonce qu'elle adviendra quand les conditions seront réunies pour que les « Nègres » deviennent semblables aux « Blancs », c'est-à-dire quand le combat pour « la liberté des hommes » sera gagné et que les « lois de la justice » seront appliquées (*ibid.*, p. 312).

Quand la Révolution rompt avec l'Ancien Régime et établit le principe de l'égalité juridique des habitants de la France, elle impose d'emblée la question de l'applicabilité dans les colonies des principes de 1789 et de la *Déclaration des droits de l'homme et du citoyen*. Elle offre ainsi une nouvelle tribune aux antiesclavagistes, principalement regroupés dans la Société des amis des Noirs[2]. Les idées de liberté et d'égalité, jusqu'alors cantonnées aux discussions philosophiques, entrent dans l'arène des débats politiques, et c'est désormais à l'Assemblée constituante que les antiesclavagistes plaident pour l'abolition de l'esclavage et de la traite. Le sort des esclaves se joue alors dans les assemblées législatives et dans les conseils de la République, au cours d'une lutte qui oppose les députés liés aux planteurs et les partisans de l'application des Droits de l'Homme aux colonies. Les deux camps savent que l'extension des droits à tous les habitants des colonies bouleverserait l'ordre colonial. Alors qu'en métropole des groupes marginalisés sous l'Ancien Régime, comme les Protestants et les Juifs, se voient reconnaître la citoyenneté, dans les colonies, l'extension de celle-ci aux hommes de couleur et aux esclaves est différée.

Le droit de l'Ancien Régime distinguait entre le sol français proprement dit, sur lequel l'esclavage était aboli, et le sol français colonial. Autrement dit, le statut des territoires était différencié et le statut des personnes unifié (les esclaves et les hommes libres étaient « régnicoles »).

2 La Société des amis des Noirs est la première association française abolitionniste, elle est créée en février 1788.

À la suite de la Révolution, il est devenu nécessaire de fixer les frontières de l'isonomie républicaine, c'est-à-dire de fixer les limites du territoire dans lequel les personnes sont égales devant la loi. Le 25 septembre 1792, la République est déclarée « unie et indivisible », ce qui pose la question de savoir si les colonies font ou non partie intégrante de la France, et, par conséquent, si le domaine de la loi, devant laquelle tous les citoyens sont égaux, s'étendra jusqu'aux îles à esclaves. Les antiesclavagistes triompheront une première fois 1792 sur les planteurs des îles organisés en « lobby », car il est décidé que les hommes de couleur, régnicoles et libres sous l'Ancien Régime, ne doivent pas être exclus de la citoyenneté. La question du statut à donner aux esclaves, régnicoles non libres sous l'Ancien Régime, reste ouverte, mais le débat est inévitable : la *Déclaration* emploie dans un sens équivalent les termes « homme » et « citoyen ». L'universalité des principes énoncés est donc en jeu, comme l'est la définition de la liberté en tant que droit naturel de tous les hommes et non des seuls Français de métropole. Cependant, émanciper les esclaves exige de leur attribuer un nouveau statut juridico-politique, et à moins de créer une catégorie qui leur serait particulière, les esclaves accéderaient à la liberté en devenant citoyens. Égaux devant la loi, ils auraient alors les mêmes droits que leurs maîtres. La Convention décide de les incorporer au peuple souverain. Le décret du 4 février 1794 (16 pluviôse an II) abolit l'esclavage et fait simultanément accéder les esclaves libérés à la citoyenneté :

> La Convention nationale déclare que l'esclavage des Nègres, dans toutes les Colonies, est aboli ; en conséquence, elle décrète que tous les hommes, sans distinction de couleur, domiciliés dans les colonies, sont citoyens Français, et jouiront de tous les droits assurés par la constitution[3].

Dans les faits, le décret est inégalement appliqué : la Martinique est occupée par les Anglais ; en Guadeloupe, les esclaves émancipés restent soumis au travail forcé ; aux Mascareignes, les colons se soulèvent contre les agents du Directoire et les forcent à rembarquer avant qu'ils puissent promulguer le décret. À Saint-Domingue, qui fut le théâtre d'une violente insurrection d'esclaves et d'affranchis revendiquant la liberté

---

3 *Décret n° 2262 de la Convention nationale, du 16 pluviose, an II de la République française, une et indivisible, qui abolit l'esclavage des Nègres dans les colonies*, http://mjp.univ-perp.fr/france/1794esclavage.htm (consulté le 15/03/2019).

et l'égalité des droits, cette abolition générale avait été anticipée par la proclamation du 29 août 1793 de Léger-Félicité Sonthonax et Étienne Polverel, commissaires civils de la République. La *Déclaration des droits de l'homme et du citoyen* est citée dans le préambule de cette proclamation : « Les hommes naissent et demeurent libres et égaux en droit : Voilà, citoyens, l'évangile de la France [...][4] ».

Premier Empire et Restauration : rétablissement de l'esclavage et conquête de l'Algérie

Encouragé par les planteurs et sa femme Joséphine, native de la Martinique, Napoléon Bonaparte abroge le décret d'abolition par loi du 30 floréal an X (20 mai 1802), rétablit l'esclavage dans les colonies et remet en vigueur le Code noir. Il met aussi un terme à l'isonomie républicaine et établit une législation spécifique aux colonies. La conséquence en sera la perte de Saint-Domingue : en novembre 1803, le corps expéditionnaire de Rochambeau capitule devant les forces de Dessalines et Haïti proclame son indépendance le 1er janvier 1804.

L'ère napoléonienne marque un grand tournant dans la définition juridique et politique des Français, car, dans sa plus large part, le cadre fixé par Napoléon subsistera après 1815. La constitution de l'an VIII introduit le pouvoir monocratique, mais conserve cet acquis révolutionnaire qu'est la citoyenneté. Dans les constitutions révolutionnaires, comme dans la constitution de l'an VIII, la citoyenneté est l'appartenance au corps politique français. Le grand tournant a lieu à la promulgation du Code Napoléon en 1804, parce que ce Code civil renverse les rapports qui constituent la logique de la citoyenneté en introduisant une distinction entre celle-ci et la qualité de Français. Cette qualité, reçue par filiation, « ne se réfère plus à un espace public, elle s'inscrit dans des rapports de droit privé » (Bruschi, 1987-1988, p. 39). Un décret subséquent, dont la fonction est de rendre compatible la Constitution de l'an VIII et le Code Napoléon, confond admission aux droits de citoyen et naturalisation par décision du chef de l'État. Dès lors, le citoyen français est la personne qui est soumise au Code civil en droit privé.

---

4 *Cf.* Anonyme, « Aux origines de l'abolition de l'esclavage », *in Revue d'histoire des colonies*, vol. 36, n° 125, 1949, p. 24-55.

Dans les colonies où l'esclavage est rétabli, la Révolution n'a pas effacé la distinction entre les deux catégories de population qui a caractérisé la colonisation du premier type. L'ancienne distinction entre esclave et libre a été remplacée par celle entre esclave et citoyen. Cependant, dans les colonies qui ne sont pas des îles à esclaves, la définition des statuts des colonisés devient difficile à la promulgation du Code Napoléon. En effet, comme l'application du Code civil définit désormais qui est Français, les habitants de territoires français qui ne sont pas soumis à ce Code sont à la limite de l'extranéité. Les premiers sont les hindous et musulmans des Établissements de l'Inde, restitués à la France lors du Congrès de Vienne. Dès la conquête de l'Algérie, ils sont rejoints par les habitants des territoires annexés, les « indigènes » qui ne sont pas astreints à la soumission au Code civil. Dans les Établissements français du Sénégal, un statut particulier prend forme, lequel sera unique en France jusqu'à la promulgation de la loi dite Lamine Gueye du 7 mai 1946. Les habitants de Saint-Louis, Gorée, Rufisque et Dakar, qui sont quatre communes de plein exercice, utilisent à leur profit la loi du 24 avril 1833 concernant le régime législatif des colonies. Cette loi abroge toute discrimination envers les « hommes de couleur libres et affranchis ». Or elle ne distingue qu'entre la catégorie de libre et celle d'esclave et, grâce à cette faille, les habitants musulmans de ces communes revendiquent et obtiennent la qualité de Français. Ils jouissent, par conséquent, de la plénitude des droits que cette qualité offre, sans avoir à se soumettre au Code civil.

La IIe République : émergence de la distinction sujet/citoyen et de la colonisation du second type

L'instauration de la IIe République est le grand tournant dans le statut des colonisés : l'émancipation des esclaves met fin à la colonisation du premier type et donne naissance à une nouvelle distinction entre catégories de population. Sous l'impulsion de Victor Schœlcher, l'esclavage est aboli par le décret du 28 avril 1848. Tous les hommes deviennent libres et, en tant que tels, jouissent de tous les droits civils et politiques. Ce retour à l'isonomie républicaine correspond aussi à une assimilation du sol colonial au sol métropolitain : « Le gouvernement provisoire de la République consid[ère] que nulle terre française ne peut plus porter d'esclaves », affirme le Décret de création de la Commission d'abolition de l'esclavage[5]. L'esclavage est « une violation flagrante du dogme républicain : "Liberté – Égalité – Fraternité" », déclare le Gouvernement provisoire dans le Décret d'abolition, qui assimile donc les colonies à la République et les esclaves au corps des citoyens. Ce Décret dispose de même, dans l'article 7 : « Le principe "que le sol de la France affranchit l'esclave qui le touche" est appliqué aux colonies et possessions de la République ». L'article 6 étend la représentation parlementaire aux ex-colonies à esclaves : « Les colonies purifiées de la servitude et les possessions de l'Inde seront représentées à l'Assemblée Nationale[6] ».

Le caractère colonial de l'Empire français ne se dissout cependant pas avec l'accession des esclaves à la citoyenneté, parce qu'une nouvelle distinction de statuts juridiques apparaît. Elle est la conséquence du fait que la France, à l'instauration de la IIe République, possède aussi des colonies sans esclaves. Alors que les esclaves deviennent hommes libres de couleur, et donc citoyens, les autochtones des colonies sans esclaves, qui étaient libres avant l'abolition, n'accèdent pas à la citoyenneté. Comme exposé plus haut, la citoyenneté française suppose la soumission au Code civil de celui qui la possède. Or ces ressortissants ont un statut personnel qui les soumet à un autre droit privé que le droit civil français. Ce statut, celui de l'« indigène », est à la source d'un nouveau débat, dont le propos est d'établir le contenu juridique de cette catégorie de Français exclus de la pleine jouissance des droits assurés par la Constitution.

LA COLONISATION DU SECOND TYPE

Clarification du contenu juridique des catégories de la colonisation du second type : 1848-1897

En mettant fin au cadre juridique du Premier empire colonial, la révolution de 1848 ouvre un temps d'incertitudes et d'hésitations. Mal définies, les catégories doivent trouver un contenu juridique, et le droit colonial, alors embryonnaire, ne le précise que progressivement. Ce temps d'incertitudes se clôt en 1897, quand le règlement d'administration publique fait appliquer la loi sur la nationalité de 1889 aux colonies.

5 *Décret et arrêté du 4 mars 1848*, http://www2.assemblee-nationale.fr/14/evenements/2016/abolition-de-l-esclavage-1794-et-1848/1848-l-abolition-definitive#node_32621 (consulté le 29/04/2019).

6 *Ibid.*

– La Constitution du 4 novembre 1848

À l'instauration de la IIe République, les notions de « citoyen », « national » et « étranger » se voient affecter un nouveau contenu juridique. La constitution du 4 novembre 1848 ne connaît de Français que les citoyens. La notion de « nationalité » n'est pas encore inventée, mais, face à l'afflux de réfugiés venus des pays d'Europe où la révolution avait échoué, la IIe République renforce la ligne de démarcation entre Français et étrangers. Elle le fait par une loi de 1851 qui atténue le droit du sang en introduisant le droit du sol. Or, comme elle reste silencieuse sur ce que recouvre le terme France, cette loi rend à nouveau trouble ce que le décret de l'abolition avait clarifié. En effet, les colonies continuent à être « le sol de France », mais elles sont à nouveau distinguées de la métropole, parce que le *jus soli* n'y est pas appliqué. C'est en particulier la colonisation de l'Algérie, dont la conquête est alors terminée, qui est la cause de cette non-application. En effet, si le droit du sol avait été appliqué dans cette colonie, les indigènes nés après la loi de 1851 auraient bénéficié de la plénitude des droits français.

– Le sénatus-consulte du 14 juillet 1865

Dès l'établissement du Second Empire, Louis-Napoléon Bonaparte imagine assimiler l'Algérie à la France. L'immigration française et européenne est en cours, et il devient urgent de statuer sur l'extranéité ou non de la population d'origine qui y réside. Dans le cadre juridique du Second Empire, attribuer la qualité de Français à quelqu'un revient à le faire accéder à la citoyenneté française. L'assimilation politique des indigènes algériens suppose donc, d'un côté, que les pleins droits politiques leur soient accordés et, de l'autre, que ces derniers se soumettent au Code civil. Cette assimilation est malaisée, premièrement parce que l'accession à la plénitude des droits mettrait fin à la différenciation inégalitaire nécessaire à l'entreprise de colonisation, et deuxièmement parce que la plupart des conquis refuseraient d'être régis par le Code civil si cela leur était exigé. Face à cette impasse, le gouvernement met long à fixer le statut juridique de la population autochtone d'Algérie, mais la classifie néanmoins en deux groupes distincts : les indigènes soumis au droit musulman et les indigènes soumis au droit mosaïque.

Napoléon III considère ces populations comme ses sujets, ce qui mène à une première clarification des statuts par la promulgation du Sénatus-consulte du 14 juillet 1865. Celui-ci dispose que :

> Art. 1 :
> L'indigène musulman est Français ; néanmoins il continuera à être régi par la loi musulmane.
> Il peut être admis à servir dans les armées de terre et de mer. Il peut être appelé à des fonctions et emplois civils en Algérie.
> Il peut, sur sa demande, être admis à jouir des droits de citoyen français ; dans ce cas il est régi par les lois civiles et politiques de la France.
>
> Art. 2 :
> L'indigène israélite est Français ; néanmoins il continue à être régi par son statut personnel.
> Il peut être admis à servir dans les armées de terre et de mer. Il peut être appelé à des fonctions et emplois civils en Algérie.
> Il peut, sur sa demande, être admis à jouir des droits de citoyen français ; dans ce cas il est régi par la loi française.
>
> Art. 3 :
> L'étranger qui justifie de trois années de résidence en Algérie peut être admis à jouir de tous les droits de citoyen français.
>
> Art. 4 :
> La qualité de citoyen français ne peut être obtenue, conformément aux articles 1, 2 et 3 du présent sénatus-consulte, qu'à l'âge de vingt et un ans accomplis ; elle est conférée par décret impérial rendu en conseil d'État[7].

Se trouvent, ci-dessus, quatre catégories juridico-politiques différentes : l'indigène musulman, l'indigène israélite, l'étranger et le citoyen français. L'étranger se distingue de l'indigène et du citoyen parce qu'il ne possède pas la qualité de Français. Il acquiert la nationalité et la citoyenneté française en résidant en Algérie, par une naturalisation par ailleurs facilitée par rapport à la métropole. Sont entendus par « étrangers » les immigrants d'origine européenne, que le gouvernement cherche à « franciser » afin d'homogénéiser les colons. Parmi les Français, le sénatus-consulte distingue nettement entre la qualité de Français et la qualité de citoyen, et établit la distinction entre Français *optimo jure* et Français *minuto jure* qui est au cœur du droit colonial jusqu'aux indépendances.

7 *Sénatus-consulte sur l'état des personnes et la naturalisation en Algérie*, http://mjp.univ-perp.fr/france/sc1865-0714.htm (consulté le 09/06/2018).

Le sénatus-consulte fixe aussi les conditions d'admission de l'indigène à la jouissance des droits de citoyen français. Premièrement, l'indigène doit renoncer à être régi par la loi musulmane ou par son statut personnel pour être régi par la loi française. Deuxièmement, il obtient la qualité de citoyen par décision du pouvoir exécutif du plus haut niveau. En somme, l'État facilite la naturalisation des étrangers et garde la mainmise sur la voie de passage du statut d'indigène à celui de citoyen.

– Décret Crémieux du 24 octobre 1870

Cinq ans plus tard, le décret Crémieux fait des Juifs d'Algérie qui renoncent à leur statut personnel des citoyens français. Cette accession à la citoyenneté est collective : seuls les individus qui expriment leur souhait de rester soumis au droit mosaïque continueront à être indigènes israélites. On pourrait y voir une mesure d'anticipation en vue d'une assimilation future de l'ensemble de la population autochtone, mais cette accession ne fut jamais offerte aux autres indigènes algériens, ce qui en fait *a posteriori* plutôt une mesure discriminatoire, qui détache les Juifs du reste de la population d'origine pour les fondre dans le groupe des colons. Le décret Crémieux révèle aussi que le gouvernement estime que les mœurs des indigènes israélites sont suffisamment semblables aux mœurs françaises pour permettre leur assimilation collective dans le corps des citoyens, et, effectivement, la non-assimilation des indigènes musulmans est justifiée par le fait que leurs mœurs sont incompatibles avec le Code civil français. Ne pouvant être régis par le droit privé français, ils ne peuvent devenir citoyens français et sont donc aussi privés du plein exercice des droits politiques. Saada relève que la Cour d'Alger, qui statue sur l'exclusion des indigènes musulmans des pleins droits politiques, fait reposer son argument « sur le principe révolutionnaire de l'isonomie qui ancre la jouissance des droits du citoyen dans la soumission à la loi commune et fait du statut personnel réservé un privilège » (Saada, 2006, p. 170-171). C'est ainsi la Cour d'Alger qui consacre « le fondement civil de la citoyenneté : nul ne peut participer pleinement aux destinées de la cité s'il ne respecte les normes qui règlent les rapports entre particuliers » (*ibid.*, p. 171).

Au-delà de la soumission possible ou non au droit civil français, le débat révèle donc que l'assimilation aux mœurs françaises commence à être explicitement liée au plein exercice des droits politiques en France. La relation entre la culture – plus précisément la « coutume[8] » – et les droits politiques est fixée dans des textes de loi. En Algérie, et progressivement dans le reste de l'Empire où on règle la question des statuts dans les territoires sous domination française en s'inspirant du sénatus-consulte de 1865, la différence culturelle justifie ou produit, selon les points de vue, une ségrégation entre citoyens et sujets. Celle-ci se traduira en discrimination effective et entérinée par le droit colonial. Le sens à donner à l'expression « nation française » en est immédiatement modifié. Si la nation française est une « nation civique », elle se confond avec le peuple souverain, la communauté des citoyens. Dès que les individus qui possèdent la qualité de Français (et la nationalité française dès 1897) sont répartis entre les citoyens et les indigènes, la nation française ne peut plus être conçue comme une « nation civique ». Différenciant le peuple souverain et les peuples indigènes sur la base du droit privé auquel ils sont soumis, le droit colonial se réfère implicitement à des entités analogues à des « nations ethniques ». Une telle distinction est absente du droit commun métropolitain, où la citoyenneté et la nationalité se confondent, mais dans le droit colonial, les citoyens forment une « nation ethnique » française aux mœurs estimées homogènes et les indigènes, bien que Français, sont conçus comme membres de peuples inassimilables à la « nation civique » par le fait de leurs coutumes[9]. Cela provoque, dans le droit colonial, une évolution sémantique du terme « assimilation », lequel commence à se charger d'un sens culturel qu'il n'a pas dans le lexique juridique dont il est originaire.

– La loi du 26 juin 1889 sur la nationalité française

La définition progressive des catégories coloniales est corrélée à la clarification du droit commun de la nationalité en métropole. La réforme de la nationalité en France vient en réponse à la forte immigration et aboutit à la loi de 1889. Le débat parlementaire oppose les partisans de mesures discriminatoires et les partisans de l'assimilation. Ces derniers

8 *Cf.* la partie « De l'Empire colonial à la Communauté impériale ».

9 Pour une historicisation et relativisation de la dichotomie *nation civique / nation ethnique*, *Cf.* Geisser, Vincent, « Nation civique versus nation ethnique ? Les faux semblants de l'universalisme républicain », *Annales de philosophie et des sciences humaines*, vol. 1, n° 23, 2007, p. 57-74.

« considèrent que la meilleure solution est l'assimilation, non dans le sens d'une mise en conformité avec les mœurs françaises, sens qui ne s'imposera que plus tard, mais dans son sens politique : adhésion à la France, patrie au sens d'une société transfigurée, par l'acquisition de la nationalité » (Bruschi, 1987-1988, p. 51). Le débat est possible parce que la notion de citoyenneté peut avoir deux acceptions en droit. Dans la première, largement héritée de la citoyenneté romaine, citoyenneté et nationalité tendent à se confondre. La citoyenneté est ici la distinction entre membres et non-membres d'une entité politique et tend à s'opposer à l'extranéité. Dans la seconde, héritée de Rousseau, la citoyenneté est limitée aux seuls droits politiques : elle est la qualité possédée par celui qui participe à la décision politique et tend à définir les membres de la Nation, le peuple souverain[10]. La loi de 1889 consolide la catégorie des étrangers, et cette définition claire de l'extranéité permet, en métropole, de donner des contours précis à la nationalité, terme qui apparaît pour la première fois dans les textes législatifs. Bruschi explique que « pour les juristes, la nationalité a un sens très précis, elle détermine les ressortissants sur lesquels un État exerce sa souveraineté. La nationalité exprime de façon passive le rapport de l'individu à l'État, alors que la citoyenneté l'exprime de façon active » (*ibid.*, p. 52). La loi de 1889 omet le terme de « citoyenneté » et affirme le lien entre la nationalité française et l'exercice des droits civils, ce qui tend à exclure de la nationalité française les personnes régies par un statut personnel.

En dehors de la métropole, l'application du droit commun de la nationalité pose problème, parce que les indigènes sont des Français régis par un statut personnel depuis 1865. En outre, la loi de 1889 consacre le droit du sol, ce qui pose de façon accrue la question de savoir si l'expression le « sol français » s'applique à la seule métropole ou si elle désigne l'ensemble des possessions françaises. Le texte de la loi spécifie qu'elle est applicable à l'Algérie (tout en précisant qu'elle continue de recevoir l'application du sénatus-consulte de 1865), et aux colonies de la Guadeloupe, de la Martinique et de la Réunion (dont les habitants sont des citoyens depuis 1848), et confirme que les habitants de l'ensemble de ces territoires possèdent la nationalité française. En Algérie, cette loi

10 *Cf.* Urban, Yerri, « Coutumes et citoyenneté, des colonies aux collectivités d'outre-mer. Le point de vue du droit », *Ethnologie française*, n° 169, 2018, p. 27.

ne change pas la condition des indigènes (parce que le sénatus-consulte de 1865 n'est pas abrogé), mais celle des étrangers d'origine européenne. Les étrangers y sont alors en voie de naturalisation, laquelle est grandement facilitée par la reconnaissance du droit du sol. Les indigènes, en revanche, continuent à accéder à la citoyenneté par décret de l'exécutif.

– Le décret du 7 février 1897

La loi de 1889 renvoie à un futur règlement d'administration publique pour le reste du territoire colonial dont la rédaction est confiée à une commission extraparlementaire. Celle-ci a cherché à différencier la France de ses colonies, en particulier en ce qui concerne les conditions d'attribution de la nationalité, ce qui va aboutir au décret de 1897, lequel institue un droit de la nationalité différent selon les territoires d'application. À l'exception des territoires susmentionnés, l'Empire est dès lors régi par des dispositions propres. Ce décret distingue nettement entre la naturalisation des étrangers et celle des indigènes (improprement nommée « naturalisation » en conséquence du fait qu'ils possèdent déjà la qualité de Français) et écarte tout droit du sol de ces colonies, à la seule exception des enfants nés de parents inconnus. Le décret marque donc deux distinctions claires. La première est entre Français et étrangers, la seconde entre Français *optimo jure* et Français *minuto jure*. Le passage de la catégorie étranger à Français est facilité ; celui de sujet indigène à citoyen est durci. Dans les territoires où il s'applique, le décret de 1897 maintient entre les mains de l'État le pouvoir de faire accéder l'individu à la plénitude des droits. Seule une décision du pouvoir exécutif qui, comme dans le sénatus-consulte, reste du plus haut niveau, permet l'acquisition de la citoyenneté française.

Ce décret prend donc le contre-pied de la loi de 1889, dont il est le texte d'application, ce qui rend manifeste la volonté de fixer clairement les catégories dans les colonies à indigènes. Bruschi explique qu'il « autorise la mise en place d'un système colonial de la nationalité différent dans ses principes mêmes du droit commun républicain de la nationalité inspiré par le souci d'égalité juridique entre les individus » (*ibid.*, p. 56). La rupture entre droit colonial et droit commun est alors consommée : le premier est inspiré par le souci de maintenir la différenciation inégalitaire, le second par le souci de l'égalité juridique.

Dès lors, bien que le même État exerce sa souveraineté sur l'ensemble des Français, seuls les Français *optimo jure* forment le peuple souverain.

Apogée de l'Empire français et consolidation du système colonial

Dès la fin des années 1880, les juristes cherchent à construire un droit colonial plus systématique. Celui-ci restera néanmoins un ensemble hétéroclite de textes écrits spécifiquement pour les divers territoires coloniaux et ne formera jamais, comme le droit commun de la France métropolitaine, un ensemble homogène de textes de loi. À l'apogée de l'Empire colonial français, les colonies sont de statuts différents et les statuts des colonisés dépendent du statut de leur territoire d'habitation. Dans les protectorats[11], le colonisé est un « protégé ». Après la Première Guerre mondiale, certains territoires sont des mandats A (provenant l'ancien Empire ottoman) ou mandats B (provenant de l'ancien Empire colonial allemand et situés en Afrique subsaharienne) de la Société des Nations. La personne originaire de ces territoires est un « administré ». En métropole et dans les colonies antillaises, où s'applique la loi de 1889, le terme « citoyen » a disparu du droit commun de la nationalité. Les habitants sont « Français » ou « étrangers ». Enfin, dans le reste de l'Empire, dans les colonies où s'applique le décret de 1897, les habitants sont « étrangers », « citoyens » ou « sujets français ». Ce dernier terme provient de la langue juridique de l'Ancien Régime et remplace dans les textes de loi la catégorie « indigène ».

Héritière de la législation mise en place en Algérie, la IIIe République maintient « la relation étroite entre le statut personnel entraînant la non-application du droit civil français et l'absence de droits politiques » (*ibid.*, p. 57). Les sujets participent à des élections locales de type administratif, mais ils sont privés du droit de participer à toute élection impliquant la souveraineté. Le décret Crémieux sera ainsi un événement unique et l'expérience de l'assimilation d'une partie de la population n'est pas renouvelée. Au contraire, jusqu'à la Seconde Guerre mondiale, les juristes travaillent à donner un contenu juridique plus précis aux catégories et, en faisant disparaître les ambiguïtés, ils durcissent la différenciation entre les citoyens et les sujets.

---

11 Dans les faits, l'opposition entre *indirect rule* britannique et administration directe française n'existe qu'en Afrique subsaharienne. Selon les accords passés avec la France, des États, comme le Laos, ont pu conserver une organisation étatique propre.

LE RÉGIME DE L'INDIGÉNAT

LE RÉGIME DE L'INDIGÉNAT, UNE « MONSTRUOSITÉ JURIDIQUE »

Jusqu'en 1946, l'ordre social colonial est structuré par le grand partage entre les citoyens, qui bénéficient de l'intégralité des droits attachés à la nationalité française, et les sujets qui sont soumis à un statut inférieur sur le plan civil, pénal et politique. Or ces catégories juridico-politiques ne servent pas seulement à classer les populations dans les colonies, de même que le statut personnel n'entraîne pas uniquement une non-soumission au droit privé français : ces catégories déterminent qui est soumis au droit commun et qui est soumis au régime de l'indigénat. Ce régime, souligne Isabelle Merle, révèle la ségrégation coloniale au quotidien : « [le régime de l'indigénat] matérialise et concrétise au jour le jour la coupure entre "sujets" et "citoyens" opérée au sein de la catégorie de "Français" par la construction de l'Empire colonial à partir de 1830. Par le sénatus-consulte de 1865, les Algériens sont français, mais non citoyens, et l'une des marques de cette non-citoyenneté, hormis le statut personnel auquel ils restent soumis, est l'application exclusive qui leur est faite du régime de l'indigénat » (Merle, 2004, p. 150).

D'abord expérimenté en Algérie, où la loi du 28 juin 1881 donne un premier cadre législatif à un ensemble de pratiques coercitives héritées du régime de conquête, et, étendu par la suite aux autres colonies, l'indigénat est le dispositif juridique auquel est soumis le Français *minuto jure* jusqu'à son abrogation en 1946 :

> Dans le principe, le régime de l'indigénat consiste à concevoir une justice répressive « spéciale », au sens de située « en-dehors des règles communes », pour réprimer des infractions commises par les seuls indigènes, infractions qui ne sont ni prévues ni réprimées par la loi française (*idem.*, p. 143).

Merle résume en ces termes en quoi ce dispositif juridique est exorbitant du droit commun français :

> Il s'agit de créer un espace juridique nouveau, spécifiquement réservé aux indigènes, qui s'ajoute au droit pénal auquel, par ailleurs, ils sont soumis : un registre dans lequel les indigènes commettent des délits inconnus ou non

> prévus en France, mais qualifiés comme tels en ce qui les concerne dans les colonies, pour lesquels on va prévoir des peines qui n'entrent dans aucune catégorie pénale (criminelle, correctionnelle, temporaire ou perpétuelle, politique ou de droit commun, civile ou militaire), peines qui peuvent être individuelles ou collectives (*idem.*).

En outre, la particularité du régime de l'indigénat est de ne pas séparer les pouvoirs judiciaires et administratifs :

> Cette justice répressive n'est pas seulement « spéciale » parce qu'elle ne concerne que les indigènes et crée de nouveaux délits et de nouvelles peines, mais aussi parce qu'elle peut être exercée par l'autorité administrative – échelons supérieurs (gouverneurs) ou intermédiaires (administrateurs, chefs de cercle ou de district, chefs indigènes) – au mépris d'un principe fondamental du droit français, à savoir l'exigence d'une séparation des pouvoirs judiciaire et administratif, garantie des libertés publiques (*idem.*).

L'indigénat est improprement nommé « code », et les spécialistes du droit colonial lui préfèrent le terme « régime », non seulement parce qu'aucun travail d'harmonisation de ces réglementations n'a été entrepris en vue d'édicter un code unique pour l'ensemble de l'Empire, mais surtout parce que l'absence de codification est elle-même significative. En effet, codifier l'indigénat aurait laissé entendre que le gouvernement souhaitait pérenniser le système, alors que ce régime a toujours été présenté comme transitoire. La loi du 28 juin 1881, comme chacune de ses prorogations, a fait l'objet de nombreuses contestations à la Chambre des députés et au Sénat. Merle explique que « [l]e caractère "monstrueux" de ce montage juridique est dénoncé de façon récurrente, car il ouvre une brèche dans la conception même de la légalité républicaine » (*ibid.*, p. 148). On s'inquiète en effet de l'absence des principes qui séparent la légalité de l'arbitraire dans le droit en vigueur en métropole et du caractère expéditif de la justice pénale indigène, qui n'est pas soumise aux procédures du droit commun. Le régime de l'indigénat ne fait donc pas l'unanimité parmi les députés et les sénateurs, et s'il est considéré comme une « monstruosité juridique », c'est bien parce que ces hommes politiques estiment que la légalité républicaine, dans l'idéal, devrait régner sur l'ensemble de la France, métropole et colonies confondues. Toutefois, à chaque prorogation, le gouvernement français accepte d'assumer la contradiction entre les principes fondamentaux de la République et les modalités par lesquelles il exerce la souveraineté française en dehors de la Métropole.

LE RÉGIME DE L'INDIGÉNAT EN AOF (1887-1946)

Par le décret du 16 juin 1895, la IIIe République crée l'AOF pour administrer les territoires conquis et annexés en Afrique de l'Ouest. Dès 1904, l'organisation de l'AOF est achevée et celle-ci est dès lors une fédération de colonies, dont la capitale est Dakar. Le gouverneur général, qui communique avec le ministre des Colonies, est le supérieur hiérarchique de lieutenants-gouverneurs. Ces derniers exercent leur autorité sur les diverses colonies de la fédération, elles-mêmes subdivisées en circonscriptions administratives placées sous l'autorité de commandants de cercle. Ces chefs de subdivision et chefs de poste sont les véritables agents exécutifs des décrets du gouvernement français[12]. Quand des autorités administratives remplacent les militaires, le gouvernement français choisit d'étendre le régime de l'indigénat en AOF à partir du modèle algérien pour donner un cadre légal à l'exercice du pouvoir. La première législation importante en AOF est contenue dans le décret du 30 septembre 1887 qui confère aux administrateurs du Sénégal des pouvoirs disciplinaires. Ces pouvoirs sont distincts des pouvoirs judiciaires et sont exercés sur les ressortissants qui ne possèdent pas la citoyenneté française, soit toute la population de cette colonie, à l'exception des Européens et des Originaires[13]. Par disciplinaire est

12 Depuis le sénatus-consulte du 3 mai 1854, les colonies françaises sont régies par décret. Ainsi, ce sont des décrets promulgués par le Président de la République française qui forment le corps de lois du régime de l'indigénat.

13 Les Originaires sont citoyens et soumis au Code pénal métropolitain depuis le décret du 6 mars 1877. La situation exceptionnelle des Originaires de Saint-Louis, Gorée, Rufisque et Dakar remonte à la Révolution de 1789. Le 18 janvier 1791, un décret déclare le commerce du Sénégal libre pour tous les Français, sous-entendu, de métropole et de Saint-Louis. Les antécédents de 1791 justifient l'arrêté local du 5 novembre 1830 qui dispose que « Tout individu né libre et habitant le Sénégal et ses dépendances jouira, dans la colonie, des droits accordés par le Code civil aux citoyens français. » En 1848, le droit de vote est reconnu au Sénégal et un siège de député au parlement lui est attribué. Ce député est élu par les citoyens français du Sénégal qu'il représentera en métropole. La IIIe République, de même, reconnaît les Originaires comme citoyens, qualité qui leur est confirmée en 1891. Cependant, dès les premières années du XXe siècle, l'administration de la colonie juge ces droits exorbitants et cherche donc à les restreindre. Les Originaires de droit musulman ont compris que leur statut est précaire et Blaise Diagne (1872-1934) remporte les élections de 1914 sur la promesse d'obtenir la pérennisation de leur statut particulier. Son habileté politique mène à la promulgation de lois connues sous le nom de « lois Blaise Diagne ». Dès lors, bien qu'ils soient soumis au droit musulman, les Originaires sont assurés de conserver leur citoyenneté et de bénéficier du suffrage universel au niveau des conseils municipaux, du Conseil général de la colonie et de l'Assemblée

compris le pouvoir de punir certaines infractions sans faire recours à une cour de justice. Or, en AOF, le gouverneur de la colonie a le mandat d'émettre une interprétation des décrets sous forme d'arrêtés dans lesquels il fait la liste des infractions punissables par les administrateurs sous ses ordres. Jusqu'à l'abrogation du régime de l'indigénat en 1946, plusieurs arrêtés ont fait évoluer la liste d'infractions qui entraînent une « sanction de police administrative ». Pour donner un exemple, le décret de 1904 donne lieu à l'arrêté du Gouverneur-Général William Ponty du 14 septembre 1907, lequel fait une liste de 26 infractions punissables disciplinairement par les administrateurs de l'AOF. Comme cet arrêté autorise l'extension de la liste en fonction des circonstances locales, le Lieutenant-Gouverneur du Haut-Sénégal-Niger augmente la liste à 41 infractions pour la colonie sous son autorité. En Côte d'Ivoire, cette liste s'élève à 53 infractions en juillet 1918[14].

De nombreux obstacles susceptibles de freiner l'atteinte des objectifs coloniaux étaient inscrits dans cette liste d'infractions. En cas de crises politiques graves dans les colonies, les pouvoirs disciplinaires du Gouverneur-Général lui donnaient la possibilité de déporter les insurgés, de les déposséder et de leur infliger une amende collective. L'historien A.I. Asiwaju note que la majorité de ceux qui furent déportés étaient des chefs traditionnels, lesquels défiaient réellement ou potentiellement l'autorité française. La plupart sont morts en exil[15]. Au quotidien, les mesures disciplinaires expérimentées par la majorité de la population étaient les emprisonnements et les amendes infligées à des individus par des commandants de cercle. À l'abrogation de l'indigénat, en 1946, il n'existait quasiment aucun individu ou communauté qui n'avait pas subi ces « sanctions de police administrative » sous une forme ou une autre[16]. La sanction pouvait tomber en réponse au refus de payer ses impôts, pour trouble de l'ordre public, pour sorcellerie, etc. La vie quotidienne se trouvait donc encadrée par cette réglementation policière et par les

---

nationale. Malgré les efforts de l'administration coloniale pour leur refuser ces qualités, les Originaires sont citoyens et Français, et forment le cas unique de Français *optimo jure* non soumis au Code civil.

14 *Cf.* : Asiwaju, A.I., « Control Through Coercion ; A Study of the Indigenat Regime in French West African Administration, 1887-1946 », *Journal of the Historical Society of Nigeria*, vol. 9, n° 3, 1978, p. 105.

15 *Cf. ibid.*, p. 111-112.

16 *Cf. ibid.*, p. 107.

administrateurs qui trouvaient dans la menace de sanctions disciplinaires de quoi faire respecter leur autorité. Les révoltes et les émigrations dans les colonies britanniques voisines des populations africaines soumises à la domination française sont révélatrices du caractère oppressif du régime de l'indigénat. Asiwaju, qui voit dans ce régime l'origine de la rancœur des populations de l'AOF, indique qu'il est difficile de savoir si ces dernières réagissaient aux objectifs coloniaux ou à la coercition mise en œuvre pour les atteindre :

> Étant donné que les sanctions de police administrative constituaient le principal outil dont disposaient les administrateurs pour atteindre les objectifs politiques en matière de fiscalité, de travail forcé, de conscription, d'agriculture forcée, de chefferies imposées, de relocalisation obligatoire des villages et même pour le fonctionnement des tribunaux indigènes, la réaction contre le régime ne peut être facilement démêlée de la réaction contre les objectifs de la politique coloniale, pas plus qu'on ne peut le faire entre les moyens et la fin (Asiwaju, 1978, p. 105)[17].

Grâce à ses recherches sur les documents des Archives Nationales Section Outre-Mer et des Archives nationales de la Côte d'Ivoire, Asiwaju montre l'influence de la vision officielle de la colonisation comme « mission civilisatrice » dans les interactions entre fonctionnaires coloniaux et affirme que « [l]es sources officielles françaises ne manquent pas de preuves d'une conception des sujets africains comme une race d'enfants ou de sauvages et de l'indigénat comme instrument de leur éducation »(*ibid.*)[18]. Dans ce corpus de documents, l'indigénat est présenté comme outil de la « conduite des peuples », l'instrument de l'éducation sociale des sujets africains de la France qui permet aux administrateurs d'accomplir leur « devoir de tuteur ». Le paternalisme sous-tend donc la justification du maintien de l'autoritarisme en AOF et permet au gouvernement de croire qu'il abrogera l'indigénat dès que les peuples seront « civilisés ».

---

17 Je traduis le suivant : « *Since the Indigenat sanctions constituted the principal tool with which the administrators were equipped to achieve policy objectives in respect of taxation, forced labour, conscription, forced agriculture, imposed chieftaincies, compulsory relocation of settlements and even for the operation of the Native Courts, reaction to the regime and to the end results of policy cannot be easily disentangled any more than can be done between means and end.* »

18 Je traduis le suivant : « *Evidence of a conception of African subject people as a race of children or savages and of the Indigenat as an instrument for their education is not lacking in French official sources.* »

Soumis au pouvoir arbitraire des agents de l'État, les sujets étaient des Français qui n'étaient pas des citoyens. Ils subissaient au quotidien le régime de l'indigénat, lequel n'a jamais été assumé par le gouvernement français, parce qu'il était incompatible avec les principes républicains. Cette incompatibilité et l'ajournement de l'abrogation qui devait y mettre fin caractérisaient le système colonial français. Au contraire de leurs homologues britanniques, les colonisés d'Afrique française n'ont pas eu à confronter le postulat de leur inaptitude congénitale à exercer la citoyenneté, l'impérialisme républicain ne pouvant pas adopter une ségrégation explicitement raciale. Les sujets ont dû faire face à la définition de leur statut comme un état transitoire, définition qui impliquait leur arriération culturelle et l'infériorité de leurs mœurs. La France présentait aussi la particularité d'avoir laissé ouverte la voie d'accès à la citoyenneté. Les conditions à remplir par le *Français minuto jure* qui souhaitait accéder à la plénitude des droits sont présentées dans ce qui suit. Elles confirment que la citoyenneté, dans la République impériale, était ancrée sur les mœurs.

ACCESSION À LA CITOYENNETÉ FRANÇAISE EN AOF SOUS LA IIIe RÉPUBLIQUE (1912-1946)

Sous certaines conditions fort restrictives, les sujets français peuvent accéder à la citoyenneté. Cette accession n'est pas régie par un texte à portée générale, mais par des décrets particuliers à chaque territoire d'application. Théoriquement, ces décrets ouvrent la voie à l'ensemble de la population sous souveraineté française, mais en pratique, les autorités qui fixent les conditions d'acquisition de la citoyenneté se donnent un outil pour sélectionner une minorité de promus parmi une majorité d'autochtones destinés à la sujétion. Le décret relatif à l'acquisition éventuelle de la citoyenneté des Cochinchinois date de 1881 ; celui concernant les indigènes de la Côte française des Somalis de 1937. La conformité à la civilisation française étant une condition requise au candidat à la citoyenneté, l'ouverture tardive de la possibilité d'acquérir le statut Français *optimo jure* dans un territoire est révélateur du jugement porté par le gouvernement français sur le degré de « primitivité » des populations de ces colonies. L'accession à la citoyenneté est l'aboutissement d'une procédure complexe, que décrit Bruschi :

> La demande est déposée auprès de l'administration locale (généralement, le Commandant de cercle) qui la fait parvenir après enquête au Gouverneur de la colonie avec une appréciation motivée, le Gouverneur émet en conseil un avis et transmet le dossier au Ministre des Colonies. Puis le Président de la République prend un décret sur proposition du Ministre des Colonies et du Garde des Sceaux (Bruschi, 1987-1988, p. 64).

En AOF, jusqu'en 1946, l'accession à la citoyenneté est individuelle. Les conditions d'acquisition de la qualité de citoyen français sont énumérées dans la réglementation établie en 1912. Entre autres conditions, l'indigène doit avoir fait preuve de dévouement aux intérêts français, savoir lire et écrire le français et pouvoir justifier de moyens d'existence et de bonnes vies et mœurs. Le décret du 21 août 1932 ajoute huit conditions à celles de la loi de 1912, dont celles d'être monogame et d'avoir assuré à ses enfants une instruction française. Il y est notamment précisé que la citoyenneté ne devrait être accordée qu'à l'indigène « qui se sera, ainsi que sa famille, rapproché de notre civilisation ». Le 23 juillet 1937, des conditions supplémentaires sont rajoutées par un nouveau décret, ce qui rend plus difficile encore l'accession à la citoyenneté[19]. De 1912 à 1946, il est donc de plus en plus compliqué pour le sujet de devenir citoyen, ce qui infirme l'hypothèse d'une colonisation française assimilationniste. Ainsi que le résume Bruschi :

> [L]a tendance à la fin de la IIIe République dans le droit colonial n'était pas la fusion, ou même simplement le rapprochement. Sous prétexte d'un assimilationnisme exigeant, on avait tracé une ligne de démarcation stricte entre populations. Dans une large mesure, le système colonial avait approfondi sa logique de gestion des populations en catégories différenciées en évitant au maximum les interférences. Sa crispation sur ces catégories n'avait pas suscité cette fluidité, soi-disant recherchée par l'idéal républicain universaliste, entre les populations (*ibid.*, p. 73).

Le système colonial français poursuit donc une logique ségrégationniste, ce que confirme le nombre infime de candidatures acceptées. L'historienne

---

19 *Cf.* Coquery-Vidrovitch, Catherine, « Nationalité et citoyenneté en Afrique occidentale française : Originaires et citoyens dans le Sénégal colonial », *The Journal of African History*, vol. 42, n° 2, 2001, p. 293-295.

Catherine Coquery-Vidrovitch relève que les candidats sont soumis à une enquête administrative : « c'est le fonctionnaire colonial qui avait à se prononcer sur la moralité, le loyalisme, l'état de connaissance en français et la qualité de l'assimilation culturelle du candidat » (Coquery-Vidrovitch, 2001, p. 296). Comme seuls les dossiers transmis par les Commandants de cercle au Lieutenant-Gouverneur ont été conservés, il est impossible de savoir combien de demandes furent rejetées au niveau local. Il est toutefois démontrable que les accessions ont été accordées au compte-gouttes : « pour le Sénégal, on ne recense entre 1928 et 1940 que 179 dossiers pour une population estimée à 1,4 million d'habitants en 1936, dont à peine plus d'une centaine (60 pour cent) reçurent une réponse positive, soit une moyenne de 7 à 8 par an » (*ibid.*). Le Sénégal est la colonie où les accessions furent les plus nombreuses[20]. Dans les colonies du Sahel, seules une ou deux candidatures par an n'ont pas été rejetées. Avec de tels chiffres à l'appui, la conclusion de l'historienne est sans appel : « l'assimilation était toujours prônée comme l'idéal virtuel de la colonisation française, mais elle fut et demeura exceptionnelle sur le plan institutionnel et juridique » (*ibid.*). Jusqu'à la promulgation de la loi dite Lamine Gueye du 7 mai 1946, l'assimilation, comprise dans son sens premier d'assimilation juridique à la Nation française, est donc plutôt l'exception qui confirme la règle de la ségrégation en AOF.

LE DROIT DE LA NATIONALITÉ EN FRANCE APRÈS 1946

À la Libération, la France reconfigure le rapport entre nationalité et extranéité et revoit la distinction entre sujet et citoyen. L'ordonnance du 19 octobre 1945 crée un Code de la nationalité. Par rapport à la loi de 1927, celui-ci rend l'acquisition de la nationalité française plus difficile et renforce les droits de l'État face à ceux des individus. Bruschi relève que le droit colonial a été la source d'inspiration des juristes sur deux points. Le premier point est le fait que ce Code autorise le gouvernement à soumettre le candidat à une enquête administrative, ce qui implique que les services administratifs peuvent être appelés à évaluer si « un individu mérite ou non la nationalité française ». De plus, le gouvernement peut intervenir, par décret, pour s'opposer à l'acquisition de la nationalité

20 Coquery-Vidrovitch précise que la catégorie sociale favorisée était celle des intellectuels, parmi lesquels les instituteurs sortis de l'École William Ponty.

française du candidat, laquelle était automatiquement attribuée aux jeunes nés en France de parents étrangers dans la loi de 1927[21]. Le second point, selon Bruschi, est l'« apparition de la notion d'assimilation dans le sens de conformité à la civilisation française » (Bruschi, 1987-1988, p. 75-76). Dans le droit français avant 1945, l'assimilation n'a pas de connotations culturelles. L'étranger naturalisé devenait citoyen et devait d'office se soumettre au Code civil ; aucune mention n'était faite de sa « culture d'origine », expression anachronique et inexistante avant-guerre. Le Code de la nationalité de 1945 révèle que le terme « assimilation » a évolué dans les colonies : un sens culturel s'est ajouté au sens premier qui était strictement juridique. Désormais, écrit Bruschi, « [le postulant] comparaît en personne devant le magistrat municipal qui constate dans un procès-verbal le degré de son assimilation aux mœurs et aux usages de la France et de sa connaissance de la langue française » (*ibid.*, p. 76). Ainsi, la révision du droit de la nationalité intègre les apports du droit colonial pour fixer les procédures d'acquisition de la nationalité française, ce qui mène Bruschi à conclure que « le droit colonial a été, au minimum, le terrain d'expérimentation de l'assimilation, pour ne pas dire de l'assimilationnisme » (*ibid.*, p. 77).

Parallèlement, la France doit revoir la différenciation entre « citoyen » et « sujet ». La Constitution de la IVe République fonde l'Union française, que la République française forme avec les territoires et États associés. Le statut des colonies est alors transformé, certaines devenant des départements d'outre-mer, et d'autres, dont l'AOF, des territoires d'outre-mer (art. 60)[22]. Les DOM et les TOM font partie intégrante de la République, qui est indivisible (art. 1). Le Préambule de la Constitution dispose que « [l]a France forme avec les peuples d'outre-mer une Union fondée sur l'égalité des droits et des devoirs, sans distinction de race ni de religion ». L'article 2 dispose que « [l]a devise de la République est : “Liberté, Égalité, Fraternité.” ». L'article 3 dispose que « [l]a souveraineté nationale appartient au peuple français ». Je commenterai ces articles plus amplement en présentant le projet fédéraliste de Senghor, mais j'indique déjà que la pluralité des peuples désignée dans le Préambule

21 C'est l'article 46 de l'ordonnance de 1945. *Cf.* Bruschi, art. cité, 1987-1988, p. 76.

22 *Constitution de 1946, IVe République*, http://www.conseil-constitutionnel.fr/conseil-constitutionnel/francais/la-constitution/les-constitutions-de-la-france/constitution-de-1946-ive-republique.5109.html (consulté le 18/06/2018).

entre nécessairement en conflit avec l'unicité du peuple français auquel appartient la souveraineté. Il s'agira donc, dans les paragraphes suivants qui portent sur les statuts des colonisés après la Seconde Guerre mondiale, de démontrer que la différenciation inégalitaire entre Français *optimo jure* et Français *minuto jure* est maintenue, malgré l'octroi de la citoyenneté à tous les ressortissants des territoires d'outre-mer.

La « loi n° 46-940 du 7 mai 1946 tendant à proclamer citoyens français tous les ressortissants des territoires d'outre-mer », dite loi Lamine Gueye, rompt avec le caractère indissociable, et jusqu'alors immuable en France, de la soumission au Code civil français et de la jouissance de la citoyenneté[23]. Elle est reproduite dans l'article 80 de la Constitution de la IVe République :

> Article 80. – Tous les ressortissants des territoires d'outre-mer ont la qualité de citoyen, au même titre que les nationaux français de la métropole ou des territoires d'outre-mer. Des lois particulières établiront les conditions dans lesquelles ils exercent leurs droits de citoyens.

L'article 82 instaure la « naturalisation dans le statut », tant de fois repoussée sous la IIIe République :

> Article 82. – Les citoyens qui n'ont pas le statut civil français conservent leur statut personnel tant qu'ils n'y ont pas renoncé.
> Ce statut ne peut en aucun cas constituer un motif pour refuser ou limiter les droits et libertés attachés à la qualité de citoyen français.

La citoyenneté est donc commune, mais le statut personnel permet de maintenir la distinction entre « citoyens de statut civil » et « citoyens de statut local[24] ». La question est donc de savoir si l'égalité contenue dans cette citoyenneté commune est effective, ou si cette différenciation permet de limiter l'accès des ex-sujets à la souveraineté française. En outre, à cause des « lois particulières », dont il est question dans l'article 80, la Constitution peut rester lettre morte. En AOF, elle le restera jusqu'en 1956. Ceci explique pourquoi le titre VIII de la Constitution, dans lequel se trouvent ces articles, sera présent dans nombre des interventions de Senghor à l'Assemblée nationale. « L'extension de la citoyenneté dans

23 À l'exception des Originaires des Quatre Communes du Sénégal.

24 *Cf.* Sahia Cherchari, Mohamed, « Indigènes et citoyens ou l'impossible universalisation du suffrage », *Revue française de droit constitutionnel*, vol. 60, n° 4, 2004, p. 741-770.

le monde colonial français reste formelle sans être la source d'une véritable égalité juridique », affirme Bruschi, pour qui « il est clair que la soumission au droit local ou coutumier reste un critère fondamental de distinction des populations dont la gestion reste différenciée » (Bruschi, 1987-1988, p. 78-79). Dans les faits, les citoyens de statut local resteront anticonstitutionnellement cantonnés dans leur rang de Français *minuto jure* et donc hors du peuple souverain.

Dans son étude du cas de l'AOF, Coquery-Vidrovitch confirme que l'inégalité se perpétue. Elle rappelle que le droit de vote dans la République française reste soumis au droit civil français, à l'exception des Originaires, qui conservent leurs acquis. Par conséquent, bien que leur citoyenneté soit reconnue par la Constitution de 1946, les ex-sujets sont exclus de la souveraineté que la nation exerce selon l'article 3 « par ses députés à l'Assemblée nationale, élus au suffrage universel, égal, direct et secret », parce que, selon l'article 4, les électeurs sont « tous les nationaux et ressortissants français majeurs des deux sexes, jouissant de leurs droits civils et politiques ». Pour obtenir des droits politiques à l'égal des métropolitains, le sujet devenu citoyen doit renoncer à son statut local. Comme cette renonciation doit être avalisée par les autorités coloniales, les candidats au statut civil français font face à une procédure en tout point analogue à celle qu'enduraient les candidats à l'accession à la citoyenneté sous la IIIe République. Coquery-Vidrovitch note qu'au Sénégal, par exemple, 51 dossiers de candidatures sont répertoriés de 1945 à 1955. À titre comparatif, pour toute l'AOF, dont la population est environ de 25 millions d'individus, il y aura eu 81 accessions à la citoyenneté entre 1935 et 1939, et 109 entre 1940 et 1949 (dont plus de cent après 1945, le régime de Vichy ayant très peu naturalisé)[25]. Cette situation anticonstitutionnelle est due au fait que les textes réglementaires fixant les conditions d'obtention des droits civils français ne furent jamais promulgués. Les agents de l'État continuèrent donc à appliquer les instructions des années 1930 et assimilèrent l'obtention des droits civils français à l'ancienne accession à la citoyenneté. À quelques détails près, le dossier de candidature était le même. Le certificat de bonne vie et mœurs, par exemple, est exigé jusqu'en 1953, ce qui supposait une enquête de moralité par l'administration. De même, la bonne

25 *Cf.* Coquery-Vidrovitch, art. cité, 2001, p. 298-299.

connaissance de la langue française, condition présente dans les textes réglementaires depuis 1912, continue à être exigée. Inutile de faire la liste des conditions, les chiffres parlent d'eux-mêmes : l'obtention du statut civil français par le citoyen de statut local est tout aussi exceptionnelle que l'accession à la citoyenneté du sujet avant 1946.

En 1955, un recours est fait au Conseil d'État, lequel va déclarer illégal le recours au décret obsolète de 1932. Le Conseil rend un avis le 22 novembre 1955 « sur le problème de savoir quelles sont les conditions que les autochtones des TOM doivent remplir, en l'état actuel de la législation, pour être admis au statut de droit commun ». Pour le Conseil d'État, l'article 82 de la Constitution signifie un droit de renoncer au statut personnel. Dès lors, l'administration coloniale ne pourra plus opposer de refus à celui qui voudra obtenir le statut civil français. Le candidat devra seulement faire constater sa renonciation par le tribunal civil le plus proche de son domicile[26]. En décembre 1955, les instructions sont transmises par le Ministre de la France d'Outre-mer au Gouverneur Général de l'AOF. Quelques mois plus tard, la loi du 23 juin 1956, dite « loi-cadre Defferre », est promulguée[27]. Elle crée dans les territoires d'outre-mer des Conseils de gouvernement élus au suffrage universel, et instaure aussi le collège électoral unique, mettant donc fin à la répartition en deux collèges alors établie dans les colonies de l'AOF[28].

LE DROIT DE LA NATIONALITÉ APRÈS LES INDÉPENDANCES

En 1958, la Constitution de la Ve République institue la Communauté française. La Guinée de Sékou Touré, qui dit non au référendum, devient indépendante le 2 octobre. Entre juin et novembre 1960, tous les territoires

26 *Cf. ibid.*, p. 303. Coquery-Vidrovitch dit qu'il est probable que le recours en Conseil d'État ait été fait par Hubert Maga, député à l'Assemblée nationale et futur président de la République du Dahomey. Il avait vu sa demande de droits civils français refusée en 1954 par une administration coloniale qui, pour des raisons politiques, s'était montrée trop manifestement rétive à accepter son changement de statut.

27 Cette loi-cadre habilite le gouvernement à statuer par décret afin de mettre en œuvre des réformes dans les Territoires d'outre-mer. Elle a été adoptée sur l'initiative de Gaston Defferre, qui est alors ministre de la France d'outre-mer et Félix Houphouët-Boigny, fondateur du Rassemblement démocratique africain. Houphouët-Boigny est le partisan de l'autonomie, et donc le principal adversaire de Senghor, partisan du fédéralisme.

28 Cette loi-cadre, ne s'applique pas à l'Algérie, parce qu'elle relève du ministère de l'Intérieur. Le double collège n'y est supprimé qu'en 1958.

qui constituaient l'AOF et l'AEF deviennent des États indépendants. À l'indépendance de l'Algérie, le statut de citoyen français de droit musulman cesse d'exister[29]. Bruschi note que « la nationalité ne peut être qu'au centre d'un processus de décolonisation dont elle est la marque juridique la plus visible. Des populations qui avaient la nationalité de la puissance colonisatrice vont acquérir une nationalité propre » (Bruschi, 1987-1988, p. 80). Les indépendances sont un transfert de souveraineté à des États nouvellement indépendants, et la législation relative au maintien ou à la perte de la nationalité française est adaptée à chaque territoire anciennement sous la souveraineté française[30]. Les ressortissants des pays accédant à l'indépendance en 1960 sont régis par la loi du 28 juillet 1960 qui modifie le *Code de la nationalité* de 1945. Dans ce qui était l'AOF et l'AOF, les Français qui sont originaires de ces territoires et qui y sont domiciliés à la date d'entrée en vigueur de l'accession à l'indépendance perdent la nationalité française, qu'ils soient de statut civil de droit local ou de statut civil de droit commun. Ils la gardent s'ils sont originaires, conjoints, veufs ou veuves d'originaires du territoire de la République française, ou leurs descendants. Ceux qui résident sur le territoire de la République française peuvent se faire reconnaître la nationalité française par déclaration[31], tout en devenant nationaux de l'État qu'est devenu leur territoire d'origine. Le Ministre chargé des naturalisations peut toutefois s'opposer à cette reconnaissance, conformément à l'article 57 du Code de 1945, lequel, je le rappelle, avait intégré dans le droit commun de la nationalité la notion de « défaut d'assimilation ». Aux indépendances, l'assimilation, qu'elle soit juridique ou culturelle, n'est donc pas le critère de différenciation entre ceux qui perdent et ceux qui conservent la nationalité. Dans les territoires accédant à l'indépendance, seuls conservent la nationalité française ceux qui sont d'origine européenne.

---

29 *Cf.* Weil, Patrick, « Le statut des musulmans en Algérie coloniale. Une nationalité française dénaturée », *Histoire de la justice*, vol. 16, n° 1, 2005, p. 93-109.

30 *Cf.* Massicot, Simone, « Effets sur la nationalité française de l'accession à l'indépendance de territoires ayant été sous la souveraineté française », *Population*, vol. 41, n° 3, 1986, p. 533-546.

31 Cette possibilité est offerte jusqu'au 12 juillet 1973.

LE FONDEMENT DU « GRAND PARTAGE » : SÉGRÉGATION RACIALE OU SÉGRÉGATION CULTURELLE ?

SENGHOR : « LA RACE EST UNE RÉALITÉ »

La conférence *Le problème culturel en* AOF que Senghor donne en 1937 à la Chambre de Commerce de Dakar est sa première prise de parole à une tribune publique[32]. Il répond à la question « Que ferons-nous de l'*Homme noir* de demain, plus précisément de l'Ouest-africain ? » (Senghor, 1964, p. 12). La question ciblée est celle de l'assimilation des membres de la « race nègre » dans la « nation française » :

> La race est une réalité, je ne dis pas la pureté raciale. Il y a différence, qui n'est pas infériorité ni antagonisme. « Nous goûtions, dit Delavignette, la douceur d'être différents et ensemble. » Que si vous me traitez de réactionnaire, je me récrierai et, distinguant la politique de la culture, je vous proposerai : « Travaillons à faire de l'Ouest-africain, politiquement, un citoyen français : mais culturellement ? » (*ibid.*, p. 13).

La distinction que Senghor fait entre la culture et la politique est de première importance. Elle lui permet de lutter conjointement contre la différenciation inégalitaire qui soutient le système colonial et contre l'évolutionnisme inhérent à l'idée de « mission civilisatrice ». Cette attaque d'un certain progressisme explique qu'il doive se défendre contre l'accusation d'être « réactionnaire », ce qu'il fait en distinguant entre l'assimilation juridico-politique et l'assimilation culturelle. Il ne rejette en effet pas l'appel à faire de l'Homme noir de demain un citoyen français, bien au contraire, mais son interrogation finale critique implicitement le fait que l'assimilation culturelle est la condition de cette assimilation politique. Ajoutant la différence raciale à l'équation, il laisse entendre qu'il serait vain de vouloir faire de ce dernier un Français sur le plan de la culture parce qu'il est membre d'une race différente. Puisque l'Ouest-africain n'« évoluera » pas jusqu'à être assimilé dans la civilisation française, le système doit être réformé pour qu'il puisse

---

32 Je reviens sur cette conférence et la commente plus en détail dans la partie « *Le problème culturel en A.O.F.*, Conférence faite à la Chambre de Commerce de Dakar pour le Foyer France-Sénégal, le 10 septembre 1937 ».

accéder à la plénitude des droits politiques et civiques. Selon l'esquisse que Senghor donne de l'avenir à son auditoire, il pourrait alors exister un « nous » qui continuerait, comme chez Delavignette, de savourer « la douceur d'être différents et ensemble », mais à la différence de ce qu'imagine cet « humaniste colonial », la plus large partie de ce « nous » n'aurait plus à goûter à l'amertume de la sujétion.

Se pose alors la question de savoir si la « race » est une catégorie efficace pour lutter contre la ségrégation juridique établie en Afrique française et s'il ne sabote pas son argumentation en la faisant reposer sur le postulat de son existence. Dans les États-Unis et dans les colonies britanniques de cette même époque, la ségrégation était explicitement articulée sur le concept de « race » qui entrait dans la définition des statuts juridico-politiques. Dans ces États, revendiquer comme le fait Senghor que les personnes sont prioritairement membres de groupes raciaux était se faire porte-voix du système ségrégationniste. Il est donc crucial d'interroger le droit colonial français pour déterminer si la ségrégation était raciale en France et d'établir s'il existait un lien entre la catégorie anthropologique de « race » et la catégorie juridico-politique de « sujet ».

LA « RACE » EST-ELLE UNE CATÉGORIE JURIDIQUE DU DROIT FRANÇAIS ?

Danièle Lochak consacre l'article « La *race* : une catégorie juridique ? » à répondre à la question qu'elle pose dans son titre. Elle rappelle dans ses prolégomènes que les catégories juridiques « sont à la base même du fonctionnement du droit » et les définit comme « des classes ou ensembles de faits, d'actes, d'objets auxquels la loi ou toute autre norme attache des conséquences juridiques ». Elle poursuit en expliquant qu'« une norme s'énonce [...] à l'aide de catégories juridique et, inversement, tout terme autre que purement fonctionnel utilisé dans l'énoncé d'une norme acquiert de ce fait même le caractère d'une catégorie juridique » (Lochak, 1992, p. 291). Autrement dit, la notion de « race », notion construite dans le champ de l'anthropologie, ne devient catégorie juridique que si elle est importée dans l'énoncé d'une norme, d'une loi ou d'un texte juridique. Le droit doit donc l'intégrer à son lexique et lui donner des conséquences juridiques. Lochak ajoute que le choix d'introduire une notion dans des textes législatifs ou réglementaires, de même que le fait de qualifier juridiquement une situation ou une conduite, produit des effets pratiques et symboliques, en ce que cela « revient nécessairement à lui conférer un minimum de reconnaissance officielle, à admettre la légitimité de son existence ». À l'inverse, le fait d'incriminer certains comportements par la loi est « une façon de signifier que la société les considère comme inacceptables » (*ibid.*, p. 292). Alors, si la notion de « race », la situation de ségrégation raciale ou des comportements racistes sont pris en compte pour être réglementés positivement, l'idéologie et les valeurs de la société qui produit cette législation se révèlent. Ces prolégomènes exposés, Lochak peut alors chercher les diverses apparitions du terme « race » dans la législation française, afin de voir dans quels contextes la « race » est un objet de réglementation positive.

Elle remarque ainsi que la première apparition du terme dans la législation française est dans le décret-loi Marchandeau, du 21 avril 1939, lequel réprime l'excitation de la haine raciale ou religieuse par la voie de la presse. Abrogé par le régime de Vichy, ce texte sera remis en vigueur à la Libération jusqu'à être remplacé par la loi du 1er juillet 1972 relative à la lutte contre le racisme. La première apparition du terme dans la législation française participe donc à une condamnation par la loi du racisme. Il est « utilisé sur le mode de la dénégation dans le contexte de la lutte contre les discriminations "raciales" » (*ibid.*, p. 293). En somme, avant 1939, le mot est absent de la législation française et, dans l'ensemble de la législation depuis 1945, il n'est utilisé que sur le mode de la dénégation. Lochak se penche alors sur la législation coloniale et la législation antisémite de Vichy et conclut que « [l]a seule période de l'histoire de France où la *race* a été constituée explicitement en objet direct et spécifique d'une réglementation est le régime de Vichy » (*ibid.*). En effet, « l'appartenance alternative à la *race juive* ou à la *race aryenne* devient un élément fondamental du statut des personnes, entraînant une série de conséquences juridiques capitales » (*ibid.*, p. 296). La « race » commande donc l'application de règles spécifiques et est incontestablement une catégorie juridique sous le régime de Vichy.

Passant en revue les textes du droit colonial, Lochak relève que le Code noir de 1684 ne fait aucune mention de la race. Le syntagme « esclave nègre » et son pendant, le « Blanc », apparaissent uniquement dans l'édition de 1724 pour la Louisiane. En 1848, l'opposition entre libres et esclaves disparaît et, bien que la colonisation du second type soit aussi fondée sur une différenciation inégalitaire des statuts, la race ne fait pas son entrée dans les textes du droit colonial. L'« ethnie », en revanche, apparaît dans les textes législatifs de la IVe République, ce qui mène Lochak à constater que « le droit d'outre-mer ne peut ignorer le pluralisme ethnique des sociétés locales » (*ibid.*, p. 295). Elle remarque toutefois que « [d]ans aucun des textes [...] le mot *race* n'apparaît » et conclut que « si les colonies ont offert au racisme un terrain propice, les "races" n'y ont pas et n'y ont jamais eu en tant que telles d'existence juridique officielle » (*ibid.*, p. 296). Lochak tient pourtant à mettre en exergue la similarité entre le régime de Vichy et l'administration des colonies, et elle défend l'hypothèse selon laquelle la « race » est le référent implicite des catégories « sujet » et « citoyen de statut local » de la législation coloniale. Des barrières sociales étaient entérinées par le droit dans les colonies, et cette ségrégation, selon Lochak, renverrait à « une division des groupes humains en races » (*ibid.*, p. 294) :

> Si la *race* n'apparaît jamais comme un critère explicite et avoué de ces différences de statut, c'est bien, en pratique, l'appartenance à deux groupes humains dont le signe distinctif est la couleur de la peau qui sous-tend la ligne de partage décisive, sinon absolue, entre ceux à qui l'on reconnaît l'intégralité des droits civils et politiques et les autres. [...] Citoyens et sujets sont donc bien deux catégories juridiques antithétiques en fonction desquelles s'opère le partage de la population et qui sont elles-mêmes définies sur la base de critères qui recoupent très largement le partage entre Européens et non-Européens (*ibid.*, p. 294-295).

Le signe distinctif est-il vraiment « la couleur de la peau », quand, au contraire de ce qui est alors le cas aux États-Unis et dans les colonies britanniques, la « race » est absente des textes du droit colonial français ? Lochak ne démontre pas la validité de ses propos. Il lui aurait fallu expliquer la présence de nombreux Français des Antilles et des Originaires des quatre communes du côté « blanc » de ce partage qu'elle dessine[33].

33 Silvia Falconieri, dans son article « Les juristes d'outre-mer entre orientalisme et anthropologie. "Étrangers assimilés aux indigènes" et "métis" dans le façonnage de l'ordre colonial (XIXe-XXe siècles) », rapporte la note de Pierre Lampué à l'arrêté du Tribunal de première instance de Majunga, qui a admis Gabriel Antoine Samat, un enfant de parents inconnus de « race franco-malgache », à la jouissance de la citoyenneté française sur la base des résultats d'une « expertise ethnique ». Dans les reproches qu'il adresse à ces juges, Pierre Lampué critique leur utilisation inopportune et arbitraire de la notion de « race » et rappelle les fondements du droit français : « Il ne faut pas oublier que cette distinction juridique, qui serait tirée de la couleur, serait sans fondement dans notre droit ; il y a

Comme elle l'écrit dans son article, « la prohibition des discriminations raciales [est] déjà implicitement mais nécessairement incluse dans le principe général de non-discrimination qui sous-tend l'ensemble du droit positif [en France] » (*ibid.*, p. 299). La ségrégation, la discrimination et la domination coercitive étaient pourtant bien présentes et légales dans les colonies françaises, alors, avant de statuer sur la question de savoir si la « race » était le référent implicite des catégories juridico-politiques de la IIIe et de la IVe République, je souhaite proposer un autre point de vue, celui de Yerri Urban, qui soutient que le grand partage entre justiciables était basé sur la différence de « coutume ».

LA « COUTUME » ET LA CITOYENNETÉ EN FRANCE

Dans son article « Coutumes et citoyenneté, des colonies aux collectivités d'outre-mer. Le point de vue du droit », le spécialiste du droit colonial Yerri Urban montre que la coutume et la citoyenneté entretiennent des rapports étroits en France coloniale dès le sénatus-consulte de 1865. Il commence par distinguer entre coutume au sens juridique et coutume au sens anthropologique. Tout en attestant l'existence de la seconde, il souligne que la première « n'existe que reconnue par un pouvoir » et que cette reconnaissance est le « fondement de la juridicité de la coutume » (Urban, 2018, p. 27). Comme la jouissance d'un statut personnel par les indigènes puis par les citoyens de statut local est fondée sur la reconnaissance par le pouvoir de pratiques sociales, ces dernières deviennent de ce fait des coutumes au sens juridique.

Nous l'avons vu, sous la IIIe République, la jouissance d'un statut personnel est aussi une privation de la citoyenneté française. Urban explique cette congruence par le fait que « deux approches sont amalgamées sous le Second Empire colonial : l'une fait de la coutume un attribut du "sauvage", l'autre en fait le symptôme d'une arriération historique au regard

---

dans les colonies par suite des décrets d'admission à la qualité de citoyen, des citoyens français de couleur ; et, dans certaines de nos possessions, comme les Antilles, habitées essentiellement par des populations de couleur, tous les individus sont citoyens français ». Pierre Lampué (1899-1987) est un juriste français spécialiste de droit colonial. Il est un des rédacteurs du précis Dalloz de législation coloniale. Il a enseigné à l'École nationale de la France d'outre-mer. *Cf.* Falconieri, Silvia, « Les juristes d'outre-mer entre orientalisme et anthropologie. "Étrangers assimilés aux indigènes" et "métis" dans le façonnage de l'ordre colonial (XIXe-XXe siècles) », *clio@themis. Revue électronique d'histoire du droit*, n° 4, 2011, http://www.cliothemis.com/Les-juristes-d-outre-mer-entre (consulté le 29/04/2019), p. 24.

d'un évolutionnisme juridique strictement français » (*ibid.*, p. 28). La première approche lie la coutume à la notion de « civilisation ». Urban rappelle que la catégorie des « peuples sauvages » apparaît dès le milieu du XIXe siècle dans le cadre du droit international. Ces peuples ne sont pas considérés comme des « nations » parce qu'on estime qu'ils ne sont pas dotés d'une organisation politique. Les peuples « sauvages » perdent ainsi « leur qualité d'État au regard du droit international public ». La conséquence majeure pour ces peuples est que « le territoire qu'ils habitent est considéré comme un territoire sans maître et, à ce titre, susceptible de passer sous la souveraineté d'un État civilisé » (*ibid.*, p. 29). Ce principe de *terra nullius* a justifié la colonisation lors du partage de l'Afrique par les puissances européennes à la conférence de Berlin en 1885. Il se reflète aussi dans les statuts donnés aux territoires conquis par la IIIe République. Or « cette annexion par les États civilisés favorise la reconnaissance d'un droit coutumier et une assimilation entre coutume et sauvagerie. La coutume devient ainsi l'attribut du "primitif" » (*ibid.*), écrit Urban. La particularité de la France est d'avoir compris la coutume par les schèmes d'un évolutionnisme juridique qui lui est propre. Urban l'explique par l'amalgame entre citoyenneté, Code civil et République, dont l'origine est à trouver dans la philosophie politique du XVIIIe siècle et celle de Tocqueville notamment. Ce dernier affirme qu'il est nécessaire de remplacer les coutumes compliquées et traditionnelles qui régissent la société par des règles simples puisées dans la raison et la loi naturelle. En métropole, cette conception tocquevillienne triomphe dès la Révolution : la mise en place d'un appareil juridique uniforme a été une pièce maîtresse de la nationalisation de la société. La coutume, par conséquent, est comprise comme un signe d'arriération, et, jusqu'aux indépendances, le Code civil restera supérieur à la loi musulmane et aux coutumes indigènes. Il est facile de le démontrer : pour accéder à la citoyenneté, il fallait renoncer à son statut local. L'inverse, par contre, n'était pas possible : toute personne régie par le Code civil ne pouvait pas opter pour le statut personnel, même si, par exemple, elle se convertissait à l'Islam[34]. Je retiendrai alors la conclusion d'Urban :

---

34 Cet amalgame entre citoyenneté, Code civil et République s'était notamment manifestée lors l'élaboration du sénatus-consulte de 1865. Le conseiller d'État Flandin s'était opposé à la proposition de Pierrey (le premier président de la cour impériale d'Alger) de permettre aux indigènes musulmans naturalisés d'obtenir la qualité de citoyen français

> Situation banale dans la France de l'Ancien Régime comme de la Révolution, la soumission à la coutume est devenue le propre du colonisé sous le Second Empire colonial, la marque de son infériorité juridique. Malgré l'instauration progressive de l'égalité juridique sous les IVe et Ve Républiques, elle est toujours pensée comme ayant vocation à disparaître soit par l'indépendance, soit par l'assimilation, ce qui n'est rien d'autre que les deux aboutissements possibles de la « mission civilisatrice » (*ibid.*, p. 34).

En effet, tant que l'idée d'une « mission civilisatrice » de la France demeure, la coutume n'a aucune place dans l'avenir de l'Afrique. Urban met en évidence le fait que la « mission traditionnelle » reconnue à la France par la Constitution de la IVe République est à la fois en continuité avec l'idéologie coloniale et une voie de décolonisation possible. Les propos suivants sont importants à retenir pour comprendre le projet politique de Senghor, qui propose une autre décolonisation, une où l'accès à l'égalité n'est pas au prix de la disparition de la coutume :

> Ce modèle de décolonisation s'inscrit en effet dans la continuité de l'idéologie coloniale : la « mission » à long terme du colonisateur à l'égard des « peuples mineurs » placés sous sa tutelle doit aboutir, une fois qu'ils auront été « civilisés », par l'assimilation juridique ou par l'indépendance. En conséquence, la coutume est vouée à disparaître des citoyens de statut local (*ibid.*).

Jusqu'aux indépendances, la France conjuguait donc pluralisme et évolutionnisme juridique, justifiant par sa soumission à la coutume l'infériorité du Français *minuto jure* dans la hiérarchie coloniale. Comme l'écrit Lochak, l'ensemble du droit positif en France est sous-tendu par le principe de non-discrimination, mais tous les acteurs de l'époque étaient d'accord sur le fait que les peuples devenus français par l'annexion de leurs territoires ne pouvaient pas être régis par le Code civil. Les propos de Senghor se logent dans cette caractéristique propre à la République impériale qu'est la discordance entre ce principe et ce fait. Il plaide pour

---

tout en restant soumis à la loi musulmane. Pierry avait donné l'exemple de l'Ancien Régime, sous lequel, avant l'unification de la loi civile en France, les statuts des Français étaient attachés aux provinces. Il avait aussi indiqué d'autres États contemporains, comme la Grande-Bretagne, pour défendre le fait qu'il était tout à fait possible de conjoindre diversité de loi civile et identité de loi politique. Flandin avait rétorqué que « le plein exercice des droits du citoyen français est incompatible avec la conservation du statut musulman et de ses dispositions contraires à nos lois et à nos mœurs, sur le mariage, la répudiation, le divorce, l'état civil des enfants » (cité dans Urban, 2018, p. 29).

l'égalisation des droits politiques et civiques des ressortissants français au nom des principes républicains et pour le maintien du pluralisme juridique au nom des réalités culturelles. Se butant contre le principe de l'isonomie républicaine, il doit trouver des arguments contre l'idée que les « primitifs » évolueront jusqu'à être capables de se soumettre à la loi commune et accéder à l'égalité. L'argument qu'il avance en 1937 est « [l]a race est une réalité » (Senghor, 1964, p. 13).

LE DROIT, LA « CIVILISATION » ET LA « RACE »

Lochak observe que les « races » n'ont jamais eu d'existence juridique officielle dans les colonies ; Urban montre que la soumission à la coutume est le propre du Français *minuto jure* et justifie son exclusion de la citoyenneté. C'est donc la coutume et non la race qui a été introduite dans les textes du droit quand il s'est agi de donner un cadre légal à la ségrégation coloniale. *De jure*, dit Urban, le partage de la population est ancré sur les mœurs. *De facto*, dit Lochak, la *Colour Line* est tout aussi présente que dans les systèmes ségrégationnistes britanniques et américains. Elle rappelle pourtant dans le même article que la discrimination raciale est contraire aux valeurs fondamentales de la France et reconnaît que le législateur proscrit les discriminations fondées sur la « race ». Elle minimise donc l'absence du principe social et juridique de classification raciale qu'est le « *one-drop rule* » pour défendre l'hypothèse selon laquelle la race est le référent implicite et inavoué des catégories juridiques françaises. Autrement dit, pour affirmer que la ségrégation était foncièrement raciale en France coloniale, elle est obligée d'amenuiser le fait que le concept de « race » était absent du droit colonial.

Mon propos ne vise pas à nier le caractère raciste de la colonisation française, mais à éviter l'impasse dans laquelle Lochak se met dès qu'elle affirme que le signe distinctif définissant l'appartenance à des groupes humaines est la couleur de la peau. C'est cette impasse qu'évite Emmanuelle Saada dans l'article *La loi, le droit et l'indigène* en cherchant à saisir ce que les juristes coloniaux entendaient par « race » dans leurs échanges et écrits. Je commencerai par la conclusion de son article, où elle affirme que le référent implicite des catégories coloniales est la « race », mais nous verrons que cette « race » n'est pas le concept manié par Lochak :

> [À] la fin du XIXe siècle, la congruence entre race et système juridique est sans doute le postulat le plus solide du droit colonial, dont la spécificité par rapport au droit métropolitain est d'avoir à prendre en compte des populations de races différentes. [...] La relation est symétrique : si, à chaque race son droit, inversement, à chaque droit sa race (Saada, 2006, p. 179).

Saada cherche à saisir ce que les juristes entendent par le terme « race » lorsqu'ils identifient des groupements humains. Cette historicisation du terme, qui passe par une lecture des textes où se discute la doctrine coloniale, est fort utile pour comprendre Senghor. En effet, elle révèle que, jusqu'à l'élimination du mot « race » de l'arsenal conceptuel des sciences humaines dans la seconde moitié du XXe siècle, les termes « race » et « civilisation » sont étroitement liés dans l'anthropologie française. Saada explique l'intérêt croissant que les juristes coloniaux avaient pour la « science des races » par l'inversion des rapports entre droit et civilisation qui eut lieu dans la seconde moitié du XIXe siècle. Au début du siècle, le droit était au cœur du projet colonial français et était considéré comme un instrument de la « mission civilisatrice ». La promulgation du Code civil au Sénégal en 1830 exemplifie ainsi que les acteurs de l'époque étaient convaincus que l'exportation des institutions politiques, administratives et politiques françaises accélérerait le processus de civilisation des indigènes. Or, dès la seconde moitié du siècle, le droit commence à être compris comme le produit d'une civilisation et non comme l'instrument de civilisation :

> Ce déplacement est à l'origine de la grande inflexion qui marque la doctrine sinon la pratique coloniale de la fin du siècle et que les acteurs de l'époque décrivent comme la substitution de l'« assimilation » à l'« association » : il ne s'agira dès lors plus d'imposer les institutions françaises aux populations soumises, mais de les laisser « évoluer dans leurs institutions » (*ibid.*, p. 176).

Comme nous l'avons vu avec Urban, l'inversion des rapports entre droit et civilisation n'annule pas l'idée selon laquelle le processus évolutif est une intériorisation des normes qui définissent la civilisation française. Par conséquent, parce que l'évolutionnisme juridique français continue à sous-tendre la doctrine coloniale, même si les théoriciens de l'« association » ne prônent pas la substitution immédiate des institutions indigènes par les institutions françaises, il reste qu'ils imaginent que les « indigènes » s'approcheront progressivement de la civilisation française.

Cette reformulation de la « mission civilisatrice » rend complexe la rédaction du droit colonial et explique pourquoi les juristes s'appuient de manière croissante sur les sciences humaines qui sont alors en essor. La conséquence en est l'apparition de la notion de « race » dans les discussions de ce qu'on nommait alors la « science coloniale » :

> Les juristes coloniaux sont particulièrement influencés par les théories évolutionnistes qui rencontrent un très grand succès dans la France du second XIXe siècle et selon lesquelles les différentes populations auraient atteint des degrés différents sur une échelle de progrès. Cette perspective inverse la logique jus-naturaliste du XVIIIe siècle : il n'y a plus un droit naturel universel, à propager avec « LA » civilisation, mais des droits qui sont le produit des civilisations, et, au-delà, des races différentes (*ibid.*, p. 177-178).

Sylvia Falconieri confirme ceci dans *Les juristes d'outre-mer entre orientalisme et anthropologie*, où elle montre que, pour définir les rapports juridiques entre les diverses populations de la France impériale, les experts ont eu recours à des savoirs issus de l'histoire, de la sociologie et de l'anthropologie. Ainsi, dans les premières décennies du XXe siècle, « les recherches des anthropologues de la *Société d'anthropologie de Paris* en matière de race occupaient une place considérable dans la doctrine et la jurisprudence coloniales » (Falconieri, 2011, p. 3). Toutefois, les juristes spécialistes du droit colonial de la IIIe République portaient aussi une attention croissante « à l'égard de l'histoire, de la culture, des coutumes et des traditions indigènes » (*ibid.*), ce qui impose de se demander ce qui était entendu par « race » dans les théories qui influençaient les juristes. Saada nous apporte la réponse :

> La race, principal déterminant d'une civilisation et donc de son droit, relève moins de la biologie ou de l'anthropologie physique que de l'histoire : la notion renvoie à la continuité des générations sur un territoire, suivant par exemple l'usage popularisé par Michelet dans son histoire du *Peuple* ou, plus proche de nos juristes de formation littéraire, par Taine, dont la synthèse entre « race », « milieu » et « moment » est l'une des explications dominantes des différences de civilisation dans la seconde moitié du XIXe siècle (Saada, 2006, p. 178).

Dans l'espace de l'Empire, conclut Saada, la « race » est « l'élément déterminant de la condition juridique et sociale des individus » (*ibid.*, p. 173). Cette notion est importée dans les discussions des juristes pour former la triade « race », « civilisation » et « droit », triade qui sera au cœur des articles doctrinaux et des arrêts jurisprudentiels. Toutefois, la « race » des juristes n'est pas celle du racisme biologique ou de l'anthropologie physique. Elle est intrinsèquement liée à la notion de « civilisation », et donc aux mœurs, aux traditions, bref, aux « coutumes », qui, elles, peuvent évoluer, et, au contraire de la « race », intègrent les textes de loi.

CITOYENNETÉ DIFFÉRÉE ET ASSIMILATION

La référence directe à Hippolyte Taine est absente des textes de Senghor. Néanmoins, il est non seulement de formation littéraire comme les juristes, mais il réfléchit aussi à partir des textes de la « science coloniale ». Ceci explique pourquoi le terme « milieu » est présent dans la définition qu'il donne à la « culture » (Senghor, 1964, p. 12) dans *Le Problème culturel en AOF*, ou encore, pourquoi il explique les différences de civilisation par les influences de l'« histoire », de la « géographie » et de la « race » (*ibid.*, p. 42) dans *Vues sur l'Afrique noire, ou assimiler, non être assimilés*. Je commente ces deux textes dans la partie qui suit. Au-delà de cette manifeste influence tainienne, je veux mettre en évidence le fait que Senghor tient des propos sur la « race nègre » dans un contexte spécifique, contexte où l'établissement de l'égalité civique et politique était perpétuellement ajourné sous prétexte d'un assimilationnisme exigeant. Comme je l'ai montré plus haut, seuls quelques individus ont été admis dans la cité française après avoir prouvé qu'ils s'étaient rapprochés de la civilisation française.

Pour comprendre la fonction de la « race nègre » dans la pensée et l'action de Senghor, il est donc fécond de relever qu'il est le ressortissant d'une République qui (I) a déjà assimilé des « hommes noirs » dans le corps des citoyens, (II) doit justifier l'incompatibilité de ses politiques coloniales différenciatrices avec ses valeurs et (III) conçoit ses Français *minuto jure* comme des citoyens en devenir. Ce devenir, et l'écoulement du temps qu'il implique, est au cœur de la notion d'« assimilation », laquelle est venue à désigner un processus alors qu'elle était l'incorporation immédiate et par décret des esclaves dans la communauté des citoyens en 1848[35]. Mon hypothèse est que Senghor se sert de la notion de

35 Saada explique l'évolution sémantique du terme « assimilation » par l'adoption de la doctrine de l'association dans la théorie coloniale : « Par rapport aux positions du premier XXe siècle qui voyaient dans le droit un puissant facteur de civilisation, le rapport de causalité est inversé : l'assimilation – au sens de la similarité des organisations politiques,

« race » contre l'égalitarisme républicain qui conjoint citoyenneté et soumission au Code civil (et fait de l'adoption des mœurs françaises la condition de l'égalité). Grâce au lien établi par les juristes coloniaux entre « race » et « civilisation » dans la « science coloniale », il peut s'attaquer à l'évolutionnisme qui sous-tend la justification de la colonisation française pour dire, en substance, qu'il n'y aura pas d'amenuisement progressif de la différence culturelle, parce que, comme il l'énonce en 1937, « la race est une réalité » (Senghor, 1964, p. 12). La notion de « race » ne lui serait cependant d'aucun secours sans l'effet de levier des principes républicains eux-mêmes, lesquels lui permettent de faire fi des arguments avancés par le gouvernement pour justifier l'ajournement perpétuel de l'égalité. Nous verrons dans ce qui suit que Senghor fait travailler la polysémie du terme « assimilation » pour affirmer que l'égalité est le préalable de l'émergence de la communauté, comme elle l'a été à la Révolution et à l'Abolition. En 1937, ses propos sur la « race » étaient donc déjà inextricablement liés à son projet de réforme du système colonial : se déclarer différents et égaux était prendre position contre la différenciation inégalitaire coloniale ; s'affirmer différents et complémentaires était résister à l'idée que le « rapprochement des civilisations » se ferait dans le sens unique des théories évolutionnistes. Sans « race noire », en fin de compte, Senghor ne pouvait pas proposer un modèle de décolonisation qui ne s'inscrive pas dans la continuité de l'idéologie coloniale, où la coutume des citoyens de statut local était vouée à disparaître de la France grâce à leur assimilation culturelle ou à leur sortie de la nation. Dans la partie qui suit, il s'agit de montrer que la décolonisation par fédéralisation de la France devait permettre l'émergence d'une communauté française qui était fondée sur l'égalité de ses membres et le rapprochement mutuel de civilisations différentes et complémentaires.

---

administratives et juridiques – ne peut être que le résultat d'un rapprochement des civilisations. Dans ce mouvement, la signification même de la notion se trouve transformée : l'assimilation en vient à désigner le processus d'intériorisation par les individus et les groupes des normes définissant une civilisation » (Saada, 2006, p. 181). Le rapport entre loi et communauté est alors pareillement inversé : « Au lieu de poser, comme au moment de la Révolution ou des textes de 1833 ou 1848, l'égalité civile et civique comme un préalable dont découlera la réalité d'une communauté, il s'agit de n'étendre la compétence du droit français qu'après le rapprochement réel de l'ensemble des institutions sociales, lui-même rendu possible par une transformation profonde du "milieu", c'est-à-dire par une "imprégnation" à la fois sociale et raciale » (*idem.*).

DEUXIÈME PARTIE

FÉDÉRALISER POUR DÉCOLONISER DE LA FRANCE

VUES SUR L'AFRIQUE NOIRE, OU ASSIMILER, NON ÊTRE ASSIMILÉS

Civilisations sous souveraineté française

« CONTACT DE DEUX CIVILISATIONS »

L'essai *Vues sur l'Afrique noire, ou assimiler, non être assimilés* présente la réflexion que Senghor mène au sujet du « problème de la colonisation » (Senghor, 1964, p. 39) avant sa prise de fonctions politiques et porte en germe le projet fédéraliste qu'il va défendre à l'Assemblée nationale de la IVe République. Il est construit en trois parties : la première, « Contacts », comprend les prolégomènes ; la seconde, « La Communauté noire », est la description de l'organisation politique et sociale précoloniale en Afrique noire ; la troisième, « Modifications. La greffe française » est une critique des méthodes coloniales de la IIIe République et l'exposé d'« un programme fondé sur la réalité négro-africaine » (*ibid.*, p. 54). Je commente ici la partie « Contacts », que Senghor conclut en proposant l'« assimilation et association » (*ibid.*, p. 45) comme solution au « problème de la colonisation ».

Dans l'introduction de cette partie, Senghor narre une courte anecdote. Un ami métropolitain s'était étonné qu'il ne vît pas, dans les Négro-africains, autre chose que des « primitifs ». Il s'était ensuivi une discussion, dont le dialogue final avait porté sur une distinction entre « Civilisation » et « civilisations » :

> « Avouez, enfin, que nous vous avons apporté la Civilisation. » Et moi : « Pas précisément. Vous nous avez apporté *votre* civilisation. Laissez-nous prendre ce qu'il y a de meilleur, de fécondant, et souffrez que nous vous rendions le reste » (*ibid.*, p. 40).

À l'évolutionnisme paternaliste de son interlocuteur – il précise que le métropolitain pare les « primitifs » de l'épithète « sympathique » (*ibid.*) –,

Senghor oppose le point de vue relativiste, nourri d'anthropologie et selon lui plus précis que les opinions non informées des apologistes de la « mission civilisatrice ». Il reformule alors, comme leçon de l'anecdote racontée, le « problème de la colonisation » qu'il examine dans cet essai : « Contact de *deux civilisations*, cela me semble être la meilleure définition du problème » (*ibid.*). Quelques paragraphes plus loin, Senghor présentera similairement la « doctrine de l'Assimilation » (*ibid.*, p. 41) et la « doctrine de l'Association » (*ibid.*, p. 42) en avançant qu'elles émergent « à l'origine même des contacts entre Français et non-européens » (*ibid.*, p. 40)[1]. Autrement dit, il fait du « contact de deux civilisations » la condition même de l'émergence des courants de pensée qui s'attellent à résoudre le « problème de la colonisation ». Cette condition et la reformulation qu'il fait du problème s'attaquent aux présupposés de l'idéologie coloniale française : si la colonisation est un « contact » et « la Civilisation » n'est que la civilisation française, la « mission civilisatrice » doit être repensée de fond en comble.

L'ASSIMILATION, « DOCTRINE LATINE ET FRANÇAISE PAR EXCELLENCE »

Senghor introduit sa présentation de la théorie de l'assimilation en affirmant qu'elle est « en particulière défaveur » (*ibid.*, p. 41). Il fait pourtant de cette théorie la « doctrine latine[2] et française par excellence », estimant qu'elle est « l'expression du rationalisme français » (*ibid.*). Ce rationalisme étant « né du *cartésianisme* », il lie ensuite la définition cartésienne de l'Homme à la définition unitaire de « la Civilisation », laquelle est une pièce maîtresse de la doctrine assimilationniste. Voici son raisonnement :

> Si Descartes écarte les *passions*, plus précisément s'il les veut vaincre ou diriger par « des jugements fermes et déterminés touchant la connaissance du bien

1 Senghor annonce qu'il s'est inspiré de l'article de M. André Sidobre publié en 1939 dans le même numéro de la revue *L'Homme de couleur* que son essai *Ce que l'homme noir apporte.*

2 Senghor fait peut-être référence à l'Édit de Caracalla, qui, en 212, qui étend la citoyenneté à tous les hommes libres de l'Empire romain.

> et du mal », c'est-à-dire par la *raison*, c'est qu'au fond, il les tient pour moins essentielles à la nature humaine. Ne participent-elles pas du corps, et l'Homme n'est-il pas, dans son essence, un être pensant, un « roseau pensant » dira Pascal ? Car, tandis que les passions sont diverses chez les différents hommes, la raison est partout identique à elle-même. Dans la pratique, c'est le bon sens, « la chose du monde la mieux partagée ». Et, dans le fait, les contemporains verront, dans les « exotiques », sous les différences d'habits, de croyances et de mœurs, des hommes semblables à eux (*ibid.*).

Senghor, résumant Descartes, oppose « les passions » et « la raison », pour relever que la définition cartésienne de l'Homme comme « être pensant » repose sur le fait que « la raison est partout identique à elle-même ». Il est à noter qu'il ne contredit pas cette idée. C'est l'élimination des passions de la définition de l'homme qu'il conteste. Comme lui-même situe dans les « passions » la source des différentes civilisations[3] (représentées ici par « les différences d'habits, de croyances et de mœurs »), il avance que le présupposé selon lequel les « passions » sont « moins essentielles à la nature humaine » a pour corollaire la mise au second plan de l'appartenance civilisationnelle dans la conception française de l'Homme. Pour reprendre la fameuse opposition, Senghor soutient que ce qui est considéré comme « culture » par le « rationalisme français » est essentiel à la « nature humaine ». Or Descartes n'est pas le seul responsable de cette élimination de la diversité culturelle de la définition de l'homme, cette idée à l'œuvre en France dès les premiers contacts entre Français et non-européens :

> C'était déjà l'opinion des précurseurs du cartésianisme, de Montaigne, de Rabelais, qui, s'il voit, en l'indigène, « un enfant nouveau-né », le croit par cela même éducable. On connaît les paroles fameuses du Roi Soleil à son filleul, le prince noir Aniaba. Comme le prince prenait congé de lui, à la veille de s'embarquer pour ses nouveaux États, Louis XIV lui aurait dit : « Prince, de vous à moi, il n'y a plus que la différence du blanc au noir. » On interprète : après l'éducation que nous vous avons fait donner à notre cour, vous voilà devenu un Français à peau noire. C'est la formule même de l'assimilation (*ibid.*).

Malgré la manifeste diversité humaine, l'humaniste française identifie l'entendement chez « l'exotique » et le considère comme son semblable. Exemplaire en ceci est Condorcet, dont j'ai cité l'adresse aux esclaves :

---

3 *Cf.* la partie « "Civilisation" et "Culture" chez Senghor ».

« La nature vous a formé pour avoir le même esprit, la même raison, la même vertu que les Blancs[4] ». Remarquons toutefois que l'étalon de comparaison est « les Blancs » chez Condorcet, qui estime donc que les esclaves peuvent ressembler à ceux qu'il désigne comme modèles. Dans une telle perspective, l'essence identique, donnée par « la nature », est déjà manifeste chez les « Blancs » et pourrait l'être chez les « exotiques ». Pour Montaigne, Rabelais et Louis XIV, la perfectibilité de l'Homme porte en elle la promesse que l'éducation transformera l'« exotique » en « Français à peau noire », comme elle permet à l'enfant de devenir adulte. En somme, Senghor met en lumière les implicites de la doctrine de l'assimilation : (I) l'éducation est l'outil de la « mission civilisatrice » ; (II) les Noirs évolueront et deviendront Français grâce à l'éducation qu'ils recevront ; (III) jusqu'à l'aboutissement de cette évolution, ils seront des mineurs à garder sous tutelle, comme les enfants qui ont besoin de tuteurs et de parrains. En somme, si les assimilationnistes français voient dans les « exotiques » des hommes semblables à eux, ils ne les considèrent pas pour autant comme des pairs.

Les assimilationnistes que Senghor présente ici ne semblent avoir qu'une mission culturelle, mais notons que tous les exemples de ce paragraphe sont tirés de l'Ancien Régime, régime sous lequel un « Français à peau noire » ne pouvait pas prétendre à la souveraineté française, puisque le souverain était le Roi de France et non le peuple. Sans problématiser le fait que l'avènement de la démocratie républicaine dote le « Français » de pouvoir politique, Senghor enchaîne avec un nouveau paragraphe, où il fait des abolitions de l'esclavage les triomphes du courant assimilationniste :

> Le XVIIIe siècle des *philosophes*, on le sait, poussera le cartésianisme à ses conséquences extrêmes. La *Déclaration des Droits de l'Homme* en est l'expression politique. L'universalisme français parle de l'*Homme*, non des hommes. Et s'il parle des hommes, c'est pour accoler, au mot, l'épithète « tous ». C'est la *Société des Amis des Noirs*, à laquelle appartenaient les philosophes les plus marquants, qui transpose le principe dans le domaine colonial et pratique. C'est elle qui, en définitive, fit voter l'abolition de l'esclavage, le 4 février 1794. La doctrine de l'assimilation triomphait (*ibid.*).

On le voit, tout en mettant en évidence les présupposés de l'assimilationnisme, Senghor en mesure les fruits. Aussi préjudiciable que ce

4 *Cf.* la partie « La colonisation du premier type ».

courant soit à la différence culturelle, il n'en reste pas moins qu'il est à la source de l'abolitionnisme :

> Napoléon devait rétablir l'esclavage huit ans après. Il le regretta amèrement par la suite. Mais, dès la Restauration, sourd, de nouveau, le courant assimilationniste, et la royauté n'y est pas étrangère. Il triomphera, une deuxième fois, en 1848 par l'union des révolutionnaires et des catholiques (*ibid.*, p. 41-42).

L'assimilation reprend ici sont sens juridico-politique premier : elle est l'extension de la citoyenneté aux esclaves qui ne la possédaient pas. Toutefois, quand Senghor présente la *Déclaration des Droits de l'Homme* comme l'expression politique du cartésianisme et les abolitions de l'esclavage comme triomphes du courant assimilationniste, il omet de mentionner que les esclaves émancipés jouissent des Droits de l'Homme suite à leur assimilation dans la communauté des citoyens français. Il sait pourtant, pour l'avoir été, que les sujets de l'AOF sont des « Français à peau noire » exclus du peuple souverain, mais il n'accentue que le sens culturel du terme « assimilation », afin de lier le cartésianisme, la définition de l'Homme comme « être pensant », l'universalisme français et la notion de « Civilisation ». Son objectif, il me semble, est de rendre manifestes les présupposés évolutionnistes et paternalistes de l'assimilationnisme. À la doctrine de l'assimilation, dont l'objectif serait de propager « la Civilisation », il pourra alors opposer la doctrine de l'association qui se fonde, selon lui, sur la découverte que « les hommes sont différents les uns des autres, qu'il y a, non pas la *Civilisation*, mais des civilisations » (*ibid.*, p. 42).

LA DOCTRINE DE L'ASSOCIATION

Si la doctrine de l'assimilation est « française par excellence », l'association n'est pas pour autant étrangère à la France. En effet, Senghor écrit qu'elle était pratiquée en France avant l'ère de l'absolutisme monarchique :

> La doctrine de l'*Association* – il faudrait peut-être dire : la pratique – est celle de l'ancienne France, du Moyen Âge. Le Roi de France était le roi d'« États » et de provinces qui conservaient leurs « coutumes » et leur vie régionale. C'est pourquoi, dès les Croisades, les premières conquêtes coloniales, les seules qui

> n'eussent pas des intérêts matériels pour but, l'association s'imposa. Catholiques, schismatiques, musulmans, pour ne citer que ceux-là, vécurent côte à côte, chaque groupe gardant son statut particulier cependant que chacun pouvait accéder aux mêmes grades et emplois (*ibid.*).

Senghor présente la France comme une entité transhistorique et pare la pratique de l'association du prestige des anciennes traditions françaises. Comme dans sa présentation de la doctrine de l'assimilation, il évite ici de mettre en évidence des problématiques politiques. En effet, ses propos portent sur la conservation des « coutumes », de la « vie régionale », du « statut particulier », et il néglige de préciser que la pratique de l'association, dans la France féodale, est d'abord une relation de suzerain à vassal, et seulement incidemment une pratique de conservation des institutions locales. Il reste néanmoins que ses propos sur la culture sont inextricablement liés à des problématiques de gouvernance des ressortissants, puisqu'à chaque religion correspond un statut personnel, une organisation sociale et une législation. Poursuivant son historique, Senghor relève que la France embrasse à nouveau la pratique de l'association après l'interlude révolutionnaire :

> Il faudra attendre le XIXe siècle pour qu'on revienne à la pratique de l'association et pour que la doctrine en soit formulée avec clarté. On peut invoquer plusieurs raisons à cela. C'est d'abord que les faits avaient montré les inconvénients de l'assimilation. Plutôt sa pratique hâtive et par trop inconsidérée ; car, en fait, les esclaves déracinés et christianisés étaient assimilés quoi qu'on pût dire. D'autre part, la conquête de l'Algérie et de l'« hinterland » sénégalais amena des populations musulmanes, d'une assimilation malaisée, sinon impossible. Enfin – et c'est la raison principale sans doute –, les esprits avaient évolué. Le XIXe siècle voit le développement extraordinaire des sciences historiques, philologiques, biologiques, plus tard ethnologiques (*ibid.*).

Senghor, tout en euphémismes, admet que les faits ont montré les « inconvénients » de l'assimilation et révélé que les populations musulmanes étaient d'une « assimilation malaisée », mais il soutient que la raison principale du retour à l'association est l'évolution des esprits. Il présente ainsi les siècles pendant lesquels prospèrent l'universalisme français comme une période d'ivresse et d'aveuglement :

> On s'aperçoit que, même en Europe, les hommes sont différents les uns des autres, qu'il y a, non pas la *Civilisation*, mais des civilisations, nées du

> croisement de plusieurs influences : histoire, langue, race, géographie… La France elle-même, déchue de son ancienne prépondérance, revenue de son ivresse cartésienne et révolutionnaire, se demande, elle aussi, « si Dieu est français ». Qu'on ne l'oublie pas, le XIXe siècle est aussi celui des nations et des nationalismes. Le XXe a hérité de lui (*ibid.*).

Revenu à la lucidité au XIXe siècle, notamment grâce au développement des sciences, on est à nouveau capable de discerner que les hommes sont différents et les civilisations diverses. Cette évolution des esprits explique, selon lui, l'émergence des théoriciens de l'association :

> Et des théoriciens de l'association surgissent, qui étaient, en même temps, des réalistes, profondément généreux et humains d'ailleurs, depuis Bugeaud jusqu'à Robert Delavignette, en passant par Napoléon III, Faidherbe et Lyautey. Cette théorie, elle peut se résumer dans les paroles de Lyautey que j'ai citées en exergue[5] (*ibid.*, p. 42-43).

Je rappelle que le sénatus-consulte de 1865 a été promulgué sous le règne de Napoléon III. Quant à Thomas Robert Bugeaud, Louis Faidherbe, Hubert Lyautey et Robert Delavignette, ils sont tous les quatre de hauts administrateurs coloniaux d'Afrique française. Delavignette, que Senghor fréquente dans les années où il écrit cet essai, aurait suivi la doctrine de l'association jusqu'à ses ultimes conséquences et ainsi rejoint l'humanisme :

> Delavignette rejoint Lyautey en allant plus loin, il me semble, dans le sens de « l'accord conciliant » et humaniste. Il écrit, dans *Soudan-Paris-Bourgogne* : « Les vingt mille écoliers soudanais de mon temps seront deux cent mille bientôt. Ils se remettront à l'école de leur Soudan. *Ils le restaureront dans ses valeurs propres* en même temps *qu'ils le rénoveront en l'associant à la France* » (*ibid.*, p. 43).

Ces « théoriciens » de l'association, qui hériteraient du siècle des nations et des nationalismes, n'entretiennent toutefois aucunement l'idée de restituer la souveraineté aux monarques des territoires conquis et sont explicitement contre celle d'assimiler leurs populations. Ainsi, le « groupement d'humanité » et le « commun » chez Lyautey, comme « "l'accord

5 Ces paroles sont : « Ce que je rêve, c'est qu'il (le Maroc) offre le spectacle d'un *groupement d'humanité* où des hommes, si divers d'origine, d'habits, de professions et de races, poursuivent, sans rien abdiquer de leurs conceptions individuelles, la recherche d'un idéal commun, *d'une commune raison de vivre.* (Lyautey, *Paroles d'Action*) », (Senghor, 1964, p. 39).

conciliant" » chez Delavignette, ont pour condition l'union irréversible du Maroc et du Soudan à la France, mais ni l'un ni l'autre ne parlent de dévolution d'une part de la souveraineté française à ces populations. Ces « théoriciens » de l'association sont néanmoins « profondément généreux et humains[6] », parce qu'ils défendent la conservation de « valeurs propres » et la quête d'« un idéal commun », afin que, comme au Moyen Âge, les diverses « pensées », « races » et « esthétiques » puissent s'épanouir en sol de France.

Parlant au nom des populations de l'AOF, Senghor adopte alors leurs propos :

> Indigènes de l'Afrique noire, nous faisons nôtres ces paroles. Nous avons un tempérament, une âme profondément originale. Cela transparaît dans nos mœurs et nos croyances. On peut transporter, telle quelle, chez nous, l'organisation politique et sociale de la Métropole, avec départements et députés, prolétariat et partis, syndicats et enseignement laïque (*ibid.*).

Senghor et les « indigènes de l'Afrique noire » dont il se fait le porte-parole semblent prioritairement préoccupés par la conservation des structures sociales traditionnelles et des coutumes. Ils semblent donc peu enclins à se pencher sur des questions de souveraineté :

> On peut nous faire perdre nos qualités, peut-être nos défauts. On nous inoculera les défauts des Métropolitains ; je doute qu'on puisse, de cette manière, nous donner leurs qualités. On risque seulement de faire, de nous, de pâles copies françaises, des consommateurs, non des producteurs de culture. Car la vigne, c'est un exemple entre mille, ne peut s'acclimater en Afrique noire ; elle y pousse, mais les raisins n'arrivent pas à maturité. C'est que le sol est autre, et autre le climat (*ibid.*).

L'exemple agricole final, par exemple, où les fruits sont les métaphores des produits d'une culture, sert avant tout à illustrer l'idée selon laquelle les « indigènes de l'Afrique noire » ne pourraient pas s'adapter à « l'organisation politique et sociale de la Métropole » parce qu'ils sont dotés d'« une âme profondément originale ». En somme, s'il leur fallait choisir entre l'assimilation, qui leur ferait perdre leurs qualités propres

---

6 Avant de choisir ses qualificatifs, Senghor aurait gagné à lire les biographies de ces hommes : Bugeaud est notamment connu pour la « pacification » de l'Algérie et les « enfumades » des grottes du Dahra.

et leur inoculerait les défauts des Métropolitains, et l'association, qui n'altérerait pas les mœurs et les croyances, leur suffrage irait à la seconde. Or nous ne sommes qu'à la moitié de l'exposition des prolégomènes, la revendication de droits ne tardera pas. Jusqu'ici, l'enjeu de Senghor est de mettre en exergue le fait que la France n'a pas annexé des territoires et des populations dépourvues d'une culture propre. Le problème d'un tel propos, il le sait, est de donner raison à ceux qui défendent la ségrégation des groupes de populations dans les colonies.

« PERCER L'ÉQUIVOQUE ANTIASSIMILATIONNISTE »

À l'écriture de cet essai, personne ne pense transplanter l'organisation politique et sociale de la Métropole en Afrique. Pendant l'entre-deux-guerres, le Gouvernement général de l'AOF œuvre même à restaurer les structures sociales traditionnelles[7]. Avec l'éclipse de l'assimilationnisme, le débat n'est en fait plus entre deux courants antagonistes de la théorie coloniale, mais entre partisans de l'association. Pour une plus grande clarté, Senghor distingue alors entre l'« antiassimilationniste » et l'« humaniste impérial ». Dans les paragraphes qui suivent se trouvent l'opposition fondatrice de sa dissertation et le nœud central des réflexions qu'il mènera pendant toute sa carrière de député français :

> Est-ce à dire que les antiassimilationnistes aient raison ? Nullement : ils triomphent trop vite. [...] *Je crains que le mot d'assimilation ne prête à confusion, n'entretienne l'équivoque.* « Assimiler, dit Littré, c'est convertir au semblable : la civilisation assimile les différents peuples. » Le concept de civilisation me semble par trop étroit ici ; cependant, la définition n'est pas mauvaise. Car, s'il n'est pas tout à fait exact qu'une civilisation puisse assimiler un peuple donné – encore faut-il retenir, de la définition, qu'assimiler n'est pas identifier, « rendre identique » –, en revanche ce même peuple peut assimiler cette civilisation (*ibid.*).

Senghor révise la définition du Littré – toute pétrie d'idéologie coloniale – à la lumière de la découverte de la diversité des civilisations au

7 *Cf.* Conklin, *op. cit.*, 1997.

XIXe siècle. Son point, nous l'avons compris, est qu'il est impossible de « rendre identique » et que la France doit par conséquent réviser les objectifs de la « mission civilisatrice ». Il la désigne dans ce qui suit comme « fausse assimilation ». Contre cette conception des colonisés comme des êtres passifs, il oppose l'assimilation active, recommandant plus loin aux Négro-africains de « s'assimiler l'esprit de la civilisation française » (*ibid.*, p. 45). Or la « fausse assimilation » a un pendant que Senghor dénonce aussi, pendant que je nommerai la « fausse association » :

> Certes, nous, Négro-africains, sommes contre cette fausse assimilation, qui n'est qu'identification. Mais nous n'en sommes pas moins défiants à l'égard du courant anti-assimilationniste. Les meilleurs hommes y sont avec les pires. À côté d'un Lyautey, le *colon*, pour qui colonisation est synonyme de « faire suer le burnous » ; à côté d'un Delavignette, le « créole », qui pense que « la sueur nègre fertilise les champs de canne » (*ibid.*, p. 44).

Les défenseurs de la « fausse assimilation » estiment que le « primitif » évoluera jusqu'à devenir un « Français à peau noire » ; ceux de la « fausse association » utilisent l'argument de l'irréductible différence culturelle pour justifier le maintien de l'indigène dans les échelons inférieurs de la société coloniale :

> C'est la « tradition du mal », comme le dit si bien M. Sidobre, à côté de la « tradition du bien ». Les chefs-d'œuvre en furent la *Pacte colonial*, le Code noir et, en 1802, le rétablissement de l'esclavage et de la traite, qui entraîna, pour la France, la perte d'Haïti, sa plus belle colonie d'alors. Ici et là, le principe est le même : la colonisation, économie dirigée, a pour seul but d'enrichir le Colonisateur (*ibid.*).

C'est à ce point de l'essai de Senghor que l'assimilation retrouve son sens politico-juridique :

> On comprend, dès lors, que l'assimilation, qui implique une certaine émancipation intellectuelle et politique, apparaisse comme la grande ennemie, même sous sa forme chrétienne. Quelques planteurs « prétendent, écrivait Schœlcher en 1842, que plus un esclave est éclairé, plus il est porté à *raisonner* et à devenir *indiscipliné* ». Plus près de nous, en 1929, M. Bessières écrivait, dans la *Vie intellectuelle* : « Comment voulez-vous, me disait un prêtre algérien, que nos colons désirent la conversion des indigènes ? Ils ne pourraient plus les mener à coup de pied dans le derrière. » [...] Nous avons là des cas extrêmes, je le veux bien reconnaître, et spécifiquement coloniaux (*ibid.*).

L'assimilation, affirme Senghor, « implique une certaine émancipation intellectuelle et politique », et c'est précisément contre celle-ci que luttent les « pires » des hommes. M. Bessières ne dit pas pourquoi des « indigènes » convertis au christianisme seraient moins exploitables. La raison est simple : converti, l'indigène ne serait plus musulman et pourrait souhaiter renoncer à son statut personnel. Nous voici donc de retour à la question du rapport entre statut personnel et domination coloniale :

> Mais le *paternalisme* de notre Capitalisme, mais la peur d'une certaine bourgeoisie métropolitaine à l'idée d'une élite indigène et de l'expression politique de 70 millions de sujets ou protégés français me semble dériver du même courant. Cela explique notre défiance et que nous éprouvions le besoin de percer l'équivoque *antiassimilationniste*, de séparer le bon grain d'avec l'ivraie. Sans nous étonner, d'ailleurs, ni nous indigner. Il est humain que les privilégiés ne renoncent pas à leurs privilèges, fussent-ils d'une nation généreuse par définition et par nature (*ibid.*).

Senghor identifie la « tradition du mal » (l'ivraie) qui s'est mêlée à la « tradition du bien » (le bon grain). Les anti-assimilationnistes qui craignent de voir émerger une élite indigène et les sujets accéder à des droits politiques représentent la première, les « humanistes impériaux » que sont Lyautey et Delavignette représentent la seconde. Concluant son paragraphe par le terme « privilèges » issu du lexique de l'Ancien Régime, il ne laisse aucun doute sur sa perspicacité : en Afrique française, la législation respecte, comme au Moyen Âge, le statut que chacun tient de sa religion. Toujours est-il que les indigènes d'Afrique noire sont ressortissants d'une République et non sujets du Roi de France. Senghor loue donc les « humanistes impériaux » pour leur volonté de conserver les mœurs et coutumes indigènes, mais il perce « l'équivoque antiassimilationniste » pour mettre en lumière le fait que la ségrégation en Afrique française laisse libre cours à l'exploitation des Français *minuto jure*. Sa critique de l'assimilationnisme était donc stratégique, elle permettait de distinguer entre les politiques d'homogénéisation culturelle et l'extension de la citoyenneté dans un État qui, comme nous l'avons vu, ségréguait sur la base des différences de mœurs et coutumes.

DE L'EMPIRE COLONIAL À LA COMMUNAUTÉ IMPÉRIALE

Pour éviter toute confusion, Senghor aurait pu préciser que le terme « assimilation » désigne originellement l'incorporation dans le peuple souverain, comme aux victoires assimilationnistes de 1794 et 1848. Le « problème de la colonisation » n'est pas seulement celui du « [c]ontact de deux civilisations » (*ibid.*, p. 40), il est celui de la présence de plusieurs civilisations dans le même État. Pour être plus précis, depuis l'annexion de territoires à populations qui sont « d'une assimilation malaisée, sinon impossible », ce problème est celui de la perpétuation de l'inégalité politique et civique au sein de la République française. Précisons d'emblée que la « perte d'Haïti » étant le fruit de la « tradition du mal », l'indépendance n'est pas la solution préconisée dans cet essai. Le défi est d'imaginer l'« émancipation intellectuelle et politique » de 70 millions de sujets ou protégés français et de maintenir l'« hinterland » sénégalais en France. Senghor propose une esquisse de solution dans les conclusions de ses prolégomènes, solution qui se résume à un changement de conjonction riche de sens. À la place du « ou », qui indique une disjonction exclusive, il propose « et », qui exprime une relation de complémentarité :

> Raisonnant sur le plan général, nous aboutissons à cette conclusion, *qu'il faut transcender la fausse antinomie* « association ou assimilation » et dire « assimilation et association ». « La coopération exige qu'on soit deux », écrivait Lyautey, qui entendait, par là, que l'autorité du Sultan du Maroc soit restaurée. Qu'on soit deux ! Non deux abstractions ni simplement deux présences matérielles, mais deux personnes au sens moral et juridique du mot. C'est ainsi que maître et esclave, pas même patron et ouvrier, en pur régime capitaliste, ne peuvent être deux associés. D'autre part, les associés peuvent avoir des conceptions et des tempéraments, je ne dis pas opposés, mais différents. Il est même bon qu'il en soit ainsi (*ibid.*, p. 45).

Mettant en exergue le fait que la relation coloniale est comparable à celle qui unit le maître à l'esclave ou le patron à l'ouvrier, il la contraste avec l'association professionnelle, pour montrer que l'association préconisée par les « humanistes coloniaux » ne pourra pas être établie tant que « l'indigène » d'Afrique française n'est pas considéré comme une personne « au sens moral et juridique du mot ». Aussi, Senghor oriente la fameuse dialectique du maître et de l'esclave de Hegel vers la réalisation d'une communauté, proposant une vision de l'avenir fort imprégnée de l'humanisme chrétien de son temps :

> Force leur est, cependant, lorsqu'ils doivent *travailler dans une communauté de vues et d'intérêts*, de s'assimiler réciproquement leurs idées, chacun devant, en même temps, s'adapter à la nature et aux habitudes de son co-associé. Car « une maison divisée contre elle-même », pour employer l'expression de l'Évangile, « ne peut que périr » (*ibid.*).

Citant Jésus dans l'Évangile selon Matthieu[8], Senghor figure la France comme une maison divisée et menacée de dépérissement. Entité transhistorique, elle a pris plusieurs visages dans ces prolégomènes : l'ancienne France du Moyen-Âge, le royaume de France de Louis XIV, la Ire République de l'abbé Grégoire, l'Empire napoléonien, le Royaume de France de la restauration bourbonienne et la IIIe République de Delavignette. Elle est, à l'écriture de cet essai, à la fois la France de Vichy et la France combattante dont la capitale est Alger. Senghor ne cite pas ce proverbe biblique pour indiquer une division à venir de la France, comme le serait, par exemple, la sécession de l'Empire devenu infidèle, il le cite pour signaler une division qui est déjà présente. Dans ce proverbe, en effet, la maison n'est pas à construire, mais à restaurer par la réconciliation de ses membres. Or cette réconciliation ne présuppose une adaptation réciproque, mais aucune « conver[sion] au semblable » :

> Il n'est pas question, pour la Métropole, d'adopter les coutumes et institutions indigènes. Elle doit, néanmoins, en comprendre *l'esprit* : et peut-être – nous le verrons plus loin – en pourra-t-elle tirer profit au moment qu'il est question de revenir à la vieille tradition française. Il est surtout question, pour la Colonie, de s'assimiler l'esprit de la civilisation française. *Il s'agit d'une assimilation qui permette l'association.* C'est à cette seule condition qu'il y aura « un idéal commun » et « une commune raison de vivre », à cette seule condition un Empire français (*ibid.*, p. 45).

Nous avons vu plus haut que, malgré le renversement du rapport de causalité entre assimilation et civilisation au cours du XIXe, le rapprochement des civilisations théorisé par les « humanistes coloniaux » est toujours

8 Évangile selon Matthieu, chapitre 12 verset 25.

imaginé comme la transformation culturelle des peuples colonisés. Ce qui distingue Senghor des théoriciens de son temps est manifeste dans cette conclusion de la partie « Contacts » de son essai : l'assimilation qu'il souhaite est réciproque. Plus encore, la communauté qu'il appelle de ses vœux serait fondée suite à l'assimilation juridico-politique des sujets. Comme au moment de la Révolution ou des textes de 1848, Senghor pose « l'égalité civile comme un préalable dont découlera la réalité d'une communauté » (Saada, 2006, p. 181). Cette communauté se formerait par l'assimilation active et réciproque des idées entre co-associés. Or, si sa réalisation est un processus, sa fondation procède d'un décret : aboutissement du processus d'assimilation culturelle dans le système colonial français, il est le point de départ d'une assimilation mutuelle dans le projet de Senghor.

Dans sa conclusion, l'essayiste propose à la Métropole de « porter un regard neuf sur ses traditions anciennes pour y découvrir les sources et les conditions de sa renaissance » (Senghor, 1964, p. 69). Ces « traditions » sont « l'assimilation » et « l'association » dont il s'est inspiré pour proposer son programme de réforme et qu'il a présentées comme des pratiques et théories proprement françaises. Sa position est clairement exposée dans les dernières lignes de son essai, où il affirme que suivre ces traditions complémentaires permettrait à la France divisée de renaître sous la forme d'une « Communauté impériale » :

> Il est de plus en plus question d'une *Communauté impériale.* Ce dont Lyautey rêvait pour le Maroc est en train de devenir réalité. L'Empire n'est-il pas aujourd'hui, *un groupement d'humanité à la recherche d'un idéal commun, d'une commune raison de vivre ?* Cet idéal commun, les Colonies disent à la Métropole qu'elle peut le trouver dans sa tradition même, que c'est cette tradition qui fera l'unité de l'Empire français (*ibid.*).

La France serait donc fidèle à ses traditions si elle transformait la relation coloniale en relation communautaire. L'Empire est encore colonial, mais cette Communauté impériale est déjà présente, puisqu'elle est « en train de devenir réalité ». C'est à l'aune de cette double réalité d'une inégalité actuelle et d'une communauté en puissance qu'il nous faudra aborder le projet de politique de Senghor. Nous verrons toutefois, dans le sixième chapitre, que les réformes qu'il propose pour faire advenir cette communauté sont incompatibles avec le principe de l'unité et de l'indivisibilité de la République, lequel a été fondamental en France depuis sa proclamation le 25 septembre 1792 par la Convention nationale. Mais avant d'aborder le projet fédéraliste que Senghor défend à l'Assemblée nationale, il me faut présenter ses définitions de la « civilisation » et de la « culture » et le rapport que celles-ci entretiennent avec la question de la démocratie dans un État plurinational inégalitaire.

« CIVILISATION » ET « CULTURE » CHEZ SENGHOR

« CIVILISATION »

La distinction que Senghor fait entre « la Civilisation » et « *votre* civilisation » (*ibid.*, p. 40) est tout sauf anecdotique. Il ne s'agit pas là d'un sursaut d'orgueil d'un homme à qui on suggère de voir dans les Négro-africains des « "primitifs" [...] *sympathiques* » (*ibid.*), mais bien la mise en exergue du terme « civilisation » qui est au cœur de la science coloniale. La question est de savoir si la France étend « la Civilisation » ou met en contact « *deux civilisations* » (*ibid.*), ce qui implique de saisir ce qu'on entend en ce temps-là par ce terme. Ci-dessous, après une brève présentation de l'histoire du mot, je montrerai que Jules Ferry et Georges Clemenceau opposent deux conceptions différentes du terme « civilisation » dans leur affrontement de 1885. Ferry emporte le débat, et sa victoire, qui est celle des partisans de la colonisation, ouvre la voie à la conquête de l'Afrique noire. Cette présentation sera le préambule à l'exposition des définitions que Senghor donne aux termes « civilisation » et « culture » et à la mise en lumière des enjeux politiques inhérents à leurs conceptualisations.

HISTOIRE DU MOT « CIVILISATION »

Dans l'article « Le mot "civilisation" » où il fait l'histoire de ce terme, Jean Starobinski indique qu'il reçoit une acception perfective et imperfective dès l'apparition de son sens moderne, qui est signalé en 1771 dans le *Dictionnaire universel* de Trévoux. En 1789, la cinquième édition du *Dictionnaire de l'Académie* donne une définition du mot qui nous est encore familière aujourd'hui : « Action de civiliser ou état de ce qui est civilisé ». Starobinsky note aussi que le mot connaît un essor fulgurant pendant la période révolutionnaire, à tel point que Sébastien Mercier ne le considère plus comme néologisme en 1801. Il explique cette adoption et diffusion du terme par le fait qu'il synthétise nombre de formules préalables : « adoucissement des mœurs, éducation des esprits, développement de la politesse, culture des arts et des sciences, essor du commerce et de l'industrie, acquisition des commodités matérielles et du luxe » (Starobinski, 1983, p. 16). Le mot « civilisation » désignera dès lors « [p]our les individus, les peuples, l'humanité entière [...] d'abord le processus qui en fait des *civilisés* [...], puis le résultat de ce processus » (*ibid.*). Starobinski ajoute qu'il est important de noter que le mot « civilisation » apparaît plus ou moins en même temps que celui de « progrès » et qu'il entretient des rapports étroits avec celui-ci. En outre, dès le début du XIXe siècle, certains historiens[1] rendent équivalents « les étapes du processus civilisateur » et « les stades du progrès des sociétés » (*ibid.*, p. 17). Comme l'écrit Benveniste, que Starobinski cite : « De la barbarie originelle à la condition présente de l'homme en société, on découvrait une gradation universelle, un lent procès d'éducation et d'affinement, pour tout dire un progrès constant dans l'ordre de ce que la *civilité*, terme statique, ne suffisait plus à exprimer et qu'il fallait bien appeler la *civilisation* pour en définir ensemble le sens et la continuité » (Benveniste, 1966, p. 340). Starobinski met alors en évidence la conséquence de l'émergence des théories de l'évolution et des philosophies de l'histoire pour la caractérisation des peuples non occidentaux : « en nommant *civilisation* le processus fondamental de l'histoire, et en désignant du même mot l'état final résultant de ce processus, on pose un terme qui contraste de façon antinomique avec un état supposé premier (nature, sauvagerie, barbarie) » (*ibid.*, p. 18).

Nous retrouvons cette antinomie chez l'ami paternaliste de *Vues sur l'Afrique noire*, qui avance que la France a apporté « la Civilisation » aux « primitifs ». Senghor, en précisant que « la Civilisation » est « *votre* civilisation », ne cherche pas à proposer une vision statique des sociétés humaines, mais à rendre concevable le fait que les histoires et les évolutions peuvent être plurielles. L'enjeu n'est donc pas tant de critiquer la classification de l'humanité en deux groupes antinomiques, que de saper

1 Starobinski fait mention de Guizot qui publie *Histoire de la civilisation en Europe* en 1828.

le fondement de la hiérarchisation entre « civilisés » et « primitifs ». En effet, tant que cette hiérarchisation se fait en fonction du « progrès », à la pointe duquel serait la civilisation française, les « primitifs » seront arriérés et inférieurs, qu'ils soient ou non sympathiques.

L'acception du terme « civilisation » est au centre du débat qui oppose Jules Ferry et Georges Clemenceau en 1885. Le premier s'appuie sur le sens imperfectif de civilisation comme processus, et le second sur le sens perfectif de civilisation comme état. La présentation de ce débat permettra d'expliquer ce qui est entendu par « mission civilisatrice » à ce moment décisif de l'histoire coloniale française.

JUILLET 1885 : JULES FERRY *VERSUS* GEORGES CLEMENCEAU

Dès ses premières années, la IIIe République poursuit une politique coloniale conquérante : la Tunisie, l'Annam et le Tonkin deviennent des protectorats français respectivement en 1881, 1883 et 1885. En juillet 1885, Henri Brisson demande à la Chambre des députés de voter un crédit supplémentaire pour la guerre en cours à Madagascar, où la France tente d'imposer son protectorat et rencontre une résistance plus forte que prévue. Cette demande de crédit déclenche un débat au sein de la Chambre des députés, lequel quitte rapidement le cas malgache pour devenir une discussion sur le principe même des conquêtes coloniales. Certes, la politique coloniale de la IIIe République a dès le départ connu des oppositions, mais ces débats parlementaires de 1885 sont emblématiques d'un antagonisme que cette République ne parviendra pas à dépasser. Incarnant deux points de vue dont l'opposition repose sur des conceptions différentes du rapport entre la notion d'« Homme » et celle de « Civilisation », Jules Ferry et Georges Clemenceau croisent le fer dans cette dispute désormais célèbre de l'histoire de la colonisation française. Le premier traduit en politique les leçons de l'anthropologie évolutionniste développée au cours du XIXe siècle et fonde son argumentaire sur une distinction entre « races supérieures » et « races inférieures ». Le second, faisant appel à la philosophie des Lumières, s'oppose au racialisme différentialiste de son adversaire et dénonce la domination coloniale au nom des droits de l'Homme. Dans ce combat entre justification et dénonciation de l'impérialisme républicain, l'enjeu est tant de s'accorder sur les valeurs essentielles de la République, que de savoir si elles sont compatibles avec la conquête et la possession d'un empire.

Jules Ferry : « les races supérieures [...] ont le devoir de civiliser les races inférieures »

Le 28 juillet 1885, Jules Ferry prend place à la tribune pour défendre la politique de conquête coloniale et présenter « les principes, les mobiles, les intérêts divers qui justifient la politique d'expansion coloniale[2] ». Pour ce faire, il distingue entre les « idées économiques », les « idées de civilisation de la plus haute portée » et les « idées d'ordre politique et patriotique ». Je passe rapidement sur les raisons économiques : Ferry estime que les conquêtes créeront les débouchés dont l'industrie française a besoin. Quant au troisième ensemble d'idées, il avertit que ne pas participer à la course européenne à la conquête est emprunter « le grand chemin de la décadence », et donc que la France doit continuer à investir dans une politique de conquête si elle veut rester une puissance mondiale. Il conclut son discours en déclarant que « [la France] ne peut pas être seulement un pays libre, [...] elle doit aussi être un grand pays exerçant sur les destinées de l'Europe toute l'influence qui lui appartient, [...] elle doit répandre cette influence sur le monde, et porter partout où elle le peut sa langue, ses mœurs, son drapeau, ses lois, son génie ». En résumé, pour Jules Ferry, les conquêtes coloniales sont nécessaires au rayonnement de la France. Revenons au second ordre d'idées, qu'il nomme « le côté humanitaire et civilisateur de la question ». Jules Ferry justifie la politique de conquête qu'il soutient en avançant l'argument « humanitaire » : à la conférence de Berlin, quelques mois plus tôt, les nations conquérantes européennes se sont donné comme mission de « combattre la traite des nègres, cet horrible trafic, et l'esclavage, cette infamie ». Quant à l'argument « civilisateur », il repose sur une distinction entre « races supérieures » et « races inférieures ». Il réfute la thèse soutenue par M. Pelletan, un opposant, thèse qui « repose sur l'égalité, la liberté, l'indépendance des races inférieures », et proclame : « Messieurs, il faut parler plus haut et plus vrai ! il faut dire ouvertement qu'en effet les races supérieures ont un droit vis-à-vis des races inférieures [...] Je répète qu'il y a pour les races supérieures un droit, parce qu'il y a un devoir pour elles. Elles ont le devoir de civiliser les

2 *Jules Ferry (28 juillet 1885)*, http://www2.assemblee-nationale.fr/decouvrir-l-assemblee/histoire/grands-moments-d-eloquence/jules-ferry-28-juillet-1885 (consulté 18/01/2018).

races inférieures ». Voici, exposée sans fard, « la mission civilisatrice » que les partisans de la conquête donnent à la France. Remarquons que Ferry n'estime pas nécessaire de démontrer la validité de la distinction sur laquelle il fait reposer sa justification de la politique de conquête et du « devoir » civilisateur de la France, ce qui est signe qu'une telle hiérarchisation entre races est déjà un lieu commun largement accepté. Nous sommes en effet en 1885, et aucun des députés ne doute de la supériorité de l'Europe, et, comme la métaphore du rayonnement le laisse entendre, tous s'accordent à dire que la France est le phare de la civilisation. Toutefois, les opposants de Jules Ferry l'interrompent, parce qu'ils sont outrés par le fait qu'il ose tenir de tels propos « dans le pays où ont été proclamés les droits de l'homme », et protestent qu'une telle justification de la conquête aboutit « à l'abdication des principes de 1789 et de 1848 ». Ferry reste inflexible. Pour lui, c'est une erreur de penser que « la Déclaration des droits de l'homme a été écrite pour les noirs de l'Afrique équatoriale ». Cela signifie, par conséquent, qu'il estime que les hommes ne naissent pas égaux en droits.

Georges Clemenceau : « La conquête [...], c'est l'abus pur et simple de la force que donne la civilisation scientifique sur les civilisations rudimentaires »

Le surlendemain, Georges Clemenceau riposte[3]. Il avait déjà mené un combat contre Ferry pendant l'affaire du Tonkin en mars 1885, dont l'issue avait été la démission de ce dernier de son poste de Président du Conseil. En préambule, il souligne que la doctrine coloniale exposée à grands traits par son adversaire est une théorie forgée après coup et dont l'utilité est de justifier des faits accomplis. Elle n'est donc ni une stratégie réfléchie ni une théorie fondée sur des principes. Clemenceau relève aussi que les conquêtes coloniales françaises ont trouvé un nouvel élan dès l'arrivée de Ferry à la tête du gouvernement et exprime l'irritation que lui provoque sa « doctrine inventée pour les besoins de la cause ». Son objectif sera donc de « soumettre cette théorie à l'épreuve des faits » pour démontrer qu'elle est sans fondement. Il reprend alors

3 *Discours prononcé par M. Clemenceau à la chambre des députés le jeudi 30 juillet 1885*, http://gallica.bnf.fr/ark:/12148/bpt6k5462520q/ (consulté le 08/11/2018).

chacun des points de Ferry, afin d'examiner « la question de la politique coloniale elle-même ». Sur le plan économique, il démontre que les conquêtes et l'administration des territoires grèvent le budget et sont donc néfastes à l'économie de la France. Sur le plan politique, il répond que la France, fragilisée par la défaite de 1871 contre la Prusse et par la perte de l'Alsace-Lorraine, ferait mieux de se consolider que de se lancer dans des expéditions ruineuses. « La démocratie ne rêve rien que le développement de l'activité humaine dans la liberté et la justice », proclame-t-il. Mieux vaut « organiser un gouvernement régulier fondé sur le principe de la Liberté » que de pourchasser le « rêve colonial ». Comme Ferry, il souhaite le rayonnement de la France – sur ce point, les députés sont unanimes –, mais celui-ci doit être pacifique, car il ne veut pas que la France soit grande « par le rayonnement de la guerre ». C'est sa critique de l'argument civilisateur de Ferry qui m'intéresse au premier chef. Il résume ainsi la thèse de son opposant : « Nous avons des droits sur les races inférieures. Les races supérieures ont sur les races inférieures un droit qu'elles exercent et ce droit, par une transformation particulière, est en même temps un devoir de civilisation ». Il s'attaque alors à la distinction raciale de Ferry et questionne les bases d'un tel raisonnement. Il demande à connaître les critères qui permettent d'évaluer les Hindous, ou les Chinois, pour les déclarer inférieurs, et rappelle avec ironie que des savants allemands ont démontré scientifiquement que l'infériorité de la race française est la cause de sa récente défaite. Il refuse simplement de se « retourner vers un homme ou une civilisation et de prononcer : homme ou civilisation inférieurs ! » La thèse de son opposant, qu'il rejette intégralement, n'est selon lui « pas autre chose que la proclamation de la puissance de la force sur le droit », et il rappelle que « l'histoire de France depuis la Révolution est une vivante protestation contre cette inique prétention ». Faisant alors référence aux écrits anticoloniaux du XVIIIe siècle, il propose à son auditoire de juger qui se montre « barbare » ou « civilisé » lors des rencontres violentes entre l'Europe et les autres peuples. « Vous verrez combien de crimes atroces, effroyables ont été commis au nom de la justice et de la civilisation », annonce-t-il. Clemenceau ne voit qu'oppression et tyrannie du faible par le fort et s'insurge contre Ferry et ses partisans : « c'est un pareil système que vous essayez de justifier en France dans la patrie des droits de l'homme ». Il conclut, indigné :

> Je ne comprends pas que nous n'ayons pas été unanimes ici à nous lever d'un seul bond pour protester violemment contre vos paroles. Non il n'y a pas de droit des nations dites supérieures contre les nations inférieures [...] n'essayons pas de revêtir la violence du nom hypocrite de civilisation. Ne parlons pas de droit, de devoir. La conquête que vous préconisez, c'est l'abus pur et simple de la force que donne la civilisation scientifique sur les civilisations rudimentaires, pour s'approprier l'homme, le torturer, en extraire toute la force qui est en lui au profit du prétendu civilisateur. Ce n'est pas le droit, c'en est la négation. Parler à ce propos de civilisation, c'est joindre à la violence, l'hypocrisie[4].

Le talent oratoire de Clemenceau ne parvient pas à gagner la majorité et la Chambre des députés accorde les crédits sollicités pour la guerre à Madagascar, et, dix ans après ce débat, à la création de l'AOF, la « pacification » de l'Afrique noire sera pratiquement arrivée à son terme. Ce vote entérine la théorie de Ferry, et, pour la première fois dans une assemblée républicaine, l'idée d'une distinction entre « races supérieures » bénéficiant des droits de l'homme et « races inférieures » rassemblant une autre catégorie d'humains est non seulement ouvertement formulée, mais surtout approuvée par les représentants du peuple. Ferry propose en effet de réinterpréter les droits de l'Homme et réduit drastiquement l'horizon de leur universalité pour exclure les « races inférieures » de leur jouissance. Clemenceau prend le parti de ne pas altérer la valeur des « immortels principes » de 1789 et défend l'idée selon laquelle les hommes sont partout Homme et dignes de ces droits. Orateur habile, il remplace le couple droit/devoir de Ferry par l'opposition entre droit et puissance, fondant la légitimité de son discours dans le fait que la République se conçoit comme un État de droit. Il estime donc que sa position est authentiquement républicaine, parce que conquérir serait violer les « principes de 1789 et de 1848 ». Cependant, à l'instar des députés qui tiennent à rappeler à Ferry que la France est le pays des droits de l'homme, Clemenceau n'insiste pas sur le fait que la IIIe République est déjà impériale, gardant sous silence le fait qu'elle a hérité l'Algérie française du Second Empire, où, en contradiction avec ces mêmes principes, une différenciation est insaurée entre bénéficiaires et non-bénéficiaires des droits garantis par la Constitution. Clemenceau ne spécifie donc pas que seuls les citoyens jouissent des droits de l'Homme. Ferry,

4 *Ibid.*

qui proclame que cette déclaration n'a pas été écrite pour « les noirs de l'Afrique équatoriale » ni, par extension, pour les « races inférieures », n'a pas besoin d'affronter le dilemme de la République impériale.

Notons que Ferry et Clemenceau ont en commun de prendre en compte la diversité humaine dans leurs discours. Le premier classifie l'humanité en deux grands ensembles de races – les inférieures et les supérieures –, le second en une pluralité de groupements d'humanité désignés par les termes « race », « nation » ou « civilisation ». Clemenceau renomme « nation » ce que Ferry nomme « race », quand il s'attaque à la hiérarchisation raciale de ce dernier. Ces termes sont encore synonymes, voire interchangeables, à la fin du XIXe, comme l'exemplifie la mention de « la race française » aux côtés de « la race jaune » dans le discours de Clemenceau. Au-delà de ces appréhensions divergentes de la diversité humaine, les deux pensées se démarquent par le fait que le terme « civilisation » est singulier chez le premier et pluriel chez le second, manifestant qu'ils ne donnent pas la même signification à ce mot. Pour le premier, la civilisation est un processus unique, à l'avant-garde duquel se trouve la France. Chargée du « devoir de civiliser », celle-ci doit apporter la civilisation française (emploi perfectif) aux « races inférieures », pour les mener dans les voies de la civilisation (emploi imperfectif). Pour le second, la civilisation (emploi perfectif) est avant tout le propre d'une société particulière. Il fait cependant aussi un emploi imperfectif de ce terme :

> C'est le génie même de la race française que d'avoir généralisé la théorie du droit et de la justice, d'avoir compris que le problème de la civilisation était d'éliminer la violence des rapports des hommes entre eux, dans une même société, et de tendre à éliminer la violence, pour un avenir que nous ne connaissons pas, des rapports des nations entre elles[5].

La civilisation est donc aussi un processus universel et unique dans la définition qu'en donne Clemenceau. Ce processus est l'élimination progressive de la violence entre les hommes au sein des diverses civilisations et entre les diverses nations à l'échelle internationale. Progresser est alors éliminer la violence par le droit et la justice selon la théorie développée en France. Clemenceau semble penser que cette évolution ne ferait pas perdre leur singularité aux diverses civilisations et qu'elles progresseraient sans devenir semblables à la civilisation française.

---

5 *Ibid.*

Le différend entre Ferry et Clemenceau n'est pas nouveau. La « civilisation » est au cœur d'une riche histoire de controverses depuis l'apparition du terme, parce que tout discours qui porte sur elle charrie une composante idéologique. Quelle que soit la rigueur des théories, elles restent porteuses de jugements de valeur et sont rarement exemptes d'intérêts d'ordre politique[6]. Il serait donc futile de vouloir présenter les propos que Senghor développe au sujet de la « civilisation négro-africaine » en les dissociant de l'action politique qu'ils soutiennent. Comme je l'ai montré plus haut, il doit simultanément trouver des arguments contre les assimilationnistes qui estiment que la France doit apporter la Civilisation en Afrique et contre les antiassimilationnistes qui légitiment la ségrégation par le fait qu'il existe diverses civilisations. Dans cette lutte qu'il mène simultanément sur deux fronts, le terme « civilisation » ne lui est pas d'un assez grand secours. La solution qu'il trouve est de corréler les termes « civilisation » et « culture », ce qui, au vu des multiples acceptions de ce second terme dans les courants de l'anthropologie qui irriguent la négritude senghorienne, ne facilite pas la tâche de ses lecteurs.

« CULTURE », UN TERME POLYSÉMIQUE

Geneviève Visonneau, dans l'article « Le développement des notions de culture et d'identité : un itinéraire ambigu », offre une bonne vue d'ensemble de la genèse et de l'évolution de la notion de culture. Le mot « culture » est apparu en langue française au XVIIIe siècle, et ce terme s'applique « successivement aux productions de l'esprit (art, lettres, sciences...), à la formation de l'esprit capable de générer de telles connaissances et au corpus qu'elles forment » (Visonneau, 2002, p. 5). Au siècle des Lumières, elle est l'acquisition des connaissances qui permettent à l'Homme de s'élever au-dessus de sa condition naturelle, entraînant son affranchissement de l'irrationalité et de l'obscurantisme. À l'émergence de l'anthropologie à la fin du XVIIIe siècle, la notion de culture entame sa spécialisation scientifique, sans perdre toutefois son

6 *Cf.* Kapustin, Boris, « Discours théorique et discours idéologique autour du concept de "civilisation" », *Diogène*, vol. 223, n° 3, 2008, p. 91-114.

acception classique. On s'accorde pour dire que l'anthropologue britannique Edward Burnett Tylor est le premier à proposer une définition opératoire de la culture en sciences humaines. S'opposant à la théorie polygéniste qui soutient que les diverses « races » ont des origines différentes, il propose d'étudier l'histoire des peuples et leur progrès, afin d'isoler les différents stades de l'évolution de la culture humaine. Adopté ensuite par les sciences sociales et se chargeant d'un sens nommé « anthropologique », le concept de culture évolue de manière différente dans les diverses traditions académiques.

Dans l'anthropologie anglo-saxonne, Franz Boas développe l'idée du relativisme culturel dès la fin du XIXe siècle, laquelle sera popularisée par ses étudiants (dont Melville Herskovits, Edward Sapir, Alfred Kroeber, Ruth Benedict et Margaret Mead). Contre l'idée de lois universelles de l'évolution des sociétés humaines, Boas met en lumière les relations de réciprocité entre cultures et sociétés particulières. Devenant axiomatiques dès le début du XXe siècle, ses concepts de relativisme culturel et de particularisme historique permettent à l'anthropologie de rompre sa relation avec la notion de « race », de faire tomber en désuétude la théorie de l'évolution unilinéaire, de rendre obsolète le classement entre « civilisés » et « primitifs » des divers peuples et de saper les fondements de la croyance en l'idée selon laquelle la civilisation occidentale est au pinacle de la civilisation. Boas défend le principe que les cultures distinctes sont d'égale dignité et cette idée est reprise par Benedict et Mead, formées à son école, lesquelles jouent un rôle important dans le développement du courant culturaliste en anthropologie. Ce courant établit un lien entre « culture » et « personnalité ». Senghor y fait référence en 1963 dans son introduction aux tomes *Liberté* : « La *Négritude*, c'est ce que les anglophones désignent sous l'expression de "personnalité africaine". Il n'est que de s'entendre sur les mots » (Senghor, 1964, p. 8). Cependant, dans ses textes, il ne mentionne ni Boas ni les principaux représentants de l'anthropologie américaine du XXe siècle. Leur influence n'est pas directe, mais s'exerce néanmoins par l'intermédiaire des œuvres de la Harlem Renaissance qu'il découvre pendant ses années estudiantines, quand il fréquente les rencontres animées par les sœurs Nardal et lit la *Revue du monde noir* qu'elles éditent. Il découvre notamment *The New Negro*, l'anthologie éditée par Alain Locke où on trouve des essais de William Edward Burghardt Du Bois, qui connaissait Boas et son œuvre, et de Herskovits, formé à l'Université de Columbia par ce dernier[7]. Il peut y avoir plusieurs raisons au silence de Senghor au sujet du relativisme culturel. Il peut simplement être rappelé que Senghor ne maîtrise pas l'anglais et que Boas n'est que tardivement traduit. Il cherche en outre à s'inscrire dans la réflexion ethnologique française et celle-ci n'entre en discussion avec l'anthropologie américaine qu'après la Seconde Guerre, c'est-à-dire après l'abandon de ses recherches doctorales au profit de la politique. Mais la raison principale de son silence est sans doute sa découverte de l'œuvre de Leo Frobenius et, plus largement, de l'anthropologie allemande. Bien que l'anthropologie américaine puise dans cette anthropologie – Boas est originaire d'Allemagne et y a fait ses études, Du Bois a étudié à l'Université de Berlin –, Senghor préfère la réflexion allemande sur la pluralité culturelle, certainement parce qu'elle favorise une approche diachronique de la diversité humaine. C'est alors un autre usage du mot « culture » qu'il intègre dans son système de pensée, une acception du terme qui diffère tant de l'acception classique que du concept scientifique actuel. Le sens du mot « culture » de ses textes relève de l'usage qui en est fait dans les milieux intellectuels allemands du XIXe siècle, à la suite de l'émergence de l'idée de la *Kultur* de la nation allemande parmi les théoriciens du *Volksgeist* qui réagissent à l'hégémonie culturelle française. Contre l'idée de « Civilisation » véhiculée par la philosophie des Lumières, il s'agissait de reconnaître à chaque peuple une spécificité, une histoire et un destin particuliers.

Il m'est nécessaire de faire une seconde remarque avant de poursuivre : le mot « culture », dans son sens scientifique, n'apparaît chez les ethnologues français qu'après la Seconde Guerre mondiale. On ne trouve ainsi aucune théorie de la culture chez Émile Durkheim, bien que des notions comme « conscience collective » ou « personnalité collective » ne soient pas sans similarités avec l'idée de déterminisme culturel développée outre-Atlantique. La notion de « culture » est aussi absente des écrits des fondateurs de l'Institut d'ethnologie[8], dont Lévy-Bruhl et Mauss. Le concept plus ou

7 Pour une présentation de *The New Negro*, *Cf.* Mangeon, Anthony, « *The New Negro*, une Bible de la négritude », *Études littéraires africaines*, n° 29, 2010, p. 15-19.

8 L'Institut d'ethnologie est créé par décret du ministère des Colonies. *Cf.* Tai, Li-Chuan, « L'institutionnalisation de l'anthropologie universitaire et la France d'outre-mer », *in Présence françaises outre-mer (XVI*e*-XXI*e* siècles)*, Benichon, Philippe, Gény, Pierre, Nemo, Jean (éd.), Paris, Karthala, 2012, p. 281-300.

moins équivalent manié par l'anthropologie française est le terme de « civilisation », auquel Mauss donne ses titres de scientificité[9]. Ainsi, *Primitive culture* de Taylor, que Lévy-Bruhl critique dans *Les Fonctions mentales dans les sociétés inférieures*[10], est traduit sous le titre *La Civilisation primitive.*

En 1936, *Histoire de la civilisation africaine* de Leo Frobenius paraît chez Gallimard et Césaire le fait découvrir à Senghor. Le titre d'origine du livre de Frobenius est *Kulturgeschichte Afrikas.* Les traducteurs ont traduit « *Kultur* » par « civilisation », mais Senghor y trouve l'élargissement sémantique du terme « culture » qui était nécessaire à l'élaboration de la théorie de la négritude. On voit ceci dans l'introduction de l'essai *Ce que l'homme noir apporte* qu'il écrit trois ans plus tard :

> J'adopte le mot [Nègre] après d'autres ; il est commode. Y a-t-il des Nègres, des Nègres purs, des Nègres noirs ? La science dit que non. Je sais qu'il y a, qu'il y a eu une culture nègre, dont l'aire comprenait les pays du Soudan, de la Guinée et du Congo au sens classique des mots. Écoutons l'ethnologue allemand [Frobenius] : « Le Soudan possède donc, lui aussi, une civilisation autochtone et ardente. C'est un fait que l'exploration n'a rencontré, en Afrique équatoriale, que d'anciennes civilisations vigoureuses et fraîches [...] » (Senghor, 1964, p. 22).

Senghor doit relever le défi que la science pose à l'essentialisme quand elle met en question la possibilité de races pures. Bien que cette critique laisse indemne l'idée même de race, il doit relever le défi, parce qu'il veut présenter « ce que l'homme noir apporte », comme le titre de l'essai duquel est tirée cette citation l'indique. Cette incarnation d'une multitude de peuples dans le seul « homme noir » pose évidemment problème, notamment parce que son propos englobe des personnes vivant tant en Afrique que dans les Amériques. À ce niveau de généralité, la science se demande ce qui justifie la subsumation d'une telle diversité dans cette seule catégorie de « Nègre ». Senghor répond de manière rusée. Premièrement, il glisse sans heurts de la notion de race à celle

9 Mauss, Marcel, « Les civilisations. Éléments et formes », *in* Febvre, Lucien, Tonnelat, Emile, Mauss, Marcel, Niceforo, Alforo et Weber, Louis, *Civilisation – Le mot et l'idée*, Fondation « Pour la science », Centre international de synthèse, Première semaine internationale de synthèse, Deuxième fascicule (du 20 au 25 mai 1929), Paris, la Renaissance du livre, 1930, http://classiques.uqac.ca/classiques/febvre_lucien/civilisation/civilisation_idee.pdf (consulté le 22/03/2019), p. 82-104.

10 *Cf.* Lévy-Bruhl, Lucien, *Les fonctions mentales dans les sociétés inférieures*, Paris, Presses universitaires de France, 1910.

de culture, désarmant l'anthopologie biologique qui n'a pas d'expertise dans ce domaine. Deuxièmement, il hésite entre le présent et le passé composé et cette indétermination lui permet à la fois de concéder et d'affirmer. La concession porte sur l'aire culturelle, qui elle n'est plus. Nous comprenons que la colonisation y a mis fin : l'exploration a eu lieu avant la conquête, et Soudan, Guinée et Congo sont des noms attribués par des Européens aux espaces géographiques qu'ils ont conquis. L'affirmation concerne la culture, qui elle, en revanche, continue d'exister :

> Culture une et unitaire : « Je ne connais aucun peuple du nord qui se puisse comparer à ces primitifs par l'unité de civilisation. » Civilisation, je précise : culture qui naquit de l'action réciproque de la race, de la tradition et du milieu ; qui, émigrée en Amérique, est restée intacte dans son style, sinon dans ses éléments ergologiques. La civilisation a disparu ; la culture ne s'est pas éteinte (*ibid.*, p. 22-23).

Cette citation n'a pas de sens tant qu'on ne remarque pas que Senghor utilise le terme « culture » comme la transposition en langue française de la « *Kultur* » de Frobenius[11]. Il est alors frappant que ce qui est « culture » dans ses commentaires est la « civilisation » dans les citations de la traduction française, par exemple, quand il retraduit l'expression « unité de civilisation » qu'il trouve dans l'*Histoire de la civilisation africaine* par « [c]ulture une et unitaire ». Ceci le mène à expliciter dans une note qu'il utilise les termes « culture » et « civilisation » dans un sens qui n'est pas alors usuel en langue française :

> J'entends, par *culture*, l'esprit de la civilisation ; par *civilisation*, les œuvres et réalisations de la culture. Je prends donc ces deux mots dans des sens assez différents de Daniel-Rops (*Ce qui meurt et ce qui naît*)[12]. Mais il n'y a, au fond, qu'une différence de terminologie (*ibid.*, p. 22).

Par « civilisation », il désigne donc une réalité empirique, et par « culture » une réalité spirituelle qui s'incarne dans la « civilisation ». Cette « culture »

11 L'idée selon laquelle la « culture nègre » a une « aire » est la traduction de « *Kulturkreis* » que Frobenius reprend de Friedrich Ratzel dans l'adaptation du diffusionnisme de ce dernier à sa propre théorie.

12 Senghor fait référence à *Ce qui meurt et ce qui naît*, publié en 1937 à la Libraire Plon, dans la collection « Présences », c'est-à-dire dans la même collection que *L'Homme de couleur* dont « Ce que l'homme noir apporte » est un article. Daniel-Rops est un chef de file du personnalisme.

ou « *Kultur* » est celle qui a irrigué le nationalisme romantique du XIXe siècle et présidé à l'édification du modèle ethnoracial de la nation en Allemagne. Comme nous le verrons dans ce qui suit, l'influence de Frobenius est manifeste dans les textes de Senghor dès la conférence qu'il donne à la Chambre de Commerce de Dakar en 1937. Ce dernier ne trouve cependant pas dans la notion de « *Kultur* » les éléments pour fonder un nationalisme africain qu'il brandirait contre l'impérialisme français, mais bien ceux qui sont nécessaires à son projet de réforme de l'Empire.

LE PROBLÈME CULTUREL EN AOF
Conférence faite à la Chambre de Commerce de Dakar pour le Foyer France-Sénégal, le 10 septembre 1937

En 1937, Senghor retourne au Sénégal pour l'été. En métropole, il suit un parcours de formation qui dessine une trajectoire de carrière assez évidente. Avant que la guerre ne vienne interrompre ce parcours, il prépare une thèse de doctorat en linguistique africaine et se profile pour occuper un poste d'enseignement à l'École nationale de la France d'outre-mer où il aurait formé les générations de fonctionnaires coloniaux à venir. Malgré l'abandon de son doctorat au profit de sa carrière politique à l'avènement de la IVe République, il sera recruté par Delavignette comme professeur en 1944[13], mais, après la guerre, ce sera surtout à l'Assemblée nationale, dans une France transformée par la loi Lamine Gueye, que sa voix sera entendue. En 1937, Senghor est membre d'une élite coloniale particulière créée par un système de bourse qui lie la métropole et les colonies de la France. De concours en concours, cette cohorte d'élèves brillants franchit les étapes de sélections qui les mènent au centre de l'Empire. Benedict Anderson a décrit ces déplacements des élites colonisées par l'analogie désormais célèbre du « pèlerinage[14] ».

13 *Cf.* Malela, Buata B., *Les écrivains afro-antillais à Paris (1920-1960) – Stratégies et postures identitaires*, Paris, Karthala, 2008, p. 225.

14 Anderson, Benedict, *Imagined communities, Reflections on the Origin and Spread of Nationalism*, London, New York, Verso, 2003 [1983] ; en traduction française : *L'imaginaire national. Réflexions sur l'origine et l'essor du nationalisme*, Paris, La Découverte, 2006.

Sa thèse est que les « pèlerinages » entrepris par les fonctionnaires des colonies créent la base expérientielle qui configure chez ces nationalistes en devenir l'imagination de l'étendue et des limites de la future communauté nationale. Or les circuits qu'il décrit mènent les fonctionnaires à des centres provinciaux et jamais à la capitale impériale. Wilder commente avec perspicacité que la particularité des circuits français est de mener à Paris. Il soutient que ces circuits renforcent l'infrastructure matérielle et conceptuelle de l'État-nation impérial et participent par conséquent à la création d'un sentiment d'appartenance à la France et non au développement d'une conscience nationale indépendantiste[15]. J'ajoute que certains membres de cette élite coloniale deviennent fonctionnaires en métropole après avoir terminé leurs formations, ce qui entretient le sentiment qu'ils sont membres d'une communauté française d'échelle pluricontinentale. En 1937, Senghor, qui est professeur de lycée à Tours, peut prendre en exemple Blaise Diagne. Cet originaire des Quatre communes du Sénégal entra dans l'administration coloniale en 1892 au Dahomey après avoir passé le concours de fonctionnaire des douanes et termina sa carrière comme haut fonctionnaire à Paris[16]. Senghor imaginait vraisemblablement que son parcours le conduirait au centre de la France pluricontinentale et qu'il pourrait aussi y mener, au cœur du pouvoir, une carrière auprès des « humanistes coloniaux » qui œuvraient à réformer l'Empire colonial français. Le fait que le Ministre des Colonies Marius Moutet voulait le promouvoir au poste d'inspecteur général des écoles de l'AOF au moment où il donne la conférence commentée ici pourrait confirmer cette hypothèse. Senghor est en ce temps-là le premier agrégé de grammaire de l'AOF et il est accueilli au Sénégal avec des honneurs dont l'exceptionnalité est le signe de sa réussite. Il fait non seulement partie du groupe très limité des sujets à avoir obtenu la citoyenneté française, mais on lui donne la parole dans des sphères de plus en plus élevées de la France coloniale, à l'image de cette tribune

15 *Cf.* Wilder, *op. cit.*, 2005, p. 27.

16 Catherine Coquery-Vidrovitch (2001, p. 285) qualifie Blaise Diagne de « premier député noir du Sénégal », syntagme qui est quasiment devenu le titre honorifique de Diagne. Cela suppose de qualifier le François Carpot auquel Diagne succède, fils de la signare Sophie Renaud-Valantin, de député « blanc ». Diagne est plus précisément le premier député non soumis au Code civil. Il est élu par des citoyens de statut personnel musulman inquiets de voir réussir les multiples tentatives d'une administration coloniale qui voulait les reléguer au rang des sujets.

depuis laquelle il discourt. Il bénéficie alors de toute l'estime de l'élite bourgeoise assimilée de Dakar et de celle de l'administration coloniale, représentée par le Gouverneur général de l'AOF, Marcel de Coppet, qui est présent à cette conférence.

Vingt-cinq ans plus tard, Senghor raconte la réaction de son auditoire dans l'article « Le français, langue de culture » qui publie dans le numéro intitulé *Le français, langue vivante* de la revue *Esprit* :

> C'était en 1937. J'enseignais alors le *français* – avec les langues classiques –, depuis deux ans, au Lycée Descartes de Tours. Venu passer les grandes vacances dans mon Sénégal natal, je fus sollicité de donner une conférence. J'avais choisi, comme thème, *Le Problème culturel en A.O.F.* La foule des « évolués », blancs et noirs mêlés, s'écrasait dans la grande salle de la Chambre de Commerce de Dakar. On s'attendait à m'entendre exalter la culture gréco-latine, du moins la culture française. Devant le Gouverneur général ébahi, je fis une charge vigoureuse contre l'*assimilation* et exaltai la *Négritude*, préconisant un « retour aux sources » : aux langues négro-africaines. Ce fut un succès de scandale, plus, au demeurant, chez les Africains que chez les Européens (Senghor, 1964, p. 358).

La conférence de 1937 devient ici une critique de l'assimilation et une apologie de la négritude. Similairement, l'idée de « retour aux sources » insinue que l'assimilation aliène le colonisé d'une culture qu'il a en propre, culture qui serait authentique et équivalente à la « culture française ». Comme le montrera le commentaire qui suit, cette narration rétrospective offerte par celui qui est entre-temps devenu le président du Sénégal est imprécise. En 1937, Senghor affrontait un « problème culturel » qui a cessé d'exister dès que les territoires de l'AOF ont quitté la Communauté française et qui ne se résumait pas à cette opposition entre assimilation et authenticité.

Sa conférence est construite en deux parties. Dans la première, il expose les enjeux politiques de la juste définition du terme « culture ». Dans la seconde, il cherche à définir « le principe général qui doit guider toute politique culturelle en AOF pour en étudier quelques aspects dans son application aux divers degrés de l'Enseignement » (*ibid.*, p. 11). Ainsi, dans une conférence qu'il titre *Le problème culturel en AOF*, il aborde la question de la politique culturelle à mener dans cette fédération de colonies, mais, comme nous le verrons, une telle question soulève nécessairement des problématiques politiques sous la IIIe République.

Les paragraphes qui font la transition entre les deux parties de cette conférence révèlent que nous ne lisons pas le discours d'un nationaliste indépendantiste, mais les propos d'un réformateur qui gravit les échelons du pouvoir et expose les changements qu'il prône d'une tribune qui lui a été offerte par les autorités coloniales :

> Nous voici solidaires des cinq parties du monde par des liens plus forts que les câbles qui nous relient à elles – singulièrement de la France.
>
> C'est que nous sommes engagés dans le même destin, qu'elles sont pour nous des concurrentes redoutables dans les luttes économiques comme dans les compétitions politiques. Que si nous voulons *survivre*, la nécessité d'une adaptation ne peut nous échapper : d'une *assimilation*. Notre milieu n'est plus ouest-africain, il est aussi français, il est international ; pour tout dire, il est *afro-français* (*ibid.*, p. 14).

Senghor ne saurait être plus clair dans l'expression de sa conviction que l'Afrique de l'Ouest est irréversiblement liée à la France. L'inscription de l'Afrique dans le réseau de communication télégraphique est l'indice de son insertion dans le monde interrelié en processus de globalisation, et, comme le sens plus banal du terme « câble » le laisse entendre, l'Afrique et la France sont désormais insécables. Il invente même l'adjectif « *afro-français* » pour qualifier un milieu qui n'est plus uniquement « ouest-africain », mais « aussi français ». À cette présentation de l'actuelle solidarité irréversible, il ajoute une figuration de l'avenir : « nous sommes engagés dans le même destin ». Alors que les théories anti-assimilationnistes qui prônent le développement séparé des « indigènes » et des Européens sont en vogue dans la théorie coloniale de l'entre-deux-guerres, Senghor affirme la communauté de destin des ressortissants ouest-africains et métropolitains de la France. Il conjugue alors, en ce début de carrière d'intellectuel public, la revendication d'appartenir à un « nous », groupe formé d'« Homme[s] noir[s] » (*ibid.*, p. 13), à celle d'être incorporé dans un « nous » dont le destin est commun en conséquence du lien définitivement établi entre ses membres. Il parle alors « d'une assimilation », et l'article indéterminé lui permet de proposer une définition de ce terme où il est synonyme d'« adaptation ». Ces termes désignent tous deux un processus rendu inévitable par l'annexion de l'Afrique française, mais, si Senghor soutient qu'une politique culturelle adéquate doit être menée pour permettre cette « adaptation », il est clair qu'il estime que l'acteur de ce processus sera le « nous » ouest-africain, appelé à devenir « afro-français » comme le milieu auquel il doit s'adapter. Nous le voyons, sa devise « assimiler, non être assimilés » est en train de prendre forme et je montrerai, dans ce qui suit, que l'idée qu'il est possible de s'adapter tout en restant soi-même nécessite une définition particulière du terme « culture ».

Dès l'annonce du plan de sa conférence, Senghor signale qu'il lui est nécessaire de le redéfinir afin de proposer un mode d'approche entièrement nouveau du « problème culturel » :

> Nous essayerons, d'abord, de presser le mot culture pour en exprimer le sens substantiel. Après quoi, la culture ainsi définie dans son essence et dans son but, nous achèverons de l'éclairer à la lumière de la race et du milieu (*ibid.*, p. 11).

Selon la métaphore qu'il emploie ici, le mot, tel un fruit sa pulpe, cache son sens substantiel, et ne propose que des sens superficiels à celui qui ne s'efforce pas de le comprendre. L'acception commune de ce terme manque donc le « sens » du mot, qui est ici à la fois son « essence » et son « but ». Il poursuit en déclarant que la découverte de ce « sens substantiel » du mot culture permettra de « déduire le principe général qui doit guider toute politique culturelle en A.O.F. » et être appliqué « aux divers degrés de l'Enseignement » (*ibid.*). Il lie donc immédiatement ses propos à des questions de politique coloniale, et, effectivement, la majorité de sa conférence est une proposition de réforme du système scolaire de l'AOF. Or cette réforme repose sur une définition de la culture qui la lie aux deux autres notions que sont l'enseignement et la civilisation :

> Nous dirons que la Culture est à l'Enseignement ce que l'artiste est à l'ouvrier. Elle est imagination, esprit actif, car il y a, dans le mot, l'idée d'un dynamisme créateur. Je vous proposerai cette définition : *une réaction raciale de l'Homme sur son milieu, tendant à un équilibre intellectuel et moral entre l'Homme et ce milieu.* Comme le milieu n'est jamais immuable, non plus que la race, la culture devient un effort perpétuel vers un équilibre parfait, un équilibre divin. L'Enseignement est l'ouvrier et comme l'instrument de la Culture. Il consiste, pour l'enfant, dans l'acquisition de l'expérience accumulée des générations antérieures, sous forme de concepts, d'idées, de méthodes et de techniques (*ibid.*, p. 11-12).

Ce legs transmis à l'enfant par l'enseignement prend le nom de « civilisation » sous la plume de Senghor :

> L'ensemble des concepts et techniques d'un peuple donné à un moment donné de son histoire constitue sa civilisation. On appelle aussi de ce nom l'ensemble des civilisations successives d'un peuple (*ibid.*, p. 12).

« Culture », « civilisation » et « enseignement » sont donc des notions corrélées, mais bien distinctes dans sa pensée :

> En un mot, la *Culture* se sert, pour réaliser son idéal, de *l'Enseignement*, qui est l'étude des civilisations d'un peuple défini. Ainsi, si les programmes d'enseignement, en France, font une place de plus en plus grande à l'étude des civilisations étrangères, singulièrement des faits économiques et sociaux, c'est que notre idée de l'Homme s'est modifiée avec le grand développement des relations internationales, des sciences économiques et sociales (*ibid.*).

La notion de « civilisation » reçoit ainsi une double définition. Elle désigne à la fois les multiples civilisations parsemées autour du globe (les « civilisations étrangères ») et les diverses phases qu'ont connues ces civilisations (les « civilisations [successsives] d'un peuple défini »). Senghor propose donc une interprétation de la diversité humaine qui est simultanément synchronique et diachronique. Avec le point de vue synchronique, il rejette les thèses de l'anthropologie évolutionniste : contemporaines, les civilisations ne peuvent être ni précurseurs ni retardataires dans la marche du « progrès ». Avec le point de vue diachronique, il conserve l'idée selon laquelle un peuple s'adapte en passant d'une de ses civilisations à la suivante. L'enjeu de Senghor est donc de disjoindre la notion de « civilisation » de celle de « progrès », sans pour autant perdre l'idée de processus évolutif en cours. Ce processus n'est ici plus celui de « La Civilisation », mais l'adaptation constante de diverses civilisations, chacune étant prise dans son évolution singulière. Quant à l'idée d'universel, Senghor la déplace sur la notion de « Culture », laquelle, au contraire des « civilisations » particulières, est toujours au singulier dans cette conférence.

Qu'entend-il par « Culture » ? Il n'est pas anodin que cet agrégé de grammaire emploie une majuscule pour distinguer entre « Culture » et « culture ». En minuscule, elle est l'action des hommes, leur « effort ». En majuscule, elle devient une entité qui agit dans et par l'Homme : elle veut « réaliser son idéal » ; elle peut « se servir » d'éléments du monde tangible ; elle est un « esprit actif ». Trois points principaux se dégagent de ce paragraphe. Premièrement, la « Culture » agit en l'Homme pour lui faire chercher à atteindre l'« équilibre » qui est « parfait » ou « divin ». Dans cet « effort perpétuel » de l'Homme, la « Culture » est la constante, les variables sont « le milieu » et « la race ». Nous comprenons alors que Senghor explique les différences diachroniques et synchroniques entre les diverses civilisations par la mutabilité des variables « race » et « milieu ». Deuxièmement, similairement à ce qu'il écrit deux ans plus tard dans *Ce que l'homme noir apporte*, où la « culture [est] l'esprit de la civilisation », et la « civilisation, les œuvres et réalisations de la culture » (*ibid.*, p. 22), l'idée de « dynamisme créateur » se déplace vers la notion de « Culture ». La « civilisation » devient l'ensemble des accomplissements de cette « Culture » thésaurisés par un peuple donné à un moment donné de son histoire. Par conséquent, la « Culture » ne peut être ni conservée ni retrouvée. Si elle est une « source » à laquelle on retourne comme il l'indique en 1962, elle est la source de la créativité humaine, le moteur de la « civilisation ». Troisièmement, comme le « sens » du processus dynamique est de tendre vers un « équilibre » qui dépend de la « race » et du « milieu », le « but » de la « Culture » ne peut pas être défini par avance, comme l'est le destin des « primitifs » fixé par les paradigmes évolutionnistes. Comme l'indique la préposition « vers », qui implique un mouvement, le corollaire de ceci est qu'il est impossible à un peuple de stagner dans un état de civilisation, parce que la « race » et le « milieu » sont changeants et l'équilibre n'est jamais atteint.

Par ses propos sur l'« Enseignement », Senghor confirme qu'il ne souhaite pas le retour à une identité « nègre » perdue, bien que son propos lie « race », « Culture », « civilisation » et « peuple ». L'« Enseignement » est ici l'assimilation des connaissances des générations antérieures par l'enfant qui s'adonne à « l'étude des civilisations d'un peuple défini », mais la remarque de Senghor au sujet des programmes d'enseignement en France révèle qu'il ne s'agit pas de faire assimiler à l'enfant les seules connaissances de ses aïeux. Le diffusionnisme d'Adolf Bastian, via Leo Frobenius, a donc trouvé une place dans la pensée de Senghor : dès que concepts, idées, méthodes et techniques sont créés au sein d'une « civilisation », celles-ci peuvent être transmises hors de cette « civilisation » si elles permettent de retrouver « l'équilibre » entre l'Homme et son milieu. Nous nous trouvons ici au nœud de ce « problème culturel en A.O.F. ». En effet, si Senghor définit la « Culture » comme entité autonome qui agit en l'Homme jusqu'à se servir de l'Enseignement, force est de constater que l'adaptation des programmes d'enseignement de l'AOF qu'il préconise n'est pas faite par la main de cette quasi-divinité, mais est du ressort des autorités coloniales. Il semble donc que les hommes peuvent être plus ou moins dociles à la « Culture », qu'ils peuvent s'adonner ou résister à elle quand il est devenu nécessaire de s'adapter à la suite des modifications du « milieu » et/ou de la « race ».

Senghor pose alors à ses interlocuteurs la question à laquelle il veut apporter la réponse dans cette conférence : « Que ferons-nous de l'*Homme noir* de demain, plus précisément de l'Ouest-africain ? » (*ibid.*, p. 12). Pour convaincre son auditoire, il passe par une mise en scène d'une « causerie familière » (*ibid.*, p. 11), une fiction où il discute avec des amis qui incarnent des points de vue divergents sur la question. Demba N'Diaye, premier interlocuteur fictif et porte-parole des assimilationnistes africains, répond « un Français ». Senghor, devenu personnage, réplique par des propos centrés sur la question raciale et demande à son ami s'il a assisté aux Jeux olympiques de Berlin. Celui-ci répond en s'exclamant qu'il ne souhaitait pas s'y faire lyncher (*ibid.*, p. 12). Avec le personnage N'Diaye, le conférencier met en évidence qu'il est de notoriété publique que des hommes subissent des attitudes hostiles et des actes de violence à cause de leur appartenance à la « race noire ». Certes, ce racisme est celui du IIIe Reich et non du gouvernement français, mais Senghor fait référence à la situation allemande pour interroger la situation ouest-africaine, ce qui suppose qu'elles ont des caractéristiques communes. Il n'est pas fortuit que le personnage qui craint le racisme est aussi celui qui veut faire de l'Homme noir un Français. Par ce personnage, Senghor rappelle que le régime de l'indigénat est un régime discriminatoire. Même s'il n'établit pas *de jure* une ségrégation raciale comme c'était le cas dans le IIIe Reich, ce régime autorise des actes de violence qui deviendraient illégaux si la différenciation de statuts était abolie. N'Diaye serait alors le porte-parole de ceux qui préconisent l'assimilation comme meilleure arme contre la discrimination et le racisme. Sans rejeter la proposition de N'Diaye, le Senghor du dialogue fictif attire son attention sur un autre aspect de la réalité raciale et le fait constater que les « Nègres » ont excellé dans les sprints et les épreuves qui exigent souplesse, légèreté, détente, autrement dit, que leurs victoires leur ont été offertes par les particularités physiques de leurs corps. Du constat des manifestes différences somatiques, Senghor conclut à des différences « dans les domaines de l'âme et de l'esprit » (*ibid.*), pour conclure, en réponse à la proposition de faire de l'Homme noir un Français, qu'« il ne faut pas méconnaître et forcer son génie » (*ibid.*). À N'Diaye, qui est la figure de l'Ouest-africain assimilationniste qui craint le racisme, Senghor répond par un propos racialiste. Le premier ne distingue pas entre statut politique et communauté de culture dans sa définition de « Français », le second ne conçoit pas la « race » comme une construction sociale qui disparaîtrait avec la dissolution de statuts inégalitaires.

Suit un second dialogue fictif avec Silmang Faye, son voisin de village, qui répond : « "Nous ferons de l'Ouest-africain un *homme d'honneur*" » (*ibid.*, p. 13). Le conférencier explique alors à son auditoire ce qu'est le *Samba-Linguer*, cet « idéal de l'Homme en Afrique occidental » qu'il assimile au *Kalos-kagathos* des Grecs, au *Vir bonus* des Latins, ou encore à l'« honnête homme » du XVIIe siècle français (*ibid.*). Il avance toutefois que « cet idéal commence d'être périmé ; il était entaché d'un certain mépris de la nouveauté, de l'économie et des sciences exactes » (*ibid.*, p. 14). Le dialogue avec N'Diaye liait « Culture » et « race », le second avec Faye lie « Culture » et « milieu ». Par suite de la transformation du milieu ouest-africain, l'idéal de l'Homme en Afrique occidental est périmé et la quête du nouvel équilibre exige que les « lacunes » soient comblées. N'Diaye est donc la figure de l'Ouest-africain assimilationniste qui omet de prendre en considération la réalité de la « race » et Silmang Faye la figure du traditionnaliste qui ne tient pas compte des modifications du « milieu ».

Avec la définition qu'il donne à la « Culture », Senghor parvient à se frayer un chemin entre le progressisme assimilationniste et le conservatisme traditionnaliste qui trouvent voix dans ces personnages. Il estime, en effet, que l'annexion de l'Afrique de l'Ouest par la France n'a pas changé la race, mais le milieu. Telle qu'il la définit, la « Culture » pousse l'Homme noir à acquérir de nouvelles connaissances, à assimiler des éléments de la civilisation française. Cependant, elle n'agit pas en lui pour qu'il devienne membre de cet équivalent de la « race nègre » que serait la « race française ». Par conséquent, l'Enseignement, qui est l'« instrument de la Culture » (*ibid.*, p. 12), doit permettre à l'Homme noir de tendre vers un équilibre entre sa race et son milieu afro-français :

> Nous pouvons, à présent, poser ce principe général, que l'étude de l'Afrique occidentale et de la France doit constituer les deux pôles de l'Enseignement

> en A.O.F. et que ce *bicéphalisme* se retrouvera à tous les degrés. À mesure que l'on avancera, le pôle Afrique perdra de sa force d'attraction au profit du pôle France. Il s'agit de partir du milieu et des civilisations négro-africaines où baigne l'enfant. Celui-ci doit apprendre à en connaître et exprimer les éléments dans sa langue maternelle d'abord, puis en français. Peu à peu, il élargira, autour de lui, le cercle de l'univers où, homme, il sera engagé demain. Avec sa race, il aura besoin d'une connaissance plus riche et plus nuancée du français. C'est dire que bicéphalisme veut *bilinguisme* (*ibid.*, p. 14).

L'Enseignement en AOF doit être adapté au milieu qui est désormais « afro-français ». Senghor exprime sa pensée ci-dessus en croisant deux métaphores. La première figure l'Enseignement comme un champ magnétique qui maintient en tension deux pôles opposés. La seconde représente le parcours de formation de l'enfant comme une gravitation autour d'un centre dont la force d'attraction diminue à mesure que celui-ci devient adulte. L'univers s'élargit autour de l'enfant comme un cercle. Il ne s'agit donc pas d'une translation vers le pôle France par rupture de l'ancrage premier, mais bien d'une gravitation dont le centre reste la « race », le « milieu » de l'enfance, les « civilisations négro-africaines » et la « langue maternelle ». Ainsi, l'enfant doit d'abord être bien ancré avant que la circonférence du cercle s'élargisse à la France et les « cinq parties du monde » auxquelles l'Afrique occidentale est irréversiblement liée.

Senghor applique ce principe général aux divers degrés de l'Enseignement dans un long exposé sur lequel je ne m'attarderai pas, me concentrant uniquement sur les remarques qu'il fait au sujet des lycées où sont formées les élites de la colonie. Il souhaite que le principe du bilinguisme y soit appliqué :

> L'enseignement de culture générale, que professe le Lycée, n'exclut pas la connaissance de son pays ; il la présuppose et la suppose. D'où la prépondérance du *français* dans l'enseignement secondaire. Pour nous, Afro-Français, cela implique l'enseignement du français et d'une langue indigène [...]. Et j'entends, avec la grammaire, l'histoire, la géographie, le folklore, la civilisation du peuple [Mandingue, Haoussa, Yorouba, Peul, Wolof] en question (*ibid.*, p. 18).

Le principe du bilinguisme permettrait à l'Afro-Français de connaître son pays. Écrit au singulier, ce pays est la « Plus Grande France » des « humanistes coloniaux », ce qui explique pourquoi dernier doit étudier une langue indigène et la langue française. Senghor propose en contre-exemple l'enseignement donné dans les « vieilles colonies [...], où l'enseignement est exactement calqué sur celui de la Métropole » (*ibid.*, p. 20) :

> J'interrogerai les Antillo-français de ma génération : un Aliker, interne des hôpitaux de Paris, un Césaire, élève de l'École normale supérieure, un Monnerot, essayiste et critique, un Sauphanor, professeur agrégé de physique. Que nous disent-ils ? Qu'aux Antilles françaises, ils ont beaucoup de diplômes et peu de culture, malgré leur intelligence très vive ; qu'ils ont bien une littérature, mais qu'elle n'est que le négatif, la pâle copie de la métropolitaine ; qu'à l'assemblée des peuples, « au rendez-vous du donner et du recevoir », selon l'expression de Césaire, force leur est de venir les mains vides, que la faute en est à l'enseignement qu'on leur donne, puisqu'on ne leur a jamais appris l'histoire ni les civilisations de leurs ancêtres d'Afrique (*ibid.*).

Senghor est tout à fait lucide sur le fait que l'Éducation nationale est l'outil principal de la IIIe République dans son œuvre d'homogénéisation culturelle de la nation française[17] et atteste ici que celle-ci se poursuit aux Antilles. Or cette conférence rend tout aussi clair que l'enseignement en AOF n'est pas calqué sur celui de la Métropole. Contrairement aux Antilles françaises, le système éducatif mis en place par l'administration coloniale n'a manifestement pas pour objectif de faire un « Français » de « l'Homme noir » d'Afrique de l'Ouest. Si N'Diaye verbalise les velléités des assimilationnistes, les membres de ce groupe ne sont pas issus de l'administration coloniale, mais sont les « évolués », l'élite africaine qui a accès à cette Chambre de Commerce de Dakar. Il est donc tout à fait inexact de soutenir que Senghor brandit la négritude contre l'assimilationnisme du gouvernement français, puisque la politique culturelle était anti-assimilationniste en AOF. Considérés comme fondateurs de ce courant d'idées, Senghor, Césaire et Damas[18] proviennent néanmoins de contextes sociopolitiques fort différents. Quand le premier insiste sur le fait que tous ont des « ancêtres d'Afrique » et donc la « race » en partage, nous pourrions être entraînés à penser qu'il ne perçoit pas la particularité de la situation de l'Homme noir de l'Afrique de l'Ouest. De même, quand il conclut sa conférence en proposant aux jeunes gens de son auditoire de méditer les paroles suivantes du

17 *Cf.* Weber, *op. cit.*, 1976 ; la partie « Civilisations et démocratie ».
18 Il cite un de ses poèmes en précisant qu'il « se définit "poète nègre" » (Senghor, 1964, p. 20)

« poète et romancier négro-américain » Claude Mackay, les réalités politiques semblent s'effacer au profit de propos culturels : « "Plonger jusqu'aux racines de notre race et bâtir sur notre profond fond, ce n'est pas retourner à l'état sauvage : c'est la culture même." » (*ibid.*, p. 21). Les Afro-Français, les Antillo-Français et les Négro-américains que Senghor particularise n'affrontent pas la même situation politico-sociale, ce qui implique que les réformes pour lesquelles ils ont à lutter sont différentes. Les Antillo-français ont peut-être « beaucoup de diplômes et peu de culture », mais ils ont la citoyenneté française à la différence d'une partie de l'auditoire de Dakar. Les Afro-Français et les Négro-américains subissent une ségrégation similaire, mais le régime de l'indigénat n'est pas construit sur la catégorie juridique de « race » comme le régime mis en place par les lois Jim Crow. Il est donc temps de nous pencher sur la réforme de l'enseignement, parce que nous verrons que l'enjeu n'est pas seulement que l'Homme noir de l'Afrique de l'Ouest parvienne au « rendez-vous » avec les mains pleines des fruits de sa culture, mais surtout qu'il n'en soit plus exclu :

> Il y a, dans un tel enseignement, d'abord un *intérêt social.* L'élite est appelée à être exemple et intermédiaire. Quel crédit si elle est coupée des racines de sa race ? Quelle compétence si elle ignore son peuple ?
>
> *L'intérêt culturel* est encore plus grand. Les intellectuels ont mission de restaurer les *valeurs noires* dans leur vérité et leur excellence, d'éveiller leur peuple au goût du pain et des jeux de l'esprit, par quoi nous sommes *Hommes.* Par les Lettres surtout. Il n'y a pas de civilisation sans une littérature qui en exprime et illustre les valeurs, comme le bijoutier les joyaux d'une couronne. Et sans littérature écrite, pas de civilisation qui aille au-delà de la simple curiosité ethnographique (*ibid.*, p. 18-19).

L'intérêt social dans une telle réforme de l'enseignement serait de créer l'élite intellectuelle dont rêve Delavignette, celle qui pourrait être le trait d'union entre Métropole et Colonies. Son intérêt culturel serait de permettre aux intellectuels formés dans les lycées d'accomplir leur « mission » qui est de restaurer les valeurs noires et d'éveiller leur peuple. Senghor se concentre ici sur la fonction qu'il attribue à la littérature. Par la création d'une littérature propre à leur civilisation, les intellectuels exprimeraient et illustreraient les valeurs noires et éveilleraient simultanément leur peuple au plaisir du partage des œuvres culturelles. Il poursuit par des propos sur cette littérature nègre à créer :

> Or comment concevoir une littérature indigène qui ne serait pas écrite dans une langue indigène ? Une littérature nègre de langue française me paraît possible, il est vrai. Haïti l'a prouvé et d'autres littératures noires sont nées, qui ont emprunté une langue d'Europe : négro-américaine, négro-espagnole, négro-portugaise. Pour dire toute ma pensée, je la jugerais un peu prématurée. Notre peuple, dans son ensemble, n'est pas encore à même de goûter toutes les beautés du français ; et il faudrait que nos écrivains pussent en distinguer et utiliser toutes les ressources. Enfin, une telle littérature ne saurait exprimer toute notre âme (*ibid.*, p. 19).

On le voit, en 1937, il manque la « littérature négro-africaine de langue française » à la liste des « littératures noires ». Mais Senghor n'appelle pas à sa réalisation, parce qu'il estime encore que la langue française ne permet pas d'exprimer « toute nôtre âme ». Il préconise alors le bilinguisme :

> Le bilinguisme, précisément, permettrait une *expression intégrale* du *Nègre nouveau* – j'emploie le mot à dessein ; il doit être restitué à sa dignité. Les ouvrages scientifiques, parmi d'autres, seraient écrits en français. On se servirait de la langue indigène dans les genres littéraires qui expriment le génie de la race : poésie, théâtre, conte (*ibid.*, p. 19).

Lorsqu'il compile ses textes en 1963 pour les publier dans l'anthologie *Liberté*, il ajoute deux notes où il commente les propos qu'il a tenus à cette conférence, affirmant qu'il est depuis « revenu sur ce jugement trop sommaire » (*ibid.*). La première concerne la nécessité d'avoir une littérature écrite pour ne pas être une « curiosité ethnographique ». Elle n'est plus nécessaire à ses yeux, signe que la littérature orale a reçu ses titres de noblesse. La seconde revient sur l'idée selon laquelle une littérature indigène doit être en langue indigène et rejette le lien entre peuple, langue et littérature. Entre-temps, il aura développé sa théorie de la « poésie nègre de langue française » qui lui permet d'affirmer que l'âme nègre peut s'exprimer tout aussi intégralement en français. L'objectif d'exprimer le « génie de la race » et d'illustrer les « valeurs noires » reste inchangé, mais il peut désormais être atteint sans l'élaboration d'une langue littéraire indigène. Ces notes de 1963, comme son article de 1962 cité plus haut, évacuent ce que je nommerai « l'intérêt politique » des réformes. Afin de rendre explicite ce qui reste sous-jacent dans les propos de cette conférence, je partirai de l'analogie par laquelle il compare les valeurs nègres à des joyaux et la civilisation à une couronne. Une couronne se porte sur la tête comme insigne de la puissance royale, ce qui lie littérature et souveraineté. Or, selon le principe de *terra nullius* encore en vigueur dans le droit international de l'entre-deux-guerres, une civilisation qui n'est que « simple curiosité ethnographique » ne propose pas de peuple en mesure de revendiquer le droit à l'autodétermination. Senghor sous-entend donc que les peuples de l'AOF ne pourront pas exiger au gouvernement français de restituer la part de la souveraineté qui leur revient tant qu'ils n'auront pas de littérature écrite. Avec une littérature qui exprime et illustre les valeurs de la civilisation négro-africaine, les intellectuels démontreraient qu'ils sont « Hommes » au même titre que les Européens, producteurs d'œuvres culturelles, et en mesure de revendiquer des droits. J'insiste à nouveau sur le fait que Senghor enjoint son auditoire de travailler « à faire de l'Ouest-africain, politiquement, un citoyen français » (*ibid.*, p. 12). Il ne revendique donc pas le droit pour ce qu'il nomme « notre peuple » d'exercer sa souveraineté hors de la France, mais demande qu'il soit admis dans le corps politique français. Sans l'égalité, en somme, les peuples africains ne pourront pas apporter ce qu'ils ont à offrir au « rendez-vous du donner et du recevoir ». Ainsi, quand Senghor distingue la politique de la culture (*ibid.*, p. 13), il n'affirme pas que ces deux domaines sont autonomes, bien au contraire. En 1937, il n'est pas possible d'aborder un thème comme « le problème culturel en AOF » sans automatiquement soulever le problème de l'inégalité politique, et, par conséquent, le projet littéraire de faire naître cette « littérature nègre de langue française » ne peut être dissocié du projet politique de faire de l'Ouest-africain un citoyen français.

Ce que Senghor nomme le « problème culturel » n'est pas différent du « problème de la colonisation » qu'il expose dans *Vues sur l'Afrique noire*. Or il ne peut prôner une solution fédéraliste à ce problème sans démontrer que les allégations selon lesquelles « les hommes sont différents les uns des autres, [...] il y a, non pas la *Civilisation*, mais des civilisations » (*ibid.*, p. 42) ne sont pas sans fondement. Pour cette démonstration, il choisira d'expliquer les différences entre civilisations par l'idée qu'il existe des âmes originales et propres à chaque « race ». Il m'importe moins de démontrer que la négritude senghorienne se fonde dans une psychologie raciale[19] qui devient désuète après la Seconde

19 *Cf.* Taguieff, Pierre-André, « Figures de la pensée raciale », *Cités*, vol. 36, n°4, 2008, p. 173-197.

Guerre mondiale[20], que d'observer comment Senghor interagit avec la pensée des anthropologues et africanistes de son temps pour affronter l'inégalité coloniale. La thématique de l'« âme nègre », que nous trouvons dans plusieurs des essais de Senghor, était présente dans nombre des textes des administrateurs africanistes de l'Afrique noire. Maurice Delafosse, par exemple, écrit *L'Âme nègre* (1922) alors qu'il est professeur à l'École coloniale et à l'École des langues orientales. Je montre dans ce qui suit que Senghor discute la pensée de Lucien Lévy-Bruhl. Les ouvrages d'ethnologie que ce dernier publie entre 1910 et 1938, dont *La Mentalité primitive* (1922) et *L'Âme primitive* (1927), portent précisément sur cette relation entre psychisme et civilisation.

MENTALITÉ ET CIVILISATION
La révision senghorienne du dualisme cognitif de Lévy-Bruhl

Stanislas Spero Adotevi, dans *Négritude et négrologues*, formule la critique la plus célèbre de la négritude. Ce livre est une version plus étoffée d'un discours qui a fait scandale au Festival mondial des arts nègres de 1966. Adotevi a été le premier à confronter publiquement ceux qui adhèrent à cette idéologie et à critiquer ouvertement Senghor. L'hypothèse centrale d'Adotevi est que la négritude est une imposture et une mystification : volontairement mal conceptualisée, sa fonction est d'être un paravent à la sujétion néocoloniale de l'Afrique. Dans le chapitre « La naissance d'un mythe », il fait une liste des influences majeures de Senghor, qu'il nomme « l'immense sottisier » (Adotevi, 1998, p. 43), et identifie Lévy-Bruhl comme source de l'idée au cœur du célèbre aphorisme : « l'émotion est nègre, comme la raison hellène ». Il critique alors âprement Senghor de défendre la théorie de la mentalité primitive, dans laquelle le Nègre est pourvu d'une « pensée prélogique, c'est-à-dire rebelle à toute objectivité » (*ibid.*, p. 50). Souleymane Bachir Diagne,

20 En 1951, l'Unesco publie *Race et psychologie* de Otto Klineberg, qui conclut son essai par : « La science ne décèle aucun rapport entre race et psychologie » (Klineberg, 1951, p. 42).

dans *Léopold Sédar Senghor : l'art africain comme philosophie*, revient sur cette polémique, et, tout en acquiesçant qu'une écriture pamphlétaire doit plutôt être jugée à l'aune de son effet que de sa justesse, il montre qu'Adotevi est de mauvaise foi. Contre les allégations de ce dernier selon lesquelles le théoricien de la négritude « reprend à la lettre et presque de manière scolaire ce que Lévy-Bruhl, le père du primitivisme, a lui-même dénoncé dans ses *Carnets* comme des erreurs[21] », Diagne met en évidence que Senghor critique la notion de « mentalité primitive » ; et il nous renvoie, pour cela, à *Vues sur l'Afrique noire, ou assimiler, non être assimilés* que j'ai commenté plus haut. Attelé à démontrer l'influence de Henri Bergson chez le théoricien de la négritude, Diagne s'intéresse surtout au rejet des thèses de Lévy-Bruhl dans cet essai, et cite le paragraphe où Senghor fait mention de la « mentalité prélogique ». J'ai cité le reste de ce paragraphe plus haut, affirmant qu'il contient le nœud central des réflexions qu'il mène jusqu'aux indépendances. Je reprends ici la partie que j'ai élidée et qui concerne la question du dualisme cognitif :

> Est-ce à dire que les antiassimilationnistes aient raison ? Nullement : ils triomphent trop vite. Nous avons un tempérament, une âme différente, certes. Mais les différences ne sont-elles pas dans le rapport des éléments plus que dans leur nature ? Sous les différences, n'y a-t-il pas de similitudes plus essentielles ? Mais surtout, la *raison* n'est-elle pas *identique* chez tous les hommes ? Je ne crois pas à la « mentalité prélogique ». L'esprit ne peut être prélogique, encore moins alogique (Senghor, 1964, p. 43).

Diagne donne sens à la référence à Lévy-Bruhl, parachuté au sein de cette discussion de doctrine coloniale, en expliquant que, pour Senghor, Lévy-Bruhl est « la figure qui représente cette philosophie antiassimilationniste ». J'émets toutefois une réserve lorsqu'il avance que Senghor se lève contre les adeptes de la doctrine de l'association « car il y voit une philosophie de la séparation et donc de l'inégalité » (Diagne, 2007, p. 93). Certes, rappelant que le « colon » et le « créole » s'en accommodent parfaitement, Senghor affirme que les Négro-africains sont « défiants à l'égard du courant anti-assimilationniste » (Senghor, 1964, p. 44), mais il ne rejette pas pour autant la doctrine de l'association, puisqu'il loue les « humanistes coloniaux ». Il n'écarte pareillement pas la théorie de Lévy-Bruhl en son entier. En effet, l'utopique communauté impériale

21 Adotevi cité dans Diagne, *op. cit.*, 2007, p. 50.

française qu'il décrit dans cet essai s'édifierait par l'association de peuples pourvus d'« âme[s] profondément originale[s] » (*ibid.*, p. 43) et il lui faut donner corps à cette affirmation d'originalité.

Lorsque Lévy-Bruhl se tourne vers l'ethnologie, il construit sa théorie en la fondant sur l'axiome d'une radicale altérité du « primitif » et du « civilisé ». Il constate que les civilisations sont diverses, et il propose comme explication à cette diversité l'idée selon laquelle les structures et procédures mentales de l'esprit humain ne sont pas identiques chez tous les peuples. Pour Lévy-Bruhl, en somme, les hommes bâtissent des civilisations différentes parce qu'ils sont pourvus de mentalités différentes. Cependant, expliquer les différences entre les structures sociales humaines par la distinction entre la « mentalité primitive » et la « mentalité civilisée » revient à saper la fondation humaniste sur laquelle l'anthropologie s'était jusqu'alors construite. Comme le dit Diagne : « Lévy-Bruhl rompt avec le monisme cognitif que l'ethnologie jusque-là ne remettait pas réellement en question » (*ibid.*, p. 90). Le repoussoir de Lévy-Bruhl est *Primitive Culture* d'Edward Tylor, qui faisait autorité depuis sa publication en 1871, et dans lequel ce dernier définissait l'animisme comme le premier stade de religiosité humaine, celui des sociétés les plus primitives. Selon la théorie de Tylor, les sociétés évoluent vers la civilisation, de stade en stade, de l'animisme au fétichisme, du fétichisme au polythéisme, et enfin, du polythéisme au monothéisme. Pour Lévy-Bruhl, les sociétés primitives sont animistes parce que leurs membres ont une structure cognitive radicalement autre, une « mentalité prélogique » qui leur fait concevoir que la nature est hantée par des forces surnaturelles. Le défi que Lévy-Bruhl pose à l'anthropologie occidentale est alors de théoriser l'animisme sans partir de l'axiome du monisme cognitif, ce qui implique d'aborder la « mentalité primitive » comme manière de connaître véritablement autre. De semblable attardé qu'il était, l'Autre devient alors totalement énigmatique, car, explique Diagne, « comment l'intelligence logique pourrait-elle connaître et traduire dans son langage ce qui lui est incommensurable ? » (*ibid.*). Senghor, nous le verrons, propose à ceux qui veulent connaître l'« âme » de l'homme noir de se faire « une sensibilité comme la sienne » (Senghor, 1964, p. 23), et donne à l'Art nègre le rôle d'initier à cet autre de l'intelligence logique qu'il nomme « émotion » en 1939. Lévy-Bruhl, au contraire, admet éprouver des difficultés à caractériser la « mentalité primitive », ce qui va le mener jusqu'au désaveu final des *Carnets*[22]. Néanmoins, il développe entre-temps la notion de « loi de participation » qui commanderait cette mentalité et permettrait d'expliquer pourquoi les « primitifs » perçoivent une consubstantialité naturelle entre ce qui est humain et ce qui n'est pas humain. Selon Lévy-Bruhl, pour ceux dont l'esprit est structuré autrement, il n'y a pas de différence substantielle entre l'homme et le cosmos, ce qui explique leur mysticisme, ni entre l'homme et son prochain, ce qui explique leur collectivisme. Cette structure mentale qui leur est propre aurait donc donné forme aux croyances, coutumes et institutions des sociétés animistes.

Or Senghor émet une idée proche de celle de Lévy-Bruhl quand il affirme, dans sa critique de l'assimilationnisme, que les mœurs et les croyances des indigènes de l'Afrique noire laissent transparaître l'originalité de leur âme (Senghor, 1964, p. 43). De même, sa critique de la définition cartésienne de l'Homme n'est pas sans parenté avec le rejet du monisme cognitif par Lévy-Bruhl. Senghor cherche à rompre avec l'évolutionnisme des assimilationnistes, ce qui pourrait expliquer ces similitudes. Le postulat du dualisme cognitif permet en effet de présenter le « primitif » comme « autre » et non comme futur « civilisé » attardé dans la marche du Progrès. En revanche, la séparation entre les hommes doués de raison et les hommes doués d'une mentalité prélogique est plus problématique, parce qu'en soutenant que le « civilisé » n'est pas le semblable du « primitif », il devient difficile de contrer les antiassimilationnistes qui souhaitent poursuivre sans entraves légales leur exploitation des sujets de l'Empire. Comme Senghor l'expose ci-dessus, la théorie de Lévy-Bruhl est prégnante parmi les antiassimilationnistes qui, manifestement, trouvaient dans l'hypothèse de « mentalité primitive » des arguments pour étayer leur défense des politiques ségrégationnistes. Constatant son rejet dans le passage cité au-dessus, Diagne propose alors d'« interroger la distinction qu'établit Senghor entre une différence de *rapports* et la différence de *nature* qu'implique le prélogisme » (Diagne, 2007, p. 94). Pour Diagne, la

22 En 1949, son fils Henri Lévy-Bruhl et son élève Maurice Leenhardt font paraître les *Carnets* (Lévy-Bruhl, Lucien, *Carnets*, Paris, Quadrige/PUF, 1996, [1949]). L'une des pages, datée du 27 juin 1938, a pour titre *Abandon définitif du caractère prélogique*. *Cf.* Maury, Liliane, « Lévy-Bruhl et La mentalité primitive », *Bibnum*, http://journals.openedition.org/bibnum/697 (consulté le 01/08/2019).

réponse est à trouver chez Bergson, chez qui il situe la source du terme « intuition » qui remplace progressivement celui d'« émotion » dans les textes de Senghor. Je propose une autre interprétation à ce passage et avance que Senghor n'estime pas contradictoire que le Négro-africain ait « une âme profondément originale » (Senghor, 1964, p. 43) et une « raison identique » (*ibid.*) à celle de tous les hommes. Pour lui, tout esprit est logique, mais l'esprit n'est qu'une des deux parties de la psyché humaine, l'autre étant l'« âme ». Le commun de l'Homme est alors de posséder une psyché qui combine deux éléments (l'esprit et l'âme), ce qui permet d'expliquer la diversité des mentalités par la diversité des combinatoires des éléments qui la constituent. En somme, Senghor développe une pensée proche du dualisme cognitif de Lévy-Bruhl, sans toutefois rompre comme lui avec le monisme cognitif, proposant plutôt un spectre non discontinu de mentalités différenciées. L'enjeu est de retirer l'anthropologie des mains des défenseurs du système colonial inégalitaire et de la mettre au service de son projet de réforme de l'Empire. Il affirme donc, avec les théoriciens de l'assimilation, que la raison est identique chez tous les hommes et, avec les théoriciens de l'association, que les âmes sont différentes[23].

Je citerai un texte supplémentaire pour défendre qu'il ne rejette pas en bloc la pensée de Lévy-Bruhl. En effet, bien qu'il ne croie pas à la « mentalité prélogique », il s'attelle à théoriser ce que nous pourrions appeler une « mentalité nègre ». Ceci est manifeste dans le discours qu'il donne au Congrès international des Africanistes en 1967, plus de vingt ans après la publication de *Vues sur l'Afrique noire.* Il y accuse ceux qui prônent le différentialisme méthodologique de continuer à penser comme l'ethnologue français :

> Je crains que certains, même chez les Africains, ne croient encore à la « mentalité prélogique » de Lévy-Bruhl, encore que celui-ci l'ait courageusement reniée avant sa mort ; que, du moins, certains ne croient encore au développement linéaire : de l'émotion à la raison, de l'induction à la déduction, de la raison intuitive à la raison discursive [...] Il faut renoncer à la thèse européocentriste de la linéarité. L'évolution – nous disons, aujourd'hui, le « développement » – d'un peuple n'est pas en ligne droite (Senghor, 1997, p. 168).

---

23 Pour une présentation succinte de la notion de « culture négro-africaine » chez Senghor, *Cf.* Mouralis, Bernard, *Littérature et développement. Essai sur le statut, la fonction, et la représentation de la littérature négro-africaine d'expression française*, Paris, Silex, 1984, p. 179-188.

Senghor est doublement contrarié. Il attaque premièrement le principe méthodologique qu'il juge biaisé dans des termes qui reprennent sa critique des anti-assimilationnistes. Prôner le différentialisme méthodologique équivaudrait à défendre le dualisme cognitif de Lévy-Bruhl et, par extension, séparer comme lui les hommes en deux humanités différentes. Cependant, sa critique des assimilationnistes est aussi présente quand il avance que « nombre d'Africains sont atteints de cette mentalité "linéaire" », dont souffraient déjà les tenants de la « mission civilisatrice » (*ibid.*). « De l'émotion à la raison » fait en effet référence à l'évolutionnisme anthropologique. Dans le cadre de cette critique de la thèse européocentriste, Senghor revient à la formule qui lui a valu tant de reproches. Voici le passage que j'ai élidé ci-dessus :

> Schématisant avec la passion intransigeante de la jeunesse, j'écrivais : « L'émotion est nègre, comme la raison, hellène. » Trop de congénères de par le monde m'ont fait trop d'honneur en s'élevant, avec la même véhémence, contre cette affirmation. Mais voilà que, depuis, les progrès des sciences humaines ont provoqué la création de la *caractérologie* [...]. Et voilà que, s'appuyant sur cette discipline générale, s'est créée une caractérologie ethnique, dont le principe fondamental est que *chaque peuple possède une structure mentale originale d'où dérivent ses sentiments et ses idées, ses croyances et ses institutions, son art et sa littérature* (*ibid.*).

En 1967, un an après avoir essuyé la bravade publique d'Adotevi, Senghor concède que la formule était trop schématique, mais il ne recule en rien sur le fond de sa pensée. La répétition de « et voilà que » met en exergue que la recherche en sciences humaines est venue confirmer les thèses qu'il avançait en 1939. Dans le vocabulaire qui est désormais le sien, le Négro-africain est de « l'ethnotype des Fluctuants » caractérisé par « la puissance de l'émotion, de l'imagination et de l'expression » (*ibid.*), ce qui, insiste-t-il, « ne veut pas dire qu'ils soient retardataires, encore moins régressifs ; cela veut dire qu'ils sont *autres que les peuples* chez qui la tête l'emporte sur le cœur, le concept sur l'image » (*ibid.*, p. 169). La « tête » et le « cœur », voici à nouveau les « éléments » identifiés au-dessus. La tête, siège de l'esprit, raisonne avec des concepts. Le cœur, siège de l'âme, s'émeut et produit des images. Senghor poursuit en arguant qu'il y a plusieurs peuples, mais un seul « *Homo sapiens* » : « Tous les peuples possèdent, chacun, une structure mentale définie, avec les mêmes constantes chez tous, mais avec des variables différentes » (*ibid.*).

Je rappelle ici qu'il est excellent latiniste et que *sapiens* est le participe présent d'un verbe qui signifie tant sentir que raisonner. Comme les peuples ont des structures mentales qui leur sont propres, selon le ratio entre les deux constantes constitutives des structures mentales, chaque peuple aura plus tendance à raisonner ou à s'émouvoir.

Un dernier texte permet d'éclairer le rapport de Senghor à Lévy-Bruhl. Parlant de Frobenius, il témoigne des conséquences qu'il subissait par suite de l'adoption des thèses de Lévy-Bruhl :

> Or donc, au moment que sévissait encore, au Quartier latin, la théorie du « primitivisme nègre » et de la « mentalité prélogique », un ethnologue – un savant allemand, doublé d'un philosophe – nous restituait notre vérité : notre dignité. Cette vérité est que, loin d'être inférieure à la « civilisation du fait » de la logique et de la raison discursive, la civilisation Négro-africaine, appelée « éthiopienne » par Frobenius, est simplement *autre* (*ibid.*, p. 13).

Certes, Senghor rejette l'idée selon laquelle le peuple négro-africain est pourvu d'une « mentalité prélogique », mais il affirme qu'il est doté d'une « structure mentale originale », et ajoute, comme chez le théoricien du dualisme cognitif, que de cette mentalité « dérivent ses sentiments et ses idées, ses croyances et ses institutions, son art et sa littérature » (*ibid.*, p. 168). Toutefois, il clame aussi que la civilisation négro-africaine n'est pas inférieure, mais autre. L'altérité, le dualisme cognitif de Lévy-Bruhl la saisissait aisément, mais cette théorie ne lui donnait pas d'armes pour parer la hiérarchisation inégalitaire en France coloniale, comme le laisse entendre le titre du livre *Les fonctions mentales dans les sociétés inférieures*. En définitive, ce n'est pas la réflexion de Lévy-Bruhl *per se* que Senghor rejette, mais tout raisonnement qui corrèle altérité et infériorité. Quant à la « vérité » qui permet de conjoindre différence et « dignité », il en a reçu la révélation en lisant Leo Frobenius.

DE L'ALTÉRITÉ À L'OPPOSITION DES CIVILISATIONS : LEO FROBENIUS

« MAIS QUEL COUP DE TONNERRE, SOUDAIN, QUE CELUI DE FROBENIUS ! »

En 1973, alors que l'œuvre de Leo Frobenius (1873-1938) est largement discréditée par les anthropologues, Senghor écrit un vibrant hommage à l'occasion du centenaire de la naissance de cet africaniste allemand. Hommage de circonstance, peut-être, mais aussi sincère reconnaissance d'une dette, car il y annonce que nombre des concepts clés de sa théorie de la négritude ont leur source dans son œuvre. Voici le récit qu'il nous donne de sa découverte de Frobenius en fin 1936 :

> Un an auparavant, alors que j'enseignais au lycée de Tours tout en préparant un doctorat d'État sur « Les formes verbales dans les langues du groupe sénégalo-guinéen » [...], j'avais commencé de suivre des cours à l'Institut d'ethnologie de Paris et à l'École pratique des hautes études. Je vivais donc dans la familiarité intellectuelle des plus grands Africanistes, et d'abord des ethnologues et linguistes. Mais quel coup de tonnerre, soudain, que celui de Frobenius ! ... Toute l'histoire et toute la préhistoire de l'Afrique en furent illuminées – jusque dans leurs profondeurs. Et nous portons encore, dans notre esprit et dans notre âme, les marques du maître, comme des tatouages exécutés aux cérémonies d'initiation dans le bois sacré (*ibid.*, p. 398).

Senghor nous indique qu'il est « dans la familiarité intellectuelle des plus grands Africanistes », et nous pouvons donc inférer que les grandes œuvres de l'anthropologie française de l'entre-deux-guerres ne lui étaient pas inconnues. Il précise cependant que l'influence de Frobenius sur le « nous » – « la poignée d'étudiants noirs qui [...] lancèrent [...] le mouvement de la *Négritude* » (*ibid.*) –, est de loin la plus importante. Les multiples éloges que Senghor prononce à l'égard du savant allemand convergent sur une louange centrale : Frobenius est celui qui a consolidé chez les étudiants noirs la conscience qu'ils étaient héritiers de riches valeurs culturelles. Après une fin de XIXe siècle qui a justifié la conquête de l'Afrique par le fait qu'elle n'avait ni histoire, ni civilisation, Frobenius, tel un catalyseur, a fait précipiter en eux les multiples éléments glanés dans diverses lectures. Dans la suite de son hommage, Senghor narre la genèse du mouvement et se dépeint en militant aux côtés de Damas et de Césaire. À l'origine, ils n'avaient que « le mot et l'idée de la *Négritude* », mais, en ce début d'affirmation identitaire, « c'est Frobenius qui [les] aida à charger le mot de sa signification la plus dense » (*ibid.*, p. 399). L'empreinte laissée par le « maître » est comparée aux tatouages initiatiques : la lecture de son œuvre, tel un rite de passage, a permis aux fondateurs du mouvement de sortir de leur enfance et d'entrer dans l'âge adulte par une renaissance. Ainsi, tous les hommages que Senghor rend à Frobenius puisent similairement dans le réseau sémantique religieux. Ailleurs, il décrit les œuvres de Frobenius comme des livres sacrés emportés partout comme une Bible ou un Coran (*ibid.*, p. 404) ; ci-dessus, il fait de leur lecture une expérience semblable à celle d'une initiation ou d'une conversion. Il implique donc que l'africaniste allemand lui a ouvert l'accès à une vérité supérieure, dont les « plus grands Africanistes » français, qui préfèrent les voies scientifiques aux voies mystiques, ne savent rien. C'est dans ces lignes que la négritude révèle ses similitudes avec les systèmes de croyance, par exemple dans l'allocution *Négritude et Germanité II* de 1972, où Senghor compare son éblouissement à celui de « Paul sur le chemin de Damas » (*ibid.*, p. 340) :

> Toutes les idées diffuses, confuses, qui circulaient dans nos têtes, à nous étudiants, militants de la Négritude avant la lettre, trouvèrent, soudain, une colonne vertébrale. Les doutes qui nous habitaient s'évanouirent instantanément. Donc, un grand savant de l'Occident, homme de savoir et de pensée, au moment où l'on déniait aux Négro-Africains toute culture, voire toute civilisation, déclarait que les Nègres étaient « civilisés jusqu'à la moelle des os » ! Loin d'établir une hiérarchie contestable, entre les civilisations des différents peuples, Frobenius contribuait à substituer un sentiment de différence à l'ancien complexe de supériorité des Albo-Européens. Nous sommes *autres* : ni plus ni moins civilisés que les Blancs (*ibid.*).

Senghor avance même que ses camarades et lui connaissaient par cœur le chapitre II du livre *Histoire de la civilisation africaine* (*ibid.*, p. 398), chapitre où Frobenius cherche à comprendre pourquoi l'image du Nègre barbare et sauvage était encore imprimée dans les esprits européens, malgré le fait que les rapports des explorateurs de l'Afrique avaient démontré l'inanité des idées reçues. Frobenius, dans ce chapitre, explique qu'il avait fallu trouver une justification à la traite d'esclaves, et conclut que « l'idée du "Nègre barbare" est une invention européenne qui a, par contre coup, dominé l'Europe jusqu'au début de ce siècle » (Frobenius,

1936, p. 25). Dans ce même chapitre, il soutient que la traite est la cause de la dégradation des civilisations africaines et que la conquête européenne de la fin du XIXe siècle a détruit ce qu'il restait de celles-ci. Il dit même avoir encore trouvé, au cours de ses premiers voyages, des villes florissantes auxquelles il ne manquait aucune marque de raffinement. On comprend que ce chapitre, véritable procès de l'image de l'Afrique répandue en Europe, ait passionné les étudiants parisiens. Or l'influence de Frobenius chez Senghor ira au-delà de cette dénonciation des stéréotypes et cette affirmation qu'il existe une « civilisation négro-africaine ». Nous verrons, dans ce qui suit, que l'opposition entre Européens doués de rationalité et Négro-africains caractérisés par leur *don du saisissement* provient aussi de lui.

Frobenius ne pouvait pas imaginer qu'après sa mort en août 1938, ses fils spirituels – Césaire et Senghor – auraient voix dans l'Assemblée nationale française et qu'ils lutteraient pour la réforme du système inégalitaire colonial. S'il ne joue pas de rôle dans l'histoire de l'anthropologie et de l'ethnologie française, il a sa place, via ces députés, dans l'histoire de la décolonisation de la France. Il en aurait peut-être été le premier surpris, car, homme de son temps, il en partage les présupposés colonialistes. Bien qu'il se soit consacré à démontrer l'existence de la *Kultur* africaine, et qu'il se démarque du racisme scientifique de son temps en insistant sur la prédétermination culturelle et non biologique des hommes, ses écrits manifestent qu'il n'imagine ni indépendance ni égalité politique future pour les Africains. Frobenius ne critique aucunement le droit que l'Europe s'est arrogé de conquérir et coloniser le continent. En 1906, par exemple, de retour de deux ans au Congo belge, il dénonce les abus du pouvoir colonial dans le livre où il relate ce voyage, mais il déclare, dans ce même texte, qu'une meilleure compréhension des coutumes africaines aurait évité les massacres des Héréros et des Namas qui étaient alors en cours dans le Deutsch-Südwestafrika. Son ethnologie se veut au service de la colonisation, et son œuvre, de 1904 à 1914, présente des suggestions pour éviter les révoltes et d'autres pour améliorer le rendement de la force de travail indigène. Senghor, à sa décharge, n'a pas lu toute l'œuvre de Frobenius, mais se réfère à ce qu'il nomme les « œuvres magistrales de Frobenius » (Senghor, 1977, p. 398). Ces textes sont écrits après que l'Allemagne a perdu ses colonies et les présupposés colonialistes y sont moins prégnants. Il s'agit de l'*Histoire de la civilisation africaine*, premier livre à avoir été traduit en français[24], et *Le Destin des Civilisations*, paru en 1940. Senghor cite encore, mais plus rarement, *Mythologie de l'Atlantide*, paru en 1949.

Enfin, si la référence à Frobenius est constante dans ses propos, Senghor y consacre de plus longs développements dans quatre articles, lesquels se trouvent dans *Liberté III* : *Négritude et Germanité* (1961), *Les Fondements de l'Africanité ou Négritude et Arabité* (1967), *Négritude et Germanité II* (1972) et *Les leçons de Leo Frobenius* (1973). Comme nombre des concepts centraux de sa pensée viennent de l'africaniste allemand, il nous faut nous interroger sur son enthousiasme. L'hypothèse qui sera défendue ici est la suivante : la lecture d'*Histoire de la civilisation africaine* lui a permis de lier anthropologie et politique coloniale d'une manière inédite en France et de la sorte poser un premier fondement à sa théorie de la négritude. Il m'importe donc d'explorer rapidement le parcours de Frobenius et d'exposer les axes centraux de sa pensée.

L'*AFRIKANISTIK* DE LEO FROBENIUS ET LES FONDEMENTS DE LA NÉGRITUDE

Ethnologue allemand autodidacte né à Berlin en 1873, Leo Frobenius est le fils d'un inspecteur des fortifications au service de l'armée prussienne. Passionné d'exotisme dès sa jeunesse, il trouve un travail comme archiviste au Bremer Überseemuseum à la fin de ses études secondaires, où il se familiarise avec les artéfacts ethnographiques. Il travaillera aussi au Musée Ethnographique de Berlin sous la direction d'Adolf Bastian, puis au musée ethnographique de Leipzig. Anthropologue controversé, il a joué un rôle important dans la promotion de l'ethnologie et de l'*Afrikanistik* en Allemagne, bien qu'il occupe une place marginale dans le champ académique de son époque. Sa thèse est refusée à l'université de Bâle en 1896, et il n'obtiendra jamais le titre de docteur. Il terminera néanmoins une carrière entièrement menée en dehors des structures universitaires et sans leur financement comme professeur honoraire de l'Université de Francfort et directeur du Musée d'ethnologie de cette même ville[25]. Son œuvre, dont le style est plus littéraire que scientifique, comprend plus de 270 articles et livres. Son manque de rigueur académique, ses méthodes

24 Césaire l'a offert à Senghor en décembre 1936 (Senghor, 1997, p. 398).
25 Respectivement en 1932 et 1934.

non protocolaires et son penchant pour la spéculation lui attirent le discrédit des anthropologues majeurs du XXe siècle. Encore connu aujourd'hui en Allemagne – le Frobenius Institut pour la recherche sur les cultures et l'histoire africaines est attaché à la Goethe-Universität de Francfort – il doit certainement à Senghor et Césaire le fait de ne pas être tombé dans l'oubli dans le monde universitaire anglo-américain et français. Il a toutefois le mérite d'être l'un des premiers Européens à tenter de reconstruire l'histoire de l'Afrique préislamique, et, à contre-courant de la doxa post-hégélienne qui lui est contemporaine, il contribue à réhabiliter l'Afrique comme continent possédant une histoire propre et participant à l'Histoire universelle. Il est aussi notable que Frobenius cherche à tout prix à se rendre sur le terrain, et ce avant que la critique de l'« armchair anthropology » soit formulée par Bronislaw Malinowski. Entre 1904 et 1934, il organisera vingt expéditions en Afrique. Frappant à toutes les portes pour trouver des fonds, il se sauvera de la ruine en vendant les artéfacts ramenés de ses expéditions aux musées d'ethnographie en Allemagne[26]. Il atteint la notoriété après la Grande Guerre : ses louanges d'une Afrique encore indemne des vicissitudes de l'Europe, sa critique de l'historiographie eurocentriste et du « matérialisme » occidental rencontrèrent un public avide de ses « découvertes », parmi lesquels l'historienne Suzanne Marchand liste Ezra Pound, le Kaiser déchu et, évidemment, le groupe d'étudiants noirs de Paris, lesquels, écrit-elle, ont « adapté la fascination néo-romantique de Frobenius pour la *Negerheit* à leurs propres objectifs anti-coloniaux » (Marchand, 1997, p. 153)[27]. La pensée de Frobenius s'inscrit donc parfaitement dans les courants de pensée qui se développent après la Grande Guerre. S'y multiplient les critiques vitalistes de l'Occident, lesquelles puisent dans le corpus de textes qui défendent diverses formes d'irrationalisme contre le rationalisme, le positivisme et le scientisme qui se déploient sur le continent européen depuis le siècle des Lumières. Il n'est donc pas surprenant de retrouver, aux côtés de ses louanges de la vitalité primitive, à la fois la prophétie du dépérissement de la civilisation européenne et l'aspiration à

26 J. M. Ita décrit et critique ses méthodes peu scrupuleuses d'obtention d'artéfacts. *Cf.* Ita, J. M., « Frobenius in West African History », *The Journal of African History*, vol. 13, n° 4, 1972, p. 673-688.

27 Je traduis le suivant : « *[...], who adapted Frobenius's neoromantic fascination with* Negerheit *to their own anti-colonial purposes.* »

son renouveau et sa rédemption. Sa quête de l'Afrique originelle, conçue comme l'enfance de l'humanité, est le contrepoint de l'idée selon laquelle l'Occident est en déclin.

Enfin, nous pouvons, sommairement, distinguer deux périodes chez Frobenius : la période *Kulturkreis* qui va jusqu'à la fin des années 1910 et la période *Kulturmorphologie* qui la suit. Le terme *Kulturkreis* lui vient de Friedrich Ratzel, mais il l'adapte à ses intuitions et à son projet de quête des origines. Chez Frobenius, les *Kulturkreise* sont des complexes culturels dans lesquels se manifestent les influences d'une pluralité de cultures anciennes, actuellement disparues, mais encore perceptibles par l'œil entraîné de l'ethnographe. La tâche de ce dernier est alors de reconstituer ces cultures anciennes à partir des phénomènes culturels contemporains : il interprète les signes de civilisations disparues que sont les artéfacts et les formes d'organisation sociale actuelles. Bien que cette problématique des origines soit attribuable à l'influence de Bastian, elle relève surtout de la volonté de Frobenius de sauvegarder la perspective historique sur les cultures à un moment où l'anthropologie se détourne du temps au profit de l'espace et de la synchronie, délaissant tant la philosophie de l'histoire du XIXe que les grands schèmes explicatifs universels[28].

Kulturmorphologie

Ce sont les ouvrages de la deuxième période de Frobenius que lit Senghor. À partir des années 1920, ce savant allemand délaisse et critique la notion de *Kulturkreise*, jugeant trop mécaniciste de tirer des conclusions à partir de l'observation d'artéfacts culturels. Naît alors chez lui l'ambition de percevoir l'âme des peuples (*Seelenschau der Völker*). Ce changement de perspective est accompagné d'une explication nouvelle donnée à la différence culturelle : dans l'émergence diachronique des diverses cultures, le facteur déterminant est désormais la différence des « âmes ». Bien qu'il conserve l'idée, conventionnelle avant-guerre, que la géographie et le climat forgent la culture, l'ajout du facteur « âme » rend son système de pensée plus déterministe. Ami d'Oswald Spengler,

28 Par exemple, dans son premier article d'orientation théorique « Der westafrikanische Kulturkreis » en 1898, il constate la similarité des traits stylistiques d'artéfacts océaniens et ouest-africains et conclut que ces deux civilisations ont une origine commune.

il collabore alors avec ce dernier pour fonder la Forschungsinstitut für Kulturmorphologie à Munich, cherchant désormais à trouver la vraie physionomie des cultures. Il revendique, par ailleurs, la paternité des métaphores organiques que celui-ci déploie dans *Der Untergang des Abendlandes* (*Le Déclin de l'Occident*) pour illustrer sa thèse que les cultures naissent et meurent comme les êtres vivants. Héritier du diffusionnisme, Frobenius expliquait jusqu'alors la diversité culturelle par le fait que les techniques et connaissances se sont développées différemment dans les divers cercles culturels. Dès ce changement de perspective majeur, il avance que l'ethnologue peut faire la collection des caractéristiques d'une culture – objets, des contes et légendes, des formes d'organisation sociale –, mais il soutient que la culture ne se situe véritablement qu'au-delà de cette matière culturelle qui n'en est que la manifestation concrète. Frobenius rompt donc définitivement avec les méthodes de l'ethnologie qui lui est contemporaine et pose désormais comme étape préalable à toute interprétation le besoin d'acquérir une vision d'ensemble de la culture, laquelle seule permet d'interpréter correctement les faits collectés. Ainsi, l'anthropologue doit appréhender la culture comme un organisme cohérent, doté d'une vie propre, et saisir la totalité de cette culture pour comprendre le sens de ses éléments constitutifs[29]. En conséquence, dans la perspective du Frobenius que lit Senghor, tout artéfact est un signe incompréhensible à celui qui le lit sans préalablement connaître la culture qui en configure le sens. L'anthropologue qui interprète une civilisation doit être capable de se déplacer dans ce nouvel espace herméneutique pour lire correctement les faits de culture, faute de quoi il comprendrait ces faits en fonction de son propre système culturel. Cette méfiance de l'ethnocentrisme est louable, mais comment l'ethnologue acquiert-il cette vision de l'ensemble ? Il n'a effectivement devant les yeux que les manifestations concrètes de cette culture, la somme nécessairement incomplète de ses éléments constitutifs. De plus, comme l'ambition est désormais de saisir la *Seelenschau der Völker*, comment accéder à cet au-delà des artéfacts collectionnables ? Frobenius propose d'abandonner les outils de l'ethnologie empirique et positiviste, car, selon lui, seule l'intuition peut saisir les différentes « âmes des peuples ». Comme l'écrit Steins : « Aux yeux de Frobenius,

29 Pour une présentation plus détaillée de la théorie de Frobenius, *Cf.* Steins, Martin, *op. cit.*, p. 955-986.

l'acte de comprendre relève d'une démarche psychique qui ne doit rien ou presque rien à l'analyse et à la raison. Basé plutôt sur une intuition illuminatrice, il est proche de ces actes mentaux que tente de saisir la psychologie *gestaltiste* » (Steins, 1981, p. 960).

« *Éthiopien* » versus « *Hamite* »

Dès le départ de ses recherches, Frobenius se distingue de ses collègues allemands par le grand intérêt qu'il a pour les Africains non islamisés de l'Afrique de l'Ouest. L'exploration du continent a dévoilé une Afrique différente de celle dépeinte par l'historiographie hégélienne et les anthropologues allemands ont cherché une explication au fait qu'elle n'était pas cette « Nature » restée à l'état brut dans l'absence de « l'Esprit ». Certains anthropologues attribueront les diverses formes d'organisation étatique et sociétale qu'on découvre à l'Islam, qui pénètre l'Afrique subsaharienne dès le VIIe siècle. Les réalisations culturelles en Afrique, dans ce scénario, sont l'œuvre d'agents non autochtones. D'autres, s'inscrivant dans l'anthropologie racialiste et évolutionniste du XIXe siècle, inventent la distinction entre deux peuples : les « Hamites » et les « Bantous ». Des anthropologues comme Carl Meinhof, Felix von Luschan ou Charles Seligman fondent leur catégorisation des peuples africains en deux grandes familles sur la race[30]. Ils distinguent entre les peuples orthognathes à la peau plus claire (les « Hamites ») et les peuples prognathes à la peau plus sombre (les « Bantous »), et ils déclarent non seulement que les premiers sont supérieurs aux seconds, mais ils les créditent aussi de tous les accomplissements culturels en Afrique. Les affirmations de ces anthropologues informent les pratiques discriminatoires de l'administration coloniale allemande, qui crée une élite autochtone exclusivement « Hamite[31] ». Frobenius distingue aussi entre deux

30 *Cf.* Diallo, Youssouf, « L'africanisme en Allemagne hier et aujourd'hui », *Cahiers d'études africaines*, vol. 161, n° 1, 2001, p. 13-44 ; Spöttel, Michael, « German ethnology and antisemitism : the hamitic hypothesis. », *Dialectical Anthropology*, vol. 23, n° 2, 1998, p. 131-150.

31 *Cf.* Chrétien, Jean-Pierre, *L'Afrique des Grands Lacs. Deux mille ans d'histoire*, Paris, Flammarion, 2003. Cet historien démontre que les ethnies Hutu et Tutsi sont le résultat d'une interprétation racialiste de structures sociales autochtones. Estimant que les Hutus étaient des « Bantu » et donc inférieurs, les colonisateurs allemands (imités par les Belges qui reçurent le mandat de la SDN sur le Ruanda-Urundi en 1923) ont favorisé les Tutsis. Selon la reconstruction de l'histoire précoloniale faite par les colonisateurs, ces « Hamites » pastoraux auraient envahi ces terres depuis le Nord et soumis les agriculteurs autochtones

peuples en Afrique subsaharienne. L'opposition entre « Éthiopiens » et « Hamites » apparaît pour la première fois en 1898 dans *Die Ursprung der afrikanischen Kulturen*, qui est une de ses préhistoires africaines spéculatives, mais, s'il reprend la dichotomie de l'anthropologie racialiste, il s'en distingue par trois points. Premièrement, il choisit le nom « Éthiopien » à la place de « Bantu », terme trop marqué par le racisme scientifique des historiens anglais et anthropologues allemands[32]. Deuxièmement, il répète avec insistance qu'il ne fonde pas sa distinction sur la race, mais sur la culture. Troisièmement, Frobenius, à l'inverse de ses collègues, préfère explicitement les « Éthiopiens » aux « Hamites ». Au départ, cette distinction entre deux types de peuples servait à structurer sa description des cultures de l'Afrique de l'Ouest, mais, dans ses années *Kulturmorphologie*, il généralise cette opposition à l'échelle de l'humanité. Luschan l'avait précédé dans ce chemin, mais ce dernier comparait les « Hamites » aux « races nordiques » de l'Europe et les « Bantous » aux Européens du Sud, faisant des premiers les agents du processus de civilisation. Dès les années 1920, dans les livres que lit Senghor, Frobenius relie les « Éthiopiens » aux Allemands et les « Hamites » aux Anglais et aux Français. L'historien J.M. Ita nous offre une synthèse sous forme de tableau de l'opposition qui structure le système d'interprétation de la culture que développe Frobenius. Je ne reproduis ici que les éléments qui sont dans *Histoire de la civilisation africaine* cité par Senghor :

> Hamite (H) : « Civilisation de l'animal »
> Éthiopien (E) : « Civilisation de la plante »
>
> H : « Magique », c'est-à-dire la tentative de dominer la nature par des moyens mécaniques comme des sortilèges, incantations *ou* moyens scientifiques.
> E : « Mysticisme », c'est-à-dire le fait d'être en union avec la Nature, et, par conséquent, ne pas essayer de la dominer de l'extérieur.

« Bantu ». Les colonisateurs ont considéré que les Tutsis étaient une sorte d'aristocratie et ont donné à eux seuls l'accès aux études secondaires (et donc aux postes de fonctionnariat). Les catégories sociales fluides se sont figées en ethnies antagonistes, en conséquence de l'incompréhension de la culture locale. La colonisation française, en revanche, était dépourvue de ces catégories raciales qui auraient permis aux administrateurs de créer l'élite indigène nécessaire à l'administration des colonies sans mettre en danger la ségrégation coloniale. En AOF, l'administration coloniale ne pouvait pas affirmer qu'il existait une différence raciale ou ethnique entre les « évolués » et le reste du peuple dont ils étaient issus.

32 « Éthiopien », note Marchand (1997, p. 161), est un terme qui lui vient d'Hérodote via l'anthropologue Blumenthal.

> H : « *Tatsachensinn* » – un sens des faits.
> E : « *Wirklichkeitsinn* » – un sens de la réalité ou la capacité de « *Ergriffenheit* » – une expression quasiment intraduisible signifiant (approximativement) l'entière absorption de la personnalité dans une expérience ou « le don de la spontanéité émotionnelle[33] ».

Ita rappelle que « mysticisme » et « *Ergriffenheit* » sont des termes issus de la tradition romantique allemande qui soutient que l'essence des phénomènes n'est accessible que par l'abandon mystique à la réalité cachée sous les faits. De même, le contraste développé entre « *Tatsachensinn* » et « *Wirklichkeitsinn* » dans l'*Histoire de la civilisation africaine* n'est pas une opposition neuve. Ici, connaître n'est pas raisonner à partir de faits empiriques (*Tatsachen*), mais expérimenter par l'union mystique aux essences réelles (*Wirklichkeit*). Ainsi, l'intellect a accès au « monde factuel », mais il ne peut pas saisir le « monde réel ». Ce monde métaphysique est sous-jacent aux phénomènes, et, s'il peut s'exprimer au moyen des faits, il ne doit pas être confondu avec eux. En somme, l'homme saisit (*begreifen*) les faits par l'intellect, il est saisi (*ergriffen zu sein*) par la réalité sous-jacente grâce à l'abandon mystique[34]. Notons que Frobenius n'oppose pas magie et science, parce qu'il estime que les deux pratiques relèvent du même désir de dominer la nature.

Le déclin des civilisations

Frobenius ajoute à cette opposition entre « Hamites » et « Éthiopiens » le postulat, qu'il partage avec son ami Spengler, qu'il existe des lois historiques immuables. Il affirme ainsi que les civilisations, de leur naissance à leur mort, passent par des « stades différents de développement ». Il considère donc les civilisations comme des organismes culturels, qui, par analogie aux êtres vivants, évoluent de l'enfance à la vieillesse. L'enfance est le stade démonique ou stade de l'*Ergriffenheit* (participation émotive). Quand l'enfant appréhende son milieu, il est « saisi », et l'âme opère en lui selon des voies irrationnelles. L'enfant peuple alors ce milieu de « démons », dotant de vie la matière inanimée

33 *Cf.* Ita, J.M., « Frobenius, Senghor, and the Image of Africa », *in Modes of Thought : Essays on Thinking in Western and Non-Western Societies*, Horton, Robin, Finnegan, Ruth (éd.), Londres, Faber and Faber, 1973, p. 318.

34 Pour ce paragraphe, *Cf.* Ita, art. cité, 1973, p. 320.

qui l'entoure. Cette activité créatrice se fait de manière indépendante de sa volonté et de sa conscience, elle surgit en lui comme production de sa *Gemüt*[35]. À l'adolescence, au stade idéaliste ou stade de l'*Ausdruck* (expression), le support de la vie psychique commence à devenir la raison ou l'entendement. L'adolescent découvre son *moi* comme entité détachée de son milieu et commence à organiser en système sa perception de ce milieu. Ce système est une appréhension personnelle, dont la vision d'ensemble est nommée « idéal » par Frobenius. À l'âge d'homme, au stade factuel ou stade de l'*Anwendung* (application), l'individu adulte, qui comprend qu'il est mortel, accepte sa place comme rouage anonyme dans le vivant et cesse donc la confrontation féconde et créatrice que l'adolescent entretenait avec le milieu dans la tentative de le plier à son « idéal ». L'homme cherche alors à exploiter la vie à son maximum, développe une attitude utilitaire envers un monde totalement matérialisé dont il cherche à tirer profit pour s'assurer la meilleure survie possible. Pour Frobenius, l'enchaînement des stades de développement est la loi de toute vie humaine, mais il ajoute que le temps qu'un individu passe dans chaque palier n'est pas déterminé d'avance, parce que des individus peuvent devenir rapidement adultes ou rester adolescents leur vie entière. Il importe aussi de savoir que le stade de la création culturelle est le stade de l'adolescence. L'enfant est pleinement plongé dans son milieu dont son *moi* ne se détache pas ; l'adulte le domine et le soumet à ses manipulations techniques. L'adolescent, en revanche, élabore une relation personnelle avec le monde, cherchant, en s'y confrontant, à établir une relation d'harmonie et d'équilibre avec lui. Cette quête d'un équilibre mental entre le *moi* et le milieu est le ressort de la création culturelle.

De cette psychologie de l'individu, Frobenius déduit l'essentiel de sa morphologie culturelle. En effet, il estime que les civilisations sont, comme

35 Frobenius appelle *Gemüt* l'organe de la réceptivité émotive, sorte de fondement de l'âme humaine lorsqu'on lui a retranché toutes les facultés abstraites. Cette couche, qui est la plus profonde de l'âme, appréhende l'environnement et confère un « sens » à la masse de perceptions sensorielles. C'est elle et non l'intellect ou la raison qui transmute les apports du milieu pour leur donner une réalité humaine. Partant, Frobenius estime que le développement du psychisme ne doit pas être compris comme la maturation de l'intelligence. De l'enfance à l'âge adulte, la croissance n'est pas de l'émotivité à la rationalité. L'évolution est plutôt une modification de la structure de l'âme de l'individu, car la *Gemüt* ne disparaît pas, elle reste sous-jacente malgré le contrôle de plus en plus grand de l'intellection.

les hommes, à divers stades. Ainsi, au premier stade, les membres d'une civilisation sont saisis par leur milieu naturel, au dernier, ils le maîtrisent par les outils techniques qu'ils ont développés. Le stade adolescent d'une civilisation est donc le stade de la créativité culturelle. Frobenius estime toutefois qu'il n'existe pas de groupements humains arrêtés au stade démonique, et, par conséquent, que les peuples vivent tous au palier de l'idéalité ou de la facticité, c'est-à-dire au stade adolescent ou au stade adulte. Il est donc possible de partager les civilisations humaines en deux grandes familles, ce qui le ramène à son opposition entre le type « Éthiopien » et le type « Hamite », entre les civilisations créatives où prédomine le type d'homme émotif ou *Gemütsmenschen*, et les utilitaristes où prédomine le type d'homme rationnel. Enfin, le stade adulte est l'âge de l'égoïsme individualiste et matérialiste. Ainsi, le scientisme et le positivisme de l'Europe occidentale, la faiblesse de sa création artistique et l'absence de relations interpersonnelles sont interprétés comme les symptômes de sa dégénérescence. En somme, pour Frobenius, la civilisation occidentale n'est ni à l'avant-garde du processus universel de civilisation ni simplement une civilisation parmi de multiples autres, elle est une civilisation à son crépuscule[36]. À l'inverse, il estime que la civilisation africaine manifeste une vitalité créatrice, parce qu'elle est au stade de l'adolescence et comporte une majorité de *Gemütsmenschen*.

« Les ethnies sont [...] diverses, voire opposées »

Dès les années 1920, quand Frobenius oppose « Hamites », Sémites, Français et Anglais aux « Éthiopiens », Russes et peuples germaniques, il ajoute à cette opposition la dépréciation du premier groupe au profit du second. Ita soutient que la comparaison des « Hamites » et « Éthiopiens » aux nations européennes rend la pensée de Frobenius suspecte et affirme que le caractère arbitraire du contraste entre ces types ne doit rien à l'observation empirique de peuples africains réels. Il conclut que « l'ensemble de la conception de Frobenius de l'opposition Hamite/Éthiopien est en grande partie une projection des attitudes allemandes envers la France » (Ita, 1973, p. 322)[37]. Autrement dit, dans l'*Histoire de*

---

36 *Cf.* Marchand, art. cité, 1997, p. 164-165.

37 Je traduis le suivant : « *In other words, Frobenius's whole conception of the Hamitic/Ethiopian opposition is largely a projection of German attitudes towards France.* »

la civilisation africaine que lit Senghor, Frobenius transpose l'opposition traditionnelle de l'Allemagne mystique à la France rationnelle sur son opposition entre « Éthiopiens » et « Hamites ».

Senghor lui en sera reconnaissant, en particulier parce que, dans le contexte intellectuel de Frobenius, les « Bantous » (qu'il renomme « Éthiopiens ») sont placés au plus bas de l'échelle de l'humanité. Voici Senghor lui rendant hommage dans *Les leçons de Leo Frobenius* :

> Il n'empêche qu'il a fallu attendre Leo Frobenius pour rendre manifestes les affinités entre l'âme « éthiopienne », c'est-à-dire négro-africaine, et l'âme allemande : pour ruiner certains préjugés tenaces des XVIIe et XVIIIe siècles. L'un de ces préjugés est que le développement de chaque ethnie, comme l'humanité elle-même, est linéaire, univoque, partant de l'âge de pierre à celui de la vapeur, de l'électricité et, aujourd'hui, de l'atome (*ibid.*, p. 402).

Parmi ces « préjugés », on le voit, Senghor cible en particulier les conclusions de l'évolutionnisme. À l'idée qu'il n'existe qu'une seule « Civilisation » et des retardataires sur la marche du « Progrès », il oppose l'idée frobénienne de « famille spirituelle » :

> Dans *le Destin*, faisant, avant la lettre, de la « caractérologie ethnique », Frobenius nous dit que les ethnies sont, ainsi que les individus, diverses, voire opposées, comme les *Hamites* et les *Éthiopiens*, par leurs sentiments et leurs idées, leurs mythes et leurs idéologies, leurs mœurs et leurs institutions ; que chaque ethnie, ayant sa *païdeuma* – encore une fois, son âme –, réagit d'une façon originale à l'environnement et se développe d'une façon autonome ; qu'enfin, encore qu'ils soient à des stades différents de développement, Allemands et « Éthiopiens » appartiennent à la même famille spirituelle (*ibid.*).

Pour Senghor, qui retient la conclusion de Frobenius, les affinités entre l'âme « allemande » et l'âme « négro-africaine » est indubitable :

> Et il conclut : « L'Occident créa le réalisme anglais et le rationalisme français, l'Est, la mystique allemande… L'accord, avec les civilisations correspondantes en Afrique, est complet. *Sens du fait dans les civilisations française, anglaise et hamitique, sens du réel dans les civilisations allemandes et éthiopiennes* » (*ibid.*).

Ces assertions ne sont pas vérifiables, mais Senghor estime que cette « vérité » ruine les « préjugés tenaces », dont la fonction, je le rappelle, est de justifier l'exploitation des Africains selon le chapitre II de l'*Histoire de la civilisation africaine.* Or, chez Frobenius, il ne découvre pas seulement les affinités entre les âmes négro-africaine et allemande qui rendent caducs les préjugés anciens, il trouve surtout, dans l'opposition que l'africaniste établit entre les deux grandes familles spirituelles, le système de classification de l'humanité qui lui permet de s'affranchir de l'évolutionnisme sans prêter le flanc à ses adversaires anti-assimilationnistes. Je rappelle qu'il doit conjointement affirmer qu'il existe diverses civilisations et revendiquer l'égalité pour les membres minorisés de la France pluricontinentale. À cet effet, Senghor puise un des principes de son système anthropologique chez Frobenius, principe que nous trouvons dans la phrase : « Les ethnies sont [...] diverses, voire opposées ». Appliquant ce principe, il classera les civilisations différenciées sur un spectre continu borné par les « Hamites » à un pôle et par les « Éthiopiens » à l'autre. Ce spectre, qui met en exergue la contemporanéité de civilisations jusqu'alors hiérarchisées en fonction de leur avance ou retard dans la marche du progrès, lui permet de rejeter le classement linéaire de l'évolutionnisme tout en corrélant diversité et unité de l'humanité.

Les Gemütsmenschen *de Senghor*

Il ne s'agit pas ici de montrer, point par point, ce que la négritude senghorienne doit à *Histoire de la civilisation africaine* et à *Le Destin des civilisations*, mais je citerai néanmoins Senghor qui, dans « Les leçons de Leo Frobenius », rend explicite le fait que l'africaniste allemand est à l'origine des notions clés de sa pensée :

> C'est Leo Frobenius, plus que tout autre, qui a éclairé, pour nous, des mots comme émotion, art, mythe, *Eurafrique*.
>
> Et, d'abord, le mot émotion. Jusque-là, nos maîtres, qui avaient été formés dans le moule du rationalisme, non même pas de Descartes, qui était moins univoque qu'on ne l'a prétendu, mais du XIXe siècle « scientiste », nous avaient appris à nous méfier de l'émotion et à ne nous laisser guider que par la seule raison discursive (*ibid.*, p. 399).

Ces phrases sont certes extraites d'un hommage écrit pour le centenaire de la naissance de Frobenius, mais les textes de Senghor confirment que nous pouvons le prendre au mot. Adotevi a donc tort : c'est Frobenius et non Lévy-Bruhl qui est à l'origine du mot « émotion » que nous trouvons dans le célèbre aphorisme qui a valu tant de critiques à Senghor. « Sensibilité émotive. *L'émotion est nègre, comme la raison hellène* » (Senghor,

1964, p. 24), a-t-il écrit deux ans après avoir lu *Histoire de la civilisation africaine*, traduisant cette idée selon laquelle le « Nègre » est du type des *Gemütsmenschen*. Nombreux sont ceux qui, de Gobineau à Delafosse, ont discouru sur l'émotivité du « Nègre », mais Frobenius est le seul qui a rendu possible l'appropriation de cette caractéristique comme une qualité :

> Or donc, nous révéla-t-il dans *Histoire*, « plus que tout autre organisme vivant, l'homme est doué pour la "réception de la réalité" »... Réception de la réalité signifie faculté d'être ému par l'essence des phénomènes – non par les faits, mais par la réalité qui les stipule ou, en d'autres termes, par l'essence des faits[38]. Nombreux sont les passages dans cet ouvrage et d'autres, où Frobenius oppose le *réel* au *fait*, le *sens* au *signe*. L'« essence des faits », c'est donc leur signification, que nous percevons symboliquement dans les qualités sensibles des choses, des êtres, qui sous-tendent les faits. D'où l'importance primordiale que Frobenius accorde à la raison intuitive (Senghor, 1977, p. 399-400).

Le « moule du rationalisme », qui privilégie la « raison discursive » et rejette la « raison intuitive », limite la « réalité » à n'être que les « faits » que la première permet de voir. La « réalité », qui prend ici un autre sens et désigne ce qui n'est pas la partie sensible des « phénomènes », doit être sentie et reçue. Cela implique de redonner à « la raison intuitive » (que Senghor nommait « émotion » en 1939) la place prépondérante :

> « Dans la civilisation », écrit-il, « c'est-à-dire dans le sentiment, la sensibilité est pensée... Ce que nous appelons civilisation est souvent expression de l'âme, langage de l'âme, du moins quand il s'agit d'hommes dont la pensée est encore et surtout *intuitive*[39] ». C'est Frobenius qui, plus que tout autre, plus même que Bergson, réhabilita, à nos yeux, la raison intuitive et lui redonna sa place : la première (*ibid.*, p. 400).

Quelques lignes plus loin, Senghor retient la distinction que Frobenius fait entre « l'*entendement* et l'âme » pour affirmer que le premier perçoit les « phénomènes factuels » et la seconde les « phénomènes réels » (*ibid.*, p. 401). L'enjeu de ces paragraphes est de redéfinir de la nature humaine : le propre de l'Homme est désormais la « réception de la réalité ». Les « maîtres » auraient donc forcé les traits de leur portrait de

38 Senghor cite Frobenius, *op. cit.*, 1936, p. 25.

39 Senghor cite Frobenius, Leo, *Le Destin des civilisations*, traduit de l'allemand par N. Guterman, Gallimard, 1940, p. 114.

Descartes pour écarter la « raison intuitive » au profit de la seule « raison discursive ». Grâce à Frobenius, l'« émotion », dont il fallait se méfier, devient la faculté première par laquelle l'homme perçoit le « réel » qui sous-tend les « faits » et comprend le « sens » véhiculé par le « signe ». On comprend mieux les définitions que Senghor donne aux notions de « culture » et « civilisation » trois ans après sa découverte d'*Histoire de la civilisation africaine* : la « civilisation » (qui est œuvres et réalisations) est un « phénomène factuel » et la « culture » (qui est esprit) un « phénomène réel ». L'« entendement » ne donne accès qu'à la « civilisation » ; l'« âme » seule permet de percevoir la « culture ».

En prenant appui sur la gnoséologie frobénienne, Senghor peut donc affirmer qu'une personne « formé[e] au moule du rationalisme » ne peut pas comprendre la « civilisation négro-africaine » avant d'avoir retrouvé les voies de l'intuition. Frobenius lui-même critiquait les sciences sociales qui lui étaient contemporaines, parce qu'elles basaient leurs interprétations sur des données empiriques et statistiques. L'ethnologue, pour lui, doit se laisser « saisir » (*ergriffen*) par la « Culture » et émouvoir par le « style » d'un peuple afin d'appréhender la réalité qui est au-delà des artéfacts. Or, de manière symptomatique de son antipositivisme, il avançait que les membres d'une civilisation qui a atteint le stade de l'*Anwendung* (les Français et Anglais en particulier) ne peuvent plus percevoir la « Culture » d'une civilisation, parce qu'ils ont perdu l'usage de l'intuition. Senghor en retient l'idée selon laquelle les membres d'une civilisation rationaliste, les Français en particulier, interpréteront mal les signes que produit la « civilisation négro-africaine ».

Les théories frobéniennes n'étaient pas plus recevables par les ethnologues français qu'elles ne le sont aujourd'hui. Je soutiens néanmoins que c'est à l'aune du système que Senghor veut réformer qu'il nous faut comprendre l'influence décisive qu'a exercée Frobenius dans la formation de ses idées. Comme les administrateurs s'inspirent de l'ethnologie française pour définir leurs politiques, il n'est pas difficile de voir comment la valorisation des *Gemütsmenschen* se transpose dans le domaine de la théorie et de la pratique coloniales. En effet, Senghor peut désormais soutenir que l'administration française des territoires africains est inadéquate parce qu'elle est guidée par la « seule raison discursive » et avancer que les réformes qu'il préconise sont nécessaires et judicieuses parce qu'il est issu d'une « civilisation éthiopienne » et donc doué de « raison intuitive ».

ANTHROPOLOGIE ET « NATIONALISME » SENGHORIEN

Martin Steins : négritude et nationalisme culturel

Steins soutient que la notion de « Culture » trouvée chez Frobenius « a fondé et donné corps à la militance nègre de Senghor et de ses amis en faveur d'une négritude conçue comme un ensemble de valeurs négro-africaines, mais sans faire déboucher ce combat pour leur identité culturelle sur une confrontation avec le système colonial en place » (Steins, 1981, p. 957).

J'adhère pleinement à la première partie de cette proposition, mais pas à la suite, parce que tout combat pour une « identité culturelle » est nécessairement une confrontation avec le système quand il est fondé sur la différence culturelle. Pour Steins, la seule confrontation possible est la lutte indépendantiste, ce qui le mène, dans la conclusion de sa thèse, à affirmer que les acteurs majeurs du mouvement de la négritude interprètent le fait colonial comme une domination d'ordre culturel plutôt que politique. Ainsi, il écrit que « l'option culturelle déboucha [...] sur une dépolitisation de la question coloniale au sens où la volonté d'obtenir l'indépendance cessa de faire prime » (*ibid.*, p. 1279) et, par conséquent, « ce n'est que sous la pression d'une action culturelle à mener que Senghor se vit contraint, à partir de 1948, à exiger l'indépendance politique » (*ibid.*, p. 1280).

Steins pense que la négritude ne s'est véritablement politisée qu'après les indépendances, quand Senghor a forgé le « Socialisme africain » pour construire le Sénégal nouvellement indépendant. Lisant ses propos après la disparition des possibles politiques qui leur donnaient sens, il ne voit pas que la finalité du projet de Senghor n'est pas de définir « les grands traits de la nation culturelle négro-africaine », mais de réformer la France. Cela le mène à soutenir que sa doctrine politique ne doit rien à la gauche progressiste et tout à la droite ethnonationaliste française :

> En fait, dans les premiers essais où il définissait les grands traits de la nation culturelle négro-africaine, Senghor se ralliait à un des axiomes fondamentaux du nationalisme moderne, à savoir la priorité politique des « valeurs » collectives. Son programme présentant une affinité essentielle avec lui, il était au fond fatal qu'il rencontrât sur sa route le nationalisme français (*ibid.*, p. 1288).

Certes la pensée politique de Senghor s'inspire du nationalisme antirépublicain, mais, dans ses textes, le terme « nation » n'a pas le sens que lui donnent les ethnonationalistes. De plus, comme nous le verrons dans le chapitre qui suit, il distingue avec soin entre « patrie » et « nation » dès l'après-guerre[40]. L'objectif de Steins se rend évident dans sa conclusion :

> En 1949 déjà, lorsqu'il [Senghor] fonda le Bloc démocratique sénégalais, il partait de ce postulat que l'État, qu'il considère comme l'expression et le moyen de réaliser la Nation, assume la charge de la communauté des personnes. Les idéologues des années 30 avaient longuement développé cette idée, léguée à Senghor, que la « personne » est plus que cet individu légal dont s'occupe la République et que la « communauté » est cette dimension spirituelle de la collectivité nationale que lui confère tout ce qui, dans l'homme, dépasse la singularité individuelle. Si la « personne » étend le concept de l'individu au domaine spirituel, la « communauté », inversement, incarne et exprime la dimension plurielle de la personne (*ibid.*, p. 1291).

Jusqu'ici, je ne peux que suivre Steins. Non seulement Senghor cite les chefs de file du personnalisme, mais l'influence de leurs écrits dans sa théorisation de la Négritude est manifeste. En revanche, je ne peux admettre ses conclusions et son objectif de démontrer que le projet de Senghor a toujours porté en lui le ferment d'un autoritarisme de type national-socialiste :

> C'est en prenant appui sur cette idée de la nation comme communauté de personnes que Senghor traduisit et introduisit la négritude dans la politique. À l'instar des idéologues qui firent le lit de la Révolution nationale, Senghor fait des valeurs culturelles l'objectif primordial de toute politique. À ses yeux, il n'y a de véritable aliénation qu'à la culture et, par conséquent, à la Nation. Cette idée, qui est au centre de sa résistance contre l'assimilation, justifiait l'indépendance (*ibid.*).

Steins ne fait pas une lecture honnête des textes de Senghor, qui sont nombreux à contredire ces propos. Pour ne prendre qu'une des conclusions errronées ci-dessus, chez ce dernier, lequel demande à l'État de cultiver le métissage, la « Nation » est pluriculturelle. Je ne veux le disputer ici point par point, mais j'insiste sur le fait qu'on ne peut chercher à être objectif et conclure :

---

40 Senghor s'inspire des travaux de Denis de Rougemont pour distinguer ces deux notions. Pour une présentation des idées des « non-conformistes » des années 1930, *Cf.* Loubet Del Bayle, Jean-Louis, *Les non-conformistes des années 30 : une tentative de renouvellement de la pensée politique française*, Paris, Éditions du Seuil, 2001.

> Il est dès lors évident que, typologiquement, le projet senghorien est le même que celui qui, dans les années 30, voulut soustraire l'Europe au dilemme droite (conservatrice) – gauche en fondant sur la priorité de valeurs spirituelles et sur sa gestion par l'État-Nation cette troisième voie qui entendait concilier le nationalisme et le socialisme (*ibid.*, p. 1292).

Steins saute des années 1930 aux années 1960 pour avancer que le projet de Senghor pour le Sénégal est « le même » que celui du Gouvernement de Vichy pour la France. Or les idéologues antirépublicains des années 1930 n'ont pas seulement donné naissance à la Révolution nationale, ils ont aussi fait le lit du fédéralisme intégral[41], idéologie à laquelle la pensée politique de Senghor peut sans difficulté aucune être affiliée – en particulier pendant les années que Steins choisit d'ignorer. J'y viendrai dans le chapitre qui suit, privilégiant ici le discours que Senghor tient au premier congrès du parti qu'il a fondé, discours dans lequel il définit « les principes sur lesquels doit se fonder l'action du BDS » (Senghor, 1971, p. 51). Il y compare le nationalisme à « un vieux fusil de chasse », et exprime clairement qu'il n'est pas « un instrument efficace de lutte contre l'impérialisme capitaliste » (*ibid.*, p. 52). Il affirme avec force que l'action du BDS n'aura pas pour objectif de permettre à l'Afrique de faire sécession, et souligne le fait que l'Afrique est déjà intégrée dans l'Union française qui est semblable à une « Fédération de peuples libres » (*ibid.*, p. 52-53). Plus encore, il soutient que ce sera au sein de la France et grâce à ses ressources que l'Afrique s'épanouira : « il est heureux que la constitution de l'Union française nous permette de nous aider de l'expérience et des ressources du peuple de France, de développer, en même temps, avec notre potentiel économique, notre propre personnalité négro-africaine » (*ibid.*, p. 53). Enfin, dans la conclusion de son discours, il exprime sans ambages que la visée du BDS n'est pas l'indépendance :

> L'interdépendance des peuples au XXe siècle et la tradition révolutionnaire française nous font accepter de rester librement dans une Union française, fondée, au demeurant, sur « l'égalité des droits et des devoirs sans

41 *Cf.* Cohen, Antonin, « De la révolution nationale à l'Europe fédérale. Les métamorphoses de la troisième voie aux origines du mouvement fédéraliste français : La Fédération (1943-1948) », *Le Mouvement Social*, vol. 217, n° 4, 2006, p. 53-72 ; Loubet del Bayle, Jean-Louis, « Le mouvement personnaliste français des années 1930 et sa postérité », *Politique et Sociétés*, vol. 17, n° 1-2, 1998, p. 219-237.

> distinction de race ni de religion ». [...] Nous ne sommes pas plus racistes que régionalistes ou nationalistes (*ibid.*, p. 59).

Certes, comme l'écrit Steins, Senghor « pren[d] appui sur cette idée de la nation comme communauté de personnes » et considère que « l'État [est] l'expression et le moyen de réaliser la Nation », mais nous verrons que jusqu'à la fin des années 1950, « l'État » qui doit réaliser cette « Nation » est la France. De même, la « communauté » qu'il décrit est bien plus large que les « nations » des États devenus indépendants en 1960.

J. M. Ita : négritude et nationalisme politique

J. M. Ita interprète autrement la *négritude senghorienne* et soutient qu'elle est une idéologie politique dès son émergence. Dans son article *Frobenius, Senghor and the Image of Africa*[42], il fait un excellent travail de présentation et de contextualisation de la pensée de Frobenius. Il suggère que l'étude des sources et des influences de l'africaniste met en lumière les biais par lesquels il comprend cette civilisation, surtout si cette étude est couplée à une attention au contexte intellectuel et politique dans lequel ce dernier produit ses interprétations de la civilisation africaine.

Ita, dont le propos est de révéler que Senghor hérite de ces biais, avance que ce sont les traits anti-scientifiques de l'œuvre de Frobenius qui ont enthousiasmé le théoricien de la négritude, lequel aurait en outre été séduit par le caractère à la fois rigidement schématique et mythopoïétique des assertions frobéniennes :

> Senghor est uniquement intéressé par l'interprétation générale de Frobenius de la civilisation africaine. Contrairement aux anthropologues, il ne s'intéresse pas à la vérification des données empiriques de Frobenius ni aux méthodes par lesquelles elles ont été obtenues. Il ne lui importe pas non plus de savoir si les conclusions de Frobenius peuvent effectivement être inférées des données empiriques ; c'est projeter une image de la civilisation africaine qui le préoccupe (Ita, 1973, p. 314)[43].

---

42 *Cf.* Ita, art. cité, 1973, p. 306-336.

43 Je traduis le suivant : « *Senghor is solely interested in Frobenius's overall interpretation of African culture. Unlike the anthropologists he is not interested in checking Frobenius's empirical data or the methods by which they were obtained. Nor is he concerned with whether Frobenius's conclusions can, in fact, validly be inferred from the empirical data ; he is concerned with projecting an image of African culture.* »

Pendant l'entre-deux-guerres et à la suite de l'ébranlement des thèses scientistes et positivistes, divers courants de l'irrationalisme prospèrent en France, où l'intérêt pour la philosophie vitaliste est en plein essor. Paul Valéry, par exemple, que Senghor cite à l'Assemblée nationale en 1949[44], écrivait en 1919 : « Nous autres, civilisations, nous savons maintenant que nous sommes mortelles[45] ». Nous retrouvons ici l'analogie vitaliste de Spengler et de son ami Frobenius, qu'Ita classe parmi la cohorte des critiques de la civilisation occidentale. La négritude émerge dans ce contexte et, selon cet historien, elle est influencée par l'irrationalisme allemand qui imprègne les théories de Frobenius. Senghor découvre chez ce dernier une Afrique qui n'est pas seulement le terrain de recherches ethnographiques, mais qui est aussi une civilisation aux antipodes de la civilisation européenne en dégénérescence et, de toute évidence, une telle revalorisation de la civilisation africaine dans une Europe en crise était propice au développement de sa pensée politique.

Pour Ita, la négritude est une idéologie nationaliste africaine semblable au nationalisme romantique allemand. Il explique cette ressemblance par l'adoption des théories frobéniennes, et démontre que l'opposition entre Européens et Négro-africains que nous trouvons chez Senghor provient de la projection faite par Frobenius de l'antagonisme France/Allemagne sur l'Afrique. Pour exemplifier son propos, Ita cite *Le message de Goethe aux Nègres-nouveaux*, qui est un article écrit en 1949 pour le recueil *Goethe : Hommage de l'UNESCO pour le deuxième centenaire de sa naissance.* Dans ce passage, Senghor témoigne de sa découverte des affinités entre les âmes allemande et nègre :

> N'étaient-elles pas, l'une et l'autre, fille de la *Civilisation éthiopienne*, qui signifie « l'abandon à une essence païdeunmatique », don d'émotion, sens du réel, tandis que la *Civilisation hamitique*, à quoi s'apparente le rationalisme occidental, signifie volonté de domination, don d'invention, sens du fait ?
>
> Leo Frobenius nous avait embrigadés dans un nouveau *Sturm und Drang*, nous avait conduits à Wolfgang Goethe [...]. À la suite du Rebelle, nous nous insurgions contre l'ordre et les valeurs de l'Occident, singulièrement contre sa *raison* [...] Nouveaux Prométhées, Fausts à visage d'ébène, nous

44 *Cf.* la partie « La place de l'Afrique dans l'Europe unie, Discours du 9 juillet 1949 à l'Assemblée nationale ».

45 *Cf.* Valéry, Paul, *La crise de l'Esprit*, Paris, Nouvelle Revue Française, 1919, p. 321-337.

> opposions, à la platitude de la raison, les hauts fûts de nos forêts… (Senghor, 1964, p. 83-84)[46].

Notant la référence au *Sturm und Drang* et à l'insurrection contre la raison, Ita commente judicieusement que Senghor reconnaît l'héritage romantique de Frobenius. Il présuppose alors que les fondateurs de la négritude se sont opposés à la civilisation française à l'instar des romantiques allemands qui lui ont résisté à la suite des conquêtes napoléoniennes :

> La raison pour laquelle il devait accepter si volontiers l'opposition Hamite/Éthiopien devient maintenant plus claire. Cette opposition, comme il a été montré, a plus à voir avec la tradition romantique européenne qu'avec l'observation empirique de l'Afrique. La période romantique en Allemagne correspond en grande partie à la période des guerres napoléoniennes. La conscience nationale allemande, telle qu'elle est par exemple exprimée dans *Reden an die deutsche Nation* (1808) de Fichte, a été forgée pendant l'occupation napoléonienne de l'Allemagne, et en réaction contre elle. En effet, un certain nombre de poètes romantiques allemands ont été activement engagés dans les guerres de libération qui ont mis fin à l'occupation française (Ita, 1973, p. 328)[47].

L'homologie repose sur plusieurs points où Ita voit des similitudes : entre l'occupation napoléonienne et l'occupation coloniale ; entre la conscience nationale allemande et la conscience raciale de la négritude ; entre poètes romantiques allemands et poètes de la négritude ; entre les guerres de libération et luttes pour l'indépendance. Pour Ita, le « don d'émotion » que Senghor attribue au Nègre est à comprendre dans ce cadre :

> Comme Napoléon, dans l'esprit populaire allemand, était considéré comme un héritier de la Révolution française, laquelle avait intronisé « la Raison universelle » à la place de Dieu, l'affirmation selon laquelle il y avait une « Raison universelle » était devenue associée à l'impérialisme de Napoléon.

---

46 Je ne recopie pas ici la traduction anglaise, me contentant de reproduire les parties qu'Ita cite. J'indique néanmoins que ce qui est « civilisation » dans le texte de Senghor est traduit « *culture* » en anglais par Ita.

47 Je traduis le suivant : « *It now becomes clearer why he should so willingly accept the Hamitic/Ethiopian opposition which, as has been shown, has more to do with the European Romantic tradition than with empirical observation in Africa. The Romantic period in Germany was largely the period of the Napoleonic Wars. German national self-consciousness as expressed for example in Fichte's* Reden an die deutsche Nation *(1808) was forged during the Napoleonic occupation of Germany, and as a reaction against it. Indeed, a number of the German Romantic poets were actively engaged in the Wars of Liberation which eventually put an end to the French occupation.* »

> Par conséquent, dans l'idéologie romantique allemande, la « Raison », généralement interprétée comme matérialisme rationaliste et athée, a été identifiée avec la France, à sa prétention à l'universalité, à l'impérialisme français ; alors que tout sentiment ou « intuition » et la dévotion aux « valeurs spirituelles intérieures » (sinon à la religion orthodoxe) ont été identifiés au nationalisme allemand par révolte ou lutte contre la France (*ibid.*)[48].

On le voit, cette homologie repose sur le présupposé selon lequel l'occupation française produit une réaction anti-française : nationalisme allemand au XIXe siècle et négritude au XXe. Il repose sur un deuxième présupposé, qui est en le corollaire, présupposé selon lequel Senghor est un nationaliste :

> Quoi de plus naturel que Senghor, un nationaliste africain du XXe siècle, aussi en révolte contre un empire français « universel » ou tout au moins cosmopolite, se sentît attiré vers les stéréotypes forgés dans le nationalisme allemand du siècle précédent ? Et quoi de plus opportun pour Senghor que de découvrir que Frobenius avait déjà assimilé « Éthiopien » aux valeurs allemandes (*ibid.*, p. 329)[49] ?

J'estime que les remarques d'Ita sont justes, mais que les conclusions qu'il en tire sont fausses. Senghor écrit « Le message de Goethe aux Nègres-nouveaux » en 1949, l'année où il quitte la SFIO et fonde le BDS[50]. Plus haut, en commentant des extraits du discours qu'il tient au premier congrès de ce parti, j'ai mis en évidence qu'il a fondé son action sur des principes explicitement anti-séparatistes. Or Ita fait non seulement une lecture anachronique de cet hommage à Goethe (en cette année-là, l'indépendance n'était pas du tout envisagée par les leaders

48 Je traduis le suivant : « *As Napoleon, in the German popular mind, was regarded as an heir of the French Revolution, which had enthroned "universal Reason" in the place of God, the claim that there was a "universal Reason" had become associated with Napoleon's imperialism. Consequently in the German Romantic ideology "Reason", generally interpreted as rationalist materialism and godlessness, was identified with France ; its claim to universality, with French imperialism ; while feeling or "intuition" and devotion to "inward spiritual values" (if not to orthodox religion) were identified with German nationalism in revolt or in struggle against France.* »

49 Je traduis le suivant : « *What could be more natural than that Senghor, a twentieth-century African nationalist, also in revolt against a "universal" or at least cosmopolitan French empire, should feel drawn to the stereotypes evolved by emergent German nationalism of the previous century ? And what could be more opportune to Senghor, than to discover that Frobenius had already equated "Ethiopian" with German values ?* »

50 Pour les rapports entre Senghor et la SFIO, *Cf.* Morin, Gilles, « Senghor et la SFIO », *in* Girault, *op. cit.*, 2001, p. 163-170.

politiques de l'Afrique française[51]), mais il le tronque pour qu'il serve son propos. Il ne cite que quelques lignes de l'hommage de Senghor, manquant de relever que, quand ce dernier décrit les premières années d'une négritude grisée par un romantisme violent, il force les traits dans le but de présenter le cosmopolitisme pacifique de Goethe sous ses plus beaux atours. Aussi est-il symptomatique qu'Ita ne cite pas la suite de l'hommage :

> Ce furent, entre 1930 et 1939, les années d'ivresse du Nègre Nouveau en France. [...]
>
> La défaite de la France et de l'Occident, en 1940, nous avait, d'abord, rendus stupides, nous, les intellectuels nègres. Nous nous réveillâmes, bientôt, sous l'aiguillon de la catastrophe, nus et dégrisés. Voilà donc où nous avaient conduits, dans l'odeur des charniers et les bruits des pelotons d'exécution, la haine de la raison et le culte du *Sang*. Il ne nous restait, dans le gouffre, que les cordes puissantes, dans les ténèbres, que les hauts phares des maîtres à penser d'où qu'ils puissent venir. Nous nous étions mis, du moins les prisonniers, à relire nos classiques avec la lucidité du réveil (Senghor, 1964, p. 84).

Senghor ne peut être plus clair dans son rejet de l'anti-rationalisme romantique, dans lequel il identifie les sources du nazisme. Quand la valorisation de soi devient révolte, culte et haine, le réveil qui suit l'ivresse est douloureux, en particulier quand on se trouve, comme les tirailleurs sénégalais, livrés aux crimes de guerre et aux *Frontstalags* insalubres. C'est dans ces camps de prisonniers que Senghor a relu les classiques, dont Goethe :

> Goethe se trouvait parmi eux, homme intégral, désormais, à nos yeux ouverts, et non aliéné. [...] Et nous méditions la leçon de sa vie et de son œuvre.
>
> Il nous apprenait, d'abord, les dangers de la solitude culturelle, du repliement sur soi, de la volonté de ne bâtir que sur sa race, sa nation, ses vertus natives. [...] Il entendait se parer de toutes les couleurs de l'arc-en-ciel. Pardessus tout, il ressentit, lui, l'Allemand, jusqu'à l'angoisse, le vieil appel de la Méditerranée et des terres de soleil aux « barbares du Nord », le vieil appel de la raison au cœur. Et il y répondit (*ibid.*, p. 84-85).

Contrairement à ce qu'avance Ita, Senghor rejette explicitement dans ce texte une négritude trop teintée de romantisme. Ici, comme ailleurs,

51 *Cf.* Wilder, *op. cit.*, 2015.

il limite la « Négritude ghetto[52] » des premières années à n'être qu'un stade vite dépassé de cette idéologie. L'opposition entre ivresse et lucidité qu'il file ci-dessus ne pourrait exprimer plus clairement la distance qu'il prend avec cette « révolte contre la raison ».

L'identification de l'occupation napoléonienne des États allemands à la colonisation française de l'Afrique qu'Ita opère est fondée sur une fausse similitude. La « Raison universelle » est associée à l'impérialisme de Napoléon par les romantiques allemands, certes, mais l'idée selon laquelle les Africains colonisés par la France subissaient cette même Raison ne tient pas à l'examen critique. Pour forger une telle comparaison, Ita, comme la grande majorité des commentateurs de la négritude, présente la colonisation française comme une entreprise assimilationniste, ce qu'elle n'était pas en Afrique. Au contraire, comme il a été mis en lumière plus haut, le courant anti-assimilationniste a triomphé dès la première décennie du XXe siècle, et son hégémonie s'est traduite par la mise en place de politiques coloniales conservatrices et non affiliées à la tradition révolutionnaire française. À trop vouloir opposer nationalisme romantique et impérialisme, Ita s'est rendu aveugle au fait que la pensée de Senghor est sinueuse et se fraie un chemin entre l'assimilationnisme inspiré par les Lumières et l'anti-assimilationnisme héritier de ce même romantisme nationaliste allemand qui aurait consolidé une négritude d'insurrection. Certes, Senghor affirme qu'il existe des « peuples négro-africains » contre la « prétention à l'universalité » de la France, mais une telle déclaration n'est pas mécaniquement corrélée à une lutte anticoloniale dont l'objectif serait la création d'États-nations indépendants. Enfin, si nationalisme il y a chez Senghor, il ne se mesure qu'à l'aune de son activité politique, laquelle eut lieu après la Seconde Guerre et non dans cette période « entre 1930 et 1939 » de l'embrigadement dans « un nouveau *Sturm und Drang* ». Dans le texte même qu'Ita cite, Senghor déclare cette période révolue et, dans les faits, à l'écriture de cet hommage en 1949, il lutte pour la transformation de la République française en République fédérale française, afin que le droit à l'autodétermination des peuples africains puisse être exercé au sein de la France et non en dehors d'elle. C'est dans le cadre d'une

52 Senghor, Léopold Sédar, *La Poésie de l'action, Conversations avec Mohamed Aziza*, Paris, Éditions Stock, 1980, p. 184.

telle lutte qu'il appelle à ce que le « message de Goethe aux Nègres-nouveaux » soit entendu :

> « Chacun doit être grec à sa façon, mais doit l'être », conseille Goethe aux Nègres Nouveaux. Ce n'est pas dire qu'ils renonceront à l'affirmation hautaine de leur ressentiment, qu'ils étoufferont les sombres geysers de leur sang, qu'ils voileront les tam-tams de la nuit. Non pas, mais qu'ils seront les maîtres magnifiques des forces telluriques, par quoi s'exprime la Négritude ; que, chez eux, désormais, l'image ne vivra pas d'une force autonome en ruinant l'idée, que l'esprit contiendra la forme (Senghor, 1964, p. 85-86).

Il ne s'agit donc pas non plus de rejetter la négritude, mais bien de la cultiver. En effet, les « Nègres Nouveaux » seront, comme Goethe, des « homme[s] intégr[aux] » qui maintiendront en équilibre les pôles rationnels et émotifs de leur être :

> « Romantisme dominé. » En donnant cette définition du classicisme, André Gide ne faisait que reprendre la grande pensée de Goethe. « Romantisme dominé », équilibre parfait entre deux valeurs complémentaires, le cœur et la tête, l'instinct et l'imagination, le réel et le fait, équilibre parfait de Zeus lançant la foudre, telle est la leçon que, pour nous, Goethe tire de l'art antique. [...] Il avait marché, depuis l'Extrême-Nord, à la recherche du Soleil. Nous venions du Sud vers des pays plus tempérés. Et voilà que nous nous étions rencontrés sur les bords de la Mer médiane, nombril du monde. Et nous devisions fraternellement dans l'air lumineux et tiède. Et nous goûtions la douceur de la mer métisse, de la Méditerranée (*ibid.*, p. 86).

Méditant la leçon de Goethe, les Nègres Nouveaux ont compris qu'il est nécessaire de maîtriser les « forces telluriques », « l'image », « le cœur », etc., c'est-à-dire les « valeurs » qui sont leurs parce qu'ils possèdent une « âme nègre ». Senghor décrit la poésie des Nègres Nouveaux comme l'art de l'« équilibre parfait entre deux valeurs complémentaires », équilibre qui est le produit de leur assimilation des valeurs de la civilisation française. La Méditerranée[53], « mer métisse » au milieu des terres européennes et africaines, devient alors le symbole de cette rencontre. « [N]ous goûtions à la douceur », l'expression est de Delavignette, citée à la conférence de Dakar en 1937, mais ici, les hommes, qui sont ensemble, sont différents parce que partis de lieux divers et rendus semblables par la quête qui les a fait converger vers leur lieu rencontre.

53 *La Méditerranée, lac de l'Occident*, qui est un second rapport à Faure écrit en 1955.

Il ne semble parler ici que de poésie et de caractéristiques culturelles, mais ses propos sur le « Romantisme dominé » des Nègres Nouveaux ne sont pas que des vagues définitions de l'esthétique de ces poètes. Pour Ita, Senghor imagine le rôle du poète nègre par référence aux poètes romantiques allemands, ce qui implique, sur le plan politique, un engagement nationaliste contre la France. Quand je contredis Ita et soutiens que Senghor n'est pas un « nationaliste africain », alors même que des éléments de l'idéologie romantique allemande sont présents dans la négritude, je n'avance pas que les Nègres Nouveaux ne sont pas des poètes engagés sur le plan politique. En effet, dans les multiples sources de la poésie auxquelles Senghor affirme que ces poètes ne renonceront pas, à côté des « tam-tams » et « geysers de leur sang », se trouve « l'affirmation hautaine de leur ressentiment ». Le ressentiment, par définition, suppose que des offenses et des préjudices ont été subis et gardés en mémoire. En définitive, si ces poètes réagissent, ce n'est pas contre la « Raison universelle » intronisée par la Révolution française, mais contre les politiques coloniales iniques de la République.

État « hamite » versus *communauté « éthiopienne »*

Ita pourrait avancer un dernier argument en défense de sa thèse. Il est le fait que, pour Frobenius, l'organisation étatique à la française est incompatible avec les peuples de type « éthiopien ». Frobenius est très critique de la République de Weimar, dont il condamne l'artificialité des institutions et de la constitution. Le repoussoir est à nouveau la France : « L'idée allemande de l'État "organique" était opposée à l'État en tant qu'"organisation", c'est-à-dire quelque chose qui est artificiellement planifié. L'État démocratique français, planifié selon les préceptes de la "Raison", était considéré comme l'archétype de l'État en tant qu'"organisation" » (Ita, 1973, p. 329)[54]. La « planification », les institutions, la constitution, et ultimement, la démocratie sont vues comme l'antithèse de la « croissance organique ». L'idéal des apôtres néo-romantiques de la communauté « organique » est conservateur et antidémocratique, et les nationalistes du début du XXe siècle soutiennent qu'un gouvernement autocratique

54 Je traduis le suivant : « *The German idea of the "organic" state was contrasted with the state as an "organization", i.e. something which is artificially planned. The French democratic state, planned in accordance with the dictates of "Reason", was regarded as the archetype of the state as "organization".* »

ou autoritaire serait plus adéquat au peuple allemand parce qu'il est « intuitif » et non « rationnel » comme le peuple français. Frobenius projette aussi cette opposition entre systèmes politiques sur l'Afrique. Les « Hamites » organisent des systèmes politiques sophistiqués comme les royaumes et empires Mandingue ou Hausa ; les « Éthiopiens » forment des communautés « organiques », fondées sur des unités naturelles comme la famille et le clan[55]. Le parallèle avec l'Europe cesse là, note Ita, parce que les communautés « éthiopiennes » décrites par l'africaniste sont par nature démocratiques et antiautoritaires. Cependant, elles sont de petite échelle, ce qui permet à tous les hommes d'avoir voix dans les prises de décisions. Comme cette forme africaine de démocratie directe est impraticable à large échelle, Ita conclut :

> Puisque le modèle démocratique « organique » de Frobenius ne convient pas aux grands États-nations, il semble que Senghor ait adopté, consciemment ou inconsciemment, le modèle autoritaire et conservateur de l'État « organique » avancé par les premiers nationalistes allemands et russes (*ibid.*, p. 331)[56].

Cette conclusion est discutable sur de nombreux points. Ita, à l'instar de Steins, écrit après les indépendances, quand Senghor est le président de la République du Sénégal. Je ne m'intéresse pas, dans le cadre de ce travail, à cette possible adoption du modèle autoritaire de l'État « organique » des « premiers nationalistes » pour construire cette république. Or le projet politique que Senghor défendait avant 1960 ne s'inscrit pas sans heurts dans l'opposition « organique » *versus* « planifié/organisé ». Dans les essais où il théorise le « socialisme africain[57] », il cherche à imaginer un État de large échelle et planifié qui serait semblable à la communauté

55 Senghor distribue autrement les populations entre les catégories « hamite » et « éthiopien ». Dans la longue conférence qu'il donne à l'université du Caire en 1967, *Les fondements de l'Africanité ou Négritude et Arabité*, il expose le plus clairement des positions tenues dès 1945. S'appuyant sur la distinction de Frobenius, il fait des « Arabo-Berbères » des « Hamites » et des « Négro-africains » des « Éthiopiens » (Senghor, 1997, p. 127). Autrement dit, pour Senghor, le Sahara fait la ligne de démarcation entre les sociétés négro-africaines fondamentalement « éthiopiennes » et les sociétés arabo-berbères « hamites ». Se trouvent ainsi catégorisées parmi le type « éthiopien » des sociétés qui étaient de type « hamite » chez Frobenius.

56 Je traduis le suivant : « *Since the democratic "organic" model of Frobenius is not suited to large nation states, it seems that Senghor has, consciously or unconsciously, adopted the authoritarian and conservative model of the "organic" state advanced by earlier German and Russian nationalists.* »

57 *Cf. Vers un socialisme africain* (Senghor, 1971, p. 45-50) ; *Socialisme et culture* (*ibid.*, p. 184-196) ; *Nation et socialisme* (*ibid.*, p. 232-270) ; *La voie africaine du socialisme* (*ibid.*, p. 283-315).

« organique » de la civilisation négro-africaine. Plus encore, comme je le montrerai dans la partie qui suit, dans les textes qu'il écrit avant les indépendances, Senghor s'adonne à de véritables exercices d'imagination politique quand il décrit des organisations politiques négro-africaines précoloniales[58]. Dans ces textes, il présente des États « organisés » de large échelle et formés par un ensemble de communautés « organiques » associées. Autrement dit, les États précoloniaux présentaient une forme de protofédéralisme qui concilie démocratie directe à l'échelle communautaire et organisation d'un État complexe de large échelle.

Ita reproche à Senghor de s'être affilié avec enthousiasme à la tradition romantique européenne et d'avoir accueilli sans réserve le schéma de Frobenius pour construire sa pensée nationaliste. En préférant la projection de l'antagonisme européen sur l'Afrique à l'observation empirique des peuples africains, Senghor, comme Frobenius, omettrait de mentionner que les peuples « hamites » et « éthiopiens » ont un ennemi commun : les puissances impériales. Ita soutient alors l'idée suivante :

> Clairement, le nationalisme allemand et le nationalisme africain doivent avoir *quelque chose* en commun ; sinon, il serait inutile de décrire les deux comme « nationalisme ». Mais les détails du schéma de Frobenius peuvent-ils s'appliquer à l'Afrique moderne ? Le nationalisme allemand et le nationalisme africain de Senghor ont en commun le fait qu'ils se sont tous deux formés en révolte contre l'impérialisme français (*ibid.*, 327)[59].

Ci-dessus est exprimé ce qui est selon moi le point aveugle de l'argumentation d'Ita : il est certain que « *Senghor's brand of African nationalism* » est un nationalisme. Pour lui, Senghor est un « nationaliste africain [...] en révolte contre un empire français "universel" », et son « nationalisme africain » s'oppose à l'« impérialisme français ». Ita ne parvient pas à s'extraire du paradigme nationaliste ni à mettre en question l'idée selon laquelle l'indépendantisme est la seule forme de

58 *Cf. Ce que l'homme noir apporte* (Senghor, 1964, p. 22-38) ; *Vues sur l'Afrique noire, ou assimiler, non être assimilés* (Senghor, 1964, p. 39-69) ; *L'Afrique noire. La civilisation négro-africaine* (*ibid.*, p. 70-82) ; *Éléments constitutifs d'une civilisation d'inspiration négro-africaine* (*ibid.*, p. 252-286).

59 Je traduis le suivant : « *Clearly, German nationalism and African nationalism must have something in common ; otherwise it would be meaningless to describe both as "nationalism". But can the details of Frobenius's scheme apply to modem Africa ? The important feature which German nationalism and Senghor's brand of African nationalism have in common is that they both grew up in revolt against French imperialism.* »

lutte contre l'impérialisme. Écrivant après les indépendances, il mène ses réflexions postérieurement à la disparition des conditions de possibilité des projets alternatifs de décolonisation et ne parvient pas à imaginer le fait que Senghor souhaitait que l'Afrique reste française. Ce projet politique fera l'objet du chapitre qui suit.

Je terminerai ce commentaire en revenant à la rencontre avec Goethe sur les rives de la « mer métisse ». En 1955, Senghor rend un second rapport sur la révision du titre VIII de la Constitution au président du Conseil Edgar Faure. Dans *Liberté II*, ce rapport a pour titre *La Méditerranée, lac de l'Occident*. Senghor, qui y propose une fois de plus la fédération comme voie de décolonisation, et ne s'y présente pas comme un nationaliste africain animé par des sentiments anti-français, à moins que vouloir conjuguer l'égalité et la diversité soit anti-français.

Pour conclure, je partage l'avis d'Ita selon lequel Senghor a intégré dans son système de pensée des interprétations de la civilisation africaine qui étaient biaisées par la projection des antagonismes européens sur l'Afrique. Construits à partir des affabulations de Frobenius, les propos de Senghor sur la civilisation négro-africaine ont certainement peu de rapport avec la réalité empirique de l'Afrique de son temps, mais, s'il est aisé de montrer le caractère mythique de sa description de cette civilisation, il est plus intéressant de chercher à percevoir les nouvelles perspectives que la pensée Frobenius lui offre dans le contexte colonial qui était le sien lorsqu'il a découvert cette œuvre. Steins affirme que Senghor découvre dans les textes de Frobenius une définition de la « Culture » qui soutient sa quête apolitique de l'identité nègre ; Ita avance qu'il en extrait les éléments de son nationalisme africain. Si l'un et l'autre présupposent que la politique coloniale française était assimilationniste, ils interprètent de manière différente la négritude. Le premier présente l'indépendance de 1960 comme la solution trouvée par Senghor pour sauver l'identité culturelle que les fondateurs du mouvement s'étaient efforcés de retrouver et de défendre. Le second comprend la négritude comme une rébellion politique contre l'impérialisme français. Il est tout aussi remarquable que Steins et Ita lient l'époque qui suit les indépendances à l'entre-deux-guerres et ne prennent ni l'un ni l'autre en considération les vingt années qui séparent ces deux temps. Cette mise entre parenthèses de la période qui commence à la chute de la IIIe République et se termine à l'avènement de la Ve République est ce qui leur permet d'inventer cette parfaite continuité de la pensée de Senghor de l'émergence de l'idéologie à la fondation et édification de la République du Sénégal. Steins ne prend pas en considération le fait que tout propos sur la culture ou la civilisation était intrinsèquement politique dans le système colonial français ; Ita est restreint par l'opposition entre domination coloniale et indépendance nationale qui oriente toute sa réflexion. Par conséquent, non seulement leurs reconstructions du projet politique et poétique de Senghor sont rétrospectives et téléologiques, mais ils sont aussi tous deux restés aveugles à la décolonisation de la France que ce dernier entrevoyait. Je maintiens donc que les propos de Senghor sur la « civilisation négro-africaine », la « personnalité collective des peuples noirs » et les « valeurs culturelles du monde noir » sont pleinement liés à son projet politique. Nous le verrons dans le chapitre qui suit, dans cette période mise entre parenthèse par Steins et par Ita, il cherche à rendre compatibles le principe de l'autodétermination des peuples et le principe de l'intégrité territoriale de la France.

LES « CIVILISATIONS LES PLUS OPPOSÉES L'UNE À L'AUTRE [...] SONT LES PLUS NATURELLEMENT COMPLÉMENTAIRES »

Si Senghor retient de Frobenius l'opposition entre civilisations de type « éthiopien » et de type « hamite », il n'adopte pas sa philosophie de l'histoire. Pour l'africaniste allemand, les civilisations sont toutes destinées au déclin ; pour Senghor, leur destin est de converger. Cette vision optimiste de l'avenir repose dans sa conviction que les civilisations opposées sont complémentaires. De même que ces figures de l'« homme intégral » (*ibid.*, p. 84) que sont Goethe et les Nègres Nouveaux devisent fraternellement aux bords de la Méditerranée, de même les civilisations atteignent leurs pleines maturité et vitalité lorsqu'elles entrent en relation symbiotique avec des civilisations complémentaires.

Il exprime cette idée avec le plus de clarté en 1951 à sa réception au Pen Club des écrivains belges de langue française. Il conclut son allocution, dans laquelle il loue les vertus de la Belgique et de son œuvre au Congo[60], par des propos sur la création d'œuvres d'art. Comme cette création est pour lui l'« activité générique [de l']homme » (*ibid.*, p. 124), il félicite les Belges pour avoir fondé l'Union africaine des Arts et des Lettres[61] et confirme que cette association vise à promouvoir les artistes congolais. Je rappelle que, selon la définition qu'en donne Senghor, la « Culture » anime l'homme pour qu'il tende vers un équilibre avec son milieu. Or le milieu a changé depuis l'arrivée des Belges au Congo et, par conséquent, les artistes et écrivains sont appelés à se renouveler pour que leurs œuvres soient véritablement l'expression de la « Culture ». Il s'agira alors de promouvoir les créateurs congolais qui se sont adaptés à leur nouveau milieu : « Il n'est pas question, pour vous, de faire stagner artistes et écrivains congolais dans les marigots de la tradition négro-africaine, non plus que de les encourager à l'imitation servile de l'Europe » (*ibid.*).

Senghor soutient que les « [é]crivains belges de langue française » ont précédé les Congolais dans cette voie. Ils sont ainsi à la fois « les représentants authentiques de [...] la Civilisation française », tout en étant « plus que les délégués du génie français » (*ibid.*, p. 122), parce qu'ils ont dû créer « une nouvelle civilisation française » (*ibid.*). Il développe ensuite l'idée selon laquelle plusieurs « génies » s'expriment au sein de la Civilisation française en filant un propos sur le métissage : « Voilà quinze ans que je prône les civilisations métisses. Il n'est de grande civilisation que métisse. Heureux Belges, qui mêlez, dans vos veines,

60 Les propos de Senghor dans *Les Belges au Congo* heurtent la sensibilité actuelle. En faisant une apologie de l'œuvre coloniale belge, il déclare : « Je ne dis pas que votre œuvre congolaise soit parfaite. Votre histoire coloniale est celle des autres nations. [...] Mais quelle œuvre humaine est parfaite ? Que le Colonisateur-sans-reproche vous lance la première pierre » (Senghor, 1964, p. 123). Je ne sais pas si Senghor était bien informé au sujet du « caoutchouc rouge » de Léopold II et de la méthode des mains coupées, mais aujourd'hui, depuis la traduction en français du livre du journaliste américain Adam Hochschsild, *Les Fantômes du roi Léopold II. Un holocauste oublié* (1998), la colonisation belge du Congo est considérée comme l'une des plus brutales qu'a connues le continent. Sur la volonté de faire la lumière sur le passé et d'assumer la « mémoire du Congo » en Belgique, *Cf.* Chrétien, Jean-Pierre, « Le passé colonial : le devoir d'histoire », *Politique africaine*, vol. 98, n° 2, 2005, p. 141-148.

61 Le mandat l'Union africaine des Arts et des Lettres était « de promouvoir et de diffuser les ouvrages et œuvres artistiques des écrivains et artistes établis au Congo belge et au Ruanda-Urundi sans qu'il y ait lieu de distinguer leur race, leurs croyances et leurs opinions ». *Cf.* Mukala, Kadima Nzuji, *La littérature zaïroise de langue française : 1945-1965*, Paris, Karthala, 1984, p. 180.

les sangs germanique et celtique, espagnol et nordique ; heureux, qui êtes au carrefour des races et des routes : des civilisations » (*ibid.*, p. 123). Les Congolais, on le comprend, sont promus à la même béatitude et Senghor conclut son allocution en assurant que les Belges, parce qu'ils sont déjà métis, sont des guides de choix sur la voie du métissage où progressent les artistes et écrivains congolais :

> Je fais confiance aux écrivains et artistes congolais, ainsi guidés par vous, écrivains et artistes belges d'expression française. Vous avez merveilleusement greffé, des siècles durant, le scion latin sur le sauvageon nordique. Le destin des Congolais n'est pas tellement différent, celui des Mongita, Bata, Dombé [...]. C'est celui que, Nègres Nouveaux des Territoires français d'Afrique, nous avons assumé (*ibid.*, p. 124).

Je précise que ce « nous » rassemble les poètes de l'*Anthologie de la nouvelle poésie nègre et malgache de langue française* publiée trois ans auparavant, poètes que Senghor souhaite pouvoir représenter à ce Pen Club : « Ce à quoi vous avez convié vos amis, c'est à goûter les fruits de la greffe française en Afrique et même aux Antilles ; non pas les "Chants pour Naëtt", mais les œuvres de l'*Anthologie*. Je ne veux être qu'occasion et non raison » (*ibid.*, p. 122). Senghor déclare que les « Nègres », qu'ils soient du Congo belge ou des Territoires français d'Afrique ont un destin à assumer, lequel est de devenir un « Nègre Nouveau » en greffant le scion latin sur le sauvageon africain, à l'instar des Belges qui le greffèrent sur le sauvageon nordique. Parlant au nom des poètes de l'*Anthologie*, Senghor utilise le passé composé, indiquant que, en ce qui les concerne, cette greffe est déjà accomplie. Les poètes qui composent la « nouvelle poésie nègre de langue française » sont donc les premiers Nègres Nouveaux, les précurseurs dans la voie que tous les « Nègres » sont appelés à suivre, et leurs « poèmes nègres de langue française » sont les prémices d'une « nouvelle civilisation française » en Afrique.

Assumer son destin est donc pratiquer une greffe et consentir au métissage. Senghor présente-t-il ce destin comme une fatalité, comme la conséquence de la conquête européenne de l'Afrique ? Ou soutient-il que la voie de sortie du « marigot de la tradition » a été ouverte à l'Afrique grâce au « contact de deux civilisations » qu'est la colonisation ? Il ne statue pas, mais exploite, dans la conclusion de son discours, l'ambiguïté du terme « destin » pour que sa signification dépende de l'action des hommes. C'est dans ce contexte qu'il explicite le principe de convergence des civilisations complémentaires :

> Mais de quoi s'agit-il ? De créer, *en Afrique et pour les Africains, une nouvelle civilisation*, qui soit à la mesure de l'Afrique et des temps nouveaux, qui soit le fruit d'une vraie culture. Il se trouve que nous avons la chance d'être à la croisée historique des deux civilisations les plus opposées l'une à l'autre, et, parce qu'il en est ainsi, sont les plus naturellement *complémentaires*. D'un côté la Civilisation latine ; de l'autre, la Civilisation nègre. Celle-ci nous enseigne l'amoureux abandon à la nature ; celle-là, le mouvement contraire, l'intégration de la nature à l'Homme. C'est dans ce double mouvement centrifuge et centripète que consiste, précisément, la vraie *Culture* ; celle qui a fait les grandes civilisations (*ibid.*, p. 124-125).

Déjà présente, mais pas encore pleinement réalisée, cette civilisation sera l'œuvre des hommes réconciliés :

> Sans doute, *votre* œuvre, *notre* œuvre, n'est-elle pas facile. Il ne s'agit de rien moins que de transcender la vieille antinomie assimilation-association, de rompre les cordons de police dressés entre vous et nous, l'Europe et l'Afrique authentiques. Cette assemblée fraternelle nous est un encouragement : elle est le signe de notre foi.
>
> Laissez-moi saluer, à l'aube du Demi-Siècle, la naissance de la *Civilisation afro-latine* (*ibid.*, p. 125).

Senghor présente trois civilisations en cette fin d'allocution : la « Civilisation latine », la « Civilisation nègre » et la « Civilisation afro-latine ». Les deux premières ont déjà une longue existence et, comme le suggère l'image de la « croisée historique », le cours du temps a mené leurs chemins à se rencontrer. La « Civilisation afro-latine », en revanche, a un statut beaucoup plus complexe. Elle est déjà présente parce que Senghor salue sa naissance : grâce à la convergence des deux civilisations opposées et « naturellement complémentaires », la « vraie Culture » a fait émerger cette « grande civilisation ». Mais la « Civilisation afro-latine » est aussi la « nouvelle civilisation » qui est encore à venir, celle qu'il s'agit de créer et qui sera le produit de « votre œuvre, notre œuvre ». Écrite sans majuscule, la « vraie culture » dont cette civilisation est le « fruit » n'est pas ici la « Culture », entité agissante externe à l'Homme : elle est l'action des hommes, celle que Senghor définit en 1937 comme l'« effort perpétuel vers un équilibre parfait » (*ibid.*, p. 12). En somme, la

« Civilisation afro-latine » est déjà présente, rendue possible par la croisée historique des civilisations opposées et naturellement complémentaires, mais elle sera pleinement réalisée uniquement si les hommes se défont de ce qui réfrène le mouvement de la « vraie Culture ».

Senghor présente ici deux obstacles à la réalisation de la « Civilisation afro-latine » : la « vieille antinomie assimilation-association » et « les cordons de police ». Je commencerai par le premier obstacle en faisant remarquer qu'il qualifie cette même antinomie de « fausse » (*ibid.*, p. 44) ou d'« artificiellement dressée » (*ibid.*, p. 103) dans des textes plus explicitement politiques. Il s'agit donc de transcender l'ancien, le faux, l'artificiel pour découvrir que les opposés sont en réalité complémentaires. Le second obstacle est « les cordons de police », image de la séparation érigée entre le « vous » et le « nous ». La police étant l'agent de l'État, ces cordons sont des barrières effectivement dressées par des institutions étatiques[62]. L'injonction de Senghor est donc double : il importe premièrement de transcender les fausses conceptions qui empêchent d'imaginer la nature symbiotique du lien entre l'Europe et l'Afrique, et, deuxièmement, de supprimer le système colonial discriminatoire. Ainsi, dans son introduction, il loue les Belges pour s'être efforcés de créer « aux confins de la Latinité, une nouvelle civilisation française » (*ibid.*, p. 122) ; dans sa conclusion, il ajoute que cet effort de création doit être accompagné par le démantèlement de la ségrégation. En définitive, aussi puissante soit la « vraie Culture » et aussi déterministes soient les lois que Senghor expose, la « nouvelle civilisation » ne peut advenir sans le consentement et l'action des hommes, appelés ici à saisir les circonstances opportunes qui se présentent à eux. Autrement dit, pour que la « Civilisation afro-latine » déjà advenue puisse être pleinement réalisée, il est nécessaire que les hommes transcendent les mensonges coloniaux, connaissent la vérité et agissent en conséquence.

Je terminerai en faisant remarquer qu'il n'est pas aisé de circonscrire le groupe désigné par la première personne du pluriel dans ces paragraphes de conclusion. Quand le « nous » se distingue du « vous », ce groupe est l'Afrique au nom de laquelle Senghor prend la parole en s'adressant à l'Europe (le « vous »). Mais dans la phrase « nous avons la

62 Nous retrouvons cette même image dans le poème *Lettre à un prisonnier* du recueil *Hosties noires*, qui est le seul poème de Senghor qui comporte le terme « négritude ». Je le commente dans la partie « La réconciliation et le "nous" : *Lettre à un prisonnier* ».

chance d'être à la croisée historique de deux civilisations », ce « nous » n'exclut pas nécessairement les Européens et regroupe, selon moi, les membres des deux civilisations rassemblées à cette croisée par l'Histoire. Le dernier « nous », celui de la phrase « [c]ette assemblée fraternelle nous est un encouragement : elle est le signe de notre foi » désigne le groupe formé par les personnes qui ont une « foi » en commun. En quoi repose cette foi ? Cette « foi » est en l'avènement de la Civilisation afro-latine. L'« assemblée fraternelle » est en effet un « signe » pour ce « nous » : elle est annonciatrice de l'assemblée plénière future qui adviendra pleinement dès que l'antinomie créatrice de division sera transcendée et et les barrières ségrégatives rompues. Cette « foi », je le souligne, repose sur le dogme de la complémentarité des civilisations opposées. Or Senghor, qui limite sa démonstration à « parce qu'il en est ainsi », ne peut pas prouver la véracité de ses dires. En d'autres termes, il doit convaincre que cette vérité est indiscutable et transformer son auditoire en une communauté de croyance, ici au Pen Club, ailleurs à l'Assemblée nationale, ailleurs encore au congrès du BDS. En défense de sa foi, dans cette allocution, il présente néanmoins une preuve : les poèmes de l'*Anthologie de la nouvelle poésie nègre et malgache de langue française*. C'est en effet pour goûter à ces poèmes que des personnes de civilisations opposées ont été conviées à cette « assemblée fraternelle ». Alors, plaçant les poèmes nègres de langue française au centre de cette communauté annonciatrice, Senghor fait de ces fruits de la « greffe française en Afrique » le signe que la « Civilisation afro-latine » est à la fois déjà présente et encore à venir.

CIVILISATIONS ET DÉMOCRATIE

L'ENSEIGNEMENT, BASE DE L'ÉVOLUTION DES PEUPLES, ASSEMBLÉE NATIONALE, SÉANCE DU 21 MARS 1946

Le 21 mars 1946, Senghor prend la parole à la Ire Assemblée nationale constituante[63] pour discourir au sujet de l'instruction publique en AOF et aborder par ce biais la question de la démocratie dans la IVe République. Il introduit ces propos en reprochant une fois de plus aux théoriciens de la colonisation leur fausse conception de la « mission civilisatrice de la France » (Senghor, 1971, p. 9), laquelle découle des stéréotypes qu'ils entretiennent. « Il est temps d'en finir avec l'image d'Épinal des civilisations négro-africaines que l'on nous présente comme primitives » (*ibid.*), s'exclame-t-il, avant de mentionner Melville Herkowitz et Maurice Delafosse et de citer Leo Frobenius pour préciser que la « mission » de la France consiste à « féconder des civilisations qui, pour être jeunes, ne sont pas primitives » (*ibid.*). Pour lui, la politique du gouvernement français en matière d'instruction publique est le fruit de ces fausses conceptions, lesquelles ont mené les autorités de l'AOF à « faill[ir] à leur mission » (*ibid.*).

Ces administrateurs étaient-ils médiocres ? Telle n'est pas la question : Senghor veut démontrer que le gouvernement a cherché à empêcher la création d'une élite éduquée dans les colonies d'Afrique noire afin de maintenir les indigènes dans leur état de sujétion. Pour preuve, il présente les chiffres et montre que seule une part minime des dépenses du budget a été affectée à l'enseignement public. Comme elles représentent 5,38 % du budget en AOF, « un seul enfant sur vingt-quatre peut trouver place à l'école » (*ibid.*, p. 11). À Madagascar, elles sont de 8 %, en AEF de 4,1 %. Senghor contraste ces chiffres avec ceux des vieilles colonies, et relève qu'en Martinique, les crédits affectés sont de 26 %. Or les Français des vieilles colonies sont des citoyens, alors que la majorité des ressortissants de l'Afrique noire sont encore des sujets au

63 Senghor a intégré la Commission Monnerville, instituée en février 1945, qui est une commission d'études de la représentation des colonies dans les futures Assemblées de la France. Sur les débuts de Senghor en politique, *Cf.* Atlan, Catherine, « Senghor député : l'apprentissage de la politique », *in Léopold Sédar Senghor : la pensée et l'action politique*, *op. cit.*, 2006, p. 71-81 ; De Benoist, Joseph Roger, *Léopold Sédar Senghor*, Paris, Edition Beauchesne, 1998, p. 41-52.

moment de cette prise de parole à l'Assemblée nationale constituante. La disparité entre les programmes et les budgets alloués mène Senghor à conclure que le gouvernement ne souhaitait pas que l'éducation des sujets perturbe les hiérarchies coloniales : « Le principe qui dirige cette politique est d'une lumineuse clarté, même pour les primitifs que nous sommes. (*Sourires.*) On fait de l'inégalité un principe de gouvernement en s'opposant, par tous les moyens possibles, à ce que les autochtones aient des diplômes d'État et puissent, en conséquence, occuper d'autres fonctions que subalternes » (*ibid.*, p. 12).

Il attire alors l'attention du ministre de la France d'outre-mer Marius Moutet sur la gravité du problème en rappelant que certains membres de la communauté internationale naissante souhaitent soustraire les colonies de l'autorité métropolitaine pour les mettre sous tutelle internationale. Il précise aussi que la fidélité de l'Afrique noire à la France est conditionnelle : « Nous, nous voulons faire partie de l'Union française, à cette seule condition que la démocratie ne craigne pas de se mouiller les pieds en traversant la Méditerranée » (*ibid.*, p. 13). Prônant le rejet de l'inégalité comme principe de gouvernement, il revendique : « nous voulons qu'en premier lieu elle [la démocratie] s'installe dans l'enseignement public » (*ibid.*). En conclusion, il demande, sur le plan politique, que l'enseignement serve à la consolidation de la démocratie en France pluricontinentale ; sur le plan culturel, que cet enseignement vise à « donner une culture à la fois indigène et française, car [il] pense que toute civilisation résulte d'un métissage » (*ibid.*, p. 14). Quelques mois plus tard, il reprend la parole à l'Assemblée nationale et aborde à nouveau la question du lien démocratique entre membres issus de diverses civilisations.

ASSIMILATION ET ASSOCIATION, ASSEMBLÉE NATIONALE, SÉANCE DU 18 SEPTEMBRE 1946

Le 2 juin 1946, soit le lendemain de l'entrée en vigueur de la loi Lamine Gueye, la IIe Assemblée nationale constituante est élue. Sur les 586 sièges, 60 sont pourvus par des députés africains. Le 18 septembre 1946, Senghor prend la parole à cette assemblée pour préciser la position du groupe socialiste[64] « sur le problème si grave de l'Union

64 Senghor est alors encore membre de la Section française de l'Internationale ouvrière, parti qu'il quittera deux ans plus tard, en octobre 1948, pour fonder le Bloc démocratique sénégalais.

française » (*ibid.*, p. 19) et son discours porte sur la problématique de l'égalité démocratique et de la pluralité des civilisations en France. Ce discours est reproduit dans *Liberté II* sous le titre *Assimilation et Association*, titre qui fait référence à la conclusion de son essai *Vues sur l'Afrique noire.*

Depuis le 1er juin 1946, tous les ressortissants des territoires d'outre-mer sont citoyens français, mais la IIe Assemblée nationale constituante doit établir « les conditions dans lesquelles ils exerceront leurs droits de citoyens[65] ». Senghor prend la parole pour s'opposer à divers projets qui visent à limiter la souveraineté de ceux qui étaient encore sujets français en fin mai. Il définit alors la démocratie dans la première partie de son discours :

> On a beaucoup ratiociné, depuis le 2 juin, sur le sens qu'il fallait donner à l'expression « droits acquis », ou, si vous préférez, « droits accordés ». Si nous voulions simplement raisonner, les droits accordés consistent essentiellement dans l'application aux peuples d'outre-mer des principes mêmes de la démocratie. Or, qu'est-ce que la démocratie sinon, comme le dit l'étymologie du mot, le gouvernement fondé sur la souveraineté du peuple ?
>
> La démocratie veut que tous les hommes et toutes les femmes qui forment le peuple soient, selon l'expression de Merlet, « membres du souverain », c'est-à-dire citoyens. Elle veut ensuite que tous les membres concourent à la désignation des députés, à qui sera déléguée la souveraineté populaire (*ibid.*, p. 20).

Telle est la signification première de l'« assimilation » de son titre : en adoptant et promulguant la loi Lamine Gueye, le gouvernement français a fait de ses ressortissants des territoires d'outre-mer des « membres du souverain ». Quant au terme « association », il permet de rappeler que l'idée de fédération est en germe depuis la Conférence de Brazzaville. L'ordre n'est pas fortuit, car pour Senghor, il est nécessaire d'établir la démocratie dans la France pluricontinentale avant de réfléchir à la fédération à créer :

> Nous pensons, nous socialistes, que la première tâche des constituants est de proclamer que notre constitution sera démocratique et pour la France métropolitaine et pour les territoires d'outre-mer, qui, on a trop tendance à l'oublier, font partie de la République française.
>
> Ensuite seulement, se posera la question de savoir si notre constitution sera de conception unitaire ou fédéraliste (*ibid.*).

65 *Loi n° 46-940 du 7 mai 1946, tendant à proclamer citoyens tous les ressortissants des territoires d'outre-mer*, http://mjp.univ-perp.fr/france/loi1946-940.htm (consulté le 15/11/2018).

Il s'oppose ici à des projets fédéralistes différents du sien et élaborés pour entraver la représentation des citoyens d'outre-mer à l'Assemblée. Ces projets alternatifs proposent la création d'une citoyenneté locale différente de la citoyenneté française :

> On a beaucoup parlé, dans les commissions, et surtout *extra-muros*, d'une citoyenneté locale, qui serait différente de la citoyenneté française. On nous a même proposé la « citoyenneté de l'Union française ». Nous pensons, quant à nous, qu'on ne peut penser à une citoyenneté locale pour les territoires d'outre-mer, tant que ces territoires n'auront pas été érigés en États autonomes (*ibid.*).

Le raisonnement de Senghor est limpide : les TOM doivent être transformés en État avant qu'une citoyenneté locale puisse être créée, ce qui implique une dévolution du pouvoir. Comme ces territoires font partie intégrante de la République française et ne sont pas des États autonomes, leurs ressortissants, désormais citoyens, sont membres du souverain français, et donc les priver de la jouissance du droit de cité est aller à l'encontre du principe d'égalité :

> En effet, Littré définit le citoyen : « Celui, celle qui jouit du droit de cité dans un État. » Et le nouveau Petit Larousse illustré ajoute : « Membre de l'État, considéré au point de vue de ses devoirs envers la patrie et de ses droits politiques. » On définit donc le citoyen comme un « membre du souverain » et par référence à l'État. Nous en concluons, très logiquement, que les territoires d'outre-mer, faisant partie de l'État français, de la République française, leurs habitants ne peuvent être que citoyens français... du moins pour des démocrates conséquents (*ibid.*, p. 21).

C'est à ce point de son discours qu'intervient la problématique de l'existence de plusieurs civilisations dans la République française et le constat que cette diversité se traduit dans la différenciation des statuts. À la date de ce discours, rien n'est encore décidé, la différence de statut peut encore potentiellement justifier la création d'un double collège électoral qui maintiendrait l'inégalité en France :

> On nous oppose, il est vrai, l'argument du statut personnel, et l'on prévoit une représentation double : l'une pour ceux qui ont le statut français et l'autre pour ceux qui ont le statut personnel.
>
> Permettez-moi de vous dire, mes chers collègues, que nous aboutirions, je ne veux pas dire à des absurdités, mais à des inconséquences.

> Je prends l'exemple de l'Afrique noire. Actuellement, tous ceux qui ne sont pas musulmans ont le statut français. Bien mieux, une même famille peut comprendre des musulmans et des catholiques. Ainsi, dans ma propre famille, nous serions partagés : les uns, catholiques, ayant le statut français, auraient une représentation favorisée, tandis que les autres, parce qu'ils sont musulmans, auraient une représentation sacrifiée (*ibid.*).

Senghor poursuit son discours en rappelant que la citoyenneté des Alsaciens-Lorrains n'est problématique pour personne alors qu'ils ont aussi un statut personnel[66] et s'attaque à la thèse défendue par M. Pleven qui juge inadmissible que les députés d'outre-mer participent aux votes qui concernent le territoire métropolitain. Pour Senghor la vraie question est de savoir quelle entité est représentée à l'Assemblée nationale :

> Vous le voyez, le problème est mal posé. C'est que, en effet, l'Assemblée souveraine n'est pas exactement une assemblée métropolitaine. C'est l'assemblée de l'État français, c'est l'assemblée de la République française, république, dont, je le répète, font partie les territoires d'outre-mer (*ibid.*, p. 21-22).

Par conséquent, il soutient non seulement que des députés de l'outremer doivent siéger à l'Assemblée nationale, mais il milite pour le choix du collège unique. Plus encore, il laisse entendre que seule l'adoption d'idéologies racistes permettrait de justifier la création du double collège :

> C'est en vertu des principes mêmes de la démocratie que les représentants des territoires d'outre-mer doivent continuer de siéger dans cette enceinte. Et je dirai même qu'ils doivent être élus par un collège unique. [...]
>
> Je vous ai dit les inconséquences auxquelles on aboutit avec le double collège, à moins qu'on ne le fonde sur la seule race (*ibid.*, p. 22).

Ses opposants, ne pouvant ni se fonder sur des principes démocratiques, ni sur des principes racistes, parlent alors explicitement de différence culturelle, et par suite, de civilisation. Senghor expose alors, en condensé, sa défense de la diversité et de l'égalité des civilisations :

> À bout d'arguments juridiques, les partisans de la citoyenneté locale, qui sont, en même temps, les adversaires de la représentation dite « coloniale »

66 En Alsace-Moselle, on applique encore le régime du Concordat de 1801. Ces départements n'étaient pas des territoires français quand la loi de 1905 fut adoptée et elle n'a pas été appliquée après 1918. *Cf.* Igersheim, Françis, « Statut confessionnel et statut scolaire en Alsace et Lorraine : les débats de 1945-1946 », *Revue des Sciences religieuses*, vol. 79, n° 4, 2005, p. 479-510.

> au Parlement, nous objectent des arguments d'ordre culturel et parlent, comme on l'a fait en commission, d'« anthropophages » et de « primitifs », d'« anarchie » et de « barbarie ».
>
> Je regrette que les défenseurs prétendus de la *civilisation*, encore une fois, se montrent si incivils à l'égard de leurs collègues d'outre-mer. Je regrette surtout que leur mépris soit fait de tant d'ignorance.
>
> Oui, l'Union française est un problème de civilisation, et c'est ce problème que je veux aborder très simplement et très franchement (*ibid.*, p. 23).

Senghor rappelle alors qu'« il n'est pas un grand ethnologue qui ne s'élève avec force contre "l'idée du nègre barbare" » (*ibid.*), avant de citer Montaigne, le R. P. Aupiais et le premier chapitre de l'*Histoire de la civilisation* du « plus grand africaniste du XIXe siècle » : Leo Frobenius. Il redéfinit alors la « mission civilisatrice » de la France à partir de « l'ABC de l'ethnologie », qui est le fait qu'« il n'y a pas une civilisation, il y a des civilisations » (*ibid.*, p. 24). Rappelant les horreurs de la guerre à peine terminée, il soutient que « les progrès techniques ne sont pas forcément signes de civilisation » (*ibid.*). Ainsi, il clame que le rôle de la France n'est pas de « civiliser », mais de faciliter la convergence des civilisations :

> Si l'on veut y réfléchir, ce rôle de creuset de culture a toujours été celui de toute grande civilisation, de la française en particulier. [...]
>
> Depuis la pré-Renaissance, la France a reçu, successivement, les apports gréco-latins, italiens, espagnols, anglo-saxons. Depuis le XIXe siècle, c'est l'afflux des éléments « barbares », et j'emploie le mot avec une humble fierté (*ibid.*, p. 24).

Les guillemets sont significatifs, en ce qu'ils mettent en relief le fait que le terme « barbares » est cité. Il est évident que cet adjectif n'a pas ici le même sens que dans l'expression « nègre barbare » utilisée par les racistes, mais se reporte aux éléments qui n'étaient pas originellement français. À cette liste d'apports qui ont été cruciaux au développement de la civilisation française, Senghor laisse ainsi entendre qu'il faut ajouter les éléments « négro-africains », ce qui était déjà son propos dans *Ce que l'homme noir apporte* (1939). Il doit donc convaincre que ses adversaires politiques ont tort :

> Voilà le nœud du problème. J'ai parlé de cette question de civilisation, parce que c'est un argument qu'on nous sort à tout propos, et qu'il faut vider le débat.

> Il ne s'agit pas pour nous – je parle, pour un moment, en tant que député socialiste d'Afrique – de coloniser, de détruire la civilisation française, pas plus qu'il ne s'agit, pour la métropole, de détruire nos civilisations originales en nous colonisant (*ibid.*, p. 25).

Ce « nœud du problème » est aussi le moteur de la réflexion de Senghor. Jusqu'à l'institution de la Communauté française en 1956, tant que l'égalité politique est réalisable, la quête de sa solution est au cœur de sa pensée politique et poétique. Ce nœud est aussi à l'origine de la polysémie qui tiraille le terme « assimilation » :

> Il est question, pour la métropole, de féconder ses terres au moyen des alluvions d'humanité que nous lui apportons, et, pour nous, de nous servir de cet esprit de technique qui fait la grandeur de l'Europe, et de la France en particulier, pour mettre en valeur nos richesses.
>
> Il est question d'assimilation active de part et d'autre.
>
> C'est pourquoi, encore une fois, je crois qu'il faut transcender la fausse antinomie assimilation-association (*ibid.*, p. 24-25).

Le sens du terme « assimilation » est ici à la fois politique et culturel. En effet, les Français ultramarins sont déjà citoyens et le débat de l'Assemblée constituante porte sur la portée de cette assimilation politique. Mais quand cette dernière est « active », elle est l'acquisition de valeurs culturelles. On le voit, la « question de civilisation » en 1946 est présentée comme argument par ceux qui s'opposent à l'égalité, opposants qui peuvent aisément être affiliés aux « anti-assimilationnistes » de *Vues sur l'Afrique noire*. Pour Senghor, il importe de créer « une nouvelle civilisation, dont le centre sera Paris » (*ibid.*, p. 25), laquelle sera une « grande civilisation », le produit du « creuset de culture » où convergent, sans toutefois se confondre, les diverses civilisations de la France pluricontinentale.

En conclusion de son intervention, après s'être attaqué à la thèse de « l'immutabilité des classes » et à celle qui avance que « l'infériorité du prolétaire tient à sa condition psychophysiologique » (*ibid.*, p. 28), Senghor présente la position de son parti.

> C'est parce que le Parti socialiste ne croit pas à une fatalité [...] qui pèserait sur telle classe ou sur telle race, qu'il entend fonder la République française et l'Union française sur les principes de la démocratie.
>
> C'est parce qu'il a en même temps une claire conscience du réel qu'il veut établir cette démocratie à l'échelle de la fédération (*ibid.*).

Afin de figurer l'égalité à établir et l'unité à créer entre divers peuples, il file la métaphore de la maison, cette image de la France dont j'ai relevé la présence dans *Vues sur l'Afrique noire* :

> « L'Union française, disait récemment l'un de nos collègues à la commission de la Constitution, ne doit pas être une prime à la sécession. » Le meilleur moyen qu'elle ne le soit pas est d'en faire une maison familiale, où il y aura sans doute un aîné, mais où les frères et les sœurs vivront vraiment dans l'égalité [...].
>
> Pour que l'Union française soit durable, il faut, et c'est ainsi que je résumerai la thèse du parti socialiste, la fonder sur la liberté et l'égalité, conditions de la fraternité humaine, de la fraternité française (*ibid.*).

La tension entre l'universel et le particulier est manifeste dans cet extrait de discours. D'un côté, Senghor rejette, en accord avec l'idéologie de son parti, toute forme de déterminisme inhabilitant, de « fatalité [...] pèserait sur telle classe ou sur telle race » ; de l'autre il soutient que ce parti a « une claire conscience du réel », expression vague, mais qui oppose les diverses réalités politiques, économiques, sociales et culturelles aux abstractions de l'universalisme. Les principes de la démocratie sur lesquels le parti socialiste veut fonder la France exigent que tous les hommes soient égaux, mais il rappelle que cette égalité est à établir entre hommes issus de civilisations différentes. Pour répondre tant à la crainte de sécession des territoires de l'Empire, qu'à la crainte de colonisation de la métropole par l'outremer, la solution de Senghor est de rendre l'Union française durable, qualité qu'elle obtiendra à deux conditions. Avant toute chose, les principes de la démocratie doivent assurer l'égalité juridico-politique des Français et, dans un second temps, la France doit être transformée en fédération, de sorte que la diversité des situations puisse être prise en compte. Cette solution, qu'il présente sous la forme d'une métaphore, est de faire de l'Union française une « maison familiale ». En superposant cette image à son résumé final de la thèse du parti socialiste, on comprend, premièrement, que la liberté et l'égalité existent au sein de la maison et ne peuvent donc pas être acquises par la sécession, et, deuxièmement, que l'existence de cette maison est la condition de la fraternité. Certes, Senghor parle de « fraternité humaine », mais il spécifie immédiatement que cette fraternité est aussi française, laquelle, de toute évidence, ne lie pas les citoyens d'États indépendants.

En résumé, pour Senghor, l'égalité n'existe qu'entre ressortissants d'un même État, la liberté n'est pas synonyme d'indépendance et la fraternité doit lier les divers membres de la maisonnée française.

Je terminerai par la concession de Senghor, qui laisse entendre qu'il y aura un « aîné ». Il s'attaque ici au paternalisme de ceux qui peinent à ne plus considérer l'ancien sujet comme « Nègre bon enfant » ou « Nègre grand enfant[67] ». En septembre 1946, l'indigénat est aboli et l'ex-sujet est citoyen français, et donc, *de jure*, plus personne n'a de statut juridique inférieur. *De facto*, ce n'est pas encore le cas et ce ne le sera jamais. Les opposants de Senghor remporteront le débat et le système à double collège électoral est mis en place jusqu'à l'adoption de la loi-cadre Defferre en 1956. Dans les territoires d'outre-mer, les citoyens de statut civil français forment le premier collège et les citoyens de statut personnel local le second. Par conséquent, dans la pratique, l'idéal d'égalité démocratique est démenti : les citoyens de statut personnel local forment la majorité de la population de ces territoires, mais chaque collège est représenté à égalité.

67 Il confronte ailleurs ces stéréotypes. Je citerai un exemple, tiré de *L'Afrique noire. La civilisation négro-africaine* : « On sera peut-être étonné de n'avoir pas rencontré "le Nègre bon enfant", "le Nègre grand enfant", qu'attendait l'homme de la rue. C'est que l'image nous semble fausse, quelle que soit la sympathie qu'on y mette. Le Nègre, il est vrai, est resté en contact avec les forces telluriques, et il garde une vitalité juvénile ; mais jeunesse n'est pas enfance. L'intellectuel verra, peut-être, dans l'Animisme, le mysticisme nègre un signe de non-civilisation. Il reste que, pour nous, c'est l'âme, plus que l'intellect, qui nous élève au-dessus de l'animal, et que, parmi les peuples de haute culture de l'Euramérique, les uns sont mystiques, tandis que les autres sont rationalistes » (Senghor, 1964, p. 80).

LA DÉCOLONISATION SANS INDÉPENDANCE

Fédéralisme et antinationalisme chez Senghor

CE QUE L'HOMME NOIR APPORTE AU RENDEZ-VOUS DU POLITIQUE ET DU SOCIAL

Nous trouvons des descriptions des États précoloniaux africains dans plusieurs des textes de Senghor[1]. Elles peuvent servir à combler l'ignorance de ses lecteurs, mais l'hypothèse défendue ici est qu'elles sont aussi une présentation de possibles politiques tirés des réalités africaines. En effet, Senghor développe sa pensée politique dans un contexte où la définition de la France vacille et cette crise est propice à l'imagination d'un État à venir dont les traits ressemblent étrangement à ces États précoloniaux qu'il décrit.

Dans *Le Problème culturel en A.O.F.*, Senghor annonce qu'il existe une « assemblée des peuples », qu'il nomme aussi le « rendez-vous du donner et du recevoir » (Senghor, 1964, p. 20) en citant Césaire. J'ai montré que cette déclaration comportait implicitement une revendication d'égalité pour les peuples encore maintenus en position d'infériorité dans le système colonial. Ce « rendez-vous » est à nouveau présent dans l'essai *Ce que l'homme noir apporte*[2], où Senghor affirme que « les peuples noirs ne viendront pas

1 Notamment : *Ce que l'homme noir apporte* (1939) ; *Vues sur l'Afrique noire, ou assimiler, non être assimilés* (1945) ; *L'Afrique noire, la civilisation négro-africaine* (1947) ; la conférence qu'il a donnée au Ier Congrès des Artistes et Écrivains noirs : *L'esprit de la civilisation ou les lois de la culture négro-africaine* (1956) ; celle donnée au IIe Congrès des Artistes et Écrivains noirs : *Éléments constitutifs d'une civilisation d'inspiration négro-africaine* (1959).

2 *Ce que l'homme noir apporte* est la contribution de Senghor à un cahier de la collection « Présences » de la Librairie Plon. Ce cahier est intitulé *L'Homme de couleur* et entendait répondre à deux questions : « Comment s'établissent aujourd'hui les relations entre Blancs et hommes de couleur ? Dans quel sens doit-on souhaiter les voir se développer ? ». *Cf.* Coulon Paul, « Léopold Sédar Senghor, les Missionnaires du Saint-Esprit et le Père Libermann », *in* Collectif, *Léopold Sédar Senghor : la pensée et l'action politique*, *op. cit.*, 2006, p. 28.

les mains vides au rendez-vous du politique et du social, dans un monde partagé entre l'individualisme démocratique et le grégarisme totalitaire » (*ibid.*, p. 33). Cet essai est connu pour ses prolégomènes qui comportent le fameux aphorisme « [l]'émotion est nègre, comme la raison hellène » (*ibid.*, p. 24). La présentation que Senghor fait des « apports nègres dans le domaine social et politique » est le plus souvent délaissée par les critiques, qui se concentrent sur les propos qu'il tient au sujet de l'âme et de l'art nègre. Or il avance que ces apports serviront à « l'élaboration d'un monde plus humain » (*ibid.*, p. 33), et annonce, au moment où les tensions en Europe sont sur le point de dégénérer en guerre, que l'homme noir est porteur des principes qui pourraient réformer et sauver le monde occidental[3]. Encore faut-il que ces apports soient reçus.

Ce que l'homme noir apporte comporte la première présentation des États précoloniaux négro-africains. Dans la première partie de cet essai, il fait le portrait de la « société nègre ». Il commence par la famille, qui est « chez les Nègres, comme ailleurs, la cellule sociale » (*ibid.*, p. 27). Il précise que « la véritable famille négro-africaine » est « la famille clanique au sens de la *gens* » : les familles nucléaires ne sont pas autonomes (*ibid.*, p. 28), mais habitent ensemble dans le « carré » familial. Fondement, la famille clanique est aussi la préfiguration de la « société noire » (*ibid.*, p. 29), qui réunit comme elle une diversité d'unités plus petites. En effet, tout le corps social de la société négro-africaine est bâti à partir du modèle qu'est cette cellule familiale : « la société nègre [...] est formée de cercles concentriques de plus en plus larges, qui s'étagent les uns sur les autres, imbriqués les uns dans les autres, et formés sur le type même de la famille » (*ibid.*, p. 27). Il ajoute que « [p]lusieurs familles qui parlent le même dialecte et qui se sentent une origine commune forment une tribu ; plusieurs tribus qui parlent la même langue et habitent le même pays peuvent constituer un royaume : enfin plusieurs royaumes peuvent entrer, à leur tour, dans une confédération ou un empire » (*ibid.*, p. 28). Dans la civilisation négro-africaine, on le voit, du cercle le plus intime qu'est la cellule familiale au cercle d'échelle impériale, la « communauté » (*ibid.*, p. 29) n'est jamais discontinue.

De tels propos ne sont pas sans similarités avec la pensée fédérale de la France de l'entre-deux-guerres, et Senghor avance que les États de

3 Par sinistre hasard, la Librairie Plon achève d'imprimer *L'homme de couleur* le 22 mai 1939, le jour où les ministres des Affaires étrangères allemand et italien signent le Pacte d'acier.

l'Afrique précoloniale réalisaient déjà ce que les fédéralistes envisageaient pour la France. En effet, présentant « la solution que le Nègre a donnée aux problèmes sociaux et politiques », il affirme que celle-ci « a répondu, par avance, à cette "unité pluraliste" qui reste l'idéal des humanistes d'aujourd'hui » (*ibid.*). Ces « humanistes » sont les personnalistes, dont l'influence est en particulier visible dans les paragraphes où il disserte au sujet des « questions connexes de la *propriété* et du *travail* [qui] sont à la base de tout problème social ». Présentant le rapport entre l'individuel et le collectif, il cite Jacques Maritain pour distinguer entre l'individu et la « personne[4] » et affirmer que « les Nègres, s'ils négligèrent l'individu, n'asservirent pas la *personne*, comme on le croit volontiers » (*ibid.*, p. 30). Ni individualiste ni grégaire, la communauté africaine est tissée grâce aux efforts des « Nègres » qui entretiennent le lien mystique qui les relie à leur communauté.

Ce parcours de présentation de la « société nègre » le mène à des propos sur le problème politique :

> Le *politique*, cela va de soi, est en rapports étroits avec le *social*. Celui-ci est à celui-là ce que la main de l'artiste est à son esprit. Il s'agit d'organiser, de maintenir et de perfectionner la Cité : de gouverner et de légiférer. Gouverner exige de l'autorité, légiférer de la sagesse. L'un et l'autre doivent retourner à leurs sources, tendre au bien des communautés et des personnes : de la Cité (*ibid.*, p. 31).

Senghor présente la théorie, puis soutient qu'elle n'est plus mise en pratique dans les démocraties occidentales :

> Or, dans les démocraties occidentales d'aujourd'hui, ces exigences sont méconnues. Le législateur est élu, dans le meilleur des cas, par un parti, qui est un agrégat d'intérêts matériels, et il légifère sous la dictée d'une oligarchie financière et pour cette oligarchie. La législation est inhumaine doublement, parce que viciée doublement. Quant au gouvernement, malgré les forces policières qui ne font que s'accroître, il n'a pas d'autorité ; car l'autorité repose sur une prééminence spirituelle, et le gouvernement est aux mains d'habiles et de pantins, de *politiciens* au lieu de politiques (*ibid.*).

Senghor estime que les démocraties occidentales souffrent du détournement du politique au profit du grand capital : les groupes d'intérêt

4 Le terme lui vient de Maritain dont il cite *L'Humanisme intégral*.

légifèrent par le biais de députés à leurs ordres ; l'oligarchie financière a dépouillé le gouvernement de son autorité. Comme un tel jugement se fait à l'aune d'un système idéal où « le politique » est l'art de tendre au bien de la Cité, il propose le modèle réalisé en Afrique noire aux démocraties occidentales qui souhaiteraient ramener le gouvernement et la légifération « à leurs sources » :

> Il en va autrement dans un royaume nègre type, comme c'était le cas du Royaume *sérère* du Sine. L'assemblée législative est composée de hauts dignitaires et de notables, chefs de famille claniques. D'où la sagesse qui vient de la connaissance de la tradition, de l'expérience de la vie et du sentiment de ses responsabilités (*ibid.*, p. 32).

Après le pouvoir législatif, il présente le pouvoir exécutif :

> Autorité du Roi, qui est un ascendant d'ordre spirituel. Il symbolise l'unité du royaume. [...] Autorité du Roi. Parce que le peuple « s'honore dans la personne du Roi, lui-même et son passé[5] » (*ibid.*).

Commenter les accents royalistes de ces propos de 1939 me ferait trop dévier de mon propos, mais il est évident ici que Senghor est influencé par l'antirépublicanisme des missionnaires catholiques qui furent ses professeurs et qui subirent les conséquences de la laïcisation de la IIIe République. Il s'agit néanmoins de ne pas manquer l'influence que la pensée démocratique exerce dans sa réflexion, parce que l'autorité du Roi vient aussi du fait qu'il est élu et que son pouvoir n'est pas absolu :

> Parce que le Roi est l'élu du peuple par l'intermédiaire des principaux chefs de famille. Parce que les électeurs peuvent le suspendre ou le déposer. Efficacité du pouvoir, parce qu'il repose sur l'autorité et qu'il s'exerce par l'intermédiaire de nombreux ministres, que le souverain ne peut choisir ni renvoyer (*ibid.*).

On le voit, le Royaume du Sine est une sorte de monarchie parlementaire dont le Roi est élu au suffrage indirect. Ce suffrage n'est pas universel, puisque les chefs de famille ne sont pas élus. Il n'en reste pas moins que Senghor présente un État fort différent des stéréotypes de son époque :

---

5 Il cite Westermann, Diedrich, *Noirs et Blancs en Afrique*, Paris, Payot, 1937. Il est traduit de l'allemand par George Montandon, nommé conservateur au musée Broca et qui occupe la chaire d'ethnologie à l'École d'anthropologie. Diedrich Westermann (1875-1956), est un missionnaire, africaniste et linguiste allemand. Il est considéré comme l'un des fondateurs de la linguistique africaine moderne.

> Il y a loin de cette communauté harmonieuse à l'image d'Épinal du « tyranneau nègre ». « Unité pluraliste » : une cité fondée à l'image des communautés naturelles et reposant sur elles (*ibid.*).

Traduite en droit international au XIXe siècle, « l'image d'Épinal du "tyranneau nègre" » a servi à légitimer le droit de conquête des puissances impériales. Ainsi, dans le même mouvement dissertatif, Senghor veut restaurer à sa juste valeur la cité négro-africaine et proposer cette cité comme solution à l'Europe qui est au seuil de la guerre. Cette cité, dont le Royaume du Sine est le type, est une « communauté harmonieuse ». Comme la famille clanique, la cité négro-africaine est une « unité pluraliste » : la première unit dans le même carré diverses familles nucléaires ; la seconde lie dans le même État plusieurs familles. La communauté politique est harmonieuse, premièrement, parce que la Cité est à l'image de la « communauté naturelle » qu'est la famille et, deuxièmement, parce que le peuple n'est pas maintenu à distance du politique, grâce aux chefs de famille qui composent l'assemblée législative et élisent le Roi. Nous le verrons dans ce qui suit, en affirmant que ce « royaume nègre type » réalisait déjà l'idéal de « l'unité pluraliste » des fédéralistes français de l'entre-deux-guerres, Senghor le propose comme modèle, non seulement pour les démocraties occidentales, mais surtout pour réformer l'Empire français en son entier.

ÉTAT, NATION ET PEUPLE DANS *VUES SUR L'AFRIQUE NOIRE, OU ASSIMILER, NON ÊTRE ASSIMILÉS*

Dans *Vues sur Afrique noire, ou assimiler, non être assimilés*, Senghor reprend le dispositif argumentatif qu'il a construit dans *Ce que l'homme noir apporte*. S'y trouvent similairement chevillées une présentation de régimes politiques de l'Afrique noire détruits par la colonisation et une esquisse de son projet de réforme de l'Empire français, appelé ici à devenir une « Communauté impériale » (*ibid.*, p. 69).

La description des systèmes politiques africains précoloniaux est introduite par une critique des personnes qui ont jugé trop hâtivement qu'il n'y avait ni États ni nations en Afrique noire parce qu'ils ne trouvaient pas dans ce continent des entités semblables à celles de l'Europe. Senghor dénonce cette « thèse de l'anarchie nègre » (*ibid.*, p. 45) et avance que ce sont des écrivains coloniaux dépourvus de « culture ethnologique et historique » qui « font l'opinion non seulement de l'homme de la rue, mais encore de la plupart des intellectuels » (*ibid.*). Son propos ne se limite cependant pas à la dénonciation de stéréotypes. Sans les filtres des préjugés, le réel se présente à nouveau dans sa complexité et impose de mettre en question des catégories d'analyse du fait politique :

> L'Afrique noire d'avant la colonisation a présenté les régimes politiques les plus divers, depuis « l'Empire » [...] jusqu'à la « famille étendue » [...] en passant par le royaume ou la tribu. [...]
>
> Certains ont nié qu'il y eût des « peuples » et des « nations » en Afrique noire. Je crains qu'on donne à ces mots une acception par trop moderne ; qu'on les confonde avec « patrie », qui résulte d'une prise de *conscience* de la nation, devenue « l'objet d'une sorte de culte » laïc ; qu'on les confonde surtout avec l'État moderne, que M. Lucien Febvre présente, dans l'*Encyclopédie française*, comme « centralisé, à base de législation identique pour tous, d'administration impartiale pour tous, de fiscalité égale pour tous » (*ibid.*, p. 46).

La référence au fondateur des *Annales* n'est pas anodine. L'approche anti-positiviste de Febvre et sa méfiance pour la politisation de l'histoire est ici mise au service du propos de Senghor, qui s'attaque à la conception moderne et française de l'« État-nation ». L'enjeu est tant d'ouvrir les esprits à de nouvelles réalités ou possibles politiques, que de libérer la notion de « nation » de son rapport avec l'État. Il s'appuie ainsi, dans un deuxième temps, sur Louis Le Fur[6], qui est un théoricien du fédéralisme reconnu à cette époque et un critique du principe des nationalités :

> Mais, si la nation est bien un fait *social*, comme le veut le Professeur Le Fur, si elle est composée des éléments suivants – dont l'un d'ailleurs peut manquer – : race, langue, religion, mœurs et traditions communes, « volonté de vie commune », on peut dire qu'il y a eu des nations en Afrique noire (*ibid.*).

On le voit, Senghor rend ces deux notions disponibles pour décrire des réalités africaines :

> Je dois préciser que la « volonté de vie commune » était plus forte à l'échelle du village et du canton que de l'État. Ce qui est, en tout cas, incontestable, c'est

6 Senghor ne donne pas la source de ses propos, mais je pense qu'il cite *Races, nationalités, états* que Le Fur publie en 1922.

> le sentiment d'une communauté de langue et de culture, donc attachement à cette langue et à cette culture. Parfois, ce sentiment va jusqu'à déborder la nation proprement dite. Ainsi les Wolofs n'appliquent généralement pas le terme méprisant de *lakakat*, « barbare » (mot à mot : « qui parle une langue étrangère ») aux autres peuples sénégalais – Toucouleurs, Sérères et Dyolas –, qu'ils considèrent comme leurs frères de race et de langue (*ibid.*).

Il poursuit son propos par une description de l'ordre politique et social de l'ancien royaume sérère du Sine, qu'il juge être « le plus typique » (*ibid.*) des régimes politiques d'Afrique noire. Comme dans *Ce que l'homme noir apporte*, il brosse le portrait d'une théocratie démocratique et hiérarchisée. Dans ce royaume, le Roi fait l'unité d'une diversité de « castes » (*ibid.*, p. 49) (nommées « familles claniques » dans l'essai de 1939) et son autorité est fondée sur une souveraineté émanant des chefs de famille qui l'ont élu. Senghor avance, en somme, que les concepts politiques développés au XIXe siècle sont inadaptés pour décrire les réalités africaines et ont rendu l'Europe aveugle aux « régimes politiques » et « nations » d'Afrique noire. Il demande alors à son lecteur de faire un effort de décentrement : pour être capable d'examiner les communautés politiques et culturelles africaines, il lui faut se défaire de l'« acception par trop moderne » des mots « nation » et « peuple » et abandonner le modèle de « l'État moderne ».

Je ferai deux remarques. La première concerne la citation de Febvre. Sa définition de l'« État moderne » réunit les éléments principaux de l'État de droit et ouvre l'imaginaire politique à l'idée d'un État plurinational, mais elle reste bien silencieuse sur la question de la souveraineté. La seconde concerne la définition de Le Fur et porte sur le fait qu'elle est hybride. En effet, elle reprend des éléments qui proviennent à la fois de la théorie allemande, dite « ethnique » (« race », « langue », etc.), et de la théorie républicaine, dite « élective[7] », que nous retrouvons dans la citation paraphrastique de Renan (« volonté de vie commune »). Elle permet à Senghor de soutenir que les « peuples sénégalais » (Wolofs, Toucouleurs, Sérères et Dyolas), unis par un « sentiment de communauté de langue et de culture », sont des « nation[s] proprement dite[s] ». On le voit, en Afrique noire, comme la « nation » n'est pas prioritairement une communauté politique, plusieurs « peuples » peuvent être rassemblés dans

7 Lajoie, Jean-Louis, *Droit de la République*, Paris, Publibook, 2016.

le même État. Autrement dit, c'est un exercice d'imagination politique qu'il propose à son lecteur, car être en mesure de percevoir sans préjugés conceptuels des régimes politiques alternatifs est se rendre capable d'imaginer d'autres possibles. Au final, le lecteur qui peut concevoir que l'État, en Afrique noire précoloniale, est une « unité pluraliste » (*ibid.*, p. 32) sera aussi capable d'imaginer la transformation de la France en État de droit plurinational.

Senghor peut alors mener une critique « des méthodes coloniales de la IIIe République » (*ibid.*, p. 54) dans la troisième partie de cet essai, intitulée *Modifications. La greffe française.* Rappelant que la IIIe République gouverne sur la Métropole et les Colonies, il met en exergue le fait qu'une ségrégation a été instaurée au sein de la France et dénonce à la fois le choix de l'administration directe et le régime de l'indigénat :

> Qu'a-t-on fait d'un pareil système [l'organisation politique négro-africaine] ? L'a-t-on seulement transformé ? Non, on l'a détruit, avec les meilleures intentions. [...] Mais que dira-t-on de l'abolition de la royauté au royaume de Sine après la Grande Guerre et la mort de Kouba Ndôfène Dyouf[8] ? On répond, à cela, que les progrès de la colonisation permettaient, voire demandaient le « gouvernement direct ». A-t-on assez pensé que le pacte d'*association* qu'était le *protectorat* était rompu de ce fait, que le *Code de l'indigénat* était la négation même de l'*assimilation ? Car le paradoxe est que le gouvernement direct, institué, très sincèrement, au nom du progrès était, en réalité, une régression politique* (*ibid.*, p. 57).

Senghor distingue ici deux types de relations entre la France et ses colonies. Le premier type, le protectorat, est un « pacte d'association », dans lequel l'organisation politique autochtone n'est ni détruite ni remplacée. Dans le cas ici exposé, ce pacte impliquait que le Roi du Sine conservait au moins une partie de sa souveraineté sur son royaume et exerçait son pouvoir en étant associé à la France. Le second type est l'administration directe, qui suppose l'abolition de la royauté. L'État, dans un tel régime, est la IIIe République, représentée par un administrateur qui gouverne par décret. Ainsi, les « progressistes », qui estimaient que l'Afrique noire ne présentait ni « régime politique » ni « nation » et qui ont instauré l'administration directe pour faire avancer l'Afrique sur la voie de la Civilisation se sont gravement trompés. En effet, l'abolition de la royauté au Sine est « une régression politique » (*ibid.*, p. 57), parce que l'Indigène

8 Maad a Sinig Coumba Ndoffène Fandepp Diouf [c.1898-1924], roi du Sine.

a perdu les droits politiques et la protection face au pouvoir absolu de l'État. En effet, l'administration directe suppose aussi l'établissement du régime de l'Indigénat :

> Nous avons vu que, dans l'ancien système, toutes les castes participaient à l'élection du Roi et à l'administration de l'État, que l'individu, la personne – l'Islamisme et le Catholicisme en approfondiront la notion sans la créer – est protégée par les coutumes et la communauté familiale. En face, le Code de l'indigénat nous présente un administrateur absolu, qui reçoit ses ordres de Dakar et de Paris et prononce, « sans jugement », des peines « variant de un jour à quinze jours de prison et de 1 franc à 100 francs d'amende[9] » (*ibid.*).

Cette situation crée ce que Senghor nomme « le problème de la colonisation » (*ibid.*, p. 39) dans ses prolégomènes et dont il esquisse une solution ici :

> Oui, le statut politique de l'Indigène est un paradoxe dans la plupart des cas. Il ne répond ni aux principes de l'association ni à ceux de l'assimilation. Tous les grands théoriciens de la colonisation l'ont condamné au moins implicitement, souvent en termes non voilés. C'est partant de nos prolégomènes et de la réalité africaine qu'une fois encore, nous devons chercher la solution du problème. Nous dirons que *l'expression politique de l'Afrique noire veut des chefs qui représentent le Peuple, des chefs choisis par le Peuple.* Ce principe découle, à la fois, de la tradition française et de la tradition négro-africaine (*ibid.*, p. 58).

Pour répondre aux principes de l'assimilation, la République Française devrait cesser d'exercer sa souveraineté sur des ressortissants français qui sont exclus de la communauté des citoyens. Pour répondre à ceux de l'association, elle devrait reconnaître qu'il existe des « régimes politiques » en AOF et établir des pactes avec eux. Ni l'une ni l'autre de ces solutions n'est possible, ce qui explique pourquoi, dans la conclusion de ses prolégomènes, Senghor proposait de « transcender la fausse antinomie "association ou assimilation" et dire "assimilation et association" » (*ibid.*, p. 44). Dans cette troisième partie de son essai, il propose son « programme

9 Senghor cite Henri Labouret, qui recommande de réformer le système colonial, parce qu'il y a un trop grand écart « entre la citoyenneté française et le statut de nos ressortissants » (Senghor, 1964, p. 57-58). Ce dernier a participé comme soldat à la conquête des colonies de l'AOF dès 1897. Il est administrateur colonial de 1918 à 1926, date à laquelle il est rappelé en France pour succéder à Delafosse à la direction de l'École nationale de la France d'Outre-Mer. Il occupera ce poste jusqu'en 1935. Delavignette occupera ce poste dès 1937.

fondé sur la réalité négro-africaine » (*ibid.*, p. 54) qui traduirait ce principe théorique en réalisations concrètes. En solution au pan assimilation du problème, il suggère de permettre « l'expression politique de l'Afrique noire » par l'élection de « chefs qui représentent le Peuple ». Or « le Chef doit représenter les masses; ce qui implique l'accession de celles-ci à la citoyenneté » (*ibid.*, p. 59). Anticipant sur la levée des boucliers anti-assimilationnistes, il précise qu'« [i]l n'est pas question de noyer, dans un quelconque Palais-Bourbon, les représentants des Métropolitains sous les flots de députés coloniaux, qui s'appuieraient sur soixante-dix millions d'individus » (*ibid.*). Toujours est-il que la solution de Senghor suppose qu'une part de la souveraineté française leur soit dévolue :

> Comment seraient élus les représentants des peuples coloniaux et quelles seraient leurs attributions ? Je ne peux que m'en tenir aux généralités. Je ne suis pas un fanatique du bulletin de vote, qui est un mode européen d'élection. Je ne tiens pas non plus à ce que le vote soit individuel. Je le voudrais plutôt familial en Afrique Noire – ce qui serait dans la tradition du pays – *pourvu que la femme pût faire entendre sa voix*. Les élections seraient à plusieurs degrés : les chefs de village désigneraient les représentants des cercles, qui désigneraient les représentants des Colonies; ces derniers, à leur tour, choisiraient les membres de l'*Assemblée fédérale* (*ibid.*, p. 59-60).

Senghor propose donc tant l'assimilation que l'association comme solution, laquelle n'implique pas de rétablir les royaumes anciens, mais de transformer les « peuples coloniaux » en « nations coloniales », c'est-à-dire d'organiser la France en fédération :

> Les « nations coloniales », en effet, seraient constituées sur la base des fédérations actuelles : Afrique du Nord, A.E.F., A.O.F., Antilles, Indochine, Madagascar. Le Gouvernement général, nommé par la Métropole, aurait seul le pouvoir exécutif et le droit d'initiative en matière législative, mais il lui faudrait le soutien de l'Assemblée fédérale pour que ses projets pussent avoir force de loi. Dans la Métropole, siégerait un « Parlement impérial », qui grouperait les représentants de la Métropole et ceux des Colonies. Ce Parlement s'occuperait de tous les problèmes d'intérêt général : Défense impériale, Affaires extérieures, etc. (*ibid.*, p. 60).

Cet Empire réformé serait, comme la « société nègre » qu'il décrit dans *Ce que l'homme noir apporte*, « form[é] de cercles concentriques de plus en plus larges, qui s'étagent les uns sur les autres » (*ibid.*, p. 27). Dans cet État qu'il imagine en se fondant sur les réalités précoloniales africaines, l'Empire serait formé d'« unité[s] pluraliste[s] » qui s'étageraient de la « communauté naturelle » qu'est la famille à la plus large unité que serait la « Communauté impériale » (*ibid.*, p. 69). Dans les termes de *Ce que l'homme noir apporte*, la France serait « une cité fondée à l'image des communautés naturelles et reposant sur elles » (*ibid.*, p. 32). C'est de la sorte que la Métropole, qui prend en quelque sorte le siège du Roi élu, pourrait gouverner avec une autorité qui n'est pas coercitive :

> Ce système, on le voit, loin d'affaiblir l'autorité de la Métropole, ne ferait que la renforcer *puisqu'il la fonderait sur le consentement et l'amour d'hommes libérés, d'hommes libres* ; loin d'affaiblir l'unité de l'Empire, il la souderait puisque le chef d'orchestre aurait pour mission non d'étouffer, en les couvrant de sa voix, les différents instruments, mais de les diriger dans l'unité et de permettre à la moindre flûte de brousse de jouer son rôle (*ibid.*, p. 60).

Le leitmotiv de la pensée de Senghor est déjà exprimé ici par la métaphore de l'orchestre. Sa quête est celle d'une communauté politique française qui unirait des personnes libres, égales, fraternelles et diverses. Telle qu'était conçue la IIIe République, la diversité justifiait la domination coloniale et, par suite, les valeurs républicaines ne franchissaient pas la Méditerranée.

LE FÉDÉRALISME, ANTIDOTE AU NATIONALISME D'OUTRE-MER

Senghor entre en politique dans l'immédiat après-guerre. En octobre 1945, il est élu député socialiste de l'ensemble Sénégal-Mauritanie à la première Assemblée nationale constituante, et, en juin 1946, réélu à la deuxième Assemblée nationale constituante. En novembre 1946, il est élu député de l'AOF à la première législature de la IVe République. Il continuera à siéger à l'Assemblée nationale au cours de la seconde et troisième législature de la IVe République et au cours de la première législature de la Ve République. Il mènera de front plusieurs combats afin que les promesses constitutionnelles ne restent pas lettre morte, dont un des succès est l'adoption, en 1952, d'un code du travail dans les territoires d'outre-mer. Du 1er mars 1955 au 24 janvier 1956, il est nommé secrétaire d'État à la présidence du Conseil du deuxième cabinet Edgar Faure[10]. Chargé de la révision du titre VIII de la Constitution qui comporte les articles relatifs à l'Outre-mer, il remet au président du Conseil un projet de révision constitutionnel visant à transformer l'Union et la République française. Une version de ce projet de révision constitutionnel est publié avec le titre *Pour une solution fédérale* dans *La Nef* en juin 1955. Cet article est l'exposé le plus complet de sa pensée politique et je le commenterai dans cette partie. Je ne présenterai pas son projet en détail, me limitant aux grandes lignes que voici : l'Union française serait transformée en « Union des États confédérés de France et d'Outre-mer » (Senghor, 1971, p. 164) et la République en « République fédérale française » (*ibid.*, p. 166) ; l'AOF et l'AEF deviendraient des États fédérés de cette République ; ils seraient en outre eux-mêmes des États fédéraux, fédérant les ex-colonies qui les constituent. Avec l'adoption de la loi-cadre sur l'Outre-mer, dite Gaston Defferre, en juin 1956, qui dote les territoires de l'AOF et de l'AEF d'une large autonomie, il voit ses espoirs menacés par ce qu'il nomme la « balkanisation de l'Afrique ». En 1958, à la suite de la ratification par référendum du projet de Constitution qui pose les fondements de la Ve République, la Communauté française est créée. Il n'existera donc ni République fédérale française ni, par conséquent, d'État fédéral africain fédéré dans celle-ci. Je termine par rappeler un élément du contexte mondial : les pays nouvellement indépendants se sont réunis à la conférence de Bandoeng en avril 1955. Marquant l'entrée sur la scène internationale de pays décolonisés, elle incarne la menace du séparatisme pour Senghor, et nous verrons qu'il défend, contre le nationalisme indépendantiste, l'idée selon laquelle la fédération permettrait à la fois de décoloniser la France et d'éviter sa désagrégation. En somme, de la Ire législature au référendum de septembre 1958, le fédéralisme, qui était en germe dans *Ce que l'homme noir apporte* et *Vues sur l'Afrique noire*, est au centre des préoccupations de Senghor. Il s'agissait pour lui de repenser la France, et, comme il le dit à l'Assemblée nationale en juin 1954, de transformer

10 Senghor rencontre Edgar Faure durant ses études au lycée Louis-le-Grand, lorsque, introduit dans le monde des idées et du militantisme socialiste par son ami Georges Pompidou, il s'inscrivit à la Ligue d'Action Universitaire Républicaine et Socialiste. *Cf.* Diagne, Souleymane Bachir, « Lire Marx avec les yeux de Teilhard », *in Léopold Sédar Senghor : la pensée et l'action politique*, *op. cit.*, 2006, p. 18.

« notre "République une et indivisible" en "République une et indissoluble, mais fédérale" » (*ibid.*, p. 144).

Afin d'étayer cette présentation du fédéralisme senghorien, je citerai aussi deux autres de ses textes dans cette partie : « Les nationalismes d'outre-mer et l'avenir des peuples de couleur », texte publié dans *L'Encyclopédie française* en 1959, et « Le référendum en Afrique noire », article publié en 1958 dans *Les Cahiers de la République*, où il explique le « oui » des TOM d'Afrique noire au référendum.

« NATION » *VERSUS* « PATRIE »

À la suite de la promulgation de la loi Lamine Gueye et l'adoption de la Constitution de 1946, Senghor adapte son vocabulaire. Prenant les termes du préambule de cette Constitution, il désigne par « Nation » le peuple souverain de la France et par « peuple » les communautés culturelles appelées à « développer leurs civilisations respectives[11] ». Dans les textes commentés ici, il cite Denis de Rougemont et son « remarquable article intitulé "Fédéralisme et nationalisme" et paru dans la revue *Fédération* (septembre-octobre 1954) » (*ibid.*, p. 272). Il distingue avec lui entre « Nation » et « patrie ». Dès cette lecture, la « Nation » est « un idéal, non une réalité » (*ibid.*, p. 159). Elle est donc une entité non effective et toujours en cours de réalisation. La « patrie » devient le nom de la communauté culturelle, qui, elle, est une réalité : « Celle-ci est enracinée dans la terre natale. Elle est sentie comme une communauté, dont les liens sont le sol, le sang, la religion, la langue, les mœurs, en un mot la culture » (*ibid.*, p. 272). Grâce à cette distinction, Senghor pourra, premièrement, proposer l'idéal de l'« unité pluraliste » à la place de l'idéal de la « Nation », et, deuxièmement, critiquer le nationalisme et faire l'apologie du fédéralisme. Le voici dans son rapport à Faure :

> « Vive la Nation ! » C'est à ce cri, jailli de milliers de poitrines, que l'armée française chargea à Valmy et gagna la bataille. Comme le fait remarquer, avec pertinence, Denis de Rougement, ce cri ne signifie nullement « Vive la France ! » Car la France est une *patrie* : « Une réalité d'instinct et de sentiment, un fait de naissance, comme le mot l'indique, une implantation *géo-physique*, locale et peu extensible. » « Vive la Nation ! », c'était un acte de foi, le cri de

11 *Constitution de 1946, IVe République*, https://www.conseil-constitutionnel.fr/les-constitutions-dans-l-histoire/constitution-de-1946-ive-republique (consulté le 10/11/2018).

> guerre du parti révolutionnaire au pouvoir. Car la Nation était, est un idéal, non une réalité, plus exactement un idéal toujours à réaliser, et partant, conquérant – j'allais dire *colonialiste* (*ibid.*, p. 158-159).

Le cri est un « acte de foi » et la charge de l'armée française la traduction en acte de l'idéal du parti révolutionnaire au pouvoir. Senghor précise que leur idéal n'était pas la « France », puisque, en 1792, celle-ci « est une patrie ». Or, la « patrie » est « peu extensible » et est déjà une réalité. La « Nation », au contraire, parce qu'elle est « un idéal toujours à réaliser », est l'objet du désir inassouvissable des révolutionnaires. En ce qui concerne la conquête ultramarine, Senghor reste suggestif et se censure dans ce rapport à Faure, mais il est pleinement explicite dans *Les nationalismes d'outre-mer et l'avenir des peuples de couleur*. Il y présente l'idéal nationaliste comme le moteur de l'assimilationnisme à l'intérieur des frontières de la « patrie » et de l'impérialisme à l'extérieur de celle-ci. Il choisit d'exemplifier ses propos avec le cas particulier de la France :

> La nation, au contraire [de la patrie], naît de l'acte délibéré d'une minorité. Elle est l'expression d'une volonté de puissance. Si elle confisque l'histoire et les éléments constitutifs de la patrie, c'est pour les dépasser. Son moyen majeur, c'est l'appareil de l'État : l'organisation politique – le *parti unique*, auquel tend toute nation en formation –, la police, l'armée, l'enseignement, voire la littérature et l'art sous leur forme académique de poncifs sentimentaux (*ibid.*, p. 273).

La nation est un idéal et seule une minorité souhaite en voir la réalisation. Or cette réalisation se fait au prix des patries, dont la particularité est atrophiée au profit de la nation uniforme :

> On le devine, si la méthode de la nation se fonde sur la raison, elle fait appel aux liens naturels de la patrie, précisément parce que ceux-ci participent du sentiment plus que de la raison. C'est-à-dire que la nation se fait religion. Comme toute religion à sa plus haute époque de ferveur, elle est intolérante : inquisitoriale et iconoclaste. Son activité générique est de dépersonnaliser, sinon de détruire, les patries-provinces, et même les personnes dans ce qu'elles ont de plus vivant : leur langue, leurs mœurs, leur religion, leur culture. Sa loi, c'est l'assimilation, je veux dire l'uniformisation. C'est, en France, le rôle de Paris, incarnation de l'esprit de l'État (*ibid.*).

Si la « patrie » est une réalité, la « nation » est un idéal. Entité personnifiée dans ce deuxième extrait, cette dernière confisque, dépersonnalise et détruit la « patrie ». Elle accapare l'appareil de l'État, le subordonne à son objectif de réalisation et le transforme en État totalitaire. L'assimilation dont il est ici question est l'assimilation culturelle : la « nation » éradique la diversité au sein de son territoire. Après s'être attaqué à la tradition jacobine de centralisation du pouvoir et la politique étatique d'homogénéisation culturelle, Senghor poursuit son propos en faisant de l'engagement dans la conquête impérialiste la manifestation du même dessein nationaliste :

> Assimilatrice à l'intérieur, la nation est impérialiste à l'extérieur. Son devenir est dans la conquête. La guerre permet la dictature, surtout elle exalte, chez les citoyens, le sentiment de leur communauté face à l'étranger. Elle provoque, en même temps, la peur et le désir : peur de perdre son identité et volonté de puissance (*ibid.*).

Il est toutefois à remarquer que la « nation » n'est pas assimilatrice à l'extérieur : la « loi » de l'« uniformisation » s'arrête à la frontière qui délimite l'« intérieur » de l'« extérieur ». Ainsi, la guerre permet d'exacerber l'antagonisme entre le « citoyen » et l'« étranger ». Plus encore, elle fait dévier le « sentiment » qui tisse originellement les « liens naturels de la patrie » pour que « la peur » et « la volonté de puissance » lie cette nouvelle communauté formée par les citoyens, dont l'identité désormais exclut toute altérité.

Cette critique acerbe de la nation est aussi au service de la défense de ce qu'il nomme ici les « patries-provinces ». La « patrie » suppose l'existence de pères et elle est un « fait de naissance ». Qui dit « patrie » dit aussi patrimoine, qui est à la fois matériel (le lieu où elle est implantée) et immatériel (« histoire », « langue », « mœurs », « religion », « culture »). Dans le rapport à Faure, elle est une « réalité d'instinct et de sentiment » ; dans l'article de l'encyclopédie, elle est fondée sur des « liens naturels », lesquels « participent du sentiment ». La « patrie » est donc de même nature que les communautés négro-africaines décrites dans *Ce que l'homme noir apporte* et *Vues sur l'Afrique noire* : elle est une « communauté naturelle » (Senghor, 1964, p. 32). Les oppositions de Senghor ne sont pas neuves et on pourrait s'attendre à ce qu'il oppose les « liens naturels » de la « patrie » aux « liens contractuels » de l'État-nation républicain. Mais cela n'est pas le cas, parce qu'il avance que la « nation » a su manipuler l'émotion (génératrice des « liens naturels ») à son profit pour créer le sentiment de communauté, bien qu'elle fonde ses lois et méthodes dans la raison (génératrice des « liens contractuels »).

Dans la suite de son article « Les nationalismes d'outre-mer et l'avenir des peuples de couleur », Senghor admet que l'ère des « patrie-provinces » est révolue. Le nationalisme des révolutionnaires français, en effet, a produit le « nationalisme antinationaliste » :

> Cependant, l'affirmation de son être national engendre une négation, puis une affirmation contraire ; la violence, une résistance et une violence contraire ; le nationalisme, un nationalisme antinationaliste. Ainsi est né le nationalisme en Allemagne et en Italie, sous l'action impérialiste de la Révolution française [...]. L'idéologie de la nation s'étendra, en Europe, au cours du XIXe siècle, provoquant des révolutions noyées dans le sang. Elle inspirera, en grande partie, le traité de Versailles (Senghor, 1971, p. 273).

Dans *Vues sur l'Afrique noire*, Senghor avait écrit que « le XIXe siècle est celui des nations et des nationalismes » (Senghor, 1964, p. 42). Il résume ici l'histoire de l'Europe, des guerres napoléoniennes au traité de Versailles, à la confrontation entre nationalisme révolutionnaire français et « nationalisme antinationaliste ». Comme il relève que le déploiement de « l'idéologie de la nation » a résulté dans des bains de sang, nous pouvons inférer qu'il tient en faible estime le principe des nationalités énoncé dans les « quatorze points » de Wilson et qui a été un point central du traité de Versailles. Ce rejet de l'« idéologie de la "nation" » est plus manifeste encore dans *Le référendum en Afrique noire*, où le nationalisme est présenté comme un « virus » et la propagation de l'idéologie comme une « épidémie » :

> Qu'on s'en réjouisse ou qu'on le déplore, le fait demeure : le XXe siècle est celui des nationalismes ultra-marins. Les peuples dépendants d'Asie et d'Afrique sont animés par la même volonté d'indépendance nationale. Un Français ne saurait le leur reprocher. C'est la France qui, à Valmy, a donné le départ. C'est elle qui a inoculé le virus nationaliste à l'Italie, à l'Allemagne, à la Russie et aux peuples des Balkans. C'est de l'Europe que l'épidémie a gagné l'Asie et, en cette seconde moitié du XXe siècle, l'Afrique. Il est vain de s'insurger contre l'Histoire, de lui opposer les fragiles digues des armes ou de « l'action psychologique ». Ce serait l'intérêt de la France d'admettre l'événement, voire de le favoriser, de l'infléchir vers elle (Senghor, 1971, p. 226).

Il va de soi que Senghor, qui présente la « volonté d'indépendance nationale » comme un « virus », ne se réjouit pas des « nationalismes ultra-marins » et déplore la propagation de la pandémie. Critiquant le nationalisme, il ne propose ni le *statu quo* colonial, ni la restauration des « patries-provinces » ou des « communautés naturelles » de l'Afrique précoloniale. En effet, il estime que la victoire de Valmy a sonné le glas de l'ère des « patries » et que le cours de l'Histoire ne peut pas être endigué. Il souhaite toutefois que la « volonté d'indépendance nationale » qui anime les « peuples dépendants » de la France ne les projette pas hors de son giron. Il préconise alors à la France de faire « infléchir vers elle » leur nationalisme. Cherchant à expliquer dans cet article pourquoi les territoires d'Afrique noire ont voté « oui » au référendum qui a fait naître la Communauté française, il explique que ces « oui » sont « des *oui* à l'unité africaine, à l'indépendance, à l'association avec la France » (*ibid.*, p. 228). Notons que « l'indépendance » et « l'association avec la France » ne sont pas incompatibles. Autrement dit, Senghor considère que les « peuples dépendants » ne le seront plus quand ils seront des pays membres de la Communauté française.

De 1945 jusqu'au référendum de 1958, Senghor n'aura jamais prophétisé l'inéluctable avènement du monde des États-nations. Au contraire, chaque fois qu'il témoigne d'un mouvement qui transforme le monde des Empires, il le fait pour avertir l'Assemblée nationale que le séparatisme menace à l'horizon et pour la convaincre de la nécessité de mettre en œuvre des réformes qui éviteraient la désagrégation de l'Union française. Ainsi, dans son introduction à l'article *Les nationalismes d'outre-mer et l'avenir des peuples de couleur*, il affirme que le « trait dominant » du XXe siècle est « l'interdépendance des peuples » (*ibid.*, p. 271), et, inlassablement, à l'Assemblée nationale, il préconise la création d'un État au sein duquel cette « interdépendance » aurait libre cours. En définitive, si le cri « Vive la Nation ! » est un « acte de foi », substituer la République fédérale à la « Nation » et appeler à sa réalisation engage aussi une « foi ». Nous verrons, dans ce qui suit, que cette foi en la transformation possible de la France en une « unité pluraliste » aura animé Senghor au moins jusqu'à la chute de la IVe République.

LA « CITÉ » DE DEMAIN

En 1953, au Ve congrès du Bloc démocratique sénégalais, Senghor lit le *Rapport sur la méthode* qu'il a rédigé et dans lequel il développe une métaphore de la France fédérale. Il commence par retracer les principes essentiels du BDS à ses membres. « [N]otre réel, ne l'oublions pas, est complexe, puisque interdépendant, nègre, africain et français en même temps », expose-t-il, avant de rappeler que « l'objet de notre politique [est de supprimer les inégalités] qui résultent de la conquête ». Il affirme alors : « Nous sommes, par vocation des fédéralistes. *Car qu'est-ce que la fédération sinon le système qui établit l'égalité entre les pays, partant, entre les races* » (*ibid.*, p. 103). Il est évident que la perpétuation de la relation coloniale n'établit pas l'égalité, mais Senghor s'attaque ici à deux types de décolonisations qu'il estime vouées à l'échec : « l'État associé [...] imposé par les faits » et la « "départementalisation" des vieilles colonies et de l'Algérie » (*ibid.*). Il soutient que la seconde « procède d'une idée cartésienne qui veut ignorer les réalités ultra-marines comme celles du XXe siècle ». Premièrement, la départementalisation de l'AOF serait un désastre sur le plan culturel : « Si elle pouvait se réaliser, elle conduirait sûrement au suicide des civilisations indigènes » (*ibid.*). Deuxièmement, elle n'est simplement pas réalisable parce qu'« une assimilation honnête des départements et territoires d'outre-mer est impossible. Elle supposerait la présence, à l'Assemblée nationale de quelque trois cents députés noirs et arabo-berbères » (*ibid.*, p. 103-104). Pour Senghor, l'expérience de l'État associé annonce pareillement son échec à venir en Indochine. Il avance que ces États ont le mérite d'être « un produit naturel », mais il soutient que leur relation à la France est défaillante. Sous la contrainte, « on a procédé de manière empirique », alors que l'État associé « aurait dû être articulé à l'État français par des liens juridiques aussi souples que précis : à la française ». En somme, cette association n'inaugure pas la fédération française, parce que « le pacte fédéral qui liera tous les membres de l'Union française » n'a encore été ni rédigé ni signé (*ibid.*, p. 104). Senghor conclut par une comparaison qui rend explicite ce qu'il pense du sécessionnisme : « En vérité, l'État associé n'est pas fils du génie français, et il nourrit en son sein la sécession, comme un fruit, le ver qui le rongera avant qu'il ne mûrisse » (*ibid.*). Senghor en conclut que ni la départementalisation ni l'association sans pacte de fédération n'établissent l'égalité, car seule le peut la fédération d'États au sein de la République fédérale française :

> Devant le double échec énoncé plus haut, la sagesse politique commande [l'] intégration définitive [des départements et territoires d'outre-mer] dans la

> République française. C'est l'intérêt concordant de ces pays et de la métropole. Mais il faudra, pour cela, renoncer, non moins définitivement, à la formule de la « République une et indivisible ». La formule se justifiait il y a plus de cent cinquante ans, sous la Révolution française. Elle répondait à une réalité métropolitaine. Lancée par les Montagnards contre les Girondins, elle disait leur volonté d'unité dans la révolution et s'opposait au mouvement fédéraliste, qui risquait d'être de désagrégation. En 1953, l'attachement à la formule n'est que sentimental dans le meilleur des cas, quand il ne cache pas un colonialisme hypocrite (*ibid.*).

Senghor est clair : ceux qui refusent la réforme de la République unitaire en fédération militent pour la perpétuation de l'inégalité coloniale, qu'ils en soient ou non conscients. Les deux principes d'unité et d'indivisibilité sont apparus de manière concomitante lors de la Révolution française par rejet du fédéralisme. Cependant, s'il est nécessaire de renoncer à la formule depuis attachée à la République, embrasser le fédéralisme n'est abandonner que le second de ces deux principes, bien au contraire, puisque Senghor prône « l'intégration définitive » des TOM et DOM[12]. Seul le principe d'indivisibilité est visé par son projet de décolonisation. Il poursuit alors son rapport sur la méthode au congrès du BDS en filant la métaphore annoncée plus haut :

> Au siècle de la coexistence et de l'interdépendance, notre intérêt est de rester dans la République française. [...] Encore faut-il qu'au terme ultime de notre évolution nous soyons dans la *Cité*, avec notre quartier, notre administration, nos écoles, nos églises et nos mosquées. [...]
>
> Je fais le point [...] nous avons découvert la fédération comme seule solution à notre problème, à celui de la France. Il s'agit, dans ce cadre et par ce moyen, de transformer notre société ou, plus exactement, gardant l'image, notre quartier dans la Cité (*ibid.*, p. 105-106).

Senghor ne saurait être plus explicite : non seulement la fédération est la seule solution au problème de la colonisation de la France, mais, en plus, au terme ultime du processus de décolonisation, l'État fédéré, dont le quartier est l'analogon, sera toujours dans la République française.

---

12 Senghor énoncera ceci avec clarté à l'Assemblée nationale en juin 1954 : « [Nous, indépendants d'outre-mer] Nous demandons simplement que, tenant compte de la grande réalité du XXe siècle, qui est la coexistence, le Parlement aménage par étapes notre "République une et indivisible" en "République une et indissoluble, mais fédérale" » (Senghor, 1971, p. 144).

Métaphorisée en Cité, la France serait alors une communauté où règnent « l'égalité et l'unité dans la diversité nécessaire[13] » (*ibid.*, p. 173).

POUR UNE SOLUTION FÉDÉRALISTE

Pour une solution fédéraliste est l'étude sur la révision du titre VIII de la Constitution que Senghor remet à Edgar Faure en 1955. Il commence par relever que le Préambule et le titre VIII (« de l'Union française ») de la Constitution de 1946 sont en contradiction. Le Préambule, explique-t-il, « pose, en termes non équivoques, le principe de la Fédération », alors que les articles de la Constitution réservent à la France les prérogatives des pouvoirs exécutif et législatif. Il soutient ensuite que les déceptions des ressortissants des territoires d'outre-mer proviennent du fait que le gouvernement français n'applique pas la Constitution. Il rappelle que celui-ci n'a pas résolu le problème du statut des territoires, contre la loi qui lui imposait de le faire. Qui plus est, alors que le Préambule dispose : « La France forme, avec les peuples d'outre-mer, une union fondée sur l'égalité des droits et des devoirs sans distinction de race ni de religion » (*ibid.*, p. 161), l'égalité n'est restée que promesse, ce qui se manifeste en particulier dans la limitation de l'accès des peuples d'outre-mer à la souveraineté :

> C'est aussi qu'une assimilation loyale n'a pas été réalisée, encore que, depuis 1946, les gouvernements proclament, à l'envi, « l'unité et l'indivisibilité de la République ». Les 43 millions de citoyens de la métropole sont représentés par 544 députés, alors que le même nombre de citoyens ultra-marins ne dispose que de 63 sièges. Le déséquilibre est encore plus flagrant dans les conseils du gouvernement. Sur ce plan, le gouvernement de M. Laniel a battu tous les records, qui, parmi 39 ministres, ne comptait pas un seul élu d'outre-mer (*ibid.*, p. 163).

Senghor prouve par les chiffres que l'assimilation des ressortissants des territoires d'outre-mer en 1946 n'a pas signifié leur plein accès à la souveraineté nationale. Il poursuit la liste des griefs ultramarins en relevant la résurgence, sous d'autres formes, du « Pacte colonial », qui est une « économie de traite » profitant à la Métropole (*ibid.*). Il informe Faure que,

13 Je cite ici Senghor dans son second rapport sur la révision du titre VIII de la Constitution qu'il rend au président du Conseil Edgar Faure en 1955. Il lui donne le titre *La Méditerranée, lac de l'Occident* dans *Liberté II*.

en raison de la perpétuation de l'inégalité, la quasi-totalité des députés d'outre-mer souhaite la révision du titre VIII de la Constitution, et il révèle que ces derniers lorgnent les territoires britanniques de l'Afrique de l'Ouest où les indépendances sont imminentes. Il laisse alors entendre que la frustration est le terreau du séparatisme et conclut qu'« il n'est que temps de trouver des solutions au problème ; *domani troppo tardi* ! » (*ibid.*). La solution, comme le titre l'indique, est fédéraliste :

> Nous avons vu, plus haut, comment la plupart des élus d'outre-mer en étaient venus – en accord avec leur opinion publique – à réclamer l'aménagement de l'État français en République fédérale. Ici non plus, il ne saurait être question de remonter le courant (*ibid.*, p. 166).

Senghor explique que réaliser une assimilation loyale par l'augmentation du nombre de sièges des députés ultramarins à l'Assemblée nationale n'apporterait pas de solution au problème :

> Certains ont cru trouver le remède dans l'augmentation de la représentation, au Parlement, de l'Algérie, des départements d'outre-mer et des territoires d'outre-mer. Outre qu'on ne pourrait s'arrêter en chemin et qu'il faudrait accorder à ces collectivités la moitié des sièges du Parlement, faisant de la métropole, selon l'expression du président Herriot, « la colonie de ses colonies », les citoyens d'outre-mer refuseraient la solution. Ils craindraient, eux aussi, d'y perdre leur *personnalité*. Le nationalisme africain veut bien renoncer à la nation, non à la patrie africaine (*ibid.*).

Nous retrouvons ici la distinction entre « nation » et « patrie ». Selon Senghor, le « nationalisme africain » renoncerait à la « nation », c'est-à-dire cet « idéal toujours à réaliser » qui trouverait son expression politique dans la création d'États-nations indépendants. Ce « nationalisme africain », en revanche, ne renonce pas à la part de souveraineté qui devrait revenir aux citoyens d'outre-mer. En France, la souveraineté nationale appartient à la nation et celle-ci, en théorie, est une entité collective abstraite, unique et surtout indivisible. En pratique, comme Senghor le montre en différenciant quatre divisions territoriales internes à la République (l'Algérie, les DOM, les TOM et la métropole), la nation est divisée entre citoyens métropolitains et citoyens d'outre-mer. Par conséquent, tant que la République est « une et indivisible », seule l'augmentation de la représentation des citoyens d'outre-mer au Parlement permettrait de combler l'écart entre la théorie et la réalité dans la IVe République. Senghor rejette cette solution en citant Édouard Herriot. Ce dernier a été le président de l'Assemblée nationale de 1947 à 1954, mais Senghor cite son intervention du 27 août 1946, quand il avait déclaré à la tribune de l'Assemblée constituante : « Si nous donnions l'égalité des droits aux peuples coloniaux, nous serions la colonie de nos colonies » (Berstein, 1985, p. 297). En 1946, Senghor l'avait accusé de racisme[14] ; à la rédaction de ce rapport, il concède que les citoyens de l'outremer refuseraient aussi cette solution, non parce qu'ils ne souhaitent pas accéder à une pleine égalité des droits, mais parce qu'ils craindraient de « perdre leur personnalité[15] ». Il écrit « eux aussi », transformant l'intervention de Herriot en problématique culturelle, alors que ce dernier ne craint pas que le « nous » métropolitain perde sa « personnalité », mais qu'il soit soumis au pouvoir des Ultramarins. Se pose donc la question de savoir pourquoi les citoyens d'outre-mer craindraient de perdre leur « personnalité » si on augmente leur représentation au Parlement. Pour rappel, la loi du 7 mai 1946, dite Lamine Gueye, est devenue l'article 80 de cette Constitution : les citoyens d'outre-mer conservent leur statut personnel et ne sont donc pas soumis au Code civil. Le revers de cette création de citoyennetés différenciées est le maintien de l'inégalité en matière électorale, preuve en est cette représentation non proportionnelle des ex-sujets à l'Assemblée nationale. En contrepartie, nombre de coutumes locales ne sont pas affectées par les lois françaises et la « personnalité » de la « patrie africaine » n'est pas altérée. Senghor relaie la crainte que l'augmentation de la représentation à l'Assemblée nationale serait accompagnée d'une politique assimilationniste qui chercherait à faire disparaître ces coutumes afin d'homogénéiser la « nation » détentrice de la souveraineté. Il souhaite donc la conservation du pluralisme juridique hérité du régime de l'indigénat, ce qui explique aussi pourquoi il estime que l'article 13[16] de la Constitution mérite d'être amendé afin de permettre « aux assemblées, et plus tard aux parlements locaux, de voter, par délégation permanente, des lois locales » (Senghor, 1971, p. 167). En

14 *Cf.* Lugan, Bernard, *God Bless Africa*, Chatou, Carnot, 2003, p. 147.

15 Je rappelle que Senghor donne en définition de la négritude dans l'introduction à *Liberté 1* : « La *Négritude*, c'est ce que les anglophones désignent sous l'expression de "personnalité africaine" » (Senghor, 1964, p. 8).

16 « Article 13. – L'Assemblée nationale vote seule la loi. Elle ne peut déléguer ce droit. », *Constitution de 1946, IVe République*, https://www.conseil-constitutionnel.fr/les-constitutions-dans-l-histoire/constitution-de-1946-ive-republique (consulté le 10/11/2018).

un mot, Senghor affirme que le « principe de la Fédération » est posé « en termes non équivoques » dans le Préambule de la Constitution, parce qu'il est nécessaire de transformer la France en fédération pour conjoindre égalité des citoyens et pluralité des peuples. Or cette Constitution ne comporte aucune définition de ce qu'est un « peuple d'outre-mer ». Senghor, qui qualifie les trois territoires ultramarins de la République de « collectivités » habitant des « patrie[s] africaine[s] », fait donc des frontières des circonscriptions administratives les délimitations des territoires des « peuples d'outre-mer » du Préambule. Comme ces derniers ne renonceront ni à la « patrie », ni à la souveraineté française, Senghor explique que réviser le titre VIII de la Constitution et fédéraliser la France sont une seule et même entreprise :

> Il s'agit [...] de transformer notre République unitaire centralisée et centralisatrice en République fédérale [...]. Il s'agit, plus précisément, de donner l'*autonomie interne* à l'Algérie, aux départements d'outre-mer et aux territoires d'outre-mer, d'en faire des États, non pas associés à, mais intégrés *dans* la République française. Cela pose toutes sortes de questions. La *nation* et la souveraineté seraient de l'État français, non pas nécessairement la *patrie* (*ibid.*).

Autrement dit, il s'agit de faire des trois circonscriptions ultramarines des États en leur donnant, non pas l'indépendance, mais « l'autonomie interne ». La distinction entre « nation » et « patrie » ne mène donc pas Senghor vers des propos apolitiques ; elle lui permet de distinguer entre les États indépendants associés à la République française et les États autonomes intégrés dans cette République, laquelle serait fédérale en conséquence de cette intégration. Dans la conclusion de son rapport, Senghor rappelle que « gouverner, c'est prévoir » (*ibid.*, p. 168) et ajoute qu'« il est facile de prévoir, dans un monde en mouvement que, dans dix ans, il n'y aura plus de "peuple dépendant" » (*ibid.*). Comme preuve, il signale que vingt-neuf nations nouvellement indépendantes se sont réunies à Bandoeng, ce qui le mène à avertir que « ce serait un aveuglement fatal que de sous-estimer la menace et de ne pas *prévoir* » (*ibid.*)[17]. Le titre VIII de la Constitution doit donc impérativement être

17 J'indique le fait que le verbe « prévoir » est présent dans ces vers de « Prière des tirailleurs sénégalais » : « Que l'enfant blanc et l'enfant noir – c'est l'ordre alphabétique –, que les enfants de la France Confédérée aillent main dans la main / Tels que les prévoit le poète, tel le couple Demba-Dupont sur les monuments aux Morts », (Senghor, 1990, p. 74).

révisé et, bien que le parlement s'y intéresse déjà, Senghor milite pour que sa voie de réforme soit choisie au détriment des autres propositions :

> La France se doit donc de prévoir – que l'opinion parlementaire s'intéresse à la révision du titre VIII prouve qu'elle le fait – et de choisir. Mais l'option que nous proposent les extrémistes des deux camps – assimilation ou indépendance totale – est un faux dilemme, qu'il nous faut transcender. Elle ne correspond ni aux réalités du XXe siècle ni au génie de la France (*ibid.*, p. 168-169).

Par « réalités du XXe siècle », Senghor entend à la fois la « menace » nationaliste et « l'interdépendance » nécessaire des peuples. Les peuples ne doivent donc ni rester dépendants, ni être dispersés en nations indépendantes, ni être assimilés dans la Nation française. De même qu'il appelait en 1944 à l'« assimilation et association » qui transcenderait la « fausse antinomie "association ou assimilation" » (Senghor, 1964, p. 44), il affirme ici que la transformation de la France en République fédérale française, parce qu'elle permettrait l'interdépendance des peuples, transcenderait le « faux dilemme » inscrit dans la formule « assimilation ou indépendance totale ». Mais pourquoi une telle solution correspond-elle au « génie de la France » ? Parce que ce « génie » est de se renouveler sans cesse grâce aux apports d'autres civilisations :

> Mais techniques, sciences, institutions fédérales ne sont que des moyens au service de la *culture*. C'est ce qu'ont compris les constituants de 1946, qui ont assigné, comme but majeur de l'Union française, le développement des « civilisations respectives » des peuples de l'Union. Or la culture elle-même est colloque. L'histoire nous apprend que toutes les grandes civilisations furent de *métissage* ; celles de l'Égypte, de l'Inde et de la Grèce ancienne. La civilisation française elle-même, dont les apports exotiques renouvelèrent profondément les arts au début du XXe siècle et dont la succulence des fruits, comme le dit Paul Valéry dans *Images de France*, vient de ce qu'ils sont d'un arbre greffé (Senghor, 1971, p. 169).

Senghor cite donc à nouveau le Préambule de la Constitution, sans préciser qu'il faisait partie de ces constituants de 1946. Il est tout à fait clair ici qu'il serait vain de disjoindre ses propos sur la culture et son projet politique fédéraliste : l'interdépendance des peuples s'actualise, dans le domaine politique, par la création d'États fédéraux, dans le domaine de la culture, par le « métissage ». Se révèle alors, dans l'exposition du « but majeur de l'Union française », le sens que Senghor donne à la

« mission traditionnelle » à laquelle la France annonce qu'elle sera fidèle dans le Préambule. Désormais, sa « mission » n'est pas de transplanter la civilisation française en Afrique, mais de se mettre « au service de la culture » et de donner libre cours au « développement des "civilisations respectives" des peuples de l'Union ». Ainsi, de même que, dans *Vues sur l'Afrique noire*, il soutenait que l'association n'est possible qu'entre pairs, dans ce rapport, il suggère que ni le « colloque », ni le « métissage », ni le « progrès » ne peuvent prendre place tant que les peuples ultramarins sont dépendants[18]. Or transformer un « pays d'outre-mer » en État fédéré suppose une dévolution du pouvoir à des « terroirs » qui en sont privés depuis leur annexion. Autrement dit, il s'agit de faire de la « patrie » une entité politique.

Pour illustrer son propos, Senghor introduit la métaphore de l'« arbre greffé », qui est la figure d'une France qui comprend une pluralité de parties. La greffe, qui représente la relation politique et culturelle entre la « France » et les « pays d'outre-mer », est donc la « condition du progrès », parce qu'elle seule permet la « collaboration » de toutes les parties qui forment cet État :

> Il nous faut donc choisir, en refusant de choisir entre l'uniforme de l'assimilation et le carcan de l'indépendance totale, entre deux mondes totalitaires qui, en définitive, ne font qu'un : le nationalisme. La République unitaire est isolée : elle se coupe des sources vives des terroirs. Les pays d'outre-mer, s'ils faisaient sécession, s'étioleraient comme des rameaux détachés du tronc nourricier. La condition du progrès de l'une et des autres est dans leur collaboration (*ibid.*).

La greffe, qui unit, est bien le contraire de la sécession, qui « détach[e] du tronc nourricier ». Senghor illustre fréquemment par cette métaphore son idée que la liberté se conquiert dans l'unité et qu'on y accède par l'interdépendance. Cette image lui vient de Valéry, qui, dans *Images de France*, fait de l'arbre greffé la métaphore de la nation française. Il y écrit : « À cause des sangs très disparates qu'elle a reçus, et dont elle a formé en quelques siècles une personnalité européenne si nette, la nation française fait songer à un arbre greffé plusieurs fois, de qui la qualité

---

18 Il résume cette idée dans *La Méditerranée, lac de l'Occident*, qui est un second rapport à Faure écrit en 1955. Paraphrasant la déclaration du 23 avril 1955 de Bourguiba, il écrit le suivant : « On ne saurait mieux définir le principe de la confédération, qui n'est que l'association sur un pied d'égalité, reposant sur une base juridique » (Senghor, 1971, p. 172).

et la saveur de ses fruits résultent d'une heureuse alliance de sucs et de sèves très divers concourants à une même et indivisible existence » (Valéry, 1931, p. 35). Senghor, reprenant à son profit l'image de Valéry, fait aussi de l'« arbre greffé » la métaphore de la France, à la différence près que sa France présenterait aussi une personnalité africaine. C'est alors que cette image devient problématique, parce qu'elle implique de savoir qui est le porte-greffe et qui est le greffon. Dans la citation ci-dessus, les pays d'outre-mer sont les greffons, mais dans toutes les autres occurrences de cette métaphore dans les textes de Senghor, le porte-greffe est l'Afrique. C'est le cas dans « La décolonisation, condition de la communauté franco-africaine », article publié en septembre 1957 dans *Le Monde* où Senghor présente ses positions politiques entre l'adoption de la loi-cadre Defferre et l'institution de la Ve République. Il se présente encore comme le porte-parole de fédéralistes :

> Les peuples d'Afrique noire [...] réclament moins le droit à l'indépendance que le droit à l'autodétermination. Tous pensent que les statuts futurs de la République – qu'ils veulent *fédérale* – et de l'Union – qu'ils veulent *confédérale* – devraient être discutés en commun, ce qui est le principe même de toute communauté. Mais leur statut particulier est leur affaire ; il exige, pour le moins, leur avis (*ibid.*, p. 217).

Le fédéralisme qu'il appelle de ses vœux n'est pas uniquement politique. En effet, dans la suite de son propos, distinguant entre « autonomie » et « autarcie », il appelle à la création d'une « Communauté franco-africaine » :

> J'irai plus loin. Par-delà le droit à l'autodétermination, ce que réclament les peuples d'outre-mer, c'est l'autonomie de leur pensée comme condition de la Communauté franco-africaine. Ils savent bien que, dans le monde interdépendant du XXe siècle, l'autarcie, qu'elle soit économique, culturelle ou simplement politique, c'est la stagnation (*ibid.*).

Senghor qualifie la communauté dont il souhaite voir l'avènement avec l'adjectif « franco-africaine ». Un an plus tard, la Communauté française est créée. L'absence d'« africaine » dans le qualificatif peut être lu comme symptôme de l'échec du projet fédéraliste senghorien : bien que de nature fédérale, cette communauté lie la République française et des États membres, ce qui conserve le partage des populations légué par la colonisation. À l'écriture de cet article, il se bat encore et, pour présenter la communauté à réaliser, il introduit à nouveau la métaphore de la greffe :

> De ce point de vue, le Ghana, qui nous ressemble, nous enrichirait moins que la France. La solidarité verticale, parce que complémentaire, nous est plus nécessaire que la solidarité horizontale. C'est Valéry qui, dans *Images de la France*, vantait les vertus de la greffe. Mais la greffe, pour être efficace, suppose un sauvageon, et qu'il soit vigoureux. La Communauté franco-africaine suppose une personnalité africaine et qu'elle s'épanouisse, qu'elle ait la liberté de choisir parmi les éléments fécondants – politiques, culturels, voire économiques – de la civilisation française, qu'elle ait liberté de les adapter à son génie propre (*ibid.*, p. 217-218).

Le Ghana n'est pas choisi au hasard parmi les pays de l'Afrique de l'Ouest. Kwame Nkrumah, homme politique indépendantiste et panafricaniste, a obtenu l'indépendance de la Côte-de-l'Or. Celle-ci est proclamée le 6 mars 1957, quelques mois seulement avant la rédaction de cet article. Or Nkrumah prône non seulement l'indépendance immédiate de l'Afrique, mais il propose aussi la création des États-Unis d'Afrique, un État fédéral africain. Senghor préfère la Communauté franco-africaine à cette autre entité politique supranationale, représentant par la greffe la « solidarité verticale » qu'il appelle de ses vœux. Or le sauvageon et le greffon n'ont pas la même fonction dans une greffe. Seul le premier est un arbre, le second est une branche déjà sectionnée et qui se desséchera si elle n'est pas greffée. Il aurait été plus adéquat pour Senghor de figurer l'interdépendance par la greffe réciproque de deux arbres, ou encore, d'imaginer deux arbres dont les troncs se fusionnent et dont les branches sont communes. L'inadéquation de cette métaphore avec l'unité politique qu'il cherche à représenter est en soi révélatrice de son système de pensée. Certes, il ne cesse d'avancer que les partenaires doivent être sur un pied d'égalité lorsqu'il s'agit de droits politiques, mais dès qu'il s'agit des « vertus de la greffe » ou d'« éléments fécondants [...] de la civilisation française », ce qui reçoit le greffon ou la fécondation est la civilisation négro-africaine. C'est cette dernière qui est alors analogue à un arbre ou un ovule. La part européenne de la France, en revanche, tant qu'elle reste privée de système racinaire, est un greffon sectionné en voie de dépérissement. Ainsi, selon cette image valérienne retravaillée par Senghor, elle n'a pas d'autre choix que de se greffer à la civilisation négro-africaine qui lui apporterait sève et vie.

Je termine en revenant à l'étude sur la révision du titre VIII de la Constitution. « Il nous faut donc choisir », écrit Senghor à Faure, avant de conclure en proclamant que « [l]a France choisira la solution du fédéralisme » (*ibid.*, p. 170). Le choix du « nous » est d'abord de refuser d'obéir aux injonctions des adversaires du fédéralisme qui, *in fine*, sont les adversaires de la France. Le nationalisme métropolitain fait de l'assimilation (culturelle) la condition de l'accession à l'égalité (et à la souveraineté nationale), ce qui entretient le ressentiment des peuples dépendants. Le nationalisme anticolonialiste ultramarin soutient que l'indépendance est la seule alternative à la dépendance coloniale et souhaite donc le démantèlement de la France. Au contraire, le « nous » qui choisira la solution du fédéralisme est conscient des réalités du XXe siècle qui transcendent le « faux dilemme » et sait prévoir l'avenir. À l'idéal de la « Nation », Senghor oppose ainsi la réalité d'un « nous » tout à fait particulier et dont il s'agira de faire l'étude dans la prochaine partie. Je terminerai celle-ci par sa critique de la « balkanisation » de l'Afrique française.

LA « BALKANISATION » : L'ÉCHEC DU PROJET FÉDÉRALISTE DE SENGHOR

Quand Senghor écrit « Les décrets d'application de la loi-cadre ou “Donner et retirer ne vaut” » qui est publié dans *L'Unité africaine* en mars 1957, ses espoirs de voir l'AOF être transformée en État fédéral s'étiolent. La loi-cadre Deferre dont il est ici question a été votée en 1956 et elle habilite le gouvernement à statuer par décret dans un domaine réservé en principe à la loi[19]. Ces décrets servent à réformer les territoires d'outre-mer et ils créent notamment des Conseils de gouvernement élus au suffrage universel dans les divers territoires. L'exécutif local est alors plus autonome vis-à-vis de Paris, ce qui satisfait ceux qui protestent contre ce que Senghor nomme dans cet article « la centralisation-concentration des pouvoirs » (*ibid.*, p. 212), mais il est aussi plus autonome vis-à-vis du groupe de territoires, contrariant ceux qui, avec lui, luttent conjointement contre « la balkanisation des fédérations d'Afrique noire » (*ibid.*). Cette

19 Senghor a livré une bataille contre tous les décrets d'application de la loi-cadre Deferre, expliquant sa position par une image restée dans les mémoires : « Le gouvernement et sa majorité se sont réservé les pouvoirs réels… et ne nous ont laissé que les joujoux et les sucettes. Or nous ne sommes plus les grands enfants qu'on s'est plu à voir en nous. Et c'est pourquoi les joujoux et les sucettes ne nous intéressent plus », (De Benoist, 2006, p. 131).

loi-cadre met aussi fin au système de deux collèges, mais la force politique des habitants de ces territoires est totalement amenuisée, parce que la création de collèges électoraux uniques est accompagnée du morcellement de l'Afrique. Dans cet article, Senghor critique ouvertement « la volonté gouvernementale de *balkanisation* » (*ibid.*, p. 211) et annonce que les Indépendants d'outre-mer cherchent à faire voter un amendement au décret d'application de la loi-cadre qui réorganise l'AOF et l'AEF. Il avait proposé que, au niveau des fédérations de territoires, le « pouvoir fût étendu aux matières politiques, administratives, sociales et culturelles » (*ibid.*), mais le décret d'application ne reconnaît que les solidarités économiques, financières, sociales et culturelles de ces fédérations et confie à chacun des divers territoires le pouvoir politique et l'administration. L'unité africaine, pour paraphraser le nom de la revue, peut donc être clamée et même reconnue, mais le décret d'application entrave la création d'une unité politique. Exacerbé, Senghor va jusqu'à qualifier les députés métropolitains de « *néo-colonialistes* » (*ibid.*, p. 212) :

> C'est le lieu de poser le problème de fond. Le gouvernement et la majorité des députés métropolitains croient faire une grande politique en voulant faire éclater les fédérations d'Afrique noire. Leur idée est que, ne pouvant s'opposer à l'autonomie interne des territoires dans le cadre d'une République fédérale française, ils doivent rattacher chaque territoire, pris isolément, à la rue Oudinot. Comme cela, en face d'une riche métropole de 43 millions d'habitants, des territoires pauvres, de 4 millions à 500 000 habitants, se présenteraient soumis, en mendiants (*ibid.*, p. 211-212).

Senghor est atterré par la tournure que prennent les réformes. Selon son analyse de la situation, la stratégie du gouvernement est de créer des États français fédérés faibles afin que la métropole conserve son pouvoir :

> Leurs moyens sont de deux ordres.
>
> D'une part, ils insistent sur la nécessité d'affirmer la personnalité des territoires, leur offrant une autonomie illusoire, d'autre part, ils opposent les territoires les uns aux autres, leur désignant Dakar et Brazzaville comme leurs pires ennemis. Comme si Dakar et Brazzaville – je veux dire les fédérations – n'étaient pas les biens communs des territoires groupés, comme si les bastilles du colonialisme étaient ici et là et non rue Oudinot (*ibid.*, p. 212).

Alors que, au début de sa carrière politique, il donnait le nom de « Révolution du 27 octobre 1946 » (*ibid.*, p. 79) à l'approbation de la

Constitution de la IVe République, il indique ici l'échec de cette « révolution » : la « bastill[e] du colonialisme » n'a pas été prise. La rue Oudinot est le siège du Ministère de la France d'Outre-Mer, lequel a remplacé le Ministère des Colonies en janvier 1946, mais Senghor annonce que le changement n'était que celui des noms, et qu'il était donc tout aussi illusoire que l'autonomie offerte aux territoires. Pour lui, la loi-cadre et ses décrets d'application manifestent l'échec de cette révolution de 1946, parce que les réformes n'entraîneront non pas la décolonisation de l'Afrique française, mais l'avènement d'un système néocolonial, où l'illusion d'autonomie masque une sujétion réelle.

Il faut alors entendre la déception de celui qui n'a cessé de rêver au « rendez-vous du donner et du recevoir » dans le sous-titre qu'il a donné à son article *Donner et retirer ne vaut*, reformulation du proverbe français « donner et retenir ne vaut » qu'il cite à la fin de son propos (*ibid.*, p. 214). « Les peuples noirs ne viendront pas les mains vides au rendez-vous du politique et du social », avait-il annoncé en 1939 dans *Ce que l'homme noir apporte*, et voici qu'en 1957 il les voit réduits à devenir des « mendiants ». Mendier n'est pas revendiquer ses droits et demander l'aumône n'est pas exiger que la loi soit appliquée. Alors, au vu de la déchéance potentielle des territoires rendus faussement autonomes, le lexique du dialogue, de la rencontre et de l'échange disparaît de son écrit pour laisser la place à celui de la lutte et de la confrontation :

> Il nous faut donc continuer le combat. Le devoir des parlementaires africains est clair. C'est de se battre, maintenant, pour une révision constitutionnelle qui atteigne deux objectifs : l'autonomie interne, d'une part, pour l'A.O.F, l'A.E.F. et les territoires non groupés ; la possibilité, d'autre part, d'accéder à un statut d'État associé dans le cadre d'une Union confédérale. Il est entendu que l'A.O.F. et l'A.E.F. seront elles-mêmes constituées en fédérations qui préserveraient l'autonomie des territoires fédérés (*ibid.*, p. 214-215).

Déçu par la loi-cadre, il lui reste une dernière ouverture dans le système qui devient de plus en plus contraire à ses aspirations : la révision constitutionnelle. Selon lui, elle seule peut encore faire advenir le système politique qui serait véritablement décolonisateur. L'histoire nous apprend qu'il n'a pas réussi à remporter l'adhésion des autres députés africains, Houphouët-Boigny en particulier, qui est le président du Rassemblement démocratique africain et qui est partisan de l'autonomie sans fédération des territoires. Leur discorde ne repose pas sur la question de l'autonomie (l'un et l'autre veulent la création d'une Union confédérale française[20]), il est au niveau de l'échelle qu'aura l'État autonome associé à la France dans cette confédération. Contre le mouvement de désagrégation inauguré par la loi-cadre, Senghor insiste sur le fait que des territoires non organisés en fédération ne seraient que faussement autonomes et appelle à la réalisation préalable de la « communauté africaine », laquelle ne serait pas seulement une communauté de culture, mais surtout une communauté politique, une fédération ouest-africaine :

> On ne peut que le regretter, ce sont les pressions gouvernementales et les manœuvres de couloir qui ont permis la réussite de « l'opération Oudinot ». La contradiction que cultivent les « Européens » de l'Assemblée n'a pu échapper aux députés africains. Les Européens trouvent que 43 millions de métropolitains, c'est trop peu et qu'il faut « faire l'Europe », mais 20 millions d'Africains ensemble, c'est trop et qu'il faut défaire l'Afrique. Ils doivent savoir, les députés africains, qu'avant de réaliser la « communauté franco-africaine », il faut réaliser la « communauté africaine ». Au demeurant, les élites africaines – syndicats, conseils de la jeunesse, associations d'étudiants – le leur rappellent tous les jours (*ibid.*, p. 212).

Senghor n'adhère pas au principe des nationalités : la fédération de territoires qu'il propose est une unité politique et administrative qui regroupe plusieurs peuples. Son enjeu n'est donc pas de revendiquer l'autodétermination politique pour une quelconque « nation nègre », mais de faire en sorte que la « civilisation africaine » puisse trouver une expression politique grâce à la création de larges États fédéraux et fédérés. Il ne théorise donc pas la négritude uniquement pour révéler la communauté culturelle sous-jacente à la diversité des peuples africains, il le fait pour voir la « civilisation négro-africaine » se réaliser en une « communauté africaine » qui contrebalancerait le pouvoir de la métropole dans une France fédérale. Les essais majeurs portant sur la « personnalité collective négro-africaine » (Senghor, 1964, p. 8) sont écrits alors même que « le gouvernement et la majorité des députés métropolitains » promeuvent une forme de protonationalisme en insistant « sur la nécessité d'affirmer la personnalité des territoires » (Senghor, 1971, p. 212). Pour Senghor,

---

20 Après l'adoption de la loi-cadre Defferre, le projet d'Union confédérale française remplace celui de République fédérale française dans les textes de Senghor.

l'autonomie réelle ne sera garantie que si l'AOF et l'AEF deviennent des États fédérés dans le cadre d'une Union confédérale française. Autrement dit, s'il est primordial que la négritude s'incarne dans une « communauté africaine », il est tout aussi indispensable que celle-ci soit membre de la « communauté franco-africaine » qu'il appelle de ses vœux. La décolonisation qu'il prévoit est l'accession à l'égalité effective, laquelle, au contraire de la mendicité consécutive de la « balkanisation » de l'Afrique, se traduit en partage du pouvoir et des ressources.

Or ce sont les députés partisans de l'avènement d'une Union européenne supranationale et fédérale qui travaillent à cette « balkanisation ». Il est donc compréhensible que Senghor soit particulièrement agacé par les députés qui développent des arguments non nationalistes pour convaincre l'Assemblée nationale de la nécessité de « faire l'Europe ». Ils savent pertinemment que l'affirmation des diverses « personnalité[s] des territoires » se fera au détriment de la réalisation de la « communauté africaine ». Comme leur Europe est comparable à ce que Senghor envisage pour l'Afrique française, ce dernier conclut que la motivation des « "Européens" de l'Assemblée » à « défaire l'Afrique » n'est pas le respect du droit à l'autodétermination des peuples. Il est donc temps que les « députés africains » écoutent les « élites africaines », qui, elles, ont bien compris que les « Européens » veulent que « les intérêts de la métropole restent solidement et habilement défendus » (*ibid.*, p. 213) aux dépens de la France ultra-marine.

L'ARBRE GREFFÉ, LA CITÉ, LA MAISON : IMAGES DE LA FRANCE

L'élaboration de la Constitution de 1946 a donné lieu a une série de débats portant sur l'Union française et la départementalisation dont les textes de Senghor ne sont qu'un échantillon. La politologue Véronique Dimier indique que deux conceptions de la République et de la nation françaises étaient en conflit et qu'ils ne se superposaient pas à l'opposition droite/gauche de l'échiquier politique. Elle identifie, d'un côté, « une conception tirée des idéaux de 1789, liant intrinsèquement citoyenneté et nationalité, insistant sur l'unité des droits et des devoirs que cette citoyenneté implique, soumettant l'assimilation politique à l'assimilation culturelle », et, de l'autre, « une conception qui envisage au contraire une dissociation possible entre nationalité et citoyenneté, une diversité possible des droits et des devoirs, et un lien politique n'impliquant pas assimilation, mais préservation de la diversité culturelle » (Dimier, 2005, p. 43). Dans cet affrontement de conceptions de la France s'opposent aussi deux représentations du lien social. Dans la première, le lien social est un « contrat entre individus abstraits, égaux rationnels, soustraits à leurs milieux sociaux » (*ibid.*, p. 44) ; dans la seconde, celle de la « République des petites patries », la conception du lien social repose sur « l'idée d'"enracinement" de l'homme dans des communautés culturelles locales » (*ibid.*, p. 44-45). L'architecture hybride de l'Union française, explique Dimier, est le fruit du compromis trouvé par les constituants.

Comme les textes commentés au-dessus le révèlent, la particularité de Senghor est de joindre les deux conceptions opposées de la France et du lien social dans son projet politique. En liant citoyenneté et nationalité et en insistant sur l'égalité des droits, il intègre le discours assimilationniste républicain à son projet de décolonisation par fédéralisation de la France ; en insistant sur la différence complémentaire des civilisations négro-africaine et française, il puise dans les théories relativistes de l'anthropologie sociale élaborée dans l'entre-deux-guerres et ajuste l'idée de la « République des petites patries » à la IVe République qui, parce que les DOM et TOM en faisaient partie intégrante, était une République pluricontinentale. C'est à la lumière de ce contexte que je propose de comprendre les métaphores par lesquelles Senghor figure la France. L'arbre greffé, la cité et la maison sont toutes des images d'une France qui s'étend sur les continents. Elles posent toutes trois la question de l'unité et l'égalité des divers peuples qui la composent et viennent mettre en lumière et confronter les contradictions internes à l'impérialisme républicain : la greffe s'oppose tant au projet transplanter la civilisation française en Afrique que celui d'assurer le développement séparé des civilisations françaises et négro-africaines ; l'image de la cité rappelle à la République que les TOM ne sont pas une banlieue hors de ses frontières et que continuer de priver une partie de ses ressortissants des pleins droits du citoyen serait trahir ses valeurs ; la maison rappelle que la paternité n'est pas dans la devise républicaine et impose le constat que la fraternité française devra se tisser entre membres de civilisations différentes.

L'étude du pronom « nous » fait l'objet de la partie qui suit. Ce « nous » est formé par les membres de la France que Senghor figure par ces métaphores. Nous verrons que cette communauté, comme cette France, est à la fois déjà présente et encore à réaliser.

TROISIÈME PARTIE

« NOUS »

« NOUS » : LA PREMIÈRE PERSONNE DU PLURIEL EN FRANCE PLURINATIONALE

DIRE « NOUS » AVANT 1960

« NOUS, FRANÇAIS »

Dans les textes écrits avant les indépendances, le « nous » est au cœur du projet politico-esthétique de Senghor. Il mérite une attention accrue, car selon l'échelle que ce dernier lui donne, la frontière entre les inclus et les exclus du groupe se déplace. À la plus petite échelle, il est « nous, Négro-africains » ou « nous, Nègres », à la plus large, il comprend toute l'humanité, formant un « nous, les hommes ». Entre ces échelles, entre négritude et humanisme, un autre « nous », le « nous, Français », parsème les textes de Senghor jusqu'aux indépendances. Il désigne un groupe qui est des plus complexes, non seulement parce qu'il rassemble divers plus petits groupes, mais aussi parce qu'il est à la fois actuel et possible. Dans une certaine mesure, en effet, tous les ressortissants de la France peuvent légitimement s'identifier comme Français. Il reste que les membres de ce groupe ne sont pas sur un pied d'égalité, et on peut résumer le projet politique de Senghor à celui de provoquer la transformation du « nous, ressortissants français » en « nous, Français égaux et fraternels ». Possibilité latente à l'écriture de son texte, ce « nous, Français » deviendrait effectif grâce à des réformes concrètes.

« NOUS, NÉGRO-AFRICAINS »

La réalité de la « race » est la condition d'existence du groupe « nous, Négro-africains ». Dans les termes avec lesquels Senghor introduit les tomes *Liberté*, il est formé par tous ceux qui possèdent une « personnalité collective négro-africaine » (Senghor, 1964, p. 8) ou « Négritude » (*ibid.*,

p. 9). Or déclarer que la « race noire » existe, comme attester de la présence d'une « civilisation négro-africaine » (*ibid.*, p. 8), ne garantit pas l'existence effective d'un peuple « négro-africain ». Pour cette étude, le choix a été de considérer ce « nous, Négro-africains » comme une fiction, comme une entité qui n'existe que dans les textes de Senghor. S'attribuer, comme il le fait, le rôle de porte-parole d'une « race » revient à asserter qu'un tel groupe humain existe, qu'il s'est concerté, qu'il s'est mis d'accord sur le message à transmettre et qu'aucune position divergente à celle exprimée n'existe. Cela revient à représenter un groupe homogène et unanime, alors que ses textes, qui sont tous issus de sa plume, ne sont pas des énoncés collectifs. Ces affirmations péremptoires masquent ainsi le fait que Senghor doit aussi convaincre que cette identité raciale commune est bien réelle et qu'elle est effectivement telle qu'il la décrit dans ses textes. Elles couvrent les voix discordantes contemporaines, qui présentent d'autres identifications possibles et concurrentielles, qu'elles soient à une race nègre définie selon d'autres critères que les siens, à l'Afrique du panafricanisme, au prolétariat international, etc. Sa théorisation de la négritude, autrement dit, a pour finalité première qu'un groupe s'identifie à la communauté raciale dont il postule l'existence et présente les caractéristiques dans ses essais.

Or la « race » n'est pas une catégorie juridique du droit français, et, par conséquent, le peuple que Senghor dit être porteur de la « personnalité collective négro-africaine » n'est pas une entité reconnue par l'État français. En effet, le Préambule de la Constitution de 1946 parle de « peuples » dont les « civilisations » pourront se développer au sein de la France, mais l'identité de ces « peuples » n'est jamais définie. Alors, bien que Senghor asserte l'existence d'un « peuple négro-africain » et d'une « civilisation négro-africaine », le gouvernement peut toujours choisir des entités plus petites, comme lorsqu'il promeut le développement de la « personnalité des territoires » (Senghor, 1971, p. 212) ou quand l'« ethnie » supplantera la « race » pour désigner les diverses entités collectives du continent[1]. La République fédérale française qu'il imagine, en revanche, permettrait au « peuple négro-africain » porteur de la « négritude » de trouver une expression politique dans un État.

1 *Cf.* Lochak, art. cité, 1992, p. 295 ; Amselle, Jean-Loup, M'Bokolo, Elikia, *Au cœur de l'ethnie. Ethnies, tribalisme et État en Afrique*, Paris, La Découverte, 2005 ; Amselle, Jean-Loup, « De la déconstruction de l'ethnie au branchement des cultures : un itinéraire intellectuel », *Actes de la recherche en sciences sociales*, n° 185, 2010, p. 96-113.

Le « nous, Négro-africain » est donc tout aussi virtuel que le « nous, Français égaux et fraternels ». Ces deux injonctions à faire corps véhiculées par ces « nous » possibles ne sont toutefois pas de même nature. Chez Senghor, découvrir sa « négritude » est toujours la révélation d'une réalité occultée : celui qui se rend compte qu'il est « nègre » s'aperçoit qu'il appartenait déjà, sans le savoir, à une communauté racialement et culturellement déterminée. En revanche, la réalisation du « nous, Français égaux et fraternels » a pour condition la décolonisation par fédéralisation de la France, ce qui implique de faire des choix. Les décisions qui ont été prises n'ont pas mené l'histoire dans le sens que Senghor avait souhaité : la « balkanisation » de l'Afrique a divisé l'entité politico-culturelle qu'il prévoyait en multiples États-nations ; la dislocation du « nous, ressortissants français » a transformé le « nous, Négro-africains » en groupe culturel sans pendant politique. Autrement dit, le fait que la négritude a été mise au service de l'élaboration des nouvelles nations africaines après les indépendances ne signifie pas que telle était sa fonction originelle. Dans ce qui suit, il s'agira de montrer que sa théorisation était intrinsèquement liée au projet de la réalisation du « nous, Français égaux et fraternels ».

EFFICACITÉ RHÉTORIQUE DU « NOUS »

Le projet de Senghor ne s'est pas réalisé, mais il n'empêche que son « nous » multiscalaire était d'une grande efficacité rhétorique. La lutte des députés à l'Assemblée nationale, coordonnée avec celle des syndicalistes dans les colonies, était possible parce que les TOM étaient incorporés dans la République. Or ce véritable travail de sape de la différenciation inégalitaire nécessaire au maintien du système colonial[2] a été l'œuvre de personnes qui s'identifiaient comme Français. La geste

2 Cooper s'est en particulier intéressé au langage républicain qui imprégnait les discours de syndicalistes, lesquels exigeaient des droits politiques et sociaux au nom de leur appartenance à la France. Ses recherches se sont notamment penchées sur la grève générale du Sénégal de 1946, relevant que, à la table de négociation, les syndicalistes se servaient de la rhétorique républicaine pour articuler leurs requêtes. Ils rappelaient la France à sa « mission civilisatrice » qu'ils réinterprétaient en relation à la question du droit du travail. À ce sujet, je renvoie mon lecteur au chapitre 7 (« Syndicats, politique et fin de l'empire en Afrique française ») de Cooper, *op. cit.*, 2010 et Cooper, Frederick, *Decolonization and African Society. The Labor Question in French and British Africa*, Cambridge, Cambridge University Press, 1996.

des indépendances réduit l'ensemble des mobilisations politiques des années 1940 et 1950 à être les moyens déployés pour atteindre un seul but : la création d'États indépendants et souverains. Elle met en scène l'opposition d'un « nous, Africains » à un « vous/eux, Français ». Pour citer un des titres des ouvrages fondateurs des études postcoloniales[3] qui héritent des dichotomies de l'indépendantisme, le « nous » répond à la France dont il estime ne pas faire partie. Chez Senghor, l'Empire ne répond pas, mais prend la parole au sein de l'Assemblée nationale française, non afin de déconstruire les normes métropolitaines, mais, bien au contraire, afin qu'elles soient appliquées dans les territoires d'outre-mer. C'est donc une autre situation d'énonciation qui est mise en scène dans ses textes et discours et il s'agira de montrer ce que parler au nom d'un « nous » multiscalaire lui permet de faire.

Nous verrons que les projets de l'administration coloniale étaient exposés à la réinterprétation de leur contenu et à la déviation de leur visée par les Français ultramarins. En formulant leurs revendications dans le lexique de la citoyenneté, de la démocratie et des droits, les députés en métropole et les syndicalistes en colonies se sont montrés capables de tourner la « mission civilisatrice » à leur avantage. La « mission traditionnelle » à laquelle le préambule de la Constitution de la IVe République annonce que la France sera fidèle est alors devenue le bélier avec lequel les Français *minuto jure* cognaient contre les portes de la Cité française de laquelle ils restaient exclus. Autrement dit, entre les mains des hommes politiques et des syndicalistes des TOM, le « nous, ressortissants français » était un outil redoutable pour rappeler à leur gouvernement que leurs revendications étaient légitimes. Avec ce « nous », Senghor peut exiger que la France assume les conséquences de son annexion de territoires africains et la rappeler à ses responsabilités envers ses ressortissants[4]. Or, avec l'émergence de la démocratie sociale

3 Ashcroft, Bill, Griffiths, Gareth, Tiffin, Helen, *The Empire Writes Back*, London, New York, Routeledge, 1989 ; dans sa traduction française : *L'empire vous répond. Théories et pratiques des littératures post-coloniales*, Pessac, Presses Universitaires de Bordeaux, 2012.

4 La position de Senghor est donc comparable à celle de Jacques Soustelle, qui s'est opposé à la décolonisation d'après-guerre. L'argument de base de ce sociologue de renom était que la conquête et la colonisation de l'Afrique avaient perturbé les rationalités culturelles autochtones de ses peuples. Il estimait que la décolonisation était donc non seulement prématurée, mais aussi que la colonisation avait laissé les sociétés africaines dans un état qui les rendait inaptes à faire face aux forces de destruction qui se déclencheraient

en métropole et l'apparition du « développement » dans les TOM au cours de la décennie qui suit la guerre, le rôle de l'État en France est profondément modifié, en particulier parce que, en complément de ses droits politiques et civiques, le citoyen français bénéficie de droits sociaux.

« NOUS » EXCLUSIF, « NOUS » INCLUSIF

Afin de me doter d'outils utiles à l'analyse des textes de Senghor, je distinguerai entre le « nous » exclusif (*nous = je & ils/elles* vs *vous*) et le « nous » inclusif (*nous = je/nous & vous*)[5]. Comme Senghor est à la fois Négro-africain et Français, il peut parler à la première personne du pluriel pour délimiter un groupe qui inclut ou exclut le « vous », les Français d'Europe. Les textes de Senghor présentent alors deux « nous » :

- le « nous » exclusif : « nous, Négro-africains » = je (Senghor) & ils/elles (Négro-africains) *versus* vous (Européens) ;
- le « nous » inclusif : « nous, Français » = je (Senghor) *&/ou* nous (Négro-africains) & vous (Européens).

Les textes nous donneront à voir que Senghor inclut toujours le « nous, Négro-africain » exclusif dans le cercle plus large du « nous, Français » inclusif. Nous verrons l'habileté rhétorique avec laquelle il glisse du « nous » exclusif au « nous » inclusif, déplaçant sans cesse les frontières du groupe dénoté par ce pronom personnel. Ses textes révéleront aussi que l'invitation est adressée au « vous » de faire communauté avec le « nous, Négro-africains », invitation qui prend notamment forme dans l'expression « se faire nègre avec les Nègres » qui sera commentée dans cette partie. Nous verrons que Senghor laisse le « vous » libre de joindre ou non le « nous » qui l'invite, mais je montrerai qu'il crée des structures rhétoriques qui le somment de se justifier en cas de refus.

---

au retrait de la France. Ainsi, puisque la France s'était rendue en Afrique sans y être invitée, il était de sa responsabilité d'achever l'œuvre qu'elle s'était donné pour mission d'accomplir et de faire en sorte que l'Afrique puisse développer les structures nécessaires pour soutenir la vie moderne, l'économie moderne et la politique moderne. Pour Soustelle, la décolonisation de l'Afrique n'était rien d'autre qu'une honte nationale, une fuite lâche et immorale de la responsabilité. *Cf.* Ekpo, art. cité, 2010, p. 231.

5 Riegel, Martin, Pellet, Jean-Christophe, Rioul, René, *Grammaire méthodique du français*, Paris, Presses Universitaires de France, 2009, p. 363 ; Benveniste, Émile, « Structure des relations de personne dans le verbe », *in Problèmes de linguistique générale I*, Paris, Gallimard, 1966, p. 225-236.

« NOUS » ET REMÉMORATION

Je citerai, pour terminer, le dernier paragraphe de l'« Introduction » aux tomes *Liberté*. Jusqu'ici, la distinction entre « nous, Négro-africains » et « vous, Européens » était basée sur l'appartenance à une « race » ou « civilisation » différente. Senghor ajoute un critère distinctif qui n'a pas encore été mentionné, qui est le rapport que chaque groupe doit entretenir avec la mémoire douloureuse de la rencontre entre l'Afrique et la France :

> Que le lecteur lise donc les pages qui suivent dans un esprit de *fraternité*. Tel voudrait être notre message. Si race il y a – et comment le nier ? –, celle qui lui parle, ici, est une voix sans haine. Nous avons tout oublié, comme nous savons le faire : les deux cents millions de morts de la *Traite des Nègres*, les violences de la Conquête, les humiliations de l'Indigénat. Nous n'en avons retenu que les apports positifs. Nous avons été le grain foulé au pied, le grain qui meurt, pour que naisse la *Civilisation nouvelle*. À l'échelle de l'*Homme*, intégrale (Senghor, 1964, p. 9).

Si la Traite des Nègres est interdite en 1815, la Conquête est en cours à la naissance de Senghor et l'Indigénat est à son apogée quand émerge la négritude. Dès *Ce que l'homme noir apporte*, Senghor définit le « nous, Négro-africains » comme un groupe déterminé à la fois par sa race et par le fait qu'il oublie, qu'il ne hait pas et qu'il a été sacrifié pour que la « Civilisation nouvelle » advienne. Il s'agira de s'interroger sur ce paradoxe qu'il créé quand il fait la liste du « tout » qui a été oublié par le « nous, Négro-africains ». En effet, le rappel de la rencontre traumatisante de l'Afrique et de la France, périodisée ici en Traite, Conquête et Indigénat, est en flagrante contradiction avec l'annonce que rien n'a été gardé en mémoire, et le simple fait de mentionner la « voix sans haine » laisse entendre qu'elle pourrait en être gorgée. L'oubli n'est donc manifestement pas amnésie, et il ne peut être amnistie puisque celle-ci a comme condition que « morts », « violences » et « humiliations » soient reconnus comme crimes méritant sanction pénale et rétribution. Alors qu'une lecture trop superficielle du corpus senghorien se hâterait de mettre en avant l'esprit d'irénisme de cet auteur, je veux montrer que la remémoration est aux fondements de sa pensée poétique et politique. Je me propose donc de mettre en évidence le fait que le passé « oublié » n'est jamais absent de ses propos sur le « nous, Français ». Par exemple, dans cette introduction, quand Senghor explique le sous-titre *Négritude et humanisme* du premier tome des *Liberté*, il manie une rhétorique conciliatrice et humaniste et met en valeur l'« esprit de *fraternité* » contre les accusations « de *racisme* » (*ibid.*, p. 8) qu'il subit dès qu'il défend son idée de négritude. Il déclare ainsi que la « *Négritude ouverte* est un *humanisme* », que l'enrichissement entre « civilisation négro-africaine » et « civilisation européenne » est mutuel, que le processus de « convergence panhumaine » est en cours et il loue les vertus du « commerce du cœur et de l'esprit » et du « donner et recevoir » (*ibid.*, p. 9). Cette tonalité irénique ne doit toutefois pas nous faire manquer de noter que l'antécédent du pronom personnel de la phrase « Nous n'en avons retenu que les apports positifs » (*ibid.*) est le groupement humain qui a subi la Traite, la Conquête et l'Indigénat. Cette exploration du « nous » dans les textes politiques et poétiques de Senghor aura pour vertu de montrer le fait que l'« humanisme » qu'il prône est d'une nature bien différente que l'humanisme mou de la rencontre entre les peuples et du dialogue interculturel qui a prospéré dans la seconde moitié du XXe siècle. Quand il enjoint le « nous, Négro-africains » d'« oublier » et le « vous, Européens » de garder ses actes en mémoire, il insiste sur le fait que la réalisation du « nous, Français égaux et fraternels » exige non seulement l'édiction de lois, mais aussi la réconciliation des victimes et des bourreaux. En d'autres termes, pour que la France ne soit plus une maison divisée, ses membres européens doivent se repentir et ses membres africains offrir leur pardon.

Remémoration du passé et réalisation de l'avenir sont intrinsèquement liées chez Senghor, et comprendre cette relation permet de saisir le rapport entre sa pensée politique et sa conception de la nature et de l'efficacité de la « poésie nègre de langue française ». Cette poésie sera abordée dans le chapitre suivant, qui présentera une étude du « nous » dans le recueil *Hosties noires*. Il s'agira de comprendre l'identification du peuple noir au Christ, dont un exemple nous est fourni ci-dessus. En effet, l'allusion à l'Évangile selon Jean au chapitre 12 verset 24 fait de cet « oubli » bien plus que l'octroi d'un pardon : identifiée au Christ crucifié, la race nègre est présentée comme le sacrifice propitiatoire offert pour la rédemption du monde. Le corpus poétique, que le poète nomme « ciboire de souffrances » (Senghor, 1990, p. 96) dans l'épilogue d'*Hostie noires*, est ainsi chargé de conserver la mémoire du service que le Nègre a rendu à l'humanité en s'offrant en victime.

« NOUS, FRANÇAIS » ET LA QUESTION DE L'EUROPE

Dans son *Introduction* à *Liberté I*, Senghor fait allusion à un avenir possible et concurrentiel à la République fédérale française qu'il prônait. Il s'agit de l'Europe, qui, au contraire du projet politique de Senghor, a pris forme dans des institutions politiques :

> La *Négritude*, c'est donc la *personnalité collective négro-africaine*. Il est plaisant d'entendre certains nous accuser de *racisme*, qui prônent à l'envi, la « civilisation gréco-latine », la « civilisation anglo-saxonne », la « civilisation européenne ». N'est-ce pas, mon cher Denis de Rougemont ? Ne sont-ce pas d'éminents européens – un Maurice Delafosse, un Léo Frobenius – qui nous ont parlé d'une « civilisation négro-africaine ? » (Senghor, 1965, p. 8).

Senghor avait mentionné Daniel-Rops dans *Ce que l'homme noir apporte*, précisant qu'il utilise comme lui les termes « culture » et « civilisation », mais qu'il leur donne un sens différent (*ibid.*, p. 22). Ce dernier est le chef de file du mouvement personnaliste des années 1930, ces « non-conformistes des années 30[6] » qui deviendront des militants des mouvements fédéralistes européens, comme Daniel-Rops lui-même, Thierry Maulnier que Senghor cite dans *L'apport de la poésie nègre au demi-siècle* (*ibid.*, p. 133) et *La poésie d'un monde nouveau* (*ibid.*, p. 194)[7] et Denis de Rougemont mentionné dans cette introduction. Auteur de *L'Amour et l'Occident*, publié en 1939[8], ce dernier est considéré comme l'un des principaux représentants du fédéralisme intégral. Il est animateur de la revue *Esprit* fondée par Emmanuel Mounier, dans laquelle Jacques Maritain approfondit les conséquences sociales et philosophiques du personnalisme[9], dont dérive ce fédéralisme. Pionnier de

6 L'historiographie contemporaine a repris cette expression du titre de l'ouvrage suivant : Del Bayle, Jean-Louis Loubet, *op. cit.*, 2001.

7 Au sujet de la part du personnalisme dans la pensée de Senghor, *cf.* Kisukidi, Nadia Yala, « L'influence vivante du personnalisme de Mounier sur la philosophie esthétique et la poésie de Léopold Sédar Senghor », *Contextes*, 2012, http://contextes.revues.org/5592 ; Hymans, *op. cit.*, p. 179-184.

8 Senghor fait référence à ce livre dans *Ce que l'homme noir apporte* (Senghor, 1964, p. 28).

9 *Cf.* Perrin, Luc, « Le contexte d'*Humanisme intégral* », *Revue des sciences religieuses*, vol. 81, n° 3, 2007, p. 341-351. Perrin résume l'idéal de Maritain à l'avènement d'une « cité pluraliste, dotée de structures juridiques propres aux différentes religions, ce qui heurte le

l'idée d'instituer un fédéralisme européen, il est une figure de proue du mouvement pour la création de l'Europe après la Seconde Guerre. Il prononcera le discours inaugural du premier Congrès de l'Union européenne des fédéralistes en août 1947 à Montreux, et, responsable de dégager le sens de la rencontre, il lira le *Message aux Européens* à la clôture du Congrès de La Haye en mai 1948. En 1963, à la date de publication de *Liberté I*, il fonde l'Institut universitaire d'études européennes, associé à l'Université de Genève. Il n'est donc pas anodin que Senghor fasse appel à lui dans l'introduction de cette série. Se défendant ici contre ceux qui le querellent sur l'idée de négritude, il fait d'abord référence à la « personnalité africaine » que prônent les anglophones[10] et poursuit en s'adressant au public de langue française. Il laisse alors paraître sa lassitude de voir les européanistes comme de Rougemont féliciter ceux qui affirment que les Français « blancs » manifestent une culture européenne, alors qu'il est accusé de racisme quand il avance que les Français « nègres » sont unis par leur « négritude » commune.

Dans les textes qui suivent, nous retrouverons sa frustration de voir prospérer les fédéralistes européens au détriment de son projet politique qui est pourtant irrigué par le même courant de pensée. Senghor et les européanistes ont en commun de contester l'État-nation comme forme d'organisation politique : le premier imagine un État fédéral français qui incorporerait l'Afrique française ; les seconds imaginent un État fédéral européen qui incorporerait la France. Nous verrons toutefois que les européanistes prévoyaient que l'Afrique ne ferait pas partie intégrante de l'Europe en élaboration, ce qui impliquait qu'elle ne serait plus française. Senghor, qui défend avec zèle l'intégrité de la France pluricontinentale contre le nationalisme anticolonialiste, voit donc dans les européanistes de nouveaux adversaires de la République fédérale française qu'il appelle de ses vœux. Nous verrons que l'ombre de l'Europe, qui plane sur ses projets, révèle, par contraste, les traits de

---

principe unitaire du droit français depuis la Révolution, serait néanmoins "orientée" en vertu d'une "subordination réelle et effective" du temporel au spirituel, bien que l'État ne puisse plus être le bras séculier de l'Église en aucune façon » (*ibid.*, p. 4) ; *cf.* aussi : Palau, Yves, « Approches du catholicisme républicain dans la France de l'entre-deux-guerres. », *Mil neuf cent*, n° 13, 1995, p. 46-66.

10 Au sujet du concept « *African personality* », *Cf.* Nganga, Bernard, « Les Africains anglophones et la négritude ou le paradoxe de l'assimilation », *in* Bokiba, André-Patient (dir.) *Le siècle Senghor*, Paris, L'Harmattan, 2001, p. 161-188.

la France qu'il imagine[11]. Les trois textes commentés ci-après sont des discours qu'il prononce à l'Assemblée nationale de la IVe République. Ces textes sont particulièrement propices à l'étude du « nous » chez Senghor. Il oppose, en effet, son « nous, Français » tant aux nationalistes qu'aux européanistes, démontrant que la création des entités imaginées par ces derniers serait anticonstitutionnelle et appelant à la création d'un « nous » multiscalaire dont l'existence est nécessaire à la réalisation de la communauté qu'il imagine.

LA PLACE DE L'AFRIQUE DANS L'EUROPE UNIE, DISCOURS DU 9 JUILLET 1949 À L'ASSEMBLÉE NATIONALE

Le 9 juillet 1949, à l'Assemblée nationale, Senghor prend part au débat dont l'objet est la création de l'Union européenne. Le Conseil de l'Europe, qu'il considère comme « préfiguration » (*ibid.*, p. 61) de cette Union, a été institué le 5 mai 1949 par le traité de Londres. Il prend la parole en tant que représentant des territoires d'outre-mer, rappelant à l'auditoire que la France n'est pas limitée par le continent européen :

> Je le fais au nom de mon groupe [les Indépendants d'outre-mer], parce que l'organisation, sinon l'unification, de l'Europe intéresse la France dont nous sommes parties, parce qu'elle intéresse également l'Union française et singulièrement l'Afrique.
>
> Vous le savez, l'objet de ce débat n'est pas seulement l'Europe. C'est l'Europe dans le principe, mais, en réalité, c'est l'Eurafrique.
>
> Même sur le plan juridique, ce n'est pas la France qui entre au Conseil de l'Europe, c'est la République française, et vous savez qu'aux termes de la Constitution, la République française n'est pas seulement composée de la métropole, mais encore des départements et territoires d'outre-mer (*ibid.*, p. 60).

En juillet 1949, Senghor ne doute pas que l'Afrique aura sa place dans cette Europe en édification par vertu du fait qu'elle est française et il déclare donc que l'Europe sera nécessairement l'Eurafrique. Son doute est autre et le but de son intervention est de vérifier que les territoires d'outre-mer et la métropole n'auront pas des statuts inégaux dans l'Europe unie :

---

11 Pour une présentation des prises de position des parlementaires africains et malgaches au sujet de la construction européenne, *Cf.* Frimigacci, Jean, « Les parlementaires africains face à la construction européenne, 1953-1957 », *Matériaux pour l'histoire de notre temps*, n°77, 2005, p. 5-16.

> [N]ous, Indépendants d'outre-mer, ne pouvons nous empêcher, dans un débat d'une telle importance, de songer à l'Union française en général, à l'Afrique en particulier. Et, puisque le Conseil de l'Europe, surtout en son début, aura des objectifs économiques et sociaux, il ne manquera certainement pas d'étendre son champ d'action aux « colonies ».
>
> J'aimerais, et c'est une question que je pose à monsieur le Ministre des Affaires étrangères, que le gouvernement nous dît clairement quelle place occuperaient l'Afrique et les territoires d'outre-mer dans les préoccupations et les travaux du Conseil de l'Europe. De sa réponse dépendra notre vote.
>
> L'expérience du passé peut nous faire craindre, en effet, que l'Afrique ne soit considérée comme moyen, non comme fin (*ibid.*, p. 62).

L'objectif du Conseil de l'Europe, et plus généralement de l'édification de l'Union européenne, est non seulement de garantir la paix, mais aussi de reconstruire l'Europe. Cependant, Senghor veut être assuré que les territoires dont il est le représentant seront pris en compte dans les objectifs économiques et sociaux qui seront fixés. Les départements et territoires d'outre-mer ne sont plus des colonies, mais il fait référence à cet ancien statut, en prenant garde d'y ajouter des guillemets, pour citer ceux qui peinent à s'accommoder de la nouvelle place de ces territoires dans la République française. En tant que député des territoires d'outre-mer à l'Assemblée nationale, il exprime la crainte que l'intégration de ces territoires dans la République française instituée par la Constitution reste lettre morte et celle que le système colonial se poursuive sous une nouvelle forme malgré la profonde réforme de l'Empire sur le plan juridique. « Nos craintes ne sont pas sans fondement » (*ibid.*), assure-t-il à l'Assemblée, et pointe alors le pouvoir croissant des États-Unis. Il exprime son inquiétude que l'aide proposée par l'Amérique à l'Europe n'engendre une subordination économique et politique. Pourquoi ? Parce que la souveraineté des États européens n'est pas la seule en jeu et l'avenir de l'Afrique est tout aussi menacé. Alors, tout en acquiesçant que le quatrième point Truman a pour objet « le développement des pays arriérés » (*ibid.*, p. 63), il questionne l'esprit dans lequel ce développement sera fait[12]. Citant un article du *New York Herald*, il montre qu'on y demande la transformation de l'Afrique en « centre expérimental pour

12 Le 20 janvier 1949, dans le quatrième point de son discours d'investiture, Truman a annoncé que le développement de l'Afrique orchestré par les États-Unis. *Cf.* Rist, Gérard, *Le développement. Histoire d'une croyance occidentale*, Paris, Presses de Sciences Po, 2007, p. 127-145.

l'exploitation mondiale », c'est-à-dire, précisément, d'en faire un moyen d'enrichissement dont la finalité n'est pas le développement de l'Afrique. Il conclut sa critique de l'article par une paraphrase interprétative qui rend clair son propos : « il est entendu que la main-d'œuvre africaine ne sera pas éduquée, ne sera pas qualifiée, et que les salaires resteront bas » (*ibid.*). Il s'adresse alors à l'Assemblée, et demande que les intentions du Conseil de l'Europe soient mises au jour, parce qu'il souhaite savoir si ce Conseil considérera l'Afrique comme moyen ou comme fin :

> Je voudrais vraiment savoir si le Conseil de l'Europe a l'intention, comme le disait tout à l'heure un orateur, « de préserver et de défendre » les liens qui unissent l'Europe et l'Afrique, « pour le bénéfice de tous ».
>
> Vous me direz que, par « tous », on entend également les Africains. J'en doute. En tout cas, la rédaction n'est pas claire; je crains qu'elle ne soit un peu hypocrite (*ibid.*, p. 64).

Senghor est explicite : le terme « tous » est trop imprécis pour calmer les craintes que réveillent l'expérience du colonialisme et de la perpétuation des inégalités. Que les liens qui unissent l'Europe et l'Afrique soient préservés ne signifie pas que les populations des territoires d'outre-mer y trouveront leur avantage, car ces liens sont aussi ceux qui facilitent leur exploitation. En substance, Senghor rappelle que les territoires d'outre-mer font partie de la France, et que, en vertu de ce fait, ces territoires doivent bénéficier de l'œuvre de développement économique et social au même titre que la métropole. C'est pour cela qu'il appelle l'Europe à agir selon l'esprit qui lui est propre, et qui diffère, selon lui, de l'esprit capitaliste américain. L'esprit des États-Unis, que Senghor voit dans l'article de journal qu'il cite, se manifeste dans la subordination du faible au profit du fort. L'Europe, au contraire, dans le portrait qu'il en brosse avec l'aide de Paul Valéry, se met au service de l'homme :

> Vous avez senti, ou plutôt nous avons senti, mesdames, messieurs, depuis la dernière guerre mondiale, à l'époque des bombes atomiques, des avions à réaction et des fusées interplanétaires, nous avons senti, douloureusement et avec angoisse, que l'Europe était mortelle.
>
> Les grands Européens l'avaient déjà senti depuis longtemps, dont Paul Valéry, qui écrivait, au lendemain de l'autre guerre :
>
> « Nous autres, civilisations, nous savons maintenant que nous sommes mortelles. »

> Et plus loin : « Nous voyons maintenant que l'abîme de l'histoire est assez grand pour tout le monde. Nous sentons qu'une civilisation a la même fragilité qu'une vie » (*ibid.*, p. 60).

Senghor cite ici Valéry dans *La crise de l'esprit* et dans *La politique de l'esprit*. Il s'appuie sur l'autorité de cet homme qu'il nomme parmi les « grands Européens » (*ibid.*) pour enjoindre à l'Europe de vivre selon les principes qui lui sont propres. Il soutient que la mission de l'Europe est d'apporter « les vertus de l'esprit européen » (*ibid.*, p. 61) au restant de l'humanité. C'est pour cette raison que les ultramarins ont craint de voir s'effondrer l'Europe :

> [N]ous savions qu'avec l'Europe disparaîtrait un héritage rare, un ferment en tout cas difficilement remplaçable.
>
> Avec la disparition de la civilisation européenne, nous ne perdions certes pas les techniques nées du progrès de la science, puisque l'Australie, le Canada, l'Amérique, entre autres pays, les auraient conservées et développées. Ce que nous perdions, c'est, plus que la technique, l'esprit des techniques ; plus que la science, cette raison, cet « esprit », pour employer le terme de Valéry (*ibid.*).

Comme sa reformulation du terme « héritage » en « ferment » le met en évidence, l'Europe n'a pas à jouir de sa dotation comme seule héritière, mais à l'offrir en don. Quant à l'Amérique, elle n'hérite que des techniques et non de l'« esprit », et seule l'Europe conserve la puissance efficace de la « charité[13] ». En somme, sans « les vertus de l'esprit européen », la technique ne servira pas à l'accroissement de la « liberté » de l'homme, mais, « à l'époque des bombes atomiques », elle sera l'instrument de l'assujettissement des civilisations non scientifiques :

> Le mot essentiel, dans ces lignes que je viens de vous lire, est le mot « liberté ». C'est qu'aussi bien l'important dans les vertus de l'esprit européen, c'est moins le don de l'ingénieur que la vertu du moraliste, cette charité, d'héritage chrétien, qui avait permis à Mahatma Gandhi de transformer la non-violence passive de l'Hindou en action pacifique au service de l'homme (*ibid.*).

Au cœur de ce propos, Senghor explicite son usage des pronoms personnels, ce qui est du plus grand intérêt dans cette étude du « nous » :

13 Senghor utilise ce terme dans un sens précis. La « charité » est « amour fait action » (Senghor, 1964, p. 26).

> J'ai, tout à l'heure, remplacé « vous » par « nous ». Je l'ai fait non seulement en ma qualité de Français, mais encore et surtout en ma qualité d'homme, car nous aussi, hommes d'outre-mer, nous avons senti, sous l'Occupation, et peut-être plus encore pendant la Libération, la mortalité de l'Europe et même de la civilisation européenne – pardonnez-moi ces expressions – qui se dévorait les entrailles, se faisait écraser la tête sous les bombes.
> Nous l'avons, comme vous, senti. Douloureusement ? Peut-être pas, parce que nous ne sommes pas européens, mais, sans doute, avec angoisse (*ibid.*, p. 60-61).

Le « nous » ne désigne pas les mêmes entités dans ses diverses occurrences. Senghor s'inclut dans trois groupes, que je nomme « nous, hommes d'outre-mer », « nous, Français » et « nous, hommes », et s'exclut du groupe que je nomme « vous, Européens ». Dans le premier paragraphe, le « nous » dans « nous avons senti » est explicitement inclusif. Senghor précise plus loin que ce « nous » comprend l'ensemble des députés de l'Assemblée nationale et, par extension, les Français qu'ils représentent. Je pourrais paraphraser Senghor par « nous, Français, nous avons senti ». En revanche dans « nous aussi, hommes d'outre-mer, nous avons senti » et « [n]ous l'avons, comme vous, senti », le « nous » est exclusif, en ce qu'il exclut de ce groupe le « vous », les membres de la « civilisation européenne ». Dans le paragraphe suivant, l'échelle du « nous » dans « nous ne perdions certes pas » et « nous perdions » est ouverte à l'interprétation. Ce « nous » peut être « nous, hommes d'outre-mer », mais, comme il est un groupe hypothétique qui n'existe qu'en cas de disparition de la « civilisation européenne », ce groupe peut aussi comprendre l'ensemble de l'humanité. Ce « nous » serait alors le même que celui de « nous obtenons » : sujet d'un verbe au présent gnomique, ce pronom représente l'humanité universelle. À mon sens, la variation la plus intéressante est celle de la première personne du pluriel qui est le sujet du verbe sentir. En effet, Senghor paraphrase la citation de Valéry, dans laquelle le « nous » est formé des membres de la civilisation européenne angoissés par sa possible destruction. Quand il remplace « vous » par « nous », il inscrit les « hommes d'outre-mer » dans le « nous » qui éprouve l'angoisse de la mortalité de l'Europe. Je ferai trois remarques. Premièrement, l'émotion présentée par le verbe « sentir » est commune aux trois différents groupes dans lesquels il s'inclut. Deuxièmement, la « qualité de Français » est le critère qui distingue les membres du « nous, Français » au sein du « nous, hommes ».

Troisièmement, la différenciation que Senghor fait entre « nous, hommes d'outre-mer » et « vous, Européens » divise en deux le groupe « nous, Français ». Ainsi, par le « nous » inclusif, Senghor affirme à nouveau que les « hommes d'outre-mer » sont membres de l'humanité et de la France. Par le « nous » exclusif, il distingue entre Français ultramarins et Français européens. Ces Français ont donc la nationalité et l'humanité en commun, mais sont membres de civilisations différentes. Le « nous » inclusif met en exergue le commun, et le « nous » exclusif la différence.

Pourquoi s'évertue-t-il à distinguer ces groupes dans les premiers moments de son discours ? Comme je l'ai relevé plus haut, il prend la parole à l'Assemblée nationale au nom des Indépendants d'outre-mer et des Français ultramarins dont ces députés sont les représentants. Senghor estime que l'adverbe « tous » est trop imprécis et laisse un trop grand espace de manœuvre à l'hypocrisie. Ces précisions sont donc nécessaires dans une intervention à l'Assemblée dont le propos est de questionner si l'appartenance à des civilisations différentes se reflétera dans les statuts juridico-politiques européens à venir. Elles lui permettent aussi de consolider sa position fédéraliste : de même qu'il demande que des peuples différenciés soient pleinement membres de la nation française souveraine, de même il revendique que les membres des diverses civilisations soient pleinement souverains dans l'État européen à venir. Ces deux enjeux sont évidemment reliés. Senghor prend la parole en 1949. Le projet européen est en élaboration et il est encore possible que l'Europe devienne l'État dont relèveraient la citoyenneté et la nationalité de ses habitants[14]. Un an plus tôt, le Congrès de la Haye adoptait le *Message aux Européens*, et, dans cette déclaration rédigée et lue par Denis de Rougemont, il est effectivement question de créer une Assemblée européenne[15]. Or, cette déclaration distingue entre le « nous, Européens, rassemblés pour donner une voix à tous les peuples de ce continent » et « les peuples d'outre-mer associés à nos destinées ». Grâce à ses propres distinctions, Senghor différencie avec plus de clarté que de Rougemont

14 Ce n'est qu'en 1992 que le traité de Maastricht introduit la citoyenneté de l'Union européenne, qui est – approximativement, parce que la nationalité relève de la compétence des États – la qualité juridique équivalente à la « qualité de Français » à laquelle Senghor fait référence dans ce discours. Ceux qui possèdent cette citoyenneté européenne participent à l'exercice du pouvoir dans l'Union européenne.

15 *Le Congrès de l'Europe à La Haye (7-19 mai 1948)*, https://www.cvce.eu/recherche/unit-content/-/unit/04bfa990-86bc-402f-a633-11f39c9247c4 (consulté le 02/07/2018).

entre l'Europe politique à créer et la civilisation européenne. Cela lui est nécessaire : si personne n'expose le problème de la confusion entre État et civilisation, les peuples d'outre-mer ne pourront pas être représentés à l'Assemblée européenne sur un pied d'égalité avec les peuples européens, parce qu'ils seront exclus du « nous, Européens » que circonscrit le *Message*. Par conséquent, Senghor rappelle à l'Assemblée nationale que les hommes d'outre-mer sont membres du « nous, Français » :

> Nous [les Indépendants d'outre-mer] souhaitons aussi que, parmi les délégués français, il y ait des représentants des territoires d'outre-mer pour rappeler non seulement aux autres délégués européens, mais également aux délégués métropolitains, leurs devoirs envers l'Union française, qui, ici, se confondent avec leurs propres intérêts (*ibid.*, p. 64).

Aussi laudatif des « vertus de l'esprit européen » qu'il se présente, il est significatif que Senghor mette l'accent, dans la liste de Valéry, sur le mot « liberté ». Le *Message aux Européens* définissait ainsi la vocation de l'Europe : « Elle est d'unir ses peuples selon leur vrai génie, qui est celui de la diversité et dans les conditions du vingtième siècle, qui sont celles de la communauté, afin d'ouvrir au monde la voie qu'il cherche, la voie des libertés organisées[16] ». Les Indépendants d'outre-mer prennent donc les congressistes de la Haye à la lettre, à la différence près qu'ils s'incluent dans cette Europe prédestinée – de plein droit parce qu'ils sont citoyens français. En somme, inclure les hommes d'outre-mer dans le « nous, Français » permet de critiquer le « nous, Européens » qui est injustement exclusif dans le *Message aux Européens* et revendiquer sa place dans le Conseil de l'Europe.

Enfin, il va sans dire que « l'expérience du passé » ne ferait rien craindre aux hommes d'outre-mer qu'il représente à cette Assemblée si la relation coloniale avait été fondée sur cette « vertu de l'esprit européen » qu'est la « charité ». Il est donc le porte-parole des hommes ultramarins qui redoutent que l'espace politique européen soit aussi inégalitaire que le système colonial :

> Nous souhaitons qu'au sein du Conseil de l'Europe les hommes politiques français se fassent les champions d'une Europe, d'une Eurafrique qui tourne

16 *Message aux Européens (La Haye, 19 mai 1948)*, https://www.cvce.eu/obj/message_aux_europeens_la_haye_10_mai_1948-fr-b14649e7-c8b1-46a9-a9a1-cdad800bccc8.html (consulté le 02/07/2018).

> résolument le dos à l'Eurafrique de Vichy, pour ne pas dire de Hitler, d'une Eurafrique qui reconnaisse moins la prééminence du droit, comme le dit le statut du Conseil de l'Europe, que la prééminence de l'homme (*ibid.*).

Voici le préambule du Statut du Conseil de l'Europe qu'il cite :

> Les Gouvernements [...] Persuadés que la consolidation de la paix fondée sur la justice et la coopération internationale est d'un intérêt vital pour la préservation de la société humaine et de la civilisation ; Inébranlablement attachés aux valeurs spirituelles et morales qui sont le patrimoine commun de leurs peuples et qui sont à l'origine des principes de liberté individuelle, de liberté politique et de prééminence du droit, sur lesquels se fonde toute démocratie véritable ; Convaincus qu'afin de sauvegarder et de faire triompher progressivement cet idéal et de favoriser le progrès social et économique, une union plus étroite s'impose entre les pays européens qu'animent les mêmes sentiments ; [...] ont adopté le présent Statut[17].

Il convient de bien comprendre Senghor. Ni le régime de Vichy, ni le IIIe Reich, ni le régime de l'Indigénat que les hommes d'outre-mer ont connu sous la IIIe République n'étaient privés d'infrastructure juridique. Je précise que, en 1949, les lois Jim Crow imposent encore une ségrégation raciale dans certains États américains. De tels systèmes manifestaient aussi cette « prééminence du droit » que le Conseil de l'Europe appelle de ses vœux et discriminaient sur la base de l'appartenance à différents groupements humains. Par la substitution qu'il propose, Senghor confronte les européanistes et soutient que « toute démocratie véritable » doit se fonder sur la prééminence de l'homme. Il ne s'agit donc pas de prôner la prééminence du droit, mais de savoir si le système institué est discriminatoire ou égalitaire. Il est notable que, dans le Statut du Conseil de l'Europe, il n'est que fait mention de « la civilisation » et le fait qu'elle est « européenne » n'est jamais explicité. Assurément, la situation des hommes d'outre-mer en France rend Senghor attentif au fait que ces derniers, parce qu'ils ne sont pas membres de la « civilisation européenne », pourraient être incorporés à des échelons inférieurs dans l'État européen. Il met donc l'accent sur ce que le Statut du Conseil de l'Europe appelle les « valeurs spirituelles et morales qui sont le

17 *Statut du Conseil de l'Europe (5 mai 1949) – version consolidée*, https://www.cvce.eu/obj/statut_du_conseil_de_l_europe_5_mai_1949_version_consolidee-fr-0d25d34f-04fc-4aae-88d0-7022cc9bd38d.html (consulté le 02/07/2018).

patrimoine commun », et, prenant stratégiquement ce Conseil à la lettre et s'appuyant sur la Constitution de 1946, il inclut les hommes d'outre-mer dans cette Europe. Dans son « nous », se croisent donc la problématique de la diversité de peuples unis dans une entité étatique et celle de l'égalité à instituer entre les ressortissants de cet État. Ce pronom lui permet de sommer l'Europe et, partant, la France, de vivre selon les valeurs dont elles se prévalent, et qui, en outre-mer du moins, ne se sont que trop peu manifestées. L'« héritage rare » n'est « ferment » que s'il se traduit en actes.

L'EURAFRIQUE. UNITÉ ÉCONOMIQUE DE L'AVENIR, DISCOURS DU 17 JANVIER 1952 À L'ASSEMBLÉE NATIONALE

Senghor prend la parole à l'Assemblée nationale le 17 janvier 1952. Le gouvernement de M. Pleven vient d'être renversé, et il expose les positions de son groupe à M. Pinay, désigné à être le nouveau président du conseil des ministres. D'emblée, il annonce que son groupe est en accord avec les objectifs que ce dernier a fixés : « les objectifs de la politique française sont, d'une part, l'Union européenne, de l'autre, l'Union française » (Senghor, 1971, p. 90). En tant que porte-parole du groupe parlementaire des Indépendants d'outre-mer, il cherche à défendre les populations que ces députés représentent, et ainsi, il rappelle à l'Assemblée que ces dernières sont incorporées dans l'Union française, et, de ce fait, doivent l'être aussi dans l'Union européenne : « ce que l'on veut réaliser c'est l'idée de l'*Eurafrique* », insiste-t-il. L'enjeu est alors de bien définir les principes qui permettront à ces deux Unions de se réaliser. Or Senghor doute que la place qui est réservée aux territoires d'outre-mer dans cette Eurafrique soit à leur avantage et l'ensemble de son discours est orienté par la question finale qu'il pose au président du conseil désigné : « ces deux objectifs seront-ils coordonnés ou subordonnés l'un à l'autre ? L'Eurafrique dont il s'agit, est-ce une Eurafrique à la française dans l'estime et l'égalité réelle, ou est-ce l'*Eurafrika* à l'allemande, celle du pot de fer et du pot de terre ? » (*ibid.*, p. 93). Dans son opposition de « à la française » et « à l'allemande » se manifeste sa crainte que la réalisation de l'Union française soit subordonnée à l'édification de l'Europe. Cette subordination coïnciderait avec la mise en place d'une inégalité des ressortissants de la future Eurafrique. Il oppose en outre implicitement l'égalité de la tradition républicaine et le racisme des idéologies allemandes : le terme *Eurafrika* a été promu par les défenseurs allemands de l'intégration européenne de l'entre-deux-guerres, mais les colonies africaines étaient considérées comme les « dots[18] » versées lors du mariage des nations de l'Europe. Son argumentation sert alors à démontrer que les deux objectifs de la politique française doivent être coordonnés et que délaisser la réalisation de l'Union française au profit de l'Union européenne serait préjudiciable pour la France :

> [...] les deux objectifs de la politique française, l'Union européenne et l'Union française, sont connexes et non pas subordonnés l'un à l'autre. Car l'Europe ne sera pas réalisée si la France n'y tient sa place et n'y joue son rôle, qui est sans doute un rôle de grande puissance, mais encore et surtout un rôle d'animateur.
>
> Je m'explique. La France de 42 millions d'habitants viendra, au sein de l'Union européenne, après l'Allemagne et l'Italie, pour ne pas parler de la Grande-Bretagne.
>
> La France eurafricaine de 88 millions d'habitants tiendra la première place, tant par le nombre de ses habitants que par ses ressources de toutes sortes (*ibid.*, p. 91).

La création de l'Eurafrique, pour la France en particulier, n'est pas facultative selon Senghor. Il parle d'« habitants », mais, au-delà des chiffres de la démographie, il indique évidemment la possibilité que ces derniers soient électeurs et représentés au futur gouvernement européen, ce qui offrirait une majorité à la France dans celui-ci. Or, si la France veut être animatrice de l'Union européenne, elle doit être « émancipatrice des peuples d'outre-mer » (*ibid.*, p. 91), précise-t-il, avant d'exposer les griefs et revendications actuels des populations dont il est le représentant :

> Sur le plan des libertés politiques, nous demandons l'application stricte de la Constitution, la gestion démocratique de nos affaires, c'est-à-dire une participation plus grande des assemblées locales au pouvoir réglementaire [...].
>
> Dans notre esprit, l'élargissement des pouvoirs dont j'ai parlé doit intéresser surtout le domaine économique et social. Ce que nos paysans réclament, ce

18 *Cf.* Hansen, Peo, Jonsson, Stefan, « Bringing Africa as a "Dowry to Europe" : European Integration and the Eurafrican project, 1920-1960 », *Interventions : International Journal of Postcolonial Studies*, vol. 13, n° 3, 2011, p. 443-463 ; Wilder, Gary, « Eurafrique as the Future Past of "Black France" », *in* Trica, Danielle Keaton, Sharpley-Whiting, T. Denean, Stovall, Tyler (éd.), *Black France / France noire : The History and Politics of Blackness*, Durham, Duke University Press, 2012.

> sont moins des libertés théoriques que des écoles, des dispensaires, des puits, des routes et, avant tout, la possibilité de vendre leurs produits à des prix rémunérateurs (*ibid.*, p. 92-93).

Il poursuit en notifiant, en substance, que les rapports économiques entre la métropole et l'Afrique noire sont largement en défaveur des paysans africains, qui voient s'effondrer le prix de vente de leurs produits par suite de la protection de l'agriculture métropolitaine et indochinoise, et il ajoute à cela que les ouvriers attendent encore que leur Code du travail soit voté. En résumé, Senghor exige, au nom des Indépendants d'outre-mer, plus de pouvoir et plus de ressources, afin que la citoyenneté obtenue en 1946, ou encore, ces « libertés théoriques » dont il parle plus haut, se traduisent par l'émancipation réelle des habitants des territoires d'outre-mer.

Le discours de Senghor est alors un exercice d'équilibriste. D'un côté, il expose les inégalités structurelles héritées du colonialisme français en Afrique noire, de l'autre, il avance que la réalisation d'un État « à la française » se fait, comme pour l'Eurafrique ci-dessus, « dans l'estime et l'égalité réelle ». Après avoir présenté divers problèmes qui se posent dans l'Union française, il enjoint la France d'œuvrer fidèlement à son génie véritable et parle au nom de son groupe parlementaire en explicitant que ce « nous » est formé de Français : « Si nous parlons à cette tribune des problèmes marocain et tunisien, nous le faisons en Français, en citoyens angoissés à la pensée que demain, peut-être, des États semi-féodaux pourront, dans les assisses internationales, accuser de "colonialisme" non pas tel ministère, mais la France mère des libertés » (*ibid.*, p. 92). « [M]ère des libertés », la France doit être « émancipatrice des peuples d'outre-mer », ce qui suppose de cesser de distinguer entre continents européen et africain, de mettre fin à l'inégalité des statuts des ressortissants et de mettre en place des politiques économiques et sociales qui réaliseront l'égalité en France. Il présente alors ces réformes comme étant aussi la condition de l'adhésion de l'Afrique à l'Union européenne, adhésion qui offrirait à la France son rôle d'animateur dans l'Europe :

> Mais, devant l'hostilité de nos antagonistes et celle à peine déguisée de certains de nos alliés, c'est l'évidence même que l'Europe, que l'Eurafrique ne se fera pas sans le consentement des Africains. Ceux-ci n'apporteront pas leur adhésion à une union où les pays d'outre-mer seraient des moyens et non des fins, où la démocratie politique et sociale aurait pour frontière la Méditerranée (*ibid.*, p. 91).

Au temps de sa prise de parole, l'Eurafrique est une idée à réaliser, alors que la « France eurafricaine de 88 millions d'habitants » est déjà une réalité. Au sujet de l'attachement des Africains à ces deux entités politiques, Senghor parle de sentiments de même nature : « consentement », « adhésion » ci-dessus, et fidélité ci-dessous. Il adopte donc une stratégie discursive particulière, qui est de présenter l'attachement des Africains à la France comme librement choisi, afin d'annoncer que leur adhésion à l'Europe est conditionnelle. Cela lui permet d'insister sur le fait que la République elle-même ne remplit pas les conditions exigées :

> Nous sommes des « tirailleurs » dans l'armée. Nous sommes des « tirailleurs » dans le domaine politique. Nous sommes des « tirailleurs » dans le domaine économique. Nous vous demandons : serons-nous les éternels sacrifiés de la République et de l'Union française, parce que les plus fidèles ? (*ibid.*, p. 93)

L'utilisation métaphorique de « tirailleurs » est ici particulièrement intéressante, parce qu'elle est révélatrice de ce que Senghor inscrit dans ce terme. Dans l'étude des poèmes d'*Hosties noires*, nous retrouverons cette idée que « l'estime et l'égalité réelle » n'ont pas été offertes en retour aux sacrifices consentis. Ici, il indique que la citoyenneté obtenue en 1946 s'est traduite par l'imposition de sacrifices supplémentaires et non en la réalisation d'une démocratie politique et sociale en Afrique française. Mettant en exergue la fidélité de l'Afrique noire, il critique les autorités françaises pour leur trahison continuelle du génie de la France, trahison qui se manifeste dans le fait qu'elles résistent à l'émancipation des Français d'outre-mer. En définitive, il se sert du projet de l'Union européenne comme un levier pour retirer les entraves à la liberté et l'égalité que subissent les Ultramarins. Le « nous », du début à la fin de ce discours, est un « nous » exclusif : il se fait porte-parole des hommes d'outre-mer et expose les griefs de citoyens français qui constatent que la démocratie politique et sociale s'arrête à la Méditerranée.

LA POLITIQUE EUROPÉENNE, DISCOURS DU 18 NOVEMBRE 1953 À L'ASSEMBLÉE NATIONALE

En 1953, Senghor prend la parole à l'Assemblée nationale au nom des Indépendants d'outre-mer pour « interpeller le gouvernement sur le projet de la communauté politique européenne » (*ibid.*, p. 117). Comme rapide exposé du contexte, je rappelle que la déclaration Schuman, qui est considérée comme le texte fondateur de la construction européenne, date du 9 mai 1950, et que le traité de Paris, qui fonde la Communauté européenne du charbon et de l'acier, est signé le 18 avril 1951. La Communauté européenne de défense et la Communauté politique européenne sont à l'état d'ébauche de projet et provoquent de vifs débats à l'Assemblée nationale. Dans ce contexte, Senghor pose une question au nom des quarante millions de citoyens français d'outre-mer : « Europe ou pas Europe, est-ce que le gouvernement est décidé à maintenir l'indivisibilité de la République, sinon de l'Union française ? » (*ibid.*). Cette question est devenue impérieuse du fait que, à la conférence de Rome en février 1953, les représentants du gouvernement de la République se sont révélés être des adversaires de la thèse de l'intégration des départements et des territoires d'outre-mer dans la Communauté politique européenne. Paraphrasant la délégation française envoyée par le Ministère des Affaires étrangères, Senghor dénonce à l'Assemblée nationale le racisme foncier de leurs positions : « Nous voulons être chez nous, entre nous, entre purs Aryens. Silence aux pauvres, c'est-à-dire aux colonisés » (*ibid.*, p. 118). Pour lui, la question de l'intégration de l'outremer dans la Communauté politique européenne pose un problème critique et l'avenir de la France dépend de sa solution. La France, dit-il, « est à la croisée des chemins. Le choix de la France fera son destin » (*ibid.*). Mais de quelle France s'agit-il ? De toute évidence, la délégation française à Rome et Senghor ne partagent pas la même définition de la France, mais ce dernier prend appui sur la Constitution pour préciser qu'elle n'est pas la seule métropole. En effet, la Constitution établit que les départements et territoires d'outre-mer font partie intégrante de la République, et il conclut donc avec raison qu'exclure les DOM-TOM de la Communauté politique européenne serait anticonstitutionnel :

> Notre premier argument est que l'intégration va de soi, que la Constitution du 27 octobre 1946 nous en fait l'obligation. L'article 1er de cette Constitution définit la République « indivisible, démocratique et sociale ». [...]
>
> Complétant et précisant l'article 2, l'article 60 de la Constitution énumère les membres de la République, qui sont, vous le savez, la métropole, les départements d'outre-mer et les territoires d'outre-mer, c'est-à-dire non pas 42 millions, mais 82 millions d'âmes (*ibid.*, p. 118-119).

Il critique alors la ratification du traité de la Communauté européenne du Charbon et de l'Acier qui exclut la production de la France d'outre-mer, tout en continuant à étendre sur celle-ci la distribution de ces matières. De même, il conteste l'exclusion de l'Afrique de la Communauté européenne de Défense. Rappelant que l'appui de l'Afrique était crucial aux victoires de Bir-Hakeim et El-Alamein, il ajoute, non sans amertume, que : « tout le monde sait qu'en cas de guerre les troupes africaines françaises seront promues au rang d'"européennes", avec le droit de mourir sur la ligne de l'Oder-Neisse » (*ibid.*, p. 120). Revenant alors au projet de traité sur la Communauté politique européenne, il rappelle qu'il s'agit d'accepter une limitation de souveraineté afin de former une communauté politique qui serait supranationale :

> Je veux même concéder que les deux traités de la Communauté européenne du Charbon et de l'Acier et de la Communauté européenne de Défense ne sont pas contraires à la Constitution parce qu'ils ont comme objet de résoudre des problèmes techniques. Il en va autrement du projet de traité sur la Communauté politique européenne. Celle-ci devra être essentiellement politique. Elle a pour vocation d'être intégrale. Il est question d'un abandon, d'un transfert de souveraineté.
>
> Or, aux termes de l'article 4 de la Constitution, la souveraineté appartient au peuple français – et l'épithète « français » n'est pas ethnique, mais politique. Cela veut dire, très exactement, et le texte le précise, qu'« aucune section du peuple », fût-ce la métropole, ne peut s'attribuer à elle seule la souveraineté (*ibid.*).

Au cœur du choix qui va définir l'avenir de la France est donc la définition de l'épithète « français ». À cette croisée de chemins, la divergence entre les délégués à la conférence de Rome et Senghor vient de ce que les premiers – du moins dans le portrait qu'en brosse sa paraphrase – ne distinguent pas entre les sens « ethnique » et « politique » de cette épithète. À leur souhait d'être « chez nous, entre nous », il oppose le « nous, Français » institué par la Constitution. Il rappelle que la France est désormais un État pluriethnique et les peuples qu'il défend à l'Assemblée nationale sont aussi membres du « peuple français ». Le projet de création d'une Communauté politique européenne est donc l'occasion pour lui de souligner, une fois de plus, que le territoire de la France ne se limite pas au continent européen et que la Nation n'est pas l'unique peuple ethnique français. La question qui se pose alors à l'Assemblée nationale est de décider si les principes républicains inscrits dans la Constitution seront observés ou non :

> Mais ce choix n'est pas, comme beaucoup d'orateurs l'ont dit, entre l'Europe et l'Union française, entre l'Europe et l'Afrique. L'option est entre l'esprit de la Convention, qui a aboli l'esclavage, et l'esprit du Pacte colonial : entre la ségrégation à la Malan et l'union dans l'égalité, à la française (*ibid.*, p. 118).

Senghor oppose deux « esprits » qui se sont manifestés à divers moments de l'histoire de la France, opposition qu'on ne cesse de trouver dans ses écrits politiques. En France, « l'esprit de la Convention » mène à une politique égalitaire, « l'esprit du Pacte colonial » à une politique inégalitaire. La comparaison ci-dessus ôte toute ambiguïté à son propos : Daniel François Malan est le Premier ministre de l'Union d'Afrique du Sud, sous le gouvernement duquel la politique d'Apartheid est instaurée. Par cette comparaison, Senghor rappelle que la France était ségrégationniste jusqu'à l'abrogation du régime de l'indigénat, et que la Constitution de 1946 a remplacé cette inégalité par l'« union dans l'égalité ». Autrement dit, en termes à peine voilés, il accuse ceux qui veulent fonder une Europe qui exclurait l'Afrique d'aider à la survie de la ségrégation en France sous une autre forme, alors que la Constitution impose d'aller vers la réalisation de l'égalité entre les peuples de la France.

La partie conclusive de son discours à l'Assemblée nationale expose les positions des Indépendants d'outre-mer. Or deux « nous » sont présents dans cette partie. Le premier « nous », formé des Indépendants d'outre-mer et des hommes d'outre-mer qu'ils représentent, est exclusif. Le second « nous », formé des députés de l'Assemblée et donc des Français qu'ils représentent, est inclusif. Le premier est majoritaire dans ces paragraphes, parce que Senghor est le porte-parole des Indépendants d'outre-mer :

> Nous, Indépendants d'outre-mer, nous, hommes d'outre-mer, nous ne sommes ni anti-Allemands ni anti-Européens. Nous souhaitons la constitution d'une Europe étroitement associée à la Grande-Bretagne, car, sans la Grande-Bretagne, ses dominions et ses territoires, rien de solide ne pourra se faire. Nous souhaitons la constitution d'une Europe pacifique, médiatrice entre l'Est et l'Ouest (*ibid.*, p. 123).

Dans les propos qui suivent, Senghor reste le porte-parole d'un groupe, mais se sert du « nous » inclusif pour tourner les regards vers la sécession des pays d'outre-mer qui point à l'horizon :

> Mais nous disons que, si l'intégration de l'Union française ou seulement de la République est impossible – et je ne le crois pas –, il faut alors que la France

> choisisse la République et l'Union française contre l'Europe, la confédération contre la fédération. En effet, dans le cas contraire, monsieur le ministre des Affaires étrangères, et vous pouvez me croire, j'ai l'expérience de l'Afrique, nous irions tout droit à la sécession des pays d'outre-mer (*ibid.*).

À l'instar de la France et de la Grande-Bretagne dont Senghor mentionne les territoires ultramarins, l'« Europe pacifique » ne se limite pas au continent européen, et donc les « hommes d'outre-mer » devraient devenir membres de l'État européen en construction. Comme le projet les exclut de cet État parce qu'ils n'habitent pas l'« Europe continentale », il est à la fois « antifrançais » et foncièrement anticonstitutionnel :

> Je vous demande d'y réfléchir. Déjà, des voix étrangères nous appellent, qui ne sont certes pas européennes, mais qui ont l'avantage d'être africaines. C'est l'appel des colonies britanniques qui se transforment sous nos yeux en dominions indépendants ; c'est l'appel à un nouveau continentalisme des Blancs de l'Afrique centrale.
>
> Si la France reniait ses fils spirituels, comment resteraient-ils insensibles à ces voix qui se veulent fraternelles ? Vous condamnez comme antifrançaise – et vous avez raison – la formule : « l'Afrique aux Africains ». La logique française vous appelle à condamner comme antifrançaise la formule de l'« Europe continentale » (*ibid.*, p. 123-124).

Senghor parle au nom des Ultramarins qu'il représente à l'Assemblée nationale, ce qui explique que la majorité des « nous » de cet extrait soient exclusifs. C'est néanmoins avec insistance qu'il répète que ces derniers font partie de la France et sont donc membres du « nous » inclusif (« nous irions tout droit à la sécession » ; « sous nos yeux »). Cette appartenance est figurée au moyen d'une métaphore familiale désormais familière : il désigne les Ultramarins comme « fils spirituels » de la France. Le destin de la France est en jeu, disait-il plus haut, et nous comprenons que cette maison périra si ceux qu'on pourrait nommer les « fils naturels » continuent à démontrer aux « fils spirituels » qu'ils refusent de les considérer comme frères. Plus encore, des voix « étrangères » pourraient ne pas l'être indéfiniment ; africaines, ces voix « se veulent fraternelles » et pourraient le devenir. La formule est celle de Kwame Nkrumah qui la reprise à Marcus Garvey. Senghor rend évident qu'il se distancie du panafricanisme :

> Pour notre part, nous restons, nous, Indépendants d'outre-mer, résolument hostiles à tout ce qui est nationalisme, racisme ou continentalisme, mais nous

demandons à nos collègues de la métropole d'avoir les mêmes sentiments que nous (*ibid.*, p. 124).

En d'autres termes, si les députés métropolitains continuent à diviser les Français en favorisant tout ce qui est « nationalisme, racisme ou continentalisme », les hommes d'outre-mer, qui, selon Senghor, ne sont pas séduits par ces idéologies, quitteront à contrecœur la maison de laquelle leurs frères les chassent.

L'idéal républicain de fraternité est inscrit dans l'article 2 de la Constitution de 1946, lequel dispose : « La devise de la République est : "Liberté, Égalité, Fraternité." » Senghor pousse plus loin encore les obligations de l'État dans la suite de son discours, en présentant l'entretien de la fraternité comme un devoir moral :

> Une question morale se pose d'ailleurs, une dette de reconnaissance envers les départements et territoires d'outre-mer, qui, depuis 1914, parfois depuis 1789 comme mon territoire – souvenez-vous du siège de Saint-Louis –, fidèles à leur grande patrie, ont mêlé le sang de leurs fils à celui des enfants de France sur tous les champs de bataille du monde. En 1914 et singulièrement en 1939, vous nous avez appelés à défendre la liberté face au pangermanisme et au nazisme.
>
> Monsieur le Ministre des Affaires étrangères, au nom de cette Résistance dont vous fûtes le chef, je vous en conjure, écoutez notre voix (*ibid.*).

Plus haut, il résumait le projet des délégués français envoyés à Rome par le Ministre des Affaires étrangères à celui d'être « chez nous, entre nous ». Il interpelle ici ce Ministre et l'accuse de tenter de créer un « nous » exclusif formé de Français européens. Il saisit alors avec une métaphore la conception de l'espace qui est celle de ses opposants :

> Ni le gouvernement ni le Parlement n'ont le droit de nous reléguer aux écuries, de faire, de nous, des « cadeaux de noces », de faire, de nos morts, encore une fois, des morts gratuits.
>
> Le gouvernement ni le Parlement n'ont le droit d'oublier ceux qui sont tombés à Koufra, à Mourzouk à Bir-Hakeim, ou simplement dans les camps de l'humiliation et de la déchéance. Ils n'ont pas le droit d'oublier les troupes africaines qui se battent et meurent actuellement en Indochine (*ibid.*).

Dans cette image, la France est une grande propriété, où les Français européens habitent la maison de maître et les Français d'outre-mer les écuries annexes. À cette conception d'une France comme centre métropolitain autour duquel gravitent les ex-colonies, Senghor oppose celle d'une « grande patrie » qui comprend les DOM et TOM. Il justifie son image par la Constitution et la morale : la première établit « l'union dans l'égalité » ; la seconde exige que la France paie sa « dette de reconnaissance ». Pour soigner l'amnésie du gouvernement et du parlement, il rappelle que les hommes d'outre-mer ont participé à toutes les guerres de leur « grande patrie » et qu'ils « ont mêlé le sang de leurs fils à celui des enfants de France ». Je commenterai plus longuement cette confluence des sangs dans la terre dans le chapitre suivant.

Les arguments du député ultramarin sont difficilement parables, mais il importe de signaler l'asymétrie qui est à l'œuvre dans ce discours. Elle concerne le « nous » et se révèle dans les propos qu'il tient au sujet des territoires et des filiations. Senghor dessine deux groupes, le « nous » et le « vous », et circonscrit deux espaces, la « grande patrie » et « les départements et territoires d'outre-mer territoire[19] ». La France est ici la « grande patrie » que le « nous » et le « vous » ont en partage, elle est le territoire du « nous » inclusif mis en évidence plus haut. En revanche, le « nous » exclusif habite un espace qui lui est propre (les DOM et TOM), ce qui n'est pas le cas du « vous » (la Métropole ne peut pas être un « chez nous »). La même asymétrie est à l'œuvre dans la filiation. Au sein de la « grande patrie », le « nous » exclusif possède des « pays d'outre-mer » qui lui sont propres, de même, au sein « des enfants de France », les « hommes d'outre-mer » ont des fils qui sont les leurs. Le « vous », qui n'a pas de patrie autre que la France commune, est donc pareillement privé de filiation exclusive. Quant à la question de savoir à quel « nous » sont les « morts », elle sera au cœur de l'étude du recueil *Hosties noires*. Notons déjà que l'obligation d'honorer la mémoire des soldats morts pour la République est liée à des questions politiques.

---

19 À la fin du XIXe et au début du XXe siècle, la représentation de la nation comme une unité riche de sa diversité a été fréquente en Europe, et singulièrement en France. De 1945 à la fin des années 1950, la figure des deux patries (la « petite patrie » inscrite dans la « grande patrie ») est au cœur des pétitions et des débats parlementaires qui mènent à l'adoption de la loi Deixonne sur l'enseignement du basque, du breton, du catalan, du provençal et de l'occitan le 22 décembre 1950. Senghor, autrement dit, reprend un discours courant en France métropolitaine et l'applique à l'échelle de la IVe République. *Cf.* Youenn, Michel, « Des "petites patries" aux "patrimoines culturels" : un siècle de discours scolaires sur les identités régionales en France (1880-1980) », *Carrefours de l'éducation*, n° 38, 2014, p. 15-31.

Au final, l'asymétrie est la même que celle conviée par sa figuration de la France comme arbre greffé. Attaquant ici l'ethnonationalisme qu'il perçoit chez ses opposants avec les armes de la Constitution et de la morale, Senghor refuse au Français d'Europe la possession d'une patrie et de filiation propres, tout en circonscrivant un « nous » exclusif pourvu de l'une comme de l'autre.

Dans la partie qui suit, je mets en évidence les conditions nécessaires à la transformation du « nous, ressortissants français » en le « nous, Français égaux et fraternels ». Nous verrons que l'établissement de l'égalité est du ressort des institutions politiques, mais que la restauration de la fraternité suppose la création de liens affectifs qui ne sont pas de nature juridique.

CONDITIONS ET PROCESSUS DE RÉALISATION DU « NOUS, FRANÇAIS ÉGAUX ET FRATERNELS »

« LA DÉCOLONISATION, CONDITION DE LA COMMUNAUTÉ FRANCO-AFRICAINE », *LE MONDE*, 4 SEPTEMBRE 1957

Dans un article qu'il rédige pour *Le Monde*, Senghor donne un clair aperçu de ses positions politiques au crépuscule de la IVe République. Il révèle qu'il est question d'une communauté à venir au sein du gouvernement. Celle-ci prendra la forme de la Communauté française, créée à la suite de la ratification par le référendum du 28 septembre 1958 du projet de Constitution qui pose les fondements de la Ve République. Au grand dam de Senghor, les divers territoires qui constituaient l'AOF voteront leur transformation en républiques autonomes et la « communauté franco-africaine » annoncée dans le titre de cet article ne se réalisera pas. Une année avant ce référendum, sur un arrière-fond de Bataille d'Alger, il dénonce dans *Le Monde* la montée du nationalisme dans la gauche française. Le point de départ de cette généralisation est un article du sénateur Léo Hamon, dont les sous-titres lisent « Nous sommes des Français et non les avocats des Algériens » et « Lier l'esprit de la gauche à la sensibilité nationale » (*ibid.*, p. 216). De telles positions sont fort problématiques pour Senghor, premièrement parce que

M. Hamon est inscrit au groupe des Indépendants d'outre-mer dont il est le président, et deuxièmement parce qu'il trouve contradictoire que ce dernier « se fasse l'avocat du nationalisme "français" en face des revendications des peuples ultra-marins » et en même temps « exalte la communauté franco-africaine » (*ibid.*). Comme ces positions sont pour lui radicalement incompatibles, il cherche les causes de l'aveuglement de Hamon. Selon « l'esprit de gauche » et, surtout, selon la Constitution, les Algériens sont des Français, et Senghor est manifestement troublé qu'un homme de gauche, en opposant Algérien et Français, amalgame appartenance à un État et appartenance à une communauté culturelle. Cet article est alors l'occasion pour lui d'opposer une fois de plus le nationalisme au fédéralisme. Il fait à nouveau de la décolonisation non pas l'aboutissement, mais « la condition première et fondamentale de la Communauté franco-africaine » (*ibid.*). Ainsi, de la « Communauté impériale » (Senghor, 1964, p. 69) de 1943 à la « Communauté franco-africaine » de 1959, le propos de Senghor est le même : l'égalité est la condition de l'élaboration de la communauté.

Toutefois, la notion de décolonisation est devenue plus complexe depuis 1945 chez Senghor, parce qu'il ajoute la « décolonisation des esprits » à la « décolonisation institutionnelle ». Il a en effet lu l'essai *Portrait du colonisé suivi de Portrait du colonisateur* d'Albert Memmi qui vient d'être publié :

> Par décolonisation, j'entends l'abolition de tout préjugé, de tout complexe de supériorité dans l'esprit du colonisateur, et aussi de tout complexe d'infériorité dans l'esprit du colonisé. Il est vrai que celui-ci est le fruit de celui-là ; plus exactement, les deux sont les fruits du fait colonial. Car comme l'a montré M. Albert Memmi dans son livre – *Portrait du colonisé et du colonisateur* [*sic*] –, la colonisation porte fatalement en elle l'aliénation : celle du colonisateur comme du colonisé (Senghor, 1971, p. 216).

Contrairement aux propos remplis d'espoir qu'il tenait dans l'immédiat après-guerre, la décolonisation n'est plus ici uniquement une affaire de lois qui définiraient les statuts des territoires et de leurs populations au sein de la République française :

> Mais, si la décolonisation institutionnelle, c'est-à-dire la révision de la Constitution, est un préalable à l'abolition du fait colonial, elle n'est pas une condition suffisante : elle exige que s'accomplisse auparavant la décolonisation des esprits. Ce qui est mon propos, et que contredit le nationalisme de M. Léo Hamon (*ibid.*).

Une décennie de vie politique lui a appris que les peuples d'outre-mer sont cantonnés aux échelons inférieurs de la hiérarchie coloniale. L'essai de Memmi lui offre l'explication de l'aliénation mentale pour comprendre cette inertie : le trauma de la colonisation conditionne le comportement des deux parties qui sont appelées à fonder la Communauté franco-africaine. Le nationalisme de M. Hamon est alors le symptôme du complexe de supériorité des colonisateurs.

La « décolonisation des esprits », pour Senghor, est un changement de mentalité. Développant dans la suite de cet article un propos déjà longuement exposé dans ses essais, il déconstruit le paradigme évolutionniste de l'anthropologie du XIXe siècle et insiste sur le fait que la Communauté franco-africaine unirait les civilisations les plus opposées et donc les plus complémentaires. Concrètement, cela suppose d'écrire un droit positif qui reflète la complémentarité naturelle de ces deux civilisations, autrement dit, de réviser la Constitution. En somme, pour décoloniser la France, il faut réaliser la Communauté franco-africaine véritable, ce qui a comme condition préalable la « décolonisation des esprits ».

Senghor poursuit son article en identifiant les socialistes comme les héritiers d'une histoire et d'une tradition politique qui les rendent enclins à œuvrer pour l'égalité et lutter contre la discrimination en France. Bien que principaux alliés dans le combat pour la « décolonisation institutionnelle », ils sont malheureusement peu prédisposés à reconnaître d'autres civilisations que la française[20], et sont donc, selon Senghor lecteur de Memmi, toujours aliénés :

20 Aimé Césaire tient des propos semblables dans sa *Lettre à Maurice Thorez*. Pour expliquer sa démission de membre du Parti Communiste Français (PCF), il écrit : « Ce n'est pas volonté de se battre seul et dédain de toute alliance. C'est volonté de ne pas confondre alliance et subordination. Solidarité et démission » (Ngal, 1994, p. 138). Les membres du PCF souffre donc du même paternalisme colonial que leurs rivaux politiques, ce que Césaire dénonce dans un chapelet de critiques : « Or c'est là très exactement de quoi nous menacent quelques-uns des défauts très apparents que nous constatons chez les membres du Parti Communiste Français : leur assimilationnisme invétéré ; leur chauvinisme inconscient ; leur conviction passablement primaire – qu'ils partagent avec les bourgeois européens – de la supériorité omnilatérale de l'Occident ; leur croyance que l'évolution telle qu'elle s'est opérée en Europe est la seule possible ; la seule désirable ; qu'elle est celle par laquelle le monde entier devra passer ; pour tout dire, leur croyance rarement avouée, mais réelle, à la civilisation avec un grand C ; au progrès avec un grand P (témoin leur hostilité à ce qu'ils appellent avec dédain le "relativisme culturel", [...]) » (*ibid.*, p. 138-139). Il écrit en 1956, après sa lecture du rapport Khrouchtchev et il dénonce la hiérarchisation des peuples qui est incompatible

> Il est dommage, pour la France, que la gauche elle-même ne se rende pas à l'évidence. Nous aussi, peuples d'outre-mer, nous sommes humiliés par les « humiliations nationales » dont la France est l'objet. Mais ces humiliations ne nous font-elles pas précisément obligation de nous unir pour édifier une véritable communauté franco-africaine ? Et comment le pourrions-nous sans le respect réciproque de nos personnalités ? C'est à la gauche, où vit le ferment de la Révolution française, à donner l'exemple en renonçant à l'esprit d'assimilation, qui n'est qu'une forme de nationalisme. Car l'esprit de la Révolution doit se rénover aujourd'hui à la lumière de la science des civilisations (*ibid.*, p. 218).

La gauche doit donc se rendre à l'évidence que les peuples d'outre-mer subissent « les "humiliations nationales" dont la France est l'objet » parce qu'ils sont membres de la nation française. En d'autres termes, Senghor avance que la gauche refuse d'admettre que la nation française est désormais formée de plusieurs peuples et qu'elle souffre du complexe de supériorité des colonisateurs. Son aliénation se manifeste dans son obstination à s'attacher à l'« esprit d'assimilation » et dans son refus de prendre la « personnalité africaine » en considération. Ainsi, bien que l'« esprit de la Révolution » ait animé l'octroi de la citoyenneté aux esclaves en 1792 et 1848, la gauche doit l'épurer du « nationalisme » qui lui fait confondre assimilation juridico-politique et assimilation culturelle. Senghor enjoint alors les Africains de ne pas perdre patience, leur rappelant que la gauche « porte, en elle, le ferment de la révolution pacifique qui donnera naissance à la véritable communauté franco-africaine », et conclut son article en affirmant qu'« [i]l suffit de la rendre consciente de son devoir de décolonisation » (*ibid.*, p. 219).

Appelant la gauche à rénover « l'esprit de la Révolution » pour en faire le « ferment de la révolution pacifique », Senghor lui conseille de « médit[er] la leçon de l'Église catholique ». Il cite un certain M. F. qui a publié un article intitulé *L'Église a opté définitivement pour la décolonisation* dans le même numéro de *France-Observateur* que Léo Hamon. M. F. affirme que cette décision n'est pas « tactique » :

avec le communisme : « Il faut dire en passant que les communistes français ont été à bonne école. Celle de Staline. Et Staline est bel et bien celui qui a réintroduit dans la pensée socialiste la notion de peuples "avancés" et de peuples "attardés". Et s'il parle du devoir du peuple avancé (en l'espèce les Grands Russes) d'aider les peuples arriérés à rattraper leur retard, je ne sache pas que le paternalisme colonialiste proclame une autre prétention » (*ibid.*, p. 139).

> « Mais on se méprendrait gravement sur la pensée de l'Église dans son ensemble, écrit M. F., si on la croyait guidée uniquement par des considérations tactiques ou politiques de ce genre. Le passage des exigences de la charité chrétienne du plan de la morale personnelle à celui de la morale collective est déjà plus qu'amorcé. Le père Libermann, fondateur de la congrégation des Pères du Saint-Esprit, conseillait, déjà, à ses missionnaires : Faites-vous nègres avec les nègres afin de les gagner à Jésus-Christ. »
>
> Que la gauche se fasse donc africaine avec les Africains afin de les gagner à la France (*ibid.*, p. 218).

Cette phrase du père Libermann est chère à Senghor, qui la cite fréquemment dans ses textes. Ci-dessus, il met explicitement l'Église catholique et la France en parallèle. Le père Libermann s'adresse à des missionnaires, Senghor aux hommes politiques de la gauche. Mais que peut enseigner l'Église catholique à la gauche française ? Les missionnaires sont appelés à gagner les « Nègres » à Jésus-Christ. Dans le christianisme, celui-ci est une des trois personnes du Dieu trinitaire, mais le père Libermann écrit dans un contexte dogmatique particulier, celui de l'Église catholique où il est proclamé que l'Église est le *Mystici Corporis Christi*. Selon ce dogme, être gagné à Jésus-Christ, se convertir, est aussi être incorporé dans le Christ et donc dans l'Église. Cette doctrine du Corps mystique du Christ, en outre, est indissociable de la doctrine de la communion des saints, l'union des fidèles vivants et morts, dont l'expression la plus concrète est la communion eucharistique[21]. En résumé, le « nègre » qui est gagné à Jésus-Christ est incorporé dans l'Église et destiné à recevoir l'hostie. Dans les faits, un long parcours de catéchisme séparait le baptême et la première communion dans les missions catholiques en Afrique, rendant fort comparables les objectifs de l'administration – « civiliser » – et de l'Église – « sanctifier ». Dans la *Lettre destinée aux Communautés de Dakar et du Gabon*[22], le père Libermann adressait précisément la question de l'édification du croyant non européen : « Dépouillez-vous de l'Europe, de ses mœurs, de son

21 Jean-Louis Vieillard-Baron, dans *Un problème philosophique : la communion des saints*, indique que le dogme théologique du *Communio Sanctorum* est rarement travaillé en philosophie, à part chez Blondel et Bergson qui ont fait grand cas de la communion des saints (Vieillard-Baron, 2010, p. 95-126). L'un et l'autre, même si ce n'est qu'indirectement, ont exercé une forte influence sur Senghor.

22 *François-Marie Paul Libermann (1802-1852)*, http://www.spiritains.org/qui/fondateurs/liberman.htm (consulté le 28/11/2018).

esprit, faites-vous nègres avec les nègres [...] pour les former comme ils doivent l'être, non à la façon de l'Europe, mais laissez-leur ce qui leur est propre », préconisait-il à ses missionnaires, avant d'ajouter : « faites-vous à eux comme des serviteurs doivent se faire à leurs maîtres ; aux usages, au genre et aux habitudes de leurs maîtres ». Se faire « nègre avec les nègres », chez le père Libermann, condense tout un programme de réforme anti-assimilationniste de l'œuvre missionnaire des spiritains qui fait de lui un pionnier de la question de l'inculturation de la foi en Afrique[23]. Il reste que l'objectif est de transformer les mœurs des populations : « et cela pour les perfectionner, les sanctifier, en faire peu à peu, à la longue un peuple de Dieu. C'est ce que Saint Paul appelle se faire tout à tous, pour les gagner tous à Jésus-Christ ». Le père Libermann définit l'œuvre missionnaire comme la transformation des « nègres » en ce « qu'ils doivent être », mais, à la différence des apologistes de la « mission civilisatrice », il ne fait pas de l'Europe le modèle sur lequel façonner ces hommes. Toutefois, le perfectionnement et la sanctification, au bout desquels les « nègres » deviennent « un peuple de Dieu », sont des processus qui ne sont accomplis que « peu à peu, à la longue », et en cela, la sanctification est semblable au processus de civilisation qui devait faire des indigènes un peuple français. Dans les deux scénarios, le « nègre » est incorporé – à l'Église, à la France –, mais son admission à la citoyenneté comme à la communion est soumise à des conditions. Les missionnaires catholiques en Afrique occidentale se référaient au Code de droit canonique de 1917[24] et en particulier les canons 853 à 866 dont les dispositions concernent la personne recevant l'eucharistie. Le canon 853 dispose : « Tout baptisé, à qui ce n'est pas interdit par le droit, peut et doit être admis à la communion ». Les canons suivants fixent les critères d'exclusion. Le baptisé qui n'est pas admis à la communion peut être un enfant (can.854), une personne sans dispositions suffisantes (can.854), un excommunié (can.855), un infâme (can.855), un pécheur qui n'a pas confessé ou fait un acte de contrition parfaite (can.856). Le

23 *Cf.* Labbé, Yves, « Le concept d'inculturation », *Revue des sciences religieuses*, vol. 80, n° 2, 2006, p. 205-215 ; Bini, Brice, « La notion d'inculturation "par contestation" en théologie morale fondamentale », *Revue des sciences philosophiques et théologiques*, vol. 90, n° 4, 2006, p. 665-696.

24 Le Code faisant actuellement autorité dans l'Église latine est celui de 1983. Il tient compte des changements apportés par le concile Vatican II et a été promulgué par Jean-Paul II le 25 janvier 1983.

« nègre » baptisé et non admis à la communion rempli un ces critères d'exclusion, mais il n'est pas impossible que le canon 854 ait été appliqué, canon dont le cinquième paragraphe dispose : « Mais il revient au curé de veiller, même par un examen s'il le juge opportun, à ce que les enfants n'accèdent pas à la sainte table avant d'avoir l'usage de la raison ou sans dispositions suffisantes [...][25] » Il n'est à mon sens pas fortuit que Senghor cite le père Libermann dans *Ce que l'homme noir apporte*, dans la partie où il fait l'étude de « l'âme nègre ». Cette étude est un préalable à des propos sur « sa conception du monde, d'où découlent la vie religieuse et la vie sociale [de "l'homme noir"] » (Senghor, p. 23) et il y expose les premiers linéaments d'une théorie de l'émotion comme saisie non analytique et « nègre » du réel, émotion qu'il oppose et compare à la « raison hellène » quelques lignes plus loin. Des enjeux importants accompagnent la notion de « raison » dans la « mission », que celle-ci soit « civilisatrice » ou « sanctificatrice » : en avoir l'usage est la condition d'accession tant à la « sainte table » qu'à la citoyenneté française.

Dans les diverses citations paraphrastiques du P. Libermann que nous retrouvons dans ses textes, Senghor tronque les propos du spiritain[26]. Il conserve l'exhortation faite aux missionnaires européens et l'appel à la transformation exprimée par « se faire », mais il élimine les propos portant sur le long processus de sanctification que les « nègres » auraient à endurer sous la tutelle de catéchistes. Le « nègre », dans cette paraphrase, est soit gagné à Jésus-Christ et incorporé dans la communion des saints, soit un infidèle et non membre de l'Église. Pour revenir à la citation, la France, par effet de parallélisme, est présentée comme analogue à l'Église. Que signifie alors « gagner à la France » ? Dans les territoires dont il est le représentant à l'écriture de cet article, tous les habitants sont Français, seule une faible minorité est chrétienne. Malgré les similitudes entre « mission civilisatrice » et « mission sanctificatrice », conquérir et convertir ne sont pas des termes synonymes chez Senghor, qui estime que les « nègres » qui ont été « gagn[és] à Jésus-Christ » ont librement choisi

25 *CIC 1917*, http://www.clerus.org/clerus/dati/2001-03/20-6/CIC1713.html (consulté le 04/07/2018).

26 Dans l'article de 1957 qu'il cite, M. F. effectue un pareil abrégement, mais je le soupçonne de faire référence à un Libermann qui est déjà passé par la paraphrase de Senghor, qui écrivait, en 1939, dans *Ce que l'homme noir apporte* : « Le P. Libermann disait à ses missionnaires : "Soyez Nègres avec les Nègres afin de les gagner à Jésus-Christ » (Senghor, 1964, p. 23).

d'embrasser le catholicisme et non pas subi l'évangélisation. Le verbe « se faire » de Libermann, nous le retrouvons quand Senghor exhorte les politiques de se faire ethnologues et les sociologues (*ibid.*, p. 217) et la gauche de se faire « africaine avec les Africains » (*ibid.*, p. 218). Souvenons-nous donc que c'est la gauche française qui a ardemment défendu la « mission civilisatrice ». « Se faire » indique donc un autre type de conversion, un changement radical de mentalité, très exactement, une *métanoïa*. Par cette homologie, Senghor indique que la gauche restera incapable d'accomplir son devoir tant qu'elle ne se dépouille pas de l'idée selon laquelle la civilisation française est supérieure à la civilisation négro-africaine. Méditant la leçon de l'Église catholique, la gauche opterait définitivement pour la décolonisation et rejoindrait la « révolution pacifique » qui mettrait fin au cantonnement des Français d'Afrique dans le sas de la citoyenneté différée.

La communion eucharistique est l'expression concrète de l'Église. Par homologie, la communion fraternelle est l'expression concrète de la « communauté franco-africaine ». La première a lieu à l'autel dressé par un prêtre catholique, la seconde, nous le verrons dans *Hosties noires*, est offerte par l'hospitalité eucharistique des « Nègres ». Avant cela, je souhaite terminer ce chapitre par le commentaire d'un essai que Senghor publie dans la revue *Présence africaine*. Je mettrai en évidence que le « nous, Français égaux et fraternels » prend existence quand les Français d'Europe rejoignent la table du « nous, Négro-africains ». Ce groupe, nous le verrons, propose la réconciliation[27] salvatrice à ceux qu'il pourrait à bon droit considérer comme ses ennemis.

« L'AFRIQUE S'INTERROGE : SUBIR OU CHOISIR ? », *PRÉSENCE AFRICAINE*, MARS 1950

Pour ce numéro spécial de *Présence africaine* sur le « Monde noir », Senghor, qui ouvre sa contribution par un récit autobiographique, semble laisser de côté la plume de l'essayiste pour saisir celle du narrateur. Il raconte un moment de détente sur les bords du Saloum, un fleuve du Sénégal. Il est assis sur la terrasse du « Bar Niçois » avec ses deux collaborateurs, à Kaone, village déshérité et ancienne capitale du Royaume

27 Sur cette notion, *cf.* Rognon, Frédéric, « Expiation, repentance, pardon et réconciliation : concepts religieux et valeurs des sociétés européennes contemporaines », *Les Cahiers Sirice*, vol. 15, nº 1, 2016, p. 15-23.

du Saloum. À quelques kilomètres, Kaolack, le chef-lieu du cercle, est « l'orgueilleuse capitale », non pas d'un royaume, mais « de l'arachide ». Elle est comparée à « une courtisane d'après-les-deux-guerres » (Senghor, 1964, p. 87), et tout en elle contraste avec la noblesse perdue de Kaone. En face, l'île « Kouyong », inhabitée, offre un second contrepoint : « plantes et animaux y vivent en paix, loin du bruit des machines, des bavardages politiciens, des combinaisons financières » (*ibid.*). Pour se reposer d'une journée harassante, les hommes tentent de faire abstraction du monde contemporain et se plongent dans l'âge d'or précolonial, parlant ensemble « de Kaone, de la gloire des Rois, des mœurs anciennes, des chants et des danses, de toutes les choses belles que disent nos griots » (*ibid.*). Mais ils sont attablés au « Bar Niçois » et l'actualité ne les laisse pas s'échapper : le tenancier interrompt leur rêverie en tenant à tout prix à passer ses disques. C'est un « brave homme », dit Senghor, mais « un tantinet paternaliste » – preuve en est son interjection : « Moi, Monsieur, je suis négrophile » (*ibid.*). Ces hommes cherchaient le repos, mais il ne peut être trouvé : « L'Europe nous poursuivait ; elle forçait notre attention » (*ibid.*).

On se rend rapidement compte que rien n'est anodin dans cette courte anecdote, au-delà de l'épisode raconté, c'est la valeur allégorique du récit qui se rend manifeste. Il faut en effet peu de paragraphes pour que Senghor reprenne sa plume d'essayiste et nous donne accès à ses réflexions du moment, qui ne sont autres que ses réflexions de tous les jours : « Ces idées que voilà, souvent je les ai agitées en moi-même, souvent avec un ami ou l'autre, essayant, à chaque fois, de voir plus clair dans ce problème fondamental » (*ibid.*, p. 89), conclura-t-il après en avoir exposé un premier volet. L'anecdote est donc avant tout une illustration qui sert d'introduction à la dissertation qui la suit, dans laquelle Senghor se penche une fois de plus sur le « problème » pour lequel il cherche des solutions. Avant d'en exposer les données, commençons par étudier ce désir de repos rendu inassouvissable par une Europe persécutrice :

> L'Europe nous poursuivait jusqu'ici. Il fallait la subir, nous et jusqu'aux ombres paisibles de nos Rois. La « mission civilisatrice », « le fardeau de l'Homme blanc », tout le monde nous en avait parlé depuis notre enfance : instituteurs et professeurs, missionnaires et « commandants », M. Jules Romains et M. Maurice Chevalier. Paroles si souvent prononcées d'un ton si peu civil, d'une bouche brutale. Et comment ne pas acquiescer devant une assurance si superbe : « Oui, mon Commandant ! » (*ibid.*, p. 87)

C'est peut-être parce qu'il est dans la capitale d'un royaume précolonial dont il ne reste qu'un village miséreux, ou parce que le contraste est trop criant entre les « souhaits sentimentaux » (*ibid.*) des chansons et la réalité qu'il affronte dans les territoires dont il est le député, mais rares sont les textes de Senghor où il exprime sans ambages de telles émotions. Il n'est plus enfant et refuse d'acquiescer sans rétorquer que la brutalité, le paternalisme et le manque de civilité des « civilisateurs » lui sont devenus inacceptables. C'est à ce point de son texte que nous quittons le récit introductif pour entrer dans la première partie de sa dissertation. Nous découvrons que, si la colère gronde en lui parce que le « nous » subit l'Europe, il ne le laisse pas exploser, parce qu'il est capable de reconnaître que la « “mission civilisatrice” » ne s'est pas limitée à de vains discours. Ses apologistes, en effet, peuvent faire preuve de réalisations :

> Et cependant, à la réflexion, il n'y a pas là que formule hypocrite. Et, si nous convenons que la Civilisation est enrichissement, nous reconnaîtrons que l'Afrique noire, au contact de l'Europe, s'est civilisée, plus exactement qu'elle opère une *renaissance* (*ibid.*, p. 87-88).

Suit une liste des apports positifs de la présence européenne : développement des voies de communication, mise en valeur du territoire, recul des endémies tropicales et hausse de la natalité. Ainsi, dans cette première partie de dissertation, Senghor fait une liste des « “bienfaits de la colonisation” » (*ibid.*, p. 88). Il importe de relever la présence de ces guillemets. Nous les retrouvons encadrant des termes et expressions parsemés dans cet essai comme « “mission civilisatrice” » et « “fardeau de l'Homme blanc” » ci-dessus. Tout en reconnaissant que l'Afrique opère une « renaissance », Senghor met en exergue le fait qu'il cite une communauté de discours à laquelle il ne s'identifie pas[28]. Je propose de comprendre ce groupe comme celui formé par les apologistes qu'il caricature plus haut, personnes pour qui « civiliser » revient à transplanter la civilisation française sur la *tabula rasa* africaine. Cela lui permet de créer,

---

28 On trouve : « mission civilisatrice », « fardeau de l'homme blanc », « primitif », « bienfaits de la colonisation », « assimiler », « barbares », « la Libération ». L'explication que Senghor appose à ce dernier terme laisse clairement entendre qu'il fait ici une citation ironique des mots d'autrui : « La libération anglaise a consisté à supprimer la corvée annuelle que chaque sujet devait accomplir pour le Roi dans un service public. Ce qui a permis aux Blancs de recruter, plus facilement, des travailleurs, “volontaires forcés”, pour les compagnies minières » (Senghor, 1964, p. 90).

par contraste, une autre communauté, le « nous » auquel il s'adresse dans le paragraphe ci-dessus. Elle est formée par tous ceux qui sont d'accord sur le sens à donner au terme « Civilisation ». Or s'entendre sur le fait que « la Civilisation est enrichissement » revient à convenir de la présence, en Afrique noire, d'une civilisation négro-africaine, puisqu'il est nécessaire qu'une entité soit pour qu'elle puisse s'enrichir. L'adhérant à ce groupe doit aussi reconnaître que c'est l'Afrique qui œuvre activement à son enrichissement, ce que Senghor précise en reformulant « s'est civilisée » (potentiellement pronominal passif) en « elle opère une renaissance » (où elle est sans ambiguïté l'agent de l'action).

Afin de pouvoir définir autrement la « mission » de l'Europe, il poursuit son essai en s'attaquant à la corrélation entre civilisation et progrès technique postulée dans les idéologies colonialistes occidentales. Il distingue pour cela entre « valeurs matérielles et techniques » et « valeurs morales », acquiesçant que l'Afrique a été enrichie dans ces deux domaines au contact de l'Europe :

> Et je sais que les seules valeurs matérielles et techniques n'épuisent pas le concept de civilisation, que la Civilisation repose, essentiellement, sur les valeurs morales, plus exactement, qu'elle est l'équilibre, « l'accord conciliant » entre les deux ordres de *valeurs*. Et nous entendons qu'équilibre et accord ne signifient pas égalité mathématique, mais ordination, mais bien subordination de l'économique et du technique au spirituel dans la recherche des *fins* (*ibid.*).

Soyons à nouveau attentifs à la rhétorique de Senghor. Introduit par « [e]t je sais que », son argument (la « Civilisation » n'est pas le progrès technique) est présenté comme une vérité au sujet de laquelle ses interlocuteurs sont déjà en accord. Il met de la sorte en scène une communauté unanime qui affirme que l'Europe doit fonder son œuvre sur des « valeurs morales ». Ce « nous » fictif s'accorde aussi sur le fait que les « valeurs techniques et matérielles » doivent être subordonnées aux « valeurs morales » pour être utiles à la « Civilisation », sans quoi l'Europe échouerait à sa « mission ». En substance, le « nous » que Senghor met en scène est semblable à une communauté de croyance, dont la condition d'existence est de s'accorder sur des vérités fondamentales (« si nous convenons »). Cette entente leur donne une compréhension commune de la réalité (« nous reconnaîtrons ») et un système de pensée qui donne sens à leur agir (« la mission »). Cet essai présente donc deux

« nous » exclusifs : le « nous, Négro-africains » qui ne comporte pas d'Européens, et le « nous » unanime auquel peut se joindre celui qui abandonne sa fausse conception de la « Civilisation ».

Senghor peut maintenant introduire la seconde donnée du problème. D'un côté, il reconnaît que la présence de l'Europe en Afrique est appréciable et il accepte de la juger à l'aune de ses réalisations. De l'autre côté, il se doit de donner voix à ce que les colonisateurs à l'« assurance si superbe » omettent de relever, c'est-à-dire que l'Europe qui colonise l'Afrique est une civilisation où valeurs techniques et matérielles ne sont plus subordonnées aux valeurs morales :

> Nous avons dû « dompter notre fierté » selon l'expression du poète négro-américain et oublier nos souffrances anciennes pour rendre justice à l'Europe et reconnaître sa nécessité. Toujours, cependant, se pose la même question. Allons-nous *subir l'Europe*, nous laisser passivement « assimiler » ? « Le fardeau de l'Homme blanc » ne risque-t-il pas d'être, pour nous, plus qu'un fardeau, un poids qui nous étouffe ? Cette civilisation, aujourd'hui divisée, n'est-elle pas, pour le Blanc lui-même, au lieu d'épanouissement, un facteur déterminant de *déréalisation* ? Tour à tour, marxistes et chrétiens portent témoignage contre elle.
>
> En tout cas, en Afrique noire, telle qu'elle apparaît à nos yeux anxieusement interrogateurs, elle est faite de contradictions, voire de reniements (*ibid.*, p. 89).

La « déréalisation » est bien l'inverse de la « réalisation » que Senghor espère. L'enjeu de sa résistance à l'assimilation culturelle, qualifiée ici de « passive », n'est donc pas prioritairement de conserver les cultures sous domination coloniale, mais est surtout de préserver les peuples ultramarins d'une civilisation qui est devenue néfaste pour les Européens eux-mêmes. Il concède alors que certaines politiques de l'administration ont porté leurs fruits, mais il rappelle à ses lecteurs que l'Afrique se relève encore de la catastrophe qu'a été la Traite des esclaves :

> Certes, l'Afrique noire est un pays à faible densité ; certes, sous l'action efficace du Service de Santé, le chiffre de sa population monte comme un jeune bambou. Ce que l'on oublie, c'est que cette terre a été, pendant trois siècles, livrée à la cupidité sanguinaire des négriers ; c'est que, sous l'action meurtrière du Blanc, vingt millions de ses enfants ont été déportés au S.T.O. des Îles et des Amériques, que deux cents millions sont morts dans les chasses à l'homme. Ce qu'on oublie d'une façon générale, c'est que chaque « bienfait de la colonisation » a eu son revers. Et ce n'est pas là un principe posé ni déduit a priori, c'est un *fait* (*ibid.*).

Ci-dessus, oublier prend deux sens différents selon le sujet du verbe. Quand le « nous, Négro-africains » accepte d'oublier ses « souffrances anciennes », il se déleste des rancœurs qui pourraient lui faire refuser les apports de l'Europe et désirer mettre fin à sa présence en Afrique. Quand « on » oublie, ce groupe omet de mentionner à la fois l'histoire du contact entre Afrique et Europe et les revers actuels des « bienfaits de la colonisation ». « Nous » et « on » ne représentent donc pas les mêmes groupes, et je propose de comprendre le « on » comme la communauté discursive dont Senghor cite les expressions. L'oubli du premier groupe est de l'ordre du pardon, l'oubli du second est synonyme d'omission, voire d'indifférence. Ce n'est pas forcer le texte que de proposer qu'une ligne raciale sépare ces deux ensembles : c'est « l'action meurtrière du Blanc » qui a causé les « souffrances anciennes » du « nous ». Il faut ajouter à cela que si un Homme noir peut méconnaître l'histoire et les revers des « bienfaits de la colonisation » (et donc être un membre du « on » oublieux), un Homme blanc ne peut pas connaître les « souffrances anciennes » du « nous, Négro-africains ». Ne les ayant pas connues, il n'a pas de pardon à accorder. Senghor ne mésestime cependant pas l'efficacité de l'empathie, parce qu'en identifiant l'esclavage à la déportation au STO, il cherche à rendre familières les souffrances de l'Homme noir au Français d'Europe qui n'a pas été esclave, mais a souffert sous le joug de l'Occupant nazi. Par ailleurs, il attribue le même qualificatif aux colonisateurs français et aux sentinelles de Frontstalag. Les premières ont « une assurance si superbe » (*ibid.*, p. 87), les seconds « nous surveillaient d'un œil superbe » (*ibid.*, p. 91). Il met ainsi en exergue les similitudes entre la colonisation et l'Occupation, afin d'offrir au « on » la possibilité de comprendre ce qu'endurent les Hommes noirs.

Revenons au « problème fondamental » sur lequel se penche Senghor. D'un côté, il discerne que l'Afrique et l'Europe sont déjà liées et il estime que, sans ce contact, l'Afrique ne peut pas opérer sa renaissance. De l'autre, il ne peut ignorer les revers de la mise en relation de ces deux civilisations, dont l'humiliation que subit encore l'Afrique. Ce « problème » est exposé dans le titre de l'article, qui pose l'alternative entre « subir » et « choisir ». Elle est complétée par une seconde question qui est posée plus loin dans le texte : « Allons-nous *subir l'Europe*, nous laisser passivement "assimiler" ? » (*ibid.*, p. 89). Senghor répond par la négative : c'est l'Afrique qui s'est civilisée au contact de l'Europe. Elle choisit d'assimiler activement, ou encore d'« accueilli[r] sans réserves » (*ibid.*, p. 90) les apports européens pour opérer sa renaissance. Cependant, le reste de son texte laisse aussi entendre que le « nous » peut refuser d'être assimilé et néanmoins continuer à subir l'Europe – souvenons-nous que le tenancier, figure du paternalisme négrophile occidental, parvient « à infliger quelques disques nasillards » aux convives. Le texte suggère donc que la réalité est plus complexe que le laisse entendre la disjonction du titre :

> Et j'en étais là de mes réflexions. Complexité du problème, comme de la vie. Fallait-il céder au découragement ? traverser, nous aussi, le bras de mer natal pour nous réfugier dans l'Ile Kouyong avec les Mânes des Anciens ? [...] L'Europe avait donc ses « ombres » et ses « clartés », comme notre Afrique noire (*ibid.*, p. 91).

L'île Kouyong devient ici le refuge des Mânes des Anciens, la représentation de l'Afrique précoloniale défunte. En précisant que le bras de mer sépare le monde des vivants et de celui des morts, Senghor signale aussi que céder au découragement serait une forme de suicide[29]. Comme il n'existera plus d'Afrique sans Europe, il s'agira non pas de se réfugier hors du monde moderne, mais de le transformer. Mais comment ? C'est ici que Senghor commence à présenter une première partie de sa solution. L'Europe a des « ombres » et des « clartés » comme l'Afrique noire, dit-il, mais il nous devient évident, à mesure que sa réflexion se déploie, que la civilisation négro-africaine qu'il présente souffre d'un déséquilibre de valeurs parfaitement inverse à celui de l'Europe :

> N'Diaye, mon camarade de captivité, me disait un jour, en conclusion d'une discussion sur la civilisation européenne : « NYO NU EPE XÈL, NÔ LÊN EPE FIT » : « Ils ont plus d'esprit que nous, nous avons plus d'âme qu'eux » (*ibid.*).

La civilisation négro-africaine est la civilisation de l'âme. Au contact de l'Europe, de la civilisation de l'esprit, elle bénéficie d'apports nouveaux : les valeurs techniques qu'elle n'a pas développées. Sur les bords du Saloum, Senghor rêve que le « nous », l'Afrique, puisse continuer de choisir les « clartés » de l'Europe, mais sans avoir à subir ses « ombres ». Pour bâtir

---

29 *Cf. Désespoir d'un volontaire libre*, poème du recueil *Hosties noires*. Le poète y plaint un jeune homme dont la mort accidentelle fait penser à un suicide. Ce dernier avait succombé au désespoir, alors que le poète discerne le possible, dont la réalisation à venir est la source de son espérance.

la « Civilisation », la question est donc : comment éliminer les « ombres » de l'Europe ? La proposition de Senghor se présente naturellement :

> Voilà le problème posé. Pourquoi ne pas unir nos clartés pour supprimer toute ombre ? Ou, pour employer une image familière, pourquoi, cultivant notre jardin, ne pas greffer le scion européen sur notre sauvageon ? (*ibid.*)

Puisque l'Europe et l'Afrique sont complémentaires, les « clartés » de l'un comblant les « ombres » de l'autre, la solution que Senghor donne au problème qu'il pose est d'unir ces civilisations. C'est alors un autre « nous » qui apparaît dans le paragraphe ci-dessus, un « nous » complexe, car les trois adjectifs possessifs ne renvoient pas à la même première personne du pluriel. Le premier « nous » possède les « clartés », le second le jardin et le troisième le « sauvageon ». Les deux premiers « nous » sont inclusifs (nous Africains & vous Européens), le troisième est exclusif (nous Africains *versus* vous Européens). Le premier « nous » est virtuel : il existera si les Européens acceptent l'invitation qui leur est faite de s'unir aux Africains. Le second « nous » est effectif, parce que la phrase de Senghor implique clairement qu'il a déjà le jardin comme possession commune. Je formule l'hypothèse que ce jardin est la France et celle que le « nous » qui le possède est le « nous, ressortissants français » institué par la Constitution. « [U]nir nos clartés » ne sera donc pas tant la création d'une union que la transformation d'une relation existante : la greffe est l'image de la transformation du « nous, ressortissants français » en « nous, Français égaux et fraternels » ; l'arbre greffé celle de la communauté qui naîtra de cette union. Ainsi, cet essai présente trois « nous » inclusifs qui sont autant d'étapes de ce processus de modification. Le premier est le « nous, ressortissants français ». Le second est formé des interlocuteurs fictifs qui sont d'accord avec l'exposition du problème et la solution proposée par Senghor. Le troisième est le produit de la greffe, la communauté de Français à venir. La métanoïa permet de passer du premier au second « nous » ; la mise en pratique de la solution le passage du second au troisième.

Senghor poursuit son essai en proposant le métissage comme autre métaphore de cette union des civilisations :

> Vertu des civilisations métisses. Il est significatif que les grandes civilisations ont été métisses. Des noms prestigieux se pressent dans ma mémoire : Sumer,

> l'Égypte, la Grèce. Plus près de nous, le Brésil, les États-Unis, l'U.R.S.S. éclairent notre route, notre espoir. L'Union française est née ! La chose n'est pas nouvelle si l'expression l'est. À la croisée des races et des routes, la France ne doit ses multiples renaissances qu'aux apports extérieurs. Voilà que, depuis un siècle, les alluvions « barbares » des races de couleur engraissent ses terres (*ibid.*).

« Notre jardin », « notre route », « notre espoir », ces « notre » sont les adjectifs possessifs d'un « nous » qui rassemble Français d'Afrique et Français d'Europe. Ce « nous » est à la fois effectif et virtuel : il existe parce que ces deux entités sont déjà membres de la France ; il se réalisera quand l'élimination de la discrimination donnera libre cours à la complémentarité des peuples. Pour caractériser cette union du « nous, Français », Senghor se sert des trois métaphores ci-dessus : la greffe, le métissage, et, disons, l'agriculture ou l'hydrologie, bien que la métaphore comporte en elle-même une référence implicite au sang des races. Or cette série de métaphores masque l'ambiguïté fondamentale des propos de Senghor : cela fait déjà un siècle que les terres françaises sont enrichies grâce aux sédiments apportés de l'extérieur par les alluvions, mais la greffe n'a pas encore été pratiquée puisqu'il propose de la faire. Le métissage des civilisations, dont il vante les vertus, a-t-il donc déjà eu lieu lors des multiples renaissances de la France, ou n'aura-t-il lieu qu'après la greffe ?

Dans la citation, les trois premiers « noms prestigieux » renvoient à des civilisations antiques qui connurent plusieurs types d'États, alors que les trois qui sont « près de nous » sont des États et non des « civilisations ». Le texte suggère nettement que Senghor considère l'Union française comme membre de la deuxième série, ce qui rend son propos explicite : le fédéralisme, que ces trois États ont adopté, est le système politique le plus propice au métissage de civilisations et le meilleur système de gouvernement pour les civilisations qui sont déjà métisses. En d'autres termes, organiser la France en fédération ferait prospérer le métissage, ou encore, donnerait vie à une « symbiose de civilisations » :

> Elle n'était plus étrange notre réunion d'hommes divers et fraternels : deux musulmans et deux chrétiens ou trois Nègres et un Blanc. […] Le Blanc, tout à l'heure solitaire, avait arrêté sa « musique », sentant la gravité de l'heure et du lieu. Il avait lié commerce avec nous et s'était assis à notre table.
>
> Image de l'Union française, qui sera plus qu'un système économique, mieux qu'une dictature ou même un compromis politique : une symbiose de civilisations, un nouvel humanisme à l'échelle de l'univers. Nous aurons

renoncé à un orgueil fratricide, à une pureté stérile, sinon impossible. Nous rebâtirons Kaone, avec l'aide de l'Européen converti à l'Afrique et qui aura gardé le génie de sa race. [...]

Nous aurons choisi librement, musulmans et chrétiens, Nègres et Européens (*ibid.*, p. 91-92).

Pour figurer l'union à créer entre la France et l'Afrique, Senghor fait à nouveau recours à une métaphore organique. La symbiose est semblable à la greffe en ce que deux organismes s'associent sans s'assimiler. Toutefois, ces métaphores de l'interdépendance entre la France et l'Afrique diffèrent : la relation mutualiste entre les symbiotes est à leur bénéfice réciproque, et la plupart du temps leur est vitale, alors que la greffe n'est vitale que pour le scion. Certes, le sauvageon porte peu de fruits, mais, vigoureux, sa survie est assurée. Le scion, par contre, est une branche déjà coupée, et, privée de sève, elle se desséchera si elle n'est pas greffée. Autrement dit, l'Afrique bénéficierait de la greffe, mais la France en dépend pour sa survie. Elle « ne doit ses multiples renaissances qu'aux apports extérieurs », disait-il plus haut, ce qui signifie qu'elle aurait décliné sans ces apports.

La solution au « problème » exposé, je souhaite revenir à sa formulation pour relever que la question « Pourquoi ne pas... ? » revient par deux fois sous la plume de Senghor. Si ce qu'il suggère de faire est accepté, cette question est une proposition sous forme de question : « associons-nous », aurait-il pu dire. Mais si son projet est refusé, elle reste comme une question posée à ses interlocuteurs, que je pourrais paraphraser par « pourquoi refusez-vous de vous associer avec nous ? ». Dans le passage ci-dessus, Senghor nous peint une scène qui est l'« image de l'Union française ». Cette image est celle de quatre hommes assis ensemble, formant une « réunion d'hommes divers et fraternels ». Le court récit qui accompagne cette image est tout aussi allégorique que l'anecdote introductive : « le Blanc » solitaire éteint sa musique, lie commerce et s'assied avec les « trois Nègres ». « [Il] s'était assis à notre table », dit précisément Senghor, devenant de la sorte membre de « notre réunion », celle qui est l'image de l'Union française. Autrement dit, le « il » solitaire devient membre du « nous », les convives, en rejoignant la table du « nous, Africains », à l'instar du scion enté sur le sauvageon. Il est crucial de noter que Senghor précise que cette réunion est l'image, non pas de ce qu'est, mais de ce que sera l'Union française. Ce n'est en effet qu'une fois que « l'Européen » a rejoint les « Nègres » à leur table que celle-ci devient aussi la sienne. Le tenancier exemplifie le changement de mentalité que Senghor prône dans ses textes, il est « l'Européen converti à l'Afrique », celui qui s'est fait « nègre avec les Nègres ». Entre le moment où le tenancier impose sa musique et celui où il l'éteint, une repentance a eu lieu, repentance que Senghor annonce au futur antérieur : « Nous aurons renoncé à un orgueil fratricide, à une pureté stérile, sinon impossible ». Ce « nous » est le « nous, Français » inclusif. Or, bien que l'« orgueil fratricide » et la « pureté stérile » ne soient pas des expressions synonymes, ce « nous » doit renoncer aux deux. Le désir de pureté, on peut éventuellement le retrouver dans la tentation de s'enfuir sur l'île Kouyong propre aux Négro-africains, mais il peut aussi être propre à chaque groupe – « musulmans et chrétiens, Nègres et Européens » – qui compose ce « nous, Français ». En revanche, je rappelle que par deux fois « superbe » – « qui manifeste de l'orgueil[30] » – est un adjectif qui qualifie des « Blancs », et il n'y a aucun doute sur l'identité de celui qui commet le fratricide : « sous l'action meurtrière du Blanc [...] deux cents millions [des enfants de l'Afrique] sont morts dans les chasses à l'homme » (*ibid.*, p. 89). Il devient alors clair que seuls les « Blancs » de ce « nous » peuvent renoncer à l'« orgueil fratricide », les « Nègres » ne pouvant renoncer à ce qu'ils n'ont pas en propre. Cette ligne de partage entre membres du « nous » est identique à celle que mon commentaire du verbe « oublier » a révélée plus haut. La remémoration de l'histoire de la création du « nous, Français » prend ici toute son importance. Pour que la « réunion d'hommes divers et fraternels » se réalise, les « Nègres » doivent oublier leurs souffrances anciennes, les « Blancs » doivent se souvenir des méfaits de la conquête et de la colonisation, et, les remémorant, se repentir de leur « orgueil fratricide ». Sans ce pardon africain et cette repentance[31] européenne, la greffe ne prendra pas ; sans la réconciliation des frères français issus de divers peuples, la France restera une maison divisée.

---

30 *Superbe*, http://www.cnrtl.fr/definition/superbe (consulté le 25/04/2019).

31 Sur les concepts de « pardon » et « repentance », *cf.* Rognon, art. cité, 2016 ; Jacques Ricot relève que « depuis quelques décennies, des philosophes s'efforcent d'acclimater la notion de pardon dans l'espace particulier de la philosophie, mais sans jamais l'abstraire de son lieu religieux de naissance. En effet, la seconde moitié du XXe siècle, confrontée à la question de l'impardonnable à travers celle de l'imprescriptibilité des crimes contre l'humanité, paraît redonner à la réflexion sur le pardon un intérêt dans la sphère laïque, convoquant ainsi le questionnement philosophique » (Ricot, 2003, p. 131).

« Nous aurons choisi librement, musulmans et chrétiens, Nègres et Européens », conclut Senghor. Dans la relation actuelle, l'Afrique subit et la France périt. Il suggère toutefois que le « Nous, négro-africain » a déjà « oublié » et attend la réalisation de la communauté à venir. Alors, de même que le sauvageon accueille le scion, de même les trois « Nègres » du récit allégorique sont déjà assis à la table et offrent l'hospitalité à l'« Européen ». Celui-ci, comme le tenancier du bar, doit renoncer à son orgueil et son paternalisme pour embrassera la fraternité qui lui est offerte. C'est alors que « Nègres » et « Européens » pourront bénéficier mutuellement de leur relation, recevoir les apports de la civilisation qui est complémentaire à la leur, et ensemble, édifier la « Civilisation ». À cette table de réunion, je dirai même de communion, l'Afrique accueillera les produits de l'esprit, les instruments et outils européens, et l'Europe les fruits de l'âme, l'art qui relie l'homme à son semblable et à Dieu selon Senghor. La « Civilisation » sera alors à l'image de Kaone rebâtie :

> Kaone ne sera plus un misérable village, plein des seuls fantômes royaux ; ce sera une banlieue « en dur », bruissante d'usines. Mais son cœur continuera de battre au rythme du poème nègre, au rythme du tam-tam [...] (*ibid.*, p. 92).

Alors, à l'édification de cette cité, l'Européen apporte les briques et les usines, l'Africain apporte le « cœur », organe qui pulse le sang dans le corps, similairement aux racines qui fournissent la sève à l'arbre greffé. Et ce cœur bat « au rythme du poème nègre ».

HOSTIES NOIRES : LA COMMUNION À VENIR

Senghor rassemble ses poèmes de guerre en 1948. Donnant au recueil le titre *Hosties noires*, il fait du sacrifice expiatoire son thème central. Le terme « hostie » en tant que tel apparaît dans deux poèmes. Sa première occurrence est dans *Aux Tirailleurs sénégalais morts pour la France*, un poème de 1938, où le sang des « blanches hosties » a rougi le sol de France (Senghor, 1990, p. 68). Les « hosties » sont ici la métaphore des soldats français tombés à la Grande Guerre. Le mot apparaît une seconde fois, mais accompagné d'un autre adjectif, dans le poème de 1942 *Au Gouverneur Eboué* : « l'Afrique s'est faite hostie noire » (*ibid.*, p. 78). Enfin, dans *Prière de paix*, dernier poème du recueil, le poète présente son œuvre comme « un ciboire de souffrance », figurant par cette métaphore ses poèmes en hosties. Les hosties sont donc à la fois les hommes qui se sont sacrifiés pour la France et les poèmes qui honorent leur mémoire. Paroxysme et symbole de la communion, l'eucharistie est le leitmotiv qui tisse ensemble les poèmes du recueil, faisant de celui-ci le corpus par excellence où étudier le « nous » dans l'œuvre de Senghor.

Parmi les vingt poèmes qui composent le recueil, le lieu d'écriture est précisé pour quinze poèmes, dont onze affichent également leur date d'achèvement. Ces poèmes sont écrits avant et pendant la Deuxième Guerre mondiale, entre 1936 et janvier 1945. À l'exception du *Poème liminaire*, écrit en avril 1940 et placé en tête de recueil, les poèmes sont agencés dans un ordre chronologique et répartis en deux parties : *Éthiopie* regroupe les poèmes écrits avant la capitulation de la France ; *Camp 1940* les poèmes écrits au Camp d'Amiens et au Front-Stalag 230 et les poèmes écrits à Paris après sa libération en 1942. Ces précisions chronologiques ne sont pas érudition futile. Premièrement, contre sa pratique habituelle, Senghor précise le contexte dans lequel il a créé ces poèmes, révélant ainsi les situations particulières qui ont provoqué son écriture. Il y présente ses états d'âme et les traces de crises existentielles majeures restent lisibles malgré sa retenue caractéristique. Deuxièmement, ces dates nous indiquent que ces poèmes sont contemporains des trois premiers textes en prose publiés dans *Liberté I*. *Le problème culturel en A.O.F.* est une conférence donnée en septembre 1937, *Ce que l'homme noir apporte* est publié en 1939, *Vues sur l'Afrique noire, ou assimiler, non être assimilés* en 1945, mais écrit en fin 1943. En comparaison à sa prolixité ultérieure (la grande majorité du corpus senghorien est écrit après 1945), il écrit relativement peu pendant cette période. Pour appréhender la négritude senghorienne au moment de sa genèse et de sa cristallisation, les poèmes qui composent *Hosties noires* sont donc d'incontournables contrepoints aux textes en prose susmentionnés. En outre, si Senghor est un homme d'État français quand il publie ces poèmes[1], il est encore fonctionnaire ou soldat quand il les écrit. Les poèmes d'*Hosties noires* nous offrent ainsi l'accès à un pan fondamental de sa pensée et se présentent comme corpus de premier choix pour comprendre l'intrication de son projet politique et de son projet poétique.

Dans les premières lignes de *Ce que l'homme noir apporte*, Senghor révèle qu'il pressent que la Seconde Guerre mondiale sera la fin d'un ancien ordre : « Que le Nègre soit déjà présent dans l'élaboration du monde nouveau, ce ne sont pas les troupes d'Afrique engagées en Europe qui le prouvent ; elles prouveraient seulement qu'il participe à la démolition de l'ancien ordre, du vieil ordre » (Senghor, 1964, p. 22). Il voit que le monde nouveau qui est déjà en élaboration, mais imaginait-il que la démolition de l'ancien ordre serait aussi terrible ? Écrits dans des moments de profond désarroi, ces poèmes révèlent l'espoir qui le soutenait quand le sens se dérobait, lequel, dans la grande majorité de ces poèmes, est la communion des hommes à venir.

---

1 Il prend ses fonctions de député français du Sénégal et de la Mauritanie en octobre 1945.

À L'APPEL DE LA RACE DE SABA : LE « NOUS » DE 1936

En mai 1936, Addis Abeba, capitale de l'Empire d'Éthiopie de Haile Selassie I est prise par les troupes de l'Italie fasciste de Benito Mussolini. À travers le monde, l'intelligentsia noire est atterrée par l'invasion et la conquête d'un des seuls pays habités par des hommes noirs, qui, avec le Liberia et Haïti, n'était pas sous la domination coloniale européenne. C'est dans ce contexte, à Tours, où il est professeur de lettres classiques, que Senghor écrit *À l'appel de la race de Saba*. Ce poème, qui est le premier de la partie *Éthiopie* d'*Hosties noires*, est placé après le *Poème liminaire*, mais il a été écrit quatre ans plus tôt. On pourrait penser que Senghor fait référence à une Éthiopie mythique, symbole d'une Afrique noire arborant des spécificités culturelles épanouies, celle qui inspirera par exemple le titre de son troisième recueil de poèmes, *Éthiopiques*, paru en 1956. Mais, à l'écriture de ce poème, il n'a pas encore découvert l'*Histoire de la civilisation* qui est encore sous presse ni découvert l'opposition frobénienne entre « Hamites » et « Éthiopiens ». Ainsi, la « race de Saba » désigne les descendants de la Reine de Saba, la famille impériale d'Éthiopie qui vient de courber l'échine sous le joug italien. Nous le verrons, le poète ne considère pas les fils de Saba comme ses frères de sang et se présente comme fils de l'« Homme du Royaume de Sine » (Senghor, 1990, p. 61). L'idée de « race nègre » est donc absente de ce poème et le terme « race » du titre n'est pas à comprendre dans le sens que l'anthropologie donnait à ce terme. Plus encore, le poète ne se lamente pas sur les ruines d'un Empire héritier du roi Salomon, car le poème est entièrement tourné vers sa fin, la proclamation, en majuscule dans le poème, d'un espoir auroral, la venue prochaine de « l'aube transparente d'un jour nouveau » (*ibid.*, p. 65). Comme Senghor écrit dans un contexte d'invasion et de conquête, cette aube pourrait être le symbole du retour à l'indépendance tant de l'Empire d'Éthiopie que du Royaume de Sine. Je montrerai qu'il n'en est rien : bien qu'il soit question d'une « lutte fraternelle » (*ibid.*) dans ce poème, elle n'est pas nourrie par l'espoir d'un retour à l'Afrique précoloniale. Le « jour nouveau », nous le verrons, ne vient qu'après l'extinction du soir ancien.

Ce poème ne véhicule pas une idéologie culturelle où la « race » est la source prioritaire d'une identité collective. Ainsi, le « nous » qui apparaît dans les dernières strophes du poème permettra de révéler, par le contraste qu'il apporte, les contours de l'entité dénotée par la première personne du pluriel dans les autres poèmes d'*Hosties noires*.

Le poème est constitué de sept strophes qui sont toutes introduites par le même vers « Mère, sois bénie ! » (*ibid.*, p. 60), vers aux accents d'*Ave Maria* qui lui confèrent une tonalité solennelle. C'est dans la quatrième strophe, la charnière du poème, que retentit « le cri montagnard de Ras Desta[2] » (*ibid.*, p. 63), l'appel du descendant de Saba annoncé dans le titre. Dans les trois premières strophes, le poète se remémore le « jour jadis » (*ibid.*, p. 60), l'enfance passée dans le Royaume de Sine et les valeurs traditionnelles qui lui ont été transmises. Dans les trois dernières, il relate la vision qu'il a reçue en songe du « jour de libération » (*ibid.*, p. 63). Je présente ces strophes rapidement ci-dessous.

La première strophe (*ibid.*, p. 60-61) situe le poème. Le poète est en Europe et, dans le silence d'une nuit, il étouffe d'angoisse dans ses draps. Soudain, il est entre les serres du « milan », sous l'emprise du même effroi que les « guerriers noirs » sous les feux des tanks italiens et, comme en vision, il voit ce qui déclenche leur « aigre panique » : « Et tombe leur chef avec un grand cri, dans une grande giration de tout le corps ». Pendant que le poète voit l'Éthiopie capituler, il entend la voix de sa mère, mais elle n'offre aucun soulagement. Cette voix est « courroucée », et les yeux de la mère sont « courroucés et rouges », comme lorsque le poète, au retour de ses fugues d'enfance, subissait la colère qui succédait à l'anxiété maternelle. Véritable hypotypose, la deuxième strophe (*ibid.*, p. 61) raconte une scène de cette enfance au présent de l'indicatif ; le souvenir est si vif que le poète redevient l'enfant qu'il était. Il se trouve sur les marches de sa maison à Dyilôr. Il fait nuit et, ses frères et sœurs serrés contre son cœur, il écoute les chansons de sa nourrice Ngâ la poétesse tout en observant la cour. Sous le ficus les épouses de son père discutent et un grand homme du Royaume de Sine, son père, est étendu sur des nattes. Au loin, la rumeur des troupeaux complète ce tableau d'une douce nuit

2 Ras Desta Damtew est le beau-fils de Haile Selassie I, dernier empereur d'Éthiopie. Commandant de la force armée éthiopienne, il rejoint la résistance éthiopienne dans les montagnes à la prise de Addis Abeba en mai 1936 par les troupes de Mussolini. Il est capturé et exécuté par les Italiens en 1937.

sous les étoiles du delta de Saloum. S'adressant toujours à sa mère dans la troisième strophe (*ibid.*, p. 62), le poète lui assure que, bien qu'il soit resté longtemps silencieux, sa communication avec elle n'est pas rompue. Il n'a jamais cessé d'écouter sa voix et il n'a oublié ni son enfance ni sa lignée : « Je ne souffle pas le vent d'Est sur ces images pieuses comme sur le sable des pistes. / [...] /, Mais je n'efface les pas de mes pères ni des pères de mes pères dans ma tête ouverte à vents et pillards du Nord. » Il n'est alors plus un enfant, la vision était passagère et redevient un tableau du passé. En réponse au courroux de sa mère, il lui montre que, « dans cette chambre peuplée de Latins et de Grecs », il offre des sacrifices aux ancêtres et génies protecteurs, afin qu'ils accordent « que [s]on sang ne s'affadisse pas comme un assimilé comme un civilisé ». Ainsi, les trois premières strophes se construisent sur une opposition entre le village natal et l'Europe, la tradition et la culture classique, l'enfance dans la maison paternelle et la solitude du professeur de lettres. La source du courroux de la mère est l'absence trop prolongée de son fils : comme lors de ses fugues d'enfance, le poète s'est trop longtemps éloigné des terres de Dyilôr. En réponse à l'anxiété et la colère de sa mère, il assure que, malgré sa fréquentation assidue des Grecs et Latins, il reste attaché à sa lignée, et affirme que son sang est le même « sang de pur sang » que celui qui a coulé dans les veines de ses ancêtres.

La quatrième strophe (*ibid.*, p. 62-63) est le point de bascule du poème. Elle s'ouvre sur les pleurs de la mère, qui subit l'oppression coloniale (« nos aubes que saignent les jours proconsulaires, deux générations d'hommes et bien plus »), mais qui souffre surtout de la perte de son fils, « le transfuge » qui a rejoint les rangs de l'ennemi « depuis une neuvaine d'années ». C'est alors que le poète réagit, car si la mère se lamente, le fils s'active dans ses préparations au combat : « [...] et moi ton fils, je médite je forge ma bouche vaste retentissante pour l'écho et la trompette de libération. » Il se prépare, parce qu'il a vu, dans un songe dont la relation occupe toute la cinquième strophe, « le jour de libération ». Or ce n'est pas la restauration de l'ordre ancien que chante le poète, de même que le joug secoué en ce jour glorieux n'est pas la domination française. Dans la quatrième strophe, en effet, sa bouche s'ouvre pour prophétiser à sa mère la Cité de demain : « Ni maîtres désormais ni esclaves ni guelwars ni griots de griot / Rien que la lisse et virile camaraderie des combats, et que me soit égal le fils du captif, que me soient copains le Maure et le Targui congénitalement ennemis. » À une mère courroucée, qui pense qu'il a troqué son animisme pour la rationalité française, la tradition pour « la civilisation », qui s'inquiète de son oubli des coutumes et du respect dû à sa lignée, le poète expose son rêve de libération. Celui-ci n'est autre que la suppression des castes, l'égalité entre maîtres et esclaves, et la fraternité avec les ennemis héréditaires. À la place des inégalités entre classes et divisions entre clans qui organisaient la société traditionnelle africaine, le jeune Senghor propose « la lisse et virile camaraderie des combats », l'unification des peuples africains contre un ennemi commun. Ainsi, le culte des ancêtres peut être maintenu, mais c'est sur la destruction de l'ordre politique traditionnel que l'unité et l'égalité du peuple s'établissent. Il présente alors, dans le vers suivant, l'Afrique moribonde : « Car le cri montagnard du Ras Desta a traversé l'Afrique de part en part, comme une épée longue et sûre dans l'avilissement de ses reins. » L'appel de la race de Saba a été entendu et s'ajoute à lui « le long gémissement [qui] sourd des mines là-bas, dans l'extrême Sud ». L'Afrique traditionnelle est à l'agonie, le cri de souffrance a percé ses reins, mais le poète présente ses fils se levant pour former un seul peuple uni contre l'oppression.

Qui alors est l'ennemi ? « Les jours proconsulaires » semblent désigner l'ère coloniale. Le poète donnerait le titre de proconsul au gouverneur général, par référence à l'Empire romain. Mais le soupçon que l'ennemi n'est pas le colonisateur s'insinue dès la quatrième strophe quand le poète mentionne des mines de l'Afrique australe et lorsque le cri du Ras Desta « défie les avions des marchands ». L'ennemi se précise dans la cinquième strophe (*ibid.*, p. 63-64) où le poète raconte le « jour de libération » qu'il a vu en songe à sa mère devenue la figure de l'Afrique dans la dernière partie du poème. Dans ce rêve prémonitoire, il s'est trouvé au milieu d'un groupe, au sein d'un « nous » réuni « pour le dernier assaut ». L'ennemi n'est pas l'Italie de Mussolini qui soumet l'Éthiopie. La bataille a lieu dans les colonies françaises. Or le combat les libérera, non pas de la France, assimilable à l'envahisseur fasciste dans une perspective indépendantiste, mais des « Conseils d'administration qui gouvernent les gouverneurs des colonies ». La lutte n'est pas contre le colonisateur : l'ennemi véritable, nous commençons à le percevoir, est le grand capital qui exploite le peuple africain et détient le pouvoir dans les colonies :

La mort nous attend peut-être sur la colline ; la vie y pousse sur la mort dans le soleil chantant
Et la victoire ; sur la colline à l'air pur où les banquiers bedonnants ont bâti leurs villas, blanches et roses
Loin des faubourgs, loin des misères des quartiers indigènes.

Ce qui polarise les animosités est désigné ici sans ambages. L'ennemi du peuple indigène est le banquier bedonnant qui s'enrichit en exploitant les miséreux des faubourgs. Bien plus, il ne s'agit pas de chasser le colonisateur, mais les sociétés anonymes et le grand capital qui l'empêchent de gouverner avec justice. Ainsi, dans la sixième strophe (*ibid.*, p. 64-65), le « nous » consent au sacrifice ultime et, face aux tanks et sous les bombardements des avions, sûr de la victoire, il charge son ennemi :

En avant ! Et que ce ne soit pas le pæan poussé ô Pindare ! mais le cri de guerre hirsute et le coupe-coupe dégainé
Mais jaillie des cuivres de nos bouches, la Marseillaise de Valmy plus pressante que la charge d'éléphants des gros tanks que précèdent les ombres sanglantes
La Marseillaise catholique.

L'opposition établie par Nietzsche dans *La Naissance de la tragédie* est ici en arrière-fond. Ce « nous », que l'attaque transforme en chœur, ne chante pas un hymne à Apollon, mais un cri de guerre « hirsute », animé d'un enthousiasme dionysiaque et révolutionnaire. Ce « nous » chante d'une seule voix la Marseillaise de Valmy, qui devient un hymne « catholique » qui enhardit tous les hommes. Ce chant de guerre, qui exhorte les troupes au combat afin qu'elles ne soient pas rendues à « l'antique esclavage », proclame, en Afrique, l'émancipation de 1789 et la fin de l'Ancien régime. Au jour de libération, il n'y aura plus de tyran en Afrique : ni roi de Sine, ni Empereur d'Éthiopie, ni proconsul capitaliste. La France, en revanche, sera toujours présente et, dans le songe du poète, l'hymne national et patriotique est chanté par tous les exploités du monde :

Car nous sommes là tous réunis, divers de teint – il y en a qui sont couleur de café grillé, d'autres bananes d'or et d'autres terres des rizières
Divers de traits de costume de coutumes de langue ; mais au fond des yeux la même mélopée de souffrances à l'ombre des longs cils fiévreux
Le Cafre le Kabyle le Somali le Maure, le Fân le Fôn le Bambara le Bobo le Mandiago
Le nomade le mineur le prestataire, le paysan et l'artisan le boursier et le tirailleur

> Et tous les travailleurs blancs dans la lutte fraternelle.
> Voici le mineur des Asturies le docker de Liverpool le Juif chassé d'Allemagne,
> et Dupont et Dupuis et tous les gars de Saint-Denis.

D'un « nous » formé de combattants réunis dans un chœur révolutionnaire s'élève le célèbre refrain « Aux armes citoyens ! ». Le chant s'élève de l'Afrique entière : australe (le Cafre), septentrionale (le Kabyle), orientale (le Somali) et occidentale (le Maure). Il retentit dans toute l'AOF (le Fân, le Fôn, le Bambara, le Bobo, le Mandiago). Le chant rend manifeste l'unité de l'Afrique en lutte par-delà la diversité superficielle des teints de peau et des spécificités ethniques. Il est clamé par tous les corps de métiers et, surtout, à l'unisson avec « les travailleurs blancs » et les exploités du monde entier. Ces peuples d'Afrique et d'ailleurs sont unis par un trait commun qui se trouve au-delà de leurs particularités superficielles : ils ont tous « au fond des yeux la même mélopée de souffrances ». Tous les camarades réunis en ce jour de libération communient dans leur condition collective d'exploités et puisent en chœur, dans la « Marseillaise catholique », la hardiesse pour renverser l'oppression du capital. La fraternité clamée avec « les gars de Saint-Denis », bastion du communisme, et le rappel que *La Marseillaise* a longtemps été le chant des révolutionnaires socialistes efface tout doute quant à l'affiliation idéologique de ce poème. Senghor est encore membre de la SFIO en 1936 et ce sont alors des idées de révolution sociale, proprement françaises, qui viennent en soutien au poète alors qu'il étouffe dans les nuits d'angoisse. La voix de la mère ne lui est d'aucun réconfort : c'est le jour de libération qui vient à l'aube qui fait naître en lui l'espoir. En dépit de l'incompatibilité de ce monde vu en songe avec l'Afrique traditionnelle, après les sept « Mère, sois bénie ! » qu'il prie pour l'Afrique-mère, le poète demande à celle-ci, dans la dernière strophe du poème (*ibid.*, p. 65), de le bénir en retour, de le reconnaître comme fils et de lui ôter l'opprobre des transfuges. Or il l'implore non seulement de l'insérer à nouveau dans la lignée qu'il affirme n'avoir jamais quittée, mais encore d'adopter comme fils ses camarades de combat de toutes origines : « Reconnais ton fils à l'authenticité de son regard, qui est celle de son cœur et de son lignage / Reconnais ses camarades reconnais les combattants ». Le poète demande à l'Afrique-mère d'attester d'une authenticité qui est autre que celle qui certifie son inscription dans le lignage de ses pères. Elle est priée de reconnaître la pureté des motifs et la vigueur du courage avec lequel le poète et ses camarades affrontent leur ennemi commun. Il l'enjoint, en somme, à accepter ce « nous » comme sien. Enfin, en conclusion du poème, le fils rend plus exigeante encore sa requête : il prie l'Afrique-mère, qui n'est plus que crépuscule, d'offrir sa bénédiction au jour nouveau qui la remplacera : « [...] et salue dans le soir rouge de ta vieillesse / L'AUBE TRANSPARENTE D'UN JOUR NOUVEAU. »

« Nous sommes tous là réunis [...] dans la lutte fraternelle », proclame le poète. Ce premier « nous » d'*Hosties noires* se forme par antagonisme à une élite et est situé en périphérie de celle-ci. La diversité de l'humanité est subsumée en deux catégories issues de la gauche française de l'entre-deux-guerres – les bourgeois et les prolétaires –, et les deux groupes se répartissent, géographiquement, de manière analogue au champ de bataille vu en songe. Au centre et en hauteur, une colline abrite les détenteurs de capitaux, autour, dans les faubourgs, le reste de l'humanité, dont la condition est misérable, s'unit dans la lutte. En 1936, les deux groupes sont des adversaires, « ils » les ennemis et « nous » les frères s'affrontent, et, selon l'affiliation idéologique de ce poème, la société que la lutte finale fera advenir sera sans classes, par suite de la disparition des capitalistes. La libération n'implique donc aucunement le retrait de la France et le retour à l'Afrique précoloniale. La « race de Saba », à l'appel de laquelle le « nous » se forme, est la dynastie salomonide, au pouvoir depuis le XIIIe siècle, et qui se réclame du roi Salomon et de la reine de Saba. Après l'occupation italienne, en 1941, le Negusse Negest Haïlé Sélassié Ier sera réinstallé sur son trône, mais cette restauration des États africains précoloniaux n'est pas ce que Senghor préconise dans ce poème. Plus encore, il figure ici une Afrique qui comporte une grande diversité de groupes ethniques et de lignées, et ce poème ne présente pas de « civilisation négro-africaine » qui ferait le commun de ces groupes. Les races mentionnées sont des lignées précisément localisées et dispersées sur le continent africain et dont le sang se transmet de père en fils. La seule unité qui rassemble cette diversité est celle des opprimés qui se lèvent contre l'entreprise capitaliste d'exploitation des indigènes africains et des travailleurs européens. Ainsi, que l'énergie dionysiaque du « nous » des faubourgs en qui repose la puissance révolutionnaire nécessaire à la libération et au renouveau ne produise pas méprise et lecture anachronique : le « nous » ne lutte pas pour l'indépendance de l'Afrique.

Pour Steins, ce poème est d'une orientation politique précise : il est entièrement adossé à la « thèse du Front unique des travailleurs noirs et blancs contre l'impérialisme colonial » élaborée par la Section française de l'Internationale ouvrière :

> Le poème respire cette atmosphère de fervent espoir qui faisait accourir les foules de l'A.O.F. au-devant du nouveau Ministre des colonies du Gouvernement Léon Blum, Marius Moutet, et de son Gouverneur général, Marcel de Coppet, des hommes qui, à Dakar, déclaraient au cours de leurs premières tournées officielles que le temps des injustices était révolu et qu'une nouvelle ère de colonisation véritable, c'est-à-dire socialiste, allait commencer (Steins, 1981, p. 17).

Comme il s'agit de libérer les colonies du joug des conseils d'administration, plus précisément, de libérer les gouverneurs des colonies pour qu'ils puissent accomplir leur œuvre de colonisation au lieu de servir les intérêts du grand capital, ce sera la France, dont ces gouverneurs sont les représentants, qui sera libérée en ce « jour de libération ». Ainsi, en réponse à l'appel de la race de Saba, le poète prophétise la fin d'une ère, et l'aube, qui se lève sur la disparition de l'Afrique traditionnelle, annonce le jour nouveau d'une colonisation qui portera enfin la Liberté, l'Égalité et la Fraternité sur les terres africaines d'une France purifiée de l'influence néfaste des concessionnaires et ramenée dans la fidélité aux principes républicains.

Les autres poèmes d'*Hosties noires* sont aussi sous-tendus par l'idée qu'un jour nouveau se lève. Cependant, nous verrons que ces poèmes présentent un « nous » racialisé.

LA FRANCE À VENIR DANS *HOSTIES NOIRES*

Deux poèmes d'*Hosties noires* font explicitement référence à un régime politique français qui n'existe pas encore au moment de leur écriture. Le premier est *Prière des tirailleurs sénégalais*, écrit en avril 1940, le second est *Au Guélowâr*, écrit en septembre 1940. Ces poèmes se suivent dans le recueil. Le premier clôt la partie *Éthiopie*, le second ouvre la partie *Camp 1940*. Entre-deux, la France a signé l'armistice avec l'Allemagne et Senghor a été fait prisonnier. Au front à la veille du combat, comme dans les camps après la débâcle de l'armée française, le présent n'offre rien de réjouissant, mais Senghor donne alors la parole à des tirailleurs sénégalais dont le regard est tourné vers l'avenir.

PRIÈRE DES TIRAILLEURS SÉNÉGALAIS : « LA FRANCE CONFÉDÉRÉE »

Senghor écrit *Prière des tirailleurs sénégalais* à Paris en avril 1940. Mobilisé, il est à la veille d'être envoyé au front. Ce poème est en grande majorité une prière rapportée au style direct par un poète qui se présente comme le porte-parole légitime des tirailleurs fraîchement débarqués en Europe : « Écoute leur voix, Seigneur ! », implore-t-il en adressant leur prière unanime à Dieu. Il précise qu'il n'est pas le représentant légitime de ces soldats parce qu'il occupe une position politique : « si je Te parle [...] / Ce n'est pas que la République m'ait nommé bon roi de mon peuple ou député des Quatre Communes » (Senghor, 1990, p. 72), mais parce qu'il est « présentement soldat de deuxième classe parmi les humbles des soldats » (*ibid.*). Il n'est pas membre de l'élite, mais un humble parmi les humbles. C'est ainsi que, lorsqu'il porte leur parole au Seigneur, sa voix peut se mélanger à celle de ce « nous » qui prie.

La quatrième partie de la prière des tirailleurs comporte leur requête principale et elle nous intéressera au premier chef parce qu'elle fait mention d'un État : « la France Confédérée » (*ibid.*, p. 74). En avril 1940, la France est encore la IIIe République, la « France Confédérée » n'existe que dans les exercices d'imagination politique de quelques réformateurs et Senghor lui-même n'a pas encore produit de texte qui la présenterait. En admettant qu'il n'ait pas retouché ses poèmes pour leur publication en 1948, ce poème présente la première occurrence de cette France imaginée et dont la réalisation fait l'objet de sa lutte dès son entrée en politique.

Dans le premier vers de la cinquième partie, une Cité est discrètement indiquée par une métaphore :

> Car tu es le Dieu des armées, le Dieu des forts – si dissemblables et si semblables sur cet extrême bastion ces peuples rassemblés pour le même combat (*ibid.*, p. 75).

Le « bastion » est ici la métaphore du front, mais le bastion est d'abord un ouvrage de fortification, et donc une partie des murailles d'une ville.

Filant cette image, il est possible de comprendre le « même combat » comme la défense de la ville qui se trouve derrière le bastion, et cette ville, par analogie, est la France. Or les remparts sont des ouvrages de défense qui marquent nettement la limite entre l'intérieur et l'extérieur des villes. La question est alors de savoir si l'espace protégé par les fortifications comprend les colonies, ou, pour filer la métaphore, si ces dernières ne sont que les faubourgs de la ville. Autrement dit, la France défendue par les soldats français est-elle uniquement la Métropole, ou est-elle l'ensemble du territoire français ? Des questions semblables peuvent être posées au sujet des « peuples rassemblés ». Des hommes « si dissemblables et si semblables » acceptent le sacrifice ultime pour défendre ensemble la France. Mais les tirailleurs révèlent-ils seulement que ces hommes, qui sont semblables en raison de leur commune humanité et leur condition de soldat, sont dissemblables du fait de la diversité de leurs origines, races et cultures ? Il est nécessaire de voir la scène par les yeux de ces tirailleurs en prière. Tous sont membres de l'armée française, mais ils portent différents uniformes, et ces uniformes signalent qu'ils sont enrôlés dans différents corps. Notamment reconnaissables à leur chéchia rouge, les tirailleurs sénégalais portent un uniforme qui leur est particulier. Les Originaires des Communes de plein exercice du Sénégal, qui sont citoyens et non sujets, portent un autre uniforme, du fait qu'ils sont enrôlés dans la Coloniale blanche, depuis la loi du 19 octobre 1915 et la loi du 29 septembre 1916[3]. La légion étrangère, enfin, nous offre un troisième contraste : ils portent un uniforme qui rend manifeste qu'ils ne sont pas de nationalité française. Ainsi, quand les tirailleurs constatent que les peuples sont « si dissemblables et si semblables », ils peuvent faire référence aux multiples origines géographiques et culturelles de ces soldats rassemblés pour défendre la France, mais ils voient aussi des hommes dont les uniformes signalent l'identité civique qui leur est attribuée dans cet

3 Ces deux lois sont l'œuvre de Blaise Diagne à la chambre des Députés, qui a assuré de la sorte la pérennisation du statut particulier des Originaires, qui sont des citoyens français non soumis au Code civil. *Cf.* Lambert, Michael C., « From Citizenship to Negritude: "Making a Difference" in Elite Ideologies of Colonized Francophone West Africa », *Comparative Studies in Society and History*, vol. 35, n° 2, 1993, p. 239–262. Au sujet des tirailleurs sénégalais, *Cf.* Michel, Marc « "Avant j'étais nègre, maintenant je suis français". Les soldats noirs de la Grande Guerre », Belot, Robert (éd.), *Tous républicains ! Origine et modernité des valeurs républicaines*, Paris, Armand Colin, 2011, p. 281-290.

État. En un mot, sur ce bastion, ces hommes rassemblés pour le même combat n'ont pas tous le droit de cité.

C'est dans la quatrième partie du poème que les tirailleurs expriment leur requête au Seigneur :

> Seigneur, écoute l'offrande de notre foi militante
> Reçois l'offrande de nos corps, l'élection de tous ces corps ténébreusement parfaits
> Les victimes noires paratonnerres.
> Nous T'offrons nos corps avec ceux des paysans de France, nos camarades
> Jusque dans la mort après la première poignée de main et les premières paroles échangées
> Corps noueux, ridés tortueusement de travail, mais solidement poussés et fins comme le pur froment (*ibid.*, p. 74).

Je commencerai par commenter le « nous » dans ces vers. Ce sont les tirailleurs qui prient et donc le premier « nous » est formé par les « victimes noires ». Un second peuple apparaît rapidement dans leur prière : les « paysans de France ». Ainsi, les corps offerts en sacrifice sont en premier lieu les « corps ténébreusement parfaits », à la peau noire, mais dès les « corps noueux », ces corps sont à la fois ceux des tirailleurs sénégalais et ceux des paysans de France. Le rassemblement se fait donc par un élargissement du « nous » premier, formé d'hommes noirs, au « nous » final qui regroupe l'ensemble des « camarades ». Il faut alors remarquer une différence discrète, mais significative entre le vers qui introduit la prière des tirailleurs et celui qui clôt le poème : « Écoute leur voix, Seigneur ! » (*ibid.*, p. 72) est devenu « Écoute leurs voix, Seigneur ! » (*ibid.*, p. 75). La prière unanime, qui émerge initialement du corps des tirailleurs sénégalais, a accueilli les voix des divers peuples. Cette pluralisation des voix manifeste qu'une unité est née par la greffe de divers peuples au groupe premier formé par les tirailleurs sénégalais. Mes études des poèmes d'*Hosties noires* confirmeront que l'unité dans la diversité se forme toujours autour d'un noyau central entièrement formé d'hommes noirs qui offrent l'hospitalité aux autres peuples. Les « camarades jusque dans la mort » à qui Senghor donne la parole sont des créatures de fiction qui vivent dans un monde irréel où n'existent ni la conscription ni la réquisition. Tous, qu'ils proviennent des colonies africaines ou des campagnes françaises, s'offrent en sacrifice par choix et affrontent ensemble la mort, en toute liberté. Puisqu'aucune forme de coercition n'est exercée, se pose alors la question de savoir quelle est leur motivation. La réponse est dans la supplique des tirailleurs, où Senghor file une métaphore familiale :

> Pour qu'ils poussent dru dessus nous les enfants nos cadets, dont nous sommes les pères maturiers.
> Qu'à leurs pieds nous formions l'humus d'une épaisse jonchée de feuilles pourries
> Ou les cendres des vieux troncs et des vieilles tiges récoltées, maltraitées.
> Pour qu'ils poussent et denses dans les plaines illimitées, comme la souna et le sagno non comme le gros bassi des chevaux (*ibid.*).

En effet, « nos cadets » implique une relation fraternelle, « les pères » une relation paternelle. Or, dès l'expression « [p]our qu'ils », le « nous » n'est pas exclusivement formé de tirailleurs sénégalais : il comprend l'ensemble des camarades. Ces camarades ont alors un statut ambigu dans cette famille métaphorique, en ce qu'ils sont à la fois les pères et les frères aînés des enfants. Ce double statut provient du fait que les frères aînés qui s'offrent en sacrifice se conçoivent en pères potentiels. La mort, en effet, les transformera en « pères maturiers ». Les diverses feuilles sont rassemblées en une épaisse jonchée, les vieilles tiges sont récoltées, mais c'est le pourrissement qui fait des premières de l'humus et la consumation qui fait des secondes des cendres. Cet humus et ces cendres enrichissent la terre dans laquelle les nouvelles pousses, les « enfants nos cadets », plongent leurs racines. L'humus et les cendres figurent ainsi une union éternelle que seule la mort permet d'atteindre, union qui transforme les camarades, ces peuples « si dissemblables et si semblables » rassemblés, en les « pères maturiers » de la génération suivante. En somme, cette métaphore familiale présente la France à venir comme une maison dont les enfants auront les mêmes pères. Noirs ou blancs, ces enfants issus de lignées de sang différentes seront en quelque sorte héritiers des sangs qui auront conflué dans le sol de la France lors du sacrifice des soldats.

Trois générations de représentants de peuples se donnent la main dans cette strophe, dont voici la suite :

> Que l'enfant blanc et l'enfant noir – c'est l'ordre alphabétique –, que les enfants de la France Confédérée aillent main dans la main
> Tels que les prévoit le Poète, tel le couple Demba-Dupont sur les monuments aux Morts

> Que l'ivraie de la haine n'embarrasse pas leurs pas dépétrifiés
> Qu'ils progressent et grandissent souriants, mais terribles à leurs ennemis comme l'éclair et la foudre ensemble (*ibid.*).

La première génération est représentée par « le couple Demba-Dupont », morts à la Grande Guerre ; la seconde par les « victimes noires » et les « paysans de France » qui vont mourir au front de la Deuxième Guerre ; la troisième par l'enfant blanc et l'enfant noir de la France Confédérée. Pour la génération passée comme pour la leur, les orants attestent de l'existence d'une relation fraternelle, laquelle est figurée par les poignées de mains. Leur prière est que les enfants de la génération suivante puissent pareillement être des frères unis. Ils rendent alors explicite l'objectif de leur sacrifice dans cette fin de strophe qui est construite sur l'anaphore des locutions conjonctives « pour que » et « que ». Cependant, comme le subjonctif « marque l'appartenance du procès aux “mondes possibles” » (Riegel & Pellet & Rioul, 1994, p. 563), ils ne peuvent qu'exprimer les potentialités latentes dont ils souhaitent la réalisation. Ainsi, la phrase « que les enfants de la France Confédérée aillent main dans la main tels que les prévoit le Poète » annonce que le Poète peut prévoir des mondes possibles, mais affirme aussi que la réalisation de sa prophétie est soumise à des conditions.

Avant de révéler ces conditions, il me faut présenter la statue *Demba et Dupont*. Statue de bronze inaugurée le 30 décembre 1923 au rond-point de l'Étoile à Dakar, « Demba et Dupont » figure le lien de fraternité né dans les tranchées de la Grande Guerre. Côte à côte, les deux frères d'armes regardent dans la même direction, vers l'avenir commun à l'horizon. Leurs pieds sont posés sur un piédestal où figurent les effigies de cinq hommes qui jouèrent des rôles centraux dans la conquête et colonisation de l'AOF : Louis Faidherbe, Marie-Théophile Griffon du Bellay, William Merlaud-Ponty, François-Joseph Clozel et Joost Van Vollenhoven[4]. Le Poète prévoit que les pas des enfants seront « dépétrifiés », comme si le couple Demba-Dupont prenait vie et les soldats s'avançaient, main dans la main vers leur destin commun. Autrement dit, il voit s'incarner dans ces enfants la promesse figurée dans cette

4 Pour une histoire de la création de la « Force noire », du rôle des tirailleurs sénégalais pendant les deux guerres mondiales et de ce monument, *cf.* Michel, Marc, « *Hosties noires* entre mémoire et reconnaissance », *in* Girault, *op. cit.*, 2001, p. 102-110.

statue. Les tirailleurs de la génération Demba-Dupont, comme ceux de la génération des orants, ont été rassemblés pour défendre la France et sont unis par une fraternité d'armes. Or le Poète ne prévoit pas uniquement que le petit-fils de Dupont gardera sa main dans celle du petit-fils de Demba une fois l'ennemi vaincu, le poète prévoit que les enfants des tirailleurs sénégalais et des paysans de France seront les enfants de la France confédérée, c'est-à-dire qu'ils seront des frères unis par les liens de la fraternité française qui prolonge celle des armes. Le « nous », à la veille d'être sacrifié, prie que cette France Confédérée advienne, laissant ainsi entendre que la fraternité entre les peuples de la France ne pourra exister qu'à condition que la République française soit fédéralisée.

Dans les derniers vers de la strophe, les tirailleurs intercèdent pour que la relation des enfants ne soit pas rompue, que ces enfants restent « ensemble ». « Que l'ivraie de la haine n'embarrasse pas leurs pas » et « leurs ennemis » font référence à la parabole du bon grain et de l'ivraie de l'Évangile selon Matthieu chapitre 13, où l'ennemi d'un homme sème de l'ivraie dans le champ de blé de ce dernier. Qui sont les « ennemis » qui sèmeraient la haine dans ce champ de l'avenir, les « plaines illimitées » où doivent pousser les enfants ? En avril 1940, les ennemis de la France sont les puissances de l'Axe, mais les orants font référence à des ennemis futurs d'un État potentiel, et ces derniers ne sont pas nécessairement une puissance étrangère belliqueuse. La statue Demba-Dupont est le rappel que le système discriminatoire est resté comme pétrifié pendant l'entre-deux-guerres. Comme je l'ai indiqué plus haut, le grand partage entre sujets et citoyens qui structurait le monde colonial s'est même renforcé afin de maintenir les peuples représentés par Demba exclus du peuple souverain de la France. Le Poète prévoit, disent les tirailleurs, et l'avenir qu'il annonce pourrait voir la réalisation des promesses dans les enfants de la France Confédérée. Ces enfants seraient alors non seulement des frères aux mains enlacées, mais surtout, et c'est ce que ces vers impliquent sans le clamer explicitement, ils seraient égaux. Mon hypothèse est que les ennemis qui sèment « la haine de l'ivraie » sont ceux qui s'opposent à cette transformation du système colonial inégalitaire. Cette interprétation se fonde sur le fait que l'expression « séparer le bon grain d'avec l'ivraie » (Senghor, 1964, p. 44) se trouve dans *Vues sur l'Afrique noire, ou assimiler non être assimilés*, que Senghor écrit pendant la guerre. Identifiant les anti-assimilationnistes à l'ivraie, il leur reproche d'entraver l'émancipation intellectuelle et politique des peuples colonisés pour conserver intacts leurs privilèges (*ibid.*). Il les accuse aussi de provoquer des scissions au sein de la France, dont celles qui ont mené à l'indépendance de Haïti. En somme, certains que la haine semée par les ennemis de la France Confédérée finirait par diviser les enfants blancs et noirs (et par extension, les peuples qu'ils représentent), les orants prient à la fois pour la levée de l'inégalité et pour le maintien de l'unité.

AU GUÉLOWÂR : « LA CITÉ »

Trois mois après la débâcle de juin 1940, Senghor écrit *Au Guélowâr* au camp d'Amiens. Il est encore plus explicite, annonçant dans ce poème qu'une « Cité » sera dressée « dans l'égalité des peuples fraternels ».

Abandonnés à leur sort, ces prisonniers décrivent leur situation dans la première strophe. Perdus dans la « nuit », ils ne savent où se diriger ni ne le peuvent, car ils sont « comme des aveugles sans mains ». Personne ne vient au secours de ces « corps privés d'espoir et qui se fanent ». Ils sont surtout désormais « des soldats désarmés » qui sont « pris dans les rets, livrés à la barbarie des civilisés / Exterminés comme des phacochères » (Senghor, 1990, p. 76). Quelques éléments de contexte me paraissent ici nécessaires pour comprendre cette lamentation des tirailleurs. En mai et juin 1940, la propagande allemande de l'entre-deux-guerres, construite autour du thème « *die schwarze Schande* », s'est traduite en crimes de guerre contre des soldats français de peau noire en mai et juin 1940. Des bataillons entiers ont été massacrés, alors qu'ils étaient déjà prisonniers. La Conférence de la Paix de 1919 avait autorisé la présence de « troupes de couleur » en Rhénanie, soit 10 000 hommes sur les 85 000 du corps d'occupation. Les tirailleurs sénégalais ne formaient que deux régiments de ces troupes coloniales, mais ils ont été la cible de toute la hargne de la propagande allemande. Le gouvernement allemand finançait secrètement cette propagande, afin de discréditer l'occupation française auprès de l'opinion internationale, celle des États-Unis en premier lieu. Elle a duré de 1919 à 1923, date du retrait des troupes coloniales. Les Noirs sur le Rhin étaient accusés essentiellement de viols et d'abus sexuels, et l'image de la *Honte noire* (« *die schwarze Schande* ») ou l'*Horreur noire* (« *die schwarze Schmach* ») a profondément marqué la culture allemande de l'entre-deux-guerres. La haine et la peur cultivées et profondément enracinées dans les mentalités sont à la source des carnages des soldats africains en 1940. Raffael Sheck montre que le ministre de la propagande Joseph Goebbels a donné des directives fin mai 1940 pour réactiver l'animosité envers la France à la veille des combats. L'enjeu était de critiquer l'utilisation française de troupes coloniales et de renouveler la mémoire de l'occupation de la Rhénanie. La propagande présentait les soldats noirs comme des sauvages cruels qui mutilaient les soldats allemands tombés entre leurs mains, et elle répandait ainsi l'idée que les tirailleurs sénégalais ne respectaient pas la convention de Genève de 1929 sur le traitement des prisonniers de guerre. On a donc pu croire qu'ils ne méritaient pas d'être protégés par cette convention. À la fin mai et au début juin, la campagne de propagande de Joseph Goebbels a puissamment amplifié les préjugés racistes inculqués aux soldats allemands pendant leur enfance, et ainsi, pendant la Débâcle, à plusieurs occasions, des prisonniers noirs ont été exécutés, parfois par centaines. Les archives de l'armée française documentent l'assassinat d'environ 1 500 prisonniers de guerre noirs, mais Sheck affirme que ces documents sont incomplets et estime que le nombre réel était jusqu'à deux fois plus élevé. Nombre des blessés parmi les tirailleurs ont été abattus, et d'autres prisonniers ont été exécutés parce qu'ils s'étaient trop écartés de la colonne de marche qui les menait aux camps de rassemblement. Senghor lui-même, selon ses biographes, n'a eu la vie sauve que grâce à l'intervention d'un officier français[5]. Après les batailles, la haine allemande a continué à se manifester, et Scheck relève que les plaques d'identité des tirailleurs morts étaient fréquemment saisies ou détruites, afin d'empêcher l'identification des cadavres. Certaines unités allemandes interdisaient même l'inhumation des tirailleurs sénégalais morts, et, après l'armistice, une ordonnance est apparue pour interdire le marquage et la décoration de leurs tombes. Enfin, dans les camps temporaires de prisonniers de guerre, comme celui d'Amiens où Senghor écrit le poème *Au Guélowâr*, les prisonniers noirs recevaient souvent des vivres et des soins médicaux inadéquats[6].

5 *Cf.* Vaillant, Janet G., *Black, French, and African : A Life of Léopold Sédar Senghor*, Cambridge, Harvard University Press, 1990, p. 166-167 ; Hymans, *op. cit.*, p. 109.

6 *Cf.* Scheck, Raffael, *Hitler's African Victims : The German Army Massacres of Black French Soldiers in 1940*, Cambridge, Cambridge University Press, 2006 ; Fargettas, Julien, « *"Sind Schwarze da ?"* La chasse aux tirailleurs sénégalais. Aspects cynégétiques de violences

Subissant le racisme qui a empoisonné la Wehrmacht, les tirailleurs prisonniers dévoilent, dans la première strophe de ce poème, que leur plus grande source de détresse est de ne plus reconnaître la France :

> Nous avons cherché un appui, qui croulait comme le sable des dunes
> Des chefs, et ils étaient absents, des compagnons, ils ne nous reconnaissaient plus
> Et nous ne reconnaissions plus la France.
> Les princes de l'Église se sont tus, les hommes d'État ont clamé la magnanimité des hyènes
> « Il s'agit bien du nègre ! il s'agit bien de l'homme ! non ! quand il s'agit de l'Europe ! » (*ibid.*, p. 77)

Les affres de la débâcle vécue par les troupes noires peuvent se résumer à la phrase qui enjambe deux vers ci-dessus : « ils ne nous reconnaissaient plus et nous ne reconnaissions plus la France. » Le verbe reconnaître prend ici deux sens différents. Dans « ils ne nous reconnaissaient plus », le sens à donner à ce verbe est à chercher dans le lexique du droit : les compagnons ne font pas acte de reconnaissance des soldats noirs qui étaient leurs frères d'armes avant la débâcle. Autrement dit, ils les renient alors même qu'ils sont comme des « petits d'oiseaux tombés du nid » (*ibid.*, p. 76), au comble de la fragilité. Dans « nous ne reconnaissions plus la France », le verbe reprend son sens usuel. La France, racontent les tirailleurs, est devenue méconnaissable, parce que les chefs, les compagnons, les princes de l'Église et les hommes d'État qui la représentent ont adopté un comportement qui ne permettait pas de les différencier des « hyènes », les Nazis. Clamer la « magnanimité des hyènes », c'est aussi livrer les soldats noirs « à la barbarie des civilisés », et comme l'indique cet oxymore chargé de cynisme, les hommes d'État se sont alliés à l'idéologie raciste de l'occupant qui exclut l'homme noir de l'humanité.

Dans leur présent angoissant, le réconfort est venu de la voix de Guélowâr, le général de Gaulle. Faisant certainement référence à l'appel du 18 juin, et peut-être à la longue série de discours radiophoniques qui va le suivre, ils s'exclament : « Lumineuse, ta voix a éclaté dans la

---

de guerre et de violences raciales durant la campagne de France, mai 1940-août 1940 », *Revue historique des armées*, vol. 271, 2013, p. 42-50 ; Scheck, Raffael, « "They Are Just Savages" : German Massacres of Black Soldiers from the French Army in 1940 », *The Journal of Modern History*, vol. 77, n° 2, 2005, p. 325–344.

nuit de notre prison ». Cette voix rendait soudain la France à nouveau reconnaissable :

> Ta voix nous dit l'honneur l'espoir et le combat, et ses ailes s'agitent dans notre poitrine
> Ta voix nous dit la République, que nous dresserons la Cité dans le jour bleu
> Dans l'égalité des peuples fraternels. Et nous nous répondons : « Présents, ô Guélowâr ! » (*ibid.*, p. 77)

Ce poème présente trois Frances. La première est l'État français, une France rendue méconnaissable par la collaboration du régime de Vichy avec l'Allemagne nazie et le rejet des principes républicains et humanistes qui la fondent. La seconde est la République, qui a trouvé refuge dans la voix de De Gaulle et la France Libre. La troisième est la « Cité » à dresser quand la nuit de la guerre prendra fin, « Cité » qui existe donc en tant que promesse et projet à réaliser. Du fond de leur camp de prisonniers, les tirailleurs sénégalais répondent présents et clament leur adhésion à la France qui retrouve son visage dans les discours de De Gaulle. Il m'importe moins de juger de la précision avec laquelle ces tirailleurs paraphrasent ces discours, que de relever que Senghor présente ici à nouveau l'avenir politique qu'il imagine pour la France. Écrivant en septembre 1940, il décrit la République future comme une Cité unissant une pluralité de peuples (et non pas d'individus) fraternels et égaux, ce qui implique une révision radicale de la conception de citoyenneté française. Notons que les tirailleurs annoncent leur adhésion à deux Frances. Dans les faits, répondant « présents » à l'appel du Général, un certain nombre de tirailleurs se sont évadés des camps pour rejoindre la Résistance[7], mais les tirailleurs du poème répondent aussi « présents » à l'œuvre d'édification de la Cité à venir. Si leur adhésion à la France libre leur redonne espoir dans leur présente détresse, le « Et » du dernier vers du poème n'instaure pas une simple relation de consécution. Autrement dit, dans leur réponse à l'appel, les tirailleurs sénégalais font comprendre que leur adhésion à la France a pour condition que de Gaulle tienne sa promesse.

---

7 *Au Gouverneur Eboué*, le poème suivant de ce recueil, confirme ce ralliement. Il est un chant de louange à ce gouverneur du Tchad qui rallie cette colonie à la France Libre dès l'Appel du 16 juin, offrant à cette France-là son premier territoire et entraînant l'adhésion de l'AEF à la France libre.

LA COMMÉMORATION ET LE « NOUS » : *AUX TIRAILLEURS SÉNÉGALAIS MORTS POUR LA FRANCE*

L'institution de la République fédérale française n'est cependant pas la seule condition nécessaire à la réalisation du « nous » à venir, car Senghor y ajoute le devoir de mémoire, et ce, déjà avant la guerre. Cette commémoration, qui honore les soldats tombés au front, donne forme à un « nous ». Ce groupe est au cœur du poème *Aux Tirailleurs sénégalais morts pour la France* écrit à Tours en 1938.

Dans la première strophe, le poète décrit le contexte dans lequel il prend la parole. En arrière-fond, la guerre fait rage en Espagne : il entend « le bruit des canons » et se demande si ce grondement lui parvient d'Irun. Au premier plan, on honore les soldats tombés à la Grande Guerre. Enterrés dans une des nécropoles nationales[8], ces soldats ont sur leurs stèles la mention « mort pour la France[9] ». Reprise par Senghor dans le titre du poème, cette mention honore la mémoire des victimes de guerre depuis la loi 2 juillet 1915[10]. Or en cette année 1938, personne ne commémore les tirailleurs sénégalais :

> On fleurit les tombes, on réchauffe le Soldat Inconnu.
> Vous mes frères obscurs, personne ne vous nomme.
> On promet cinq cent mille de vos enfants à la gloire des futurs morts, on les remercie d'avance futurs morts obscurs
> *Die Schwarze schande* ! (*ibid.*, p. 67)

Le poète s'indigne du manque d'hommage et son regard se tourne vers l'avenir sombre. Il le sait, la guerre est imminente, et, alors même que les tirailleurs sénégalais morts pendant la Grande Guerre tombent dans l'oubli, on recrute ceux qui seront incessamment envoyés au front. « [O]n les remercie d'avance », précise le poète, qui semble douter, non de la

---

8 *Les sépultures de guerre*, http://www.defense.gouv.fr/memoire/memoire/sepultures-et-monuments-aux-morts/les-sepultures-de-guerre (consulté le 10/12/2018).

9 *Les caractéristiques nationales des métropole*, http://www.cheminsdememoire-nordpasdecalais.fr/lhistoire/la-memoire-de-la-grande-guerre/les-caracteristiques-nationales-des-necropoles.html (consulté le 10/12/2018).

10 *Mention « Mort pour la France »*, https://www.onac-vg.fr/demarches/mention-mort-pour-la-france (consulté le 10/12/2018).

mort à venir des nouvelles recrues, mais de la valeur des promesses de gloire qui leur sont faites. Quand, parmi les morts du passé, les tirailleurs sénégalais ne sont pas commémorés, comment ne pas douter que, parmi les futurs morts pour la France, les hommes noirs seront de même oubliés ? Ce poème est intéressant à double titre. Se croisent en lui une apologie de la commémoration et la dénonciation d'un oubli flagrant, ce qui met en lumière la puissance de cohésion que Senghor attribue à l'acte de commémorer, tout en nous permettant de distinguer entre deux ensembles de personnes qui commémorent – le « on » et le « nous ». Je montrerai, dans ce qui suit, ce qui différencie ces deux groupes.

La commémoration est un devoir légal et moral en premier lieu. Fleurir les tombes revient à accomplir un ensemble de gestes en honneur de ceux qui se sont sacrifiés pour la France. Comme les tirailleurs sénégalais sont oubliés, le poète comble cette lacune :

> Écoutez-moi, Tirailleurs sénégalais, dans la solitude de la terre noire et de la mort
> Dans votre solitude sans yeux sans oreilles, plus que dans ma peau sombre en Province
> Sans même la chaleur de vos camarades couchés tout contre vous, comme jadis dans la tranchée jadis dans les palabres de village
> Écoutez-moi Tirailleurs à la peau noire, bien que sans oreilles sans yeux dans votre triple enceinte de nuit (*ibid.*).

Seul dans la deuxième strophe, le poète est rejoint par d'autres dans la troisième et la quatrième strophe[11] :

> Nous vous apportons, écoutez-nous, nous qui épelions vos noms dans les mois que vous mouriez
> Nous, dans ces jours de peur sans mémoire, vous apportons l'amitié de vos camarades d'âge.
> Ah ! puissé-je un jour d'une voix couleur de braise, puissé-je chanter
> L'amitié des camarades fervente comme des entrailles et délicate, forte comme des tendons.
> Écoutez-nous, Morts étendus dans l'eau au profond des plaines du Nord et de l'Est.
> Recevez ce sol rouge, sous le soleil d'été ce sol rougi du sang des blanches hosties
> Recevez le salut de vos camarades noirs, Tirailleurs sénégalais
> MORTS POUR LA RÉPUBLIQUE ! (*ibid.*, p. 67-68)

11 Je ne commente ici que la quatrième strophe.

COMMÉMORATION

Trois groupes distincts sont présents dans ce poème : le « on », le « nous » et le « vous ». Les membres du « vous » sont morts, ce qui les distingue des vivants qui forment le « on » et le « nous ». Les membres du « vous » et du « nous » sont des hommes noirs, mais ce n'est pas la race qui les distingue de ceux du « on ». Les membres du « on » et du « nous » commémorent les morts pour la France, mais ceux du « on » se distinguent par le fait qu'ils ne commémorent pas les tirailleurs sénégalais. L'inverse, en revanche, n'est pas vérifiable : rien ne permet d'avancer que les membres du « nous » ne commémorent que les hommes noirs parmi les morts. En somme, le « nous » est formé de membres qui commémorent les morts et qui se particularisent au sein du « on », non pas par la couleur de leur peau, mais par le fait qu'ils comblent le vide laissé par l'oubli des tirailleurs sénégalais. La ségrégation raciale n'avait pas place dans les tranchées françaises de la Grande Guerre[12], ce qui pose tant la question de savoir pourquoi le « on » n'accomplit pas son devoir moral et inflige un tel déshonneur aux tirailleurs sénégalais morts pour la France. Cela éveille aussi la question corrélée, qui est de déterminer pourquoi le « nous » qui les commémore est exclusivement formé d'hommes noirs. La réponse se trouve dans la solitude des tirailleurs morts. Dans la deuxième strophe, le poète présente ces derniers comme étant isolés par une « triple enceinte de nuit ». Le triple de cette enceinte est à interpréter dans le contexte de cette strophe, où ils sont, premièrement, « dans la solitude de la terre noire et de la mort », et ensuite, « [d]ans votre solitude sans yeux sans oreilles », mais où la troisième solitude qui complète l'enceinte n'est pas listée. Or c'est dans cette même strophe que le poète précise que les tirailleurs ne sont pas simplement « sénégalais », ce qui est leur dénomination militaire, mais qu'ils sont « à la peau noire », et c'est dans cette même strophe qu'il parle de sa propre solitude « dans [s]a peau sombre au fond de la Province ». Je soutiens donc que la troisième partie de l'enceinte est cette peau noire que le poète et les tirailleurs sénégalais ont en commun. Le dernier vers de la première strophe semble confirmer cette hypothèse, vers dans lequel

12 *Cf.* Doizelet, Benjamin, « L'intégration des soldats noirs américains de la 93e division d'infanterie dans l'armée française en 1918 », *Revue historique des armées*, vol. 265, 2011, p. 3-13.

le poète explique l'oubli de ces tirailleurs par une expression tirée de la propagande allemande : « *Die Schwarze schande* ! ». Tout suggère que le poète accuse de racisme le « on » qui aurait dû rendre hommage à tous les soldats morts pour la France. En ce cas, le « on » n'accomplirait pas son devoir parce que ces morts sont « *Die Schwarze* ». Constat ou accusation, de tels propos sont d'une sévérité qui pourraient surprendre chez Senghor, mais mes gloses d'autres poèmes d'*Hosties noires* corroboreront cette hypothèse. Je relève à nouveau que ce n'est pas la peau noire qui donne accès au « nous », groupe qui n'est qu'accidentellement formé de « camarades noirs ». En effet, la porte est ouverte à tout membre du « on » qui voudrait rejoindre le « nous » : l'unique condition d'adhésion est de commémorer tous les morts pour la France.

COMMUNICATION

Pour aller plus loin, il importe de relever qu'être prisonnier de la solitude revient à être privé de chaleur dans ce poème. Le Soldat Inconnu est « réchauffé » par la commémoration, mais les morts ci-dessus sont « [s]ans même la chaleur de [leurs] camarades ». La chaleur physique se transmet entre les corps vivants qui se touchent, mais elle peut aussi être une « sensation d'ardeur intérieure, provoquée par une émotion[13] », comme « l'amitié [...] fervente » dont il est question dans ces vers. On pourrait dire qu'il règne « une chaleur enthousiaste[14] » entre les camarades. Ainsi le « nous » apporte son amitié aux tirailleurs isolés dans leur solitude, afin de recréer le lien entre les morts et les vivants et permettre à la chaleur de circuler entre les camarades qui sont sur et ceux qui sont dans la terre. Dans plusieurs de ses essais, Senghor présente les croyances fondatrices de la « civilisation négro-africaine », et il explique que les morts, bien que trépassés, ne sont pas inanimés. Il affirme que la « civilisation négro-africaine » repose sur une ontologie où l'être est une « force vitale » et que le Négro-africain accède à « l'univers hiérarchisé des forces vitales » grâce à la connaissance intuitive par sympathie (ou « émotion ») qui le caractérise. Il enseigne que la mort n'est pas une disparition : de vivant qu'il était, le trépassé devient « ancêtre », et de ce nouveau rang, il ne cesse de participer au renforcement de la communauté. Selon ces

13 *Chaleur*, http://www.cnrtl.fr/definition/chaleur (consulté le 25/04/2019).
14 *Fervent*, http://www.cnrtl.fr/definition/fervent (consulté le 25/04/2019).

croyances, le poète ne pleure pas l'absence des tirailleurs trépassés, mais, ému par l'intuition de leur présence, il souhaite chanter un poème qui les honore et les replace au cœur de la communauté. Or le mort ne peut agir qu'à la condition que le lien soit maintenu, c'est-à-dire uniquement s'il continue à être nommé par les vivants[15]. C'est cette relation avec les morts que les camarades cherchent à renouer quand ils épellent les noms des tirailleurs sénégalais défunts. Avec insistance, ils adressent la parole aux morts, les implorent d'écouter afin de renouer la communication, de briser la triple enceinte de la solitude par leur parole et de rétablir le lien communautaire symbolisé ici par la chaleur humaine.

COMMUNION

Or, dans cette dernière strophe du poème, une image prend forme, et ses contours sont rendus plus nets par les comparants de l'amitié fervente. Les « entrailles » est un terme fréquemment utilisé au sens figuré pour désigner le siège des émotions, mais Senghor file une métaphore en proposant conjointement comme comparant celui de « tendons », ce qui ravive le sens proprement charnel de ce premier terme. L'image qui apparaît dans ces comparants de l'amitié est bien celle d'un corps. Par elle, le poète indique que, de même qu'entrailles et tendons forment le corps physique, de même l'amitié forme la communauté. L'inverse est tout aussi vrai : sans l'apport de l'amitié, sans relations chaleureuses, le groupe se démembre comme un corps sans tendons, se transforme en individus contraints de subir les affres de la solitude. Un recueil nommé *Hosties noires* ne manque pas d'images puisées dans le catholicisme, que Senghor fait fondre sans heurts avec l'animisme négro-africain. L'analogie est certes implicite, mais la présence du terme « hostie » dans la suite de cette strophe confirme qu'un corps de camarades formé de morts et de vivants ne peut manquer d'évoquer le corps mystique du Christ[16]. L'Église catholique considère qu'elle a une partie visible, sur cette terre, et une partie invisible, dans le ciel et au Purgatoire. « La Communion des saints » est entre l'Église triomphante (la réunion des saints qui

15 *Cf. Ce que l'homme noir apporte* (Senghor, 1964, p. 22-38) ; *L'Afrique noire. La civilisation négro-africaine* (*ibid.*, p. 70-82).

16 *Cf.* Bouyer, Louis, « Où en est la théologie du Corps mystique ? », *in Revue des Sciences Religieuses*, tome 22, fascicule 3-4, 1948, p. 313-333 ; Bonnard, Pierre, « L'Église corps de Christ dans le paulinisme », *Revue de théologie et de philosophie*, vol. 8, 1958, p. 268-282.

triomphent avec Jésus-Christ dans le Ciel), l'Église souffrante (la réunion des âmes justes qui achèvent d'expier entièrement leurs péchés dans les souffrances du Purgatoire) et l'Église militante (la réunion des fidèles qui combattent sur la terre). L'Église a entouré de beaucoup de piété la mémoire des défunts et elle insiste notamment sur la puissance du sacrifice eucharistique pour obtenir la libération des morts du Purgatoire. Je lis l'impératif « recevez » sous cet éclairage. La liturgie eucharistique comprend cette paraphrase des paroles du Christ : « Prenez, mangez, buvez ; ceci est mon Corps ; ceci est la coupe de mon Sang. Vous ferez cela en mémoire de moi[17] ». Ces paroles sont issues de l'Évangile selon Matthieu au chapitre 26 versets 26-28. Dans la *Vulgate*, le verbe est « *accipite*[18] », qui peut aussi être traduit par « recevez », verbe présent dans ces derniers vers[19]. Je lis pareillement « Recevez le salut de vos camarades noirs » à la lumière du rite eucharistique. Le « salut », au sens militaire, est la marque de respect de camarades pour les défunts qui les ont précédés sur les champs de bataille. Il est aussi, dans la liturgie catholique, le Salut du Saint-Sacrement, cérémonie pendant laquelle l'hostie eucharistique est exposée dans un ostensoir. En somme, exploitant la polysémie du terme, le « nous » enjoint les vivants et les morts de recevoir le salut, afin que le corps des camarades analogue au corps mystique du Christ reprenne forme.

La commémoration a pour condition de réalisation que des personnes se réunissent en mémoire des trépassés. La communion est aussi une remémoration, mais elle pour condition supplémentaire l'absence de division au sein de la communauté. Or, quand ils ne commémorent pas les tirailleurs sénégalais, les membres du « on » se détachent du « nous » et se privent donc de la communion offerte. Il se peut qu'ils se repentent de leur erreur et rejoignent le « nous » qui commémore tous les morts pour la France.

---

17 *La liturgie eucharistique*, http://liturgie.catholique.fr/accueil/la-messe/la-liturgie-eucharistique/ (consulté le 25/04/2019).

18 « Cœnantibus autem eis, accepit Jesus panem, et benedixit, ac fregit, deditque discipulis suis, et ait : Accipite, et comedite : hoc est corpus meum », *Vulgate (Latin) : Matthew Chapter 26*, http://www.sacred-texts.com/bib/vul/mat026.htm#026 (consulté le 25/04/2019).

19 Senghor, je le rappelle, est un excellent latiniste, formé par la congrégation des Pères du Saint-Esprit.

RECEVEZ CE SOL ROUGE

Morts en France, les tirailleurs sont-ils enterrés dans leur terre natale ? Dans les derniers vers, l'anaphore de « recevez » crée une relation de possible synonymie entre « recevez le salut » et « recevez ce sol rouge, sous le soleil d'été ce sol rougi du sang des blanches hosties ». Que font les « camarades noirs » en leur offrant le « sol rouge » ? Ils rappellent, premièrement, que la mention « mort pour la France » a été attribuée aux tirailleurs sénégalais pour honorer leur sacrifice aux Champs d'honneur[20]. Enlevant toute référence potentielle à la race dans l'adjectif, ils certifient que ces soldats sont aussi des « blanches hosties » dont le sang a rougi le sol français. Deuxièmement, ils font plus que garder la mémoire des défunts, ils rappellent que la France, pour laquelle ces tirailleurs sont morts, était aussi leur terre. Priant les défunts de recevoir un sol qui est déjà le leur, ils réparent ce que le « on » dénie lorsqu'il ne les honore pas.

On le voit, le groupe « on » ne commémore que les citoyens parmi les morts pour la France. Le dernier vers du poème prend alors tout son sens. Écrite en majuscules, comme une épitaphe gravée sur une stèle, « morts pour la République » n'est pas une mention officielle. Pétri de croyances catholiques et négro-africaines, ce poème est fortement chargé de revendications politiques. Par analogie à la communion du corps du Christ, le poète appelle à réaliser la communion du corps politique français, de faire des tirailleurs sénégalais des membres de la République, non de la IIIe République dont ils étaient exclus, mais de la République à venir qu'il imagine, un État qui aura aboli la différenciation inégalitaire entre les peuples de la France.

---

20 *Centenaire de la mention « Mort pour la France »*, http://www.memoiredeshommes.sga.defense.gouv.fr/fr/article.php?laref=803 (consulté le 10/12/2018).

LA RÉCONCILIATION ET LE « NOUS » : *LETTRE À UN PRISONNIER*

SÉGRÉGATION

Senghor écrit *Lettre à un prisonnier* en 1942. Le poète s'adresse à son ami Ngom et le reste de ses compagnons du Front-Stalag 230. Camps de prisonniers de guerre français érigés dans la zone occupée française, les Front-Stalag[21] sont destinés aux soldats issus des colonies françaises que l'Occupant ne voulait pas détenir sur le territoire du Reich. Ces hommes sont donc prisonniers de guerre français, mais en conséquence des idéologies raciales nazies, aucun n'est européen. Dans la première strophe, les salutations du poète mettent en scène un groupe de prisonniers :

> Ngom ! Champion de Tyâné !
>
> C'est moi qui te salue, moi ton voisin de village et de cœur.
> Je te lance mon salut blanc comme le cri blanc de l'aurore, par-dessus les barbelés
> De la haine et de la sottise, et je te nomme par ton nom et ton honneur.
> Mon salut au Tamsir Dargui Nyâya qui se nourrit de parchemins
> Qui lui font la langue subtile et les doigts plus fins et plus longs
> À Samba Dyouma le poète, et sa voix est couleur de flamme, et son front porte les marques du destin
> À Nyoutt Mboye, à Koli Ngom ton frère de nom
> À tous ceux qui, à l'heure où les grands bras sont tristes comme des branches battues de soleil
> Le soir, se groupent frissonnants autour du plat de l'amitié. (*ibid.*, p. 87)

Dans des conditions difficiles de détention, les tirailleurs prisonniers partagent ensemble le plat du soir. Les barbelés, qui les enclosent et rendent visibles la séparation entre les prisonniers et les civils français, sont symboles « de la haine et de la sottise ». Je suggère de comprendre cette haine, qui se matérialise dans ces barbelés, comme la haine raciale. Remarquons alors deux cercles : le premier est formé par les corps des prisonniers groupés autour du plat central, le second est l'enceinte du

21 *Les Frontstalag*, http://www.cheminsdememoire.gouv.fr/fr/les-frontstalags (consulté le 12/12/2018).

camp. Nous retrouvons cette figure géométrique dans la seconde strophe du poème, où le poète, qui a été libéré, décrit sa situation à Paris :

> Je t'écris dans la solitude de ma résidence surveillée – et chère – de ma peau noire.
> Heureux amis, qui ignorez les murs de glace et les appartements trop clairs qui stérilisent
> Toute graine sur les masques d'ancêtres et les souvenirs mêmes de l'amour (*ibid.*).

Le poète est libre, certes, mais il subit une si douloureuse solitude que les tirailleurs prisonniers, en comparaison, sont des « heureux amis », jouissant d'une béatitude dont il est privé. Bien qu'emprisonnés dans leur « cage de solitude » (*infra*), ils n'y sont pas seuls et goûtent au plaisir de l'amitié, au contraire du poète qui est isolé derrière des « murs de glace », où « les souvenirs mêmes de l'amour » s'effacent. Les vers révèlent que le poète subit à Paris la même haine et sottise que ses compagnons. Sa « peau noire » est devenue une « résidence surveillée », mais s'il la chérit, ce n'est pas lui qui la surveille, car, je le rappelle, la résidence surveillée est une peine judiciaire alternative à la prison. S'il est isolé, c'est parce qu'un ségrégationnisme raciste s'est imposé en France :

> Vous ignorez le bon pain blanc et le lait et le sel, et les mets substantiels qui ne nourrissent pas, qui divisent les civils
> Et la foule des boulevards, les somnambules qui ont renié leur identité d'homme
> Caméléons sourds de la métamorphose, et leur honte vous fixe dans votre cage de solitude.
> Vous ignorez les restaurants et les piscines, et la noblesse au sang noir interdite
> Et la Science et l'Humanité, dressant leurs cordons de police aux frontières de la négritude.
> Faut-il crier plus fort ? ou m'entendez-vous, dites ?
> Je ne reconnais plus les hommes blancs, mes frères
> Comme ce soir au cinéma, perdus qu'ils étaient au-delà du vide fait autour de ma peau (*ibid.*, p. 87-88).

Manifestement, certains lieux (« restaurants », « piscines ») et certaines qualités (« noblesse ») sont interdits aux hommes noirs. Même lorsque l'accès n'est pas prohibé, comme au cinéma du dernier vers, les « hommes blancs » s'écartent et créent un cercle de vide autour de la peau noire du poète, manifestant de la sorte qu'au-delà des lois, ce sont les mentalités qui ont changé. Cette épidémie de racisme a atteint jusqu'aux hommes de savoir, et le poète témoigne que « la Science et l'Humanité, dress[ent] leur cordon de police aux frontières de la négritude » (*ibid.*, p. 87). Dans ces vers qui comportent la seule occurrence du mot « négritude » du recueil, nous trouvons donc une figure géométrique à deux cercles, les frontières et les cordons de police délimitant des espaces, à l'instar des barbelés. La négritude, comme la peau noire, est un espace à soi et ses frontières préexistent aux décrets de la Science et l'Humanité, qui ne définissent donc pas les contours de la « négritude », mais ne font qu'y ajouter leurs cordons de police. La négritude n'est par conséquent pas une construction du savoir scientifique ou anthropologique occidental, et, partant, la déconstruction du racisme (les cordons de police) ne mènerait pas à la dissolution de l'identité « nègre ». Décrite par une métaphore spatiale, l'humanité devient un espace subdivisé en territoires, lesquels représentent l'ensemble des groupements humains particuliers et différenciés par leurs qualités inhérentes et inaltérables. Les frontières déterminent l'étendue des territoires et fixent les limites entre espaces différents, mais elles ne sont pas nécessairement des entraves à l'établissement de relations. Au contraire des barbelés et cordons de police qui délimitent, de l'extérieur, un espace fermé et hermétique, les frontières sont franchissables. Filant cette métaphore, je dirai que, pour Senghor, l'assimilationnisme tente d'effacer les frontières, le racisme de les rendre hermétiques.

Dans mon commentaire du poème *Aux tirailleurs sénégalais*, j'ai montré qu'un « nous » forme un cercle au sein d'une entité plus large, le « on ». Dans ce poème de 1938, tout membre du « on » pouvait joindre le « nous », passer la frontière pourrait-on dire, par le simple fait de commémorer les tirailleurs sénégalais morts pour la France. Dans le poème de 1942 que je commente ici, des circonscriptions sont de même dessinées, mais autour des hommes noirs ont été dressés des barbelés, des murs de glace, une cage, des interdictions, des cordons de police, du vide. Ce second cercle représente la ségrégation raciale qui, superposée à la différence représentée par le premier cercle, rend toute rencontre impossible et, surtout, isole les hommes noirs du reste de l'humanité. Pour l'illustrer encore autrement, je dirai que la transformation de la résidence chérie en résidence surveillée rend impossible au poète d'offrir l'hospitalité et empêche les « hommes blancs » d'en bénéficier. Or, à l'inverse des prisonniers rassemblés autour du plat de l'amitié, les individus qui se trouvent à l'extérieur des barbelés ne parviennent pas à faire corps. La foule, par exemple, bien qu'elle rassemble un grand nombre d'hommes, forme une masse dont la forme est donnée par leur contenant (les « boulevards ») et non par des relations interpersonnelles. Les civils, de même, sont divisés par « les mets substantiels qui ne nourrissent pas ». Au cinéma, enfin, la seule figure géométrique qui représente spatialement une organisation d'hommes est le cercle de vide qui se forme autour du poète. Au-delà de ce cercle, les « hommes blancs » sont « perdus », ils se dispersent en individus qui n'ont en commun que leur aversion pour la peau noire. En un mot, le seul groupe est celui formé par les prisonniers et, de ce fait, le poète présente leur situation comme plus enviable, malgré l'inconfort des camps. Au-delà des barbelés, la France se désagrège en individus, et la division, le chacun pour soi et la solitude règnent parmi les civils.

RENIER SON IDENTITÉ D'HOMME

Pour faciliter la lecture, je reproduis les deux vers que je commenterai ci-dessous :

> Et la foule des boulevards, les somnambules qui ont renié leur identité d'homme
> Caméléons sourds de la métamorphose, et leur honte vous fixe dans votre cage de solitude

Senghor nous révèle deux des points centraux de son système de pensée dans ces vers. Le premier est que l'identité d'homme est une propriété innée. Elle ne peut donc pas être allouée par une quelconque instance qui décernerait cette identité à une partie de l'humanité et la refuserait à une autre. En conséquence, malgré la déshumanisation que subissent certains groupes humains, cette identité ne peut pas leur être retirée. En revanche, c'est le second point, l'identité d'homme peut être reniée par ceux qui la possèdent. Les Nazis, par exemple, sont par deux fois désignés comme hyènes dans ce recueil (*ibid.*, p. 77 ; *ibid.*, p. 82) et bestialisés par cette métaphore. Ici, les « caméléons » adaptent leur comportement pour se fondre dans la culture raciste de l'Occupant. Les « somnambules » effectuent des actes de manière automatique, comme s'ils avaient perdu le libre exercice de leur volonté. Nous le voyons, pour Senghor, renier son identité d'homme est transgresser des normes morales qu'il estime immuables. Ci-dessus, les actions de ceux qui l'ont reniée provoquent « leur honte » (*ibid.*, p. 87) et leur comportement indigne de leur humanité leur fait vivre dans l'opprobre. Cette « honte » peut être dissipée, mais remarquons qu'elle est consécutive à l'ouverture de la « cage de solitude » qui emprisonne les hommes noirs et, par extension, à l'abolition de la ségrégation raciale. Or, comme les « somnambules » et « caméléons » ont perdu leur liberté d'action, ils ne peuvent plus, par eux-mêmes, se libérer de leur « honte ».

Senghor enseigne donc qu'obéir à une idéologie raciste revient à renier son identité d'homme et, en conséquence, à se déshumaniser. La métamorphose est-elle à sens unique ? Est-il possible de restituer à quelqu'un l'identité qu'il a reniée ? En réponse, je commenterai les derniers vers de la deuxième strophe, que je reproduis à nouveau pour faciliter la lecture :

> Faut-il crier plus fort ? ou m'entendez-vous, dites ?
> Je ne reconnais plus les hommes blancs, mes frères
> Comme ce soir au cinéma, perdus qu'ils étaient au-delà du vide fait autour de ma peau.

Dans le premier vers, le poète s'adresse à un « vous » dans une tentative de renouer la communication. De quel groupe ce « vous » est-il le représentant ? Comme le poète s'adresse fréquemment à ses camarades de Front-Stalag, ces questions pourraient être des interpellations qui s'ajoutent à la série de celles qui les précèdent. Le « vous » serait alors un groupe d'hommes exclusivement formé de Tirailleurs sénégalais, que le poète nomme « mes frères noirs » (*ibid.*, p. 57 ; *ibid.*, p. 59) dans le *Poème liminaire* par exemple. Dans ce cas, « mes frères » du deuxième vers serait un vocatif. Cette interprétation est plausible, mais ces deux questions empreintes d'angoisse détonnent par rapport aux interpellations qui les précèdent, où la crainte de ne pas être entendu, qui jaillit soudain dans ces deux questions, est absente. En effet, comme le suggère l'image du « voisin [...] de cœur », malgré la distance physique et les barbelés, la relation est inaltérée. Ces questions ne seraient-elles alors pas plutôt adressées aux « caméléons sourds » ? N'apostropherait-il pas ceux qui sont de l'autre côté des « murs de glace » ou encore « au-delà du vide » ? Effectivement, « mes frères » du deuxième vers peut aussi être la reformulation, par apposition, de « les hommes blancs ». En outre, bien qu'ils ne riment pas, ces deux vers sont des alexandrins, et « les hommes blancs, mes frères » forme un hémistiche. Je penche alors pour cette seconde interprétation, soutenant que le poète affirme dans ces vers que les « hommes blancs », malgré l'opprobre qu'ils se sont attiré en reniant leur identité d'homme, sont des « frères », plus précisément « mes frères », expression où le possessif marque le lien familial et affectif qu'il ressent. Dans cette perspective, les connotations chrétiennes de l'adjectif « perdu » se font saillantes dans le troisième vers. Décrivant ce qu'il a subi le soir même au cinéma, le poète suggérerait que les « hommes blancs » sont en perdition : corrompus, immoraux, dans la « situation d'un être qui, par le péché, s'est éloigné des voies du salut[22] ».

EUCHARISTIE

Je souhaite alors montrer que, à l'instar du poème *Aux tirailleurs sénégalais*, ce poème est sous-tendu par une référence indirecte à l'eucharistie. Dans la première strophe, les prisonniers « se groupent frissonnants autour du plat de l'amitié », à l'inverse des « hommes blancs » de la deuxième strophe qui sont divisés par « les mets substantiels qui ne nourrissent pas ». Dans la troisième strophe, le poète, qui souffre à Paris de la solitude, implore d'être réintégré dans le cercle des « heureux amis » pour communier à nouveau avec le groupe des prisonniers :

> Je t'écris parce que mes livres sont blancs comme l'ennui, comme la misère et comme la mort.
> Faites-moi une place autour du poêle, que je reprenne ma place encore tiède.
> Que nos mains se touchent en puisant dans le riz fumant de l'amitié
> Que les vieux mots sérères de bouche en bouche passent comme une pipe amicale.
> Que Dargui nous partage ses fruits succulents – foin de toute sécheresse parfumée !
> Toi, sers-nous tes bons mots, énormes comme le nombril de l'Afrique prodigieuse. (*ibid.*, p. 88)

Au centre de leur groupe se trouvent une source de chaleur, « le poêle », et une source de nourriture, « le riz fumant de l'amitié ». Significativement, les mains des hommes se touchent dans le plat où ils puisent leur nourriture, donnant figure à leur union. Reliés au centre où ils puisent

22 *Perdition*, http://www.cnrtl.fr/definition/perdition (consulté le 25/04/2019).

chaleur et nourriture, les « heureux amis » sont aussi reliés entre eux à la circonférence du cercle. Cette chaleur s'oppose aux « murs de glace » érigés pour isoler les hommes noirs, et cette nourriture frugale s'oppose aux « mets substantiels » qui divisent les civils. La chaleur se transmet aussi entre les corps, comme les « vieux mots sérères » qui circulent « de bouche en bouche » comme une « pipe amicale », tissant la relation d'amitié qui consolide et affermit le groupe. La suite de la strophe construit une analogie entre la nourriture et la parole. Dargui, celui qui au début du poème « se nourrit de parchemins », partage ici ses « fruits succulents » et Ngom, le destinataire de la lettre, sert ses « bons mots », comme s'ils étaient des portions d'un plat.

Mon hypothèse est que l'eucharistie est l'analogon absent de ce poème. En effet, l'opposition entre la maigre nourriture des prisonniers et les mets des civils établit une similarité entre les mots nourriciers et l'hostie. Comme l'indique la préposition « de », la substance du plat de la première strophe et le riz de la troisième est « l'amitié ». Autrement dit, c'est du riz qui est dans le plat, mais c'est l'amitié qui nourrit les hommes et les fait converger le soir. Les mets des civils sont « substantiels », c'est-à-dire qu'ils comportent des éléments nutritifs, mais non seulement ils ne nourrissent pas, mais, surtout, à l'inverse du riz, ils divisent. Je suis enclin à lire dans cette opposition une référence au dogme de la transsubstantiation et à l'opposition établie par Thomas d'Aquin entre substance et apparence. Le poète indiquerait alors que « le bon pain blanc » et les « mets » ne sont nourriture qu'en apparence, alors que le « riz » est nourriture en apparence et amitié en substance. Je propose donc de comprendre ce riz, par analogie à l'hostie, comme le signe visible et efficace de la communion[23]. Une seconde référence implicite aux Évangiles est tissée dans ce poème, lorsque, par métaphore, les mots deviennent de nature nourricière. En effet, dans l'Évangile selon Matthieu, que Senghor cite dans ses essais, Jésus répond Jésus au diable venu le tenter : « L'homme ne vivra pas de pain seulement, mais de toute parole qui sort de la bouche de Dieu[24] ». Ainsi, les mots qui circulent dans ce groupe de prisonniers

23 *Cf.* Rosier-Catach, Irène, « Les sacrements comme signes qui font ce qu'ils signifient : signe efficace vs. efficacité symbolique », *Transversalités*, n° 105, 2008, p. 83-106.

24 Évangile selon Matthieu, chapitre 4 verset 4, (version Louis Segond). Senghor cite aussi ce verset dans *De la Liberté de l'âme ou éloge du métissage* (Senghor, 1964, p. 102), dans

ne sont pas du pain, mais ils transmettent, sous leur apparence, une substance vitale à l'homme[25].

RÉCONCILIATION

Les derniers vers de la troisième strophe sont à l'indicatif[26] : le poète, qui n'a pas perdu son accès au cercle, retourne par l'imagination s'asseoir avec ses compagnons. À mon sens, par ce passage du subjonctif à l'indicatif, le poète signale qu'il reste en communion, malgré la séparation physique, avec la communauté représentée par le « nous » dans cette strophe. Les « hommes blancs », en revanche, n'ont accès ni à la source nourricière ni à l'amitié fraternelle. Les barbelés et les murs de glace, qui devaient isoler les hommes noirs, deviennent ce qui empêche les « hommes blancs » de rejoindre la communauté de ceux qui ont conservé leur humanité. Il est alors intéressant de comparer ces « hommes blancs » aux Morts du poème *Aux tirailleurs sénégalais morts pour la France*. Ils ont en commun la solitude corrélative de leur incapacité à être en relation, et les uns comme les autres sont impuissants à remédier à cette situation qui leur est néfaste. En perdition, les « hommes blancs » sont, comme les Morts, en besoin de salut. Or, dans les deux poèmes, le poète cherche à rétablir la communication. Dans le premier poème, il prie instamment les Morts de l'écouter et leur offre de recevoir « le salut de camarades noirs ». Ici, il demande avec inquiétude à ses frères s'ils parviennent à l'entendre et leur fait une proposition semblable : rejoignant le groupe formé par ceux qui ont conservé leur identité d'homme, les « caméléons » et les « somnambules » seraient sauvés. Ainsi le poète, mû par des valeurs morales dignes de son humanité, souhaite briser les murs de glace par sa parole et retisser la relation entre les frères humains. Il appelle ses frères, les « hommes blancs » en perdition, à reprendre

---

Les nationalismes d'outre-mer et l'avenir des peuples de couleur (Senghor, 1971, p. 281) et le paraphrase dans *Union française et fédéralisme* (*ibid.*, p. 210).

25 Senghor fait explicitement référence au *Prologue de Jean* et à la « Parole » créatrice du monde dans sa définition de la poésie. En outre, sa définition du symbole négro-africain comme signe de ce qui est substantiellement contenu sous l'apparence des réalités sensibles n'est pas sans similarités avec la définition de l'hostie établie par le Concile de Trente. *Cf. Langage et poésie négro-africaine* (Senghor, 1964, p. 159-172) ; *L'esthétique négro-africaine* (*ibid.*, p. 202-217) ; *Saint-John Perse, ou poésie du royaume d'enfance* (*ibid.*, p. 334-353) ; *Des prêtres s'interrogent et suggèrent* (*ibid.*, p. 412-421).

26 Je ne cite que le premier de ces quatre vers.

place aux côtés de ceux qu'ils ont enfermés, afin qu'ils retrouvent leur humanité en leur compagnie. Il leur offre, en somme, de restaurer la communion fraternelle qu'ils ont rompue.

L'ABNÉGATION NÉCESSAIRE À L'EXISTENCE DU « NOUS »

TAGA DE MBAYE DYÔB

Senghor écrit *Taga de Mbaye Dyôb* dans le Frontstalag 230 en hommage à son camarade décédé en captivité. Dyôb n'est pas issu d'une famille noble : il ne sait pas « remonter [s]a généalogie » et aucun griot ne chante les hauts faits de ses ancêtres, et, dans l'armée, il n'est que « soldat de deuxième classe au Quatrième Régiment des Tirailleurs Sénégalais ». Mais le poète vante les vertus de cet homme à l'humilité exemplaire qui l'aura bouleversé, parce que, jusqu'à sa mort, il se sera préoccupé du bien-être de ses compagnons au détriment de sa propre personne :

> Mbaye Dyôb ! je veux dire ton nom et ton honneur.
>
> Dyôb ! je veux hisser ton nom au haut mât du retour, sonner ton nom comme la cloche qui chante la victoire
> Je veux chanter ton nom Dyobène ! toi qui m'appelais ton maître
> Me réchauffais de ta ferveur aux soirs d'hiver autour du poêle rouge qui donnait froid. (*ibid.*, p. 83)

Le poète nous peint ici une nouvelle version de la scène des prisonniers regroupés le soir. Cette fois-ci, le centre du cercle, le poêle, bien que rouge, ne parvient pas à faire reculer le froid qui enveloppe les prisonniers. La source de chaleur est d'une autre nature : plus efficace que le feu, l'élan du cœur de Dyôb, sa « ferveur », réanime le poète engourdi. Ce poème vient confirmer à nouveau que la chaleur n'est pas uniquement physique, mais est aussi l'émotion qui émane de l'intériorité des hommes. Comme dans *À l'appel de la race de Saba*, où le poète se souvient de son enfance (« Mes frères et mes sœurs serrent contre mon cœur leur chaleur nombreuse de poussins » (*ibid.*, p. 61)), le corps à corps est avant tout un cœur à cœur. La chaleur, comme dans *Lettre à un prisonnier*, devient le signe sensible de l'amitié et de la ferveur. Tissant un lien entre les camarades, elle circule sans entrave entre les hommes qui sont en communion.

L'amitié ardente que Dyôb porte à ses camarades par ses actes est rapportée dans la deuxième partie de ce *taga*[27], où le poète met des louanges sur les lèvres des vierges du Gandyol qui accueillent Dyôb à son retour à la terre de ses pères :

> « Oh ! toi qui ajoutas quels clous à ton calvaire pour ne pas déserter tes compagnons
> « Pour ne pas rompre le pacte tacite
> « Pour ne pas laisser ton fardeau aux camarades, dont les dos ploient à tout départ
> « Dont les bras s'alanguissent chaque soir où l'on serre une main de moins
> « Et le front devient plus noir d'être éclairé par un regard de moins
> « Les yeux s'enfoncent quand s'y reflète un sourire de moins » (*ibid.*, p. 84).

Dans des conditions de captivité difficiles, les hommes tissent des liens et entretiennent leur amitié. On se serre la main, on se regarde, on se sourit, et grâce à l'unité qui prend forme par ces échanges, l'emprisonnement se fait moins lourd à porter. Dyôb, que les vierges identifient au Christ dans ces éloges, a accepté des souffrances qui le menèrent à la mort pour ne pas abandonner ses compagnons. Ce sacrifice, qui donne sens à sa mort et lui fait mériter le chant du poète et les louanges des vierges, est la preuve qu'il est resté un homme d'honneur malgré son dénuement de prisonnier de guerre. « Tu as bravé plus que la mort, plus que les tanks et les avions qui sont rebelles aux sortilèges / Tu as bravé la faim, tu as bravé le froid et l'humiliation du captif » (*ibid.*), chantent les vierges, vantant une bravoure qui se manifeste non dans les faits d'armes, mais dans le service rendu à ses camarades. Dans ce *taga*, le poète met en avant le prix de l'altruisme qui a animé les actes de Dyôb, lequel a trouvé plus important de maintenir la communion, représentée ici par la poignée de main et l'échange de regards et sourires, que de se soucier du bien-être de sa propre personne. Autrement dit, le poète enseigne que la communion a un prix et qu'elle peut exiger à celui qui la maintient de traverser des épreuves comparables au calvaire. Nous verrons pourquoi les tirailleurs sénégalais sont prêts à le payer dans le prochain poème.

---

27 Un *taga* est un « éloge, genre de poème ». *Cf.* Senghor, Léopold Sédar, *Poésie complète, édition critique*, coordination Pierre Brunel, Paris, CNRS, 2007, p. 891.

CAMP 1940

Senghor écrit *Camp 1940* au Frontstalag 230. Le poème s'ouvre et se clôt par des descriptions poétiques de la débâcle de juin 1940, laquelle est décrite comme le saccage du « jardin des fiançailles » et la fuite des « fiancées », l'armée française, vers la Grande-Bretagne. Le reste du poème raconte la vie dans le camp. Parmi les prisonniers, le poète singularise un « Ils », les tirailleurs sénégalais, dont la noblesse est rendue par la majuscule dans le texte :

> C'est un vaste village de boue et de branchages, un village crucifié par deux fosses de pestilences.
> Haines et faims mortelles y fermentent dans la torpeur d'un été mortel.
> C'est un grand village qu'encercle l'immobile hargne des barbelés
> Un grand village sous la tyrannie de quatre mitrailleuses ombrageuses.
> Et les nobles guerriers mendient des bouts de cigarette
> Ils disputent les os aux chiens, ils se disputent chiens et chats de songe.
> Mais seuls Ils ont gardé la candeur de leur rire, et seuls la liberté de leur âme de feu (*ibid.*, p. 79).

Le poète décrit les conditions de vie des prisonniers dans le Frontstalag. Il choisit de qualifier de « village » ce lieu où les soldats français issus des colonies africaines ont été assemblés de force. Ce terme peut surprendre, car les villages ne sont pas, comme ce camp, encerclés par des barbelés et munis de mitrailleuses, mais le poète indique de la sorte que ce regroupement forcé est aussi une communauté possible. En effet, il distingue entre deux types de réactions aux conditions difficiles du camp. La plupart des prisonniers succombent à la haine et la division, mais le poète distingue un groupe d'hommes qui ont gardé, malgré l'épreuve, « la candeur de leur rire » et « la liberté de leurs âmes de feu ». Se comportant de manière digne des « nobles guerriers », ces hommes apaisent les haines par leur rire et le souci par leurs chants :

> Et le soir tombe, sanglot de sang qui libère la nuit.
> Ils veillent les grands enfants roses, leurs grands enfants blonds leurs grands enfants blancs
> Qui tournent et se retournent dans leur sommeil, hanté des puces du souci et des poux de captivité.
> Les contes des veillées noires les bercent, et les voix graves qui épousent les sentiers du silence
> [...]

> Et le vent est guitare dans les arbres, les barbelés sont plus mélodieux que les cordes des harpes
> […]
> L'air se fait tendre au village de boue et branchages
> Et la terre se fait humaine comme les sentinelles, les chemins les invitent à la liberté (*ibid.*).

Ce milieu de strophe présente l'efficacité de l'art verbal traditionnel des tirailleurs sénégalais qui transforment l'affreux en paisible. La nuit, ces hommes bercent avec leurs contes les habitants de ce « village », lequel se métamorphose à l'instar de l'air qui « se fait tendre » malgré les miasmes des fosses pestilentielles. Même les barbelés deviennent « plus mélodieux que les cordes des harpes ». L'efficacité de leur parole rédime même la terre où la guerre fait ses ravages en cet « été mortel ». « Et la terre se fait humaine comme les sentinelles », témoigne le poète dans une comparaison qui restitue leurs qualités premières à la terre et aux ennemis des prisonniers. Dans cette nuit apaisée, « les chemins les invitent à la liberté », mais, malgré l'évasion devenue possible, les tirailleurs refusent de partir :

> Ils ne partiront pas. Ils ne déserteront pas les corvées ni leur devoir de joie.
> Qui fera les travaux de honte si ce n'est ceux qui sont nés nobles ?
> Qui donc dansera le dimanche aux sons du tam-tam des gamelles ?
> Et ne sont-ils pas libres de la liberté du destin ? (*ibid.*, p. 80)

Alors, de même que dans *Taga de Mbaye Dyôb*, Dyôb s'est ajouté des « clous à [s]on calvaire pour ne pas déserter [s]es compagnons » (HN,84), les Tirailleurs sénégalais acceptent les « corvées » et les « travaux de honte » pour ne pas abandonner leurs camarades du Frontstalag, dont les « grands enfants blancs » sur lesquels ils veillent. Ici, le cercle des bénéficiaires du service sacrificiel s'élargit jusqu'à embrasser les sentinelles du camp.

Je lis le dernier vers de cette strophe comme une question rhétorique : le poète assure que les tirailleurs sénégalais sont « libres de la liberté du destin ». Qu'est-ce alors que la liberté, mot qui apparaît trois fois dans ce poème ? Et comment expliquer que ces prisonniers soient libres « sous la tyrannie de quatre mitrailleuses » ? La liberté se présente sous deux formes dans ce poème. La première est celle que les chemins de l'évasion offrent aux tirailleurs : est libre celui qui n'est pas prisonnier. Cette liberté est l'antithèse de la captivité. La seconde est celle dont jouissent les hommes qui ont gardé « la liberté de leur âme de feu ». Cette autre liberté n'est alors pas fonction des circonstances, et elle n'est ni l'antonyme de la captivité ni le contraire de la tyrannie. Déjà libres parce qu'ils choisissent de vivre selon leur vocation et refusent de déserter pour pouvoir accomplir leur « devoir », ces hommes préfèrent cette « liberté du destin » à la liberté qu'offre l'évasion. Cette conception de la liberté et l'éthique qui lui est corrélée ont de forts accents chrétiens, comme l'indiquait déjà le « calvaire » volontaire de Dyôb. Ici, l'identification au Christ est dans ce choix que font ceux qui sont « nés nobles » d'accueillir les « travaux de honte[28] ». La relation entre liberté et service est explicitée dans l'Épître aux Galates, où l'apôtre Paul exhorte : « Frères, vous avez été appelés à la liberté, seulement ne faites pas de cette liberté un prétexte de vivre selon la chair ; mais rendez-vous, par la charité, serviteurs les uns des autres. Car toute la loi est accomplie dans une seule parole, dans celle-ci : Tu aimeras ton prochain comme toi-même. Mais si vous vous mordez et vous dévorez les uns les autres, prenez garde que vous ne soyez détruits les uns par les autres[29] ». Selon l'apôtre Paul, ceux qui vivent dans la liberté servent leurs prochains avec charité, ceux qui vivent sans ces principes cardinaux de la morale chrétienne, se bestialisent, se divisent et se détruisent. Je suggère que ces valeurs orientent les choix du « Ils » dans ce poème, à la différence près que le prochain n'y est pas seulement le membre de la communauté première des tirailleurs sénégalais, mais que leur charité s'étend tant aux prisonniers qui ont cédé à la tentation de dispute, qu'aux sentinelles ennemies. Ces tirailleurs, en substance, considèrent les hommes avilis par les circonstances comme leurs prochains et, mus par leur appel à la liberté, ils acceptent de devenir leurs serviteurs, dans l'espoir de faire naître le service réciproque et le fruit de l'amour.

28 « Vous savez que les chefs des nations les tyrannisent, et que les grands les asservissent. Il n'en sera pas de même au milieu de vous. Mais quiconque veut être grand parmi vous, qu'il soit votre serviteur ; et quiconque veut être le premier parmi vous, qu'il soit votre esclave. C'est ainsi que le Fils de l'homme est venu, non pour être servi, mais pour servir et donner sa vie comme la rançon de plusieurs. », Évangile selon Matthieu, chapitre 20 versets 25-28, (version Louis Segond).

29 Épître aux Galates, chapitre 5 versets 13-15 (version Louis Segond).

« NON, VOUS N'ÊTES PAS MORTS GRATUITS Ô MORTS ! »

Dans le discours *La politique européenne* de novembre 1953 que j'ai commenté dans le chapitre précédent, Senghor s'adresse à l'Assemblée nationale pour lui rappeler qu'elle n'a pas le droit d'oublier ceux qui sont morts pour la France et de faire de ces morts des « morts gratuits » (Senghor, 1971, p. 124). Cette expression se trouve dans *Tyaroye* que je commenterai dans cette partie où il importera de distinguer entre mort absurde et mort riche de sens. Le fait de mourir pour la France est au cœur de la majorité des poèmes d'*Hosties noires*, et il s'agit ici d'étudier la notion de sacrifice et la relation qu'elle entretient avec l'espoir qui anime le poète. Je distingue trois figures du sacrifice dans ce recueil : le grain enterré, le martyr et l'hostie. La première figure est celle de la partie *Éthiopie* du recueil, dont est issu *Désespoir d'un volontaire libre*, la seconde est celle de la partie *Camp 1940* qui se clôt avec le poème *Tyaroye* et la troisième permet d'interpréter adéquatement le poème *Prière de paix* qui clôt le recueil.

DÉSESPOIR D'UN VOLONTAIRE LIBRE

Le grain tombé en terre

Dans *Poème liminaire*, le poète s'adresse à la fondatrice mythique de sa lignée Sîra-Badral[30] pour lui expliquer le changement de paradigme qu'il a adopté et justifier le fait qu'il s'est détaché des obligations imposées par la tradition : « Notre noblesse nouvelle est non de dominer notre peuple, mais d'être son rythme et son cœur / Non de paître les terres, mais comme le grain de millet de pourrir dans la terre » (Senghor, 1990, p. 58). Dans la partie *Éthiopie* qui suit ce poème, le sacrifice est déversé ou enseveli pour assurer la prospérité des générations à venir. Dans *Luxembourg 1939*, poème écrit à l'automne, le poète contemple ses rêves morts à la suite de la déclaration de guerre à l'Allemagne. Dans les

30 À la fin de *Les Voies du lyrisme – Dans les « Poèmes » de Léopold Sédar Senghor*, Jouanny nous offre un lexique fort utile. Sira-Badral est une « princesse de sang royal qui put échapper au massacre des guélowars à Elissa ; elle aurait été à l'origine de la dynastie malinké en pays sérère » (Jouanny, 1986, p. 158).

derniers vers du poème, il se lamente : « Je vois tomber les feuilles dans les faux abris, dans les fosses dans les tranchées / Où ruisselle le sang d'une génération / L'Europe qui enterre le levain des nations et l'espoir des races nouvelles » (*ibid.*, p. 69). Dans ces vers, il met en tension l'idée de mort définitive et celle de la renaissance possible. Ce sera à l'avenir de dire si l'Europe fait disparaître les espoirs et les rêves en sacrifiant une génération, ou si, en enterrant le « levain », elle lui permet de porter du fruit. Dans *Prière des tirailleurs sénégalais*, commenté plus haut, les hommes prient de pouvoir former l'humus aux pieds des générations futures, lesquelles sont comparées au souna et au sagno (*ibid.*, p. 74). Je suis d'avis que Senghor extrait ces images du corpus biblique, et en particulier de l'Évangile selon Jean, où les paroles de Jésus sont rapportées au verset 24 du chapitre 12 : « En vérité, en vérité, je vous le dis, si le grain de blé qui est tombé en terre ne meurt, il reste seul ; mais, s'il meurt, il porte beaucoup de fruit[31]. » En d'autres termes, « tombé[s] en terre » les Morts sont des victimes s'ils portent du fruit et des « morts gratuits » s'ils restent stériles. Dans mon commentaire du poème *Désespoir d'un volontaire libre* qui suit, nous verrons que l'espoir du poète repose sur l'efficacité du sacrifice à donner vie à une ère nouvelle.

Recrutement

Désespoir d'un volontaire libre n'est pas daté, et il est donc impossible de savoir avec précision quand Senghor l'a écrit, contrairement à la majorité des poèmes d'*Hosties noires*. La citation en épigraphe (« Je n'y comprends rien, dit l'Adjudant : un Sénégalais – et volontaire ! ») suggère toutefois quelques éléments de contexte. La France est en guerre, elle mobilise son armée, et une partie de ses hommes lui provient de ses colonies. Or, en Afrique française, l'absence de registre d'état civil rend impossible de pratiquer la conscription. En conséquence, depuis un décret de 1912, les hommes engagés dans l'armée française sont soit volontaires soit recrutés par voie de réquisition. Pendant la Grande Guerre, les révoltes successives contre cet enrôlement forcé menèrent à la promotion de Blaise Diagne au poste de Haut-Commissaire du gouvernement pour le recrutement des troupes noires. Cet homme politique originaire de Gorée[32] sillonna l'AOF

31 Évangile selon *Jean*, chapitre 12 verset 24, (version Louis Segond).

32 Gorée est une des Quatre Communes de plein exercice du Sénégal.

et l'AEF et parvint à convaincre les ressortissants des diverses colonies d'Afrique noire de se battre pour la France, en leur promettant l'obtention de la citoyenneté française une fois la guerre finie[33]. Pour ces hommes, qui étaient des sujets coloniaux soumis au régime de l'indigénat, cela signifiait, entre autres, l'accès à l'égalité civique et l'affranchissement des multiples désagréments (dont le travail forcé et la justice expéditive) que cette discrimination permettait dans leur quotidien. « L'impôt du sang » était alors leur seule voie d'accès au statut de privilégié dans la société coloniale hiérarchisée. Cette promesse, comme le montrent les registres de naturalisation, a été variablement tenue pendant l'entre-deux-guerres.

Vertigineuse désillusion

Le poète raconte une anecdote qui a lieu aux premiers instants de la Deuxième Guerre mondiale, nommée ici « la nouvelle Grande Bêtise ». Un jeune homme, peut-être un Sénégalais, certainement un Africain, s'est engagé dans les forces armées françaises. « Il est là depuis quinze jours », nous indiquent les premiers mots du poème, à « tourner en rond » dans un bâtiment d'au moins cinq étages qui s'élève au-dessus d'une cour – une caserne sans doute. La scène nous est racontée au présent, le poète, devenu narrateur dans ce poème, la relate de sorte à la peindre sous nos yeux. Manifestement, le jeune protagoniste est saisi d'angoisse : « son front qui sue ! », et cette sueur, dans un recueil nommé *Hosties noires*, ne peut manquer de faire référence à l'agonie de Jésus à Gethsémani, étape de la Passion qui précède de peu la crucifixion[34]. Luc raconte dans son Évangile qu'au moment d'accepter la coupe de la souffrance et de la mort qui lui était tendue, le Christ souffrait d'une si terrible angoisse que des gouttes de sang ont coulé de son front. Par cette image, le poète indiquerait que le jeune homme s'est emparé d'une coupe semblable à celle du Christ en s'engageant. En effet, il n'est pas conscrit, il est « volontaire libre » et a donc choisi d'offrir sa vie pour la France. Cependant, alors que le front du Christ cesse de suer dès qu'il consent à sa vocation, dans la scène qui nous est peinte, le front en sueur

33 Au sujet de la « mission Diagne », *Cf.* Michel, Marc, « La genèse du recrutement de 1918 en Afrique noire française », *Revue française d'histoire d'outre-mer*, vol. 58, n° 213, 1971, p. 433-450.

34 Évangile selon Luc, chapitre 22 verset 14 à chapitre 23 verset 56.

est celui d'un jeune homme qui a déjà embrassé son destin sacrificiel, et ce n'est, par conséquent, pas la perspective d'une mort certaine qui provoque son angoisse. La sueur au front est le signe d'une autre sorte de passion qu'est la succession d'impardonnables offenses à laquelle un « nouvel affront » vient de s'ajouter :

> Il est là depuis quinze jours, qui tourne en rond, ruminant la nouvelle Grande Bêtise
> Et le nouvel affront – son front qui sue ! – de son sacrifice payé en monnaie fausse.
> Il ne demandait même pas les cinquante centimes – pas un centime
>
> Seulement son identité d'homme, à titre posthume.
> On lui a donné les vêtements de servitude, qu'il imaginait la robe candide du martyr
> Ô naïf ! nativement naïf ! et la chéchia et les godillots pour ses pieds libres domestiqués (*ibid.*, p. 70).

Le jeune homme s'est rendu compte qu'il a été escroqué, non pas de son solde (les cinquante centimes), mais de l'« identité d'homme » qu'il pensait recevoir en échange de son sacrifice. Il prend conscience que la ségrégation coloniale se poursuit jusque dans l'armée. Si tous, en effet, sont rendus semblables par leur choix de verser leur sang pour la France, les uniformes continuent à marquer les distinctions entre les ressortissants français. Manifestement, ce jeune homme n'avait pas imaginé donner sa vie dans l'uniforme du tirailleur sénégalais. Pour lui, « la chéchia et les godillots » sont des « vêtements de servitude », alors qu'il avait rêvé de porter la « robe candide du martyr », l'uniforme du soldat français. L'impardonnable affront qu'il rumine depuis quinze jours est le fait que la France lui imposera de porter les signes de la démarcation sociale jusqu'au sacrifice ultime, et il estime qu'il mourra pour elle comme serf et non comme homme.

Mais le poète voit-il la situation du même œil que le jeune homme ? « Ô naïf ! nativement naïf ! », s'exclame-t-il ici ; « Ô faible trop faible enfant », conclut-il en fin de poème, se présentant comme porteur d'une sagesse et d'une expérience qui lui donnent une perspective plus large que celle du naïf et faible jeune homme. En effet, si les pieds chaussés de godillots sont libres, pourquoi le jeune homme qui porte l'uniforme du sujet français ne le serait-il pas tout autant ? La France peut catégoriser un homme parmi les citoyens et un autre parmi les sujets, mais est-ce en son pouvoir de déclarer qui est libre et qui ne l'est pas ? Non, nous indique le poète dans son titre : le jeune volontaire est libre, quel que soit l'uniforme (et le statut dont il est le signe) que la France lui donne. Plus encore, la France a-t-elle en son pouvoir d'attribuer l'« identité d'homme » que le jeune homme demandait en échange de sa vie ? L'« identité d'homme », est-ce un titre, une décoration qui peut être reçue ? Le poète défend manifestement une vérité contraire, celle qui garantit que la liberté et l'humanité ne sont ni des décorations ni des catégories juridico-politiques décernées par un État. Je suggère que la déception de ce jeune homme vient de ce qu'il a donné foi à la République, laquelle, en déclarant que « tous les hommes sont nés libres et égaux en droits » et imposant servitude et inégalité à une large partie de ses ressortissants, a décrété que seul le citoyen est libre et seul l'égal est homme. « Ô naïf ! nativement naïf ! », s'exclame alors le poète : cette « identité d'homme », le jeune homme la possédait déjà. Aussi a-t-il tort de croire que seuls ceux qui portent la « robe candide » versent le sang des martyrs. Quelles que soient les différenciations instituées par la République, quel que soit l'uniforme dont elle revêt ses soldats, le sang versé sera le sang d'hommes qui auront accepté d'être sacrifiés pour la France.

« Percer son désespoir l'horizon »

Cette naïveté n'implique pourtant pas manque de perspicacité. En effet, le poète ne conclut pas que le jeune homme est confus quand il appréhende les réalités de l'oppression coloniale, et bien qu'il le corrige, il ne l'accuse pas de susceptibilité juvénile ou d'immaturité de discernement. Le « nouvel affront » est donc effectivement un affront, comme l'était la série des offenses qui l'ont précédé. Le poète décrit alors la situation coloniale en adoptant la perspective de ce jeune homme, non pour la réduire à un point de vue, mais pour faire de ce dernier un témoin fiable des fautes de la France. Placé sur un point élevé, ce dernier bénéficie d'une vue panoramique sur ce qui l'entoure :

> Il se penche il regarde la cour béante et quatre rangées de fenêtres sous lui
> Il se penche, et la plaine apocalyptique est labourée de tranchées, où pourrissent les morts comme des semences inféconds
> Il se penche sur de hauts tumulus de solitude.

> Et au-delà, la plaine soudanaise que dessèchent le Vent d'Est et les maîtres nordiques du Temps
> Et les belles routes noires luisantes que bordent les sables, rien que les sables les impôts les corvées les chicottes
> Et la seule rosée des crachats pour leurs soifs inextinguibles au souvenir des verts pâturages atlantidiens
> Car les barrages des ingénieurs n'ont pas apaisé la soif des âmes dans les villages polytechniques (*ibid.*).

Le jeune homme est comme un visionnaire en transe, et son regard se porte sur un entour qui s'étend dans l'espace et le temps. Sous lui, il voit la cour et la « plaine apocalyptique ». Au-delà, il voit la « plaine soudanaise ». Les « verts pâturages atlantidiens[35] » ne sont plus et cette plaine est maintenant couverte de sable, desséchée par « le Vent d'Est et les maîtres nordiques du Temps », les Européens qui en ont achevé la conquête et qui la couvrent de « routes » et de « barrages ». C'est ici que le poète liste les offenses subies et à la suite desquelles s'inscrit ce « nouvel affront » qui provoque l'angoisse du jeune homme : « les impôts, les corvées, les chicottes ». Chacun de ces trois mots indique une facette du régime de l'indigénat : l'imposition, le travail forcé, les châtiments collectifs de la justice expéditive. L'ancienne verdure des pâturages contraste avec la plaine ensablée où règne la sécheresse et la soif. L'absente est l'eau, qui abreuve les terres et les âmes. Elle est remplacée par « la seule rosée des crachats », métaphore poignante qui indique que les tourments de la soif sont moins dus à la nostalgie de l'abondance perdue qu'au quotidien saturé d'insultes et d'humiliations. Tels sont donc les faits, et le poète les relève, mieux, souligne leur caractère destructeur, car l'altération des colonisés est ici semblable à la désertification de la plaine.

À ses pieds le jeune homme voit aussi « la plaine apocalyptique ». Cette plaine, à mon sens, représente la Grande Guerre. Par une métaphore que le poète file, celle-ci devient un champ de culture, où les tranchées sont des sillons et les morts des semences qui pourrissent dans la terre. Je vois ici une référence à l'image biblique du grain tombé en terre mentionnée plus haut. Cependant, dans la plaine, qui aurait dû être couverte d'épis lourds de fruits, s'élèvent uniquement des « tumulus

35 Senghor fait ici référence aux travaux de Leo Frobenius, qui était convaincu que la légendaire Atlantis était une civilisation africaine florissante.

de solitude », des grains tombés en terre et restés morts, infertiles et seuls. Ainsi, se penchant pour observer le passé, le jeune homme ne voit que l'avortement des promesses et des possibles que portaient ces hommes morts pour la France. De même, la « plaine apocalyptique » n'a pas été cet Armageddon où doit se dérouler l'ultime bataille. Elle n'a pas accouché du nouveau monde eschatologique, car le jeune homme voit une nouvelle guerre qui se profile à l'horizon : la « seconde plaine » au-devant de lui :

> Il se penche sur une seconde plaine saturée de chéchias et de sang, sur une seconde plaine altérée d'amour comme d'une pluie amicale
> Et c'est, jusqu'à la fusion parallèle, la si fatale succession des plaines et des plaintes silencieusement.
> Sur la pointe des pieds il se penche, se soulève pour percer son désespoir l'horizon. (*ibid.*, p. 71)

Cette « seconde plaine » représente la Seconde Guerre. Le jeune homme, qui voit ici dans l'avenir, la découvre « saturée de chéchias et de sang » et « altérée d'amour ». La mort l'imprègne comme elle saturait la « plaine apocalyptique ». La soif y inflige sa torture comme elle altérait la « plaine soudanaise ». Le regard du jeune homme se lève alors vers l'horizon, au point de fuite où convergent les parallèles, mais il ne voit que « la si fatale succession des plaines et des plaintes ». La souffrance humaine ne semble pas avoir de fin et emplit son regard au point qu'horizon et désespoir deviennent un. Le jeune homme s'efforce alors de percevoir la moindre lueur d'espoir, mais en déséquilibre sur son point de vue élevé, il est saisi de vertige :

> Il se penche. L'attire l'espace vide et ce vaste pays vidé d'espoir, on dirait d'arbres après la canonnade.
> Rien que cette odeur, que cet éblouissement vide qui lui monte à la tête.
> Vertigineuse douceur de la mort, oh ! vide de tout espoir, de toute souffrance vide.
> Un lent balancement qui se berce du corps – quelle grâce du danseur dans l'air élastique ! – et
> La chute brutale, vertigineuse douceur !
>
> Ô faible trop faible enfant, si fidèlement traître à ton génie ! (*ibid.*)

Dans cette dernière scène, entouré de souffrances et au cœur d'un vaste espace vidé d'espoir, le jeune homme, en équilibre sur la pointe des pieds, est attiré par le vide, chute de son observatoire et trouve la mort. Cette mort est « vide de tout espoir, de toute souffrance vide », chiasme dont l'opposition interne révèle, par contraste, la vérité que le poète aurait souhaité enseigner au « trop faible enfant » : la vie est pleine de souffrance, certes, mais elle est aussi pleine d'espoir. Cette pleine espérance aurait comblé les vides si nombreux dans cette strophe, mais le jeune homme, comme bercé par les promesses de douceur que lui présente la mort, n'est pas parvenu à trouver de quoi contrebalancer la « si fatale succession des plaines et des plaintes » qui lui fait perdre son équilibre. Cet espoir aurait affermi son corps et maintenu son regard lucide malgré le vide éblouissant, car le poète, bien qu'il voie le même panorama que le jeune homme, reste inébranlable face aux séductions de la mort. Cette stabilité lui vient de son aptitude à discerner ce qui se trouve au-delà de l'actualité insupportable :

> Il ne voit pas que les morts et les terres hautes des morts masquent les champs là-bas qui verdoient dans l'ombre
> D'or et d'étoiles constellés, comme arrosés du sang à leurs pieds et des cadavres gras bien nourris.
> Peut-il voir le paradis perdu derrière l'horizon des temps fabuleux ? (*ibid.*)

Le poète, au regard plus affûté, voit « dans l'ombre » et « derrière l'horizon ». Il projette son regard dans un « là-bas » encore sous les étoiles, dans un avenir sur lequel le jour ne s'est pas encore levé, et voit les champs verdoyants. Bien que masqués, rendus invisibles par les morts et les terres altérées qui s'accumulent à perte de vue, ces champs sont bien présents. De même, « derrière l'horizon des temps fabuleux », le poète perçoit le « paradis perdu ». Perdu, certes, mais, comme il peut être vu, il est tout autant présent que les champs de l'avenir. Le poète voit donc les mêmes plaines saturées de sang que le jeune homme, mais il parvient, au contraire de ce dernier, à « percer son désespoir l'horizon », autrement dit, à percevoir ce qui est présent dans l'au-delà de l'actuel. Le poète enseigne donc qu'il ne faut pas se laisser séduire par la douce perspective d'une mort immédiate et qu'il est important de persévérer malgré les présentes tribulations, parce qu'une ère heureuse les succédera. Dans le cas du jeune homme, l'issue est certainement la mort au front et, comme martyr, il ne profiterait pas des joies à venir. Sa mort est néanmoins présentée comme nécessaire à l'engraissement des pâturages du futur que discerne le poète. En effet, les champs de l'avenir verdoient parce qu'ils sont arrosés de sang et nourris de cadavres.

Altération – désaltération

Le poète et le jeune homme voient donc la même actualité, mais le premier discerne une richesse de possibles quand le second ne voit que vacuité. Il n'est cependant pas annoncé dans ce poème que les champs verdoyants adviendront inéluctablement. Le rappel des morts qui pourrissent comme des semences inféconde dans la première plaine avertit que l'avenir discerné par le poète existera seulement par suite de la germination des graines enterrées dans la seconde plaine. Autrement dit, l'avenir prévu par le poète existera si les possibles présents sont réalisés. Je lis dans ce sens la relation que Senghor tisse entre l'eau et le sang dans ce poème. Dans la plaine soudanaise, l'absence d'eau produit l'assèchement des terres et la soif des hommes. Caractérisant la seconde plaine, le poète nous révèle ce dont l'eau est la métaphore. Cette plaine est à la fois « saturée de chéchias et de sang » et « altérée d'amour comme d'une pluie amicale ». La polysémie du verbe « altérer » est active dans ce vers où il peut signifier à la fois « modifier en mal » et « donner soif[36] ». La seconde plaine est donc un lieu de soif, et nous comprenons alors que la « soif des âmes » est primordialement une soif d'amour et d'amitié, absentes du monde déchiré par la guerre. Altérée, cette seconde plaine n'est pas pourtant pas desséchée. À l'instar des champs verdoyants « arrosés du sang à leurs pieds », elle est « saturée [...] de sang », gorgée d'une eau qui n'est pas tombée du ciel, mais qui a coulé des veines des soldats. Dans la vision du poète, le sang versé devient une eau désaltérante, qui comble la soif d'amour et purifie les terres.

Si le titre du recueil n'était pas *Hosties noires*, je concéderais qu'il est hardi de proposer l'interprétation qui suit, mais j'estime qu'elle permet de révéler les conditions de l'avènement des champs verdoyants. J'ai proposé plus haut de comprendre les « semences infécondes » comme une référence aux paroles par lesquelles Jésus annonçait et donnait sens à sa mort dans l'Évangile selon Jean au chapitre 12. Je suggère ici de comprendre la présence du sang dans ce poème comme une référence

36 *Altérer*, http://www.cnrtl.fr/definition/altérer (consulté le 19/12/2018).

aux derniers enseignements de Jésus, rapportés dans ce même Évangile et prononcés dans la chambre haute après son institution de l'eucharistie. Promulguant un nouveau commandement, Jésus établit la charité fraternelle comme valeur cardinale parmi ses disciples : « Aimez-vous les uns les autres, comme je vous ai aimés. Il n'y a pas de plus grand amour que de donner sa vie pour ses amis[37] ». Le plus grand amour, traduit en actes, est de s'offrir en sacrifice. Le jeune homme pensait que la France l'avait privé de son titre d'homme et lui avait refusé la robe du martyr, mais le poète nous révèle que, s'il ne s'était pas laissé séduire par la mort, il aurait pu donner sa vie pour la réconciliation des hommes. En effet, sa vie offerte pour la France aurait transformé ceux-là mêmes qui l'ont offensé en ses amis, des amis potentiels du moins, parce que la réciprocité est la condition de la communion fraternelle. Si j'ai raison de soutenir que la référence au nouveau commandement du Christ est heuristique, Senghor affirmerait dans ce poème que la terre « saturée de chéchias et de sang » qu'est la France deviendra un champ verdoyant, mais à la condition qu'elle admette que le sang des tirailleurs sénégalais a été versé pour elle et qu'elle réponde à l'amour fraternel dont leur sacrifice est le signe. Ce poème est écrit avant la débâcle de 1940, comme *Poème liminaire* et *Aux tirailleurs sénégalais morts pour la France* dans lesquels le poète accuse les représentants de l'État et de l'armée de ne pas accomplir leur devoir de commémoration. Des tirailleurs sénégalais, qualifiés ici de « semences inféconds », sont morts aux fronts de la Grande Guerre, et le poète sait que d'autres mourront aux fronts de la Seconde Guerre. Il exhorte donc la France à permettre que le sang qui gorge ses terres ne soit pas versé en vain et l'invite à devenir une communauté soudée par la charité fraternelle analogue à celle proposée comme idéal par le Christ.

Espoir et martyre

Il n'en reste pas moins que le jeune homme représente mal l'ensemble des hommes qui se sont battus pour la France en uniforme de tirailleur. Le poète précise en effet qu'il porte des vêtements occidentaux (« Il se débarrasse de son col – la cravate cache la sueur de la chemise –, d'une veste discrète. »). Se pourrait-il que Senghor raconte une crise existentielle qu'il a lui-même traversée ? Se présenterait-il sous les traits de ce jeune

---

37 Évangile selon Jean, chapitre 15 versets 12-13, (version Louis Segond).

homme désespéré que la mort tente de séduire ? En 1932, Senghor accède à la citoyenneté. En 1939, quand il est enrôlé, il est agrégé de grammaire, professeur dans un lycée parisien et inscrit en doctorat. Cependant, malgré son appartenance à l'élite intellectuelle de la France et à la fonction publique, il est affecté au 31ᵉ régiment d'infanterie coloniale, un régiment composé de sujets de l'Afrique noire française. Senghor, autrement dit, a porté l'uniforme du tirailleur sénégalais. A-t-il vécu cette affectation comme un affront ? Nulle part il ne s'exprime à ce sujet. Il témoigne seulement dans *Prière des tirailleurs sénégalais* qu'il est « présentement soldat de deuxième classe parmi les humbles des soldats » (*ibid.*, p. 72). Est-ce possible qu'il ait lui-même cru aux promesses que l'égalité serait acquise avec la citoyenneté, que l'éducation et la francisation donneraient véritablement accès au peuple souverain de la France et à la soi-disant absence de distinctions entre les individus qui le composent. Seule son origine africaine a compté lors de son recrutement dans une armée qui reproduisait en son sein les démarcations sociales de l'Empire. Je pense qu'il présente deux facettes de sa propre personne dans le jeune homme et le poète narrateur pour faire connaître les valeurs qu'il prône. Alors que le jeune homme « tourne en rond », ressasse des idées sombres dans son esprit et subit le tournoiement vertigineux du non-sens, le poète projette son regard au-delà de l'actuel et retrouve le sens qui oriente ses attentes et convictions. En mai 1940, Senghor était au front en uniforme de tirailleur sénégalais et, malgré l'infécondité du sacrifice des tirailleurs de la Grande Guerre, il avait accepté d'offrir sa vie pour la France, dans l'espoir que les « vêtements de servitude » qu'il portait seraient « la robe candide du martyr ».

TYAROYE : LES « TÉMOINS DU MONDE QUI SERA DEMAIN »

Le terme « martyr » est présent dans deux autres poèmes d'*Hosties noires*. Les deux relatent des massacres de tirailleurs noirs, qui eurent lieu pendant la débâcle de 1940 pour le premier poème, pendant la libération de 1944 pour le second. *Assassinats*, écrit au Front-Stalag 230, est la relation poétique de la défaite française qui fut terrible pour les soldats noirs. Dans la première strophe, le poète témoigne des crimes de la Wehrmacht : « Ils sont là étendus par les routes captives, le long des routes du désastre / [...] / Les prisonniers sénégalais ténébreusement allongés sur la terre de France » (*ibid.*, p. 81). Dans la deuxième strophe, le poète déclame les titres de ces soldats abattus et interdits d'enterrement, rectifiant l'erreur raciste qui avait empoisonné les ennemis de la France et restituant à ces hommes leur honneur. La dernière strophe annonce que leur mort ne sera pas vaine, que leur sang, qui a coulé dans la terre de France, est un sang de martyr :

> Le chant vaste de votre sang vaincra machines et canons
> Votre parole palpitante les sophismes et les mensonges
> Aucune haine votre âme sans haine, aucune ruse votre âme sans ruse.
> Ô Martyrs noirs race immortelle, laissez-moi dire les paroles qui pardonnent (*ibid.*).

Le poète oppose l'immortel et le périssable. Il annonce que machines, canons, sophismes et mensonges seront tous vaincus grâce au pardon offert par les « Martyrs noirs » dont l'âme ne connaît pas la haine.

Le ton est autre dans *Tyaroye*. Senghor a écrit ce poème en décembre 1944, le mois où eurent lieu les événements dans le camp de transit du même nom. Des tirailleurs sénégalais démobilisés furent acheminés dans ce camp militaire de la périphérie de Dakar. Alors que ces soldats manifestaient parce qu'ils n'avaient pas obtenu leurs indemnités et pensions, le général Dagnan a donné l'ordre d'ouvrir le feu sur eux. Ce premier décembre 1944, au moins soixante-dix hommes désarmés ont été tués.

Le poème est constitué de trois strophes auxquelles s'ajoute un verset conclusif. Les six versets qui forment la première strophe sont six questions qui manifestent l'ahurissement du poète. Stupéfait, il n'ose pas croire que l'armée française a réellement ouvert le feu sur ses propres hommes :

> Prisonniers noirs je dis bien prisonniers français, est-ce que donc vrai que la France n'est plus la France ?
> Est-ce donc vrai que l'ennemi lui a dérobé son visage ?
> Est-ce donc vrai que la haine des banquiers a acheté ses bras d'acier ?
> Et votre sang n'a-t-il pas ablué la nation oublieuse de sa mission d'hier ?
> Dites, votre sang ne s'est-il mêlé au sang lustral de ses martyrs ?
> Vos funérailles seront-elles celles de la Vierge-Espérance ? (*ibid.*, p. 94)

Le poète souhaite ne pas donner foi à la rumeur que la France n'est plus, mais ces Morts pourraient lui confirmer que l'ennemi lui a inoculé son racisme, la défigurant à jamais. En décembre 1944, la libération de la

France est déjà bien avancée et l'Occupant est déchu. Comment alors donner sens à un tel massacre ? Que faire du sang français – d'hommes noirs et d'hommes blancs – qui a coulé ? Dans les poèmes de la partie *Éthiopie* du recueil, le sacrifice des soldats était nécessaire à l'avènement de la France prévue par le poète. Dans ce poème, ce dernier confirme que le sang des martyrs devait abluer la nation, dont la faute, dans ce recueil, est d'avoir délaissé sa vocation d'étendre la liberté et la fraternité parmi les peuples. Le massacre de Tyaroye ronge néanmoins les espoirs exprimés dans les poèmes de la première partie d'*Hosties noires*. En effet, l'interpellation qui ouvre le poème précise que les hommes tués étaient noirs et français, mais le poète distingue ensuite entre « votre sang » et le sang de « ses martyrs », suggérant que la France ne reconnaît toujours pas les tirailleurs sénégalais comme des hommes qui se sont sacrifiés pour elle.

Le doute et l'angoisse assaillent le poète dans la deuxième strophe. « Sang sang ô sang noir de mes frères, vous tachez l'innocence de mes draps », se lamente le poète qui ne sait plus quoi faire de ce sang s'il n'a pas été purificatoire. « Vous êtes la sueur où baigne mon angoisse, vous êtes la souffrance qui enroue ma voix », révèle-t-il aux Morts. Sans réponse, il fait taire ses angoisses par des assertions dans la troisième strophe :

> Non, vous n'êtes pas morts gratuits ô Morts ! Ce sang n'est pas de l'eau tépide.
> Il arrose épais notre espoir, qui fleurira au crépuscule.
> Il est notre soif notre faim d'honneur, ces grandes reines absolues
> Non, vous n'êtes pas morts gratuits. Vous êtes les témoins de l'Afrique immortelle
> Vous êtes les témoins du monde nouveau qui sera demain.
>
> Dormez ô Morts ! et que ma voix vous berce, ma voix de courroux que berce l'espoir (*ibid.*, p. 95).

Dans cette dernière strophe, le poète donne sens à ces morts absurdes en déclarant, comme dans les autres poèmes d'*Hosties noires*, que ce sang versé nourrit l'espoir. Il établit de nouveau une relation d'analogie entre le sang et l'eau, et, filant sa métaphore, il présente l'espoir comme un bourgeon qui attend son épanouissement. Toutefois, si les champs verdoyants de *Désespoir d'un volontaire libre* étaient aussi arrosés par le sang des soldats, ce sang était « mêlé », et non un sang exclusivement « noir » comme dans cette troisième strophe. Plus encore, alors que le sang arrosait dans ce premier poème « la plaine altérée d'amour comme d'une pluie amicale », il est ici « notre soif notre faim d'honneur », désirs impérieux que désormais seul l'honneur peut assouvir. La « nation oublieuse de sa mission d'hier » devait être purifiée pour avoir fauté en installant une ségrégation inégalitaire sur ses terres, mais le poète indique dans *Tyaroye* que la France devra aussi répondre de l'atteinte à l'honneur de ses ressortissants.

L'espoir de Senghor se fissure-t-il à Tyaroye ? Le massacre des soldats sans armes est-il l'offense de trop ? Dans le *Poème liminaire* et *Aux Tirailleurs sénégalais morts pour la France*, le poète avance que les tirailleurs sénégalais morts aux fronts de la Grande Guerre n'ont pas reçu l'honneur qui leur était dû, mais espère en la rédemption de la France. Dans *Prière des tirailleurs sénégalais*, les soldats offrent leur vie pour qu'advienne la France Confédérée. Dans *Au Guélowâr*, les prisonniers répondent favorablement à l'appel du général de Gaulle et mettent leur espoir dans la Cité qui sera dressée dans « l'égalité des peuples fraternels » (*ibid.*, p. 77). Dans *Désespoir d'un volontaire libre*, le sang épanchait les soifs et les corps nourrissaient les terres. Dans *Tyaroye*, le poète est forcé de constater que le sang des tirailleurs sénégalais n'est toujours pas valorisé. Pire encore, quand la France ouvre le feu sur ses propres soldats désarmés, imitant les assassins de 1940, elle manifeste qu'elle refuse d'être abluée par le sang lustral de ses martyrs. Elle reste alors entachée, comme les draps du poète, par le sang noir offert pour sa rédemption. Il est alors important de discerner quel groupe est représenté par l'adjectif possessif de la première personne du pluriel dans cette troisième strophe. Qui possède l'« espoir », la « soif » et la « faim » ? La lamentation du poète « ô sang noir de mes frères » peut faire entendre que ce « nous » est exclusivement formé d'hommes noirs, mais je soutiens que ce groupe n'est pas obligatoirement racialement homogène dans ces vers, et j'avance donc que le sang des tirailleurs peut arroser l'espoir de tous ceux qui se joignent au poète pour dire « mes frères ». En somme, le poète fait comprendre que l'homogénéité raciale du « nous » dépendra des actes des hommes qui n'ont pas un « sang noir » et de la réponse apportée à la question du sang des martyrs de la première strophe. Si ces hommes ne sont pas reconnus comme frères et martyrs, le « nous » sera formé des Français noirs que la France exclut. Si elle les reconnaît comme tels, le « nous » sera formé de Français africains et européens, mais elle devra alors répondre de son fratricide.

Le terme « martyr » appartient originellement à la terminologie chrétienne. Le martyr, qui signifie « témoin » en grec ancien, est celui qui a préféré la mort à l'abjuration de sa foi[38]. C'est dans les chapitres 11 et 12 de l'Épître aux Hébreux que la foi est articulée au martyre. Le chapitre 11 définit la foi comme « la ferme assurance des choses qu'on espère, la démonstration de celles qu'on ne voit pas » avant de proposer une liste d'hommes et de femmes illustres pour leur foi. Comme Abraham, Isaac et Jacob, qui vivaient dans des tentes, « dans la terre de la promesse comme dans une terre étrangère », car « il[s] attend[aient] la cité qui a de solides fondations, celle dont Dieu est l'architecte et le constructeur », nombre sont ceux parmi ces « cohéritiers de la même promesse » qui sont morts « dans la foi », « sans avoir reçu les biens promis ». L'épistolier précise cependant qu'« ils les ont vus et salués de loin, et ils ont reconnu qu'ils étaient étrangers et voyageurs sur la terre », avant de conclure par des propos qui nous intéressent particulièrement ici : « Ceux qui parlent ainsi montrent qu'ils cherchent une patrie. S'ils avaient eu la nostalgie de celle qu'ils avaient quittée, ils auraient eu le temps d'y retourner. Mais en réalité, ils désirent une meilleure patrie, c'est-à-dire la patrie céleste. C'est pourquoi Dieu n'a pas honte d'être appelé leur Dieu, car il leur a préparé une cité. » Le chapitre se conclut par une description des tribulations d'anonymes « d'autres subirent les moqueries et le fouet, les chaînes et la prison ; ils furent lapidés, sciés, torturés, ils moururent tués par l'épée ». Ces hommes et femmes de foi, qui attendaient la cité aux solides fondations et qui l'ont vue de loin, sont la « si grande nuée de témoins (νέφος μαρτύρων nephos martyron) » du premier verset du chapitre 12, la nuée de martyrs qui entoure le « nous » que l'épistolier exhorte : « courons avec persévérance l'épreuve qui nous est proposée[39] ». Dans *Désespoir d'un volontaire libre*, le jeune homme souffrait d'angoisse parce qu'il pensait avoir été privé de la « robe candide du martyr » et ne savait plus donner sens à son sacrifice. Dans ce même poème, les soumis à l'indigénat subissent les moqueries et le fouet, et les tirailleurs indigènes sont livrés à la mort. Le poète, assurément, les présente en martyrs, ce qui prive de sa gratuité

38 *Martyr*, https://Église.catholique.fr/glossaire/martyr/ (consulté le 20/12/2018) ; *Catéchisme de l'Église catholique*, http://www.vatican.va/archive/FRA0013/_P8E.HTM (consulté le 20/12/2018).

39 Je cite ici l'Épître aux Hébreux dans la version Segond 21.

la succession d'affronts que subissent les peuples colonisés, transforme les tribulations en manifestation de leur foi et fait des vies sacrifiées une source d'espoir.

Revenons rapidement au poème *Prière des Tirailleurs sénégalais* avant de poursuivre. Les tirailleurs y prient : « Seigneur, écoute l'offrande de notre foi militante / Reçois l'offrande de nos corps ». Ainsi, à la veille du combat, les soldats acceptent l'éventualité de leur martyre parce qu'ils ont donné foi à l'avènement de la France Confédérée. Rejetant « l'ivresse fumeuse du vin » et « [se] soûlant seulement de [leur] cœur [...] et des cris de guerre fraternellement » (*ibid.*, p. 75), ils courent avec persévérance l'épreuve qui leur est proposée parce qu'ils sont témoins de la France à venir. Je l'ai écrit plus haut, « la Communion des saints » dans l'Église catholique est entre l'Église triomphante, l'Église souffrante et l'Église militante. C'est donc à l'Église militante qu'est adressée l'Épître aux Hébreux, et c'est elle qui, comme les tirailleurs de ce poème, est exhortée à avoir une « foi militante ». C'est, en effet, par la « foi » que les martyrs « ont vaincu des royaumes, exercé la justice, obtenu la réalisation de promesses[40] ». Dans la dernière strophe de « Tyaroye », le poète proclame que les tirailleurs ne sont pas « morts gratuits » et les déclare « témoins de l'Afrique immortelle » et « témoins du monde nouveau qui sera demain ». Le poète leur confère donc la palme du martyr, que la France les reconnaisse ou non comme tels, tout en laissant entendre qu'elle doit les reconnaître si elle souhaite continuer à être un État pluricontinental dans le « monde nouveau ».

Au sein de l'Église catholique, la réflexion ecclésiologique contemporaine à *Hosties noires* cherche à ne plus prendre l'État comme analogue premier de l'Église, ce qui mène à la promulgation par le pape Pie XII de l'encyclique *De Mystici Corporis Christi*[41] en 1943. L'Église y est conçue comme une communauté organique, ce qui va à l'encontre d'une compréhension ecclésiologique purement juridique de l'Église[42]. On le voit, Senghor fait l'inverse quand il propose l'Église

40 Épître aux Hébreux, chapitre 11 verset 33, (version Segond 21).

41 *Mystici Corporis Christi*, http://w2.vatican.va/content/pius-xii/fr/encyclicals/documents/hf_p-xii_enc_29061943_mystici-corporis-christi.html (consulté le 20/12/2018).

42 *Cf.* Congar, Yves, « L'ecclésiologie, de la Révolution française au Concile du Vatican, sous le signe de l'affirmation de l'autorité », *Revue des Sciences Religieuses*, vol. 34, n° 2-4, 1960, p. 77-114 ; Congar, Yves, *L'Église de saint Augustin à l'époque moderne*, Paris, Cerf, 1970, p. 470-472.

comme analogue premier de l'État, afin de mettre l'accent sur la réalisation d'une République dotée d'un appareil institutionnel qui manifesterait adéquatement la communauté des Français. Dans les termes des tirailleurs du poème *Au Guélowâr*, il appelle à ce que la Cité soit dressée dans l'égalité des peuples fraternels de la nation française. Or, en proposant l'Église comme analogue premier de l'État dans ces poèmes, Senghor fait plus que seulement appeler à la réforme de la République, il imagine une nation française qui est analogue au Corps mystique. Le pape Pie XII file une métaphore dans son encyclique qui m'est utile pour expliquer la pensée de Senghor. Le pape écrit au sujet des pécheurs : « mais que le pécheur tombé et qui ne s'est pas rendu par son obstination indigne de la communion des fidèles, soit accueilli avec beaucoup d'amour ; qu'on ne voie en lui avec une fervente charité qu'un membre infirme de Jésus-Christ ». Il continue en citant saint Augustin d'Hippone, pour exprimer l'espoir que ces membres infirmes soient guéris par leur attachement au corps et non retranchés comme des membres incurables. De cette métaphore, je retiens trois catégories : les membres sains, les membres infirmes et les membres incurables. J'ai montré par l'étude des poèmes que la seule communion effective du recueil est celle des tirailleurs sénégalais. Autrement dit, ces hommes sont les membres sains de la communauté française que Senghor imagine par analogie au Corps mystique, alors que la « nation oublieuse de sa mission » et « les frères blancs perdus » en sont des membres infirmes. Je lis sous cette lumière les questions laissées sans réponse dans *Tyaroye* et suggère que le poète propose à la France qui n'est plus la France de recevoir la fervente charité des fidèles qui n'ont pas rompu la communion fraternelle et d'être guérie par elle. Par suite, si la « nation oublieuse » ne reconnaît pas les tirailleurs qui sont morts pour elle, si elle ne les reconnaît pas comme ses « frères » et ses « martyrs », elle se rend indigne de la communion par son obstination. Membre infirme impénitent, elle se retranche de la communauté qui la restaurerait à sa santé et se fait elle-même un membre incurable. Cependant, si elle les reconnaît, elle affirme que la France véritable doit être telle que Senghor l'imagine, c'est-à-dire une communauté formée de divers peuples égaux et fraternels. Elle devra alors se repentir pour rejoindre la communion des fidèles, c'est-à-dire regretter les préjudices qu'elle a fait subir à ses frères et cesser de les déshonorer.

PRIÈRE DE PAIX : « OUI SEIGNEUR, PARDONNE À LA FRANCE »

Prière de paix est le dernier poème et l'épilogue du recueil *Hosties noires*. Dans la première strophe, le poète offre son livre au Seigneur comme « un ciboire de souffrances » (*ibid.*, p. 96). Par cette image qui fait référence à l'oblation, partie de la messe au cours de laquelle le prêtre offre à Dieu le pain et le vin[43], il présente les poèmes de ce recueil comme des hosties au Seigneur. Or l'hostie, le pain de l'Eucharistie, est blanche. Après le « sang noir » et les « Martyrs noirs » présentés plus haut, il s'agira donc ici de commenter l'image des « hosties noires » choisie par Senghor comme titre de son recueil. À sa première occurrence, dans le poème *Aux Tirailleurs sénégalais morts pour la France* écrit en 1938, l'hostie est blanche et est la métaphore des soldats : le sang des « blanches hosties » a rougi le sol de France (*ibid.*, p. 68). L'adjectif de couleur pourrait désigner la couleur de leur peau, toutefois, comme cette couleur est une propriété du comparant, elle n'est pas obligatoirement une propriété du comparé. Le rapport analogique peut en effet reposer sur d'autres similarités entre les soldats et les hosties, en particulier sur l'idée que les deux sont des victimes sacrifiées pour le bien du plus grand nombre. En d'autres termes, il n'est pas impossible qu'un tirailleur sénégalais, soldat noir, soit une des « blanches hosties » sacrifiées. À la seconde occurrence du terme dans le poème *Au Gouverneur Eboué* de 1942, cette idée de sacrifice continue à être véhiculée par la notion d'hostie, mais, cette fois-ci, l'hostie est noire : « L'Afrique s'est faite acier blanc, l'Afrique s'est faite hostie noire / Pour que vive l'espoir de l'homme » (*ibid.*, p. 78). Cette création lexicale semble être appelée par le parallélisme syntaxique, cependant, parce que l'hostie est blanche, l'expression « hostie noire » limite le champ des référents aux possesseurs de la caractéristique indiquée par cet adjectif de couleur. De même que « l'hostie noire » est l'Afrique, de même le titre du recueil désigne exclusivement des personnes noires. Cette réduction du champ de référence du sacrifié à l'unique race noire est le mouvement qui conduit le recueil : dans l'ensemble des poèmes de la partie *Éthiopie*, tous peuvent s'offrir en sacrifice, mais, dès le premier poème de la partie *Camp 1940*, seule l'Afrique, qui est la métonymie d'une race et non simplement un espace géographique, est la victime expiatoire.

---

43 *Oblation*, http://www.cnrtl.fr/definition/oblation (consulté le 08/01/2019).

Écrit en janvier 1945 dans un Paris libéré, *Prière de paix* est en plusieurs points semblable au *Prière des tirailleurs sénégalais* écrit avant la capitulation de la France. Les deux poèmes sont divisés en cinq parties ; le poète s'adresse au Seigneur dans la première pour lui communiquer la prière d'autrui, prière qui est rapportée au discours direct dans les quatre parties qui suivent. Une différence est néanmoins notable : les guillemets sont absents de ce poème. Ainsi, en particulier dans les deux dernières parties, le je-Afrique qui prie et le je-poète qui rapporte semblent se confondre, comme si le poète se présentait d'abord comme porte-parole de l'Afrique, mais s'identifiait progressivement à elle jusqu'à l'unification de leurs deux voix. L'épigraphe de *Prière de paix* est un extrait du *Pater Noster* : « ... *Sicut et nos dimittimus debitoribus nostris* », qui signifie littéralement « ... comme nous les remettons aussi à nos débiteurs » et qui est traduit dans la plupart des versions françaises par « ... comme nous pardonnons aussi à ceux qui nous ont offensés. » Cette épigraphe semble donc indiquer que l'Afrique, par cette « prière de paix et de pardon », remet à l'Europe et à la France les dettes qu'elles ont contractées envers elle, mais le poème ne présente pas une simple rémission. L'Afrique prie effectivement le Seigneur de pardonner « à l'Europe blanche » (*ibid.*, p. 97) et « à la France » (*ibid.*, p. 98), mais, bien qu'elle se montre charitable en intercédant de la sorte pour celles qui « pendant quatre siècles de lumières » (*ibid.*, p. 97) ont été si violentes à son égard, intercéder n'est pas pardonner les offenses, ou encore, plus littéralement, n'est pas remettre à ses débiteurs leurs dettes. Les longues listes des offenses de l'Europe et de la France, qui composent respectivement la deuxième et troisième partie du poème, sont donc à la fois ce que l'Afrique prie le Seigneur de pardonner et les dettes qu'elle-même ne remet pas encore. La paix et le pardon seraient donc prodigués par le Seigneur s'il accède à la demande de l'Afrique, mais non par l'Afrique elle-même qui ne peut offrir le pardon si celui-ci n'est pas demandé.

Dans la première partie du poème, le poète peint l'Afrique en croix :

> Seigneur, au pied de cette croix – et ce n'est plus Toi l'arbre de douleur, mais au-dessus de l'Ancien et du Nouveau Monde l'Afrique crucifiée
> Et son bras droit s'étend sur mon pays, et son côté gauche ombre l'Amérique
> Et son cœur est Haïti cher, Haïti qui osa proclamer l'Homme en face du Tyran
> Au pied de mon Afrique crucifiée depuis quatre cents ans et pourtant respirante
> Laisse-moi Te dire Seigneur, sa prière de paix et de pardon (*ibid.*, p. 96-97).

L'identification de l'Afrique à Jésus ne pourrait être plus explicite : « crucifiée », l'Afrique est hostie comme le Christ. Or, dans la tradition juive puis chrétienne, la victime expiatoire offerte en sacrifice[44] doit être « sans reproche et sans tache[45] ». Autrement dit, la victime parfaite doit être sans péché, ce qui explique, à mon sens, que le verset biblique en épigraphe soit tronqué de : « *et dimitte nobis debita nostra* », littéralement, « et remets-nous nos dettes » ou « et pardonne-nous nos offenses » en version française[46]. Alors que le « nous » se repent et pardonne dans le « Notre Père », tronquer le verset permet au poète de distinguer entre deux ensembles : l'Afrique et les offenseurs. Ainsi, bien que le sacrifice soit toujours l'idée centrale de ce poème, cette fin de recueil confirme que la pensée de Senghor s'est modifiée au Front-Stalag. Dans la *Prière des tirailleurs sénégalais*, les orants s'offraient en « victimes noires paratonnerres » (HN,74) pour satisfaire la justice divine, mais ils se présentaient avec les paysans de France. Dans ce poème écrit à la Libération, seule l'Afrique peut s'offrir en sacrifie pour expier les fautes commises par l'Europe et la France, comme si les Français d'Europe étaient entachés par les péchés de leur nation. Plus encore, les tirailleurs sénégalais n'étaient que semblables au Christ dans les autres poèmes d'*Hosties noires*, alors qu'ici la relation entre l'Afrique crucifiée et le Christ n'est pas simplement une analogie, mais une substitution. En effet, le poète annonce au Seigneur : « Ce n'est plus Toi l'arbre de douleur, mais [...] l'Afrique crucifiée ». Le Christ n'est plus sur la croix, l'Afrique a pris sa place et est pendue au bois par l'Europe blanche depuis quatre cents ans, subissant un supplice qui ne prend pas fin et agonisant pour ceux-là mêmes qui la crucifient.

Quand l'Afrique demande au Seigneur Dieu qu'il pardonne à l'Europe (partie II) et à la France (partie III), elle fait la longue liste des fautes qu'elles ont commises et laisse entendre qu'elles méritent la punition divine. Dans l'acte d'accusation de l'Europe, elle mentionne les chrétiens

44 *Hostie*, http://www.cnrtl.fr/definition/hostie/substantif (consulté le 22/12/2018).

45 *Cf. Première épître de Pierre*, chapitre 1 verset 18 : « sachant que vous avez été affranchis de la vaine manière de vivre que vous teniez de vos pères, non par des choses périssables, de l'argent ou de l'or, mais par un sang précieux, celui de l'agneau sans défaut et sans tache, le sang du Christ » (version Augustin Crampon).

46 *Cf.* Ancelet-Netter, Dominique, « "Dettes" et "débiteurs" dans les versions françaises de la cinquième demande du "Notre Père" du XIIe au XXIe siècle : une mise en perspective par l'analyse sémantique », *Transversalités*, vol. 109, n° 1, 2009, p. 103-123.

qui ont détruit la science africaine, brûlé les parchemins sur lesquels les connaissances étaient écrites et déporté les doctes qui la maîtrisaient. Elle rappelle que la puissance de feu supérieur de l'Europe lui a aussi donné d'anéantir de vastes empires et de raser les monuments architecturaux qui en faisaient la gloire. Elle critique aussi les ethnographes, qui non seulement ont profané les bois sacrés, mais aussi « tir[é] Ancêtres et génies par leur barbe paisible », ceci afin de faire « de leur mystère la distraction dominicale de bourgeois somnambules » (*ibid.*, p. 97). Sacrilèges, ils ont pillé masques et artéfacts lors de diverses expéditions ethnographiques et muséifié les objets sacrés dans lesquels les entités surnaturelles s'incarnaient. Les chrétiens d'Europe ont humilié les empereurs, les princes, les domestiques et les paysans, transformant le peuple d'Afrique en « un peuple de prolétaires », et ont donné la chasse à ses enfants, les traitant comme des animaux sauvages. Elle porte devant le Seigneur le fait qu'ils en ont « exporté dix millions », les ont réduits à être une marchandise, et, que pendant la période de la Traite, deux cents millions de ses fils ont été tués. « Et ils m'ont fait une vieillesse solitaire », se lamente l'Afrique, qui finit cette première partie de sa prière en larmes et en lutte avec une haine ravivée par cette litanie des atrocités commises. « Et voilà que le serpent de la haine lève la tête dans mon cœur, ce serpent que j'avais cru mort… » (*ibid.*, p. 98), reconnaît-elle, avant de prier dans le premier vers de la partie suivante : « Tue-le Seigneur, car il me faut poursuivre mon chemin, et je veux prier singulièrement pour la France » (*ibid.*). Ainsi, dans le vers qui ouvre la partie qui relate les offenses françaises, l'Afrique reconnaît que la haine, qui prend la figure du tentateur dans le jardin d'Eden, l'empêchera de suivre sa voie et nouera sa gorge quand elle voudra prier pour la France. Or la France doit aussi bénéficier de l'expiation de ses fautes. Elle aussi est venue prendre des esclaves pour les faire travailler dans ses champs de sucre et de coton, elle aussi a détruit des villages paisibles et causé des guerres intestines partout sur son passage. L'Afrique raconte ensuite les atteintes à l'honneur des Africains. La France « a traité les résistants de bandits », ce qui a un sens spécifique dans un poème écrit en janvier 1945. Quand l'héroïsme des résistants français est loué par tous, ce mauvais traitement réservé à ceux qui résistèrent à la « pacification » rapproche cette France pervertie du IIIe Reich, similarité qui est rendue explicite quelques vers plus loin : « Oui Seigneur, pardonne à la

France qui hait les occupants et m'impose l'occupation si gravement ». S'ajoutent à l'injuste criminalisation des résistants les crachats « sur les têtes-aux-vastes-desseins », les humiliations tant fréquemment subies par ceux qui n'acceptent pas d'être cantonnés aux échelons inférieurs de la hiérarchie coloniale. Enfin, insulte suprême pour des peuples qui pratiquent l'hospitalité, la France, rapporte l'Afrique, « m'invite à sa table et me dit d'apporter mon pain ». S'adressant au Seigneur, l'Afrique n'adopte donc pas le relativisme moral. Elle n'accuse pas seulement l'Europe chrétienne et la France humaniste de ne pas avoir été conséquentes avec leurs propres valeurs éthiques, elle les accuse d'avoir bafoué des valeurs qu'elle-même considère comme universelles. La France est particulièrement injustifiable parce qu'elle « dit bien la voie droite et chemine par les sentiers obliques » (*ibid.*), comme le sont les chrétiens de l'Europe qui ont « abjur[é] Ta lumière et la mansuétude de Ton cœur ». La France « livre les pays aux Grands-Concessionnaires » (*ibid.*, p. 99) et les missionnaires ont « béni les armes de la violence et pactisé avec l'or des banquiers » (*ibid.*, p. 100). Le seul exemple à suivre est Haïti, qui a suivi la « voie droite » quand elle « osa proclamer l'Homme en face du Tyran » (*ibid.*, p. 96).

L'Afrique raconte une passion de quatre cents ans où seul le peuple noir souffrait, mais elle observe que tous désormais « suent sang et souffrances ». Effectivement, « la meute boulimique des puissants et des tortionnaires » ne chasse plus uniquement sur les terres africaines et la France est maintenant elle aussi « aux abois » (*ibid.*, p. 100). La narration de son propre passé de souffrance réveille sa haine, mais le panorama présent réveille sa compassion. L'Afrique prie alors au Seigneur, dans les deux dernières parties du poème, que la France soit restaurée :

> Ah ! Seigneur, éloigne de ma mémoire la France qui n'est pas la France, ce masque de petitesse et de haine sur le visage de la France
> Ce masque de petitesse et de haine pour qui je n'ai que haine – mais je peux bien haïr le Mal
> Car j'ai une grande faiblesse pour la France.
> Bénis ce peuple garrotté qui par deux fois sut libérer ses mains et osa proclamer l'avènement des pauvres à la royauté
> Qui fit des esclaves du jour des hommes libres égaux fraternels
> […]
> Ô bénis ce peuple, Seigneur, qui cherche son propre visage sous le masque et a peine à le reconnaître

> Qui Te cherche parmi le froid, parmi la faim qui lui rongent os et entrailles (*ibid.*, p. 99-100).

Avant de poursuivre dans le commentaire des strophes qui concluent le recueil, il me faut présenter des vers du *Poème liminaire* qui l'ouvre. Ce poème comporte une strophe dont le contenu comparable permettra de jeter un éclairage sur les vers cités ci-dessus. Dans le premier poème d'*Hosties noires*, le poète accuse les dignitaires du gouvernement et de l'armée de n'avoir eu que des « louanges de mépris » (*ibid.*, p. 57) pour les tirailleurs sénégalais morts à la Grande Guerre et critique les poètes français qui ne les ont pas considérés comme dignes de leurs éloges. Sachant que de tels propos offusqueront, il s'exclame en sa défense :

> Ah ! ne dites pas que je n'aime pas la France – je ne suis pas la France, je le sais –
> Je sais que ce peuple de feu, chaque fois qu'il a libéré ses mains
> A écrit la fraternité sur la première page de ses monuments
> Qu'il a distribué la faim de l'esprit comme de la liberté
> À tous les peuples de la terre conviés solennellement au festin catholique (*ibid.*, p. 58).

En réponse à des accusations implicites rapportées dans la subordonnée du premier vers, le poète réaffirme son amour pour la France. À rebours de l'unanimité laudative exigée à la veille de la guerre, il met en lumière les fautes commises par les élites politiques, militaires et culturelles envers les tirailleurs sénégalais morts pendant la Grande Guerre. Ce n'est pas le « peuple de feu » qui reçoit ses critiques, mais le gouvernement de la IIIe République, qui ne présente pas le vrai visage de ce peuple et lui enchaîne les mains. Ce peuple est la vraie France, celle à laquelle le poète déclare son amour et pour laquelle il offrira peut-être sa vie, peuple qui se distingue parmi les « peuples de la terre » par la vocation qui l'anime. En effet, dès qu'il n'est plus freiné dans son élan naturel, il va par toute la terre pour annoncer la fraternité humaine et convier tous les peuples au « festin catholique ». Senghor fait évidemment référence à la devise de la République française gravée sur les frontons des institutions publiques, mais la « première page » indique aussi le préambule de la constitution de la IIe République[47]. Cela me mène à

47 *Cf.* Ozouf, Mona, « Liberté, égalité, fraternité », *in* Nora, Pierre (éd.), *Lieux de Mémoire, vol. iii* : *Les France. De l'archive à l'emblème*, Paris, Gallimard, 1997, p. 4353-4389.

lire la réponse aux accusations (« je ne suis pas la France, je le sais »), non comme une déclaration d'identité (que serait « je suis l'Afrique », par exemple), mais comme le constat que les Français qui ne sont pas d'origine européenne sont exclus de la nation souveraine. Le reste de la strophe, tourné vers l'avenir, annonce qu'ils ne le seront plus dès la libération de la vraie France.

Pour revenir à la strophe de *Prière de paix* citée ci-dessus, Senghor distingue à nouveau entre « la France » et « la France qui n'est pas la France ». La vraie France est le « peuple » que l'Afrique prie le Seigneur de bénir, il est le « peuple de feu » du *Poème liminaire.* Comme le rappelle ici l'Afrique, la Ire République proclama « l'avènement des pauvres à la royauté » et que la IIe République fit « des esclaves du jour des hommes libres égaux fraternels ». Or l'Afrique annonce une troisième libération des mains du peuple français : « Ô bénis ce peuple qui rompt ses liens » (*ibid.*, p. 100). Cette annonce pose la question de savoir si, une fois les liens rompus, le peuple français, comme à ses deux libérations antérieures, fera des frères libres et égaux de ceux qui subissent le joug de l'inégalité. Laissant entendre qu'elle ne marchera plus avec la France si celle-ci continue à cheminer par les « sentiers obliques », elle liste trois de ses fautes :

> Oui, Seigneur, pardonne à la France qui hait les occupants et m'impose l'occupation si gravement
> Qui ouvre des voies triomphales aux héros et traite ses Sénégalais en mercenaires, faisant d'eux les dogues noirs de l'Empire
> Qui est la République et livre les pays aux Grands-Concessionnaires (*ibid.*, p. 98-99)

Dans le premier vers, par référence à la libération qui est en cours en janvier 1945, l'Afrique fait comprendre qu'elle vit la colonisation comme une occupation. Dans le second vers, elle déclare la France coupable de traiter ses propres ressortissants comme des soldats étrangers. Dans le troisième vers, elle indique qu'en protégeant la République et livrant les pays, elle crée des espaces différenciés au sein de son propre territoire. Que souhaite-t-elle que la France fasse quand elle retrouvera son vrai visage ? Elle compare implicitement la France au IIIe Reich, mais avance-t-elle que la condition de sa propre libération est le retrait de la France ? Elle distingue entre « mon peuple » (*ibid.*, p. 97) et « ce peuple » (*ibid.*,

p. 99), mais identifie-t-elle la libération du premier à l'indépendance ? À la différence du poème d'avant-guerre auquel il s'apparente par sa forme, *Prière de paix* n'annonce pas l'avènement de la Cité des peuples fraternels et égaux et questionne plus ouvertement la relation future de la France et de l'Afrique. La comparaison de la colonisation à l'occupation fait exister l'indépendance (ou du moins le recouvrement de la souveraineté) comme potentialité dans cet épilogue d'*Hosties noires*, alors qu'elle était complètement absente du poème de 1939. J'estime néanmoins que l'Afrique s'annonce prête à marcher avec la « vraie » France, celle qui étendra les frontières de la protection étatique contre les exactions du Grand Capital au-delà de la Méditerranée et qui mettra fin à la discrimination de Français.

Cette idée est imagée par les deux arcs-en-ciel dont il est fait mention dans ce poème. Le premier, qui est sur la terre, est la métaphore de l'unité dans la diversité des peuples ; le second, dans le ciel, est un signe donné aux hommes par Dieu. Le premier se trouve dans la quatrième partie de la prière de l'Afrique, où elle vante les qualités de la France en demandant au Seigneur de la bénir :

> Bénis ce peuple qui m'a apporté ta Bonne Nouvelle, Seigneur, et ouvert mes paupières lourdes à la lumière de la foi.
> Il a ouvert mon cœur à la connaissance du monde, me montrant l'arc-en-ciel des visages neufs de mes frères.
> Je vous salue mes frères : toi Mohamed Ben Abdallah, toi Razafymahatratra, et puis toi là-bas Pham-Manh-Tuong, vous des mers pacifiques et vous des forêts enchantées
> Je vous salue tous d'un cœur catholique (*ibid.*).

Je n'ai pas réussi à identifier les individus qui portent ces patronymes, mais il est à noter que chacun provient d'une zone géographique de l'Empire français, respectivement, l'Afrique française du Nord, la Colonie de Madagascar et l'Indochine française. Dans des vers qui œuvrent à confondre fraternité chrétienne et fraternité républicaine, l'Afrique dévoile que c'est la France qui lui a fait découvrir la fraternité humaine et lui a indiqué l'arc-en-ciel des visages de l'Homme. Grâce à l'apport du peuple français, dont le don est d'ouvrir les cœurs et dessiller les yeux, l'Afrique a pu voir au-delà d'elle-même, découvrir qu'elle possédait un « cœur catholique » et saluer les frères dont elle n'avait pas la connaissance. Le rôle de la France est donc d'annoncer la Bonne Nouvelle de la fraternité potentielle, mais, dès lors qu'il s'agit de la réaliser, elle est dépourvue des dons nécessaires. Ainsi, dans les derniers vers du poème, l'Afrique distingue une multitude de peuples et prie que des relations fraternelles se tissent, ce qui suppose que la fraternité humaine est encore à venir. S'y trouve le second arc-en-ciel de ce poème :

> Ô bénis ce peuple qui rompt ses liens [...]
> Et avec lui tous les peuples d'Europe, tous les peuples d'Asie tous les peuples d'Afrique et tous les peuples d'Amérique
> Qui suent sang et souffrances. Et au milieu de ces millions de vagues, vois les têtes houleuses de mon peuple.
> Et donne à leurs mains chaudes qu'elles enlacent la terre d'une ceinture de mains fraternelles
> DESSOUS L'ARC-EN-CIEL DE TA PAIX (*ibid.*, p. 100).

Ce second arc-en-ciel, sur lequel se clôt le recueil, est dans les cieux. Je lis dans ces vers une référence au Déluge, dont les flots sont implicitement désignés dans les « millions de vagues ». Dans le récit de la *Genèse*, après l'éradication de la quasi-totalité de l'humanité dans les eaux, Dieu fait alliance avec Noé et ses descendants. L'arc-en-ciel est le signe de cette alliance et son apparition dans le ciel sert à sa remémoration. *Prière de paix* est écrit en janvier 1945, quand la guerre arrive sur sa fin. Ce dernier vers du poème annonce l'apparition imminente d'un arc-en-ciel, signe que le cataclysme s'achève. Jean-René Bourrel écrit avec raison que « Senghor fait de l'arc-en-ciel, figuration de l'alliance qui unit les mondes céleste et terrestre, le symbole de l'union des peuples dans la fraternité et la paix », et ajoute : « Le messianisme du poète annonce la réalisation de la Bonne Nouvelle : celle d'un monde réconcilié, de l'Unité retrouvée, de la Jérusalem des derniers temps » (Senghor, 2007, p. 206). Certes, le poète annonce l'unité dans la diversité à venir, mais il manque à Bourrel de relever qu'il le fait par une prière, ce qui rend cette réconciliation non pas inéluctable, mais possible sous certaines conditions. En effet, pour que l'arc-en-ciel des hommes se forme à l'image de celui de Dieu dans le ciel, il faut que la terre soit enlacée « d'une ceinture de mains fraternelles ». Or ce n'est que le peuple aux « mains chaudes » qui porte ce don de réconciliation. Du premier vers du recueil, où les tirailleurs sénégalais sont les « frères noirs à la main chaude » (Senghor, 2009, p. 57), à sa dernière strophe, ces mains sont celles du « peuple » que l'Afrique nomme le sien, peuple qui irradie de ce symbole de l'amour fervent qu'est la chaleur. En somme, le don du peuple français est d'ouvrir les esprits à la fraternité, mais seul le peuple de l'Afrique est en mesure de la réaliser.

En conclusion, dans ces derniers vers du recueil, l'Afrique décrit les affres d'une humanité qui attend l'avènement de la paix et présente des peuples qui, comme Christ au jardin de Gethsémani, « suent sang et souffrance ». Par suite de l'universalisation de la souffrance pendant la guerre mondiale, tous les peuples ont rejoint l'Afrique sur le chemin de croix, mais ils sont encore dans le jardin, quand elle est déjà à Golgotha. Dans le *Poème liminaire*, la France conviait les peuples de la terre au « festin catholique » (*ibid.*, p. 58) ; dans *Poème de paix*, les peuples convergent vers la croix où est pendue l'Afrique. Ainsi, la France convie, mais l'Afrique dresse la table eucharistique et s'offre, comme le Christ, en hostie pour la réconciliation du monde. J'ai suggéré plus haut que Senghor propose l'Église comme l'analogue de la France. Je propose ici de lire cette *Prière de paix* qui conclut *Hosties noires* à la lumière de la liturgie de la messe[48]. Dans le *Canon Missæ*, l'institution de l'eucharistie est prononcée lors de la consécration du pain et du vin[49]. Cette consécration se termine par « *Hoc facite in meam commemorationem* » (« Faites ceci en mémoire de moi ») qui sont les paroles dites par Jésus lors de la Cène. La consécration est suivie par l'anamnèse eucharistique qui est l'acclamation par laquelle l'Église fait mémoire du sacrifice. Le rite de la communion, enfin, a lieu après les prières eucharistiques et donc après l'anamnèse[50]. Transposée dans ce poème, cette liturgie eucharistique met en lumière que la communion fraternelle ne peut pas se réaliser sans la remémoration du sacrifice. Toutefois, le poète fait comprendre que le rapport à la mémoire ne peut pas être le même pour les peuples qui forment la France. Dans les premiers vers de la quatrième partie de ce poème, l'Afrique supplie :

48 Joseph Roger de Benoist, dans « Léopold Sédar Senghor et le christianisme », donne un aperçu du rapport que Senghor entretenait avec la religion catholique. Puisant dans *La Poésie de l'action*, qui est un recueil d'entretiens, de Benoist indique : « La liturgie a tenu une grande place dans l'attrait que le jeune Senghor éprouvait pour le catholicisme » (de Benoist, 2001, p. 43).

49 Jusqu'en 1962, le *Missale Romanum* promulgué en 1920 par le pape Benoît XV est utilisé par l'Église. La partie de la messe nommée *Canon Missæ*, qui vient après l'Offertoire et avant la Communion.

50 *Présentation générale du Missel Romain*, https://www.vatican.va/roman_curia/congregations/ccdds/documents/rc_con_ccdds_doc_20030317_ordinamento-messale_fr.html#PRÉAMBULE (consulté le 08/01/2019).

« Ah ! Seigneur, éloigne de ma mémoire la France qui n'est pas la France » (*ibid.*, p. 99). Elle lui prie, en d'autres termes, de lui donner de pouvoir pardonner les offenses commises. À cette supplication correspond l'appel à l'anamnèse, à la remémoration des souffrances infligées. Si elle veut voir l'arc-en-ciel des frères dont elle est l'annonciatrice, la France doit recevoir l'hostie noire qui lui est offerte et la consommer en mémoire de l'Afrique qui a été brisée pour elle.

POÉSIE NÈGRE DE LANGUE FRANÇAISE ET ENGAGEMENT

Comme il a été montré dans la deuxième partie de ce travail, les métaphores par lesquelles Senghor figure la France révèlent qu'il imagine la pérennisation d'un État français plurinational et souhaite l'avènement d'une communauté franco-africaine. Par la maison, il représente la France actuelle et avertit que la réconciliation de ses membres est nécessaire à sa perpétuation ; par la cité, il figure la France à venir et pose l'égalité des peuples français comme la condition de son avènement ; par l'arbre greffé, il annonce que la France renaîtra grâce à la greffe du scion européen sur le porte-greffe africain qui a toujours accès aux « sources vives » (Senghor, 1971, p. 169). Ces trois métaphores, qui témoignent d'une pensée foncièrement fédéraliste, rassemblent dans une seule figure la France telle qu'il la voit et la France telle qu'il la prévoit. L'étude du « nous » dans ses textes politiques et dans les poèmes d'*Hosties noires* a montré que cette coprésence de l'actuel et du possible est tout aussi prégnante dans son imagination de la communauté franco-africaine. Cette étude a aussi confirmé ce que l'image de la greffe laissait entrevoir : la communauté à venir se formera autour de la communauté négro-africaine. Dans cette interrogation du rapport entre décolonisatin, fédéralisme et poésie chez Senghor, il me reste un pan de son système de pensée à explorer. Les études francophones ont toujours, et avec raison, considéré que sa poésie était engagée, mais les schèmes du nationalisme ont biaisé leur compréhension de cet engagement. Il s'agit ici de montrer comment un Senghor fédéraliste conçoit l'art engagé et, partant, la mission qu'il attribue au poète.

En 1956, Senghor est devenu un homme politique relativement important : secrétaire d'État à la présidence du Conseil du cabinet Edgar Faure depuis début 1955, il a siégé à l'Assemblée nationale à toutes les législatures de la IVe République et mené de front plusieurs combats pour défendre les intérêts des Français d'outre-mer. Après douze ans sans publications majeures (*Hosties noires* et l'*Anthologie de la nouvelle poésie nègre et malgache de langue française* datent de 1948), il publie son recueil de poèmes Éthiopiques. Il écrit alors *Comme les lamantins vont boire à la source*, postface qui est aujourd'hui communément admise comme l'exposition de son art poétique. Selon l'historien émérite de la littérature africaine Jacques Chevrier qui présente le recueil et sa postface dans l'édition critique de ses œuvres complètes, celle-ci « place Senghor au premier rang des théoriciens de la négritude » (Senghor, 2007, p. 212) et « marque l'apogée d'une double carrière [de poète et d'homme politique], en même temps que l'affirmation d'une négritude sans complexes » (*ibid.*, p. 210). 1956 est aussi l'année de l'adoption de la loi-cadre Defferre et celle de la tenue du Premier Congrès des écrivains et artistes du monde noir. La première est votée le 23 juin dans un contexte de conflits en Algérie, mais, pour Chevrier, au-delà de la révolte des colonisés, c'est « l'évolution des esprits [qui a rendu] caduque l'organisation de l'Union française » (*ibid.*, p. 211). Il propose alors de comprendre la publication d'Éthiopiques comme « le point d'orgue d'une évolution des mentalités à laquelle le poète Senghor a largement contribué » (*ibid.*). Ainsi, au congrès qui a lieu du 19 au 22 septembre, il se serait agi de préciser « la "mission" du poète engagé dans le combat pour la décolonisation » (*ibid.*). Chevrier ne précise pas les contours de cette « mission », mais son commentaire révèle ses biais téléologiques : l'unique engagement possible devient le combat pour l'avènement des indépendances. Il se tisse par conséquent un lien implicite entre affirmation de la négritude, poésie engagée et nationalisme indépendantiste dans les propos par lesquels il introduit *Comme les lamantins vont boire à la source*. À ma connaissance, les commentateurs de cette postface manquent de voir qu'elle contient une apologie de la République fédérale française et ne parviennent donc pas à saisir la manière toute particulière avec laquelle Senghor articule la poésie et le politique[1]. Je propose donc

1 Jean-Louis Joubert, dans « Léopold Sédar Senghor : Poésie/Politique », rappelle que, dès les indépendances, Senghor a reçu le titre de « poète-président » et cherche à « réfléchir sur l'intime liaison du poète et du politique dans la personne et l'œuvre de Senghor » (Joubert, 2001, p. 77). Joubert rappelle que, depuis Platon, une tradition oppose la figure du poète à l'engagement du politique, mais qu'il serait possible de placer Senghor dans la filiation des poètes du XIXe siècle, comme Lamartine, Hugo ou Vigny, qui étaient convaincus de leur vocation d'hommes d'État. Joubert rappelle aussi que le poème *Chaka* du recueil Éthiopiques thématise la disjonction du poète et de l'homme politique, mais émet l'hypothèse que l'œuvre de Senghor s'est construite pour confronter la langue de

d'écarter les filtres de la geste des indépendantces et d'admettre comme hypothèse de lecture que le vote de la loi-cadre n'est pas l'apogée de sa carrière politique, mais la signature de l'arrêt de mort de son projet de décolonisation par fédéralisation de la France.

LA MISSION DU POÈTE : « PROPHÉTISER LA CITÉ DE DEMAIN »

De premier abord, on pourrait croire qu'il est uniquement question de culture et de poésie dans cette postface. En voici le paragraphe introductif, où Senghor présente ses interlocuteurs, qui sont des critiques littéraires amis et ennemis, et ne sont ni parlementaires, ni législateurs, ni acteurs du monde politique :

> Si j'écris ces lignes, c'est à la suggestion de certains critiques de mes amis. Pour répondre à leurs interrogations et aux reproches de quelques autres, qui somment les poètes nègres, parce qu'ils écrivent en français, de sentir en *français*, quand ils ne les accusent pas d'imiter les grands poètes nationaux. Tel me reproche d'imiter Saint-John Perse, et je ne l'avais pas lu avant d'avoir écrit *Chants d'Ombre* et *Hosties noires*. Tel reproche, à Césaire, de le lasser par son rythme de tam-tam, comme si le propre du zèbre n'était pas de porter des zébrures. En vérité, nous sommes des *lamantins*, qui, selon le mythe africain, vont boire à la source, comme jadis, lorsqu'ils étaient quadrupèdes – ou hommes (Senghor, 1964, p. 218).

Nombreux sont ceux qui, comme Chevrier, lisent cette fameuse postface comme une « exaltation du retour aux sources », c'est-à-dire

bois du politicien et « assumer une parole qui soit poétique et politique, politique parce que poétique » (*ibid.*, p. 79). Il présente alors la poésie de Senghor comme une « poésie au vocatif » (*ibid.*), qui « pose l'existence de l'interlocuteur » (*ibid.*, p. 80), et affirme que « [l]a voix du poète Senghor ne s'élève que dans la relation avec une deuxième personne, qu'elle suscite ou dont elle relaie la voix » (*ibid.*). Sa parole serait ainsi « politique parce que poétique » par le fait qu'elle « n'est pas personnelle, individuelle, mais constituante d'une communauté, dont elle devient la colonne vertébrale » (*ibid.*, p. 81). Je relève, premièrement, que Joubert ne précise pas qu'il commente des poèmes écrits avant les indépendances, et, deuxièmement, qu'il ne fait aucune mention des projets politiques de Senghor, parlant seulement de « carrières jumelles » (*ibid.*, p. 78), et manquant « l'intime liaison » entre sa pensée sur la poésie et son projet de décolonisation par fédéralisation de la France.

aux « sources de la tradition africaine » (Senghor, 2007, p. 221). Ils comprennent ainsi la poétique de Senghor comme la création en langue française d'une poésie négro-africaine de style traditionnel, ce que lui-même semble confirmer quand il écrit :

> La vérité est que j'ai surtout lu, plus exactement écouté, transcrit et commenté des poèmes négro-africains. Et les Antillais, qui les ignoraient – Césaire n'était pas de ceux-là –, les retrouvaient naturellement en descendant en eux, en se laissant emporter par le torrent, à mille mètres sous terre. Si l'on veut nous trouver des maîtres, il serait plus sage de les chercher du côté de l'Afrique. Comme les lamantins vont boire à la source du Simal (Senghor, 1964, p. 219-220).

« Boire à la source », dans l'interprétation de Chevrier, est retrouver les formes de l'art ancien et par-là renouer avec son authenticité culturelle dans le contexte d'une colonisation française particulièrement assimilationniste. Cette postface en devient avant tout « un vibrant plaidoyer en faveur d'une poésie nègre de langue française [...] amplement fondée en africanité » (Senghor, 2007, p. 223). Cette interprétation ne prend à mon sens pas assez en considération les aspects ésotériques de la théorie esthétique de Senghor, lequel, dans cette postface, soutient que le projet des poètes de l'*Anthologie* était de faire, en langue française, ce que les « maîtres » savent faire avec les langues négro-africaines, c'est-à-dire « fai[re] accéder à la vérité des choses essentielles : les Forces du Cosmos » (Senghor, 1964, p. 225). La « source » n'est donc pas la poésie traditionnelle elle-même, mais l'au-delà de la réalité positive qui prend entre autres le nom de « surréel » dans ses textes[2] et celui de « sources divines » (*ibid.*, p. 172) dans la conférence *Langage et poésie négro-africaine* qu'il a donnée en 1954 à la Deuxième biennale internationale de Poésie[3]. Chevrier,

---

2 Par exemple : « Ce monde magique est plus réel que le monde visible. Il est *surréel.* Il est animé par les forces invisibles qui régissent l'univers » (Senghor, 1964, p. 262) ; « Mais, on le devine le surréalisme négro-africain diffère du surréalisme européen. Celui-ci est empirique ; celui-là, mystique, métaphysique. L'analogie surréaliste nègre présuppose et manifeste l'univers hiérarchisé des forces vitales » (*ibid.*, p. 220) ; « Pour le Nègre, sous l'aspect matériel et sensible, il y a un *monde d'âmes* » (*ibid.*, p. 71).

3 Senghor termine cette conférence écrite en 1954 pour la Deuxième biennale internationale de Poésie de Knokke en expliquant, par un rapprochement entre le *Prologue de Jean* et un mythe dogon, pourquoi « l'acte poétique est *poïèsis* » et conclut : « Voilà donc la Poésie prière, participation identificatrice aux forces cosmiques, à l'acte créateur de Dieu. La poésie négro-africaine reste près des sources divines. C'est ce qui en fait la valeur, la force expressive » (*ibid.*, p. 172).

qui laisse entendre qu'un patrimoine commun fait l'unité des « poètes nègres », choisit la voie de l'interprétation culturaliste. Cela a l'avantage d'amenuiser les pans racialistes de la négritude, mais ne permet pas d'expliquer comment les Antillais, qui ignorent tout de ce patrimoine, parviennent à « retrouv[er] naturellement en descendant en eux » la poésie de leurs « sources » africaines.

Senghor présente deux ensembles de « poètes nègres » dans cette postface : les poètes de l'*Anthologie* et les poètes de la tradition orale. Les premiers s'expriment en français, les seconds composent leurs poèmes dans les langues négro-africaines, mais ils ont en commun d'être des « auditifs », des « chantres », c'est-à-dire d'être tous « soumis tyranniquement à la "musique intérieure", et d'abord au rythme » (*ibid.*, p. 222). Il n'est pas lieu d'exposer ici en détail ce que signifie « sentir en nègre » sous la plume de Senghor et je renvoie mon lecteur à mes paragraphes sur les *Gemütsmenschen*[4] et aux travaux de Souleymane Bachir Diagne[5]. Dans les grandes lignes, il prend appui sur l'ethnologie française (notamment Maurice Delafosse et Lucien Lévy-Bruhl) qu'il fusionne aux usages qui ont été faits de Henri Bergson au début du XXe siècle grâce aux théories de l'africaniste allemand Leo Frobenius, pour soutenir que le Nègre est pourvu d'une « physiopsychologie » qui fait de lui un être particulièrement intuitif. Cette autre manière de percevoir le réel qui le caractérise est formulée au moyen de différents termes dans ses essais comme « émotion » (*ibid.*, p. 24), « intuition de l'âme » (*ibid.*, p. 76), « raison intuitive » (*ibid.*, p. 296), etc., et rendrait le Nègre sensible aux forces invisibles qui animent la matière. Dans tous les textes de Senghor depuis sa découverte de Frobenius, le Nègre se particularise par sa « sensibilité émotive » (*ibid.*, p. 24), ce qui explique qu'il introduise sa réplique aux reproches qui sont adressés à Césaire et à lui-même par un rappel de l'émotivité du Nègre :

> Je l'ai dit ailleurs[6], l'aventure des poètes de l'*Anthologie* n'a pas été une entreprise littéraire, pas même un divertissement ; ce fut une *passion*. Car le poète

4 *Cf.* la partie « L'*Afrikanistik* de Leo Frobenius et les fondements de la négritude ».

5 *Cf.* Diagne, Souleymane Bachir, *Léopold Sédar Senghor : L'art africain comme philosophie*, Paris, Riveneuve éditions, 2007 ; Diagne, Souleymane Bachir, *Bergson postcolonial. L'élan vital dans la pensée de Léopold Sédar Senghor et de Mohamed Iqbal, Paris*, CNRS éditions, 2011.

6 Il fait référence à son introduction aux poèmes de Césaire dans son *Anthologie* (*Cf.* Senghor, *op. cit.*, 1977, p. 55).

> est comme la femme en gésine : il lui faut enfanter. Le Nègre singulièrement, qui est d'un monde où la parole se fait spontanément rythme dès que l'homme est ému, rendu à lui-même, à son authenticité. Oui, la parole se fait poème. Dois-je le révéler ? Le *Cahier d'un Retour au Pays natal* d'Aimé Césaire fut une parturition dans la souffrance. Il s'en fallut de peu que la mère y laissât sa vie, je veux dire : la raison. Elle en reste marquée pour toute la vie, comme ces *Voyants* que l'Europe enferme dans ses prison-asiles, que l'Afrique continue de nourrir et vénérer, découvrant en eux, les messagers de Dieu (*ibid.*, p. 218).

Quelques lignes plus loin, il propose le verbe « sentir » comme synonyme d'« être ému » :

> [...] Bien sûr, ils ont évolué, pour utiliser un vilain mot, les Nègres, depuis le décret du 16 Pluviôse an II, ils ont même terriblement évolué ; ils sont restés eux-mêmes. Des hommes qui *sentent*, et ils ne pensent pas (*ibid.*).

Hommes qui sont émus et qui sentent, les poètes de l'*Anthologie* sont semblables aux poètes de la tradition orale, et ils sont donc « restés eux-mêmes » malgré le changement de leur « milieu[7] ». Le terme « passion » est alors ambivalent ci-dessus. Il est souffrance, terme pris dans le même réseau sémantique que « gésine » et « parturition » qui le suivent, mais il est aussi ce que les cartésiens nomment la « passion de l'âme » et Senghor « émotion ». Sentir, que cette fin de citation distingue de « penser », désigne bien cet autre mode de connaissance qu'il expose dans ses essais, et c'est donc parce qu'ils « sentent en nègre » que ces poètes produisent, comme leurs ancêtres, une « poésie nègre » :

> Ils chantent, mais ce n'est pas ce qu'ils voient de leurs yeux. Bien sûr, ils ont évolué – morts les cours d'amour et les jeux gymniques ! Ils n'ont plus, pour les nourrir, les rythmes des tams-tams et des balafongs, la voix des kôras, l'encens de l'Amante. Le voilà donc, le Poète d'aujourd'hui, gris par l'hiver dans une grise chambre d'hôtel. Comment ne songerait-il pas au Royaume d'Enfance, à la Terre promise de l'Avenir dans le néant du temps présent ? Comment ne chanterait-il pas la « Négritude debout » ? Et puisqu'on lui a confisqué ses instruments, que les remplacent tabac, café et papier blanc quadrillé ! Le voilà comme le griot, dans la même tension du ventre et de la gorge, la joie au fond de l'angoisse. Je dis : *amour et parturition* (*ibid.*, p. 219).

Le « Poète d'aujourd'hui », comme le poète de l'Afrique traditionnelle, est saisi par « l'amour » et ému jusqu'à la « parturition » du poème.

---

7 Au sujet de ce terme, *Cf.* la partie « La "culture" dans *Le problème culturel en A.O.F.* ».

Plongé dans le « néant du temps présent », ce Poète songe « au Royaume d'Enfance », lequel peut désigner plusieurs lieux d'origine dans les textes de Senghor. Dans cette postface, il est tant son Sine Saloum natal, que le jardin de la Genèse auquel il fait référence à la fin de ce passage :

> Le voilà, maintenant, le Poète au bout de son effort, amant-amante, baveux, glaireux, reposant sur le flanc, non pas triste ah ! non, mais triomphant : léger, détendu et caressant son fils, le poème, comme Dieu à la fin du Sixième Jour (*ibid.*).

Ce lieu est celui de la communion harmonieuse et, comme les poètes qui « sentent en nègres » ne l'ont pas quitté[8], leur poésie présentifie ce Royaume de « l'unité dans la diversité[9] ». En somme, pour les poètes qui « sent[ent] en nègres » (*ibid.*, p. 225) et s'expriment en français, l'enjeu est de créer un poème où le « Royaume d'Enfance » apparaît comme il le fait dans la poésie africaine traditionnelle. Tel était le projet des poètes de l'*Anthologie* : de faire, en langue française, ce que les « maîtres » savent faire avec les langues négro-africaines. La « nouvelle poésie de langue française » n'est donc pas la transposition en langue française des arts verbaux traditionnels négro-africains, mais la composition d'une « poésie nègre » en langue française qui est l'expression de la réalité profonde qui dépasse les apparences.

De tels propos étayent la thèse de ceux qui décrivent la négritude comme un nationalisme culturel. Le « néant du temps présent » représenterait la destruction de l'Éden précolonial et la « poésie nègre » refléterait la nostalgie du passé perdu. Le repli sur l'« identité nègre » ferait ainsi naître les consciences nationales africaines et serait le moteur de l'indépendantisme. Il importe de ne pas lire cette postface trop rapidement. Revenons au songe du poète, qui n'est pas simple rêverie, mais révélation des possibles discernés par les « Voyants » et « messagers de Dieu » que sont les « poètes nègres[10] ». Ces derniers voient tant le « Royaume d'Enfance », que la « Terre promise de l'Avenir », lieux qui

---

8 Senghor écrit que le Royaume d'enfance est le Royaume « de l'art et de la poésie » (Senghor, 1964, p. 157 ; *ibid.*, p. 162).

9 Dans *Saint-John Perse, ou poésie du royaume d'enfance*, Senghor écrit : « *L'unité dans la diversité*, telle est la loi majeure des poésies traditionnelles » (*ibid.*, p. 355).

10 Dans le lexique catholique, le songe est le « [m]oyen par lequel Dieu manifeste parfois sa volonté ou révèle l'avenir » et une « [r]évélation destinée à éclairer une personne ». *Cf. Songe*, https://Église.catholique.fr/glossaire/songe/ (consulté le 09/08/2018).

ne sont pas à confondre[11]. Senghor ne fait pas qu'exalter le « retour aux sources » ainsi que l'écrit Chevrier, il annonce aussi que le « poète nègre » mène ses lecteurs vers la « Terre promise », comme cet autre prophète qu'était Moïse dans le livre de l'Exode. Ce n'est donc pas la nostalgie d'un Éden perdu qui anime le postfacier, mais l'espoir que l'humanité est en marche vers sa réconciliation. La citation suivante, qu'élident les glossateurs, en devient bien moins énigmatique[12] : « Il m'a donc suffi de nommer les choses [du Royaume d'Enfance], les éléments de mon univers enfantin, pour prophétiser la Cité de demain, qui renaîtra des cendres de l'ancienne, ce qui est la mission du Poète » (*ibid.*, p. 221). En 1956, cette Cité, que le poète a pour mission de prophétiser, n'était pas la République du Sénégal, mais la France.

L'« AUTHENTIQUE POÉSIE NÈGRE, QUI NE RENONCE PAS, POUR AUTANT, À ÊTRE FRANÇAISE »

Repenchons-nous sur les reproches que les poètes de l'*Anthologie* ont dû essuyer. Leurs détracteurs leur prescrivent de « sentir en français » s'ils écrivent en langue française. Senghor rétorque que les « poètes nègres » ne peuvent s'empêcher d'être eux-mêmes et « sentir en nègres ».

11 Pour Geneviève Lebaud-Kane, par l'image du « Royaume d'enfance », Senghor exprime son regret du paradis perdu. Citant la postface du recueil *Éthiopiques*, elle relève que « le Royaume d'enfance n'est pas un passé, il est une aspiration, et partant un avenir à recréer par la magie de la parole poétique » (Lebaud-Kane, 2002, http://books.openedition.org/pulm/1567 (consulté le 26/04/2019)). Dans cet article, dont le thème est le « Royaume d'enfance », elle ne fait significativement aucune mention de la « Cité de demain ».

12 Jocelyne Lebrun, dans « Léopold Sédar Senghor et la mission du poète », exemplifie aussi un aveuglement complet devant le contexte politique dans lequel Senghor écrit la préface d'*Éthiopiques*. Après avoir présenté le rapport entre les propos de Senghor sur l'« âme nègre », son esthétique et sa théorie du symbole, elle affirme que « la mission du poète est essentiellement *mystique* et même *religieuse* en tant qu'elle a pour objet de traduire son union à Dieu » (Lebrun, 1987, p. 304). Le Poète, écrit-elle, est « d'abord *prophète*, il est annonciateur de la Bonne nouvelle et sa parole a vertu *démiurgique*. [...] Et son Évangile est celui de l'Homme authentique, tel qu'il était avant que le monde fût divisé contre lui-même » (*ibid.*, p. 306). Jamais Lebrun ne suggère que la « Cité de demain » de la postface d'Éthiopiques qu'elle cite (*ibid.* p. 308) désigne un État réel. La poésie nègre est donc, selon elle, « annonciatrice de cette bonne nouvelle ; "la négritude retrouvée" » (*ibid.*, p. 310).

Il anticipe alors la réaction de ses contradicteurs : « Mais on me posera la question : “Pourquoi, dès lors, écrivez-vous en français ?” ». Cette question aura la vie longue, comme en témoigne Waberi dans *Pour une littérature-monde* en 2007. Senghor répond :

> Parce que nous sommes des métis culturels, parce que, si nous sentons en nègres, nous nous exprimons en français, parce que le français est une langue à vocation universelle, que notre message s'adresse aussi aux Français de France et aux autres hommes (*ibid.*, p. 225).

Il est alors lieu de rappeler que l'*Anthologie* est publiée en 1948 à l'occasion du centenaire de la Révolution de 1848 et du décret d'abolition de l'esclavage. Un rapide détour par l'introduction de ce recueil permettra d'aborder autrement les reproches des critiques :

> Qu'il nous soit permis de rappeler seulement le décret du 27 avril 1848, qui abolissait définitivement l'esclavage, et cet autre décret, en date du même jour, qui instituait l'instruction gratuite et obligatoire dans les Colonies. C'est ainsi que les hommes de couleur, singulièrement les Nègres, ont pu accéder non seulement à la liberté du citoyen, mais encore et surtout à cette vie personnelle que seule donne la culture ; c'est ainsi qu'ils ont pu, malgré la régression que constituèrent le Second Empire et la Troisième République, apporter leur contribution à l'humanisme français d'aujourd'hui, qui se fait véritablement universel parce que fécondé par les sucs de toutes les races de la terre (Senghor, 1977, p. 1).

Introduisant son anthologie, Senghor présente une poésie écrite par des Français (à l'exception des Haïtiens) et en fait la preuve que l'assimilation politique des « Nègres » en 1848 « a fait œuvre féconde ». Définissant la liberté comme l'accession à la citoyenneté française, il la présente comme ce qui rend possible aux diverses races d'apporter leur contribution à l'humanisme français, devenu « véritablement universel » grâce à l'extension de la France sur les quatre continents. En 1948, rappeler que les nouveaux affranchis ont accédé à « la liberté du citoyen » revient à suggérer, en puisant dans l'histoire occultée de la République, que la réalisation de la pleine citoyenneté pour laquelle il milite à l'Assemblée nationale est non seulement possible, mais surtout permettrait à la France de cesser de bafouer les valeurs républicaines[13]. La question implicite

13 Il ne s'agit pas de présenter Senghor en naïf. Ami de Césaire, il sait pertinemment que l'Abolition n'a pas véritablement transformé les conditions de vie des affranchis. Au

est évidemment de savoir si l'accession à la citoyenneté de statut local en 1946 portera les mêmes fruits. Dans la postface de 1956, écrite alors que la loi-cadre Defferre est en cours de rédaction, ces questions se font d'autant plus urgentes.

On pourrait me répondre qu'il n'est pas question de statuts juridico-politiques dans ce texte. J'ai reproduit la typographie d'origine dans la citation au-dessus parce qu'elle nous suggère de ne pas lire Senghor trop rapidement. Écrit en italiques, « *français* » est sans ambiguïté la langue française. « Français », conformément à la règle sur les noms gentilés, prend une majuscule. Mais quand Senghor dit que le métis culturel sent en nègre et s'exprime en français, pouvons-nous être certains qu'il fait ici référence à la langue ? La typographie, le parallélisme syntaxique et le fait que le métis naît de la rencontre de la culture nègre et française laissent une large place au doute : la préposition « en » peut tout aussi bien introduire un complément de manière. La typographie est inversée, mais le cas est le même dans la sommation des détracteurs : si vous écrivez « en français », il faut que vous sentiez « en *français* » (Senghor, 1964, p. 218). À quoi donc peut faire référence ce nom gentilé sans majuscule ? Pour le « on » qui pose la question ci-dessus, la réponse est simple : ils adhèrent à l'idée herderienne selon laquelle chaque langue exprime la pensée d'un peuple ou d'une culture. Pour eux, le Français sent en français et exprime la culture française en langue française. Le poète nègre qui revendique le fait qu'il sent en nègre et s'exprime en français pose problème : au-delà de sa langue d'écriture, il ouvre une brèche dans la putative homogénéité de la culture française. On retrouve ici la même idée que celle exprimée dans le *Manifeste des 44* : les auteurs venus d'ailleurs sont contraints de se fondre dans le creuset assimilationniste. La grande différence est que les enjeux, qui se font fortement sentir dans les sommations des critiques, ne sont pas uniquement littéraires en 1956 : ils sont de part en part traversés par des problématiques politiques, parce que « l'ailleurs » d'où viennent les auteurs est la France. De même, les

contraire des propriétaires qui ont été indemnisés, aucune redistribution en faveur des esclaves n'accompagne leur émancipation. En outre, à la veille de son affranchissement, il est imposé à l'esclave de signer un contrat de travail avec son ancien maître, contrat qui l'impose de continuer à faire les mêmes tâches, sous peine de poursuites judiciaires et d'emprisonnement pour « vagabondage ». *Cf.* Nicaise, Stéphane, « La question noire en France. Mémoire de l'esclavage et mobilisation sociale », *Études*, vol. 405, n°9, 2006, p. 199-208.

« Français de France » (*ibid.*, p. 220) ont des homologues de l'autre côté de la Méditerranée – les « Français d'Afrique » (*ibid.*), qui sont citoyens depuis 1946 et les « Antillais » (*ibid.*, p. 219) qui le sont depuis 1848. L'enjeu de cette postface n'est donc pas seulement de présenter ce qui fait la négritude d'un poète, il est aussi, voire surtout, la définition du « poète national » et de la nation française que cet adjectif indique. On voit poindre cette problématique dans le paragraphe ci-dessous :

> Il n'est pas question de comparer les poètes de l'Anthologie aux grands poètes nationaux, encore qu'un Gaétan Picon, un Jean-Paul Sartre, un André Breton n'hésitent pas à hausser Césaire au niveau des plus grands. Notre ambition est modeste : elle est d'être des *précurseurs*, d'ouvrir la voie à une authentique poésie nègre, qui ne renonce pas, pour autant, à être française (*ibid.*, p. 224).

Plus loin, il insiste sur l'irréductible différence des poètes nègres :

> Il est question, je le répète, dans cette étude, de montrer les différences de *situation* et que, si l'essence de la poésie est partout la même, les tempéraments et les moyens des poètes sont divers. Reprocher, à Césaire et aux autres, leur rythme, leur « monotonie », en un mot leur *style*, c'est leur reprocher d'être nés « nègres », antillais ou africains et non pas « français » sinon chrétiens ; c'est leur reprocher d'être restés eux-mêmes, irréductiblement sincères (*ibid.*).

« Situation » est tiré du lexique sartrien, mais j'en ferai un usage tout aussi souple que Senghor pour présenter les enjeux à l'horizon de cette démonstration qui ressemble plus à une introduction à l'ésotérisme africain qu'une description de la poésie nègre. En vérité, les reproches qu'essuient les poètes, reproches qui semblent porter sur des questions esthétiques, sont eux-mêmes les signes d'une réalité plus profonde, aisément discernable à qui connaît le contexte politique – la situation coloniale – dans lequel il rédige ces lignes. Les tempéraments sont différents, dit-il, mais cette réponse ne satisferait que les lecteurs trop hâtifs. Remarquons que la citation au-dessus n'implique pas une comparaison entre poètes nationaux et poètes étrangers, parce que Senghor, comme Picon, Sartre et Breton, considère que les poètes de l'*Anthologie* sont des poètes français, ce qui est effectivement le cas pour la plupart d'entre eux à l'écriture de cette postface. Les dépréciateurs de la « poésie nègre de langue française » semblent bien plus préoccupés de fixer les critères qui permettent d'identifier le poète national et la nation française que par le souci de définir les traits de la « poésie nègre ». En réalité, sommer les « poètes nègres » de « sentir en français » (*ibid.*, p. 218) s'ils écrivent en langue française est défendre l'idée selon laquelle la nation française doit être culturellement homogène. Autrement dit, s'il y a des héritiers de Herder dans cette postface, ce sont les critiques. Leur problème n'est donc pas tant le caractère « nègre » de cette poésie, que le fait que Senghor prétend qu'elle est française. Le pendant politique de ces questions esthétiques devient alors évident : ces dépréciateurs frustrent les ambitions du « poète nègre » qui veut être « authentiquement nègre » sans renoncer à être Français, c'est-à-dire pleinement membre de la nation et cultiver sa différence.

Aussi gagnerons-nous à remarquer que, dans le domaine littéraire, Senghor fait face à la résistance de critiques, laquelle est comparable à celle du gouvernement républicain qui n'accorde pas la pleine égalité aux Français d'outre-mer tant que ceux-ci n'ont pas démontré qu'ils sont devenus « français ». Pour reprendre les termes des détracteurs, pour accéder au droit de cité dans la République, il fallait « sentir en *français* ». La thèse selon laquelle la négritude est une réaction nationaliste à des politiques assimilationnistes est le fruit d'une méconnaissance tant des politiques coloniales françaises, que du projet de décolonisation par fédéralisation de la France que Senghor défend à l'Assemblée nationale. Il s'ensuit que la plupart des glossateurs de cette postface ne parviennent pas à saisir la manière toute particulière avec laquelle il articule la poésie et le politique. Senghor revendiquait le droit à la négritude et à l'égalité pour les citoyens d'outre-mer qu'il représentait à l'Assemblée nationale, ce qui n'est pas défendre son identité culturelle contre une putative politique d'assimilation, mais critiquer la ségrégation et hiérarchisation des Français en fonction de leur culture et mettre en exergue l'incompatibilité entre les valeurs républicaines et l'ethnonationalisme. En littérature comme en politique, les prises de position de Senghor peuvent être résumées par la citation suivante, issue du second rapport sur la révision du titre VIII qu'il rend à Edgar Faure en 1955[14] : « la communauté suppose l'égalité et l'unité dans la diversité » (Senghor, 1971, p. 173). Théorisant l'altérité « nègre » de ces poèmes, Senghor ne souhaitait pas qu'elle puisse être comprise comme l'indice de l'extranéité

14 Le titre VIII de la Constitution comporte les articles relatifs à l'Outre-mer.

des poètes, mais comme la preuve de la diversité des Français. Poèmes et poètes, insiste-t-il, sont « nègres » et « français ». Ainsi, de même que les « Français d'Afrique » ne pouvaient pas être incorporés dans la nation française dont ils étaient déjà membres, de même, pour Senghor, leur « poésie nègre » appartenait déjà au corpus littéraire français.

Comme le confirment les textes politiques contemporains de *Comme les lamantins vont voir à la source*, dont ses rapports à Edgar Faure, la « Cité de demain » est une communauté politique française où l'égalité et la diversité culturelle ne sont plus incompatibles. La défense de la nouvelle poésie nègre de langue française et la mission que Senghor attribue au poète sont à comprendre à l'aune de son espoir, alors encore en vie, que la République fédérale française verrait le jour. Or, dès l'adoption de la loi-cadre Defferre, le processus de décolonisation s'oriente vers la création d'une pluralité d'États-nations et, suite aux indépendances africaines, la citoyenneté et la nationalité ne seront plus françaises en Afrique. À la désagrégation de la Communauté française en 1960, ce sont les conditions de possibilité de l'égalité entre « Français d'Afrique » et « Français de France » qui disparaissent et, avec elles, cette « Cité de demain » que le poète avait pour mission de prophétiser. La majorité des « poètes nègres » continuent à écrire en langue française, mais, comme ils ne sont plus Français, ils ne peuvent plus être des « précurseurs » ni songer à la « Terre promise » qu'était l'État fédéral imaginé par Senghor. Ainsi, s'ils peuvent continuer à ouvrir la voie à une poésie « authentiquement nègre », ils doivent renoncer à ce qu'elle soit française. La désagrégation de la Communauté française, autrement dit, donne naissance à ladite « littérature francophone », où la poésie est pensée et comprise dans le cadre de la défense et de l'illustration de diverses identités culturelles et n'est plus liée au projet de voir advenir une communauté politique française, plurinationale et égalitaire.

CONCLUSION

L'*Anthologie de la nouvelle poésie nègre et malgache de langue française* est publiée à l'occasion du centenaire de la Révolution de 1848 et du décret d'abolition de l'esclavage. On ne le sait peut-être plus aujourd'hui, mais ce centenaire est célébré avec une remarquable discrétion. Johann Michel signale que « [l]es commémorations du centenaire de l'abolition de l'esclavage en 1948 [...] se sont résumées à une cérémonie à la Sorbonne en présence du président de la République (Vincent Auriol) et des députés Aimé Césaire, Gaston Monnerville et Léopold Senghor » (Michel, 2018, p. 105). Autrement dit, l'*Anthologie* est publiée dans un contexte d'oubli et de désintérêt pour l'histoire de l'abolitionnisme républicain. Cette discrétion n'est pas le fruit du hasard. Ces commémorations, premièrement, ont lieu deux ans seulement après l'adoption de la loi Lamine Gueye. Alors que les esclaves ont été conjointement émancipés et assimilés dans la communauté des citoyens, les « sujets » n'ont pas accédé à la pleine citoyenneté française, ce que ne manque pas de relever Senghor dans son introduction. Deuxièmement, comme le montre l'historienne Myriam Cottias dans un court article de 1998 qui a fait date, une « politique de l'oubli » a été mise en place dès 1848 afin d'effacer l'histoire servile de la France[1]. Effectivement, les esclaves émancipés ont été priés d'oublier le passé[2] et le récit national a longtemps omis de mentionner l'esclavage[3] :

1 *Cf.* Cottias, Myriam, « La politique de l'oubli (la Martinique dans la seconde moitié du XIXe siècle), Cent-cinquantenaire de l'abolition de l'esclavage », *France-Antilles*, 1998, p. 36-38 ; Cottias, Myriam, « L'oubli du passé contre la citoyenneté : troc et ressentiment à la Martinique (1848-1946) », *in* Constant, Fred, Daniel, Justin (éd.), *1946-1996 : Cinquante ans de départementalisation Outre-mer*, Paris, L'Harmattan, 1997, p. 293-313.

2 Jean-Luc Bonniol écrit : « Il est certain que l'une des premières attitudes qui put se déployer suite à la libération des esclaves fut de tourner le dos au passé d'oppression et de violence subies pour recomposer une société meurtrie. On peut en la matière rappeler la phrase inaugurale de Rostoland, gouverneur provisoire de la Martinique : *"Je recommande à chacun l'oubli du passé..."* » (Bonniol, 2007, p. 15).

3 Françoise Vergès, qui a été présidente du Comité National pour la Mémoire et l'Histoire de l'Esclavage comme Myriam Cottias, défend le même propos : « la traite des Noirs

> L'institutionnalisation de ce silence [au sujet de l'esclavage] et son enracinement dans la Nation française sont anciens : ils datent de l'instauration de la République et de la définition minutieuse de la Nation. Alors que, depuis le début du XIXe siècle, les débats abolitionnistes – dont la figure de proue demeure Victor Schœlcher – avaient été menés par les personnages français les plus connus (de Broglie, Tocqueville, Lamartine, Victor Hugo...), l'abolition de l'esclavage en 1848 a fondé « l'oubli du passé » (Cottias, 2006, p. 178).

Nous retrouvons alors, dans la justification de cet oubli, la métaphore familiale si présente dans les textes de Senghor :

> Cette prescription républicaine élémentaire, développée quelques années plus tard par Renan[4], qui avait pour objectif de permettre « aux frères esclaves d'entrer dans la grande famille nationale[5] », a eu pour effet d'enraciner l'oubli de l'esclavage dans le métarécit national en ignorant l'expérience de ce passé esclavagiste (*ibid.*).

Le prix de la fraternité est l'oubli, oubli qui n'est pas pardon, comme Senghor le présentait en travaillant avec la polysémie de ce mot. Pour Cottias, cette amnésie volontaire est constitutive de l'identité nationale :

> Or, dans une période où l'histoire devenait une institution nationale selon la formule d'Augustin Thierry et où elle participait à la définition de l'identité nationale, cette absence, attestée dans les livres d'histoire, révélait les impensés de la République et les lignes de fracture de l'universalisme. [...] De Michelet jusqu'à Renan, en passant par Augustin Thierry, Guizot ou Mignet, la place des colonies antillaises dans la Révolution française est tout simplement niée alors qu'elles avaient forcé à préciser les termes de « Liberté », d'« Égalité » et de « Fraternité ». Le silence est complet chez Lavisse (*ibid.*, p. 178-179).

De manière à la fois similaire et différente, l'accession à la citoyenneté en 1946 forçait à préciser ces mêmes termes, tâche à laquelle Senghor a activement souhaité participer. Il est aujourd'hui significatif que la IVe République soit si méconnue. Comme je l'ai écrit dans mon introduction, aux indépendances, l'historiographie a radicalement changé son

---

et la libération des esclaves ne vont pas être intégrées dans la geste de l'émancipation républicaine » (Vergès, 2007, p. 104).

4 Cottias fait référence à la conférence *Qu'est-ce qu'une nation ?* qu'Ernest Renan prononce à la Sorbonne le 11 mars 1882.

5 Cottias cite la Circulaire ministérielle du 7 mai 1848 portant instruction pour l'exécution du décret du 27 avril 1848.

rapport à l'Empire. Cottias, qui s'intéresse avant tout à l'évincement de l'histoire esclavagiste de la France, remarque aussi le silence sur la place constitutive de la période coloniale dans l'identité française :

> Cette troncature est demeurée jusqu'à nos jours comme en témoigne les ouvrages sur la France les plus fameux : que ce soit chez Fernand Braudel ou encore dans l'ouvrage de Pierre Nora *Les lieux de mémoire* où aucun article n'est consacré au domaine colonial, ni à l'abolition de l'esclavage (*ibid.*, p. 179).

En somme, la France se singularise donc par le silence qu'elle maintient sur ces pans de son histoire.

J'ai introduit la première partie de ma thèse en me référant au célèbre article de Georges Balandier pour souligner le fait que Senghor est plongé dans une « situation coloniale » quand il écrit les textes qui forment mon corpus d'étude. En 2007, plus de 50 ans après la publication de son article, Balandier a préfacé l'ouvrage collectif *La situation postcoloniale*. Marie-Claude Smouts, qui a dirigé cet ouvrage, l'introduit en faisant le bilan d'années de querelles et controverses déclenchées par le cent-cinquantième anniversaire de l'Abolition. Elle met en évidence le fait que la polarisation des positions idéologiques a fini par faire paraître la recherche sur « la situation postcoloniale » comme un risque pour la cohésion nationale : « L'analyse des continuités entre la situation coloniale et la situation postcoloniale a été confondue avec l'affirmation d'une analogie entre les deux situations, la reconnaissance des zones d'ombre du passé colonial avec la repentance et la réparation, la dénonciation des discriminations rencontrées par les Français d'origine arabe ou africaine avec l'"ethnicisation" de la société française, la mémoire à l'œuvre dans les départements d'outre-mer avec l'exaltation du refoulé, la confrontation des situations d'inégalité à l'idéal républicain avec une offensive contre les fondements de la République, etc. » (Smouts, 2007, p. 27).

Si Senghor écrit en « situation coloniale », j'ai mené mes recherches et réflexions en « situation postcoloniale », c'est-à-dire non seulement après l'accession à l'indépendance des territoires ultramarins, mais aussi en un temps où le passé colonial de la France est d'actualité politique. Il m'importe donc, en conclusion de ce travail, de présenter brièvement le conflit entre les quêtes mémorielles et l'histoire nationale qui s'est déchaîné en France depuis 1998 et qui a mis la République face à son passé colonial d'une manière jusqu'ici inédite, avant de poser la question de la pertinence de l'étude de l'œuvre de Senghor dans la « situation postcoloniale » actuelle. Ce rapide historique présentera l'antagonisme qui a dégénéré en « guerre des mémoires[6] », laquelle s'organise en France « autour de deux notions très fortes : la concurrence des victimes et la “repentance” » (Blanchard & Veyrat-Masson, 2008, p. 15). En premier lieu, partant du cent-cinquantenaire de l'abolition de l'esclavage, je présenterai le processus qui mène à l'adoption de la loi Taubira en 2001. En second lieu, je proposerai 2005 comme date où une « identité noire » se cristallise en France et où apparaît corrélativement ce qui a pris le nom de « question noire[7] ».

LE 150e ANNIVERSAIRE DE L'ABOLITION

En 1998, le gouvernement a souhaité mettre l'histoire abolitionniste de la France en valeur, mais cette commémoration du cent-cinquantenaire de l'abolition de l'esclavage a plutôt inauguré la mise en débat public de la mémoire de la traite et de l'esclavage colonial[8]. Le 26 avril, le Premier ministre Lionel Jospin prononce, à Champagney,

6 *Cf.* Dosse, François, « L'histoire à l'épreuve de la guerre des mémoires », *Cités*, vol. 33, nº 1, 2008, p. 31-42 ; Stora, Benjamin, *La guerre des mémoires : la France face à son passé colonial (entretiens avec Thierry Leclere)*, La Tour d'Aigues, Éditions de l'Aube, 2007 ; Blanchard, Pascal, Veyrat-Masson, Isabelle, *Les guerres de mémoires. La France et son histoire. Enjeux politiques, controverses historiques, stratégies médiatiques*, Paris, La Découverte, 2008.

7 *Cf.* Nicaise, Stéphane, art. cité, 2006, p. 199-208 ; Thomas, Dominic, « L'émergence d'une “question noire” en France ? », *in* Mbembe, Achille (éd.), *Ruptures postcoloniales. Les nouveaux visages de la société française*, Paris, La Découverte, 2010, p. 403-413 ; Blanchard, Pascal, « Question noire et présence afro-antillaise en France : de l'invisible au visible », *in* Poinsot, Marie (éd.), *Migrations et mutations de la société française. L'état des savoirs*, Paris, La Découverte, 2014, p. 324-332 ; Dozon, Jean-Pierre, « La “question noire” éclairée par l'histoire longue du colonialisme français », *Matériaux pour l'histoire de notre temps*, vol. 85, nº 1, 2007, p. 22-26 ; Senghor, Richard, « Le surgissement d'une “question noire” en France », *Esprit*, vol. janvier, nº 1, 2006, p. 5-19 ; Senghor, Richard, « Normalisation de la “question noire” ? Le cas français », *Le Débat*, vol. 186, nº 4, 2015, p. 94-104 ; Durpaire, François, « Vers un mouvement français des droits civiques ? », *Mouvements*, vol. 51, nº 3, 2007, p. 13-23.

8 *Cf.* Giraud, Michel, « Les enjeux présents de la mémoire de l'esclavage », *in* Weil, Patrick, Dufoix, Stéphane, dir., *L'esclavage, la colonisation, et après…*, Paris, Presses Universitaires de France, 2005, p. 533-558.

le discours qui inaugure les commémorations officielles. Après avoir rendu hommage à Schœlcher, il se montre soucieux de réconciliation nationale et résume son propos par une formule-choc qui n'aura pas les effets escomptés : « Nous sommes tous nés en 1848 ». Comme le souligne Jean-Luc Bonniol, Jospin cherche à défendre une conception républicaine de l'identité nationale : « Il s'agit de faire prendre conscience que l'accès à une pleine humanité pour tous les Français n'a été rendu possible qu'à partir du moment où tous les hommes de ce pays, quels qu'ils soient, ont été reconnus comme tels, être libres, mais aussi dotés d'une existence légale (reconnue par l'enregistrement dans l'état civil), traduisant par là la volonté de donner une identité commune à l'ensemble des Français sans distinction ethnique, religieuse ou culturelle, au nom d'une certaine conception de l'identité nationale, faite de l'adhésion à des valeurs fondamentales » (Bonniol, 2006, p. 64). Or la formule-choc est ressentie comme une provocation par des collectifs antillais, ce qui révèle l'écart entre l'attente mémorielle de ceux qui s'estiment descendants d'esclaves et les propositions commémoratives officielles. « Pour les collectifs antillais (aussi bien aux îles que dans la migration) », explique Bonniol, « la formulation du passé proposée par le gouvernement fait l'impasse sur un épisode loin d'être glorieux de l'histoire de France ; elle s'inscrit dans la poursuite du mouvement d'assimilation de la population descendant des esclaves, en oubliant son droit à la mémoire et l'effacement d'une quelconque responsabilité assumée par l'État concernant son passé esclavagiste » (Bonniol, 2007, p. 17). À Paris, le Comité pour une commémoration unitaire du cent-cinquantenaire de l'Abolition de l'esclavage des Nègres dans les colonies françaises s'organise. Fédérant les associations qui contestent la mémoire historique nationale, il lance un appel à une marche silencieuse. Le Comité considère que les descendants d'esclaves ont un « Devoir de Mémoire » à accomplir et doivent « commémorer les souvenirs de ces Martyrs ». Il veut aussi rappeler aux « Citoyens du Monde » que la traite était une « Déportation de millions d'Africains[9] ». L'appel à la mobilisation est entendu : le 23 mai 1998, au cent-cinquantième anniversaire de

9 J'ai conservé les majuscules du texte. Le communiqué de presse peut être consulté le site du CIFORDOM (Centre d'Information, Formation, Recherche et Développement pour les Originaires d'Outre-Mer), http://cifordom.net/23-mai-1998-une-marche-historique/ (consulté le 30/03/2019).

l'abolition de l'esclavage en Martinique[10], une grande marche réunit à Paris environ 40 000 Français originaires des Antilles. Contestant ouvertement la mémoire officielle, la foule brandit des pancartes revendiquant la reconnaissance de l'esclavage comme crime contre l'humanité, et déplace la focale mémorielle que le gouvernement avait mise sur le décret d'abolition vers les victimes de l'esclavage et de la traite.

LA LOI DU 21 MAI 2001 DITE LOI TAUBIRA

Dans son article, « Esclavage et réparations. Construction d'un problème public (1998-2001)[11] », Johann Michel fait l'histoire de l'action des entrepreneurs de mémoire[12] qui a mené à la reconnaissance de l'esclavage comme crime contre l'humanité en France. Au sujet de la marche du 23 mai, il indique que « [c]ette mobilisation collective, sans précédent sur le territoire hexagonal, permet de construire un collectif de "descendants d'esclaves" qui se revendiquent désormais comme tels » (Michel, 2017, p. 148). Se concevoir en « descendant » et répondre à l'appel au « devoir de mémoire » revient à nier l'idée de nouvelle naissance que la commémoration officielle a souhaité promouvoir[13]. Cette contestation, qui

10 Les esclaves martiniquais se sont révoltés le 22 mai et obtiennent l'abolition de l'esclavage par le gouverneur Louis de Rostoland le 23 mai 1848, c'est-à-dire avant l'arrivée des émissaires du gouvernement métropolitain.

11 Michel, Johann, « Esclavage et réparations. Construction d'un problème public (1998-2001) », *Politique africaine*, vol. 146, n° 2, 2017, p. 143-164.

12 Michel précise : « On parle d'entrepreneurs de mémoire pour désigner les acteurs collectifs associatifs qui cherchent à traduire leurs revendications mémorielles en politiques publiques de la mémoire » (Michel, 2017, p. 148).

13 Pour Bonniol, le fait que certains Français se conçoivent comme « descendants » est le symptôme de la racialisation des rapports sociaux. Il soutient que cette racialisation, construite sur la croyance en la permanence de l'origine, établit un antagonisme entre les « noirs » qui héritent des « survivances » de l'esclavage et les « blancs » qui sont incapables de comprendre leurs souffrances : « Le traumatisme originel, supposé avoir été transmis de génération en génération, ne concerne que les seuls Antillais qui ont un devoir de mémoire par rapport à cette affiliation (est considéré comme Antillais tout originaire des DOM qui se proclame "fils ou fille d'esclaves", à partir d'une mémoire généalogique partagée). Ainsi se différencient une lignée de victimes et une lignée de bourreaux, reproduisant une interaction antérieurement définie par l'histoire » (Bonniol, 2006, p. 65).

surgit dans l'espace public en 1998, a été préparée en amont dans divers collectifs et associations. Michel met notamment en exergue le rôle que jouent les intellectuels et écrivains ultramarins dans cette préparation, dont Édouard Glissant et Patrick Chamoiseau, qui travaillent à lever le non-dit sur l'esclavage. En 1997, en Martinique, le Comité devoir de mémoire (CDM) est créé, lequel « va servir d'espace intermédiaire entre les milieux littéraires, où s'inventent de nouvelles grammaires de la mémoire de l'esclavage, et les enceintes parlementaires, où se discuteront les projets de loi relatifs à la reconnaissance de l'esclavage comme crime contre l'humanité » (*ibid.*, p. 151). En effet, le CDM organise une série de colloques qui réunissent des historiens, des juristes, des acteurs politiques (dont Christiane Taubira), des responsables associatifs et des écrivains (comme Glissant et Chamoiseau, qui sont membres du CDM dès sa formation). Au colloque international organisé à la Sorbonne en hommage à Glissant, à la table ronde *De l'esclavage au Tout-Monde* du 11 mars 1998, Glissant prend la parole et expose une opinion qui sera riche de répercussions : « je pense réellement que nous devrions exiger que l'esclavage soit considéré comme un crime contre l'humanité, et que nous devrions poser cette question devant les instances de l'ONU[14] ». L'enjeu est donc de traduire « dans un langage de droit ce qui n'est encore qu'une protestation morale et une injonction littéraire-identitaire » (*ibid.*, p. 155). Le traducteur sera Emmanuel Jos[15], qui rencontre Christiane Taubira à l'occasion des colloques organisés par le CDM et qui mobilise son expertise juridique au service de la cause de la reconnaissance de la traite et de l'esclavage comme crime contre l'humanité. En 1998, une commission des lois, dont le rapporteur est Taubira, est formée au sein du parlement français pour examiner la question. Cette commission rédige une proposition de loi en faisant référence aux travaux de Jos, proposition qui est adoptée en première lecture à l'Assemblée nationale le 18 février 1999. Le Sénat l'adoptera le 23 mars 2000. Le 10 mai, la loi est adoptée en deuxième lecture, et le 21 mai 2001, la loi Taubira est promulguée. Elle est une des quatre lois mémorielles françaises[16].

---

14 Michel cite Chevrier, Jacques (éd.), *Poétiques d'Édouard Glissant*, Paris, Presses de l'Université de Paris-Sorbonne, 2000, p. 57.

15 Emmanuel Jos est juriste et professeur de droit public à l'université des Antilles.

16 Ces quatre lois sont : la loi du 13 juillet 1990 tendant à réprimer tout acte raciste, antisémite ou xénophobe, dite loi Gayssot ; la loi du 29 janvier 2001 relative à la reconnaissance

Je précise que Glissant, dans son intervention à la table ronde mentionnée ci-dessus, rendait explicite qu'il ne souhaitait pas que la reconnaissance du crime contre l'humanité se double d'une demande de réparations matérielles : « On ne doit pas accuser tel ou tel pays d'avoir pratiqué ou autorisé l'esclavage, ou d'en avoir bénéficié » (Chevrier, 2000, p. 57). Sur ce plan, son point de vue ne sera pas adopté par la Commission, qui pose la question des réparations matérielles pour les sociétés post-esclavagistes et la met à l'agenda parlementaire. Concrètement, relève Michel, qui commente les discussions à l'examen de la loi en deuxième lecture à l'Assemblée nationale, l'objectif est « d'annuler une partie de la dette des pays africains du fait des préjudices qu'ont entraînés l'esclavage et la traite sur le développement du continent » (Michel, 2017, p. 162). Face à un gouvernement défavorable aux réparations matérielles, afin d'obtenir la reconnaissance de l'esclavage comme crime contre l'humanité, la Commission des lois finit par sacrifier l'article 5 de la proposition de loi, article qui engageait les pouvoirs officiels sur la voie d'une politique de réparation. La loi Taubira, conclut Michel, « ne prévoit que des réparations que l'on peut qualifier de morales et de symboliques, aussi fondamentales soient-elles, sans pour autant résorber l'incommensurabilité du crime. L'irréparable hante toute politique de réparation de l'esclavage » (*ibid.*). Or la labélisation comme crime contre l'humanité de la traite et de l'esclavage donne légitimement le droit à des réparations, et, bien que les mobilisations collectives pour les réparations matérielles aient échoué à traduire en politique leurs revendications en 2001, la possibilité de telles réparations est désormais ouverte en France et elle enflammera des conflits idéologiques qui exploseront en 2005.

---

du génocide arménien de 1915 ; la loi du 21 mai 2001 tendant à la reconnaissance de la traite et de l'esclavage en tant que crime contre l'humanité dite loi Taubira ; la loi du 23 février 2005 portant reconnaissance de la Nation et contribution nationale en faveur des Français rapatriés.

2005 : LE JAILLISSEMENT DE LA « QUESTION NOIRE » EN FRANCE

En 2005, la question de la mémoire coloniale est au cœur du débat public. L'année durant, la dispute au sujet de la date à choisir pour la commémoration de l'esclavage fait rage[17]. Le 23 février, la quatrième loi mémorielle française, « portant reconnaissance de la Nation et contribution nationale en faveur des Français rapatriés », est promulguée. Elle est à l'origine d'une vive controverse, notamment du fait de son article 4 alinéa 2 reconnaissant le rôle positif de la présence française outre-mer[18]. L'« Appel pour les assises de l'anticolonialisme postcolonial : Nous sommes les Indigènes de la République ! » est lancé dans ce contexte de revalorisation de la colonisation française. Ses rédacteurs expliquent les discriminations en France par les crimes du passé colonial. Le mois suivant, à la suite des violences des manifestations lycéennes du 8 mars 2005, est lancée la pétition nommée « L'appel contre les "ratonnades anti-Blancs" » dans les médias français. Elle est signée par des personnalités aussi importantes et médiatisées que Pierre-André Taguieff et Alain Finkielkraut. L'idée même de la possibilité d'un « racisme antiblanc » suscite de vives réactions. En novembre 2005, en réponse aux émeutes, des déclarations sur l'impossible « intégration » de certains groupes se font entendre dans les médias. Fin novembre, le Conseil représentatif des associations noires de France (CRAN) est fondé. Le CRAN a pour objectif de défendre les populations noires de France contre les discriminations dont elles sont

17 Le choix du 10 mai, arrêté par le Président de la République, met un terme au débat. Le 10 mai 2006 est choisi comme première journée des « Mémoires de la traite négrière, de l'esclavage et de leurs abolitions ». Ce sera donc l'adoption de la loi reconnaissant l'esclavage comme crime contre l'humanité qui sera commémorée, contre les autres propositions, comme le 4 février ou le 27 avril, qui rappelaient les abolitions et mettaient en avant les vertus de la République. Le Président s'est rallié à l'avis du Comité pour la mémoire de l'esclavage.

18 L'alinéa 2 de cet article 4, abrogé par décret du 15 février 2006, disposait que : « Les programmes scolaires reconnaissent en particulier le rôle positif de la présence française outre-mer, notamment en Afrique du Nord, et accordent à l'histoire et aux sacrifices des combattants de l'armée française issus de ces territoires la place éminente à laquelle ils ont droit. »

victimes. En décembre, après que plusieurs associations ont rappelé le fait que Napoléon a rétabli l'esclavage en 1802, le président Jacques Chirac et le Premier ministre Dominique de Villepin n'assistent pas à la célébration du bicentenaire de la bataille d'Austerlitz. En somme, dans les termes de Richard Senghor, « [e]n 2005, en France, une "question noire" a jailli » (Senghor, 2006, p. 5). C'est l'année de « la cristallisation d'une "identité noire" » (*ibid.*, p. 6) autour d'une « mémoire commune des souffrances du peuple noir » (*ibid.*, p. 10). Désormais, le rappel de l'histoire coloniale de la France est mis au service de la dénonciation de l'inégalité des chances et des discriminations que subissent les Français noirs.

En 2005, le monde universitaire est forcé de prendre position quand l'historien Olivier Pétré-Grenouilleau est poursuivi en justice par le collectif DOM[19] pour atteinte à la loi Taubira. Les historiens s'étaient déjà mobilisés pour appeler à l'amendement de la loi de février 2005, dont l'article 4 était jugé inacceptable. Les universitaires Gérard Noiriel, Michèle Riot-Sarcey et Nicolas Offenstadt avaient fondé le Comité de vigilance face aux usages publics de l'histoire (CVUH) et avaient lancé la pétition *Nous n'appliquerons pas l'article 4 de la loi du 23 février 2005*[20]. Ils faisaient front contre l'injonction de fonder un récit national sur la colonisation par la recherche et l'enseignement[21]. La mise en accusation de Pétré-Grenouilleau exacerbe le débat public et universitaire autour du rapport entre mémoire et histoire, et devient le symbole de l'utilisation de la mémoire et du droit contre l'histoire[22]. En réaction à l'accusation de négationnisme qui est portée contre cet historien ayant écrit « Les

---

19 Ce même collectif DOM avait attaqué en justice l'entreprise Nutrimaine, propriétaire du slogan « Y'a bon Banania », en mai 2005, ce qui avait mené à la décision du président de Nutrimaine de radier le slogan de l'Institut national de la propriété industrielle.

20 *Cf.* le site internet du CVUH, *Pétition : Nous n'appliquerons pas l'article 4 de la loi du 23 février 2005*, http://cvuh.blogspot.com/2007/03/petition-nous-nappliquerons-pas.html (consulté le 29/03/2019). Cette pétition et les autres réactions contre l'article 4 de la loi du 23 février 2005 peuvent être lues ici : *Contre l'article 4 de la loi du 23 février 2005*, http://clioweb.free.fr/dossiers/colonisation/petitions.htm#nous%20n'appliquerons%20pas (consulté le 29/03/2019).

21 *Cf.* Chivallon, Christine, « La mémoire soupçonnée. Explosion mémorielle et difficile légitimité de la mémoire de l'esclavage dans l'espace public français », *in* Chivallon Christine (éd.), *L'esclavage, du souvenir à la mémoire. Contribution à une anthropologie de la Caraïbe*, Paris, Karthala, 2012, p. 27-72.

22 *Cf.* De Saint-Victor, Jacques, « Les historiens et la "guerre de mémoires" », *Cités*, vol. 25, n° 1, 2006, p. 192-193.

traites négrières ne sont pas des génocides[23] », dix-neuf historiens, dont Pierre Nora, signent l'appel « Liberté pour l'histoire » en décembre 2005. Ils réclament l'abrogation des lois mémorielles[24] et déclarent notamment que [l]'histoire n'est pas un objet juridique. Dans un État libre, il n'appartient ni au Parlement ni à l'autorité judiciaire de définir la vérité historique. La politique de l'État, même animée des meilleures intentions, n'est pas la politique de l'histoire[25] ».

Christine Chivallon, dans *La Mémoire soupçonnée. Explosion mémorielle et difficile légitimité de la mémoire de l'esclavage dans l'espace public français*, montre que « l'affaire Pétré-Grenouilleau » a créé les conditions idéales pour que s'opère la stigmatisation des postures mémorielles en demandes excessives. Elle explique que le conflit entre positions idéologiques face à la mémoire coloniale a donné lieu à la transformation de la demande de reconnaissance du passé esclavagiste de la France en exigence, et que cette tentative d'imposer un « devoir de mémoire » a produit le refus de repentance dans le parti adverse. En réaction aux revendications du collectif DOM, du COFFAD[26], du parti Kémite, du Afrigora et du CRAN[27], qui maintiennent ouverte la question des réparations du crime esclavagiste, plusieurs ouvrages souvent très médiatiques sont publiés[28]. Chivallon relève que leurs « arguments principaux servent à la dénonciation d'abus de mémoire qui réduirait la France à de la repentance vis-à-vis d'un passé dont elle ne doit pourtant pas avoir honte » (Chivallon, 2012, p. 66). Elle fait notamment référence à *Pour en finir*

---

23 La phrase qui a mis le feu aux poudres est : « C'est aussi le problème de la loi Taubira qui considère la traite des Noirs par les Européens comme un crime contre l'humanité, incluant de ce fait une comparaison avec la Shoah. Les traites négrières ne sont pas des génocides ». *Cf.* : *Un prix pour les Traites négrières*, entretien d'Olivier Pétré-Grenouilleau par Christian Sauvage, parue dans *le Journal du dimanche*, le 12 juin 2005, cité par Catherine Coquery-Vidrovitch dans Coquery-Vidrovitch, art. cité, 2009, p. 25.

24 La loi du 13 juillet 1990 dite loi Gayssot et son article 9 sur le négationnisme, la loi du 29 janvier 2001 relative à la reconnaissance du génocide arménien de 1915, la loi du 21 mai 2001 tendant à la reconnaissance de la traite et de l'esclavage en tant que crime contre l'humanité ainsi que la loi du 23 février 2005 et son article 4 sur la reconnaissance dans les programmes scolaires du rôle positif de la présence française outre-mer.

25 *Liberté pour l'histoire*, https://www.liberation.fr/societe/2005/12/13/liberte-pour-l-histoire_541669 (consulté le 29/03/2019).

26 Le COFFAD est le Collectif des filles et fils d'Africains déportés.

27 Pour une présentation de ces groupements militants, *Cf.* Barro, Abdoulaye, « Ce que cache le débat sur la mémoire noire en France », *Controverses*, n° 2, 2006, p. 89-102.

28 Pour une liste exhaustive, *Cf.* Coquery-Vidrovitch, art. cité, 2009, p. 134.

avec la repentance coloniale de Daniel Lefeuvre, *La Tyrannie de la pénitence. Essai sur le masochisme occidental* de Pascal Brukner, *Fiers d'être français* de Max Gallo et *La France sans identité. Pourquoi la France ne s'aime plus ?* de Jean-François Paoli. Cependant, suite à l'adoption de la loi Taubira et de la loi du 23 février 2005 sur la présence française outre-mer, le « roman national » ne peut plus exclure l'esclavage et le passé colonial de la France de son récit.

Aux rééquilibrages mémoriaux qui mettent en crise « l'identité nationale », les émeutes de banlieue en 2005 ont ajouté la question des limites du modèle égalitariste républicain en rendant manifeste la corrélation entre inégalités sociales et minorités raciales ou ethniques en France[29]. Depuis 2005, la tradition universaliste française et les valeurs républicaines sont contestées, et l'affirmation que la République élabore un ordre social pour « tous les citoyens, sans distinction d'origine, de race ou de religion[30] » est reçue avec scepticisme. Chivallon estime même qu'une « vision "racialisée" […] s'impose désormais comme grille de lecture des rapports sociaux » (Chivallon, 2012, p. 52). Cette révision du modèle républicain et du récit national fait protester la gauche et la droite de l'échiquier politique. À gauche, on craint le délitement du modèle républicain. En effet, comme l'écrit Coquery-Vidrovitch, « reconnaître les revendications des minorités, et ne pas s'opposer par principe à toute forme de particularisme, linguistique, sexuel, culturel, a été et reste taxé de "communautarisme" au nom du souverainisme à la française, hérité au moins autant de la tradition de la monarchie absolue d'Ancien Régime que du "jacobinisme" centralisateur de la Révolution de 1789 » (Coquery-Vidrovitch, 2011, p. 32). À droite, on glisse progressivement du thème colonial à celui de l'identité nationale, comme chez Nicolas Sarkozy qui s'est érigé contre la « repentance » et le « communautarisme » au nom de « l'honneur de la France » ou de la « fierté d'être Français » pendant sa

29 Chivallon indique que, alors même que les catégories statistiques dites « ethniques » n'existent pas en France, les rapports officiels concluent « sur le fait que les populations sur le fait que les populations étrangères ou d'origine-étrangère sont les plus vulnérables sur le marché de l'emploi et les plus exposées au risque de chômage » (Chivallon, 2012, p. 52).

30 *Texte intégral de la Constitution du 4 octobre 1958 en vigueur*, https://www.conseil-constitutionnel.fr/le-bloc-de-constitutionnalite/texte-integral-de-la-constitution-du-4-octobre-1958-en-vigueur (consulté le 29/03/2019).

campagne présidentielle et a créé le ministère de l'identité nationale à son accession à la Présidence en 2007[31].

Dans ces conditions, les historiens deviennent les acteurs majeurs du débat public autour de la mémoire. Les historiens de la colonisation française, dont le champ d'études n'intéressait jusqu'alors qu'un cénacle de spécialistes, prennent part active au débat, et l'historiographie universitaire, qui, dès les années 1990, avait adopté de nouvelles perspectives de recherche pour mettre en exergue la « construction *commune* et *conjointe* d'une nation et d'un Empire » et mettre fin à la césure entre « l'étude d'une "France coloniale" et l'étude de la France tout court[32] », est appelée à contribuer à la révision du « roman national ».

En 2010, à la fin d'une décennie de débats publics, les historiens sont plus ou moins clivés en deux camps. Le premier groupe s'organise autour du CVUH et le second autour de l'association « Liberté pour l'histoire ». Les deux groupes revendiquent l'indépendance pour la recherche, revendication qui s'est manifestée dans leur critique de l'article 4 de la loi de 2005, mais ils n'ont pas la même conception du rôle de l'historien. Le groupe « Liberté pour l'histoire » considère que les lois mémorielles comportent un risque de censure intellectuelle. Pierre Nora, le président de l'association[33], craint notamment que l'adoption des lois mémorielles ait ouvert la voie « à une généralisation du crime contre l'humanité et à son extension à toutes les victimes de l'histoire nationale[34] ». Il met en garde que « [l]'heure est à une dangereuse radicalisation de la mémoire et à son utilisation intéressée,

31 « En France, le président de la République Nicolas Sarkozy a employé ce mot [repentance], pendant la campagne électorale, à 150 occasions au cours de six discours, pour en rejeter le principe. "Je veux en finir avec la repentance qui est une forme de haine de soi, et la concurrence des mémoires qui nourrit la haine des autres", déclarait-il [...] le soir de sa victoire électorale au 2e tour de l'élection présidentielle (dimanche 6 mai 2007) » (Blanchard, 2008, p. 21). ; *Cf.* Blanchard, Pascal, Bancel, Nicolas, « Colonisation : commémorations et mémoriaux. Conflictualité sociale et politique d'un enjeu mémoriel », *in* Mbembe, *op. cit.*, 2010, p. 480-508.

32 *Cf.* Merle, Isabelle, Sibeud, Emmanuelle, *Histoire en marge ou histoire en marche ? La colonisation entre repentance et patrimonialisation, in Concurrence des passés : Usages politiques du passé dans la France contemporaine*, Aix-en-Provence, Presses universitaires de Provence, 2006, http://books.openedition.org/pup/6006 (consulté le 27/03/2019).

33 *Cf.* le site internet de l'association Liberté pour l'Histoire, http://www.lph-asso.fr/index.html (consulté le 01/04/2019).

34 Nora, Pierre, « Malaise dans l'identité historique », http://www.lph-asso.fr/indexc927.html (consulté le 01/04/2019).

abusive et perverse[35] ». Critiquant l'instrumentalisation de la mémoire, les appels à la contrition et la victimisation, il affirme que les historiens s'élèvent contre l'inflation des lois mémorielles parce qu'« ils se trouvent en première ligne d'un combat qui intéresse la collectivité tout entière, celui de la liberté intellectuelle et des libertés publiques dans un État démocratique[36] ». Le groupe CVUH affirme que les historiens n'ont pas « le monopole de la mémoire[37] ». Ses membres déplorent donc les attaques contre les « Repentants », en qui leurs rivaux voient la source de « la mise en accusation et la disqualification radicale de la France[38] » et déclarent que les lois mémorielles « sont des actes forts de nos institutions[39] ».

Annonçant que j'écris ces lignes en « situation postcoloniale », il me faut aussi relever le fait que le surgissement des revendications mémorielles des minorités en France coïncide avec l'entrée sur la scène académique des études postcoloniales plus de vingt ans après leur émergence dans les milieux anglophones[40]. Tout aussi schématiquement, on peut dire que les deux groupes d'historiens se divisent également au niveau de leur adoption

---

35 *Ibid.*

36 *Ibid.*

37 Leur antagonisme s'est exprimé à l'occasion des « Rendez-vous de l'Histoire de Blois » de 2008. Le groupe « Liberté pour l'histoire », mené par Pierre Nora, a lancé un appel à la mobilisation des historiens contre la décision-cadre européenne visant à instituer le délit d'incitation publique à la haine ou la violence, d'apologie, de négation ou de banalisation des crimes de génocide (*Cf.* « L'appel de Blois », http://www.lph-asso.fr/index6a7b.html (consulté le 29/03/2019)). La réponse à cet appel, *Les historiens n'ont pas le monopole de la mémoire*, signée par Catherine Coquery-Vidrovitch, Gilles Manceron et Gérard Noiriel, est publiée dans le journal *Le Monde* le 7 novembre 2008 (*cf* : https://www.lemonde.fr/idees/article/2008/11/07/les-historiens-n-ont-pas-le-monopole-de-la-memoire-par-catherine-coquery-vidrovitch-gilles-manceron-et-gerard-noiriel_1116082_3232.html (consulté le 20/03/2019)).

38 Ils citent ici Pierre Nora dans Nora, Pierre, « Malaise dans l'identité historique », *in* Nora, Pierre, Chandernagor, Françoise, *Liberté pour l'histoire*, Paris, CNRS Éditions, 2008, p. 23.

39 *Les historiens n'ont pas le monopole de la mémoire*, https://www.lemonde.fr/idees/article/2008/11/07/les-historiens-n-ont-pas-le-monopole-de-la-memoire-par-catherine-coquery-vidrovitch-gilles-manceron-et-gerard-noiriel_1116082_3232.html (consulté le 30/03/2019).

40 Chivallon estime que le colloque organisé à Paris en 2006 à Paris par Marie-Claude Smouts – « Que faire des postcolonial studies ? » peut servir de repère de la prise en compte officielle des études postcoloniales. L'ouvrage issu du colloque (Smouts, 2007) fournit à la fois un panorama des diverses composantes de ce courant et des positions qu'il suscite en France. Selon Chivallon, la frilosité du milieu académique face à ces courants s'explique par la même crainte « d'une fragilisation des fondements universalistes et d'une dérive communautariste » (Chivallon, 2012, p. 50).

ou rejet des perspectives développées dans ces études. Dans l'introduction à l'ouvrage collectif dont elle est l'éditrice, Smouts signale, avec raison, que le temps de la « parenthèse coloniale » est révolu. Elle informe que, dans la recherche universitaire, depuis le tournant du millénaire, « se dessine ce que l'on peut appeler un théorème postcolonial à la française fondé sur trois propositions : le fait colonial fait partie intégrante de l'histoire de notre présent ; la domination coloniale a bouleversé les sociétés d'outre-mer, elle a aussi profondément marqué les anciennes métropoles ; pour maintenir son unité nationale, la France doit assumer son passé colonial et reconnaître les traces qui en subsistent » (Smouts, 2007, p. 25-26). Elle constate la résistance proprement française aux études postcoloniales, qui s'explique, selon elle, par le fait que « le théorème postcolonial touche au point le plus sensible de la conscience française – l'idéal de la nation républicaine héritière des Lumières – et qu'il a fait irruption dans le débat public sous une forme militante dont les finalités n'étaient pas très claires » (*ibid.*, p. 26). Affirmant que la « situation coloniale » doit être analysée et qu'il est possible d'explorer sereinement le passé pour comprendre le présent, Smouts propose comme outils les perspectives développées dans les études postcoloniales. Or, comme l'exemplifie la première décennie du XXIe siècle, les enjeux mémoriels dépassent largement la simple enquête historique[41]. Bien que le recouvrement du souvenir de l'esclavage et de la colonisation en général soit éthiquement nécessaire, maintenir cette visée éthique s'est révélé difficile. Dans l'exacerbation des passions, la revendication mémorielle s'est transformée en exigence de repentance et a ouvert la voie à une possible victimisation institutionnelle[42]. De même, le militantisme « antirepentance », qui cherche à contrer les demandes de réparations morales et matérielles, a fini par voiler, par ses critiques de l'instrumentalisation politique du passé colonial de la France, le fondement éthique de la revendication du droit de mémoire.

41 Dans sa contribution au livre collectif *Les guerres de mémoires*, Gilles Boëtsch écrit « La question n'est pas de "transmettre une histoire coloniale", mais bien de codifier (pour certains) cette transmission du savoir afin d'éviter des bouleversements dans le présent (valeurs républicaines, processus d'intégration en France, relations diplomatiques avec les anciennes colonies, compétition entre spécialistes, demandes d'indemnisations ou d'excuses, réécriture du récit national…). L'histoire fait "peur" lorsqu'elle devient mémoire, car la mémoire peut être source de conflits, de passions ou d'opposition » (Blanchard, 2008, p. 192).

42 *Cf.* Fortier, Charles, « Les lois mémorielles, ou la victimisation institutionnelle », *Histoire de la justice*, vol. 25, n° 1, 2015, p. 91-106.

LIRE SENGHOR EN « SITUATION POSTCOLONIALE »

Quel intérêt y a-t-il à se pencher sur le projet politique et poétique de Senghor au moment où le récit national est appelé à être reforgé au nom du « devoir de mémoire » ? Maintenant qu'une « question noire » a jailli en France et que les fondements universalistes de la République sont mis en accusation pour avoir masqué la discrimination raciale, pourquoi étudier les textes de celui qui fut parmi les premiers à affirmer qu'une partie des Français sont de « race noire » ? Est-il utile, enfin, sous les feux croisés de l'exigence de repentance et l'accusation de concurrence victimaire, de lire les poèmes de celui qui souhaite remémorer les « témoins du monde nouveau qui sera demain » (Senghor, 1990, p. 95) ?

Je souhaite commencer par affirmer que les nouvelles perspectives historiographiques, l'ouverture de la « parenthèse coloniale » et la prégnance de la mémoire coloniale dans le débat académique et public ont permis d'éclairer sous un jour nouveau la pensée de Senghor. À mon sens, ni le récit indépendantiste, ni le récit républicain ne permettent d'interpréter correctement ses écrits et de comprendre son projet politique et poétique. L'historiographie coloniale renouvelée met en exergue que l'État républicain gouvernait sur la Métropole et les Colonies et que l'ensemble des ressortissants de cette France pluricontinentale étaient des Français. Ainsi, dans la première partie de ce travail, il s'est agi de lire les textes de Senghor à la lumière du fait que la France était un État plurinational et inégalitaire jusqu'à la désagrégation de la Communauté française. J'ai donc voulu comprendre la « situation coloniale », non comme l'occupation d'un territoire par une puissance étrangère, mais comme la création et le maintien par l'État d'une ségrégation au sein de la nation française. Vu sous cette perspective, le projet politique de Senghor s'est révélé être un projet de décolonisation qui n'était pas indépendantiste : par la transformation des liens coloniaux en liens fédéraux, la France serait restée une République plurinationale, mais les peuples qui formaient la nation française auraient été égaux. Certes, aux indépendances, la ségrégation cesse d'exister en France, mais sa suppression est le corrélat du fait que les Français *minuto jure* perdent la nationalité et la citoyenneté française et deviennent des étrangers.

En définitive, une des grandes ruptures entre la « situation postcoloniale » et la « situation coloniale » en France n'est pas la décolonisation *per se*, mais la cessation de la pratique de ségrégation. Avant de mettre une emphase trop importante sur l'analogie entre les deux situations et d'affirmer, comme le font certains, que le concept d'« intégration » est la « réactualisation euphémisée du vieux projet assimilationniste », que la « doctrine de l'intégration » reproduit « les clivages et les divisions culturalistes hérités de la période coloniale », et que « la figure de l'immigré et du descendant de migrant » s'est « substituée à celle de l'indigène » (Geisser, 2006, p. 146-147), j'estime qu'il est opportun, d'abord, de prendre en considération que le projet colonial n'a pas été assimilationniste en Afrique française et, ensuite, qu'« indigène » était la catégorie juridique des Français qui n'étaient pas soumis au Code civil.

J'ai donc souhaité mettre en évidence que c'était pour cibler le centre névralgique de l'impérialisme républicain qui était à la fois différentialiste et évolutionniste que Senghor a identifié le « problème de la colonisation » comme étant celui du « contact de deux civilisations ». Différentialiste, le gouvernement français a catégorisé ses ressortissants en fonction de leur « civilisation » et limité l'accès à la souveraineté nationale des Français qui n'étaient pas membres de la « nation ethnique » française. Évolutionniste, il permettait à l'individu qui s'était « approché » de la « civilisation française » de candidater pour obtenir la citoyenneté, mais, sous prétexte d'un assimilationnisme exigeant, il différait constamment l'accession collective à la citoyenneté pleine des Français *minuto jure*. Je souligne donc à nouveau que la conception française de la sujétion comme citoyenneté en puissance n'aurait pas pu exister si le gouvernement français catégorisait ses ressortissants sur la base de leur « race » putative. La présentation des statuts des personnes définis par le droit colonial a été l'occasion de montrer que, du sénatus-consulte de 1865 aux indépendances, la France différenciait ses ressortissants en fonction du droit privé auquel ils étaient soumis. De ce fait, la ségrégation française reposait sur la différence des mœurs et coutumes, qui, au contraire de la « race », pouvaient être modifiées, ou qui pouvaient encore, dans les termes de la rhétorique coloniale française, « évoluer ».

Il me faut aussi relever que, dans la « situation postcoloniale » dans laquelle j'ai mené mes réflexions, l'État ne prend en considération le choix religieux des ressortissants de la France que s'il estime que celui-ci se rend visible dans l'espace public, comme il l'a fait en adoptant la loi du 15 mars 2004 « encadrant, en application du principe de laïcité, le port de signes ou de tenues manifestant une appartenance religieuse dans les écoles, collèges et lycées publics[43] » et la loi du 11 octobre 2010 « interdisant la dissimulation du visage dans l'espace public[44] ». Depuis 1962, les particularismes religieux et culturels ne concernent pas l'État et constituent une affaire privée[45], mais ceci n'était pas le cas en France avant les indépendances, puisque des citoyens français relevaient du « statut civil de droit local[46] ». Ainsi, en 1946, les opposants à l'accession des Français ultramarins à la pleine citoyenneté justifiaient leur proposition de créer une représentation double par l'argument du statut personnel. Avant les indépendances, il existait des Français de « statut musulman » ; aujourd'hui, tous les musulmans français sont régis par la loi civile française. Par conséquent, si Senghor siégeait aujourd'hui à l'Assemblée nationale, il ne lui serait d'aucune utilité de faire référence à la religion des personnes qu'il y représenterait, comme il l'avait fait en 1946 pour protester contre la limitation de l'accès à la souveraineté des Français de statut civil de droit local[47]. En somme, s'il peut être démontré que l'idéal républicain est encore à réaliser et si l'hypothèse

43 *Loi n° 2004-228 du 15 mars 2004 encadrant, en application du principe de laïcité, le port de signes ou de tenues manifestant une appartenance religieuse dans les écoles, collèges et lycées publics*, https://www.legifrance.gouv.fr/affichTexte.do?categorieLien=id&cidTexte=JORFTEXT000000417977 (consulté le 03/04/2019).

44 *Loi n° 2010-1192 du 11 octobre 2010 interdisant la dissimulation du visage dans l'espace public*, https://www.legifrance.gouv.fr/affichTexte.do?cidTexte=JORFTEXT000022911670&categorieLien=id (consulté le 03/04/2019).

45 Sur l'invisibilité juridique des minorités en France, *Cf.* Ndiaye, Pap, *La Condition noire. Essai sur une minorité française*, Paris, Calmann-Lévy, 2008.

46 Au moment des indépendances, toute personne relevant du « statut civil de droit local » a perdu la nationalité française. *Cf. Qui a conservé la nationalité française à l'indépendance de l'Algérie ?*, https://oran.consulfrance.org/Qui-a-conserve-la-nationalite-francaise-a-l-independance-de-l-Algerie-2930 (consulté le 03/04/2019).

47 « [N]ous aboutirions, je ne veux pas dire à des absurdités, mais à des inconséquences. Je prends l'exemple de l'Afrique noire. Actuellement, tous ceux qui ne sont pas musulmans ont le statut français. Bien mieux, une même famille peut comprendre des musulmans et des catholiques. Ainsi, dans ma propre famille, nous serions partagés : les uns, catholiques, ayant le statut français, auraient une représentation favorisée, tandis que les autres, parce qu'ils sont musulmans, auraient une représentation sacrifiée. L'argument nous semble d'autant moins valable juridiquement que les musulmans du Sénégal, et je pourrais même dire les Alsaciens-Lorrains, ont un statut personnel, ce qui ne les a jamais empêchés d'être de bons et loyaux citoyens français », (*Assemblée nationale, séance du 18 septembre 1946*, (Senghor, 1971, p. 21)).

peut être avancée que les discriminations actuelles sont le legs des discriminations coloniales, il faut aussi prendre en considération que, avant 1962, le pluralisme juridique établi en France traduisait la pluralité culturelle de la nation française dans le droit. La « situation coloniale » se caractérisait par le fait que le gouvernement prenait en considération les communautés culturelles ou religieuses qui formaient la nation française, tout en fondant sur elles la ségrégation coloniale.

Il est d'usage d'expliquer la présence d'une « communauté noire » au sein de la nation française par l'histoire coloniale de la France, et, au sein de la critique intellectuelle qui s'inspire des études postcoloniales, l'enjeu est de mettre en évidence qu'en « situation coloniale » et en « situation postcoloniale » cette « communauté noire » subit un traitement différencié et inégalitaire. Achille Mbembe, qui s'attelle à la question de la « race » en France, poursuit un tel objectif. Dans sa contribution à l'ouvrage collectif intitulé *Ruptures postcoloniales. Les nouveaux visages de la société française*, dont il est l'éditeur, il soutient que la « question raciale » n'a pas été résolue dans le cadre de la République, parce qu'elle reste l'« impensé » de la pensée française[48]. Il rappelle que « c'est la présence historique des gens d'origine africaine en France ou dans les territoires qu'elle contrôlait qui, pour la première fois, pose à la conscience française la lancinante question de la race et oblige la puissance publique à légiférer la différence et la ségrégation » ; il avance en outre que la juridicisation des rapports sociaux par le biais du Code noir et du Code de l'indigénat sont la preuve que la ségrégation coloniale était fondée sur la « race[49] ». Mbembe rappelle que la tradition française d'universalisme abstrait ne prend pas en compte l'« appartenance à des

48 Mbembe précise que ce texte a été publié une première fois dans Bancel, Nicolas, Blanchard, Pascal, Lemaire, Sandrine, (éd.) *La fracture coloniale. La société française au prisme de l'héritage colonial*, Paris, La Découverte, 2005, c'est-à-dire « avant les émeutes urbaines de 2005, avant le discours de Dakar, avant le mouvement social dans les outremers de 2009, avant la campagne médiatique et politique contre la "repentance", et avant le "grand débat" de 2009 sur l'identité nationale » (Mbembe, 2010, p. 205). Il affirme cependant que rien n'est à changer dans son propos.

49 Mbembe écrit que « [d]es études récentes montrent clairement que cette politique de la différence absolue et la logique de la ségrégation qui en est le corollaire ont reposé, du début jusqu'à la fin, sur des dispositifs d'animalisation et de bestialisation de l'autre. Poussée jusqu'à ses conséquences ultimes, cette logique a toujours fini par déboucher sur la guerre. De fait, que celles-ci prennent la forme de la conquête, de la "pacification" ou de l'occupation, les guerres coloniales ont toujours été, quelque part, des *guerres de race* » (*ibid.*).

communautés culturelles ou religieuses distinctes » au nom du principe d'égalité, et il postule que la pensée française se trouve dans une impasse théorique, d'abord parce qu'elle refuse de prendre en considération la diversité interne de la nation française, et ensuite parce qu'elle nie le fait que « la forme d'universalisme qui sous-tend l'idée républicaine » n'est autre qu'une forme de « nationalisme ethnoracial qui refuse de décliner son véritable nom[50] ». Cet impensé se manifesterait dans le fait que quiconque propose de réviser le modèle civique républicain est accusé de s'attaquer aux « valeurs de la République » (Mbembe, 2010, p. 212) et de chercher à créer une « démocratie des communautés et des minorités » (*ibid.*). Mbembe estime donc qu'il est nécessaire de dénoncer l'oubli du passé colonial et d'affronter le refus de responsabilité corrélatif[51]. Il soutient que l'histoire coloniale permettrait de lire plus adéquatement la société française actuelle et il conclut que, tant que perdure le modèle civique républicain, certains citoyens, « rendus invisibles du fait de la couleur de leur peau »(*ibid.*, p. 216), subiront des formes d'exclusion raciale masquées par l'universalisme. En substance, dans les termes des études postcoloniales auxquelles Mbembe affirme que la pensée française refuse de s'ouvrir, le « *color blindness* » républicain permet d'ignorer les discriminations raciales et inégalités structurelles en France. Il propose le contre-modèle des États-Unis, où une « communauté noire », bien qu'elle souffre encore de diverses formes de discriminations, est présente dans les différentes sphères de la vie publique grâce aux politiques de discrimination positive (*affirmative action*)[52]. Il préconise donc d'abandonner la fiction de la nation civique républicaine afin de réaliser une « démocratie cosmopolite », qui résoudrait le problème de la « mal-représentation » dont souffrent certains membres de la nation française, sans toutefois « valider la biologisation du social, son ethnicisation ou sa racialisation »(*ibid.*, p. 216) comme le ferait une « démocratie des communautés et des minorités ». L'Assemblée nationale, qui, le 12 juillet 2018, a supprimé à l'unanimité le mot « race » de l'article 1er de la Constitution, n'a manifestement pas suivi ses recommandations.

50 *Cf. Ibid.*, p. 206-207 ; *Ibid.*, p. 212-215.
51 *Cf. Ibid.*, p. 212 ; *Ibid.* p. 214-215.
52 *Cf. Ibid.*, p. 211.

De toute évidence, la « lancinante question de la race » ne peut être évitée dans une recherche qui se penche sur les textes du théoricien de la négritude. Quand j'ai exposé le fait que le terme « race » n'est utilisé que sur le mode de la dénégation dans la législation française dans mon quatrième chapitre, mon propos n'était pas d'invalider l'hypothèse que la « race » était le référent implicite des catégories juridiques du droit colonial, mais de mettre en exergue le fait que le pluralisme juridique institué en France était le fruit de la juridicisation de la différence religieuse et culturelle. Est-ce souffrir de l'aveuglement républicain face à la « question raciale » ? Mon objectif était prioritairement de présenter les caractéristiques de la différenciation inégalitaire contre laquelle Senghor luttait en politique. Senghor et Mbembe postulent tous deux qu'il existe une « communauté noire » au sein de la nation française. Toutefois, en « situation coloniale » la grande majorité des membres de cette communauté putative étaient des Français *minuto jure*, alors qu'en « situation postcoloniale » ils sont des citoyens français. Les deux situations présentent certes des similitudes, mais j'ai souhaité souligner les différences pour mettre en question le « théorème postcolonial ». En identifiant les caractéristiques de la ségrégation française et en indiquant qu'elle reposait sur la différence culturelle et religieuse, mon propos visait avant tout à mettre en exergue le fait que la « communauté noire » n'existait pas plus aux yeux des gouvernements français coloniaux qu'elle n'existe aujourd'hui aux yeux du gouvernement « postcolonial », précisément parce que la République refuse de faire de la « race » une catégorie juridico-politique. De mon point de vue, l'irruption d'une « question noire » en France au tournant du millénaire mérite toute l'attention qui lui est due et elle ne peut être mise à l'écart au nom de « valeurs » d'une République. Toutefois, parce que la ségrégation pratiquée en France jusqu'en 1962 n'était pas la ségrégation raciale, je suis enclin à penser que la lutte contre la discrimination doit différer de celle qui est menée dans les pays comme les États-Unis où se sont développées les études postcoloniales.

Mbembe propose une hypothèse qui est à mon sens heuristique quand il avance que l'universalisme républicain est une forme de « nationalisme ethnoracial », mais je souhaite mettre en évidence que l'on gagne à ne pas subsumer sous la catégorie de « race » les multiples « autres » de cette hypothétique « nation ethnique » française, en particulier lorsqu'il s'agit de comprendre le projet politique de Senghor. Dans la troisième partie de ma thèse, par l'étude de la première personne du pluriel dans ses textes, j'ai mis en évidence les conditions nécessaires à la réalisation de la « communauté franco-africaine ». J'ai soutenu que son « nous, négro-africain » était tout aussi potentiel et non actuel que son « nous, Français égaux et fraternels », et j'ai avancé que son « Nègre » était primordialement une figure qui devait produire l'auto-identification collective nécessaire à la création de la « communauté négro-africaine ». J'ai aussi montré que la transformation de la France en République fédérale était la seule expression politique possible de la « communauté négro-africaine » et de la « communauté franco-africaine ». Or, la solution fédéraliste que Senghor préconisait pour résoudre le « problème de la colonisation » s'attaquait au principe d'indivisibilité de la République. Comme il l'a écrit dans son rapport à Edgar Faure : « la communauté suppose l'égalité et l'unité dans la diversité nécessaire » (Senghor, 1971, p. 173). Depuis que les Français *minuto jure* ont perdu la nationalité française, la division entre deux catégories de citoyens a cessé d'exister en France, mais cette disparition coïncide avec celle de la possibilité d'une « communauté franco-africaine ». Dans la « situation postcoloniale », « l'unité dans la diversité » est devenue la devise européenne. Quant à « l'égalité et l'unité », elle définit en principe la nation républicaine. Aujourd'hui, comme l'explique Michel Verpeaux : « la République française est un État parfaitement unitaire ». En effet, « l'indivisibilité de la République signifie l'unité du pouvoir normatif, c'est-à-dire l'unité du pouvoir politique, qui repose sur l'unicité du souverain qui ne peut être que le peuple français, selon les termes des aliénas 1 et 2 de l'article 3 de la Constitution de 1958[53] ». Cette unicité du pouvoir politique exprimée par le principe d'indivisibilité correspond à l'unité de la nation française, et cette « unité est donc assimilée à l'égalité, la première permettant d'atteindre la seconde[54] ». Si en 2003, le constituant a reconnu l'existence de « populations d'outre-mer » au sein du peuple français, il maintient toujours, comme dans la jurisprudence du Conseil

53 Verpeaux, Michel, « L'unité et la diversité dans la République », https://www.conseil-constitutionnel.fr/nouveaux-cahiers-du-conseil-constitutionnel/l-unite-et-la-diversite-dans-la-republique (consulté le 04/04/2019).

54 *Ibidem.*

constitutionnel de 1991[55] et de 1999[56], une conception rigide de la notion de peuple en ce qui concerne la reconnaissance de populations situées sur le territoire métropolitain[57].

Aujourd'hui, les chefs de file du militantisme soutiennent à nouveau qu'il existe une communauté noire au sein de la nation française. La « race » est ainsi à nouveau proposée comme catégorie à laquelle s'identifier, mais les militants ne peuvent pas, comme Senghor, puiser dans l'anthropologie racialiste pour construire leur portrait du « Nègre ». Théorisant sa négritude avant la déconstruction de cette catégorie anthropologique par les sciences humaines, ce dernier pouvait encore soutenir que les membres de la communauté raciale qu'il imaginait présentaient tous une « psycho-physiologie » particulière, ou « âme nègre », qui les singularisait au sein de l'humanité. Les aspects différentialistes de la négritude senghorienne étaient cependant toujours contrebalancés par l'idée qu'il était possible de « se faire nègre avec les Nègres » et de se faire « une sensibilité comme la sienne ». Autrement dit, si Senghor avançait que le « Nègre » possède des qualités reçues en héritage, il soutenait aussi que celles-ci pouvaient être assimilées par tout être humain. Il ne théorisait donc pas la différence comme écart incommensurable, mais s'attelait à définir des groupements humains qui, du fait même de leur opposition, sont appelés à s'associer et apporter comme dons les qualités qu'ils possèdent et qui font défaut au groupe complémentaire. Les métaphores de la greffe, de la symbiose et du métissage figuraient l'association des civilisations qui se produirait dans le cadre de la République fédérale française. Quant à la France, Senghor la

---

55 « Dans une première décision (no 91-290 DC du 9 mai 1991, Loi portant statut de la collectivité territoriale de Corse, *Rec.* p. 50), le Conseil constitutionnel a censuré la référence à un "peuple corse, composante du peuple français". Il s'est fondé notamment sur l'article 1er de la Constitution selon lequel "la France assure l'égalité de tous les citoyens sans distinction d'origine, de race ou de religion", pour considérer que la Constitution ne connaissait que le peuple français, du moins pour la métropole, et qu'il ne pouvait y avoir de distinction au sein de ce peuple » (*ibid.*).

56 « Dans une seconde décision (déc. n° 99-412 DC du 15 juin 1999, Charte européenne des langues régionales ou minoritaires, *Rec.* p. 71), le Conseil constitutionnel a confirmé sa position sur l'unicité du peuple français, consacrée comme ayant valeur constitutionnelle (cons. 5). Cette Charte, signée par la France en 1998 et initiée par le Conseil de l'Europe, a été déclarée contraire à la Constitution, et sa ratification ne peut intervenir qu'après une révision de cette dernière, ce qu'une absence d'accord politique a toujours empêché depuis 1999 » (*ibid.*)

57 *Ibid.*

figurait par les images de la maison et de la cité où régnerait « l'égalité des peuples fraternels ».

La France, en « situation postcoloniale », ne ressemble ni à la cité, ni à la maison, ni à l'arbre greffé qu'il avait imaginé. De la « maison divisée » qu'était la France plurinationale et inégalitaire, il ne reste que la Métropole, les DOM et les TOM qui ont décidé de garder ce statut en 1958[58]. Aujourd'hui, à l'heure de la mémoire de l'esclavage, de l'évocation d'une « question noire » dans le débat public et de l'émergence d'une « conscience noire », le sentiment d'appartenance communautaire et l'affirmation d'une identité commune sont liés à la mémoire des souffrances du « peuple noir ». Bien qu'ils ne tissent pas leur portrait de « l'homme noir » avec des fils racialistes comme le fait Senghor, les diverses associations qui promeuvent une « identité noire » rejoignent la négritude senghorienne sur ce point. Ce dernier, toutefois, en citant le proverbe évangélique dans ses textes, insistait sur la nécessaire réconciliation des membres de la maison divisée. Présenter cette réconciliation des frères comme solution au problème de la différenciation inégalitaire des Français était tenter un tour de force : elle ne pouvait avoir lieu qu'à condition, premièrement, que la République reconnaisse ses fautes et, deuxièmement, que la « communauté négro-africaine » offre son pardon. Aujourd'hui, par la loi Taubira, le législateur reconnaît l'esclavage et la traite comme crimes. Senghor en identifiait trois – la Traite, la Conquête et l'Indigénat –, et ces derniers sont aussi listés par les entrepreneurs de mémoire contemporains quand ils revendiquent des réparations comme l'annulation de la dette des pays africains ou l'établissement d'une « discrimination positive » pour lutter contre la persistance des exclusions et des inégalités. Le constat de ces similitudes doit-il nous faire conclure que des buts identiques sont poursuivis ? J'ai montré dans la troisième partie de ma thèse que Senghor imaginait sa « communauté négro-africaine » en se référant à l'identification de l'Église au corps du Christ. J'ai aussi mis en lumière que la communauté des « Français frères et égaux » se réaliserait à une table eucharistique dressée par la « communauté négro-africaine » et

58 Des cinq TOM qui gardent leur statut en 1958, la Côte française des Somalis obtient son indépendance en 1977 sous le nom de Djibouti. Le territoire des Comores devient État comorien indépendant en 1975 (sauf Mayotte qui vote contre l'indépendance). Les autres TOM sont depuis 2003 des Collectivités d'outre-mer.

que les Français de France étaient priés de reconnaître leurs fautes et de se défaire de leur racisme et de leur paternalisme avant de se présenter à la table. Bonniol indique que, depuis le tournant du XXIe siècle et l'intensification des revendications mémorielles relatives à l'esclavage et à la colonisation, les demandes sur la scène politique française ont eu tendance à se déployer dans un champ lexical au confluent de la morale, de la justice et de la religiosité, mais il explique aussi que le schéma général qui encadre le discours relatif à la mémoire coloniale applique un modèle issu de la psychanalyse[59]. Le discours de Senghor puise également dans ces champs lexicaux, mais j'estime que son modèle est issu du christianisme. Comme je l'ai noté, son christianisme est fort hétérodoxe et compatible avec les religions négro-africaines locales. Cette hétérodoxie est exemplifiée dans le titre même d'*Hosties noires*, où la victime expiatoire n'est pas le Christ, mais les hommes noirs, comme elle l'est dans le poème *Prière de paix* qui clôt *Hosties noires*, où le poète décrit une « Afrique crucifiée depuis quatre cents ans » (Senghor, 1990, p. 96) qui a pris la place du Seigneur sur la croix et s'adresse à lui pour le prier de pardonner les crimes de l'Europe et de la France. Pour illustrer à nouveau ce que peut apporter une lecture de Senghor à la lumière de l'humanisme chrétien, je souhaite le citer à dans *Vues sur l'Afrique noire*, où il fait travailler la polysémie du verbe « justifier » en parlant de la conquête : « Voilà qui transcende le problème de la conquête coloniale, je veux dire sa légitimité. Sans doute la colonisation peut-elle et doit-elle être un bien pour les populations indigènes ; mais la justifier par ses bienfaits, c'est prendre le résultat pour le but » (Senghor, 1964, p. 39-40). Après avoir parlé de la conquête de la Gaule et de carnages tel celui d'Avaricum que « rien ne peut légitimer », Senghor conclut : « Non, le mal ne peut justifier le bien. […] On ne demande pas à des conquérants d'être des saints. La France n'a pas à justifier ses conquêtes coloniales » (*ibid.*, p. 40). Justifier, dans son sens commun, signifie « [p]rouver le bien-fondé de

59 Bonniol écrit : « On retrouve ici le schéma général qui encadre aujourd'hui un certain discours relatif à la mémoire coloniale (dont la mémoire de l'esclavage constitue sans doute la figure paroxystique…) : 1/ déclaration d'une absence de mémoire, voire d'un enfouissement ou d'un refoulement (appliquant au collectif un modèle issu de la psychanalyse) ; 2/ affirmation, dans le même temps (poursuivant l'application de ce modèle), d'un trauma issu d'un passé qui n'est pas réglé, alors même qu'il n'en finit pas de persister dans ses effets… » (Bonniol, 2007, p. 15).

quelque chose » ou encore « [d]éclarer conforme à la justice[60] ». Dans cette acception il est synonyme de « légitimer » : « [f]aire admettre, reconnaître (quelque chose) comme légitime, justifiable par l'équité, le droit naturel, la raison, un motif supérieur[61] ». Adopter l'hypothèse d'un modèle chrétien me permet de soutenir que le sens théologique du verbe « justifier » – où il signifie rendre juste[62] – est aussi actif dans ce paragraphe, en particulier lorsque Senghor insiste sur le fait que la France ne peut pas justifier le « mal » qui a été fait par les bienfaits de la colonisation. Autrement dit, Senghor affirme que la France, parce qu'elle a activement participé à la traite négrière, soumis l'Afrique avec violence et humilié ses propres ressortissants, est entachée d'une culpabilité et ne peut pas se restituer à son innocence originelle. En somme, les membres de la « communauté négro-africaine » de Senghor gardent aussi en mémoire des offenses, mais il importe de remarquer qu'il ne lie pas la thématique du pardon à celle de la réparation, parce qu'il estime que les fautes de la France sont irréparables. Irréparables, ces fautes ne sont toutefois pas irrémissibles. Enjoignant à la France de confesser ses offenses et d'accepter de recevoir la rémission des fautes qui lui est offerte par la « communauté négro-africaine », Senghor fait preuve d'une foi profonde dans la puissance réconciliatrice du pardon.

En 1848, Schœlcher pensait que la République réparait « le crime » en donnant aux esclaves « pour Patrie, la France, et pour héritage tous les droits du citoyen français » et le gouvernement, par la voix du gouverneur Rostoland, invitait à l'amnésie collective. En 1998, le gouvernement, voulant renforcer la conception de l'identité nationale faite de l'adhésion à des valeurs fondamentales, a fêté le cent-cinquantième anniversaire de l'Abolition, mais il a dû faire face à la mémoire inapaisée de l'esclavage et à l'accusation de masquer, sous une fiction d'égalité civique, les discriminations que subissent les Français qui n'entrent pas dans la norme du républicanisme ethnonationaliste. Au contraire de Schœlcher et des entrepreneurs de mémoire, Senghor ne concevait pas les droits qu'il revendiquait comme des réparations pour les crimes de la France. Il militait pour l'égalité de Français qui étaient ethniquement, religieusement ou culturellement divers et divisés en deux catégories

60 *Justifier*, http://www.cnrtl.fr/definition/justifier/verbe (consulté le 05/04/2019).

61 *Légitimer*, http://www.cnrtl.fr/definition/légitimer (consulté le 05/04/2019).

62 *Cf. Justification*, https://eglise.catholique.fr/glossaire/justification/ (consulté le 12/06/2019).

de citoyens par suite de cette diversité. Toutefois, contrairement aux militants « antirepentance », il estimait que la France était entachée de culpabilité. Déclarer que les fautes de la France sont irréparables, mais qu'elles sont rémissibles et pardonnées, n'est pas s'adonner à l'irénisme diplomatique. Les interventions de Senghor à l'Assemblée nationale témoignent de l'assiduité avec laquelle il appelait la République à vivre à la hauteur des « lumières » qu'elle se targuait de diffuser dans le monde et invitait l'Europe à agir selon les valeurs dont elle se prévalait.

Dans le « monde nouveau qui sera demain » (Senghor, 1990, p. 95), la Cité que prophétisait Senghor aurait été dressée « dans l'égalité des peuples fraternels » (*ibid.*, p. 77). L'avenir qu'il prévoyait n'était donc ni celui du nationalisme (la division des peuples du monde en États-nations), ni celui de la « mission civilisatrice » (le devenir « français » de tous les « primitifs »), ni celui de Sartre (la « réalisation de l'humain dans une société sans races »). À l'heure du combat entre refus et exigence de repentance, quand certains estiment que l'unité nationale de la France est menacée par la montée du communautarisme, et quand d'autres pensent qu'elle ne pourra pas la maintenir sans assumer son passé colonial, lire Senghor révèle qu'il n'existait pas de solution facile au « problème de la colonisation », comme il n'en existe pas pour nos problèmes postcoloniaux. Il croyait en la réalisation d'une communauté possible devenue utopique aux indépendances. Cette communauté franco-africaine pouvait-elle se réaliser ? Le cours de l'histoire dit que non, mais cet avenir entrevu a motivé son engagement politique et poétique. Dans notre « situation postcoloniale », où notre présent est chargé de tant de « passés qui ne passent pas[63] », je retiens surtout l'encouragement que le poète aurait souhaité transmettre au volontaire libre. Senghor enseigne au lecteur qui veut bien l'écouter que, dans le « vaste pays vidé d'espoir » (*ibid.*, p. 71), il est vital de maintenir son regard sur les champs verdoyants de l'avenir. Il prévoyait une France transformée en République fédérale, dans laquelle prospéreraient des frères égaux et réconciliés. L'espoir de cette communauté à venir imprègne tous ses textes, et, comme je l'ai montré dans mon commentaire de *Comme les lamantins vont boire à la source*, pour Senghor, cet « espoir du Monde » (Senghor, 1964, p. 227)

63 J'emprunte la formule à Henry Rousso, formule devenue fameuse suite à la publication du livre *Vichy, un passé qui ne passe pas*, qu'il a coécrit avec Eric Conan.

s'incarne dans la poésie. Réparateurs de la communion des hommes et prémices de la greffe à venir, les poèmes nègres de langue française étaient le signe que la communauté franco-africaine pouvait être fondée sur la remémoration des offenses pardonnées.

BIBLIOGRAPHIE

TEXTES DE LÉOPOLD SÉDAR SENGHOR

POÈMES

SENGHOR, Léopold Sédar, *Chants d'ombre*, Paris, Seuil, 1945.
SENGHOR, Léopold Sédar, *Hosties noires*, Paris, Seuil, 1948.
SENGHOR, Léopold Sédar, *Éthiopiques*, Paris, Seuil, 1956.
SENGHOR, Léopold Sédar, *Œuvre poétique*, Paris, Seuil, 1990 [1964].
SENGHOR, Léopold Sédar, *Poésie complète*, édition critique, coordination Pierre Brunel, Paris, CNRS éditions, 2007.

RECUEILS D'ESSAIS

SENGHOR, Léopold Sédar, *Liberté I* : *Négritude et humanisme*, Paris, Seuil, 1964.
SENGHOR, Léopold Sédar, *Liberté II* : *Nation et voie africaine du socialisme*, Paris, Seuil, 1971.
SENGHOR, Léopold Sédar, *Liberté III : Négritude et civilisation de l'Universel*, Paris, Seuil, 1977.
SENGHOR, Léopold Sédar, *Liberté IV* : *Socialisme et planification*, Paris, Seuil, 1983.
SENGHOR, Léopold Sédar, *Liberté V* : *Négritude et dialogue des cultures*, Paris, Seuil, 1992.

AUTRES

SENGHOR, Léopold Sédar, « L'esprit de la civilisation ou les lois de la culture négro-africaine », *in Le Ier Congrès international des écrivains et artistes noirs : Paris, Sorbonne, 19-22 septembre 1956 : compte-rendu complet*, *Présence africaine*, n° 8-10, 1956, p. 51-65.
SENGHOR, Léopold Sédar, « Un gouverneur humaniste », *Revue française d'histoire d'outre-mer*, n° 52, 1967, p. 25-26.
SENGHOR, Léopold Sédar, *Anthologie de la nouvelle poésie nègre et malgache de langue française*, Paris, Presses Universitaires de France, 1977 [1948].

SENGHOR, Léopold Sédar, *La Poésie de l'action, Conversations avec Mohamed Aziza*, Paris, Éditions Stock, 1980.

SENGHOR, Léopold Sédar, *Ce que je crois*, Paris, Grasset, 1988.

AU SUJET DE SENGHOR ET DE LA NÉGRITUDE

ABERGER, Peter, « Leopold Senghor and the Issue of Reverse Racism », *Phylon*, vol. 41, n° 3, 1980, p. 276–283.

ADJANBAO, Akatiwa, *Précis des humanités de Léopold Sédar Senghor*, Paris, L'Harmattan, 2004.

ADOTEVI, Stanislas Spero, *Négritude et négrologues*, Bègles, Le Castor astral, 1998 [1970].

AGGARWAL, Kusum, « Africanisme français et littératures africaines. Continuités et discontinuités », *Cahiers d'études africaines*, vol. 198-199-200, n° 2, 2010, p. 1191-1213.

AKO, Edward O., « "L'Étudiant Noir" and the Myth of the Genesis of the Negritude Movement », *Research in African Literatures*, vol. 15, n° 3, 1984, p. 341-353.

ATLAN, Catherine, « Senghor député : l'apprentissage de la politique », *in* Collectif, *Léopold Sédar Senghor : la pensée et l'action politique. Actes du colloque organisé par la section française de l'Assemblée parlementaire de la Francophonie*, Paris, Assemblée nationale, 2006, p. 71-81.

BA, Amadou Oury, « "L'émotion est nègre, comme la raison est hellène" : d'une philosophie organologique allemande vers sa récupération en Afrique occidentale », *Éthiopiques*, n° 81, 2008, p. 67-179.

BÂ, Sylvia Washington, *The Concept of Negritude in the Poetry of Leopold Sedar Senghor*, New-York, Princeton University Press, 1973.

BIONDI, Jean-Pierre, *Senghor ou La tentation de l'universel*, Paris, Denoël, 1993.

BOKIBA, André-Patient (dir.), *Le Siècle Senghor*, Paris, L'Harmattan, 2001.

BOURREL, Jean-René, « Lexique de L.S. Senghor : *Chants d'ombre, Hosties noires, Éthiopiques, Nocturnes* », *L'Information grammaticale*, n° 33, 1987, p. 27-34.

BRUNEL, Pierre, « Grâce(s) noire(s). Au sujet de Baudelaire et Senghor », *Littératures classiques*, vol. 60, n° 2, 2006, p. 61-72.

CAMARA, Aliou, *La Philosophie politique de Léopold Sédar Senghor*, Paris, L'Harmattan, 2001.

CAMARA, Sana, « Léopold Sédar Senghor ou l'art poétique négro-africain », *Éthiopiques*, n° 76, 2006, p. 21-43.

Collectif, *Léopold Sédar Senghor : la pensée et l'action politique. Actes du colloque organisé par la section française de l'Assemblée parlementaire de la Francophonie*, Paris, Assemblée nationale, 2006.

Collectif, *Senghor et le socialisme*, Paris, L'Harmattan, 2007.

COULON, Paul, « Léopold Sédar Senghor, les Missionnaires du Saint-Esprit et le Père Libermann », *in Léopold Sédar Senghor : la pensée et l'action politique. Actes du colloque organisé par la section française de l'Assemblée parlementaire de la Francophonie*, Paris, Assemblée nationale, 2006, p. 27-49.

COURTEILLE, Sophie, *Léopold Sédar Senghor et l'art vivant du Sénégal*, Paris, L'Harmattan, 2007.

DE BENOIST, Joseph Roger, *Léopold Sédar Senghor*, Paris, Édition Beauchesne, 1998.

DE BENOIST, Joseph Roger, « Léopold Sédar Senghor et le christianisme », *in* Girault, Jacques, Lecherbonnier, Bernard (dir.), *Léopold Sédar Senghor : Africanité-Universalité*, Paris, L'Harmattan, 2001, p. 41-54.

DE BENOIST, Joseph-Roger, « Le combat pour l'indépendance dans l'unité », *in* Collectif, *Léopold Sédar Senghor : la pensée et l'action politique. Actes du colloque organisé par la section française de l'Assemblée parlementaire de la Francophonie*, Paris, Assemblée nationale, 2006, p. 129-135.

DE LEUSSE, Hubert, Léopold Sédar Senghor, l'Africain, Paris, Hatier, 1967.

DELAS, Daniel, *Lecture blanche d'un texte noir*, Paris, Éditions Entailles Temps Actuels, 1984.

DELAS, Daniel, *Senghor, le maître de langue*, Paris, Éditions Aden, 2007.

DIAGNE, Pathé, *Léopold Sédar Senghor ou la négritude servante de la francophonie et le Festival d'Alger, 30 ans après*, Dakar, Éditions Sankoré, 2002.

DIAGNE, Souleymane Bachir, « Revisiter "La Philosophie bantoue". L'idée d'une grammaire philosophique », *Politique africaine*, vol. 77, n° 1, 2000, p. 44-53.

DIAGNE, Souleymane Bachir, « Lire Marx avec les yeux de Teilhard », *in Léopold Sédar Senghor : la pensée et l'action politique. Actes du colloque organisé par la section française de l'Assemblée parlementaire de la Francophonie*, Paris, Assemblée nationale, 2006, p. 17-26.

DIAGNE, Souleymane Bachir, *Léopold Sédar Senghor : l'art africain comme philosophie*, Paris, Riveneuve éditions, 2007.

DIAGNE, Souleymane Bachir, *Bergson postcolonial. L'élan vital dans la pensée de Léopold Sédar Senghor et de Mohamed Iqbal*, Paris, CNRS éditions, 2011.

DIOUM, Baïdy, *La Trajectoire de Léopold Sédar Senghor – Du terroir à l'universel*, Paris, L'Harmattan, 2010.

DJIAN, Jean-Michel, *Léopold Sédar Senghor : genèse d'un imaginaire francophone*, Paris, Gallimard, 2005.

EKPO, Denis, « Speak Negritude But Think and Act French : The Foundations of Senghor's Political Philosophy », *Third Text*, vol. 24, n° 2, 2010, p. 227-239.

FICQUET, Éloi, GALLIMARDET, Lorraine, « "On ne peut nier longtemps l'art nègre" », *Gradhiva*, n° 10, 2009, https://journals.openedition.org/gradhiva/1560.

GAMBOU, Richard-Gérard, « La Métaphysique des mœurs de L. S. Senghor », *in* Bokiba, André-Patient (dir.), *Le Siècle Senghor*, Paris, L'Harmattan, 2001, p. 203-217.

GARNIER, Xavier, « La notion de raison intuitive », *in* Girault, Jacques, Lecherbonnier, Bernard (dir.), *Léopold Sédar Senghor. Africanité-Universalité*, Paris, L'Harmattan, 2001, p. 115-120.

GARROT, Danielle, *Léopold Sédar Senghor, critique littéraire*, Dakar, Les Nouvelles Éditions Africaines, 1978.

GIRAULT, Jacques, « Léopold Sédar Senghor, entre poésie et action politique », *in* Girault, Jacques, Lecherbonnier, Bernard (dir.), *Léopold Sédar Senghor. Africanité-Universalité*, Paris, L'Harmattan, 2001, p. 19-25.

GIRAULT, Jacques, LECHERBONNIER, Bernard (dir.), *Léopold Sédar Senghor. Africanité-Universalité*, Paris, L'Harmattan, 2001.

GUIBERT, Armand, NIMROD, *Léopold Sédar Senghor*, Paris, Seghers, 2006.

HYMANS, Jacques Louis, *Léopold Sédar Senghor, an Intellectual Biography*, Edinburgh, Edinburgh University Press, 1971.

IRELE, Abiola, « Négritude or Black Cultural Nationalism », *The Journal of Modern African Studies*, vol. 3, n° 3, 1965, p. 321-348.

IRELE, Abiola, « Negritude-Literature and Ideology », *The Journal of Modern African Studies*, vol. 3, n° 4, 1965, p 499-526.

IRELE, Abiola, *Négritude et condition africaine*, Paris, Karthala, 2008.

ITA, J. M., « Frobenius in West African History », *The Journal of African History*, vol. 13, n° 4, 1972, Cambridge University Press, p. 673-688.

ITA, J. M., « Frobenius, Senghor, and the Image of Africa », *in* Horton, Robin, Finnegan, Ruth, (eds.), *Modes of Thought : Essays on Thinking in Western and Non-Western Societies*, Londres, Faber and Faber, 1973, p. 306-336.

JOUANNY, Robert, *Les Voies du lyrisme – Dans les « Poèmes » de Léopold Sédar Senghor (Chants d'ombre, Hosties noires, Éthiopiques, Nocturnes)*, Paris, Honoré Champion, 1986.

JOUANNY, Robert, *Senghor « le troisième temps »*, Paris, L'Harmattan, 2002.

JOUBERT, Jean-Louis, « Léopold Sédar Senghor : Poésie/Politique », *in* Girault, Jacques, Lecherbonnier, Bernard (dir.), *Léopold Sédar Senghor. Africanité-Universalité*, Paris, L'Harmattan, 2001, p. 77-81.

KATSAKIORIS, Constantin, « L'Union soviétique et les intellectuels africains. Internationalisme, panafricanisme et négritude pendant les années de la décolonisation, 1954-1964 », *Cahiers du monde russe*, vol. 47, n° 1, 2006, p. 15-32.

KESTELOOT, Lilyan, *Césaire et Senghor. Un pont sur l'Atlantique*, Paris, L'Harmattan, 2006.

KHALFA, Jean, « Naissance de la négritude », *Les Temps Modernes*, vol. 656, n° 5, 2009, p. 38-63.

KISUKIDI, Nadia Yala, « L'influence vivante du personnalisme de Mounier sur la philosophie esthétique et la poésie de Léopold Sédar Senghor », *Contextes*, septembre 2012, http://contextes.revues.org/5592.

LEBAUD, Geneviève, *Léopold Sédar Senghor ou la poésie du royaume d'enfance*, Dakar, Les Nouvelles Éditions Africaines, 1976.

LEBAUD, Geneviève, « Image et unité dans Hosties noires », *in* Spleth, Janice (éd.), *Critical Perspectives on Léopold Sédar Senghor*, Boulder, Three Continents Press, 1993, p. 153-164.

LEBAUD-KANE, Geneviève, « Léopold Sédar Senghor, du paradis perdu au "Royaume d'enfance" », *in* Durand, Jean-François, *L'Écriture et le Sacré : Senghor, Césaire, Glissant, Chamoiseau*, Montpellier, Presses universitaires de la Méditerranée, 2002, p. 99-108.

LEBRUN, Jocelyne, « Léopold Sédar Senghor et la mission du poète », *in* Leuwers, Daniel (dir.), *Léopold Sédar Senghor, numéro spécial de la revue Sud*, n° 63, 1987, p. 281-316.

LEUWERS, Daniel (dir.), *Léopold Sédar Senghor, Revue Sud*, n° 63, 1987.

MABANA, Kahiudi Claver, « Léopold Sédar Senghor et la civilisation de l'universel », *Diogène*, vol. 235-236, n° 3, 2011, p. 3-13.

MANCHUELLE, François, « Le rôle des Antillais dans l'apparition du nationalisme culturel en Afrique Noire francophone », *Cahiers d'Études Africaines*, vol. 32, n° 127, 1992, p. 375-408.

MANGEON, Anthony, « The New Negro, une Bible de la négritude », *Études littéraires africaines*, n° 29, 2010, p. 15-19.

MANGEON, Anthony, *La Pensée noire et l'Occident. De la bibliothèque coloniale à Barack Obama*, Cabris, Sulliver, 2010.

MARCHAND, Suzanne, « Leo Frobenius and the Revolt against the West », *Journal of Contemporary History*, vol. 32, n° 2, 1997, p. 153-170.

MARTIN-GRANEL, Nicolas, « Senghor et les écrivains congolais : le malentendu », *in* Ranaivoson, Dominique (dir.), *Senghor et sa postérité littéraire. Actes du colloque de Cerisy-La-Salle*, Metz, Université Paul Verlaine, 2008.

MICHEL, Marc, « Hosties noires entre mémoire et reconnaissance », *in* Girault, Jacques, Lecherbonnier, Bernard (dir.), *Léopold Sédar Senghor. Africanité-Universalité*, Paris, L'Harmattan, 2001, p. 102-110.

MIDIOHOUAN, Guy Ossito, « Lilyan Kesteloot et l'histoire de la littérature négro-africaine », *Nottingham French Studies*, vol. 42, n° 2, 2003, p. 113-127.

MONDO KIBWA-TUBA, Robert, « Une esthétique de la différence : le "surréalisme négro-africain" de Senghor », *in* Bokiba, André-Patient (dir.), *Le Siècle Senghor*, Paris, L'Harmattan, 2001, p. 57-75.

MORIN, Gilles, « Senghor et la SFIO », *in* Girault, Jacques, Lecherbonnier, Bernard (dir.), *Léopold Sédar Senghor : Africanité-Universalité*, Paris, L'Harmattan, 2001, p. 163-170.

NAMAÏWA, Boubé, « La théorie de la connaissance chez Senghor », *Éthiopiques*, n° 76, 2006, p. 259-275.

NESPOULOS-NEUVILLE, Josiane, *Léopold Sédar Senghor, de la tradition à l'universalisme*, Paris, Seuil, 1988.

NGAL, Georges, *Aimé Césaire : Un homme à la recherche d'une patrie*, Paris, Présence Africaine, 1994.

NGANGA, Bernard, « Les Africains anglophones et la négritude ou le paradoxe de l'assimilation », *in* Bokiba, André-Patient (dir.), *Le Siècle Senghor*, Paris, L'Harmattan, 2001, p. 161-188.

NIMROD, *Tombeau de Léopold Sedar Senghor*, Paris, Éditions Le temps qu'il fait, 2003.

OJO, Samuel Adeoya, « The Reluctant Hero in Senghor's Hosties noires », *in* Spleth, Janice, (ed.), *Critical Perspectives on Léopold Sédar Senghor*, Boulder, Three Continents Press, 1993, p. 139-152.

PALLISTER, Janis L., « Léopold Sédar Senghor : A Catholic Sensibility ? », *in* Spleth, Janice, (ed.), *Critical Perspectives on Léopold Sédar Senghor*, Boulder, Three Continents Press, 1993, p. 67-76.

PORRA, Véronique, « Latinité désirée, latinité rejetée. Sur quelques ambiguïtés d'un concept en contexte francophone », *Revue Silène*, http://www.revue-silene.comf/index.php?sp=comm&comm_id=75.

PORRA, Véronique, « Le Nègre fondamental. Léopold Sédar Senghor sous les feux croisés de la critique africaine », *Neue Romania*, n° 23, 2000, p. 91-108.

PORRA, Véronique, « Sur quelques Orphée noirs. Reproduction, adaptation et hybridation du mythe d'Orphée en contexte post(-)colonial », *Revue de littérature comparée*, vol. 344, n° 4, 2012, p. 441-455.

RIESZ, János, « Le discours sur l'"art nègre" : modèle de la réception de la future littérature nègre ? », *Littératures noires (« Les actes »)*, http://journals.openedition.org/actesbranly/482.

RIESZ, János, BJORNSON, Aija, « Senghor and the Germans », *Research in African Literatures*, vol. 33, n° 4, 2002, p. 25-37.

ROCHE, Christian, *L'Europe de Léopold Sédar Senghor*, Toulouse, Éditions Privat, 2001.

SABOURIN, Paul, « La loi-cadre Defferre (23 juin 1956) et Léopold Sédar Senghor », *in* Girault, Jacques, Lecherbonnier, Bernard (dir.), *Léopold Sédar Senghor : Africanité-Universalité*, Paris, L'Harmattan, 2001, p. 171-180.

SAMBA, Pape Moussa, *Léopold Sédar Senghor – Philosophie de la culture*, Paris, L'Harmattan, 2011.

SARAVAYA, Gloria, *L. S. Senghor – Francis Ponge. Un dialogue interculturel autour de la langue française*, Paris, L'Harmattan, 2009.

SARTRE, Jean-Paul, « Orphée noir », *in* Senghor, Léopold Sédar, *Anthologie de la nouvelle poésie nègre et malgache de langue française*, Paris, Presses Universitaires de France, 1977 [1948], p. IX-XLIV.

SIRINELLI, Jean-François, « Deux étudiants "coloniaux" à Paris à l'aube des années trente », *Vingtième Siècle. Revue d'histoire*, n° 18, avril-juin 1988, p. 77-88.

SMITH, Étienne, « "Senghor voulait qu'on soit tous des Senghor". Parcours nostalgiques d'une génération de lettrés », *Vingtième Siècle. Revue d'histoire*, vol. 118, n° 2, 2013, p. 87-100.

SOREL, Jacqueline, *Léopold Sédar Senghor, l'émotion et la raison*, Paris, Sépia, 1995.

SPLETH, Janice, (ed.), *Critical Perspectives on Léopold Sédar Senghor*, Boulder, Three Continents Press, 1993.

STEEVES, Edna L., « Negritude and the Noble Savage », *The Journal of Modern African Studies*, vol. 11, n° 1, 1973, p. 91-104.

STEINS, Martin, *Les antécédents et la genèse de la négritude senghorienne*, Paris, Université de Paris III, 1981.

TIDJANI-SERPOS, N., « L'ethnologie coloniale et la naissance de la littérature africaine », *Présence Africaine*, vol. 136, n° 4, 1985, p. 150-167.

TILLOT, Renée, *Le Rythme dans la poésie de Léopold Sédar Senghor*, Dakar, Les Nouvelles Éditions Africaines, 1979.

TOWA, Marcien, *Léopold Sédar Senghor : Négritude ou servitude ?*, Yaoundé, Éditions Clé, 1971.

VAN DEN BERGH, Carla, « L'événement de la commémoration dans *Hosties noires* de Léopold Sédar Senghor », *Que m'arrive-t-il ? Littérature et événement*, Rennes, Presses universitaires de Rennes, 2006.

VAILLANT, Janet, *Black, French, and African : a Life of Léopold Sédar Senghor*, Cambridge, Harvard University Press, 1990.

VAILLANT, Janet, *Vie de Léopold Sédar Senghor : noir, français et africain*, Paris, Karthala, 2006.

HISTOIRE DE LA FRANCE, HISTOIRE DE L'EMPIRE COLONIAL FRANÇAIS

AGERON, Charles-Robert, *France coloniale ou parti colonial ?*, Paris, Presses Universitaires de France, 1978.

ANDREW, C. M., KANYA-FORSTNER, A. S., « The French "Colonial Party" : Its Composition, Aims and Influence, 1885-1914 », *The Historical Journal*, vol. 14, n° 1, 1971, p. 99-128.

Anonyme, « Aux origines de l'abolition de l'esclavage », *Revue d'histoire des colonies*, t. 36, n° 125, 1949, p. 24-55.

ARCHIMBAUD, Léon, *La Plus Grande France*, Paris, Hachette, 1928.

ASIWAJU, A.I., « Control Through Coercion : A Study of the Indigenat Regime in French West African Administration, 1887-1946 », *Journal of the Historical Society of Nigeria*, vol. 9, n° 3, 1978, p. 91-124.

BALANDIER, Georges, « La situation coloniale : approche théorique. », *Cahiers Internationaux de Sociologie*, vol. 11, 1951, p. 44-79.

BALANDIER, Georges, *Sociologie actuelle de l'Afrique noire*, Paris, Presses Universitaires de France, 1963.

BALANDIER, Georges, « IV. Mythes politiques de colonisation et de décolonisation », *in* Balandier Georges (dir.), *Sens et puissance*, Paris, Presses Universitaires de France, 2004, p. 202-214.

BARTHÉLEMY, Pascale, « L'enseignement dans l'Empire colonial français : une vieille histoire ? », *Histoire de l'éducation*, n° 128, 2010, p. 5-28.

BERSTEIN, Serge, *Édouard Herriot ou la République en personne*, Paris, Presses de la Fondation nationale des sciences politiques, 1985.

BOUKARI-YABARA, Amzat, « Les militants noirs anglophones des années 1920 à 1940 », *Gradhiva*, vol. 19, n° 1, 2014, p. 30-51.

BRUSCHI, Christian, « La nationalité dans le droit colonial », *Procès, Cahiers d'analyse politique et juridique*, n° spécial « Le droit colonial », 1987-1988, p. 29-83.

CHRÉTIEN, Jean-Pierre, *L'Afrique des Grands Lacs. Deux mille ans d'histoire*, Paris, Flammarion, 2003.

COHEN, Antonin, « De la révolution nationale à l'Europe fédérale. Les métamorphoses de la troisième voie aux origines du mouvement fédéraliste français : La Fédération (1943-1948) », *Le Mouvement Social*, n° 217, 2006, p. 53-72.

COHEN, William B., *Rulers of Empire : The French Colonial Service in Africa*, Standford, Hoover Institution Press, 1971.

COHEN, William B., « Robert Delavignette et les responsabilités de l'administrateur colonial », *in* Mouralis, Bernard, Piriou, Anne (dir.), *Robert Delavignette savant et politique (1897-1976)*, Paris, Karthala, 2003.

CONKLIN, Alice, *A Mission to Civilize : The Republican Ideas of Empire in France and West Africa, 1895-1930*, Stanford, Standford University Press, 1997.

CONKLIN, Alice L, « "Democracy" Rediscovered : Civilization through Association in French West Africa (1914-1930) », *Cahiers D'Études Africaines*, vol. 37, n° 145, 1997, p. 59–84.

CONKLIN, Alice L., « The New "Ethnology" and "La Situation Coloniale" in Interwar France », *French Politics, Culture & Society*, vol. 20, n° 2, 2002, p. 29-46.

CONKLIN, Alice L., « The Civilizing Mission », *in* Berenson Edward, *et al.*, *The French Republic : History, Values, Debates*, Ithaca, Cornell University Press, 2011, p. 173-181.

COOPER, Frederick, *Decolonization and African Society. The Labor Question in French and British Africa*, Cambridge, Cambridge Univerity Press, 1996.

COOPER, Frederick, *Colonialism in Question. Theory, Knowledge, History*, Berkeley, Los Angeles, London, University of California Press, 2005.

COOPER, Frederick, *Le colonialisme en question. Théorie, connaissance, histoire*, Paris, Éditions Payot & Rivages, 2010.

COOPER, Frederick, « Alternatives to Nationalism in French Africa, 1945–60 », *in* Dülffer, J. et Frey, M. (éd.), *Elites and Decolonization in the Twentieth Century*, London, Palgrave Macmillan, 2011, p. 110-137.

COOPER, Frederick, *Citizenship between Empire and Nation, Remaking France and French Africa, 1945-1960*, Princeton, Princeton University Press, 2014.

COQUERY-VIDROVITCH, Catherine, « De la nation en Afrique noire », *Le Débat*, vol. 84, n° 2, 1995, p. 118-133.

COQUERY-VIDROVITCH, Catherine, « Nationalité et citoyenneté en Afrique-occidentale française : Originaires et citoyens dans le Sénégal colonial », *The Journal of African History*, vol. 42, n° 2, 2001, p. 285-305.

DELAVIGNETTE, Robert, *Exposition coloniale internationale de Paris : Afrique-occidentale française*, Paris, Éditions géographiques, maritimes et coloniales, 1931.

DELAVIGNETTE, Robert, *Soudan-Paris-Bourgogne*, Paris, Grasset, 1935.

DELPORTE, Christian, « Images et Colonies », *Vingtième Siècle. Revue d'histoire*, n° 1, 1994, p. 129-131.

DESCHAMPS, Damien, « Contre le citoyen, pour la République, par le fonctionnaire L'association, une idéologie coloniale républicaine », *in* Baruch, Marc Olivier (éd.), *Serviteurs de l'État*, Paris, La Découverte, 2000, p. 197-210.

DIMIER, Véronique, « De la citoyenneté de l'Union française (1946) à la citoyenneté de l'Union européenne (1992) : la nation et la République françaises en débat », *Revue politique et parlementaire*, n° 1013, juillet 2001, p. 116-133.

DIMIER, Véronique, « De la France coloniale à l'outre-mer », *Pouvoirs*, vol. 113, n° 2, 2005, p. 37-57.

DIMIER, Véronique, « Unity in diversity : contending conceptions of the French nation and Republic », *West European Politics*, vol. 27, n° 5, 2004, p. 836-853.

DIOUF, Mamadou, « The French Colonial Policy of Assimilation and the Civility of the Originaires of the Four Communes (Senegal) : A Nineteenth Century Globalization Project », *Development and Change*, vol. 29, 1998, p. 671-696.

DOIZELET, Benjamin, « L'intégration des soldats noirs américains de la 93e division d'infanterie dans l'armée française en 1918 », *Revue historique des armées*, vol. 265, 2011, p. 3-13.

DULUCQ, Sophie, *et al.*, « L'écriture de l'histoire de la colonisation en France depuis 1960 », *Afrique & histoire*, vol. 6, 2006, p. 235-276.

FARGETTAS, Julien, « "*Sind Schwarze da ?*" La chasse aux tirailleurs sénégalais. Aspects cynégétiques de violences de guerre et de violences raciales durant la campagne de France, mai 1940-août 1940 », *Revue historique des armées*, vol. 271, 2013, p. 42-50.

FARGETTAS, Julien, « La révolte des tirailleurs sénégalais de Tiaroye. Entre reconstructions mémorielles et histoire », *Vingtième Siècle. Revue d'histoire*, vol. 2, n° 4, 2006, p. 117-130.

FOSTER, Elizabeth A., « Rethinking "Republican Paternalism" : William Ponty in French West Africa, 1890-1915 », *Outre-mers*, vol. 94, n° 356-357, 2007, p. 211-233.

FRIMIGACCI, Jean, « L'État colonial français, du discours mythique aux réalités (1880-1940) », *Matériaux pour l'histoire de notre temps*, n° 32-33, 1993, p. 27-35.

FRIMIGACCI, Jean, « Les parlementaires africains face à la construction européenne, 1953-1957 », *Matériaux pour l'histoire de notre temps*, n° 77, 2005, p. 5-16.

FUMAROLI, Marc, « Europe des nations, Europe de l'Esprit », *Commentaire*, n° 129, 2010, p. 89-98.

GAMBLE, Henry, « Peasants of the Empire. Rural Schools and the Colonial Imaginary in 1930s French West Africa », *Cahiers d'études africaines*, n° 195, 2003, p. 775-804.

GAMBLE, Harry, « La crise de l'enseignement en Afrique-occidentale française (1944-1950) », *Histoire de l'éducation*, n° 128, 2010, p. 129-162.

GENOVA, James E., « Constructing Identity in Post-War France : Citizenship, Nationality, and the Lamine Gueye Law, 1946-1953 », *The International History Review*, vol. 26, n° 1, 2004, p. 56-79.

GIRARDET, Raoul, « L'apothéose de la "plus grande France" : l'idée coloniale devant l'opinion française (1930-1935) », *Revue française de science politique*, vol. 18, n° 6, 1968, p. 1085-1114.

GIRARDET, Raoul, *L'Idée coloniale en France de 1871 à 1962*, Paris, Table Ronde, 1972.

GOHENEIX, Alice, « Les élites africaines et la langue française : une appropriation controversée », *Documents pour l'histoire du français langue étrangère ou seconde*, n° 40-41, http://journals.openedition.org/dhfles/117.

GUILLEMIN, Philippe, « Les élus d'Afrique noire à l'Assemblée nationale sous la Quatrième République », *Revue française de science politique*, vol. 8, n° 4, 1958, p. 861-877.

HANSEN, Peo, JONSSON, Stefan, « Bringing Africa as a "Dowry to Europe" : European Integration and the Eurafrican project, 1920-1960 », *Interventions : International Journal of Postcolonial Studies*, vol. 13, n° 3, 2011, p. 443-463.

HARDY Georges, *Une conquête morale. L'enseignement en AOF*, Paris, A. Colin, 1917.

HOCHSCHSILD, Adam, *Les Fantômes du roi Léopold II. Un holocauste oublié*, Paris, Belfond, 1998.

HOMBERG, Octave, *La France des cinq parties du monde*, Paris, Plon, 1927.

LAMBERT, Michael C., « From Citizenship to Negritude : "Making a Difference" in Elite Ideologies of Colonized Francophone West Africa », *Comparative Studies in Society and History*, vol. 35, n° 2, 1993, p. 239–262.

LE CROM, Jean-Pierre, AUVERGNON, Philippe, BARRAGAN, Katia, BLONZ-COLOMBO, Dominique, BONINCHI, Marc, *et al.*, *Histoire du droit du travail dans les colonies françaises (1848-1960)*, Mission de recherche Droit et Justice, 2017, https://halshs.archives-ouvertes.fr/halshs-01592836/document.

LEFEBVRE, Camille, « La décolonisation d'un lieu commun. L'artificialité des frontières africaines : un legs intellectuel colonial devenu étendard de l'anticolonialisme », *Revue d'Histoire des Sciences Humaines*, vol. 24, n° 1, 2011, p. 77-104.

LEWIS, Martin Deming, « One Hundred Million Frenchmen : The "Assimilation" Theory in French Colonial Policy », *Comparative Studies in Society and History*, vol. 4, n° 2, 1962, p. 129–153.

LOUBET DEL BAYLE, Jean-Louis, « Le mouvement personnaliste français des années 1930 et sa postérité », *Politique et Sociétés*, vol. 17, n° 1-2, 1998, p. 219-237.

LOUBET DEL BAYLE,*Jean-Louis, Les non-conformistes des années 30 : une tentative de renouvellement de la pensée politique française*, Paris, Seuil, 2001

LUGAN, Bernard, *God Bless Africa*, Chatou, Carnot, 2003.

MANCHUELLE, François, « Assimilés ou patriotes africains ? Naissance du nationalisme culturel en Afrique Française (1853-1931) », *Cahiers d'Études Africaines*, vol. 5, n° 138/139, 1995, p. 333-368.

MBEMBE, Achille, *De la Postcolonie. Essai sur l'imagination politique dans l'Afrique contemporaine*, Paris, Karthala, 2000.

MERLE, Isabelle, « "La situation coloniale" chez Georges Balandier. Relecture historienne », *Monde(s)*, vol. 4, n° 2, 2013, p. 211-232.

MICHEL, Marc « "Avant j'étais nègre, maintenant je suis français". Les soldats noirs de la Grande Guerre », *in* Belot, Robert (éd.), *Tous républicains ! Origine et modernité des valeurs républicaines*, Paris, Armand Colin, 2011, p. 281-290.

MICHEL, Marc, « La genèse du recrutement de 1918 en Afrique noire française », *Revue française d'histoire d'outre-mer*, vol. 58, n° 213, 1971, p. 433-450.

MUDIMBE, Valentin-Yves, *The Invention of Africa : Gnosis, Philosophy, and the Order of Knowledge*, Bloomington and Indianapolis : Indiana University Press ; London : James Curry, 1988.

MUDIMBE, Valentin-Yves, *The Idea of Africa*, Bloomington and Indianapolis, Indiana University Press, 1994.

REYNAUD-PALIGOT, Carole, *La République raciale. Paradigme racial et idéologie républicaine 1860-1930*, Paris, Presses universitaires de France, 2006.

REYNAUD-PALIGOT, Carole, « Usages coloniaux des représentations raciales (1880-1930) », *Cahiers d'histoire. Revue d'histoire critique*, n° 99, 2006, http://chrhc.revues.org/813.

REYNAUD-PALIGOT, Carole, *Races, racisme et antiracisme dans les années 1930*, Paris, Presses Universitaires de France, 2007.

RIST, Gérard, *Le Développement. Histoire d'une croyance occidentale*, Paris, Presses de Sciences Po, 2007.

ROUS, Jean, « Peuples dépendants et puissances coloniales devant l'O.N.U. », *Esprit*, n° 166, 1950, p. 570-580.

RUZ, Nathalie, « La force du "Cartiérisme" », *in* Rioux, Jean-Pierre (éd.), *La Guerre d'Algérie et les Français*, Paris, Fayard, 1990, p. 328-336.

SAADA, Emmanuelle, « La "situation coloniale" vue d'ailleurs : regards croisés transatlantiques », *Cahiers Internationaux De Sociologie*, vol. 110, 2001, p. 5-7.

SAADA, Emmanuelle, *Les Enfants de la colonie : les métis de l'Empire français entre sujétion et citoyenneté*, Paris, La Découverte, 2007.

SARRAUT, Albert, *La Mise en valeur des colonies françaises*, Paris, Payot, 1923.

SCHECK, Raffael, « They Are Just Savages" : German Massacres of Black Soldiers from the French Army in 1940 », *The Journal of Modern History*, vol. 77, n° 2, 2005, p. 325-344.

SCHECK, Raffael, *Hitler's African Victims : The German Army Massacres of Black French Soldiers in 1940*, Cambridge, Cambridge University Press, 2006.

VERGER, Michel, « Les tirailleurs sénégalais », *Être et durer*, n° 46, 2007, http://www.cncombattants.org/artic/46_COLO_LTS.pdf.

WEBER, Eugene, *Peasants into Frenchmen : The Modernization of Rural France 1870–1914*, Stanford, Stanford University Press, 1976.

WILDER, Gary, « Eurafrique as the Future Past of "Black France" », *in* Keaton, Trica Danielle, Sharpley-Whiting, T. Denean et Stovall, Tyler (éd.), *Black France / France noire : The History and Politics of Blackness*, Durham, Duke University Press, 2012.

WILDER, Gary, « Framing Greater France Between The Wars », *Journal of Historical Sociology*, vol. 14, n° 2, June 2001.

WILDER, Gary, *The French Imperial Nation-State, Négritude and Colonial Humanism between the Two World Wars*, Chicago, London, The University of Chicago Press, 2005.

WILDER, Gary, *Freedom time, Negritude, Decolonization, and the Future of the World*, Durham and London, Duke University Press, 2015.

DROIT COLONIAL

BLÉVIS, Laure, « La citoyenneté française au miroir de la colonisation : étude des demandes de naturalisation des "sujets français" en Algérie coloniale », *Genèses*, vol. 53, n° 4, 2003, p. 25-47.

DESCHAMPS, Damien, « Une citoyenneté différée. Cens civique et assimilation des indigènes dans les établissements français de l'Inde », *Revue française de science politique*, vol. 47, n° 1, 1997, p. 49-69.

FALCONIERI, Silvia, « Les juristes d'outre-mer entre orientalisme et anthropologie. "Etrangers assimilés aux indigènes" et "métis" dans le façonnage de l'ordre colonial (XIXe-XXe siècles) », *clio@themis. Revue électronique d'histoire du droit*, n° 4, 2011, http://www.cliothemis.com/Les-juristes-d-outre-mer-entre (consulté le 19/03/2019).

GOHIN, Olivier, « La citoyenneté dans l'outre-mer français », *Revue française d'administration publique*, vol. 101, n° 1, 2002, p. 69-82.

LE COUR GRANDMAISON, Olivier, « Du droit colonial », *Droits*, vol. 43, n° 1, 2006, p. 123-140.

LE COUR GRANDMAISON, Olivier, « L'exception et la règle : sur le droit colonial français », *Diogène*, vol. 212, n° 4, 2005, p. 42-64.

LE ROY, Étienne, « In ordinem adducere ou comment tenter d'imposer par le droit "la" civilisation. La mise en ordre de la "justice des indigènes" et le discours juridique colonial en Afrique noire française », *Droits*, vol. 43, n° 1, 2006, p. 199-220.

LOCHAK, Danièle, « La race : une catégorie juridique ? », *Mots*, n° 33, 1992, p. 291-303.

MANN, Gregory, « What Was the "Indigénat" ? The "Empire of Law" in French West Africa », *The Journal of African History*, vol. 50, n° 3, 2009, p. 331-353.

MASSICOT, Simone, « Effets sur la nationalité française de l'accession à l'indépendance de territoires ayant été sous la souveraineté française », *Population*, 41e année, n° 3, 1986, p. 533-546.

MERLE, Isabelle, « Retour sur le régime de l'indigénat : genèse et contradictions des principes répressifs dans l'empire français », *French Politics, Culture & Society*, vol. 20, n° 2, 2002, p. 77-97.

MERLE, Isabelle, « Sujets d'Empire », *Genèses*, vol. 53, n° 4, 2003, p. 2-3.

MERLE, Isabelle, « De la "légalisation" de la violence en contexte colonial. Le régime de l'indigénat en question », *Politix*, vol. 17, n° 66, 2004, p. 137-162.

SAADA, Emmanuelle, « La "situation coloniale" vue d'ailleurs : regards croisés transatlantiques », *Cahiers Internationaux De Sociologie*, vol. 110, 2001, p. 5-7.

SAADA, Emmanuelle, « The Empire of Law ; Dignity, Prestige and Domination in "Colonial Situation" », *French Politics, Culture and Society*, vol. 20, n° 2, 2002, p. 98-120.

SAADA, Emmanuelle, « Citoyens et sujets de l'Empire français. Les usages du droit en situation coloniale », *Genèse 53*, déc. 2003, p. 4-24.

SAADA, Emmanuelle, « La loi, le droit et l'indigène », *Droits*, n° 43, 2006, p. 165-190.

SAHIA CHERCHARI, Mohamed, « Indigènes et citoyens ou l'impossible universalisation du suffrage », *Revue française de droit constitutionnel*, vol. 60, n° 4, 2004, p. 741-770.

URBAN, Yerri, « Coutumes et citoyenneté, des colonies aux collectivités d'outre-mer. Le point de vue du droit », *Ethnologie française*, n° 169, 2018, p. 27-36.

WEIL, Patrick, « Nationalité : l'originalité française », *Études*, vol. 398, n° 3, 2003, p. 321-331.

WEIL, Patrick, « Histoire et mémoire des discriminations en matière de nationalité française », *Vingtième Siècle. Revue d'histoire*, vol. 84, n° 4, 2004, p. 5-22.

WEIL, Patrick, « Le statut des musulmans en Algérie coloniale. Une nationalité française dénaturée », *Histoire de la justice*, vol. 16, n° 1, 2005, p. 93-109.

ÉTUDES FRANCOPHONES, LANGUE FRANÇAISE

ALBERT, Christiane, *Francophonie et identités culturelles*, Paris, Karthala, 1999.
ANYINEFA, Koffi, « Scandales. Littérature francophone africaine et identité », *Cahiers d'études africaines*, vol. 191, n° 3, 2008, p. 457-486.
BANETH-NOUAILHETAS, Emilienne, « Anglophonie – Francophonie : un rapport postcolonial ? », *Langue française*, n° 167, 2010, p. 73-94.
BENIAMINO, Michel, GAUVIN, Lise, *Vocabulaire des études francophones – Les concepts de base*, Limoges, Presses universitaires de Limoges, 2005.
BENIAMINO, Michel, *La Francophonie littéraire, essai pour une théorie*, Paris, L'Harmattan, 1999.
BLACHÈRE, Jean-Claude, *Négritures, les écrivains d'Afrique noire et la langue française*, Paris, L'Harmattan, 1993.
BOKIBA, André-Patient, *Écriture et identité dans la littérature africaine*, Paris, L'Harmattan, 1998.
CANUT, Cécile, « "À bas la francophonie !" De la mission civilisatrice du français en Afrique à sa mise en discours postcoloniale », *Langue française*, vol. 167, n° 3, 2010, p. 141-158.
CASANOVA, Pascale, *La République mondiale des lettres*, Paris, Seuil, 2008.
CERQUIGLINI, Bernard, *Une langue orpheline*, Paris, Les Éditions de Minuit, 2007.
CHEVRIER, Jacques, *La Littérature nègre*, Paris, Éditions Armand Colin [1974], 1984.
CHEVRIER, Jacques, *Les Blancs vus par les Africains*, Lausanne, éditions Favre, 1988.
CHEVRIER, Jacques, *Littératures francophones d'Afrique noire*, Edisud, Paris, 2006.
COMBE, Dominique, « "Le Noir et le langage" Fanon et Césaire », *Rue Descartes*, n° 83, 2014, p. 11-21.
COMBE, Dominique, *Poétiques francophones*, Paris, Hachette Livre, 1995.
COMBE, Dominique, *Les Littératures francophones*, Paris, Presses Universitaires de France, 2010.
CONSTANT, Isabelle, MABANA, Kahiudi C. et NANTON, Philip (éd.), *Antillanité, créolité, littérature-monde*, Newcastle upon Tyne, Cambridge Scholars Publishing, 2013.
CORNEVIN, Robert, *Littérature d'Afrique noire de langue française*, Paris, Presses Universitaires de France, 1976.
D'HULST, Lieven, MOURA, Jean-Marc, (ed.), *Les Études littéraires francophones : état des lieux*, Lille, Éd. du Conseil scientifique de l'Université Charles-de-Gaulle – Lille 3, 2003.

DELAS, Daniel, RIVERS, Christopher, « Francophone Literary Studies in France : Analyses and Reflections », *Yale French Studies*, n° 103, 2003, p. 43-54.

DELAS, Jean-Pierre, MILLY, Bruno, *Histoire des pensées sociologiques*, Paris, Armand Colin, 2015.

DERIVE, Jean, « Quelques réflexions sur les relations entre les cultures francophones et les cultures orales locales », *in* D'Hulst, Lieven et Moura, Jean-Marc (éd.), *Les Études littéraires francophones : état des lieux*, Lille, Éd. du Conseil scientifique de l'Université Charles-de-Gaulle – Lille 3, 2003, p. 141-151.

DERIVE, Jean, « Une deuxième vie pour la poésie africaine traditionnelle, la traduction en français ? Problèmes de poétique et de lectorat », *in* Little, Roger (dir.), *Black Accents, Writing in French from Africa, Mauritius and the Carribean, Londres, Grant/Cutler*, 1997, p. 199-220.

DI MEO, Nicolas, « L'universel et le particulier : enjeux et présupposes de la "littérature-monde" en français », *Carnets*, 2010, p. 55-68.

DIA, Hamidou, *Poésie africaine et engagement*, Paris, Acoria, 2003.

DION, Robert, LÜSEBRINK, Hans-Jürgen, RIESZ, János (dir.), *Écrire en langue étrangère : interférences de langues et de cultures dans le monde francophone*, Québec : Nota bene, Francfort, IKO-Verlag, *Les Cahiers du CRELIQ*, n° 28, 2002.

DIOP, Papa Samba, LÜSEBRINK, Hans-Jürgen, *Littératures et sociétés africaines. Regards comparatistes et perspectives interculturelles. Mélanges offerts à János Riesz à l'occasion de son soixantième anniversaire*, Gunter Narr Verlag, 2001.

DIOUF, Abdou, « La francophonie, une réalité oubliée », *Le Monde*, 19 mars 2007, https://www.lemonde.fr/idees/article/2007/03/19/la-francophonie-une-realite-oubliee-par-abdou-diouf_884956_3232.html.

DUBREUIL, Laurent, *L'Empire du langage, Colonies et francophonie*, Paris, Hermann Éditeurs, 2008.

ECO, Umberto, *La recherche de la langue parfaite dans la culture européenne*, Paris, Seuil, 1994.

EDWARDS, Brent Hayes, *The Practice of Diaspora : Literature, Translation, and the Rise of Black Internationalism*, Cambridge, Harvard University Press, 2003.

FONKOUA, Romuald, « Présence africaine et les revues littéraires noires », *Littératures noires (« Les actes »)*, http://journals.openedition.org/actesbranly/486.

FORSDICK, Charles, « From "Littérature Voyageuse" to "Littérature-Monde" : The Manifesto in Context », *Contemporary French & Francophone Studies*, vol. 14, n° 1, January 2010, p. 9-17.

FUMAROLI, Marc, *Trois institutions littéraires*, Paris, Gallimard, 1994.

GARNIER, Xavier, « Les littératures africaines sont-elles en mal de spécialistes ? », Communication au colloque Littéraires : de quoi sommes-nous les spécialistes ?, organisé par le groupe Transitions, les 25-28 juin 2014, à l'université de la Sorbonne nouvelle – Paris 3, https://www.academia.edu/38509518/Les_littératures_africaines_sont-elles_en_mal_de_spécialistes.

GAUVIN, Lise, *L'Écrivain francophone à la croisée des langues*, Paris, Karthala, 1997.

GAUVIN, Lise, *La fabrique de la langue : De François Rabelais à Rejean Ducharme*, Paris, Seuil, 2004.

GAUVIN, Lise, *Écrire pour qui ? : L'écrivain francophone et ses publics*, Paris, Karthala, 2006.

GAUVIN, Lise, *L'imaginaire des langues (1991-2009) / Edouard Glissant : entretiens*, Paris, Éditions Gallimard, 2010.

GLISSANT, Édouard, *Le Discours antillais*, Paris, Seuil, 1981.

GLISSANT, Édouard, *L'imaginaire des langues. Introduction à une poétique du Divers, Montréal*, Presses de l'Université de Montréal, 1995.

GYSSELS, Kathleen, « Sartre postcolonial ? Relire Orphée noir plus d'un demi-siècle après », *Cahiers d'études africaines*, n° 179, 2005, p. 631-650.

HALEN, Pierre, « Le "système littéraire francophone". Quelques réflexions complémentaires », *in* D'Hulst, Lieven, Moura, Jean-Marc, (ed.), *Les études littéraires francophones : état des lieux*, Lille, Ed. du Conseil scientifique de l'Université Charles-de-Gaulle – Lille 3, 2003.

HALEN, Pierre, « Notes pour une topologie institutionnelle du système littéraire francophone », *in* Diop, Papa Samba, Lüsebrink, Hans-Jürgen, *Littératures et sociétés africaines. Regards comparatistes et perspectives interculturelles. Mélanges offerts à János Riesz à l'occasion de son soixantième anniversaire*, Gunter Narr Verlag, 2001, p. 55-68.

JAHN, Janheinz, *Manuel de la littérature néo-africaine. Du XVIe à nos jours. De l'Afrique à l'Amérique*, Paris, Resma, 1969.

JOUBERT, Jean-Louis, *Les voleurs de langue : traversée de la francophonie littéraire*, Paris, éditions Philippe Rey, 2006.

JULIEN, Eileen, *African Novels and the Question of Orality*, Bloomington and Indianapolis, Indiana University Press, 1992.

KAZI-TANI, Nora-Alexandra, *Le Roman africain de langue française au carrefour de l'écrit et de l'oral (Afrique noire, Maghreb)*, Paris, L'Harmattan, 1995.

KESTELOOT, Lilyan, *Les Écrivains noirs de langue française : naissance d'une littérature*, Bruxelles, Éditions de l'Institut de Sociologie de l'Université Libre de Bruxelles, 1963.

KESTELOOT, Lilyan, *Anthologie négro-africaine*, Verviers, Les Nouvelles Éditions Marabout 1978 [1967].

LACORNE, Denis (éd.), *La politique de Babel. Du monolinguisme d'État au plurilinguisme des peuples*, Paris, Karthala, 2009.

LE BRIS, Michel, ROUAUD, Jean, *Pour une littérature-monde*, Paris, Gallimard, 2007.

MABANCKOU, Alain, « La francophonie oui, le ghetto : non ! », *Le Monde*, 18 mars 2006, https://www.lemonde.fr/idees/article/2006/03/18/la-francophonie-oui-le-ghetto-non_752169_3232.html.

MALELA, Buata B., *Les écrivains afro-antillais à Paris (1920-1960) – Stratégies et postures identitaires*, Paris, Karthala, 2008.

MARTIAL, Pierre, « Onésime Reclus, inventeur de la Francophonie », *in* Jouve, Edmond, Dreyfus, Simone (dir.), *Les Chefs d'État écrivains en pays francophone : actes du septième colloque international francophone organisé à Sarlat, Lamothe-Fénelon, Carennac et Figeac*, Association des écrivains de langue française, 1998.

MAZRUI, Alamin, « Language and the Quest for Liberation in Africa : The Legacy of Frantz Fanon », *Third World Quarterly*, vol. 14, n° 2, 1993, p. 351-363.

MBEMBE, Achille, « Dénationaliser la langue française », *Multitudes*, http://www.multitudes.net/Denationaliser-la-langue-francaise/.

MERLIN-KAJMAN, Hélène, *La langue est-elle fasciste, langue, pouvoir, enseignement*, Paris, Seuil, 2003.

MESCHONNIC, Henri, *De la langue française, essai sur une clarté obscure*, Paris, Hachette, 1997.

MILLER, Christopher L., *Blank Darkness, Africanist Discourse in French*, Chicago, The University of Chicago Press, 1985.

MOUDILENO, Lydie, « From Pré-littérature to Littérature-monde : Postures, Neologisms, Prophecies », *in* Constant, Isabelle, Mabana, Kahiudi C., Nanton Philip, (ed.), *Antillanité, créolité, littérature-monde*, Newcastle upon Tyne, Cambridge Scholars Publishing, 2013, p. 13-26.

MOURA, Jean-Marc, *Littératures francophones et théorie postcoloniale*, Paris, Presses Universitaires de France, 2013.

MOURALIS, Bernard, *Littérature et développement*, Paris, Éditions Silex, 1984.

MOURALIS, Bernard, *L'Illusion de l'altérité, études de littérature africaine*, Paris, Honoré Champion Éditeur, 2007.

MOURALIS, Bernard, *Les contre-littératures*, Paris, Hermann Éditeurs, 2011.

MUKALA, Kadima Nzuji, *La littérature zaïroise de langue française : 1945-1965*, Paris, Karthala, 1984.

N'GORAN David K., *Le champ littéraire africain, Essai pour une théorie*, Paris, L'Harmattan, 2009.

NGAL, Georges, *Création et rupture en littérature africaine*, L'Harmattan, Paris, 1994.

PHILIPPE, Gilles, *Sujet, verbe, complément. Le moment grammatical de la littérature française (1890-1940)*, Paris, Gallimard, 2002.

PHILIPPE, Gilles, *Le Français, dernière des langues. Histoire d'un procès littéraire*, Paris, Presses Universitaires de France, 2010.

PORRA, Véronique, « Pour une "littérature-monde en français" : les limites d'un discours utopique », *Intercâmbio*, vol. 2, n° 1, 2008, p. 33-54.

PORRA, Véronique, « Des littératures francophones à la "littérature-monde" : aspiration créatrice et reproduction systémique », *Nordic Journal of Francophone Studies/Revue nordique des études francophones*, vol. 1, n° 1, 2108, p. 7-17.

PROVENZANO, François, « Les études littéraires francophones : à partir d'un État des lieux », Textyles, n° 28, 2005, p. 94-104.

PROVENZANO, François, « La "francophonie" : définitions et usages », *Quaderni*, n° 62, 2006-2007, p. 93-102.

PROVENZANO, François, *Vies et mort de la francophonie, Une politique de la langue et de la littérature*, Bruxelles, Les Impressions Nouvelles, 2011.

PRUS, Elena, MOREL, Pierre (dir.), *La francopolyphonie : langues et identités, Institut de recherches philologiques et interculturelles*, 2007, http://limba.ulim.md/wp-content/uploads/2017/01/La-Francopolyphonie-vol.1-2007.pdf (consulté le 14/03/2019).

RICARD, Alain, *Littératures d'Afrique noire – Des Langues aux Livres*, Paris, Karthala, 1995.

RICARD, Alain, *Histoire des littératures de l'Afrique subsaharienne*, Paris, Ellipses, 2006.

SEMUJANGA, Josias, *Dynamique des genres dans le roman africain. Éléments d'une poétique transculturelle*, Paris, L'Harmattan, 1999.

SEMUJANGA, Josias, « De l'africanité à la transculturalité : éléments d'une critique littéraire dépolitisée du roman », *Études françaises*, vol. 37, n° 2, 2001, p. 133-156.

SEMUJANGA, Josias, « Panorama des littératures francophones », *in* Ndiaye, Christiane (dir.), *Introduction aux littératures francophones*, Montréal, les presses de l'Université de Montréal, 2004.

SIGNATAIRES, « Pour une littérature-monde en français », *Le Monde*, 15 mars 20017, https://www.lemonde.fr/livres/article/2007/03/15/des-ecrivains-plaident-pour-un-roman-en-francais-ouvert-sur-le-monde_883572_3260.html.

SIOUFFI, Gilles, *Le génie de la langue française, études sur les structures imaginaires de la description linguistique à l'Âge classique*, Paris, Honoré Champion Éditeur, 2010.

THOMAS, Dominic, *Nation-building, propaganda, and literature in Francophone Africa*, Bloomington, Indiana University Press, 2002.

THOMAS, Dominic, « Intersections et trajectoires : les études francophones et la théorie postcoloniale », *Cahiers D'Études Africaines*, vol. 50, n° 198/200, 2010, p. 823–841.

VELDWACHTER, Nadège, « Littérature française et littératures francophones : une union inconvenante ? », *LHT*, n° 8, 2011, http://www.fabula.org/lht/8/veldwachter.html.

WIJNANDS, Paul, *Dictionnaire des identités culturelles de la francophonie : analyse du discours identitaire de langue française à travers 3000 notions*, Paris, CILF, 1993.

YAGUELLO, Marina, *Les langues imaginaires, mythes, utopies, fantasmes, chimères et fictions linguistiques*, Paris, Seuil, 2006.

NATIONALISME ; FÉDÉRALISME

BARRAL, Pierre, « Idéal et pratique du régionalisme dans le régime de Vichy », *Revue française de science politique*, vol. 24, n° 5, 1974, p. 911-939.

ANDERSON, Benedict, *Imagined Communities : Reflections on the Origin and Spread of Nationalism*, London, New York, Verso, 2006.

CALHOUN, Craig, « Nationalism and Ethnicity », *Annual Review of Sociology*, vol. 19, 1993, p. 211–239.

GEISSER, Vincent, « Nation civique versus nation ethnique ? Les faux semblants de l'universalisme républicain », *Annales de philosophie et des sciences humaines*, vol. 1, n° 23, 2007, p. 57-74.

GELLNER, Ernest, *Nations and nationalism*, Oxford, Basil Blackwell, 1983.

Kramer, Lloyd, « Historical Narratives and the Meaning of Nationalism », *Journal of the History of Ideas*, vol. 58, n° 3, 1997, p. 525–545.

MILLER, Christopher L., « Nationalism as Resistance and Resistance to Nationalism in the Literature of Francophone Africa », *Yale French Studies*, n° 82, 1993, p. 62–100.

SABBAGH, Daniel, « Nationalisme et multiculturalisme », *Critique internationale*, vol. 23, n° 2, 2004, p. 113-124.

SELLIN, Eric, « Nationalism in World Literature : Irony, Sham, or in Earnest ? Nationalism and the Development of Neo-African Literatures », *Books Abroad*, vol. 45, n° 2, 1971, p. 199–207.

THIESSE, Anne-Marie, « Communautés imaginées et littératures », *Romantisme*, vol. 143, n° 1, 2009, p. 61-68.

THIESSE, Anne-Marie, « Nations, internationalismes et mondialisation », *Romantisme*, vol. 163, n° 1, 2014, p. 15-27.

THIESSE, Anne-Marie, *La création des identités nationales. Europe* XVIIIe-XXe *siècles*, Paris, Seuil, 1999.

YOUENN, Michel, « Des "petites patries" aux "patrimoines culturels" : un siècle de discours scolaires sur les identités régionales en France (1880-1980) », *Carrefours de l'éducation*, n° 38, 2014, p. 15-31.

RACIALISME, ANTHROPOLOGIE, ETHNOLOGIE, SCIENCES HUMAINES

ALCANDRE, Jean-Jacques, « Afrique Antilles Allemagne France La "culture africaine" en question autour de l'œuvre et de la réception posthume de l'anthropologue allemand Leo Frobenius », *Présence Africaine*, vol. 184, n° 2, 2011, p. 67-93.

AMSELLE, Jean-Loup, M'BOKOLO, Elikia, *Au cœur de l'ethnie. Ethnies, tribalisme et État en Afrique*, Paris, La Découverte, 2005.

ARDOINO, Jacques, « Culture et civilisation », *in* Barus-Michel, Jacqueline (éd.), *Vocabulaire de psychosociologie*, Toulouse, ERES, 2002, p. 118-127.

BALIBAR, Étienne, « La construction du racisme », *Actuel Marx*, vol. 38, n° 2, 2005, p. 11-28.

BALIBAR, Étienne, WALLERSTEIN, Immanuel, *Race, nation, classe. Les identités ambiguës*, Paris, La Découverte, 2007.

BARTH, Frederik, *Ethnic Groups and Boundaries : The Social Organization of Culture Difference*, Bergen, Oslo : Universitetsforlaget ; London : George Allen and Unwin, 1969.

BECK, Ulrich, « Nationalisme méthodologique – cosmopolitisme méthodologique : un changement de paradigme dans les sciences sociales », *Raisons politiques*, vol. 54, n° 2, 2014, p. 103-120.

BENVENISTE, Émile, « Civilisation Contribution à l'histoire du mot », *in Problème de linguistique générale I*, Paris, Gallimard, 1966.

BOY, Thierry, DUMORA, Bernadette, « Les perspectives constructivistes et constructionnistes de l'identité (2e partie) », *L'orientation scolaire et professionnelle*, vol. 37, n° 3, 2008, p. 365-386.

BRUBAKER, Rogers, JUNQUA, Frédéric (trad.), « Au-delà de l'"identité" », *Actes de la recherche en sciences sociales*, n° 139, 2001, p. 66-85.

CALVET, Louis-Jean, *Linguistique et colonialisme : petit traité de glottophagie*, Paris, Payot, 1974.

CUCHE, Denys, *La notion de culture dans les sciences sociales*, Paris, La Découverte, 2010.

DEBAENE, Vincent, *L'Adieu au voyage. L'ethnologie française entre science et littérature*, Paris, Gallimard, 2010.

DEBAENE, Vincent, « Les écrivains contre l'ethnologie ? Ethnographie, ethnologie et littérature d'Afrique et des Antilles, 1921-1948 », *Romanic Review*, vol. 104, n° 3-4, 2013, p. 353-374.

De Gobineau, Arthur, *Essai sur l'inégalité des races*, *in Œuvres I*, Bibliothèque de la Pléiade, Paris, Gallimard, 1983 [1853].

Delafosse, Maurice, *L'âme nègre*, Paris, Payot, 1922.

Diallo, Youssouf, « L'africanisme en Allemagne hier et aujourd'hui », *Cahiers d'études africaines*, vol. 161, n° 1, 2001, p. 13-44.

Merllié, Dominique, « Durkheim, Lévy-Bruhl et la "pensée primitive" : quel différend ? », *L'Année sociologique*, vol. 62, n° 2, 2012, p. 429-446.

Dumitru, Speranta, « Qu'est-ce que le nationalisme méthodologique ? Essai de typologie », *Raisons politiques*, vol. 54, n° 2, 2014, p. 9-22.

Fanoudh-Siefer, Léon, *Le Mythe du nègre et de l'Afrique noire dans la littérature française (de 1800 à la Deuxième Guerre Mondiale)*, Paris, Klincksieck, 1968.

Frobenius, Leo, *Histoire de la civilisation africaine*, Paris, Gallimard, 1936.

Frobenius, Leo, *Le Destin des civilisations*, Paris, Gallimard, 1940.

Gehrmann, Susanne, Riesz, Jánoz, (éds.), *Le blanc du noir, représentations de l'Europe et des Européens dans les littératures africaines*, Münster, Lit Verlag Münster, 2004.

Giordan, Henri, « Le pouvoir et la pluralité culturelle », *Hérodote*, vol. 105, n° 2, 2002, p. 178-190.

Hazard, Benoît, « Orientalisme et ethnographie chez Maurice Delafosse », *L'Homme*, 1998, vol. 38, n° 146, p. 265-268.

Hobsbawm, Eric, Ranger, Terence, (eds.), *The Invention of Tradition*, Cambridge, Cambridge University Press, 1983.

Hoffmann, Léon-François, *Le Nègre romantique, personnage littéraire et obsession collective*, Paris, Payot, 1973.

Huggan, Graham, « Anthropologists and Other Frauds », *Comparative Literature*, vol. 46, n° 2, 1994, p. 113-128.

Jarrassé, Dominique, « Trois gouttes d'art nègre. Gobinisme et métissage en histoire de l'art », *Histoire de l'art et anthropologie*, INHA / Musée du quai Branly, http://journals.openedition.org/actesbranly/96.

Kapustin, Boris, « Discours théorique et discours idéologique autour du concept de "civilisation" », *Diogène*, vol. 223, n° 3, 2008, p. 91-114.

Klineberg, Otto, *Race et psychologie. La question raciale devant la science moderne*, Paris, Unesco, 1951.

Kramer, Fritz W., « Empathy – Reflections on the History of Ethnology in Pre-Fascist Germany : Herder, Creuzer, Bastian, Bachofen, and Frobenius », *Dialectical Anthropology*, vol. 9, n° 1/4, 1985, p. 337-347.

Lévy-Bruhl, Lucien, *Les Fonctions mentales dans les sociétés inférieures*, Paris, Presses universitaires de France, 1910.

Lévy-Bruhl, Lucien, *Carnets*, Paris, Presses Universitaires de France, 1949.

MARCHAND, Suzanne, « German Orientalism and the Decline of the West », *Proceedings of the American Philosophical Society*, vol. 145, n° 4, 2001, p. 465-473.

MAUSS, Marcel, « Les civilisations. Éléments et formes », *in* Febvre, Lucien, Tonnelat, Emile, Mauss, Marcel, Niceforo, Alforo, Weber, Louis, *Civilisation – Le mot et l'idée*, Fondation « Pour la science », Centre international de synthèse, Première semaine internationale de synthèse, Deuxième fascicule (du 20 au 25 mai 1929), Paris, La Renaissance du livre, 1930, http://classiques.uqac.ca/classiques/febvre_lucien/civilisation/civilisation_idee.pdf, p. 82-104.

MEYER, Mireille, « Vers la notion de "cultures régionales" (1789-1871) », *Ethnologie française*, vol. 33, n° 3, 2003, p. 409-416.

MEYRAN, Régis, « Genèse de la notion de culture : une perspective globale », *Journal des anthropologues*, n° 118-119, 2009, http:// jda.revues.org/4188.

MILES, Robert, « Le racisme européen dans son contexte historique. Réflexions sur l'articulation du racisme et du nationalisme », *Genèses*, n° 8, 1992, p. 108-131.

MOUSSA, Sarga, « Le langage des Noirs dans l'Essai sur l'inégalité des races humaines de Gobineau. Sensation et création », *in Wort Macht Stamm. Rassismus und Determinismus in der Philologie*, Fink, 2012, p. 227-238.

PLIVARD, Ingrid, « Chapitre 1 – La notion de culture », *in* Plivard, Ingrid (dir.), *Psychologie interculturelle*, Louvain-la-Neuve, De Boeck Supérieur, 2014, p. 7-46.

RANGER, Terence, *The Invention of Tribalism in Zimbabwe*, Gweru, Zimbabwe, Mambo, 1985.

REGOURD, Serge, « La culture comme enjeu politique », *Hermès, La Revue*, vol. 40, n° 3, 2004, p. 28-32.

ROZIN, Philippe, « Le concept de culturalisme dans les sciences anthropologiques : de Tylor à Lowie », *Le Philosophoire*, vol. 27, n° 2, 2006, p. 151-176.

SAADA, Emmanuelle, « 3. Un racisme de l'expansion. Les discriminations raciales au regard des situations coloniales », *in* Fassin, Éric (éd.), *De la question sociale à la question raciale ? Représenter la société française*, Paris, La Découverte, 2006, p. 55-71.

SPÖTTEL, Michael, « German ethnology and antisemitism : the hamitic hypothesis », *Dialectical Anthropology*, vol. 23, n° 2, 1998, p. 131-150.

STAROBINSKI, Jean, « Le mot "civilisation" », *in Le Temps de la réflexion*, Paris, Gallimard, 1983, p. 16.

TAGUIEFF, Pierre-André, « Le néo-racisme différentialiste. Sur l'ambiguïté d'une évidence commune et ses effets pervers », *Langage et société*, n° 34, 1985, p. 69-98.

TAGUIEFF, Pierre-André, « L'identité nationale saisie par les logiques de racisation. Aspects, figures et problèmes du racisme différentialiste », *Mots*, n° 12, 1986, p. 91-128.

TAGUIEFF, Pierre-André, « Figures de la pensée raciale », *Cités*, vol. 36, n° 4, 2008, p. 173-197.

TAI, Li-Chuan, « L'institutionnalisation de l'anthropologie universitaire et la France d'outre-mer », *in* Benichon, Philippe, Gény, Pierre, Nemo, Jean (dir.), *Présence françaises outre-mer (XVIe-XXIe siècles)*, Karthala, Paris, 2012, p. 281-300.

TODOROV, Tristan, *Nous et les autres : la réflexion française sur la diversité humaine*, Paris, Seuil, 1989.

VERMÈS, Geneviève, « Quelques étapes de la Psychologie des peuples (de la fin du XIXe siècle aux années 1950). Esquisse pour une histoire de la psychologie interculturelle », *L'Homme & la Société*, vol. 167-168-169, n° 1, 2008, p. 149-161.

VISONNEAU, Geneviève, « Le développement des notions de culture et d'identité : un itinéraire ambigu », *Carrefours de l'éducation*, vol. 14, n° 2, 2002, p. 2-20.

CATHOLICISME, THÉOLOGIE

ANCELET-NETTER, Dominique, « "Dettes" et "débiteurs" dans les versions françaises de la cinquième demande du "Notre Père" du XIIe au XXIe siècle : une mise en perspective par l'analyse sémantique », *Transversalités*, vol. 109, n° 1, 2009, p. 103-123.

BERNAND, Carmen, « Les identités religieuses et ethniques à l'aune de l'universalisme républicain. À propos de l'exception française », *Champ psychosomatique*, vol. 21, n° 1, 2001, p. 133-150.

BŒSPFLUG, François, *et al.*, *Le Christ dans l'art des catacombes au XXe siècle*, Paris, Bayard, 2000.

BONNARD, Pierre, « L'Église corps de Christ dans le paulinisme », *Revue de théologie et de philosophie*, vol. 8, 1958, p. 268-282.

BOUYER, Louis, « Où en est la théologie du Corps mystique ? », *Revue des Sciences Religieuses*, vol. 22, n° 3-4, 1948, p. 313-333.

CHRISTIN, Olivier, *Une révolution symbolique. L'iconoclasme huguenot et la reconstruction catholique*, Paris, Éditions de Minuit, 1991.

CONGAR, Yves, « L'ecclésiologie, de la Révolution française au Concile du Vatican, sous le signe de l'affirmation de l'autorité », *Revue des Sciences Religieuses*, vol. 34, n° 2-4, 1960, p. 77-114.

CONGAR, Yves, *L'Église de saint Augustin à l'époque moderne*, Paris, Cerf, 1970, p. 470-472.

CULLMANN, Oscar, *Le Salut dans l'histoire. L'Existence chrétienne selon le Nouveau Testament*, Paris/Neuchâtel, Delachaux & Niestlé, 1966.

LABBÉ, Yves, « Le concept d'inculturation », *Revue des sciences religieuses*, vol. 80, n° 2, 2006, p. 205-215.

MICHEL, Marc, « Le retour de l'eschatologie dans la théologie contemporaine », *Revue des Sciences Religieuses*, vol. 58, n° 1-3, 1984, p. 180-195.

PALAU, Yves, « Approches du catholicisme républicain dans la France de l'entre-deux-guerres », *Mil neuf cent*, n° 13, 1995, p. 46-66.

PERRIN, Luc, « Le contexte d'Humanisme intégral », *Revue des sciences religieuses*, vol. 81, n° 3, 2007, p. 341-351.

RICOT, Jacques, « Le pardon, notion philosophique ou notion religieuse ? », *Horizons philosophiques*, vol. 13, n° 2, 2003, p. 131-138.

ROGNON, Frédéric, « Expiation, repentance, pardon et réconciliation : concepts religieux et valeurs des sociétés européennes contemporaines », *Les Cahiers Sirice*, vol. 15, n° 1, 2016, p. 15-23.

ROSIER-CATACH, Irène, « Les sacrements comme signes qui font ce qu'ils signifient : signe efficace vs. efficacité symbolique », *Transversalités*, n° 105, 2008, p. 83-106.

SPRONCK, Joël, « L'attente chrétienne de la Parousie », *Nouvelle revue théologique*, vol. 131, n° 3, 2009, p. 546-556.

VIEILLARD-BARON, Jean-Louis, « Le statut de l'image dans l'iconographie chrétienne après le concile de Trente », *Nouvelle revue d'esthétique*, vol. 13, n° 1, 2014, p. 121-131.

VIEILLARD-BARON, Jean-Louis, « Un problème philosophique : la communion des saints », *Transversalités*, n° 116, 2010, p. 95-126.

AUTRES

BENVENISTE, Émile, *Problèmes de linguistique générale I*, Paris, Gallimard, 1966.

BERLIN, Isaiah, « The Counter Enlightenment », *in* Berlin, Isaiah, *À contre-courant : Essais sur l'histoire des idées*, Albin Michel, 1988.

BERNABÉ, Jean, CHAMOISEAU, Patrick, CONFIANT, Raphaël, *Éloge de la créolité*, Paris, Gallimard, 1989.
BHABHA, Homi, *The Location of Culture*, London, New York, Routledge, 1994.
BOURDIEU, Pierre, *Les Règles de l'art : genèse et structure du champ littéraire*, Paris, Seuil, 1992.
CHAMOISEAU, Patrick, *Écrire en pays dominé*, Paris, Gallimard, 1997.
DE CONDORCET, Nicolas, *Esquisse d'un tableau historique sur le progrès humain, suivi de Réflexions sur l'esclavage des nègres*, Paris, Masson, 1822.
DELEUZE, Gilles, GUATTARI, Félix, *Kafka. Pour une littérature mineure*, Paris, Les éditions de Minuit, 1975.
FANON, Frantz, *Peau noire, masques blancs*, Paris, Seuil, 1952.
GATES, Henry Louis, « The Trope of a New Negro and the Reconstruction of the Image of the Black », *Representations*, n° 24, 1988, p. 129-155.
GENETTE, Gérard, *Mimologiques, voyage en Cratylie*, Paris, Seuil, 1976.
KANE, Cheikh Hamidou, *L'Aventure ambiguë*, Paris, Julliard, 1961.
LASCOUMES, Pierre, « La Gouvernementalité : de la critique de l'État aux technologies du pouvoir », *Le Portique* [en ligne], 13-14 | 2004, http://journals.openedition.org/leportique/625.
LAZARUS, Neil (dir.), *Penser le postcolonial : une introduction critique*, Paris, Éditions Amsterdam, 2006.
MEIZOZ, Jérôme, *L'Âge du roman parlant (1919-1939). Écrivains, critiques, linguistes et pédagogues en débat*, Genève, Droz, 2001.
MEMMI, Albert, *Portrait du colonisé, suivi de Portrait du colonisateur*, Paris, Gallimard, 1985 [1957], p. 126-127.
NGUGI, Wa Thiong'o, *Decolonising the Mind*, London, Heinemann, 1986.
OLENDER, Maurice, *Les Langues du paradis, Aryens et Sémites : un couple providentiel*, Paris, Seuil, 1989.
PEYREFITTE, Alain, *C'était de Gaulle*, Paris, Fallois/Fayard, 1994.
RIEGEL, Martin, PELLET, Jean-Christophe, RIOUL, René, *Grammaire méthodique du français*, Paris, Presses Universitaires de France, 2009.
RIGOTTI, Francesca, « La théorie politique et ses métaphores », *Revue belge de philologie et d'histoire*, vol. 68, n° 3, 1990, p. 548-564.
SAÏD, Edward, *L'Orientalisme. L'Orient créé par l'Occident*, Seuil, 1978.
SAÏD, Edward, *Culture et impérialisme*, Fayard / Le Monde diplomatique, 2000 [1993].
SARKOZY, Nicholas, « Pour une francophonie vivante et populaire », *Le Figaro*, 22 mars 2007, p. 14.
VALENTIN, Jean-Marie, « Paul Valéry et la tradition européenne du "commerce de l'esprit" », *Les Temps modernes*, vol. 622, n° 1, 2003, p. 136-148.
VALÉRY, Paul, *La Crise de l'Esprit*, Paris, Nouvelle Revue Française, 1919.
VALÉRY, Paul, *Regards sur le monde actuel*, Paris, Librairie Stock, 1931.

WALZER, Michael, « Les deux universalismes », *Esprit*, n° 187, 1992, p. 114-133.

WOLF, Nelly, *Le Peuple dans le roman français de Zola à Céline*, Paris, Presses universitaires de France, 1990.

ZAGANIARIS, Jean, « Qu'est-ce que les "Contre-Lumières" ? », *Raisons politiques*, vol. 35, n° 3, 2009, p. 167-183.

CONCLUSION

AMSELLE, Jean-Loup, « Négritude, créolisation, créolité. L'ethnicisation de la société française au prisme des auteurs martiniquais », *Les Temps Modernes*, vol. 662-663, n° 1, 2011, p. 340-356.

BANCEL, Nicolas, BLANCHARD, Pascal, LEMAIRE, Sandrine, (éd.) *La Fracture coloniale. La société française au prisme de l'héritage colonial*, Paris, La Découverte, 2005.

BARRO, Abdoulaye, « Ce que cache le débat sur la mémoire noire en France », *Controverses*, n° 2, 2006, p. 89-102.

BLANCHARD, Pascal, VEYRAT-MASSON, Isabelle, « Introduction », *Hermès, la Revue*, 2008, n° 52, p. 13-22.

BLANCHARD, Pascal, « Question noire et présence afro-antillaise en France : de l'invisible au visible », *in* Poinsot, Marie (éd.), *Migrations et mutations de la société française. L'état des savoirs*, Paris, La Découverte, 2014, p. 324-332.

BLANCHARD, Pascal, BANCEL, Nicolas, « Colonisation : commémorations et mémoriaux. Conflictualité sociale et politique d'un enjeu mémoriel », *in* Mbembe, Achille (éd.), *Ruptures postcoloniales. Les nouveaux visages de la société française*, Paris, La Découverte, 2010, p. 480-508.

BLANCHARD, Pascal, VEYRAT-MASSON, Isabelle (éd.), *Les Guerres de mémoires. La France et son histoire. Enjeux politiques, controverses historiques, stratégies médiatiques*, Paris, La Découverte, 2008.

BOËTSCH, Gilles, « L'université et la recherche face aux enjeux de mémoire : le temps des mutations », *in* Blanchard, Pascal, Veyrat-Masson, Isabelle, *Les Guerres de mémoires. La France et son histoire. Enjeux politiques, controverses historiques, stratégies médiatiques*, Paris, La Découverte, 2008, p. 187-198.

BONNIOL, Jean-Luc, « Échos politiques de l'esclavage colonial, des départements d'outre-mer au cœur de l'État », *in* Andrieu, Claire, Lavabre, Marie-Claire, Tartakowsky, Danielle (éd.), *Politiques du passé. Usages du passé dans la France contemporaine*, Aix-en-Provence, Presses universitaires de Provence, 2006, p. 59-69.

BONNIOL, Jean-Luc, « Les usages publics de la mémoire de l'esclavage colonial », *Matériaux pour l'histoire de notre temps*, vol. 85, n° 1, 2007, p. 14-21.

CHEVRIER, Jacques (éd.), *Poétiques d'Édouard Glissant*, Paris, Presses de l'Université de Paris-Sorbonne, 2000, p. 57.

CHIVALLON, Christine (éd.), *L'Esclavage, du souvenir à la mémoire. Contribution à une anthropologie de la Caraïbe*, Paris, Karthala, 2012.

CHIVALLON, Christine, « La mémoire soupçonnée. Explosion mémorielle et difficile légitimité de la mémoire de l'esclavage dans l'espace public français », *in* Chivallon Christine (éd.), *L'Esclavage, du souvenir à la mémoire. Contribution à une anthropologie de la Caraïbe*, Paris, Karthala, 2012, p. 27-72.

CHRÉTIEN, Jean-Pierre, « Le passé colonial : le devoir d'histoire », *Politique africaine*, vol. 98, n° 2, 2005, p. 141-148.

COQUERY-VIDROVITCH, Catherine, « Histoire, mémoire et politique : Débats actuels sur la traite des esclaves et le colonialisme », *Journal of Modern European History / Zeitschrift Für Moderne Europäische Geschichte / Revue d'histoire européenne contemporaine*, vol. 7, n° 1, 2009, p. 109-139.

COQUERY-VIDROVITCH, Catherine, « Colonisation, racisme et roman national en France », *Canadian Journal of African Studies / Revue canadienne des études africaines*, vol. 45, n° 1, 2011, p. 17-44.

COTTIAS, Myriam, « L'oubli du passé contre la citoyenneté : troc et ressentiment à la Martinique (1848-1946) », *in* Constant, Fred, Daniel, Justin (éd.), *1946-1996 : Cinquante ans de départementalisation Outre-mer*, Paris, L'Harmattan, 1997, p. 293-313.

COTTIAS, Myriam, « La politique de l'oubli (la Martinique dans la seconde moitié du XIXe siècle), Cent-cinquantenaire de l'abolition de l'esclavage », *France-Antilles*, 1998, p. 36-38.

COTTIAS, Myriam, « Sur l'histoire et la mémoire de l'esclavage ? », *Cités*, vol. 25, n° 1, 2006, p. 178-180.

DE SAINT-VICTOR, Jacques, « Les historiens et la "guerre de mémoires" », *Cités*, vol. 25, n° 1, 2006, p. 192-193.

DOSSE, François, « L'histoire à l'épreuve de la guerre des mémoires », *Cités*, vol. 33, n° 1, 2008, p. 31-42.

DOZON, Jean-Pierre, « La "question noire" éclairée par l'histoire longue du colonialisme français », *Matériaux pour l'histoire de notre temps*, vol. 85, n° 1, 2007, p. 22-26.

DURPAIRE, François, « Vers un mouvement français des droits civiques ? », *Mouvements*, vol. 51, n° 3, 2007, p. 13-23.

FORTIER, Charles, « Les lois mémorielles, ou la victimisation institutionnelle », *Histoire de la justice*, vol. 25, n° 1, 2015, p. 91-106.

GEISSER, Vincent, « L'intégration républicaine : réflexion sur une problématique post-coloniale », *in* Blanchard, Pascal (éd.), *Culture post-coloniale 1961-2006*, Paris, Autrement, 2006, p. 145-163.

GIRAUD, Michel, « Les enjeux présents de la mémoire de l'esclavage », *in* Weil, Patrick, Dufoix, Stéphane (éd.), *L'esclavage, la colonisation, et après...*, Paris, Presses Universitaires de France, 2005, p. 533-558.

MBEMBE, Achille, « L'Afrique de Nicolas Sarkozy », *Mouvements*, vol. 52, n° 4, 2007, p. 65-73.

MBEMBE, Achille, « La République et l'impensé de la "race" », *in* Mbembe, Achille (éd.), *Ruptures postcoloniales. Les nouveaux visages de la société française*, Paris, La Découverte, 2010, p. 205-216.

MBEMBE, Achille (éd.), *Ruptures postcoloniales. Les nouveaux visages de la société française*, Paris, La Découverte, 2010.

MERLE, Isabelle, SIBEUD, Emmanuelle, « Histoire en marge ou histoire en marche ? La colonisation entre repentance et patrimonialisation », *in Concurrence des passés. Usages politiques du passé dans la France contemporaine*, Aix-en-Provence, Presses universitaires de Provence, 2006, http://books.openedition.org/pup/6006 (consulté le 23/06/2021).

MICHEL, Johann, « Esclavage et réparations. Construction d'un problème public (1998-2001) », *Politique africaine*, vol. 146, n° 2, 2017, p. 143-164.

MICHEL, Johann, « Le rôle des associations antillaises et du Parti communiste français dans la reconnaissance de l'esclavage comme crime contre l'humanité », *Cahiers d'études africaines*, vol. 229, n° 1, 2018, p. 103-126.

NDIAYE, Pap, *La Condition noire. Essai sur une minorité française*, Paris, Calmann-Lévy, 2008.

NICAISE, Stéphane, « La question noire en France. Mémoire de l'esclavage et mobilisation sociale », *Études*, vol. 405, n° 9, 2006, p. 199-208.

NORA, Pierre, « Malaise dans l'identité historique », *in* Nora, Pierre, Chandernagor, Françoise, *Liberté pour l'histoire*, Paris, CNRS Éditions, 2008, p. 44-48.

SENGHOR, Richard, « Le surgissement d'une "question noire" en France », *Esprit*, vol. janvier, n° 1, 2006, p. 5-19.

SENGHOR, Richard, « Normalisation de la "question noire" ? Le cas français », *Le Débat*, vol. 186, n° 4, 2015, p. 94-104.

SMOUTS, Marie-Claude, « Introduction / Le postcolonial pour quoi faire ? », *in* Smouts, Marie-Claude (éd.), *La Situation postcoloniale. Les postcolonial studies dans le débat français*, Paris, Presses de Sciences Po, 2007, p. 25-26.

SMOUTS, Marie-Claude (éd.), *La Situation postcoloniale. Les postcolonial studies dans le débat français*, Paris, Presses de Sciences Po, 2007.

STORA, Benjamin, *La Guerre des mémoires : la France face à son passé colonial (entretiens avec Thierry Leclère)*, La Tour d'Aigues, Éditions de l'Aube, 2007.

THOMAS, Dominic, « L'émergence d'une "question noire" en France ? », *in* Mbembe, Achille (éd.), *Ruptures postcoloniales. Les nouveaux visages de la société française*, Paris, La Découverte, 2010, p. 403-413.

VERGÈS, Françoise, « Approches postcoloniales de l'esclavage et de la colonisation », *Mouvements*, vol. 51, n° 3, 2007, p. 102-110.

SITOGRAPHIE

Assemblée nationale : http://www.assemblee-nationale.fr/

Centre d'Information, Formation, Recherche et Développement pour les Originaires d'Outre-Mer : http://cifordom.net/

Centre national de ressources textuelles et lexicales : http://www.cnrtl.fr/

Centre Virtuel de la Connaissance sur l'Europe : https://www.cvce.eu/

Chemins de mémoire : http://www.cheminsdememoire.gouv.fr/

Comité de Vigilance face aux Usages Publics de l'Histoire : http://cvuh.blogspot.com

Congrégation du Saint-Esprit en France : http://www.spiritains.org/

Congrégation pour le Clergé : http://www.clerus.va/content/clerus/fr.html

Conseil Constitutionnel : https://www.conseil-constitutionnel.fr/

Consulat Général de France à Oran : https://oran.consulfrance.org/

Digithèque de matériaux juridiques et politiques : http://mjp.univ-perp.fr/mjp.htm

Église Catholique en France : https://eglise.catholique.fr/

Étonnants voyageurs : http://www.etonnants-voyageurs.com/spip.php?article7755

Gallica : https://gallica.bnf.fr/accueil/fr/content/accueil-fr?mode=desktop

Le Monde : https://www.lemonde.fr/

Le Saint-Siège : http://w2.vatican.va/content/vatican/fr.html

Legifrance : https://www.legifrance.gouv.fr/

Les chemins de mémoire – Nord-Pas de Calais : http://www.cheminsdememoire-nordpasdecalais.fr/

Libération : https://www.liberation.fr/

Liberté pour l'Histoire : http://www.lph-asso.fr/

Liturgie et sacrements : https://liturgie.catholique.fr/

Mémoire des hommes : http://www.memoiredeshommes.sga.defense.gouv.fr/fr/

Ministère de la Défense : https://www.defense.gouv.fr/

Nations Unies : http://www.un.org/fr/

Office national des anciens combattants et victimes de guerre : https://www.onac-vg.fr/
Organisation internationale de la Francophonie : https://www.francophonie.org/
Sénat, un site au service du citoyen : https://www.senat.fr
Université du Québec à Chicoutimi : http://classiques.uqac.ca/

INDEX NOMINUM

INDEX RERUM

TABLE DES MATIÈRES

DEUXIÈME PARTIE

FÉDÉRALISER POUR DÉCOLONISER DE LA FRANCE

IMPRIM'VERT®

Achevé d'imprimer par Corlet,
Condé-en-Normandie (Calvados),
en Avril 2022
N° d'impression : 175806 - dépôt légal : Avril 2022
Imprimé en France